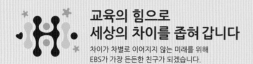

교육의 힘으로
세상의 차이를 좁혀 갑니다

차이가 차별로 이어지지 않는 미래를 위해
EBS가 가장 든든한 친구가 되겠습니다.

모든 교재 정보와 다양한 이벤트가 가득!
EBS 교재사이트 book.ebs.co.kr

본 교재는 EBS 교재사이트에서
eBook으로도 구입하실 수 있습니다.

KB214233

2025학년도 수능 대비
수능특강
연계 기출
문학작품 연계 기출1
고전 시가·현대시

본 교재의 강의는 TV와 모바일 APP, EBS*i* 사이트(www.ebs*i*.co.kr)에서 무료로 제공됩니다.

발행일 2024. 2. 3. **2쇄 인쇄일** 2024. 5. 3. **신고번호** 제2017-000193호 **펴낸곳** 한국교육방송공사 경기도 고양시 일산동구 한류월드로 281
기획 및 개발 EBS 교재 개발팀
표지디자인 ㈜무닉 **편집** ㈜하이테크컴 **인쇄** ㈜재능인쇄
인쇄 과정 중 잘못된 교재는 구입하신 곳에서 교환하여 드립니다. 신규 사업 및 교재 광고 문의 pub@ebs.co.kr

교재 내용 문의
교재 및 강의 내용 문의는
EBS*i* 사이트(www.ebs*i*.co.kr)의 학습 Q&A 서비스를
활용하시기 바랍니다.

교재 정오표 공지
발행 이후 발견된 정오 사항을
EBS*i* 사이트 정오표 코너에서 알려 드립니다.
교재 → 교재 자료실 → 교재 정오표

교재 정정 신청
공지된 정오 내용 외에 발견된 정오 사항이 있다면
EBS*i* 사이트를 통해 알려 주세요.
교재 → 교재 정정 신청

EBS와 교보문고가 함께하는 듄듄한 스터디메이트!

듄듄한 할인 혜택을 담은 **학습용품**과 **참고서**를 한 번에!

기프트/도서/음반 추가 할인 쿠폰팩

COUPON PACK

+QR코드를 스캔하시면 듄듄문고 쿠폰팩을 다운받을 수 있는 이벤트 페이지로 연결됩니다+

2025학년도 수능 대비

수능특강 연계 기출

문학작품 연계 기출1

고전 시가·현대시

이 책의 구성과 특징
STRUCTURE

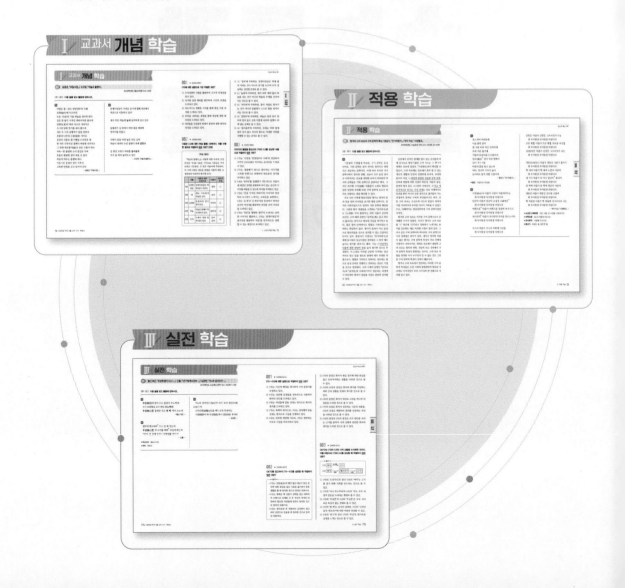

이 책은 2025학년도 대학수학능력시험에 효율적으로 대비할 수 있도록 2025학년도 〈수능특강 문학〉에 실린 지문과 유사도가 높은 수능 · 모의평가 · 학력평가 · EBS 연계 교재의 기출 지문과 문항을 선별하여 수록하였습니다. 〈수능특강 문학〉과 가장 닮은 기출 문항을 풀어 봄으로써 연계 교재를 한층 심도 있게 학습할 수 있습니다.

정답과 해설

작품 일치 확인

교재와 〈수능특강 문학〉에 수록된 작품이 동일 작품인지 유사 작품인지 확인할 수 있도록 표시하였습니다.

연결 포인트

교재와 〈수능특강 문학〉의 작품이 어떤 점에서 연관성을 가지는지 파악할 수 있도록 제시하였습니다.

한눈에 보는 작품

교재 수록 작품의 해제와 주제, 구성을 한눈에 파악할 수 있도록 정리하였습니다.

명쾌하고 자세한 해설

정답 해설과 오답 해설을 명쾌하고 자세하게 서술하여 쉽게 이해할 수 있도록 하였습니다.

이 책의 차례
CONTENTS

Ⅰ 교과서 개념 학습

01 　김광균, 「추일서정」 / 오규원, 「하늘과 돌멩이」　　10

02 　한호, 「짚방석 내지 마라 ~」 / 김천택, 「백구야 말 물어보자 ~」 /
　　 백문보, 「율정설」　　12

03 　작자 미상, 「일신이 살자 하였더니 ~」 / 작자 미상, 「한 눈 멀고 ~」 /
　　 작자 미상, 「밝가벗은 아해ㅣ 들리 ~」　　14

04 　임제, 「무어별」 / 서경덕, 「ᄆᆞᅀᆞᆷ이 어린 후ㅣ니 ~」 /
　　 작자 미상, 「개를 여라믄이나 기르되 ~」　　16

05 　김수영, 「어느 날 고궁을 나오면서」　　18

Ⅱ 적용 학습

01 　향가와 고려 속요의 구비 문학적 특성 / 충담사, 「찬기파랑가」 /
　　 작자 미상, 「서경별곡」　　22

02 　임제, 「무어별」 / 황진이, 「영반월」　　26

03 　작자 미상, 「사모곡」 / 작자 미상, 「상저가」　　28

04 　작자 미상, 「정석가」 / 김구, 「올히 달은 다리 ~」 / 작자 미상, 「이별요」　　30

05 　주세붕, 「오륜가」 / 이곡, 「차마설」　　33

06 　김상용, 「오륜가」 / 작자 미상, 「우부가」 / 최성각, 「버려진 것들의 생명력」　　36

07 　이광명, 「북찬가」　　40

08 　성혼, 「말 업슨 청산이오 ~」 / 윤선도, 「우후요」 /
　　 작자 미상, 「불 아니 씌일지라도 ~」　　42

09 　황진이, 「동짓달 기나긴 밤을 ~」 / 인평 대군, 「바람에 휘엿노라 ~」 /
　　 김천택, 「백구야 말 물어보자 ~」　　44

10 　작자 미상, 「가시리」 / 작자 미상, 「정석가」　　46

11   이신의, 「단가육장」   49

12   작자 미상, 「오유란전」 / 정훈, 「우활가」   51

13   홍순학, 「연행가」   56

14   남구만, 「동창이 밝았느냐 ∼」 / 위백규, 「농가」 / 정학유, 「농가월령가」   58

15   정약용, 「고시」 / 작자 미상, 「시집살이 노래」   60

16   이홍유, 「산민육가」 / 작자 미상, 「유산가」 / 정비석, 「산정무한」   62

17   허난설헌, 「규원가」 / 작자 미상, 「재 위에 우뚝 선 소나무 ∼」   66

18   작자 미상, 「시집살이 노래」   68

19   신석정, 「망향의 노래」 / 김소월, 「초혼」 / 박재삼, 「한」   70

20   문태준, 「평상이 있는 국숫집」 / 박목월, 「적막한 식욕」   73

21   이육사, 「노정기」 / 최승호, 「발효」 / 김진규, 「몰인설」   75

22   이용악, 「전라도 가시내」 / 기형도, 「기억할 만한 지나침」 /
      이달, 「유씨 집의 외로운 기러기를 읊다」   79

23   이용악, 「우라지오 가까운 항구에서」 / 기형도, 「바람의 집 – 겨울 판화 1」 /
      이신의, 「단가」   83

24   정일근, 「흑백 사진 – 7월」 / 이상, 「권태」   87

25   오장환, 「종가」 / 최두석, 「노래와 이야기」   89

26   박남수, 「아침 이미지 1」 / 김기택, 「풀벌레들의 작은 귀를 생각함」   92

27   정지용, 「장수산 1」 / 김관식, 「거산호 II」 / 이상, 「산촌 여정」   94

28   김영랑, 「모란이 피기까지는」 / 김종길, 「고고」   98

29   정지용, 「발열」 / 김영랑, 「거문고」 / 최승호, 「대설주의보」   100

30   조지훈, 「파초우」 / 곽재구, 「사평역에서」   103

31   백석, 「북방에서 – 정현웅에게」 / 송수권, 「대숲 바람 소리」   106

32   박봉우, 「휴전선」 / 배한봉, 「우포늪 왁새」 / 김기림, 「주을온천행」   109

33   조지훈, 「맹세」 / 오규원, 「봄」   113

이 책의 차례
CONTENTS

34 풍자의 특성과 기능 / 김광규, 「묘비명」 / 최승호, 「북어」   **116**

35 이형기, 「낙화」   **120**

36 김종길, 「저녁해」 / 박성룡, 「과목」 / 박재삼, 「고향 소식」   **122**

37 정지용, 「장수산 1」 / 김광섭, 「산」   **125**

38 신석정, 「대바람 소리」 / 이준관, 「가을 떡갈나무 숲」   **127**

39 신석정, 「대바람 소리」 / 신경림, 「장자를 빌려 – 원통에서」 / 서경덕, 「독서유감」   **129**

40 송수권, 「대역사」 / 고재종, 「나무 속엔 물관이 있다」   **133**

41 허전, 「고공가」 / 정약용, 「파리를 조문하는 글」   **135**

42 김창협, 「착빙행」 / 이옥, 「어부」   **138**

43 이정보, 「국화야 너는 어이 ～」 / 이조년, 「이화에 월백하고 ～」 / 최치원, 「촉규화」   **141**

44 김상용, 「훈계자손가」   **143**

45 정철, 「관동별곡」   **145**

46 최치원, 「제가야산독서당」 / 양태사, 「야청도의성」   **147**

47 변영로, 「논개」 / 이수복, 「봄비」   **150**

48 박인로, 「자경」 / 이이, 「낙지가」 / 주세붕, 「의아기」   **152**

49 정지용, 「장수산 1 / 이기철, 「청산행」 / 서거정, 「독좌」   **156**

50 한용운, 「수의 비밀」 / 문정희, 「찔레」   **159**

51 박목월, 「나무」 / 김선우, 「빌려줄 몸 한 채」   **161**

52 김기림, 「연륜」 / 김광규, 「대장간의 유혹」   **163**

53 박재삼, 「겨울나무를 보며」 / 김남조, 「설일」   **165**

54 고정희, 「상한 영혼을 위하여」   **167**

55 한국 전쟁에 대한 시적 인식 / 박봉우, 「나비와 철조망」 / 구상, 「초토의 시 8 – 적군 묘지 앞에서」   **169**

실전 학습

01 월산 대군, 「추강에 밤이 드니 ~」 / 신흠, 「냇ᄀ에 히오라바 ~」 /
김상헌, 「가노라 삼각산아 ~」 174

02 황희, 「사시가」 / 조우인, 「자도사」 176

03 김천택과 김수장 / 김천택, 「서검을 못 일우고 ~」 /
김수장, 「안빈을 염치 말아 ~」, 「서방님 병들여 두고 ~」 179

04 유치환, 「출생기」 / 김춘수, 「샤갈의 마을에 내리는 눈」 182

05 오세영, 「등산」 184

06 고전 시가의 '역군은' 표현 187

07 이육사, 「교목」 / 신석정, 「들길에 서서」 / 김종길, 「고고」 191

08 조지훈, 「승무」 / 송수권, 「지리산 뻐꾹새」 / 송순, 「면앙정가」 194

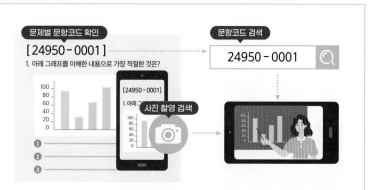

인공지능 DANCHOQ 푸리봇 문|제|검|색

EBS*i* 사이트와 EBS*i* 고교강의 APP 하단의 **AI 학습도우미 푸리봇**을 통해 문항코드를 검색하면 푸리봇이 해당 문제의 해설과 해설 강의를 찾아 줍니다. **사진 촬영으로도 검색**할 수 있습니다.

수 능 특 강 연 계 기 출 고 전 시 가 · 현 대 시

I

교과서 개념 학습

01 〉 김광균, 「추일서정」 / 오규원, 「하늘과 돌멩이」

2020학년도 6월 모의평가 43~45번

[001~003] 다음 글을 읽고 물음에 답하시오.

가

낙엽은 폴-란드 망명정부의 지폐
포화(砲火)에 이즈러진
도룬 시(市)의 가을 하늘을 생각케 한다
길은 한 줄기 구겨진 넥타이처럼 풀어져
일광(日光)의 폭포 속으로 사라지고
조그만 담배 연기를 내어 뿜으며
새로 두 시의 급행차가 들을 달린다
포플라 나무의 근골(筋骨) 사이로
공장의 지붕은 흰 이빨을 드러내인 채
한 가닥 구부러진 철책이 바람에 나부끼고
그 위에 세로팡지(紙)로 만든 구름이 하나
자욱-한 풀벌레 소리 발길로 차며
호올로 황량한 생각 버릴 곳 없어
허공에 띄우는 돌팔매 하나
기울어진 풍경의 장막 저쪽에
고독한 반원을 긋고 잠기어 간다

                                         - 김광균, 「추일서정」 -

나

담쟁이덩굴이 가벼운 공기에 **업혀** 허공에서
허공으로 이동하고 있다

새가 푸른 하늘에 **눌려** 납작하게 날고 있다

들찔레가 길 밖에서 하얀 꽃을 **버리며**
빈자리를 만들고

사방이 몸을 비워 놓은 마른 길에
하늘이 내려와 누런 돌멩이 위에 **얹힌다**

길 한켠 모래가 바위를 **들어올려**
자기 몸 위에 놓아두고 있다

                               - 오규원, 「하늘과 돌멩이」 -

001 ▶ 24950-0001

(가)에 대한 설명으로 가장 적절한 것은?

① 수미상관의 기법을 활용하여 구조적 안정감을 얻고 있다.

② 유사한 문장 형태를 변주하여 시간의 흐름을 드러내고 있다.

③ 의도적으로 변형한 시어를 통해 현실 극복 의지를 드러내고 있다.

④ 추측을 나타내는 표현을 통해 대상에 대한 회의감을 드러내고 있다.

⑤ 자연물을 인공물에 빗대어 풍경에 대한 화자의 인상을 드러내고 있다.

002 ▶ 24950-0002

다음은 (나)에 대한 〈학습 활동〉 과제이다. 이를 수행한 결과로 적절하지 않은 것은? [3점]

〈학습 활동〉

「하늘과 돌멩이」는 사물에 대한 우리의 고정관념을 버리고 새로운 시각으로 사물들을 바라보려고 시도한다. 각 연의 서술어에 주목하여, 이 시에 나타난 새로운 관점을 사물에 대한 고정관념과 비교하여 탐구해 보자.

	사물	사물에 대한 고정관념	서술어	새로운 관점
1연	담쟁이덩굴	담쟁이덩굴은 벽에 붙어 자란다.	업혀	㉠
2연	새	새는 자유롭게 하늘을 난다.	눌려	㉡
3연	들찔레	들찔레의 꽃이 떨어진다.	버리며	㉢
4연	하늘	하늘은 땅에서 멀리 떨어져 있다.	얹힌다	㉣
5연	모래	모래가 바위 밑에 깔려 있다.	들어올려	㉤

① ㉠: '업혀'에 주목하면, 담쟁이덩굴은 벽에 붙어 자라는 것이 아니라 공기를 누르며 수직 상승하는 강인한 존재로 볼 수 있다.

② ㉡: '눌려'에 주목하면, 새가 아무 제약 없이 하늘을 나는 것이 아니라 하늘의 무게를 견디며 나는 것으로 볼 수 있다.

③ ㉢: '버리며'에 주목하면, 꽃이 저절로 떨어지는 것이 아니라 들찔레가 스스로 꽃을 떨어뜨리는 것으로 볼 수 있다.

④ ㉣: '얹힌다'에 주목하면, 하늘은 땅과 멀리 떨어져 있지 않고 길에 가깝게 내려와 돌멩이 위에 닿는 존재로 볼 수 있다.

⑤ ㉤: '들어올려'에 주목하면, 모래는 바위 밑에 깔려 있지 않고 자신의 힘으로 거대한 바위를 지탱할 수 있는 존재로 볼 수 있다.

003 ▶ 24950-0003

이미지의 활용을 중심으로 (가)와 (나)를 감상한 내용으로 적절하지 않은 것은?

① (가)는 '낙엽'을 '망명정부의 지폐'에 연결하여 낙엽의 이미지에서 연상되는 무상감을 드러내고 있군.

② (가)는 '돌팔매'가 땅으로 떨어지는 이미지를 '고독한 반원'으로 표현하여 외로움의 정서를 부각하고 있군.

③ (나)는 '빈자리'를 '들찔레'가 의도적으로 만들어 낸 대상인 것처럼 표현하여 비어 있는 공간의 이미지를 떠올릴 수 있도록 의미를 부여하고 있군.

④ (가)는 '길'을 '구겨진 넥타이'의 이미지와 연결하여 도시에서 느껴지는 소외감을 표현하고, (나)는 '길 밖'과 '길 한켠'처럼 중심에서 벗어난 공간의 이미지를 활용하여 대상들 간의 거리감을 드러내고 있군.

⑤ (가)는 '허공'을 '황량한 생각'이 드러나는 공허한 이미지로 활용하고, (나)는 '담쟁이덩굴'의 움직임을 활용하여 '허공'을 감각적으로 경험할 수 있는 대상으로 묘사하고 있군.

02 한호, 「짚방석 내지 마라 ~」 / 김천택, 「백구야 말 물어보자 ~」 / 백문보, 「율정설」

2017학년도 수능완성 국어 176~177쪽 43~45번

[004~006] 다음 글을 읽고 물음에 답하시오.

가

㉠짚방석 내지 마라 낙엽엔들 못 앉으랴

㉡솔불 켜지 마라 어제 진 달 돋아 온다

㉢아희야 박주산채(薄酒山菜)*일망정 없다 말
고 내어라

– 한호 –

나

㉣백구야 말 물어보자 놀라지 말아스라

㉤명구승지(名區勝地)를 어디어디 벌였더냐

날더러 자세히 일러든 너와 게 가 놀리라

– 김천택 –

다

성안에 있는 집에서는 밤나무를 심는 사람이 적
은데, 윤 공은 집을 구할 때마다 밤나무 있는 곳을
선택했다.

그는 일찍이 나에게 말했다.

"봄에는 잎이 무성하지 않아 가지 사이가 성글
어서 그 사이로 꽃이 서로 비치고, 여름이면 잎
이 우거져서 그늘에서 놀 수가 있으며, 가을에
는 밤이 먹을 만하며, 겨울이면 밤송이를 모아
아궁이에 불을 땔 수가 있다. 그래서 나는 밤나
무를 좋아한다."

나는 말한다. 불이 마른 것에 잘 붙고 물이 축축
한 곳으로 흐르는 것은, 성질이 같은 것끼리 서로
찾아가는 것이니 이치에 있어서 반드시 그러한 것
이다. 대개 그 숭상하는 것이 같으면 물건이나 내
가 다를 것이 없는 것은 어쩔 수 없는 일이다. 왜

그런가 하면 하늘과 땅 사이에 나는 풀이나 나무
가 모두 한 기운이기 때문이다. 그러나 그 뿌리와
싹과 꽃과 열매가 어려운 것, 쉬운 것, 일찍 되는
것, 늦게 되는 것 등 가지각색인데, 오직 이 밤나
무는 모든 나무 가운데서 가장 늦게 나며, 재배하
기도 어렵고 기르는 데 시간도 오래 걸린다.

그러나 자라기만 하면 쉽게 튼튼해지며, 잎이
매우 늦게 돋지만, 돋기만 하면 곧 그늘을 쉽게 만
들어 준다. 꽃이 매우 늦게 피지만 피기만 하면 곧
흐드러지며, 열매가 매우 늦게 맺히지만 맺히기만
하면 곧 수확할 수 있다. 그러니 이 밤나무는 모든
사물에 공통되는 차고 이지러지고 줄어들고 보태
는 이치를 함께 가지고 있는 것이다.

윤 공은 나와 같은 해에 과거에 합격했는데 그
때의 나이가 30여 세였다. 그러다가 나이가 40세
가 넘어서야 비로소 처음으로 벼슬에 나아갔으므
로 사람들은 모두가 늦었다고 하였으나, 공은 직
무에 더욱 조심하며 충실히 했다. 그러다가 임금
의 인정을 받아 등용되었는데, 하루 동안에 아홉
번 자리를 옮겨 대신의 지위에 이르게 되었으니,
이것은 별로 손질을 하지 않았는데도 무성하게 뻗
어 나간 밤나무와 같다. 그 기틀을 세우는 것이 처
음에는 어려웠으나 그 성취하는 것이 뒤에는 쉬웠
으니, 이것은 밤나무의 꽃과 열매의 성질과 같은
바가 있다.

(후략)

– 백문보, 「율정설」 –

*박주산채 맛이 변변하지 못한 술과 산나물.

004 ▶ 24950-0004

(가)~(다)에 대한 설명으로 가장 적절한 것은?

① (가)와 (나)는 모두 의인화 기법으로 사물의 속성을 부각하고 있다.

② (나)는 대조를 활용하여 대상에 대한 경계심을 드러내고 있다.

③ (나)와 (다)는 모두 자연물을 통해 계절적 이미지를 드러내고 있다.

④ (다)는 유추의 방식을 사용하여 글쓴이의 의도를 전달하고 있다.

⑤ (가)~(다)는 모두 회상을 통해 바람직한 삶의 태도를 드러내고 있다.

005 ▶ 24950-0005

㉠~㉤에 대한 설명으로 적절하지 않은 것은? [3점]

① ㉠: '짚방석'의 인위성을 거부함으로써 화자의 자연관을 담아내고 있다.

② ㉡: '달'의 모양 변화를 강조함으로써 화자의 정서 변화를 표출하고 있다.

③ ㉢: '박주산채'의 소박함을 긍정함으로써 화자가 느끼는 흥취를 드러내고 있다.

④ ㉣: '백구'에게 말을 건넴으로써 대상에 대한 화자의 친밀감을 부각하고 있다.

⑤ ㉤: '명구승지'의 위치를 물어봄으로써 화자가 바라는 바를 은연중에 제시하고 있다.

006 ▶ 24950-0006

(다)를 참고할 때, <보기>의 빈칸에 들어갈 내용으로 가장 적절한 것은?

— 보기 —

윤 공이 세상을 떠났을 때, 백문보는 그를 위해 「분묘기(墳廟記)」를 지었다고 한다. 그는 그 글에서 자신이 과거에 지은 글이라며 「율정설」을 인용하였다. 한편 그때는 고려 말기에 가까운 때인 만큼 젊은이들의 사회 진출이 둔화되었을 것이고 미래의 전망도 밝지 못했을 것이다. 어쩌면 노년의 나이가 되어 그동안 살아온 인생을 돌이켜 보던 글쓴이는 밤나무를 닮은 윤 공의 인생을 드러내 밝힘으로써 당시 젊은 이들에게 (   )

① 타인의 말에 얽매이지 않고 스스로 경계하며 성실히 노력하는 삶을 살 것을 충고한 것은 아닐까?

② 자신의 목표를 성취하기 위해 능동적으로 새로운 진로를 모색하는 삶을 살 것을 충고한 것은 아닐까?

③ 곤궁한 생활을 부끄러워하지 않고 자신의 삶에 유유자적할 줄 아는 삶을 살 것을 충고한 것은 아닐까?

④ 자신의 앞길을 가로막는 이들을 용서하며 자신의 부족함을 살피는 인생을 살 것을 충고한 것은 아닐까?

⑤ 자신의 기틀을 세우려는 소신보다는 주변 사람들에게 돌아갈 혜택을 우선시하는 삶을 살 것을 충고한 것은 아닐까?

03 작자 미상, 「일신이 살자 하였더니 ~」/ 작자 미상, 「한 눈 멀고 ~」/ 작자 미상, 「밝가벗은 아해ㅣ 들리 ~」

2016학년도 인터넷 수능 국어 A형 85~86쪽 1~3번

[007~009] 다음 글을 읽고 물음에 답하시오.

가

㉠일신(一身)이 살자 하였더니 물 것 겨워 못 살리로다

비파 같은 빈대 새끼 사령 같은 등에 어이 각다귀 버마재비 흰 바퀴 누른 바퀴 픳겨 같은 가랑니며 보리알 같은 수통니며 주린 이 갓 깐 이 잔 벼룩 왜벼룩 뛰는 놈 기는 놈에 다리 길다란 모기 부리 뾰족한 모기 살진 모기 여윈 모기 그리마 뾰록이 심한 당비루에 더 어려워라

그중에 차마 못 견딜 것은 오뉴월 복더위에 쉬 파리인가 하노라

– 작자 미상 –

나

㉡한 눈 멀고 한 다리 저는 두터비 서리 맞은 파리 물고 두엄 위에 치달아 앉아

건넛산 바라보니 백송골(白松骨)이 떠 있거늘 가슴이 끔찍하여 풀떡 뛰다가 그 아래 도로 자빠지겠구나

㉢모쳐라 날랜 낼식만정 행혀 둔자(鈍者)런들 어혈(瘀血)질 번하괘라

– 작자 미상 –

다

밝가벗은 아해(兒孩)ㅣ 들리 거믜줄 테를 들고 개천으로 왕래(往來)하며

㉣밝가숭아 밝가숭아 져리 가면 죽나니라 이리 오면 사나니라 부로나니 밝가숭이로다

㉤아마도 세상일이 다 이러한가 하노라

– 작자 미상 –

007 ▶ 24950-0007

(가)~(다)의 표현상 특징에 대한 설명으로 알맞은 것은?

① (가)는 역설법을 활용해 대상의 모습을 형상화하고 있다.
② (가)는 대상을 열거하는 방식을 통해 내용을 전개하고 있다.
③ (나)는 설의적 표현을 사용해 화자의 심리를 드러내고 있다.
④ (다)는 종장에 감탄사를 활용해 전체 시상을 집약하고 있다.
⑤ (다)는 감정 이입의 기법을 통해 대상에 대한 친밀감을 드러내고 있다.

008 ▶ 24950-0008

(가)와 (나)를 바탕으로 고전 특강을 하고자 한다. 기획 의도에 맞는 주제로 가장 적절한 것은?

- 주 제: _____
- 기획 의도: (가)와 (나)를 조선 후기의 현실을 고려하여 해석하고, 조선 후기 현실에 대한 백성들의 목소리에 대해 일반인들도 쉽게 이해할 수 있도록 해설해 준다.

① 남을 속이는 부정적인 세태에 대한 풍자
② 권력 앞에 비굴해지는 탐관오리의 행태 고발
③ 백성들을 괴롭히는 부정적 세력의 행태 비판
④ 현학적 태도를 보이는 지배층의 허장성세 풍자
⑤ 아첨하며 위선을 떠는 특권층의 모습에 대한 비판

009 ▶ 24950-0009

〈보기〉를 참고할 때, ㉠~㉤에 대한 이해로 적절하지 않은 것은?

● 보기 ●

　사설시조는 일상생활에 대한 당시 사람들의 진솔한 감정을 담고 있는 경우가 많다. 특히 주변에서 쉽게 찾아볼 수 있는 대상에 대한 작가의 통찰을 바탕으로 주제가 형상화되기도 하는데, 작가는 때로 특정 대상을 온전하게 보지 않고 비뚤어진 시선으로 보기도 하며 자신의 생각을 세상사(世上事)와 관련지어 나타내기도 한다. 또한 희극적 구도 속에서 해학 또는 풍자가 드러나는 경우도 있다.

① ㉠: 주변에서 쉽게 접할 수 있는 대상을 통해 일상생활의 어려움을 토로하고 있다.
② ㉡: 비뚤어진 시선을 통해 비판하고자 하는 대상을 정상이 아닌 모습으로 그리고 있다.
③ ㉢: 풍자의 대상이 자기 합리화를 하고 있는 모습을 보여 주며 해학성을 드러내고 있다.
④ ㉣: 아이들의 모습에 대한 작가의 통찰을 통해 지행합일에 대한 당위성을 강조하고 있다.
⑤ ㉤: 발가벗은 아이들의 언행과 관련한 작가의 생각을 세상사에 확대하여 적용하고 있다.

04 임제, 「무어별」 / 서경덕, 「무음이 어린 후ㅣ니 ~」 / 작자 미상, 「개를 여라믄이나 기르되 ~」

2018학년도 수능특강 문학 127~128쪽 1~4번

[010-013] 다음 글을 읽고 물음에 답하시오.

가

　열다섯 아리따운 아가씨
부끄러워 말도 못하고 헤어졌어라
돌아와 중문을 닫고서
　배꽃 사이 달을 보며 눈물 흘리네

　　　　　　　　　　　– 임제, 「무어별」 –

나

　무음이 어린 후(後)ㅣ니 **ㅎ는 일이 다 어리다**
만중운산(萬重雲山)에 어늬 님 오리마는
지는 닙 부는 ㉠바람에 힝혀 긘가 ㅎ노라

　　　　　　　　　　　– 서경덕 –

다

　개를 여라믄이나 기르되 요 개ᄀ치 얄믜오랴
　뮈온 님 오며는 소리를 홰홰 치며 쒸락 느리 쒸락 반겨서 내듯고 고온 님 오며는 뒷발을 버동버동 므르락 나으락 캉캉 즈져셔 도라가게 흔다
　쉰밥이 그릇그릇 난들 너 머길 줄이 이시랴

　　　　　　　　　　　– 작자 미상 –

010 ▶ 24950-0010

(가)~(다)의 공통점에 대한 설명으로 가장 적절한 것은?

① 대상의 부재에서 느끼는 정서가 드러나 있다.
② 고립된 처지에서 벗어나기 위한 방법을 찾고 있다.
③ 현실의 고통을 자연물에 의지해 잊으려 하고 있다.
④ 체험을 통해 거스를 수 없는 자연의 섭리를 깨닫고 있다.
⑤ 일상생활의 소중함을 자각하면서 자신의 삶의 태도를 반성하고 있다.

011 ▶ 24950-0011

(가)~(다)의 시어에 대한 이해로 적절하지 않은 것은?

① (가)의 '열다섯 아리따운 아가씨'는 화자가 관찰하는 대상이다.
② (가)의 '배꽃 사이 달'은 '아가씨'의 애상감을 부각하는 소재이다.
③ (나)의 'ㅎ는 일이 다 어리다'는 화자 자신의 행동에 대한 평가이다.
④ (나)의 '만중운산'은 화자와 임 사이를 가로막는 장애물이다.
⑤ (다)의 '쉰밥'은 개의 행동을 막으려는 화자의 노력의 결과이다.

012 ▶ 24950-0012

(나)의 ㉠과 〈보기〉의 ⓐ에 대한 설명으로 가장 적절한 것은?

● 보기 ●

설월(雪月)이 만창(滿窓)한데 ⓐ바람아 부지 마라
예리성(曳履聲)*아닌 줄을 분명하게 알건마는
그립고 아쉬운 때면 행여 근가 하노라

– 작자 미상 –

***예리성** 신발을 끄는 소리.

① ㉠은 계절의 변화를, ⓐ는 심경의 변화를 나타낸다.
② ㉠은 화자의 착각을, ⓐ는 화자의 회상을 유발한다.
③ ㉠과 ⓐ는 모두 다가올 시련을 상징한다.
④ ㉠과 ⓐ는 모두 임과 화자를 결속하는 매개체이다.
⑤ ㉠과 ⓐ는 모두 화자에게 일시적인 기대감을 갖게 한다.

013 ▶ 24950-0013

〈보기〉를 참고하여 (다)를 감상할 때, 적절하지 <u>않은</u> 것은?

● 보기 ●

(다)에는 표면적으로 나타난 ㉮화자와 개 사이의 관계와 이면적으로 파악해야 하는 ㉯화자와 기다림의 대상 사이의 관계가 함께 존재한다. 이 두 가지 관계 중에서 화자가 실제로 드러내고자 하는 것은 후자로 볼 수 있다. 독자는 기다림의 대상에 대한 화자의 반응을 통해 ㉰화자가 이 작품을 창작한 의도를 짐작할 수 있다.

① 화자는 ㉮를 다양한 음성 상징어를 통해 해학적으로 표현하고 있군.
② 화자는 ㉯에서 기다림의 대상에 대해 복합적인 심리를 드러내고 있다고 볼 수 있군.
③ ㉯에서 문제가 되는 상황은 화자가 기다림의 대상과 만나면 해소될 가능성이 있겠군.
④ ㉰는 기다림의 대상을 적극적으로 찾아가겠다는 화자의 각오와 관련이 있다고 볼 수 있군.
⑤ 화자는 ㉯에서 발생한 원망을 ㉮에서 개에게 전가하고 있군.

05 〉 김수영, 「어느 날 고궁을 나오면서」

2013학년도 9월 고2 학력평가 A형 41~42번 B형 44~45번

[014~015] 다음 글을 읽고 물음에 답하시오.

㉠왜 나는 조그만 일에만 분개하는가.
저 왕궁 대신에 왕궁의 음탕 대신에
오십 원짜리 갈비가 기름 덩어리만 나왔다고 분개하고
옹졸하게 분개하고 설렁탕집 **돼지 같은 주인년**한테 욕을 하고
옹졸하게 욕을 하고

한 번 정정당당하게
붙잡혀 간 소설가를 위하여
언론의 자유를 요구하고 월남 파병에 반대하는
자유를 이행하지 못하고
이십 원을 받으러 세 번씩 네 번씩
찾아오는 야경꾼*만 증오하고 있는가.

옹졸한 나의 **전통은 유구**하고 이제 내 앞에 정서로
가로놓여 있다.
㉡이를테면 이런 일이 있었다.
부산에 포로 수용소의 제십사 야전 병원에 있을 때
정보원이 너어스들*과 스폰지를 만들고 거즈를 개키고 있는
나를 보고 포로 경찰이 되지 않는다고
남자가 뭐 이런 일을 하고 있느냐고 놀린 일이 있었다.
너어스들 옆에서

지금도 내가 반항하고 있는 것은 이 스폰지 만들기와
거즈 접고 있는 일과 조금도 다름없다.
개의 울음소리를 듣고 그 비명에 지고
머리에 피도 안 마른 애놈의 투정에 진다.
떨어지는 은행나뭇잎도 내가 밟고 가는 가시밭

㉢아무래도 나는 비켜서 있다. **절정 위에는 서 있지**
않고 암만해도 조금쯤 옆으로 비켜서 있다.
그리고 조금쯤 옆에 서 있는 것이 조금쯤
비겁한 것이라고 알고 있다!

그러니까 이렇게 옹졸하게 반항한다.
㉣이발쟁이에게
땅주인에게는 못하고 이발쟁이에게
구청 직원에게는 못하고 동회 직원에게도 못하고
야경꾼에게 이십 원 때문에 십 원 때문에 일 원 때문에
우습지 않으냐 일 원 때문에

㉤모래야 **나**는 얼마큼 작으냐.
바람아 먼지야 풀아 난 얼마큼 작으냐.
정말 얼마큼 작으냐……
　　　　　　　　　　　　　– 김수영, 「어느 날 고궁을 나오면서」–

***야경꾼** 밤 사이 화재나 범죄가 없도록 살피고 지키는 사람.
***너어스들** 간호사들.

014 ▶ 24950-0014

㉠~㉤에 나타난 표현상의 특징으로 적절하지 않은 것은?

① ㉠: 자조적인 표현을 통해 시적 의미를 강조하고 있다.
② ㉡: 과거의 경험을 제시하여 정서의 변화를 보여 주고 있다.
③ ㉢: 의도적 행갈이를 통해 시적 긴장감을 유지시키고 있다.
④ ㉣: 의미가 대비되는 시어를 사용하여 상황을 부각하고 있다.
⑤ ㉤: 동일 시구의 반복과 변주로 주제 의식을 강조하고 있다.

015 ▶ 24950-0015

〈보기〉를 바탕으로 윗글을 이해할 때 그 내용으로 적절하지 않은 것은? [3점]

● 보기 ●

일상적 제재와 비속어의 사용은 자신의 소시민적이고 속물적인 근성을 피하지 않고 정직하게 바라본 김수영 시의 특징이다. 이 정직함은 자신과 세계를 바로 응시할 수 있게 하고, 자기 비판을 가능하게 한다. 이러한 비판 정신은 기존 질서에 대항하고 역사와 현실의 불합리에 맞서는 힘이 된다.

① '돼지 같은 주인년'이라는 표현은 설렁탕집 주인의 속물적 근성에 대한 맹렬한 비판이겠군.
② '자유를 이행하지 못하고' 있다는 생각은 소시민성에 대한 자각을 나타낸 것으로 볼 수 있겠어.
③ '전통은 유구'하다는 인식은 과거 자신의 처신에 대한 정확한 응시에 근거한 것이겠군.
④ '절정 위에' 서 있는 것은 기존 질서에 적극적으로 대항하는 것이라 하겠어.
⑤ '나'의 반성은 자기비판을 넘어 역사와 현실의 불합리에 맞서는 힘이 될 수 있겠군.

수능특강 연계 기출 고전 시가 · 현대시

II

적용 학습

[001~004] 다음 글을 읽고 물음에 답하시오.

가

이분법적 구별법에 따르면, 구비 문학은 음성 언어로, 기록 문학은 문자 언어로 창작되고 연행되고 전승되는 문학이다. 이에 따라 우리의 시가 문학사에서 창작과 연행, 전승이 모두 음성 언어로 이루어지는 민요를 제외한 나머지 대부분의 역사적 갈래들은 기록 문학으로 분류되곤 한다. 그러나 과거에 시가(詩歌) 작품들이 노래로 향유되었던 양상에 주목해 보면 구비 문학적 요소가 의외로 강했다는 점을 확인할 수 있다.

주로 신라 시대에 향유되었던 향가는 한자의 음과 뜻을 빌려 우리말을 표기한 향찰 문학이다. 문자로 기록되었으므로 당연히 기록 문학에 해당된다. 그런데 향가 작품들을 소개하는 『삼국유사』에는 '(노래를) 지어 불렀다'는 식의 시술이 곳곳에 보인다. 고려 때의 문헌인 『균여전』에는 듣고 외우고 읊조리는 방식으로 향유된 사실을 명시하고 있다. 물론 창작 단계에서도 향찰로 기록되었는지 여부는 확실하지 않다. 향가가 문자가 아닌 음성으로 향유되었을 것으로 짐작할 수 있는 간접적인 단서도 있다. 충담사가 지었다는 「찬기파랑가」에 대해 동시대의 임금이었던 경덕왕은 그 뜻이 매우 높다는 평가를 내리기도 했다. 이는 ㉠이상적인 인물에 대한 찬양의 뜻을 높이 평가한 것으로 추정된다. 이 노래는 이처럼 궁중에 기거하는 임금까지도 알고 있을 정도로 당대에 매우 유명한 작품으로서, 향찰로 기록되고 전파되는 경로와는 별도로 음성 언어로 연행되고 전파되는 경로도 가졌을 것으로 짐작된다. 고려 시대의 문헌인 『삼국유사』와 『균여전』에 수록되기까지 전승되는 과정에서 약간씩의 변개가 있었을 것임도 충분히 짐작할 수 있다.

궁중에서 공적인 관계를 맺고 있는 군신들에 의해 음악으로 향유되었던 고려 속요는 그 뿌리가 대체로 민요에 있었다. 「서경별곡」에서 확인할 수 있듯이, 고려 속요에는 민요에서 흔히 볼 수 있는 개인적 생활과 감정이 선명하게 보이며, 유려한 율조의 사설, ㉡애정과 관련된 진술한 감정 표현, 반복과 병렬에 의한 사설의 짜임새, 여음의 삽입, 분연체 형식 등도 고스란히 나타난다. ⓐ다소 비유기적으로 보이는 시상 전개는 민요 자체에서도 발견될 뿐만 아니라 궁중 음악으로 흘러들어 가는 과정에서 생겨난 구비적 부산물이기도 하다. 또한 고려 속요는 조선조에 이르러 한글이 창제되기를 기다려서야 우리말 가사가 기록될 수 있었으므로, 이때까지는 명실상부하게 구비 문학이었던 것이다.

향가와 고려 속요는 이처럼 구비 문학으로서 존재했던 시기가 있었다. 우리가 향가나 고려 속요를 '시' 대신에 '시가'라고 칭하면서 '노래'라는 표지를 강조하는 데는 이러한 사정이 깔려 있다. 그러나 같은 구비 문학이라 하더라도 구비 문학으로서의 정체성은 편차가 있다. 개인이 창작한 작품이 많은 향가는 구비 문학적 특성이 주로 연행의 국면에서 나타나지만, 대체로 민요에서 출발한 고려 속요는 창작과 연행, 전승의 모든 국면에서 구비 문학적 특성이 발휘되는 것이다. 고려 속요 작품을 창작한 이가 누구인지 알 수 없는 것도 그만큼 구비 문학적 특성이 강하기 때문이다.

향가나 고려 속요에서 발견되는 이러한 구비 문학적 특성들은 조선 시대에 광범위하게 향유된 시조에도 이어지면서 우리 시가사의 한 전통으로 자리를 잡고 있다.

나

흐느끼며 바라보매
이슬 밝힌 달이
흰 구름 따라 떠간 언저리에
모래 가른 물가에
기랑의 모습이올시 수풀이여
일오(逸烏)* 냇가 자갈 벌에서
낭이 지니시던
마음의 끝을 좇고 있노라
아아, 잣나무 가지가 높아
눈이라도 덮지 못할 고깔이여

– 충담사, 「찬기파랑가」 –

*일오 지명으로 추정됨.

다

서경(西京)이 아즐가 서경이 셔울히마르는
　　위 두어렁셩 두어렁셩 다링디리
닷곤듸 아즐가 닷곤듸 쇼셩경 고외마른*
　　위 두어렁셩 두어렁셩 다링디리
여히므론* 아즐가 여히므론 질삼뵈 브리시고
　　위 두어렁셩 두어렁셩 다링디리
괴시란듸* 아즐가 괴시란듸 우러곰 좃니노이다
　　위 두어렁셩 두어렁셩 다링디리

구스리 아즐가 구스리 바회예 디신들
　　위 두어렁셩 두어렁셩 다링디리

긴힛든 아즐가 긴힛든 그츠리잇가 나는
　　위 두어렁셩 두어렁셩 다링디리
즈믄 히룰 아즐가 즈믄 히룰 외오곰 녀신들
　　위 두어렁셩 두어렁셩 다링디리
신(信)잇든 아즐가 신잇든 그츠리잇가 나는
　　위 두어렁셩 두어렁셩 다링디리

대동강(大同江) 아즐가 대동강 너븐디 몰라셔
　　위 두어렁셩 두어렁셩 다링디리
빈 내여 아즐가 빈 내여 노흔다 샤공아
　　위 두어렁셩 두어렁셩 다링디리
네 가시 아즐가 네 가시 럼난디* 몰라셔
　　위 두어렁셩 두어렁셩 다링디리
녈 비예 아즐가 녈 비예 연즌다 샤공아
　　위 두어렁셩 두어렁셩 다링디리
대동강 아즐가 대동강 건너편 고즐여
　　위 두어렁셩 두어렁셩 다링디리
빈 타들면 아즐가 빈 타들면 것고리이다 나는
　　위 두어렁셩 두어렁셩 다링디리

– 작자 미상, 「서경별곡」 –

*쇼셩경 고외마른 작은 서울, 곧 서경을 사랑하지만.
*여히므론 (임과) 이별하기보다는.
*괴시란듸 사랑해 주신다면.
*럼난디 바람난 줄. 음란한 줄.

001 ▶ 24950-0016

(가)의 내용에 대한 이해로 적절하지 않은 것은?

① 향가는 창작과 향유, 전승이 모두 문자 언어와 음성 언어의 이원적 경로로 이루어졌다.

② 고려 속요는 대체로 민요로 출발하여 궁중으로 전파되어 간 구비 문학 갈래이다.

③ 고려 속요의 우리말 가사는 고려 시대 때 암송과 기억에 의존하여 향유되었다.

④ '시가'라는 용어에는 구비 문학적 특성이 내포되어 있다.

⑤ 조선 시대의 시조는 구비 문학적 특성을 이어받은 갈래이다.

002 ▶ 24950-0017

(가)를 바탕으로 (나)와 (다)의 향유 방식에 대해 추론한 것으로 적절하지 않은 것은?

① (나)는 궁중에서 임금이나 신하들이 소리로 듣고 외우고 읊조리는 방식으로 향유했겠군.

② (나)는 신라 시대에 향유될 때와 고려 시대에 이르러 문헌에 기록될 때의 노랫말이 다를 수 있겠군.

③ (다)를 군신들이 향유할 때는 남녀 간 애정에 대한 내용이 군신 관계의 도리에 대한 내용으로 이해되기도 했겠군.

④ (다)는 조선 시대에 들어 한글로 기록되면서 노랫말의 민요적 성격을 잃어버리고 기록 문학으로 탈바꿈했겠군.

⑤ (다)가 음악으로 연행될 때는 규칙적으로 반복되는 여음이 현장의 정서적 감흥을 높이는 역할을 했겠군.

003 ▶ 24950-0018

㉠과 ㉡에 주목하여 (나)와 (다)에 대해 각각 이해한 것으로 가장 적절한 것은?

① (나)에서는 천상의 '달'을 지상의 '물'이 지닌 이미지에 대립시켜 화자가 추구하는 숭고한 정신세계를 보여 준다.

② (나)에서는 고매한 인물인 '낭'을 '눈'도 덮지 않을 만큼 높이 솟은 '잣나무 가지'에 빗대어 찬양한다.

③ (다)의 1연에서는 '질삼뵈(길쌈베)'를 화자 자신과 임의 사랑을 방해하는 환경으로 보고 이를 타개하고자 한다.

④ (다)의 2연에서는 '구슬'을 임에, '긴(끈)'을 자신에 빗대어, 이별 후에는 혼자 살아갈 화자 자신의 운명을 예언한다.

⑤ (다)의 3연에서는 화자가 추구하는 이상적인 사랑을 '곶(꽃)'에 빗대어 미화하여 표현한다.

004 ▶ 24950-0019

ⓐ와 관련된 〈보기〉의 설명을 참조할 때, (다)의 화자의 태도에 대한 감상으로 가장 적절한 것은? [3점]

• 보기 •

　세 개의 연으로 이루어진 「서경별곡」은 화자의 정서나 태도가 일관되지 않고 각 연마다 다소 달라 연 단위의 개별성이 강하다는 특징이 있다. 이를 근거로 하여 이 노래는 본래 다른 노래에 있던 노랫말을 합성하여 만들어졌다는 견해도 제기되었다. 그러나 제각각 다른 화자의 정서나 태도를 이별에 대응하는 인간 심리의 복합적인 운동 양상으로 보아, 한 편의 노래로서 완결성을 갖는다는 또 다른 견해도 있다.

① 1연에서는 임의 사랑을 못 미더워하다가, 2연에서는 떠난 임에 대한 원망이 지배적인 정서로 나타난다는 점에서, 두 연은 서로 모순된 정서를 개별적으로 표현한다 하겠군.

② 1연에서는 떠나가는 임을 적극적으로 만류하다가, 2연에서는 영원한 이별을 예감하면서 기적적인 재회를 기대하고 있다는 점에서, 두 연은 이별 직전과 이별 이후의 연속적인 정서로 이해할 수 있겠군.

③ 1연에서는 떠나가는 임을 따라가겠다는 애착을 보이다가, 3연에서는 이별 이후의 임에 대한 불신감을 표한다는 점에서, 두 연은 임에 대한 양가적 감정을 보여 주는 것으로 이해할 수 있겠군.

④ 2연에서는 이별을 운명론적인 태도로 수용하는 데 비해, 3연에서는 임에게 이별의 책임을 전가한다는 점에서, 두 연은 서로 이질적인 정서를 개별적으로 드러내고 있다 하겠군.

⑤ 2연에서는 이별 후에 임을 기다리는 간절한 정서가 나타나다가, 3연에서는 타인의 애정 파탄에 대한 연민을 보여 준다는 점에서, 두 연은 서로 개별적인 정서를 표현한다 하겠군.

Ⅱ
적용
학습

02 임제, 「무어별」/ 황진이, 「영반월」

2016학년도 인터넷 수능 국어 B형 87~88쪽 1~3번

[005~007] 다음 글을 읽고 물음에 답하시오.

가

열다섯 살 월나라 시냇가 아가씨   十五越溪女
남 보기 부끄러워 말 못하고 헤어졌네   羞人無語別
돌아와 겹문을 꼭꼭 걸어 잠그고   歸來掩重門
배꽃 비추는 달을 바라보며 눈물 흘리네   泣向梨花月

― 임제, 「무어별(無語別)」 ―

나

누가 곤륜산의 옥을 잘라 내어   誰斷崑山玉
직녀의 빗으로 만들었나   裁成織女梳
견우와 이별한 직녀가   牽牛離別後
시름 겨워 창공에 던져 버렸네   愁擲碧空虛

― 황진이, 「영반월(詠半月)」 ―

005 ▶ 24950-0020

(가)와 (나)의 공통점에 대한 설명으로 적절한 것은?

① 계절감을 주는 어휘로 시적 분위기를 조성하고 있다.

② 자연적 배경을 활용하여 이별의 정서를 드러내고 있다.

③ 의문형 문장을 사용하여 화자의 정서를 드러내고 있다.

④ 대상을 화자의 시선에 따라 객관적으로 묘사하고 있다.

⑤ 색채 이미지의 대비를 통해 현실에 대한 인식을 드러내고 있다.

006 ▶ 24950-0021

〈보기〉를 참고하여 (가)를 감상한 내용으로 적절하지 않은 것은?

● 보기 ●

임제의 초기 염정시 중에는 제삼자의 눈으로 여성을 관찰하여 묘사하고 정황을 진술하게 전달하는 데에 중점을 둔 것들이 많다. 이러한 경향의 작품들은 선경 후정의 구도 속에서 여인의 정감과 경물을 자연스럽게 연결 짓고 있다.

① '열다섯 살 월나라 시냇가 아가씨'를 관찰 대상으로 삼았군.

② '남 보기 부끄러워'에는 부끄러움의 대상이 시적 화자임이 드러나 있군.

③ '말 못하고 헤어졌네'는 관찰 대상의 행동을 묘사한 것이라 할 수 있군.

④ '배꽃 비추는 달'은 여인의 정감을 부각하는 경물이라 할 수 있군.

⑤ '눈물 흘리네'는 여인의 심리 상태가 진술하게 드러나는 행동으로 볼 수 있군.

007 ▶ 24950-0022

(나)의 창작 과정을 가상으로 도식화한 것이다. 적절하지 않은 것은?

	발상		표현
①	달을 다른 대상으로 바꾸어 나타냄.		직녀의 빗에 빗댐.
②	여인이 아름답게 단장하는 데 쓰임.		곤륜산의 옥으로 빗을 만듦.
③	이별의 심정을 드러냄.	➡	시름에 겨움.
④	재회의 기대를 나타냄.		창공에서 만남.
⑤	더 이상 단장할 필요가 없음.		빗을 던져 버림.

03 ▶ 작자 미상, 「사모곡」 / 작자 미상, 「상저가」

2016학년도 인터넷 수능 국어 B형 68~69쪽 1~3번

[008~010] 다음 글을 읽고 물음에 답하시오.

가

호미도 ᄂᆞᆯ히언마ᄅᆞᄂᆞᆫ	호미도 날이지마는
ᄂᆞᆮᄀᆞ티 들리도 업스니이다	㉠낫같이 잘 들 리도 없습니다.
아바님도 어이어신마ᄅᆞᄂᆞᆫ	아버님도 어버이시지마는
위 덩더둥셩	위 덩더둥셩
어마님ᄀᆞ티 괴시리 업세라	어머님같이 사랑하실 이 없어라.
아소 님하 어마님ᄀᆞ티 괴시리 업세라	아, 임이여! 어머님같이 사랑하실 이 없어라.

– 작자 미상, 「사모곡(思母曲)」 –

나

듥긔동 방해나 디히 히얘	덜커덩 방아나 찧어 히얘
게우즌 바비나 지서 히얘	거친 ㉡밥이나 지어 히얘
아바님 어마님ᄯᅴ 받ᄌᆞᆸ고 히야해	아버님 어머님께 바치옵고 히야해
남거시든 내 머고리 히야해 히야해	남거든 내 먹으리 히야해 히야해

– 작자 미상, 「상저가(相杵歌)」 –

008 ▶ 24950-0023

(가)와 (나)의 특징에 대한 설명으로 적절하지 않은 것은?

① (가)는 두 대상을 비교함으로써 자신의 마음을 드러내고 있다.
② (가)는 특정 표현을 두 차례 반복함으로써 주제를 강조하고 있다.
③ (나)는 각 행마다 조흥구를 배치하고 있다.
④ (나)는 각 행마다 화자의 행위를 드러내고 있다.
⑤ (가)와 (나)는 모두 연쇄법을 활용하여 율격을 형성하고 있다.

009 ▶ 24950-0024

㉠과 ㉡의 역할에 대한 설명으로 적절한 것은?

① ㉠과 ㉡은 모두 다른 대상에 비해 우월한 존재로 나타나 있다.
② ㉠과 ㉡은 모두 자식을 대하는 부모의 일방적인 사랑을 상징하고 있다.
③ ㉠은 가족 간의 애정을, ㉡은 가족 간의 갈등을 나타내고 있다.
④ ㉠은 농사짓는 과정의 어려움을, ㉡은 농사에 따른 결실을 보여 주고 있다.
⑤ ㉠은 자식을 향한 어머니의 마음을, ㉡은 부모를 향한 자식의 마음을 보여 주고 있다.

010 ▶ 24950-0025

〈보기〉를 참고하여 (가)와 (나)를 이해한 내용으로 적절하지 않은 것은?

> ● 보기 ●
>
> 이 작품들에 담긴 효친의 정은 나라의 태평과 민생의 안정을 기리고 상층과 하층이 함께 향유하는 상하동락(上下同樂)의 매개체 역할을 맡았다. 이러한 기능상의 가치가 있기 때문에 이들은 민간의 생활과 정서를 반영한 소박한 노래이면서도 궁중악으로 채용되고 또 존속해 온 것이다. 이 작품들의 민간 가요로서의 성격은 궁중 음악으로의 개작에도 불구하고 살아남은 것이 아니라, 효행이라는 그 본래의 가치 덕택에 적극적으로 보존된 것으로 이해해야 할 것이다.

① (가)에서 나타난 어머니에 대한 사랑이 상하동락의 매개로 작용할 수 있었겠군.
② (가)는 어버이의 사랑을 농사 도구에 비유한 점에서 민간 가요로서의 성격을 드러내고 있군.
③ (나)에서 효친의 정은 부모님께 밥을 지어 드리는 순박한 태도를 통해서도 엿볼 수 있군.
④ (나)에서는 노동하는 백성의 생활 모습과 상층의 궁중 생활 모습이 함께 드러나는군.
⑤ (가)와 (나)에 공통으로 나타나 있는 효행의 가치 덕분에 이 가요들이 전승될 수 있었군.

04 작자 미상, 「정석가」 / 김구, 「올히 댤은 다리 ~」 / 작자 미상, 「이별요」

2020학년도 수능특강 문학 260~262쪽 1~5번

[011~015] 다음 글을 읽고 물음에 답하시오.

가

삭삭기 셰몰애 별헤 나는
삭삭기 셰몰애 별헤 나는
구은 밤 닷 되를 심고이다
그 바미 우미 도다 삭 나거시아
그 바미 우미 도다 삭 나거시아
유덕(有德)ᄒ신 님믈 여히ᄋᆞ와지이다　〈제2연〉

옥(玉)으로 연(蓮)ㅅ고즐 사교이다
옥(玉)으로 연(蓮)ㅅ고즐 사교이다
바회 우희 접주(接柱)ᄒ요이다
그 고지 삼동(三同)이 퓌거시아
그 고지 삼동(三同)이 퓌거시아
유덕(有德)ᄒ신 님 여히ᄋᆞ와지이다　　〈제3연〉

구스리 **바회**예 디신들
구스리 바회예 디신들
긴힛ᄃᆞᆫ 그츠리잇가
즈믄히를 외오곰 녀신들
즈믄히를 외오곰 녀신들
신(信)잇ᄃᆞᆫ 그츠리잇가　　〈제6연〉

　　　　　　　– 작자 미상, 「정석가(鄭石歌)」 –

나

올히 댤은*다리 학긔 다리 되도록애
거믄 가마괴 해오라비 되도록애
향복 무강(享福無疆)*ᄒ샤 **억만세(億萬歲)**를 누
리소셔
　　　　　　　　　　– 김구 –

*올히 댤은　오리의 짧은.
*향복 무강　끝없이 복을 누림.

다

님아 님아 우리 님아
이제 가면 언제 올지
병풍에 **그린 닭**이
꼭교 울면 다시 올래
옹솥에 **삶은 밤**이
싹이 나면 다시 올래
고목나무 **새싹** 돋아
꽃이 피면 다시 올래
님아 님아 우리 님아
병자년 보리 흉년에
장내 장아리 웃장 당그며
잔 엿가래 굵은 엿가래
사다 주던 우리 님아
어데 가서 올 줄도 모르는고
용 가는 데 구름 가고
비 가는 데 바람 가고
님 가는 데 나는 가오

　　　　　　　– 작자 미상, 「이별요(離別謠)」 –

011 ▶ 24950-0026

(가)~(다)의 시어에 대한 설명으로 적절하지 않은 것은?

① (가)의 '구은 밤'과 (다)의 '삶은 밤'은 모두 씨앗으로서의 기능을 상실한 상태에 있다.

② (가)의 '삭'과 (다)의 '새싹'은 모두 새로운 생명의 탄생을 나타내고 있다.

③ (가)의 〈제3연〉과 〈제6연〉의 '바회'는 모두 단단하다는 물리적 속성을 함축하고 있다.

④ (나)의 '억만세'는 (가)의 '즈믄히'와 마찬가지로 끝없이 오랜 세월을 의미하고 있다.

⑤ (나)의 '거믄 가마괴'와 (다)의 '그린 닭'은 모두 평온한 일상의 모습을 상징하고 있다.

012 ▶ 24950-0027

(가)에 대한 설명으로 가장 적절한 것은?

① 〈제2연〉과 〈제3연〉은 모두 공감각적 심상을 활용하여 공간적 배경을 제시하고 있다.

② 〈제2연〉과 〈제3연〉은 소재는 다르지만, 유사한 구성으로 동일한 주제를 드러내고 있다.

③ 〈제2연〉, 〈제3연〉에서 화자가 가졌던 '님'에 대한 기대감이 〈제6연〉에서 실망감으로 변하고 있다.

④ 〈제3연〉과 〈제6연〉은 청자를 직접 호명하여 상대의 반응을 유도하는 표현 방식이 사용되고 있다.

⑤ 〈제6연〉에서는 홀로 남겨진 화자의 괴로움을 구체적으로 묘사하여 '님'이 돌아오기를 촉구하고 있다.

013 ▶ 24950-0028

(가)와 (다)를 비교한 내용으로 적절하지 않은 것은?

① (가), (다)의 화자는 모두 '님'과의 추억을 환기하며 '님'의 소중함을 떠올리고 있다.

② (가), (다)의 화자는 의문문을 통해 각각 '님'에 대한 믿음과 그리움을 강조하고 있다.

③ (가)의 화자는 (다)의 화자에 비해 공손한 말투로 '님'에 대한 존경심을 표현하고 있다.

④ (가)의 화자와 달리 (다)의 화자는 돌아오지 않는 '님'에 대한 아쉬움을 드러내고 있다.

⑤ (가)의 화자와 달리 (다)의 화자는 자연 현상에 빗대어 '님'과 자신의 관계를 비유하고 있다.

014 ▶ 24950-0029

(나)와 〈보기〉의 [A]에 대한 이해로 가장 적절한 것은?

• 보기 •

조선 중종 때의 문신인 김구가 어느 날 옥당에서 숙직하며 소리 내어 글을 읽고 있었는데, 마침 임금이 산책을 하다가 이 소리를 듣고 들어왔다. 황공해하는 김구에게 임금은 달이 밝아 후원에 나왔다가 글 읽는 소리에 마음이 끌려 찾아왔으니, 군신의 예가 아닌 친구로 사귀겠다 하고 술을 함께 마셨다. 임금이 노래를 권하니 김구는 다음의 시조와 (나)의 시조를 즉석에서 지어 불렀다 한다.

[A]
나온댜 금일이야 즐거온댜 오늘이야
고금 왕래에 유(類) 없는 금일이여
매일이 오늘 같으면 무슨 성이 가시리*

***무슨 성이 가시리** 무슨 성가신 일이 있으리.

① [A]에서 반복되는 '금일'과 '오늘'은 창작의 배경이 된 사건이 일상적임을 상징하고 있다.
② (나)의 '향복 무강'의 주체에는 실제의 창자와 청자인 작가와 임금이 모두 포함되어 있다.
③ (나)는 군신 사이에 지켜야 할 예의를, [A]는 친구 사이에 나누는 우정을 노래하고 있다.
④ (나)에는 청자에 대한 바람이, [A]에는 화자의 현재 심리가 직접적으로 드러나고 있다.
⑤ (나)에서는 평시조의 정형적인 율격이 유지되고 있으나, [A]에서는 율격의 변화가 나타나고 있다.

015 ▶ 24950-0030

〈보기〉를 참고하여 (가)~(다)를 감상한 내용으로 적절하지 않은 것은?

• 보기 •

선생님: 한국인의 언어문화에는 현실에서 일어날 수 없는 일들을 조건으로 제시하여 간절한 마음을 드러내는 독특한 발상이 종종 나타납니다. 예컨대 '동해물과 백두산이 마르고 닳도록'이라는 「애국가」의 한 구절은 실제로는 일어날 수 없는 상황을 조건으로 하여 우리나라가 영원히 지속되리라는 강한 믿음과 소망을 드러내고 있지요. (가)~(다) 역시 모두 이와 같은 발상이 나타나는 작품들입니다. 이 작품들에 나타나는 ㉠불가능한 조건을 중심으로 작품을 깊이 있게 감상해 볼까요?

① (가)의 화자는 ㉠을 통해 '님'의 곁에 머물고 싶은 강한 의지를 보여 주고 있군.
② (가)와 (나)의 화자들은 ㉠을 언급하여 청자에 대한 찬양의 마음을 드러내고 있군.
③ (가), (나), (다)의 화자들은 ㉠을 통해 영원한 시간을 나타내려 하고 있군.
④ (나)의 화자가 ㉠을 거듭 제시함에 따라 상대의 고귀한 신분과 신이한 능력이 부각되고 있군.
⑤ (다)의 화자가 ㉠을 반복하는 데에서 '님'과 다시 만나는 일이 쉽지 않다는 것이 암시되고 있군.

05 주세붕, 「오륜가」 / 이곡, 「차마설」

[016~019] 다음 글을 읽고 물음에 답하시오.

가

사람 사람마다 이 말삼 드러사라
이 말삼 아니면 **사람이라도 사람 아니니**
이 말삼 잇디 말고 배우고야 마로리이다
〈제1수〉

아바님 날 나흐시고 어마님 날 기르시니
부모(父母)곧 아니시면 내 몸이 업실랏다
이 덕(德)을 갚흐려 하니 하늘 가이 업스샷다
〈제2수〉

종과 주인과를 뉘라셔 삼기신고
벌과 개미가 이 뜻을 몬져 아니
한 마암애 두 뜻 업시 속이지나 마옵사이다
〈제3수〉

지아비 밭 갈라 간 데 밥고리 이고 가
반상을 들오되 눈썹에 마초이다
진실로 고마오시니 손이시나 다르실가
〈제4수〉

형님 자신 젖을 내 조처 먹나이다
어와 우리 **아우**야 어마님 너 사랑이야
형제(兄弟)가 불화(不和)하면 **개돼지**라 하리라
〈제5수〉

늙은이는 **부모** 같고 **어른**은 **형** 같으니
같은데 불공(不恭)하면 어디가 다를고
나이가 많으시거든 절하고야 마로리이다
〈제6수〉

– 주세붕, 「오륜가」 –

나

나는 집이 가난해서 말이 없기 때문에 간혹 남의 말을 빌려서 탔다. 그런데 **노둔하고 야윈 말**을 얻었을 경우에는 일이 아무리 급해도 감히 채찍을 대지 못한 채 금방이라도 쓰러지고 넘어질 것처럼 **전전긍긍**하기 일쑤요, 개천이나 도랑이라도 만나면 또 말에서 내리곤 한다. 그래서 후회하는 일이 거의 없다. 반면에 발굽이 높고 귀가 쫑긋하며 잘 달리는 **준마**를 얻었을 경우에는 **의기양양**하여 방자하게 채찍을 갈기기도 하고 고삐를 놓기도 하면서 언덕과 골짜기를 모두 평지로 간주한 채 매우 유쾌하게 질주하곤 한다. 그러나 간혹 위험하게 말에서 떨어지는 환란을 면하지 못한다.

아, 사람의 감정이라는 것이 어쩌면 이렇게까지 달라지고 뒤바뀔 수가 있단 말인가. 남의 물건을 빌려서 잠깐 동안 쓸 때에도 오히려 이와 같은데, 하물며 진짜로 자기가 가지고 있는 경우야 더 말해 무엇 하겠는가.

그렇긴 하지만 사람이 **가지고 있는 것** 가운데 남에게 빌리지 않은 것이 또 뭐가 있다고 하겠는가. 임금은 백성으로부터 힘을 빌려서 존귀하고 부유하게 되는 것이요, 신하는 임금으로부터 권세를 빌려서 총애를 받고 귀한 신분이 되는 것이다. 그리고 자식은 어버이에게서, 지어미는 지아비에게서, 비복(婢僕)은 주인에게서 각각 빌리는 것이 또한 심하고도 많은데, 대부분 자기가 본래 가지고 있는 것처럼 여기기만 할 뿐 끝내 돌이켜 보려고 하지 않는다. 이 어찌 **미혹**된 일이 아니겠는가.

그러다가 혹 잠깐 사이에 그동안 빌렸던 것을 돌려주는 일이 생기게 되면, 만방(萬邦)의 **임금도 독부(獨夫)**가 되고 백승(百乘)의 대부(大夫)도 고신(孤臣)이 되는 법인데, 더군다나 미천한 자의 경우야 더 말해 무엇 하겠는가.

맹자(孟子)가 말하기를 "오래도록 차용하고서 반환하지 않았으니, 그들이 자기의 소유가 아니라는 것을 어떻게 알았겠는가."라고 하였다. 내가

이 말을 접하고서 느껴지는 바가 있기에, 「차마설」을 지어서 그 뜻을 부연해 보노라.

– 이곡, 「차마설」 –

016 ▶ 24950-0031

(가), (나)의 공통점으로 가장 적절한 것은?

① 영탄적 표현을 통해 대상의 속성을 예찬하고 있다.
② 상반된 세계관이 대구의 형식을 통해 구체화되고 있다.
③ 바람직하지 않은 인간에 대한 연민의 시선을 담고 있다.
④ 삶의 태도에 대한 경계와 권고의 의도를 드러내고 있다.
⑤ 이상향에 대한 의식을 역설적 표현을 통해 진술하고 있다.

017 ▶ 24950-0032

(가), (나)에 대한 설명으로 가장 적절한 것은?

① (가)는 관념적 덕목을 열거하여 각각이 지닌 모순점을 밝히고 있다.
② (가)는 사람들 사이의 관계를 의식하지 않는 삶의 모습을 옹호하며 시상을 전개하고 있다.
③ (나)는 개인적 체험에서 얻은 깨달음을 사회적 차원으로 일반화하고 있다.
④ (나)는 인물의 내면 심리를 형상화하여 욕망의 실현을 돕는 자연적 질서에 대한 경이감을 표출하고 있다.
⑤ (가)와 (나)는 모두 자연물이 지닌 덕성을 부각하여 인간적 삶에 대한 긍지를 드러내고 있다.

018 ▶ 24950-0033

〈보기〉를 바탕으로 (가)를 감상한 내용으로 적절하지 않은 것은? [3점]

● 보기 ●

교훈적 내용의 시조에는 설득력을 높이기 위한 몇 가지 특징적인 표현 전략이 있다. 우선 윤리적 덕목을 실천해야 하는 인물을 화자로 설정하여 대화 형식을 취하는 경우가 있다. 또한 비유나 상징, 유추, 다른 인물이나 사물과의 대비 등을 통해 화자가 개인 윤리는 물론 가정과 사회의 윤리를 실천하는 주체로서 추구해야 하는 가치를 정당화하기도 한다.

① 〈제3수〉에서는 '벌과 개미'의 생태로부터 윤리적 실천의 주체가 추구해야 하는 가치를 유추하고 있다.

② 〈제4수〉에서는 화자로 내세운 '지아비'와 지어미의 문답 방식을 통해 아내가 추구해야 할 윤리적 가치를 정당화하고 있다.

③ 〈제5수〉에서 어머니의 '젖'은 어머니의 사랑을 상징하는 표현으로서, '형님'과 '아우'가 이를 화제로 삼아 대화를 나누는 형식을 취하고 있다.

④ 〈제5수〉의 '개돼지'는 〈제1수〉의 '사람이라도 사람 아니니'의 의미를 비유적으로 표현한 것으로서 화자가 추구하는 가치를 따르는 윤리적 주체와 대비되고 있다.

⑤ 〈제6수〉에서 '부모'와 '형'은, 〈제2수〉의 '부모'와 〈제5수〉의 '형님'과는 달리, '늙은이'와 '어른'에 빗대어져 쓰임으로써 사회 윤리가 가정 윤리와 연결되어 있음을 보여 주고 있다.

019 ▶ 24950-0034

(나)의 '나'에 대한 이해로 가장 적절한 것은?

① '나'는 '노둔하고 야윈 말'을 빌리는 경우 '전전긍긍'하다가 위험에 처하기 때문에 후회하게 된다고 여기고 있다.

② '나'는 '준마'를 빌려 탈 때의 '의기양양'한 감정이 그것을 소유할 때에는 발생하지 않을 것이라고 예상하고 있다.

③ '나'는 '가지고 있는 것'이 없는 천한 사람들을 '미혹'되었다고 생각하고 있다.

④ '나'는 자기가 소유하고 있는 권력이 빌린 것임을 돌아보는 '임금'의 모습을 '독부'로 표현하고 있다.

⑤ '나'는 '맹자'의 '이 말'에서, 빌린 것을 소유했다고 여기는 사람들에 대한 문제의식을 떠올리고 있다.

06 김상용, 「오륜가」/ 작자 미상, 「우부가」/ 최성각, 「버려진 것들의 생명력」

2022학년도 수능특강 문학 270~273쪽 1~5번

[020~024] 다음 글을 읽고 물음에 답하시오.

가

어버이 자식(子息) 스이 하늘 삼긴 지친(至親)이라
부모곳 아니면 이 몸이 이실소냐
오조(烏鳥)도 반포(反哺)*를 ᄒᆞ니 부모 효도ᄒᆞ여라
〈제1수〉

형제(兄弟) 두 몸이나 일기(一氣)로 ᄂᆞ화시니
인간(人間)의 귀(貴)ᄒᆞᆫ 거시 이 외(外)예 ᄯᅩ 잇ᄂᆞᆫ가
갑 주고 못 어들 거슨 이ᄲᅢᆫ인가 ᄒᆞ노라
〈제4수〉

벗을 사괴오ᄃᆡ 처음의 삼가ᄒᆞ야
날도곤 나으 니로 굴희여 사괴여라
종시(終始)히 신의(信義)를 딕희여 구이경지(久而敬之)*ᄒᆞ여라
〈제5수〉

— 김상용, 「오륜가(五倫歌)」 —

*오조도 반포 까마귀 새끼가 자라서 어버이에게 먹이를 먹여 준다는 뜻으로, 자식이 부모의 은혜에 보답함을 이르는 말.
*구이경지 오래도록 공경함.

나

내 말씀 광언이나 저 화상을 구경허게
남촌 한량(閑良) 개똥이는 부모 덕에 편히 놀고
호의호식 무식허고 미련하고 용통하야
눈은 높고 손은 커서 가량없이 주제넘어
시체(時體) 따라 의관허고 남의 눈만 위허것다
(중략)
명조상*을 떠세허고* 세도 구멍 기웃기웃
염량* 보아 진봉*허기 재업을 까불리고

*명조상 이름난 조상.
*떠세허고 재물이나 힘 따위를 내세워 젠체하고 억지를 쓰고.

허욕으로 장사허기 남의 빚이 태산이라
내 무식은 생각 않고 어진 사람 미워허기
후할 데는 박하야서 한 푼 돈에 땀이 나고
박할 데는 후하야서 수백 냥이 헛것이라
승기자(勝己者)를 염지(厭之)허니* 반복소인(反覆小人) 허기진다
내 몸에 이(利)할 대로 남의 말을 탄(憚)치 않고
친구 벗은 좋아하며 제 일가(一家)는 불목(不睦)하며
병날 노릇 모다 하고 인삼 녹용 몸 보키와
주색잡기 모도 하야 돈 주정을 무진 허네
부모 조상 돈망*허여 계집 자식 재물 수탐(搜探)
일가친척 구박허며 내 인사는 나중이요
남의 흉만 잡아낸다
내 행세는 개차반에 경계판을 짊어지고*
없는 말도 지어내고 시비의 선봉이라
날 데 없는 용전여수(用錢如水)* 상하탱석(上下撑石)하여 가니
손님은 채객(債客)이요 윤의(倫義)는 내 몰라라
입 구멍이 제일이라 돈 날 노릇 하여 보세
전답 팔아 변돈 주기 종을 팔아 월수 주기
구목(丘木) 베어 장사하기 서책 팔아 빚 주기와
동네 상놈 부역이요 먼 데 사람 행악이며
잡아오라 꺼물려라 자장격지(自將擊之)* 몽둥이질
전당 잡고 세간 뺏기 계집 문서 종 삼기와
사(私) 결박에 소 뺏기와 불호령에 솥 뺏기와
여기저기 간 곳마다 적실인심하겠구나
사람마다 도적이요 원망하는 소리로다

— 작자 미상, 「우부가(愚夫歌)」 —

＊**염량** 세력의 성함과 쇠함.

＊**진봉** 물건을 싸서 임금에게 바침. 여기서는 윗사람에게 바친다는 뜻.

＊**승기자를 염지허니** 재주가 자기보다 나은 사람을 싫어하니.

＊**돈망** 까맣게 잊어버림.

＊**경계판을 짊어지고** 시비를 가리기 좋아한다는 말.

＊**용전여수** 돈을 물처럼 흔하게 씀.

＊**자장격지** 남에게 시키지 아니하고 손수 함.

다

지난주, 우연히 창고 뒤쪽의 목재를 정리하다가 보았는데, 놀라워라, 잘린 버드나무 몸통에서 싹이 돋아나고 줄기가 뻗어 있었다. 제법 무성했다. 토막 난 버드나무는 외진 데서 살려고 기를 쓰고 있었던 것이다. 도마뱀 꼬리가 눈앞에서 쑥쑥 자란다 한들 이보다 놀랐을까. 나무토막은 "비록 영문 없이 뿌리는 잃었지만 나, 결단코 죽지 않았다오."라고 조용히 외치고 있는 듯했다. 그런 외침보다, 푸르디푸른 잎을 어떻게 하면 햇살을 더 많이 받아 뻗칠 것인가, 오로지 내 할 일은 그뿐이라는 자세였다.

잘 말려서 겨울에 땔감으로 쓰리라는 생각은 그 순간 사라져 버렸고, 악착같이 살겠다는 녀석들을 어떻게 하면 살릴 수 있을까, 거기 몰두하게 되었다. 동강 난 몸체만 남았지만 싱싱하게 푸른 잎을 밀어 올린 버드나무의 생명력은 식물에게도 혼이 있다면, 그것은 결단코 하급의 층위가 아니라는 것을 웅변하고 있었다. 잎이 특히 무성한 것들만 네 토막을 골라 마당 복판의 작은 우물에 일단 담가 두었다.

아파트 단지든 길거리에서든 눈에 띄는 대로 주워 오는 것은 잘린 버드나무뿐이 아니다. 버린 침대 밑바닥의 널조각도 외면하기에는 너무 아깝다. 개중에는 향이 진동하는 질 좋은 나무도 있다. 깨끗한 자개상도 벌써 다섯 개나 모아 뒀다. 큰 밥상도 있고, 개다리소반도 있다. 멀쩡한 책상은 왜 그리도 자주 버리는지 알 수 없다.

(중략)

사람들이 어느 날 느닷없이 도시로 몰리고 손끝 하나 까딱 않고 뭐든 쉽게 사들이면서 타고난 손의 기능은 퇴화하기 시작했다. 사소한 것들을 손수 만드는, 바꿀 수 없는 기쁨도 사라져 버렸다. 오래 쓰고, 고쳐 쓰고, 다시 쓰는 일보다는 새것을 사는 게 더 멋진 삶이라고 광고는 쉴 새 없이 부추겼고, **사람들은 그 거짓말에 쉽게 굴복했다.** 유한한 자연 자원과 그것들이 사람한테 오기까지 걸린 시간에 모두들 무감각해져 버렸다. 이런 무신경과 난폭한 낭비는 정말 벌받을 짓이 아닐 수 없다. 쓰레기가 어디로 가는지 아무도 신경 쓰지 않는다. 고작 태우거나 묻어 버리는데, 묻어도 능사가 아니지만 태우면 더욱이나 안 되는 것들을 너무 많이 만든다. 이른바, '불필요한 생산'이다. 하지만 자본주의는 불필요한 생산이라도 돈이 된다면 추호의 망설임도 없다. 이렇게 과감한 소비 생활은 외양이 아무리 화려해도 **문명이라는 이름의 야만과 어리석음의 극치**가 아닐 수 없다. 어찌 생각하면, 모두들 허무주의자들 같기도 하다.

㉠"지구라는 우주선에는 승객은 없다. 모두 승무원일 뿐이다."라고 말한 이는 매클루언이었다. 이 행성에 대한 최소한의 책임은커녕, 시방 ㉡우리는 오만한 승객인 양 착각의 삶을 살고 있다. 물에 담가 둔 버드나무 토막을 보고 사람들이 ㉢"어쩌면 살겠네!"라고 한마디씩 건넨다. ㉣나무는 아마 자신을 두고 한 소리라 알아듣지 않겠나 싶다. ㉤살든 못 살든, 물이 좀 올랐다 싶으면 대문 옆에 심을 생각이다.

— 최성각, 「버려진 것들의 생명력」 —

Ⅱ 적용 학습

020 ▶ 24950-0035

(가)~(다)의 공통점으로 가장 적절한 것은?

① 구체적인 대상에게 말을 건네는 방식으로 내용을 전개하고 있다.

② 권위자의 말을 인용하여 대상에 대한 사회적 통념을 깨뜨리고 있다.

③ 윤리적 준거를 바탕으로 바람직한 삶의 태도가 무엇인지 일깨워 주고 있다.

④ 과거와 대비되는 현재 상황을 제시하여 근심을 느끼는 이유를 밝히고 있다.

⑤ 의문형의 문장을 활용하여 인간에게 중요한 것이 무엇인지 깨달았음을 강조하고 있다.

021 ▶ 24950-0036

(가)에 대한 이해로 적절하지 않은 것은?

① '하늘 삼긴 지친'을 통해 부모와 자식의 인연을 강조하고 있다.

② '오조도 반포'를 통해 부모를 봉양하는 일의 당위성을 제시하고 있다.

③ '갑 주고 못 어들 거슨 이쑌'을 통해 우애가 지닌 가치를 부각하고 있다.

④ '처음의 삼가ᄒ야'를 통해 벗을 사귈 때 필요한 신중한 태도에 대해 말하고 있다.

⑤ '구이경지'를 통해 벗과 오래 교제한 사람이 긍정적인 평가를 받을 수 있음을 보여 주고 있다.

022 ▶ 24950-0037

(나)의 개똥이에 대한 설명으로 가장 적절한 것은?

① 사회적 체면을 중시하긴 하지만 스스로 체면을 손상하는 인물이다.

② 돈을 벌어들이는 일에는 관심이 없고 돈을 쓰는 데에만 관심을 갖는 인물이다.

③ 덕망 있는 사람을 시기하지만 상황에 따라 그들과 교제하기를 힘쓰는 인물이다.

④ 타인들에 대해서는 배타적이지만 일가친척에 대해서는 매우 포용적인 인물이다.

⑤ 조상을 섬기는 일에 관심이 없기 때문에 조상 덕을 보려는 사람에 대해 비판적인 인물이다.

023 ▶ 24950-0038

(다)의 문맥을 고려할 때, ㉠~㉤에 담긴 의도를 이해한 것으로 가장 적절한 것은?

① ㉠: 지구에 존재하는 자원을 사용할 권리는 인간에게만 있다.

② ㉡: 사람들은 자연이 본래부터 지닌 재생 능력을 믿고 있다.

③ ㉢: 사람들은 유한한 자연 자원에 대해 안타까움을 느낀다.

④ ㉣: 자연은 인간의 기대에 부응하는 모습으로 진화한다.

⑤ ㉤: 생명력이 남아 있는 것은 모두 존중해야 한다.

024 ▶ 24950-0039

〈보기〉를 참고하여 (나), (다)를 감상한 내용으로 적절하지 않은 것은?

• 보기 •

설득적인 글에서 글쓴이는 다음과 같은 방법을 통해 대상에 대한 비판과 경계의 메시지를 독자에게 전달하기도 한다. 우선 비판하고자 하는 ㉮대상과 거리 두기를 함으로써 독자의 신뢰를 얻는다. 또한 대상의 부정적 행위를 ㉯나열하거나 ㉰빗대는 방식을 통해 대상의 가치를 추락시킨다. 동시에 ㉱대상에 대해 잘 알고 있는 주변 사람들의 말을 인용하거나 ㉲글쓴이 자신의 생각을 직접 제시함으로써 독자에게 자신의 의도를 효과적으로 전달하는 것이다.

① ㉮: (나)에서 개똥이를 가리킬 때 '저'라는 말을 사용한 것은, 인물과 거리를 두어 그의 잘못된 행위를 객관적으로 보여 주려는 부분으로 볼 수 있겠군.

② ㉯: (나)에서 '사 결박에 소 뺏기와 불호령에 솥 뺏기'는, 개똥이의 탐욕적인 행위를 나열한 부분으로 볼 수 있겠군.

③ ㉰: (다)에서 '사람들은 그 거짓말에 쉽게 굴복했다'는, 무분별한 소비 행위에 빠진 현대인들의 모습을 빗댄 부분으로 볼 수 있겠군.

④ ㉱: (나)에서 '사람마다 도적이요'는, 개똥이와 어울리는 자들의 행위에 대해 사람들이 비난하는 말을 인용한 부분으로 볼 수 있겠군.

⑤ ㉲: (다)에서 '문명이라는 이름의 야만과 어리석음의 극치'는, 현대인들의 낭비 행위에 대한 글쓴이의 부정적인 인식이 드러난 부분으로 볼 수 있겠군.

07 이광명, 「북찬가」

2015학년도 10월 고3 학력평가 A형 38~40번

[025~027] 다음 글을 읽고 물음에 답하시오.

앉은 곳에 해가 지고 누운 자리 밤을 새워
잠든 밧긔 한숨이오 한숨 끝에 눈물일세
밤밤마다 꿈에 뵈니 꿈을 둘너 상시과저[*]
학발자안[*] 못 뵈거든 안족서신[*] 잦아짐에
기다린들 기별 올까 오노라면 달이 넘네
못 본 제는 기다리나 보게 되면 시원할까
노친 소식 나 모를 제 내 소식 노친 알까
산과 강물 막힌 길에 일반고사[*] 뉘 헤올고
묻노라 밝은 달아 두 곳에 비추는가
따르고저 뜨는 ㉠구름 남천(南天)으로 닫는구나
흐르는 내가 되어 집 앞에 두르고저
나는 듯 새나 되어 창가에 가 노닐고저
내 마음 헤아리려 하니 노친 정사(情思) 일러 무삼
여의 잃은 용이오 키 없는 배 아닌가
추풍의 낙엽같이 어드메 가 머무를꼬
제택도 파산하고 친속(親屬)은 분찬[*]하니
도로에 방황한들 할 곳이 전혀 업네

어느 때에 주무시며 무엇을 잡숫는고
일점의리[*] 살피더니 어느 자손 대신할고
나 아니면 뉘 뫼시며 자모(慈母) 밧긔 날 뉘 괼고
남의 업슨 모자 정리(母子情理) 수유상리[*] 못하더니
조물(造物)을 뮈이건가 이대도록 떼쳐 온고

— 이광명, 「북찬가」 —

[*] **꿈을 둘너 상시과저** 꿈을 가져다 현실로 삼고 싶구나.
[*] **학발자안** 머리가 하얗게 센 자애로운 얼굴. 어머니를 가리킴.
[*] **안족서신** 기러기 발목에 매달아 보낸 편지.
[*] **일반고사** 괴롭거나 고통스러운 모든 생각.
[*] **분찬** 바삐 달아나 숨음.
[*] **일점의리** 한 벌의 옷과 한 켤레의 신발.
[*] **수유상리** 잠깐 동안 서로 헤어짐.

025 ▶ 24950-0040

윗글의 표현상 특징으로 적절하지 <u>않은</u> 것은?

① 물음의 방식을 통해 화자의 처지를 강조하고 있다.

② 비유의 방법을 활용하여 시적 상황을 전달하고 있다.

③ 유사한 구조의 시구끼리 짝을 지어 운율감을 형성하고 있다.

④ 음성 상징어를 사용하여 대상을 사실감 있게 제시하고 있다.

⑤ 연쇄법을 활용하여 화자의 정서를 효과적으로 부각하고 있다.

026 ▶ 24950-0041

〈보기〉를 참고하여 윗글을 이해한 내용으로 적절하지 <u>않은</u> 것은? [3점]

• 보기 •

「북찬가」는 역모 사건과 관련되어 귀양을 가게 된 작가의, 홀로 남겨진 노모에 대한 걱정과 안타까움을 드러내고 있다. 작가는 유배지에서 어머니를 그리워하지만 갈 수 없기 때문에 절망과 한탄의 정서를 갖게 된다. 이런 점에서 「북찬가」는 임금에 대한 그리움과 충심을 노래한 다른 유배 가사들과는 구별된다.

① '밤밤마다 꿈에 뵈니'에는 어머니에 대한 화자의 간절한 그리움이 담겨 있군.

② '산과 강물 막힌 길에 일반고사 뉘 헤올고'에는 노모에게 소식을 전할 수 없는 화자의 절망감이 담겨 있군.

③ '여의 잃은 용이오'에는 충성스러운 신하를 귀양 보낸 임금에 대한 화자의 안타까움이 표현되어 있군.

④ '어느 때에 주무시며 무엇을 잡숫는고'에는 홀로 남겨진 노모에 대한 화자의 걱정이 드러나 있군.

⑤ '나 아니면 뉘 뫼시며'에는 노모에게 효를 다하지 못하는 화자의 안타까움이 나타나 있군.

027 ▶ 24950-0042

윗글의 ㉠과 〈보기〉의 ⓐ를 비교한 내용으로 가장 적절한 것은?

• 보기 •

ⓐ구름이 무심(無心)탄 말이 아마도 허랑(虛浪)하다
중천(中天)에 떠 있어 임의로 다니면서
구태야 광명한 날빛을 따라가며 덮나니
– 이존오의 시조 –

① ㉠은 화자의 염려가 투영된 소재이고, ⓐ는 화자의 소망이 의탁된 소재이다.

② ㉠은 화자가 부러워하는 대상이고, ⓐ는 화자가 비판적으로 인식하는 대상이다.

③ ㉠은 화자가 처한 불행한 현실을 드러내고, ⓐ는 화자가 추구하는 세계를 드러낸다.

④ ㉠은 화자로 하여금 추억을 떠올리게 하고, ⓐ는 화자로 하여금 탈속적 세계를 떠올리게 한다.

⑤ ㉠은 화자에게 현실 극복 의지를 불러일으키고, ⓐ는 화자에게 현실에 대한 체념의 계기를 마련해 준다.

08 성혼, 「말 업슨 청산이오 ~」 / 윤선도, 「우후요」 / 작자 미상, 「불 아니 씌일지라도 ~」

2019학년도 수능특강 문학 67~68쪽 1~3번

[028~030] 다음 글을 읽고 물음에 답하시오.

가

말 업슨 청산(靑山)이오 태(態) 업슨 유수(流水)
ㅣ로다

갑 업슨 청풍(淸風)이오 님즈 업슨 명월(明月)이
로다

이 중에 병(病) 업슨 이 몸이 분별(分別) 업시 늘
그리라

– 성혼 –

나

구즌비 개단 말가 흐리던 구룸 걷단 말가
압내희 기픈 소히 다 묽앗다 ᄒᆞᄂᆞᆫ다
진실(眞實)로 묽디옷 묽아시면 갓긴 시서* 오
리라

– 윤선도, 「우후요(雨後謠)」 –

*갓긴 시서 갓끈을 씻어.

다

불 아니 씌일지라도 절노 익ᄂᆞ 솥과
여물죽 아니 먹어도 크고 슬져 ᄒᆞᆫ 걷ᄂᆞ 말과 질
삼 잘ᄒᆞᄂᆞ 여기첩(女妓妾)과 술 심ᄂᆞ 주전자와
양* 절로 낫ᄂᆞ 검은 암소 두고

평생에 이 다섯 가져시면 부를 거시 이시랴

– 작자 미상 –

*양 소의 위(胃)를 고기로 이르는 말.

028 ▶ 24950-0043

(가)~(다)의 표현에 대한 설명으로 가장 적절한 것은?

① (가), (나)는 대구적인 표현으로 의미를 강조하고 있다.

② (가), (나)는 소개하는 대상을 의인화하여 실감 나게 드러내고 있다.

③ (가), (다)는 수사적인 질문을 활용하여 청자의 공감을 유도하고 있다.

④ (나), (다)는 고사성어를 활용하여 청자의 호기심을 유발하고 있다.

⑤ (나), (다)는 자연물에 감정을 이입하여 화자의 심리를 나타내고 있다.

029 ▶ 24950-0044

(가), (다)에 대한 이해로 적절하지 않은 것은?

① (가)의 화자는 인간에게 필요한 덕목들을 자연에서 떠올리고 있다.

② (다)의 화자는 자신이 소망하는 대상들을 구체적으로 열거하고 있다.

③ (가), (다)는 화자의 삶에 결핍된 요소들을 직접적으로 드러내고 있다.

④ (가), (다)는 화자가 원하는 삶의 모습을 제시하며 시상을 마무리하고 있다.

⑤ (가)의 화자와 (다)의 화자는 세속적 욕구에 대해 상반된 태도를 보이고 있다.

030 ▶ 24950-0045

〈보기〉를 활용하여 (나)를 감상한 내용으로 가장 적절한 것은?

● 보기 ●

㉠ 「우후요」는 윤선도가 젊어서 유배 중일 때 지은 노래이다. 어떤 이가 그에게 당시의 재상 중 한 사람이 지난 잘못을 고쳤는데, 때마침 오랜 비가 개었다고 말해 주었다. 그러자 윤선도는 "그가 잘못을 고친 것이 진실로 구름이 걷히고, 비가 개고, 앞내가 맑아지는 것과 같은 일이라면 우리가 감히 그가 인(仁)으로 돌아갔다고 하지 않을 수 있겠는가?" 하고, 이 노래를 지어 불렀다고 한다.

㉡ 초나라 굴원이 조정의 미움을 받고 쫓겨나 강호에 있을 때 우연히 어부를 만나 이야기를 나누었다. 세상과 갈등을 빚지 말고 어울려 살라는 어부의 충고를 굴원이 받아들이지 않자, 어부가 웃으며 노래하기를, "창랑의 물이 맑으면 나의 갓끈을 씻고, 창랑의 물이 흐리면 나의 발을 씻으리라." 하였다.

① 비 온 후 맑아진 풍경처럼 자신의 유배도 머지않아 풀릴 것이라 확신하고 있군.

② 궂은비와 흐린 구름으로 유배로 인해 고통받고 있는 자신의 모습을 드러내고 있군.

③ 아무리 오랜 비라도 언젠가는 그치기 마련이라는 자연의 이치를 실제로 확인하고 놀라워하고 있군.

④ 앞내가 맑아지듯 세상이 달라질 것을 미처 예상하지 못하고 세상과 갈등을 빚었던 자신의 과거를 반성하고 있군.

⑤ 진실로 맑아진 물이라면 자신의 갓끈을 씻겠다는 데에서 다시 세상에 나아가려는 생각을 버리지 않았음을 알 수 있군.

Ⅱ

적용
학습

09 황진이, 「동짓달 기나긴 밤을 ~」/ 인평 대군, 「바람에 휘엿노라 ~」/ 김천택, 「백구야 말 물어보자 ~」

2022학년도 수능특강 문학 283~284쪽 1~3번

[031~033] 다음 글을 읽고 물음에 답하시오.

가

동짓달 기나긴 ㉠밤을 한허리를 ㉡베어 내어
춘풍(春風) 이불 아래 ㉢서리서리 넣었다가
어른 님 오신 날 ㉣밤이어든 ㉤구비구비 펴리라

– 황진이 –

나

바람에 휘엿노라 **굽은 솔** 웃지 마라
춘풍(春風)에 피온 꽃이 매양에 고아시라*
풍표표(風飄飄) 설분분(雪紛紛)*할 제 네야 나를 부르리라*

– 인평 대군 –

*고아시라 곱겠느냐.
*풍표표 설분분 바람 속에 눈이 펄펄 날림.
*부르리라 부러워하리라.

다

백구(白鷗)야 말 물어보자 놀라지 말아스라
명구승지(名區勝地)*를 어디어디 벌였더냐
날더러 자세히 일러든 너와 게 가 놀리라

– 김천택 –

*명구승지 경치가 좋기로 이름난 곳.

④ ㉣은 ㉤에 담긴 화자의 의지가 실현되는 긍정
적 시간으로 볼 수 있겠군.
⑤ ㉤은 ㉢과 달리 사랑에 대한 화자의 적극적 태
도와 관련이 있는 것으로 볼 수 있겠군.

031 ▶ 24950-0046

(가)~(다)에 대한 설명으로 가장 적절한 것은?

① (가)~(다)는 모두 자연 친화의 태도를 부각하
고 있다.
② (가)~(다)는 모두 시간의 변화에 따라 시상이
전개되고 있다.
③ (가)와 (나)는 공간의 이동에 따른 정서적 변화
를 보여 주고 있다.
④ (가)와 (다)에서 화자는 상황을 가정하여 자신
의 소망을 나타내고 있다.
⑤ (나)와 (다)에서 화자는 현실을 회피하고 과거
로 돌아가려 하고 있다.

033 ▶ 24950-0048

**〈보기〉를 참고하여 (나), (다)를 이해한 내용으로 가장
적절한 것은?**

> ● 보기 ●
>
> 조선 시대의 시조에서 화자와 자연의 관계는
> 다양한 형태로 제시된다. 자연이 세상의 이치
> 를 이상적으로 구현한 조화로운 세계 또는 절
> 대적 존재로 그려지면서 그 안에서 자연과 하
> 나 된 인간의 여유로움과 만족감이 작품을 지
> 배하는 경우는 흔하게 발견된다. 이 밖에 자
> 연이 대상화된 존재로서 인간의 삶 또는 사회
> 적 맥락에서 다양하게 의미가 부여되거나 작가
> 의 내면을 드러내 보이기 위한 매개물로 쓰이
> 는 경우도 종종 있으며, 단순하게 심미적 감상
> 의 대상으로 형상화될 때도 있다. 이러한 화자
> 와 자연의 다양한 관계 양상은 작품에 따라 독
> 백의 형태로 나타나기도 하고, 문답이나 대화
> 의 형식을 빌려 제시되기도 한다.

032 ▶ 24950-0047

**〈보기〉를 바탕으로 (가)를 감상한 내용으로 적절하지
않은 것은?**

> ● 보기 ●
>
> (가)는 황진이의 시조 중 가장 빼어난 작품으
> 로 평가받는다. 이 작품에는 두 개의 시간이 서
> 로 대비되어 있는데, 화자는 임과 함께 있는가
> 의 여부에 따라 각각을 긍정적 시간과 부정적
> 시간으로 다르게 인식한다. 또 임이 부재한 시
> 간과 공간을 비극적으로 인식하고, 시적 상상
> 력을 통해 비극적 상황을 극복하려고 한다. 이
> 러한 시도는 사랑을 인간의 의지대로 움직이거
> 나 성취할 수 있는 대상으로 인식하는, 사랑에
> 대한 화자의 적극적인 태도와 관련이 있는 것
> 으로 이해된다.

① ㉠과 ㉣은 서로 대비되는 시간으로 볼 수 있겠군.
② ㉡은 ㉠을 비극적으로 인식한 데 따른 것으로
볼 수 있겠군.
③ ㉢은 ㉣에 대한 기대에서 비롯한 시적 상상력
의 결과로 볼 수 있겠군.

① (나)의 '굽은 솔'은 세상의 이치를 구현한 절대
적 존재로서 모든 사람이 지향하는 삶의 가치
를 상징하고 있다.
② (나)의 '춘풍에 피온 꽃'은 화자가 동질감을 느
끼는 대상으로 자연과 하나 된 만족감을 보여
주고 있다.
③ (다)에서 '백구'의 대답은 이상적인 자연에 대한
화자의 동경과 흥미를 유발하고 있다.
④ (다)의 '명구승지'는 향유의 대상이 되는 자연으
로 화자에게 심미적 감상의 대상이 되고 있다.
⑤ (나)는 (다)와 달리 표면적인 청자에게 말을 건네
는 방식을 통해 체념의 정서를 드러내고 있다.

10 〉 작자 미상, 「가시리」 / 작자 미상, 「정석가」

2022학년도 수능특강 문학 44~46쪽 1~3번

[034~036] 다음 글을 읽고 물음에 답하시오.

가

가시리 가시리잇고 나는
브리고 가시리잇고 나는
위 증즐가 대평셩디(大平盛代)

날러는 엇디 살라 ᄒ고
브리고 가시리잇고 나는
위 증즐가 대평셩디(大平盛代)

잡스와 두어리마ᄂᆞᆫ
선ᄒ면 아니 올셰라
위 증즐가 대평셩디(大平盛代)

셜온 님 보내ᅌᆞ노니 나는
가시는 듯 도셔 오쇼셔 나는
위 증즐가 대평셩디(大平盛代)

— 작자 미상, 「가시리」 —

나

삭삭기 세모래 벼랑에 나난
삭삭기 세모래 벼랑에 나난
구운 밤 닷 되를 심고이다
그 밤이 움이 돋아 싹 나거시아
그 밤이 움이 돋아 싹 나거시아
유덕(有德)하신 임을 여의아와지이다   〈2연〉

옥(玉)으로 연꽃을 사교이다
옥(玉)으로 연꽃을 사교이다
바위 위에 접주(接柱)하요이다*
그 꽃이 삼동(三同)이 피거시아
그 꽃이 삼동(三同)이 피거시아
유덕(有德)하신 임을 여의아와지이다   〈3연〉

무쇠로 철릭*을 말아 나난
무쇠로 철릭을 말아 나난
철사(鐵絲)로 주름 박오이다
그 옷이 다 헐어시아
그 옷이 다 헐어시아
유덕(有德)하신 임을 여의아와지이다   〈4연〉

구슬이 바위에 지신들
구슬이 바위에 지신들
끈잇단 그츠리잇가
즈믄 해를 외오곰 여신들
즈믄 해를 외오곰 여신들
신(信)잇단 그츠리잇가   〈6연〉

— 작자 미상, 「정석가(鄭石歌)」 —

*접주하요이다 접붙입니다.
*철릭 옛날에 무관이 입던 관복.

034 ▶ 24950-0049

(가)와 (나)의 표현상 특징으로 적절하지 <u>않은</u> 것은?

① (가)와 (나)는 모두 의문형 문장을 사용하여 화자의 태도를 드러내고 있다.

② (가)와 (나)는 모두 말을 건네는 어투를 사용하여 상대방을 설득하고 있다.

③ (가)와 (나)는 모두 유사한 시구를 반복하여 임에 대한 화자의 마음을 강조하고 있다.

④ (가)는 (나)와 달리 다양한 종결 어미를 사용하여 화자의 정서 변화를 드러내고 있다.

⑤ (나)는 (가)와 달리 비유적 표현을 통해 임에 대한 화자의 마음을 노래하고 있다.

035 ▶ 24950-0050

〈보기〉의 선생님의 말을 듣고 학생들이 대답한 것이다. 적절하지 <u>않은</u> 것은?

• 보기 •

선생님: 「가시리」의 '셜온 님'은 '서러운 임'으로 해석할 수 있는데, 서러워하는 사람이 누구인가에 따라 '나를 서럽게 하는 임'으로 볼 수 있다는 의견과 '서러워하는 임'으로 볼 수 있다는 의견이 모두 있었습니다. 작품을 감상하며 어느 해석이 더 자연스러운지 비교해 보고 자신의 의견을 말해 봅시다.

학생: [   ]

① 2연에서 어찌 살라고 하느냐고 애원한 것을 보면 임과의 이별로 화자는 난처하고 슬픈 상황에 처하게 된 것으로 보이니, '나를 서럽게 하는 임'이라 해석하는 것이 자연스럽습니다.

② 3연에서 화자가 임을 잡아 두고 싶다고 하고 있으니, '나를 서럽게 하는 임'이라 말하며 이별의 아픔을 노래한 것으로 볼 수 있습니다.

③ 4연에서 화자가 임에게 가자마자 돌아오라고 말하는 것으로 보아, '나를 서럽게 하는 임'이라 말하며 임과 헤어져 있는 시간의 괴로움을 노래한 것으로 볼 수 있습니다.

④ 1, 2연에서 임의 행동이 어떤 것을 버리고 가는 것으로 표현된 것으로 보아, '서러워하는 임'이라 해석하는 것이 자연스럽습니다.

⑤ 4연에서 화자가 임에게 돌아오라고 당부하면서도 그를 보내는 것은 임에게 불가피한 상황이 있는 것으로 볼 수 있으므로, '서러워하는 임'으로 해석하는 것이 자연스럽습니다.

036 ▶ 24950-0051

〈보기〉를 참고하여 (가), (나)를 감상한 내용으로 적절하지 <u>않은</u> 것은?

● 보기 ●

사랑과 이별을 다루는 작품들은 시간 의식과 연관된 경우가 많다. 사랑에 빠진 사람은 상대방과 관계를 맺어 왔던 기간을 특별하게 받아들이기 때문에 그 관점에서 과거의 시간을 돌아보기도 하고 미래를 내다보기도 한다. 과거를 돌아보며 자신과 상대방의 지난날에 의미를 부여해 보기도 하고 미래의 불확실한 상황에 대한 불안감, 앞으로도 사랑이 영원하기를 바라는 기대, 사랑하는 상대방을 곁에 두고픈 소망을 드러내기도 하는 것이다.

① (가)의 1연에서 화자는 상대방과 관계를 맺어 온 기간이 미래에 이어지지 못할 것임을 느끼고 있군.

② (가)의 2연에서 화자는 불안감에 과거를 돌아보며 자신의 지난날에 의미를 부여하고 있군.

③ (가)의 4연에서 화자는 다시 만날 날을 앞당겨 임을 어서 곁에 두고픈 소망을 드러내고 있군.

④ (나)의 2~4연에서 화자는 앞으로도 사랑이 영원하기를 기대하는 마음을 드러내고 있군.

⑤ (나)의 6연에서 화자는 미래의 불확실한 상황에서도 현재의 관계를 이어 가려는 의지를 드러내고 있군.

2015학년도 수능완성 국어 A형 20~21쪽 38~40번

[037~039] 다음 글을 읽고 물음에 답하시오.

장부의 하올 사업(事業) 아는가 모르는가
효제충신(孝悌忠信)밖에 하올 일이 또 있는가
어즈버 인도(人道)에 하올 일이 다만 인가 하노라　　　〈제1장〉

남산에 많던 솔이 어디로 갔단 말고
난(亂) 후 부근(斧斤)*이 그다지도 날랠시고
두어라 우로(雨露) 곧 깊으면 다시 볼까 하노라　　　〈제2장〉

창밖에 세우(細雨) 오고 뜰 가에 제비 나니
적객*의 회포는 무슨 일로 끝이 없어
저 제비 비비(飛飛)를 보고 한숨 겨워 하나니　　　〈제3장〉

적객에게 벗이 없어 공량(空樑)*의 제비로다
종일 하는 말이 무슨 사설 하는지고
어즈버 내 풀어낸 시름은 널로만 하노라　　　〈제4장〉

인간(人間)에 유정(有情)한 벗은 명월밖에 또 있는가
천 리(千里)를 멀다 아녀 간 데마다 따라오니
어즈버 반가운 옛 벗이 다만 넨가 하노라　　　〈제5장〉

설월(雪月)에 매화를 보려 잔을 잡고 창을 여니
섞인 꽃 여윈 속에 잦은 것이 향기(香氣)로다
어즈버 호접(胡蝶)이 이 향기 알면 애 끊일까 하노라　　　〈제6장〉

　　　　　　　　　　　　　　　　　　　　　－ 이신의, 「단가육장」 －

＊**부근** 큰 도끼와 작은 도끼.
＊**적객** 귀양살이하는 사람.
＊**공량** 들보.

037 ▶ 24950-0052

윗글의 표현상 특징으로 가장 적절한 것은?

① 반어적 표현을 활용하여 삶의 모순을 드러내고 있다.
② 의문형 문장을 사용하여 화자의 정서를 강조하고 있다.
③ 색채 대비를 통해 대상의 인상을 분명하게 표현하고 있다.
④ 풍자적 어조를 통해 비극적 상황에 희극적 요소를 가미하고 있다.
⑤ 청각과 후각적 이미지를 동시에 사용하여 대상을 구체화하고 있다.

038 ▶ 24950-0053

〈보기〉는 윗글을 자료로 한 수업의 일부이다. 학생들의 의견으로 적절하지 않은 것은? [3점]

> • 보기 •
> 선생님: 이 시를 다음과 같이 나타냈을 때, 이를 바탕으로 감상해 보세요.

A	B	C
〈제1장〉	〈제2장〉	〈제3장〉 ~ 〈제6장〉

① A는 화자의 변치 않는 삶의 좌표를 드러내고 있다는 점에서 B와 C의 근본 바탕이 된다고 볼 수 있군.
② B는 C의 상황을 이해하는 맥락을 제공하는 기능을 한다고 볼 수 있군.
③ C에서 언급된 공간은 B에서 언급된 공간과는 다르다고 볼 수 있군.
④ A, B, C의 시상 전개는 계절의 순서를 염두에 두고 전개했다고 볼 수 있군.
⑤ A, B, C 모두 마지막 행이 동일한 서술어로 종결되어 통일감이 있다고 볼 수 있군.

039 ▶ 24950-0054

〈보기〉를 바탕으로 윗글을 이해한 내용으로 적절하지 않은 것은?

> • 보기 •
> 임진왜란 이후 조선의 조정은 왕위 계승 문제를 두고 대립한다. 광해군을 지지하는 대북파(大北派)가 영창 대군의 어머니인 인목 대비를 폐위하려고 하자 이신의는 폐모는 '효(孝)'에 어긋난다고 하여 인목 대비를 폐위하는 것에 반대하는 상소를 올린다. 이 사건을 계기로 많은 인재들이 숙청을 당했으며, 이신의도 유배를 간다. 이신의는 유배지에서 근심을 드러내면서도 한편으로는 자신의 행위가 옳다고 생각하며 지조를 지키겠다고 다짐한다. 이러한 이신의의 생각이 「단가육장」에 잘 드러나 있다.

① '어즈버 인도에 하올 일이 다만 인가 하노라'에는 상소를 올린 일에 대한 후회가 드러나 있다고 할 수 있다.
② '남산에 많던 솔이 어디로 갔단 말고'에는 많은 인재들이 숙청당한 것에 대한 안타까움이 드러나 있다고 할 수 있다.
③ '두어라 우로 곧 깊으면 다시 볼까 하노라'에는 인재들이 다시 등용될 수 있을 것이라는 희망이 드러나 있다고 할 수 있다.
④ '저 제비 비비를 보고 한숨 겨워 하나니'에는 유배지에서의 근심이 드러나 있다고 할 수 있다.
⑤ '섞인 꽃 여윈 속에 잦은 것이 향기로다'에는 여전히 간직하고 있는 지조가 드러나 있다고 할 수 있다.

12 작자 미상,「오유란전」/ 정훈,「우활가」

2020학년도 수능완성 국어 177~179쪽 31~35번

[040~044] 다음 글을 읽고 물음에 답하시오.

가

[앞부분의 줄거리] 평안 감사인 김생은 친구인 이생이 향락(享樂)을 모르고 여색(女色)을 멀리하자, 기생 오유란을 시켜 이생을 골탕 먹이려고 한다. 결국 이생은 오유란에 빠져 거짓 죽음으로 귀신 행세를 하는 그녀를 믿고 자신도 따라 죽겠다고 한다. 오유란은 이런 이생을 속여 이생 자신도 죽었다고 믿게 한다.

이생을 계교에 빠지게 해서 죽었다고 한 후로 한두 가지 가련한 마음이 없지는 않았으나, 이날 이후부터는 오유란이 수시로 출입하니, 혹은 낮에도 자며 즐거워하고, 혹은 밤에 술 마시며 이야기하기에 **밤 가는 줄 모르고 도취**하니, 즐거움은 미진(未盡)하였고 사랑은 무궁하였다. 이생은 **자득(自得)한 듯이 희언(戲言)**을 오유란에게 보내며 말했다.

"낭자의 묘술로 능히 나로 하여금 목숨을 좋이 마치게 하여 주오. 목숨을 좋이 마치는 것은 오복(五福)의 하나라 감사하여 마지않겠소."

오유란은 대꾸를 하지 않았다. 오유란은 본시 민첩하고 다정한 사람이었다. 자주 배고프고 목마른가를 물으며 때때로 좋은 음식을 갖다 대접했다. 이생은 이러한 좋은 음식을 가지고 오는 데에 대하여 감탄하면서 말했다.

"거기에도 또한 **묘방(妙方)**이 있는 것 같은데, 그 묘방은 어떠한 것이오?"

"토식(討食)이라는 것이지요."

"토식이라 이르는 것은 어떠한 것이오?"

"능히 말로 표현할 수 없습니다."

"자세한 이야기는 좋아하지 아니하니, 나로 하여금 한번 보게 해 주는 것이 어떠하오?"

"꼭 보시고 싶고 아시고 싶으면, 택일(擇日)할 필요 없이 오늘 아침에 낭군님과 더불어 같이 가 봅시다."

이생은 좋아하며 관(冠)의 먼지를 털어 쓰고 옷을 떨쳐 입고는 곧 나서려고 했다.

때는 오월이라 날씨가 매우 더웠다. 오유란은 옆에 섰다가 침이 튀도록 웃으면서 말했다.

"이같이 더운 날씨에 **의관(衣冠)**은 무엇 때문에 하십니까?"

"큰길에 나서면 여러 사람이 보고 **손가락질**할 것 아닌가. 내 무뢰배가 아닌 이상 더벅머리에다 관을 쓰지 않는 것이 어찌 옳다고 말할 수 있소?"

"낭군님의 불통(不通)함은 어찌하여 그렇게 고지식하십니까? 살았을 때와 죽었을 때의 몸도 구별하지 못하고 다만 몸가짐의 조심만을 말할 뿐이니, 사람들은 우리를 볼 수 없지마는 우리는 볼 수 있고, 사람들은 우리의 말을 들을 수 없지마는 우리는 들을 수 있습니다. 소리가 없고 냄새가 없는 것은 하늘이며, **귀신**의 도는 공허하고 형체도 없고 자취도 없는 것은 음향이온데, 낭군님과 저의 처신에 있어서는 돌아보고 꺼리어 할 바가 무엇이 있으며, **꾸미거나 차릴 필요**가 무엇이 있어요?"

"사람들은 비록 보지 못한다 할지라도 나로서는 어찌 마음에 부끄럽지 아니하겠소? 그러나 자취가 없다는 말을 들으니 적이 마음이 놓이는군."

이생은 가벼운 홑옷을 입고 오유란의 손을 잡고 문을 나가면서도 자기 몸을 돌아보고는 혹 사람들이 알아볼까 두려워하니, 걸음걸이는 인어(人魚)가 해막(海幕)을 엿보는 것과도 같고, 마음은 마치 꾀꼬리의 집이 바람 부는 가지에 걸려 있는 것과 같았다.

(중략)

즉시 선화당(宣化堂) 대청(大廳) 위를 올라가서 오유란이 물러 서며 이생에게 속삭이기를,

"사또가 저기 있으니 낭군님은 이전 이방의 집에서 한 것과 같이 들어가서 사또를 치고 그 거동을 보십시오."

하고 말했다.

"나는 익숙하지 못한데 어찌 마음 놓고 할 수 있을까?"

"일은 그렇게 어렵지 아니합니다. 저는 상하의 분수가 있어서 감히 할 수 없거니와, 낭군님은 무슨 꺼릴 것이 있겠습니까?"

이생은 마지못하여 허리를 구부리고 슬금슬금 앞으로 가서 머뭇거리고 서성대면서 보는 것도 같고 아는 것도 같아서 **바로 곧 행동을 취하지 못하고 이상한 눈초리로 살피고 있는데**, 감사가 **가만히 담뱃대로 이생의 배를 쿡 찌르면서** 말했다.

"**형장(兄長)은 이 무슨 꼴인가?**"

이생은 깜짝 놀라며 털썩 주저앉고는 비로소 자기가 살아 있음을 깨달으니, 취몽(醉夢)이 삼월 봄날에 깬 것과 같고 훈풍이 한 가닥 불어온 것과 같이 정신이 들었다. 순간 어리둥절하고 어찌 할 바를 몰랐으나 곧 정신을 차려 보니 조금도 의심할 것이 없고, 한 무덤에 자기가 팔렸음을 비로소 깨달았다. 기운이 탁 풀리고 맥이 없어 어떻게 해야 좋을지 몰랐다.

감사는 즉시 관비에게 명하여 옷 한 벌을 가지고 와서 입히게 했다. 이생은 더욱 부끄러움을 이기지 못하였다. 이생은 이튿날 새벽에 노비를 마련해 가지고 감사도 만나 보지 않고, 오유란도 만나 보지 않고 밤낮으로 달려 겨우 서울에 도착했다. 부모들은 그의 얼굴이 해쓱함을 보고 근심하였고, 종들은 그 차림이 초라함을 살피고 의심했다.

이생은 대답하기에 애를 먹고, 병이 들어 고생을 했기 때문이라고 했다.

이생은 정사(精舍)로 물러가 거처하며, 설분(雪忿)*에만 뜻을 두고 마음속으로 굳게 맹세하고는 ㉠열심히 공부를 했다.

– 작자 미상, 「오유란전」 –

*설분 분한 마음을 품.

나

엇지 삼긴 몸이 이대도록 우활(迂闊)호고*
우활도 우활호샤 그레도록 우활호샤
이바 벗님네야 우활흔 말 들어 보소
이내 져머신 제 우활호미 그지업서
이 몸 삼겨나미 금수(禽獸)에 다르므로
애친경형(愛親敬兄)과 충군제장(忠君第長)을 분내사(分內事)만 혜엿더니
흔 일도 못 되며 세월이 느저지니
평생(平生) 우활은 날 뿔와 기러 간다
아춤이 부족흔들 져녁을 근심ᄒᆞ며
일간 모옥(一間茅屋)이 비 시ᄂᆞᆫ 줄 아돗던가
현순백결(懸鶉百結)*이 붓ᄯᅳ러움 어이 알며
어리고 미친 말이 눕 무일* 줄 아돗던가

(중략)

우활도 우활호샤 그레도록 우활호샤
아춤의 누잇고 나죄도 그러ᄒᆞ니
하늘 삼긴 우활을 내 혈마 어이ᄒᆞ리
그레도 애듭도다 고쳐 안자 싱각ᄒᆞ니
이 몸이 느저 나 애돌온 일 하고 만타
일백(一百) 번 다시 죽어 녯사람 되고라쟈
희황천지(羲皇天地)예 잠간이나 노라보면
요순일월(堯舜日月)을 져그나 쬐올 쎠슬
순풍(淳風)이 이원(已遠)ᄒᆞ니* 투박(偸薄)이 다 되거다
한만(汗漫)흔* 정회(情懷)을 눌ᄃᆞ려 니ᄅᆞ려뇨
태산(泰山)의 올라가 천지팔황(天地八荒)이나 다 ᄇ라보고졔고
추노(鄒魯)애 두르 거러 성현강업(聖賢講業)ᄒᆞ던 자최나 보고졔고
주공(周公)은 어듸 가고 쑴의도 뵈쟌ᄂᆞᆫ고
이심(已甚)흔 이내 쇠(衰)를* 슬허ᄒᆞ다 어이ᄒᆞ리
만리(萬里)예 눈 쓰고 ㉡태고(太古)애 뜻즐 두니
우활흔 심혼(心魂)이 가고 아니 오노왜라
인간(人間)의 호자 씨여 눌ᄃᆞ려 말을 홀고
축타(祝鮀)*의 영언(佞言)을 이제 비화 어이ᄒᆞ며
송조(宋朝)*의 미색(美色)을 얼근 ᄂᆞᆺ치 잘 흘런가

우담산초실(右薝山草實)*를 어듸 어더머그려노
무이고 못 고이미 다 우활의 타시로다
이리 헤오 저리 헤오 다시 헤니
일생사업(一生事業)이 우활 아닌 일 업뇌와라
이 우활 거느리고 백년(百年)을 어이ᄒ리
아희아 잔 ᄀ득 부어라 취(醉)ᄒ여 내 우활 닛쟈
                      – 정훈, 「우활가」 –

＊**우활ᄒ고** 사리에 어둡고 세상 물정을 잘 모르는가.

＊**현순백결** 누덕누덕 기워 짧아진 옷을 이르는 말.
＊**무일** 미워할.
＊**순풍이 이원ᄒ니** 순박한 풍속이 시간적으로 너무 멀어져서.
＊**한만훈** 되는대로 내버려 두고 등한한.
＊**이심훈 이내 쇠를** 매우 심한 나의 삶을.
＊**축타** 아첨하는 말을 잘해서 권력을 잡은 위나라의 대부.
＊**송조** 잘생긴 얼굴로 권력을 잡은 송나라의 공자.
＊**우담산초실** 우담산초의 열매.

040 ▶ 24950-0055

(가)와 (나)의 공통점으로 가장 적절한 것은?

① 현실과 꿈을 대비하는 방식을 사용하고 있다.
② 특정 소재를 활용하여 전개 방향을 암시하고 있다.
③ 가상의 공간을 설정하여 상황의 변화를 예고하고 있다.
④ 과거 회상의 장면을 삽입하여 분위기가 반전되고 있다.
⑤ 자신이 처한 상황을 직시한 주체의 심정이 나타나 있다.

041 ▶ 24950-0056

(가)를 감상한 내용으로 적절하지 않은 것은?

① 이생이 오유란에게 '밤 가는 줄 모르고 도취'하고 '자득한 듯이 희언'을 보내는 것은 그가 오유란의 계교에 넘어가 방탕한 생활을 하고 있음을 보여 주는 것이겠군.
② 이생이 자신을 '귀신'이라고 믿으면서도 매우 더운 날씨에 사람들의 '손가락질'을 신경 쓰며 '의관'을 갖추려는 것은 그가 체면을 중시하는 인물임을 보여 주는 것이겠군.
③ 오유란이 이생을 밖으로 데리고 나가면서 '꾸미거나 차릴 필요'가 없다고 말하는 것은 개방적인 장소에서 이생을 망신시키려는 계략으로 볼 수 있겠군.
④ 이생이 선화당 대청에서 '바로 곧 행동을 취하지 못하고 이상한 눈초리로 살피고 있'는 것은 그가 점점 '묘방'을 의심하고 있음을 보여 주는 것이겠군.
⑤ 감사가 '가만히 담뱃대로 이생의 배를 쿡 찌르'며 '무슨 꼴'이라고 말하는 것은 이생이 음모에 속아 우스꽝스러운 행동을 하고 있었음을 폭로하기 위한 것이겠군.

042 ▶ 24950-0057

(나)의 표현상 특징으로 적절하지 않은 것은?

① 일정한 음보를 반복하여 운율을 형성하고 있다.
② 설의법을 활용하여 화자의 심리적 태도를 부각하고 있다.
③ 특정 단어를 반복적으로 사용하여 주제 의식을 강조하고 있다.
④ 계절의 변화에 따라 시상을 전개하여 시적 상황을 구체화하고 있다.
⑤ 청자에게 말을 건네는 어조를 활용하여 화자의 정서를 표현하고 있다.

043 ▶ 24950-0058

〈보기〉를 바탕으로 (나)를 이해한 내용으로 적절하지 않은 것은?

• 보기 •

이 시에서 '우활'은 단순히 가난이라는 물질적 조건에서 비롯된 것은 아니다. 오히려 사대부로서 성리학적 수양의 길을 걸어왔지만 부정적 현실로 인해 등용이나 공명의 기회조차 얻을 수 없는 작가의 불우한 처지와 관련이 깊다. 이 시에는 소망과 의지, 갈등과 체념 등의 정서가 복합적으로 드러나는데, 이는 뜻을 실현하지 못하는 작가 자신과, 어떠한 희망과 낙관적 전망도 불가능한 현실에 대한 인식에서 비롯된 산물이다. 그런 점에서 이 작품은 사대부로서의 자기 정체성에 대한 화자의 치열한 고민이 담겨 있는 작품이라고 평가할 수 있다.

① '흔 일도 못 되며 세월이 느저지니'는 현실에서 뜻을 실현하지 못한 화자의 불우한 처지를 보여 주고 있다.
② '일백 번 다시 죽어 넷사람 되고라쟈'는 화자가 사대부로서 성리학적 수양의 길을 걸어왔음을 보여 주고 있다.
③ '이심흔 이내 쇠를 슬허ᄒ다 어이ᄒ리'는 부정적 현실과 대립하며 갈등을 겪었던 과거의 삶에 대한 회한을 표현하고 있다.
④ '축타의 영언을 이제 비화 어이ᄒ며'는 등용의 기회를 얻지 못한 자신의 삶에 대한 체념적 태도를 드러내고 있다.
⑤ '이 우활 거느리고 백년을 어이ᄒ리'는 앞으로의 삶에서 희망이나 낙관적 전망을 기대할 수 없다는 인식을 표현하고 있다.

044 ▶ 24950-0059

㉠과 ㉡에 대한 설명으로 가장 적절한 것은?

① ㉠은 자신을 성찰하기 위한 행위이고, ㉡은 세상과 타협하기 위한 행위이다.

② ㉠은 과거의 삶으로 회귀하려는 행위이고, ㉡은 과거의 삶에서 벗어나려는 행위이다.

③ ㉠은 개인적 원한을 갚고자 하는 행위이고, ㉡은 현실적 고뇌를 잊고자 하는 행위이다.

④ ㉠은 이상을 실현하고 싶은 심리에 의한 행위이고, ㉡은 이상을 포기하고 싶은 심리에 의한 행위이다.

⑤ ㉠은 세상에 나아가 뜻을 펼치고자 하는 행위이고, ㉡은 자연에 파묻혀 풍류를 즐기고자 하는 행위이다.

13 홍순학, 「연행가」

[045~047] 다음 글을 읽고 물음에 답하시오.

좌우에 탁자 놓아 만권 서책 쌓아 놓고
㉠자명종과 자명악은 절로 울어 소리하며
좌우에 당전(唐氈) 깔고 담방석과 백전요며
㉡이편저편 화류교의(樺榴交椅) 서로 마주 걸터 앉고

　거기 사람 처음 인사 차 한 그릇 갖다 준다 ┐
　화찻종에 대를 받쳐 가득 부어 권하거늘
　파르스름 노르스름 향취가 만구하데
　저희들과 우리들이 언어가 같지 않아
　말 한마디 못 해 보고 덤덤하니 앉았으니
　귀머거리 벙어린 듯 물끄러미 서로 보다
　천하의 글은 같아 필담이나 하오리라   [A]
　당연(唐硯)에 먹을 갈아 양호수필(羊毫鬚
筆) 덤뻑 찍어
　시전지(詩箋紙)를 빼어 들고 글씨 써서 말을
하니
　묻는 말과 대답함을 글귀 절로 오락가락
　간담을 상응하여 정곡(情曲) 상통(相通)하
는구나 ┘

(중략)

　황상이 상을 주사 예부상서 거행한다 ┐
　삼 사신과 역관이며 마두와 노자(奴子)까지
　은자며 비단 등속 차례로 받아 놓고
　삼배(三拜)에 구고두(九叩頭)*로 사례하고
돌아오니
　상마연* 잔치한다 예부에서 지휘하기로
　삼 사신과 역관들이 예부로 나아가니
　대청 위에 포진하고 상을 차려 놓은 모양   [B]
　메밀떡에 밀다식에 겉밤 머루 비자(榧子)
등물(等物)
　푸닥거리 상 벌이듯 좌우에 떠벌였다 ┘

다 각기 한 상씩을 앞에다 받아 놓으니 ┐
비위가 뒤집혀서 먹을 것이 전혀 없네
삼배주를 마시는 듯 연파(宴罷)하고 일어서서
뜰에 내려 북향하여 구고두 사례한 후
관소로 돌아와서 회환(回還) 날짜 택일하니 ┘
㉢사람마다 짐 동이느라 각 방은 분분하고
흥정 외상 셈하려 주주리는 지저귄다
㉣장계(狀啓)를 발정(發程)하여 선래 군관(先來
軍官) 전송하고
　추칠월 십일일에 회환하여 떠나오니
　한 달 닷새 유하다가 시원하고 상연(爽然)하구나
　천일방(天一方) 우리 서울 창망하다 갈 길이여
　풍진이 분운(紛紜)한데 집 소식이 돈절하니
　사오 삭(朔) 타국 객이 귀심(歸心)이 살 같구나
　숭문문 내달아서 통주로 향해 가니
㉤올 적에 심은 곡식 추수가 한창이요
　서풍이 삽삽하여 가을빛이 쾌히 난다

－ 홍순학, 「연행가」 －

＊구고두　공경하는 뜻으로 머리를 땅에 아홉 번 조아림.
＊상마연　일을 마치고 떠나가는 외국 사신들을 위하여 베
풀던 잔치.

045 ▶ 24950-0060

윗글에 대한 설명으로 가장 적절한 것은?

① 자연의 경이로운 풍광에 대한 감상을 장황하게 서술하고 있다.

② 학문과 관련된 사물을 나열하여 입신양명에 대한 화자의 관심을 드러내고 있다.

③ 객지에서의 낯선 풍물 및 경험에 대한 정서를 드러내고 회환할 때의 심정을 서술하고 있다.

④ 공식적인 행사에 참여한 다양한 사람들의 외양과 감정을 개성적으로 표현하고 있다.

⑤ 구체적인 시간을 나타내는 표현을 제시하여 귀국까지의 여정이 마무리되었음을 알려 주고 있다.

046 ▶ 24950-0061

㉠~㉤을 이해한 내용으로 가장 적절한 것은?

① ㉠: 청각적 이미지를 사용하여 대상이 지닌 슬픔을 표현하고 있다.

② ㉡: 지시적 표현을 사용하여 상대와의 친밀감을 드러내고 있다.

③ ㉢: 음성 상징어를 사용하여 이동을 앞둔 여유로운 분위기를 드러내고 있다.

④ ㉣: 대구적 표현을 사용하여 새로운 계책을 마련한 기쁨을 드러내고 있다.

⑤ ㉤: 계절감을 드러내는 표현을 사용하여 시간의 경과를 보여 주고 있다.

047 ▶ 24950-0062

[A], [B]에 대한 감상으로 적절하지 않은 것은?

① [A]에서 '간담을 상응하여'는 상대방에 대한 경계심을, [B]에서 '뜰에 내려 북향하여'는 상대방에 대한 거부감을 드러내는군.

② [A]에서 '우리들'은 '거기 사람'에게 인사로 차를 대접받고, [B]에서 '삼 사신' 일행은 '예부상서'를 통해 황상의 상을 하사받고 있군.

③ [A]에서 '필담'은 의사소통의 어려움을 해결하는 수단을, [B]에서 '구고두'는 의례적 상황에서 감사를 표하는 공식적 예법을 나타내는군.

④ [A]에서 '글귀 절로 오락가락'은 난처한 상황이 해소되고 있음을, [B]에서 '비위가 뒤집혀서'는 난감한 상황에 처하게 되었음을 드러내는군.

⑤ [A]의 '귀머거리 벙어린 듯'은 대화가 이루어지지 못하는 상황을, [B]의 '메밀떡에 밀다식에 곁밤' 등은 여러 가지 음식을 차려 놓은 상황을 알려 주는군.

14 남구만, 「동창이 밝았느냐 ~」 / 위백규, 「농가」 / 정학유, 「농가월령가」

2016학년도 6월 모의평가 A형 31~33번

[048~050] 다음 글을 읽고 물음에 답하시오.

가

㉠동창이 밝았느냐 노고지리 우지진다
소 칠 아이는 상기 아니 일었느냐
재 너머 사래 긴 밭을 언제 갈려 하나니

               – 남구만 –

나

㉡도롱이에 호미 걸고 뿔 굽은 검은 소 몰고
고동풀 뜯기면서 개울물 가 내려갈 제
어디서 품 진* 벗님 함께 가자 하는고

               〈제2수〉

둘러내자* 둘러내자 우거진 고랑 둘러내자
㉢바랭이 여뀌 풀을 고랑마다 둘러내자
쉬 짙은 긴 사래는 마주 잡아 둘러내자

               〈제3수〉

땀은 듣는 대로 듣고 볕은 쬘 대로 쬔다
청풍에 옷깃 열고 긴 휘파람 흘리 불 제
어디서 길 가는 손님네 아는 듯이 머무는고

               〈제4수〉

          – 위백규, 「농가(農歌)」 –

***품 진** 품앗이를 한.
***둘러내자** 휘감아서 걷어 내자.

다

사월이라 초여름 되니 입하 소만 절기로다
㉣비 온 끝에 볕이 나니 날씨도 화창하다
떡갈잎 퍼질 때에 뻐꾹새 자주 울고
보리 이삭 패어 나니 꾀꼬리 노래한다
농사도 한창이요 누에치기 한창이라
남녀노소 몰두하니 집에 있을 틈이 없어
㉤적막한 사립문을 녹음(綠陰) 속에 닫았도다
목화를 많이 가꾸소 길쌈의 근본이라
수수 동부 녹두 참깨 부룩*을 적게 하소
갈 꺾어 거름할 제 풀 베어 섞어 하소
물 댄 논을 써레질하고 이른모를 내어 보세

         – 정학유, 「농가월령가(農家月令歌)」 –

***부룩** 곡식이나 채소를 심은 사이사이에 다른 농작물을 심는 일.

048 ▶ 24950-0063

(가)~(다)에 대한 설명으로 가장 적절한 것은?

① (가)에서는 근경에서 원경으로, (다)에서는 원경에서 근경으로 시선이 이동하고 있다.

② (나)의 〈제2수〉에는 생성의 이미지가, (다)에는 소멸의 이미지가 나타나 있다.

③ (나)의 〈제3수〉와 (다)에서는 화자의 심경 변화에 따라 시상이 전개되고 있다.

④ (나)의 〈제4수〉와 (다)에는 반어적 표현이 활용되고 있다.

⑤ (가), (나), (다)에는 모두 청각적 심상이 나타나 있다.

049 ▶ 24950-0064

㉠~㉤에 대한 이해로 적절하지 않은 것은?

① ㉠: 밝아 오는 '동창'과 '노고지리'의 지저귐을 통해 '아이'가 일어나야 할 때임을 알려 주고 있다.

② ㉡: '호미'를 챙기고 '소'를 직접 몰고 가는 모습을 통해 농사일을 하러 가는 장면을 묘사하고 있다.

③ ㉢: '고랑'의 풀을 '마주 잡아' 걷어 내는 것을 통해 농사일을 함께 하려는 태도를 보여 주고 있다.

④ ㉣: '비 온 끝에 볕'이 나는 '화창'한 날씨를 통해 좋은 때에 일을 해야 하는 괴로움을 드러내고 있다.

⑤ ㉤: '사립문'이 '녹음 속'에 닫혀 있는 모습을 통해 농번기에 집이 비어 있는 상황을 묘사하고 있다.

050 ▶ 24950-0065

(나)와 (다)를 비교하여 감상한 내용으로 적절하지 않은 것은?

① (나)에는 (다)와 달리, 특정 시기에 재배해야 하는 작물이 제시되어 있군.

② (나)에는 (다)와 달리, 농사일 중에 휴식을 즐기는 여유로움이 그려져 있군.

③ (다)에는 (나)와 달리, 먹고 입는 것과 관련한 농사일이 다양하게 나타나 있군.

④ (나)와 (다)의 화자는 모두 노동의 현장을 주목하고 있군.

⑤ (나)와 (다)의 배경은 모두 농부들의 일상적인 삶을 보여 주는 공간으로 볼 수 있군.

II
적용
학습

15 정약용, 「고시」/ 작자 미상, 「시집살이 노래」

2019학년도 6월 고2 학력평가 43~45번

[051~053] 다음 글을 읽고 물음에 답하시오.

가

鷰子初來時	제비 한 마리 처음 날아와
喃喃語不休	지지배배 그 소리 그치지 않네
語意雖未明	말하는 뜻 분명히 알 수 없지만
似訴無家愁	집 없는 서러움을 호소하는 듯
榆槐老多穴	느릅나무 홰나무 묵어 구멍 많은데
何不此淹留	어찌하여 그곳에 깃들지 않니
燕子復喃喃	제비 다시 지저귀며
似與人語酬	사람에게 말하는 듯
榆穴鸛來啄	느릅나무 구멍은 황새가 쪼고
槐穴蛇來搜	홰나무 구멍은 뱀이 와서 뒤진다오

– 정약용, 「고시(古詩)」 –

나

형님 온다 형님 온다 분고개로 형님 온다
형님 마중 누가 갈까 형님 동생 내가 가지
형님 형님 사촌 형님 시집살이 어떱뎁까
이애 이애 그 말 마라 시집살이 개집살이
앞밭에는 당추(唐楸)* 심고 뒷밭에는 고추 심어
㉠고추 당추 맵다 해도 시집살이 더 맵더라
둥글둥글 수박 식기(食器) 밥 담기도 어렵더라
도리도리 도리소반(小盤)* 수저 놓기 더 어렵더라
㉡오 리(五里) 물을 길어다가 십 리(十里) 방아
찧어다가

아홉 솥에 불을 때고 열두 방에 자리 걷고
외나무다리 어렵대야 시아버니같이 어려우랴
나뭇잎이 푸르대야 시어머니보다 더 푸르랴
㉢시아버니 호랑새요 시어머니 꾸중새요
동세 하나 할림새요 시누 하나 뾰족새요
시아지비 뾰중새요 남편 하나 미련새요
자식 하난 우는 새요 나 하나만 썩는 샐세
귀먹어서 삼 년이요 눈 어두워 삼 년이요
말 못해서 삼 년이요 석 삼 년을 살고 나니
㉣배꽃 같던 요내 얼굴 호박꽃이 다 되었네
삼단 같던 요내 머리 비사리춤*이 다 되었네
백옥 같던 요내 손길 오리발이 다 되었네
열새 무명 반물치마* 눈물 씻기 다 젖었네
두 폭 붙이 행주치마 콧물 받기 다 젖었네
울었던가 말았던가 베갯머리 소(沼)* 이뤘네
㉤그것도 소(沼)이라고 거위 한 쌍 오리 한 쌍
쌍쌍이 때 들어오네

– 작자 미상, 「시집살이 노래」 –

*당추 고추의 한 종류.
*도리소반 둥글게 생긴 작은 밥상.
*비사리춤 싸리나무의 껍질.
*반물치마 짙은 남색 치마.
*소 작은 연못.

051 ▶ 24950-0066

(가)와 (나)의 공통점으로 가장 적절한 것은?

① 반어적인 표현을 사용하여 시적 정서를 부각하고 있다.
② 대화 형식을 활용하여 현실에 대한 인식을 드러내고 있다.
③ 시간의 흐름을 통해 깨달음에 이르는 과정을 제시하고 있다.
④ 감각적 이미지를 활용하여 자연의 아름다움을 드러내고 있다.
⑤ 자연물에 감정을 이입하여 대상에 대한 안타까움을 강조하고 있다.

052 ▶ 24950-0067

@~® 중 (가)를 이해한 내용으로 적절하지 않은 것은?

오늘 수업 시간에 정약용의 「고시」가 조선 후기 지배층의 횡포와 피지배층의 고난을 드러낸 작품임을 배웠어. 이 작품에서 @'황새'와 '뱀'은 백성들을 괴롭히는 지배 세력을 상징하고, ⓑ'제비'는 지배 세력으로부터 착취당하는 백성들을 상징해. ⓒ피지배층의 고난은 삶의 터전마저 빼앗기는 절박한 상황으로 그려지고 있어. ⓓ그런 상황에서도 백성들은 현실에 굴하지 않는 꿋꿋한 모습을 보여. 이 작품을 통해 ⓔ작가는 당대의 부정적 현실을 우회적으로 고발하고 있어.

① @   ② ⓑ   ③ ⓒ   ④ ⓓ   ⑤ ⓔ

053 ▶ 24950-0068

〈보기〉를 바탕으로 (나)를 감상한 내용으로 적절하지 않은 것은? [3점]

● 보기 ●

「시집살이 노래」는 고통스러운 시집살이를 하는 아녀자들의 생활을 진솔하게 표현한 민요이다. 이 작품 속 여인은 대하기 어려운 시집 식구와 과중한 가사 노동으로 인해 힘든 삶을 살고 있다. 이러한 삶 속에서 여인은 자신의 처지를 한탄하기도 하고, 체념하는 태도를 보이기도 한다.

① ㉠에서 '고추', '당추'와 비교하여 시집살이의 고통을 표현하고 있군.
② ㉡에서 '오 리'와 '십 리'를 활용하여 감당해야 할 노동이 과중함을 강조하고 있군.
③ ㉢에서 '호랑새'와 '구중새'를 활용하여 시아버지와 시어머니를 대하기 힘든 존재로 표현하고 있군.
④ ㉣에서 '배꽃'과 '호박꽃'을 대비하여 초라하게 변한 자신의 모습을 한탄하고 있군.
⑤ ㉤에서 '거위'와 '오리'에 빗대어 현실에 대응하지 못하고 체념하는 자신을 드러내고 있군.

16 이홍유,「산민육가」/ 작자 미상,「유산가」/ 정비석,「산정무한」

2019학년도 3월 고3 학력평가 38~42번

[054~058] 다음 글을 읽고 물음에 답하시오.

가

이 몸이 한가하여 산수간(山水間)에 절로 늙어
공명부귀(功名富貴)를 뜻 밖에 잊었으니
차중(此中)에 청유(淸幽)한 흥미(興味)를 혼자
좋아 하노라 　　　　　　　　　　　〈제1수〉

조그만 이 내 몸이 천지간(天地間)에 혼자 있어
청풍명월(淸風明月)을 벗 삼아 누었으니
세상(世上)의 시시비비(是是非非)를 나는 몰라
하노라 　　　　　　　　　　　　　〈제2수〉

늙고 병든 몸을 세상이 버리실새
조그만 초당(草堂)을 시내 위에 일워 두고
목전(目前)에 보이는 송죽(松竹)아 **내 벗인가 하
노라** 　　　　　　　　　　　　　〈제4수〉

산림(山林)에 들어온 지 오래니 세상사(世上事)
를 모르노라
㉠십장 홍진(十丈紅塵)이 얼마나 가렸는고
물외(物外)에 뛰어든 몸이 보은(報恩)이 어려워라
　　　　　　　　　　　　　　　〈제5수〉

　　　　　　　　　　 – 이홍유,「산민육가」 –

나

화란 춘성(花爛春城)하고 만화방창(萬化方暢)
이라. ㉡때 좋다 벗님네야, 산천경개를 구경을 가
세.
죽장망혜(竹杖芒鞋) 단표자(單瓢子)로 천리 강
산을 들어를 가니, ㉢만산 홍록(滿山紅綠)들은 일
년 일도 다시 피어 춘색(春色)을 자랑노라 색색이
붉었는데, 창송취죽(蒼松翠竹)은 창창울울한데,
기화요초(琪花瑤草) 난만 중에 꽃 속에 잠든 나비
자취 없이 날아난다.

유상 앵비(柳上鶯飛)는 편편금(片片金)이요, 화
간접무(花間蝶舞)는 분분설(紛紛雪)이라. 삼춘가
절이 좋을씨고. 도화 만발 점점홍(桃花滿發點點
紅)이로구나. 어주 축수 애삼춘(魚舟逐水愛三春)
이어든 **무릉도원이 예 아니냐.**
　　　　　　　　　　　　　　　（중략）
층암절벽상의 폭포수는 콸콸, 수정렴 드리운
듯, 이 골 물이 주루루룩, 저 골 물이 쏼쏼, 열에
열 골 물이 한데 합수(合水)하여 천방져 지방져 소
쿠라지고 펑퍼져, 넌출지고 방울져, 저 건너 병풍
석으로 으르렁 콸콸 흐르는 물결이 은옥(銀玉)같
이 흩어지니, 소부 허유* 문답하던 기산 영수(箕
山潁水)가 예 아니냐.
주곡제금*은 천고절(千古節)이요, 적다정조*는
일년풍(一年豊)이라. 일출 낙조가 눈앞에 벌여나
경개 무궁(景槪無窮) 좋을씨고.

　　　　　　　　　　 – 작자 미상,「유산가」 –

＊소부 허유(巢父許由) 중국 요순시대에 속세를 벗어난 삶
　을 살았던 인물들.
＊주곡제금(奏穀啼禽) 두견새.
＊적다정조(積多鼎鳥) 소쩍새.

다

산은 언제 어디다 이렇게 많은 색소를 간직해
두었다가, 일시에 지천으로 내뿜는 것일까?
단풍이 이렇게까지 고운 줄은 몰랐다. 문 형은
몇 번이고 탄복하면서, 흡사히 동양화의 화폭 속
을 거니는 감흥을 그대로 맛본다는 것이다. 정말
우리도 한 떨기 단풍에 지나지 않아 보인다. ㉣다
리는 줄기요, 팔은 가지인 채, 피부는 단풍으로 물
들어 버린 것 같다. 옷을 훨훨 벗어 꼭 쥐어짜면,
물에 헹궈 낸 빨래처럼 진주홍 물이 주르르 흘러
내릴 것만 같다.

그림 같은 연화담(蓮花潭) 수렴폭(垂簾瀑)을 완상하며, 몇 십 굽이의 석계(石階)와 목잔*과 철삭*을 답파하고 나니, 문득 눈앞에 막아서는 무려 삼백 단의 가파른 사다리 ─ 한 층계 한 층계 한 사코 기어오르는 마지막 발걸음에서 시야는 일망무제(一望無際)로 탁 트인다. 여기가 해발 오천 척의 망군대(望軍臺) ─ 아! 천하는 이렇게도 광활하고 웅장하고 숭엄하던가!

이름도 정다운 백마봉은 바로 지호지간(指呼之間)에 서 있고, 내일 오르기로 예정된 비로봉은 단걸음에 건너뛸 정도로 가깝다. 그 밖에도 유상무상(有象無象)의 허다한 봉들이 전시(戰時)에 할거(割據)하는 영웅들처럼 여기에서도 우뚝 저기에서도 우뚝, 시선을 낮춰 아래로 굽어보니, 발밑은 천인단애(千仞斷崖), 무한제(無限際)로 뚝 떨어진 황천 계곡에 단풍이 선혈(鮮血)처럼 붉다. 우러러보는 단풍이 새색시 머리의 칠보단장(七寶丹粧) 같다면, 굽어보는 단풍은 치렁치렁 늘어진 규수의 붉은 치마폭 같다고나 할까. 수줍어 수줍어 생글 돌아서는 낯 붉힌 아가씨가 어느 구석에서 금방 튀어나올 것도 같구나!

저물 무렵에 마하연(摩訶衍)의 여사(旅舍)를 찾았다. ㉣산중에 사람이 귀해서였던가. 어서 오십사는, 상냥한 안주인의 환대도 은근하거니와, 문고리 잡고 말없이 맞아 주는 여관집 아가씨의 정성은 무르익은 머루 알같이 고왔다.

여장(旅裝)을 풀고 마하연사를 찾아갔다. 여기는 선원(禪院)이어서, 불경 공부하는 승려뿐이라고 한다. 크지도 않은 절이건만, 늙은 승려만도 실로 삼십 명은 됨 직하다. 이런 심산에 노승이 그렇게도 많을까?

[A] 무한청산행욕진(無限靑山行欲盡)
백운심처노승다(白雲深處老僧多)

옛글 그대로다.

노독(路毒)을 풀 겸 식후에 바둑이나 두려고 남포등 아래에 앉으니, 온고지정(溫故之情)이 불현듯 새로워졌다.

"남포등은 참말 오래간만인데."

하며 불을 바라보는 문 형의 말씨가 하도 따뜻해서, 나도 장난삼아 심지를 돋우어 보았다 줄여 보았다 하며, 까맣게 잊었던 옛 기억을 되살렸다. 그리운 얼굴들이, 흐르는 물의 낙화(落花) 송이같이 떠돌았다.

─ 정비석, 「산정무한」 ─

＊목잔(木棧) 나무로 사다리처럼 놓는 길.
＊철삭(鐵索) 철사를 꼬아서 만든 줄.

054 ▶ 24950-0069

(가)~(다)에 대한 설명으로 가장 적절한 것은?

① (가)와 (나)는 음성 상징어를 사용하여 생동감을 높이고 있다.

② (가)와 (나)는 과거와 현재를 대비하여 지향하는 가치를 밝히고 있다.

③ (가)와 (다)는 움직임을 나타내는 어휘를 반복하여 대상의 역동적 측면을 강조하고 있다.

④ (나)와 (다)는 비유적 표현을 통해 대상에 대한 긍정적 인식을 드러내고 있다.

⑤ (나)와 (다)는 어조의 변화를 통해 화자나 글쓴이의 심리 변화 과정을 보여 주고 있다.

055 ▶ 24950-0070

㉠~㉤을 이해한 내용으로 적절하지 않은 것은?

① ㉠: 속세와 거리를 둔 처지임을 나타내고 있다.

② ㉡: 아름다운 경치를 보러 갈 것을 권유하고 있다.

③ ㉢: 꽃이 활짝 피어난 봄의 계절감을 부각하고 있다.

④ ㉣: 주위의 단풍과 물아일체가 된 심정을 제시하고 있다.

⑤ ㉤: 마하연 여사의 퇴락한 모습을 드러내고 있다.

056 ▶ 24950-0071

〈보기〉를 참고하여 (가)와 (나)를 감상한 내용으로 적절하지 않은 것은? [3점]

> **• 보기 •**
>
> (가)의 작가와 같은 사대부들은 관직에 오르지 못했거나 관직에서 물러났을 경우, 주로 자연에 귀의하여 자연물과 조화를 이루는 생활을 하였다. 그들은 자연 속에서 심리적 위안을 받으며 자신들이 직접 체험한 바를 시가를 통해 표현하였다. 하지만 (나)와 같이 평민 계층의 전문 가객들이 부른 잡가에 나타나는 자연은 주로 아름다운 풍광의 재현을 통해 청중들이 대리 체험을 하도록 하는 것과 관련이 있다. 그래서 잡가의 자연은 감각적 흥을 극대화한 이상적인 유흥(遊興)의 공간으로 형상화되고 있다.

① (가)의 '공명부귀'는 화자가 관직에 나아가 이룰 수 있는 세속적 가치와 관련이 있다고 볼 수 있겠군.

② (가)의 '조그만 이 내 몸'은 자연 속에서 심리적 위안이 필요한 속세에서의 화자의 모습을 일컫는 것으로 볼 수 있겠군.

③ (가)의 '내 벗인가 하노라'는 화자가 자연물과 조화를 이루는 친밀감을 드러낸 것으로 볼 수 있겠군.

④ (나)의 '무릉도원이 예 아니냐'는 화자가 자연을 이상향의 이미지와 연결시켜 이상적인 유흥의 공간으로 제시한 것으로 볼 수 있겠군.

⑤ (나)의 '경개 무궁 좋을씨고'는 화자가 아름다운 풍광을 통해 감각적 흥을 느끼는 상황으로 볼 수 있겠군.

057 ▶ 24950-0072

(다)에 대한 설명으로 가장 적절한 것은?

① 마하연 여사에서 과거를 회상하며 여정을 계속하려는 이유를 제시하고 있다.

② 백마봉에서 비로봉으로 이동하는 과정을 다른 여정에 비해 상세하게 묘사하고 있다.

③ 기상 상황이 좋지 않았음에도 불구하고 연화담과 수렴폭을 둘러보았음을 밝히고 있다.

④ 객관적인 사실과 자신의 소감을 제시하며 망군대 등정 과정과 망군대에서의 조망을 나타내고 있다.

⑤ 마하연 여사에서 동행하는 사람이 한 말에 공감하며 오늘 여정 중에 발생한 일행 사이의 갈등이 해소되었음을 드러내고 있다.

058 ▶ 24950-0073

〈보기〉의 ㉮에 들어갈 대답으로 가장 적절한 것은?

● 보기 ●

선생님: [A]는 당나라 승려 영일(靈一)이 지은 한시의 일부로 '한없는 청산 끝나 가려 하는데, 흰 구름 깊은 곳에 노승도 많아라.'라는 의미입니다. 만약 글쓴이가 처음에 황혼 무렵 마하연사 주변에서 바라본 단풍의 애상적 아름다움을 부각하기 위해 '저녁볕 아래 수레 멈추고 단풍잎 바라보니(停車坐愛楓林晚), 서리 물든 가을 잎 봄꽃보다 더 붉네.(霜葉紅於二月花)'라는 구절을 인용하려 했다가, 퇴고 과정에서 생각을 바꾸어 [A]를 인용했다면 그 이유는 무엇일까요?

학생: 단풍에 대한 묘사를 지속함으로써 발생할 수 있는 전개상의 단조로움을 피해 (㉮) 의도로 볼 수 있습니다.

① 마하연사의 고즈넉한 분위기와 그곳에 대한 인상을 드러내려는

② 마하연사에서 자신의 삶을 반성하고 얻은 깨달음을 독자에게 알리려는

③ 마하연사의 유래와 마하연사가 어떤 역할을 수행하는 절인지 소개하려는

④ 마하연사가 깊은 산속에 자리 잡아 방문하는 데에 고생이 많았음을 나타내려는

⑤ 마하연사에 옛날과 달리 종교적 교리를 익히기 위해 애쓰는 승려가 없음을 비판하려는

17 허난설헌, 「규원가」/ 작자 미상, 「재 위에 우뚝 선 소나무 ~」

2022학년도 9월 모의평가 32~34번

[059~061] 다음 글을 읽고 물음에 답하시오.

가

　공후배필은 못 바라도 군자호구 원하더니
　삼생의 원업(怨業)이오 월하의 연분으로
　장안유협(長安遊俠) 경박자(輕薄子)를 ㉠꿈같이
만나 있어
　당시의 용심(用心)하기 살얼음 디디는 듯
　삼오이팔 겨우 지나 천연여질 절로 이니
　이 얼골 이 태도로 백년기약하였더니
　연광(年光)이 훌훌하고 조물이 다시(多猜)*하여
　봄바람 가을 물이 베오리에 북 지나듯 ┐
　설빈화안 어디 두고 면목가증(面目可憎)* │ [A]
되거고나 ┘
　내 얼골 내 보거니 어느 임이 날 괼소냐

(중략)

　옥창에 심은 매화 몇 번이나 피여 진고
　겨울밤 차고 찬 제 자최눈 섯거 치고 ┐
　여름날 길고 길 제 굳은비는 무슨 일고 │ [B]
　삼춘화류(三春花柳) 호시절(好時節)의 경물이 ┘
시름없다
　가을 달 방에 들고 실솔(蟋蟀)이 상(床)에 울 제
　긴 한숨 지는 눈물 속절없이 혬만 많다
　아마도 모진 목숨 죽기도 어려울사

　도로혀 풀쳐 혜니 이리하여 어이하리
　청등을 돌라 놓고 녹기금(綠綺琴) 빗겨 안아
　벽련화(碧蓮花) 한 곡조를 시름 좇아 섯거 타니
　소상야우(瀟湘夜雨)의 댓소리 섯도는 듯
　화표천년(華表千年)의 별학이 우니는 듯
　옥수(玉手)의 타는 수단 옛 소리 있다마는
　부용장(芙蓉帳) 적막하니 뉘 귀에 들리소니
　간장이 구곡되어 굽이굽이 끊쳤어라
　차라리 잠을 들어 ㉡꿈에나 보려 하니
　바람의 지는 잎과 풀 속에 우는 짐승
　무슨 일 원수로서 잠조차 깨우는다

　　　　　　　　　　　　　　　- 허난설헌, 「규원가」 -

*다시　시기가 많음.
*면목가증　얼굴 생김이 남에게 미움을 살 만한 데가 있음.

나

　재 위에 우뚝 선 **소나무 바람** 불 적마다 흔 ┐
덕흔덕 │ [C]
　개울에 섰는 **버들** 무슨 일 좇아서 흔들흔들 ┘
　임 그려 우는 눈물은 옳거니와 **입하고 코**는 어
이 무슨 일 좇아서 **후루룩 비쭉** 하나니

　　　　　　　　　　　　　　　- 작자 미상 -

059 ▶ 24950-0074

[A]~[C]의 표현상 특징에 대한 설명으로 적절하지 않은 것은?

① [A]는 여성의 생활에 밀접한 소재를 활용하여 흘러가는 세월에 대한 화자의 인식을 시각적으로 표현하였다.

② [B]는 단어를 반복하는 구절을 행마다 사용하여 화자가 주목하는 각 계절의 특성을 강조하였다.

③ [C]는 두 대상을 발음이 비슷한 의태어로 표현하여 움직이는 모습의 유사성을 드러내었다.

④ [A], [B]는 계절적 배경을 알려 주는 시어를 활용하여 시간에 따라 화자의 처지가 달라졌음을 드러내었다.

⑤ [B], [C]는 대구를 활용하여 리듬감을 형성하였다.

060 ▶ 24950-0075

㉠, ㉡에 대한 이해로 가장 적절한 것은?

① ㉠은 흐릿한 기억 때문에 혼란스러운 화자의 심정을 나타낸다.

② ㉡은 현실에서는 화자가 문제를 해결할 수 없어서 선택한 방법이다.

③ ㉠은 임과의 만남에 대한 기대에서, ㉡은 임과의 이별에 대한 망각에서 비롯된다.

④ ㉠은 이미 일어난 일에 대해 회상하고, ㉡은 곧 일어날 일에 대해 단정하고 있다.

⑤ ㉠은 인연의 우연성에 대한, ㉡은 재회의 필연성에 대한 화자의 우려를 드러내고 있다.

061 ▶ 24950-0076

〈보기〉를 참고하여 (가), (나)를 감상한 내용으로 적절하지 않은 것은? [3점]

• 보기 •

　(가), (나)는 이별에 대한 서로 다른 대처를 보여 준다. (가)의 화자는 외부와 단절된 채 자신의 쓸쓸한 내면에 몰입하고, 자신의 슬픔을 주변으로 확장한다. (나)의 화자는 외부 대상의 모습에서 자신과의 동질성을 발견하며 슬픔을 확인하면서도, 슬픔을 분출하는 자신의 우스운 외양에 주목한다. (가)는 슬픔을 확장하고 펼쳐 냄으로써, (나)는 슬프지만 슬픔과 거리를 둠으로써 이별에 대처한다.

① (가)에서 '실솔이 상에 울 제'는 화자가 자신의 슬픔을 주변으로 확장한 것을 보여 주는군.

② (가)에서 '부용장 적막하니 뉘 귀에 들리소니'는 화자가 외부와의 교감을 거부하고 내면에 몰입하는 모습을 드러내는군.

③ (나)에서 화자는 '소나무'가 '바람 불 적마다 흔덕'거리는 모습에서 자신과의 동질성을 발견한 것이겠군.

④ (가)의 '삼춘화류'는, (나)의 '버들'과 달리 화자의 내면과 대비되어 외부와의 단절감을 강조하는군.

⑤ (나)의 '후루룩 비쭉'하는 '입하고 코'는, (가)의 '긴 한숨 지는 눈물'과 달리 화자가 자신의 우스운 외양에 주목하여 슬픔과 거리를 두는 것을 보여 주는군.

18 작자 미상, 「시집살이 노래」

2014학년도 6월 모의평가 A형 38~40번 B형 31~33번

[062~064] 다음 글을 읽고 물음에 답하시오.

형님 온다 형님 온다 분고개로 형님 온다.
형님 마중 누가 갈까 형님 동생 내가 가지.
형님 형님 사촌 형님 시집살이 어떱뎁까.
㉠이애 이애 그 말 마라 시집살이 개집살이.
앞밭에는 당추 심고 뒷밭에는 고추 심어,
고추 당추 맵다 해도 시집살이 더 맵더라
둥글둥글 수박 식기(食器) 밥 담기도 어렵더라.
도리도리 도리소반(小盤) 수저 놓기 더 어렵더라.
㉡오 리(五里) 물을 길어다가 십 리(十里) 방아
찧어다가,
아홉 솥에 불을 때고 열두 방에 자리 걷고,
외나무다리 어렵대야 시아버니같이 어려우랴.
나뭇잎이 푸르대야 시어머니보다 더 푸르랴.
㉢시아버니 호랑새요 시어머니 꾸중새요
동세 하나 할림새요 시누 하나 뾰족새요
시아지비 뾰중새요 남편 하나 미련새요

[A]

자식 하난 우는 새요 나 하나만 썩는 샐세.
㉣귀먹어서 삼 년이요 눈 어두워 삼 년이요
말 못해서 삼 년이요 석 삼 년을 살고 나니,
㉤배꽃 같던 요내 얼굴 호박꽃이 다 되었네.
삼단 같던 요내 머리 비사리춤이 다 되었네.
백옥 같던 요내 손길 오리발이 다 되었네.
열새 무명 반물치마 눈물 씻기 다 젖었네.
두 폭 붙이 행주치마 콧물 받기 다 젖었네.
울었던가 말았던가 베갯머리 소(沼) 이뤘네.
그것도 소이라고 거위 한 쌍 오리 한 쌍
쌍쌍이 때 들어오네.

– 작자 미상, 「시집살이 노래」 –

062 ▶ 24950-0077

윗글의 시상 전개에 대한 이해로 가장 적절한 것은?

① 감탄과 반성의 어조를 교차하여 복잡한 감정을 나타내고 있다.
② 상황을 부정적으로 규정하고 나서 다양한 예들을 나열하고 있다.
③ 처음과 끝을 동일한 내용으로 상응시켜 시상 전개에 안정감을 부여하고 있다.
④ 근경에서 원경으로 시선을 확대해 가면서 심리의 변화를 보여 주고 있다.
⑤ 외부 세계와 내면을 대비해 가며 이상적 세계에 대한 동경을 드러내고 있다.

063 ▶ 24950-0078

㉠~㉤에 대한 이해로 적절하지 않은 것은?

① ㉠: 물음에 대한 답변을 유보하며 사촌 동생의 결혼을 만류하고 있다.
② ㉡: 과장된 표현을 통해 며느리가 수행해야 하는 가사 노동의 상황을 강조하고 있다.
③ ㉢: 시집 식구들을 일일이 지목하여 시집 식구들에 대한 화자의 생각을 드러내고 있다.
④ ㉣: 며느리가 감당해야 하는 제약을 제시해 며느리의 처지를 보여 주고 있다.
⑤ ㉤: 결혼 전후의 용모 변화를 자연물에 빗대어 시집살이의 고충을 토로하고 있다.

064 ▶ 24950-0079

[A]와 〈보기〉를 비교하여 감상한 내용으로 가장 적절한 것은? [3점]

> • 보기 •
>
> 저기 가는 저 각시, 본 듯도 하구나.
> 천상(天上) 백옥경(白玉京)을 어찌하여 이별하고
> 해 다 져 저문 날에 누굴 보러 가시는가.
> 어와, 너로구나. 이내 사설 들어 보오.
> 내 얼굴 이 거동이 임이 사랑함 직한가마는
> 어쩐지 날 보시고 너로다 여기시매
> 나도 임을 믿어 딴 생각 전혀 없어
> 아양이며 교태며 어지럽게 하였던지
> 반기시는 낯빛이 예와 어찌 다르신가.
>
> – 정철, 「속미인곡」 –

① [A]와 〈보기〉 모두 시어의 반복을 통해 리듬감을 살리고 있다.
② [A]와 〈보기〉 모두 화자 자신의 문제 상황에 대한 책임을 제삼자에게 전가하고 있다.
③ [A]와 〈보기〉 모두 예전에 알고 지내던 인물과의 만남을 계기로 하여 자신의 심정을 토로하고 있다.
④ [A]에서는 계절의 변화를, 〈보기〉에서는 공간의 변화를 통해 화자의 정서를 심화하고 있다.
⑤ [A]에서는 반어적 표현을, 〈보기〉에서는 다양한 비유적 표현을 통해 자신의 처지를 드러내고 있다.

Ⅱ

적용
학습

[065~068] 다음 글을 읽고 물음에 답하시오.

가

한 이파리 / 또 한 이파리
시나브로 지는
지치도록 흰 복사꽃을

꽃잎마다 / 지는 꽃잎마다
곱다랗게 자꾸만
감기는 서러운 서러운 연륜(年輪)을

늙으신 아버지의
기침소리랑
곤때 가신 지 오랜 아내랑   [A]
어리디어린 손주랑 사는 곳

버리고 온 '생활(生活)'이며
나의 벅차던 청춘이
아직도 되살아 있는
ⓐ고향인 성만 싶어 밤을 새운다.

　　　　　　　　 – 신석정, 「망향(望鄕)의 노래」 –

나

산산이 부서진 이름이여!
허공 중에 헤어진 이름이여!
불러도 주인 없는 이름이여!
부르다가 내가 죽을 이름이여!

심중에 남아 있는 말 한마디는
끝끝내 마저 하지 못하였구나.
사랑하던 그 사람이여!
사랑하던 그 사람이여!

붉은 해는 서산 마루에 걸리었다.
사슴의 무리도 슬피 운다.
떨어져 나가 앉은 ⓑ산 위에서
나는 그대의 이름을 부르노라.

설움에 겹도록 부르노라.
설움에 겹도록 부르노라.
부르는 소리는 비껴 가지만
ⓒ하늘과 ⓓ땅 사이가 너무 넓구나.

선 채로 ⓔ이 자리에 돌이 되어도
부르다가 내가 죽을 이름이여!
사랑하던 그 사람이여!
사랑하던 그 사람이여!

　　　　　　　　　 – 김소월, 「초혼(招魂)」 –

다

감나무쯤 되랴,
서러운 노을빛으로 익어가는
내 마음 사랑의 열매가 달린 나무는!

이것이 제대로 벋을 데는 ㉠저승밖에 없는 것
같고
그것도 내 생각하던 사람의 등뒤로 벋어가서
그 사람의 머리 위에서나 마지막으로 휘드려질
까본데,

그러나 그 사람이
그 사람의 안마당에 심고 싶던
느꺼운 열매가 될는지 몰라!
새로 말하면 그 열매 빛깔이
전생(前生)의 내 전(全) 설움이요 전(全) 소망인
것을
알아내기는 알아낼는지 몰라!
아니, 그 사람도 이 세상을
설움으로 살았던지 어쨌던지
그것을 몰라, 그것을 몰라!

　　　　　　　　　 – 박재삼, 「한(恨)」 –

065 ▶ 24950-0080

(가)~(다)에 대한 설명으로 옳은 것은?

① (가), (나)에는 자연 친화적인 태도가 나타나 있다.
② (가), (다)에는 자기 성찰과 반성이 드러나 있다.
③ (나), (다)의 화자는 대상과의 거리를 인식하고 있다.
④ (가), (나), (다) 모두 인생의 유한성에 대한 인식이 드러나 있다.
⑤ (가), (나), (다) 모두 대조적인 이미지로 이별의 정서를 표현하고 있다.

066 ▶ 24950-0081

(가)와 (다)에 나타난 중심 소재의 성격과 이미지를 다음과 같이 정리하였다. 이를 바탕으로 해석한 내용으로 적절하지 않은 것은?

> **(가)의 '복사꽃'**
> – 떨어짐[落] : 소멸, 계절의 변화.
> – 흰색 : 전통적으로 시에서 애상적 정조를 불러일으키는 색깔로 사용됨.
> – 향토적인 소재.
>
> **(다)의 '감'**
> – 익음 : 열매, 오랜 세월의 축적.
> – 노을빛 : '노을'의 붉은색이 주는 애상적 정조.
> – 전통적인 소재.

① '복사꽃'이 떨어지는 것은 시간의 흐름을 상기시키고 있다.
② '복사꽃'은 화자에게 고향을 연상시키는 소재로 활용되고 있다.
③ '감'에는 내면의 성숙을 염원하는 화자의 마음이 담겨 있다.
④ '복사꽃'과 '감'은 모두 서러움을 불러일으키고 있다.
⑤ '복사꽃'과 '감'은 모두 색채적 이미지로 시적 분위기 조성에 이바지하고 있다.

Ⅱ
적용
학습

067 ▶ 24950-0082

[A]를 〈보기〉처럼 바꾸어 썼다고 가정할 때, 고려했을 사항으로 적절하지 <u>않은</u> 것은?

● 보기 ●

질화로에 재가 식어지면
비인 밭에 밤바람 소리 말을 달리고,
밭은기침 소리에 겨운 늙으신 아버지가
짚 베개를 돋아 고이시는 초가집.
들꽃같이 수수한 아내가
따가운 햇살을 등에 지고 이삭 줍던,
나어린 손주가
송아지처럼 철없이 뛰놀던 들판.

① 유사한 시구를 반복하여 율격을 살리고 있는 원시(原詩)의 의도는 유지하는 게 좋아.
② 가족의 모습을 한 사람 한 사람 떠올려 보는 발상을 그대로 살려야겠지?
③ 비유적인 표현을 사용하면 대상의 이미지를 구체화할 수 있을 거야.
④ 공간적 배경을 제시하면 조금 더 실감 나게 표현할 수 있지 않을까?
⑤ 고향의 속성을 드러내는 사물도 몇 개 추가해 보는 것이 좋겠어.

068 ▶ 24950-0083

ⓐ~ⓔ 중, ㉠과 함축적 의미가 가장 가까운 것은?

① ⓐ   ② ⓑ   ③ ⓒ
④ ⓓ   ⑤ ⓔ

문태준, 「평상이 있는 국숫집」 / 박목월, 「적막한 식욕」

2018학년도 수능특강 문학 87~88쪽 1~3번

[069~071] 다음 글을 읽고 물음에 답하시오.

가

평상이 있는 국숫집에 갔다
붐비는 국숫집은 삼거리 슈퍼 같다
평상에 마주 앉은 사람들
세월 넘어온 친정 오빠를 서로 만난 것 같다
국수가 찬물에 헹궈져 건져 올려지는 동안
쯧쯧쯧쯧 쯧쯧쯧쯧,
손이 손을 잡는 말
눈이 눈을 쓸어 주는 말
병실에서 온 사람도 있다
식당 일을 손 놓고 온 사람도 있다
사람들은 평상에만 마주 앉아도
마주 앉은 사람보다 먼저 더 서럽다
세상에 이런 짧은 말이 있어서
세상에 이런 깊은 말이 있어서
국수가 찬물에 헹궈져 건져 올려지는 동안
쯧쯧쯧쯧 쯧쯧쯧쯧,　　　　　　　　　[A]
큰 푸조나무 아래 우리는
모처럼 평상에 마주 앉아서

　　　　　　　　– 문태준, 「평상이 있는 국숫집」 –

나

모밀묵이 먹고 싶다.
그 싱겁고 구수하고
못나고도 소박하게 점잖은
촌 잔칫날 팔모상에 올라
새 사돈을 대접하는 것.
그것은 저문 봄날 해 질 무렵에
허전한 마음이
마음을 달래는
쓸쓸한 식욕이 꿈꾸는 음식.
또한 인생의 참뜻을 짐작한 자의
너그럽고 넉넉한
눈물이 갈구하는 쓸쓸한 식성.
아버지와 아들이 겸상을 하고
손과 주인이 겸상을 하고
산나물을
곁들여 놓고
어수룩한 산기슭의 허술한 물방아처럼
슬금슬금 세상 얘기를 하며
먹는 음식.
그리고 마디가 굵은 사투리로
은은하게 서로 사랑하며 어여삐 여기며
그렇게 이웃끼리
이 세상을 건너고
저승을 갈 때,
보이소 아는 양반 앙인기요
보이소 웃마을 이 생원 앙인기요　　　[B]
서로 불러 길을 가며 쉬며 그 마지막 주막에서
걸걸한 막걸리 잔을 나눌 때
절로 젓가락이 가는
쓸쓸한 음식.

　　　　　　　　– 박목월, 「적막한 식욕」 –

069 ▶ 24950-0084

(가)와 (나)의 공통점으로 가장 적절한 것은?

① 명사로 시상을 마무리하여 시적 여운을 주고 있다.

② 유사한 시구를 반복하여 시적 상황을 드러내고 있다.

③ 과거와 현재를 대비하여 화자의 의지를 드러내고 있다.

④ 반어적 표현을 활용하여 현실에 대한 비판적 태도를 드러내고 있다.

⑤ 공간의 이동에 따른 시상 전개를 통해 정서의 변화를 드러내고 있다.

※ 〈보기〉를 참고하여 070~071번의 두 물음에 답하시오.

• 보기 •

　시인은 일상생활의 경험과 성찰을 바탕으로 사람들이 공유하고 공감할 수 있는 세계를 발견해 내어, 일상생활의 체험을 서정의 세계로 끌어들인다. (가)와 (나)에는 모두 시인이 그려 낸 구체적이고 일상적인 삶의 모습이 드러나 있으며 이를 통해 고단한 삶에 대한 애잔한 긍정을 담아내고 있다.

070 ▶ 24950-0085

(가)와 (나)를 감상한 내용으로 적절하지 <u>않은</u> 것은?

① (가)의 '평상이 있는 국숫집'은 마주 앉아 이야기를 나눌 수 있는 일상적 공간으로, '평상에 마주 앉은 사람들'을 '우리'라는 동질감으로 묶는 기능을 하는군.

② (가)의 '병실에서 온 사람', '식당 일을 손 놓고 온 사람'은 고단한 일상을 살아가는 사람들의 모습을 보여 주는군.

③ (나)는 싱겁고 구수한 음식에서 새 사돈을 대접하는 음식, 너그럽고 넉넉한 눈물이 갈구하는 음식, 세상 얘기를 하며 먹는 음식 등으로 '모밀묵'의 의미를 다양화함으로써 일상적인 삶의 여러 모습을 담아내고 있군.

④ (가)의 '세월 넘어온 친정 오빠'는 '국숫집'이라는 일상적 공간에서 만난 사람들에게서 느끼는 친근감을 드러내며, (나)의 '아버지와 아들이 겸상을 하고'와 '손과 주인이 겸상을 하고'는, '모밀묵'이라는 구체적이고 일상적인 음식을 통해 삶을 공유하는 모습을 보여 주는군.

⑤ (가)의 '먼저 더 서럽다'의 서러움은 '마주 앉은 사람'의 고통에 대한 두려움을 나타내며, (나)의 '쓸쓸한 식욕'의 쓸쓸함은 '인생의 참뜻을 짐작한 자'가 삶에 대해 느끼는 정서이면서 '저문 봄날 해 질 무렵'에 느껴지는 '허전한 마음'을 의미하는군.

071 ▶ 24950-0086

[A]와 [B]에 대한 설명으로 가장 적절한 것은?

① [A]는 [B]와 달리 의성어를 활용하여 이상과 현실의 괴리로 인한 안타까움을 나타내고 있다.

② [B]는 [A]와 달리 방언을 활용하여 서민들의 고단한 현실에 대한 비판 의식을 부각하고 있다.

③ [A]와 [B]는 모두 상대방에게 말을 건네는 방식을 활용하여 세상에서 소외된 서러움을 나타내고 있다.

④ [A]와 [B]는 모두 대화체를 활용하여 [A]는 삶에 대한 무상감을, [B]는 삶에 대한 애정을 드러내고 있다.

⑤ [A]와 [B]는 모두 소리나 말을 옮겨 와 시구로 활용하여 [A]는 상대방에 대한 공감과 위로를, [B]는 상호 간의 유대감을 드러내고 있다.

21 이육사, 「노정기」/ 최승호, 「발효」/ 김진규, 「몰인설」

[072~076] 다음 글을 읽고 물음에 답하시오.

가

목숨이란 마치 **깨어진 배 조각**
여기저기 흩어져 마을이 구죽죽한 어촌보담 어설프고
삶의 티끌만 오래 묵은 포범(布帆)처럼 달아 매었다

남들은 기뻤다는 젊은 날이었건만
밤마다 내 **꿈**은 서해를 밀항하는 **쩡크***와 같아
소금에 절고 조수(潮水)에 부풀어 올랐다

항상 흐릿한 밤 **암초를 벗어나면 태풍과 싸워** 가고
전설에 읽어 본 **산호도(珊瑚島)는 구경도 못 하는**
그곳은 남십자성이 비쳐 주도 않았다

쫓기는 마음 지친 몸이길래
그리운 지평선을 한숨에 기오르면
시궁치*는 열대 식물처럼 **발목을 오여쌌다**

새벽 밀물에 밀려온 거미이냐
다 **삭아 빠진 소라 껍질에** `나`는 붙어 왔다
먼 항구의 노정(路程)*에 흘러간 생활을 들여다보며

— 이육사, 「노정기」 —

*쩡크 정크(Junk). 중국 연해나 하천에서 사람과 짐을 실어 나르는 배.
*시궁치 더러운 물이 잘 빠지지 않고 썩어서 질척질척하게 된 도랑의 근처.
*노정 거쳐 지나가는 길이나 과정.

나

부패해 가는 **마음 안의 거대한 저수지**를
나는 발효시키려 한다 ⎤ [A]

나는 충분히 썩으면서 살아왔다 ⎤
묵은 관료들은 숙변을 내게 들이부었고 │ [B]
나는 낮은 자로서
치욕을 나의 것으로 받아들였다 ⎦
이 땅에서 냄새나지 않는 자가 누구인가
수렁 바닥에서 멍든 얼굴이 썩고 있을 때나 ⎤
흐린 물 위로 떠오를 때에도 │ [C]
나는 **침묵**했고
그 **슬픔**을 나의 것으로 받아들였다 ⎦
나는 한때 이미 죽었거나 ⎤
독약 먹이는 세월에 쓸개가 **병든 자로서** │ [D]
울부짖음 대신 쓴 거품을 내뿜었을 뿐이다 ⎦
문제는 스스로 **마음**에 뚜껑을 덮고 오물을 거부할수록
오물들이 더 불어났다는 사실이다
뒤늦게 나는 그 **뚜껑이 성긴 그물이었음**을 깨닫는다
물왕저수지라는 팻말이 내 마음의 한 변두리에 꽂혀 있다 ⎤
나는 그 저수지를 **본 적이 없다** │
긴 가문 날 흙먼지투성이 버스 유리창을 통해 │ [E]
물왕저수지로 가는 길가의 팻말을 얼핏 보았을 뿐이다 ⎦
그 저수지에
물의 법이 물왕의 도가
아직도 순환하고 있기를 바란다
그 **저수지에** 왕골을 헤치며 다니는 **물뱀들**이
춤처럼 살아 있기를 바란다

그리고 **물과 진흙의 거대한 반죽에서 흰 갈대꽃**
이 피고

잉어들은 쩝쩝거리고 물오리떼는 날아올라 ┐
발효하는 숨결이 힘차게 움직이고 있음을   [F]
내 마음에도 전해 주기 바란다   ┘

– 최승호, 「발효」 –

다

포구의 사람 중에 전복을 팔려고 오는 사람이
있어 내가 묻기를,

"당신이 하는 일의 이득은 과연 어느 정도냐?"
하고 물었더니, 말하기를,

"이것은 천한 일이온데, 어찌 물을 일입니까?
대저 바다는 죽음의 땅이고 전복은 반드시 바다
깊은 곳에 있습니다. 또 그물이 아닌 갈고리를
들어야 잡을 수 있으며, 반드시 바닥에까지 잠
겨야 하며, 숨을 멈추고 잠깐 동안 머무르면서
찾기를 다하여야 얻을 수 있습니다. 또 반드시
작살로 빠르게 찔러야 이내 잡을 수 있습니다.
만약 잠깐이라도 느리게 하면 전복이 칼날을 물
어 비록 힘을 다하더라도 칼을 뺄 수도 없으며,
전복은 꿈쩍도 하지 않아 서로 버티다가 시간이
늦으면 물에서 빠져나오지 못하는 사람도 있습
니다. 또 바다에는 사람을 잘 무는 **나쁜 고기들**
도 많으며, **바다 밑은** 또 매우 차가워 비록 무더
위에 잠수하는 사람들도 항상 추워서 오들오들
떠니 잠수하기가 어렵습니다. 그러므로 자기 나
이 십여 세가 넘으면서 얕은 데서 익히다가 조
금씩 익혀 깊은 데로 갑니다. 이십 세에 이르러
서야 전복 잡이는 가능하며, 사십이 넘으면 그
만둡니다. 또 잠수하는 사람은 항상 바다에 있
으니 머리털이 타고 마르며, 그 살갗은 거칠고
얼룩얼룩하며, 일어나고 기거하는 모습도 일반
인과 다릅니다. 그러므로 사람은 편안하지도 다
치지도 않아야 하는데, 이 일의 괴롭고 천함이
이와 같으며, **관청에 바치는** 것도 **그 양을 다 채
우지** 못하는데 어찌 이득이 있겠습니까?"
라고 하였다. 내가 말하기를,

"그러면 병이라도 들지 않겠는가. 어찌 이 일을
버리고 다른 일에 힘쓰지 못하는 것인가?"
하니, 그 잠수부가 입을 딱 벌리고 웃으면서 말
하기를,

"무슨 일이 잠수부에게 편한 것이 있겠습니까?
소인이 할 수 있는 일은 농사와 상업뿐입니다.
농부도 가뭄이나 장마에 굶주리고, 상인도 남과
북으로 뛰어다녀 그 괴로움이 나와 더불어 같을
것입니다. 만약 군자의 일인 벼슬을 할 것 같으
면 편히 앉아서 녹을 먹고, 수레에 올라앉으면
따르는 무리가 있고, 금빛 붉은 빛에 아름답게
꾸민 관이 우뚝 높고, 조정에 들어가면 부(府)나
성(省)을 받들고 지방으로 나아가도 주(州)나 부
(部)에 임하니, 이것은 지극한 즐거움과 영화라
이를 만합니다. 그러나 또한 일찍이 들으니, 아
침이면 국록을 먹으나 저녁이면 책망을 당하니,
어제는 한양 땅 부성(府省)에 있으나 지금은 좌
천되어 영해(領海)에 있습니다.

(중략)

저 농사와 장사도 어려우니, 참으로 반드시 이
일을 버리고 힘쓰지 않을 수 없으며, 지극한 즐
거움과 영화로움에 나아감에 견주어 보면, 사람
들이 먹여 주는 것을 먹는 것과 내 힘으로 먹는
것 중 어느 것이 더 나으며, 사람을 다스리는 것
과 또 내 일을 다스리는 것 중 어느 것이 더 나
으며, **부귀영화를 귀하게 여기는 것과 나의 천
한 일 중에 욕됨이 없는 것** 중 어느 것이 더 낫
습니까? 하물며 안으로 막히고 밖으로 죄에 걸
려 죽어 가는 것과 때를 기다려 서로 힘을 합하
여 물에 빠지는 위태로움에서 벗어나 수면에 나
타나니 어느 것이 더 낫습니까? 내가 또 무엇을
미워하겠습니까? 비록 내가 고을에서 보건데,
우리 무리들은 그 즐거움에 항상 편안하며, 벼
슬하는 사람들이 꾸짖으며 와서 몸을 묶더라도
그 사람 또한 그 하나일 뿐이니, 일에 있어 어느
것이 위태롭고 어느 것이 편안하겠습니까? 당
신은 이미 구별을 했을 것이니 어찌 그대의 일

을 후회하지 않으면서 이에 나보고 도리어 이 일을 버리라고 깨우쳐 주니, 슬픕니다. 이제 그만둡시다."
라고 하였다. 내가 그 소리를 듣고 부끄러워 땀에 젖고 놀라서 입이 벌어져 오랫동안 대답할 수 없었다.

오호라, **옛사람**이 **벼슬길**을 바다에 비유했으나 나는 믿지 않았더니, 지금 잠수부의 말로써 시험하니 벼슬길의 위태로움이 바다보다도 심하구나. 그러므로 **그 말을 기록하여** 일을 택함의 **잘못된 것을 슬퍼**하고, 이로 인하여 훗날 **벼슬길에 오르기를 탐하는 사람들에게 경계하고자** 한다.

– 김진규, 「몰인설(沒人說)」 –

072 ▶ 24950-0087

(가)~(다)에 대한 설명으로 가장 적절한 것은?

① (가)와 (나) 모두 청유형 어미를 활용하여 친근감을 드러내고 있다.
② (가)와 (다) 모두 반어적 표현을 활용하여 현실을 비판하고 있다.
③ (나)와 (다) 모두 설의적 표현을 활용하여 의미를 부각하고 있다.
④ (가)~(다) 모두 색채의 대비를 활용하여 분위기를 형성하고 있다.
⑤ (가)~(다) 모두 청각의 시각화를 활용하여 생동감을 자아내고 있다.

073 ▶ 24950-0088

〈보기〉를 참고하여 (가)와 (나)를 감상한 내용으로 적절하지 않은 것은? [3점]

● 보기 ●

시에서는 물의 이미지를 활용하여 다양한 방식으로 화자의 삶이 형상화되는 경우가 있다. (가)는 물의 흐름에 따라 흘러가는 배의 이미지를 통해 안식을 소망했던 고달픈 삶을 형상화하며 비극적 운명에 대한 화자의 인식을 드러낸다. (나)는 부정적 상황을 인식하고 순환하는 물의 이미지를 통해 생명력 있는 삶을 지향하는 화자의 태도를 드러낸다.

① (가)에서 '암초를 벗어나면 태풍과 싸'우고 '산호도는 구경도 못 하는' 것은 화자의 고달픈 삶을 나타낸 것이겠군.
② (가)에서 '목숨'이 '깨어진 배 조각'처럼 흩어지고 '내 꿈'이 '밀항하는 쩡크와 같'다는 것은 흘러가는 배의 노정에 화자의 삶을 관련지어 나타낸 것이겠군.
③ (나)에서 '마음'에 덮은 '뚜껑이 성긴 그물이었음'을 깨닫는 것은 부정적 상황에 대한 화자의 인식을 나타낸 것이겠군.
④ (가)에서 '발목을 오여'싼 '시궁치'는 화자가 꿈꾸던 안식의 공간을, (나)에서 '물뱀들'이 살아 있길 바라는 '그 저수지'는 화자가 물이 순환하기를 기대하는 공간을 나타낸 것이겠군.
⑤ (가)에서 '삭아 빠진 소라 껍질'에 붙어 왔다는 것은 비극적 운명에 대한 화자의 인식을, (나)에서 '물과 진흙의 거대한 반죽'에서 '갈대꽃'이 피길 바라는 것은 생명력 있는 삶에 대한 화자의 지향을 나타낸 것이겠군.

074 ▶ 24950-0089

(가)의 나와 (다)의 잠수부에 대한 설명으로 가장 적절한 것은?

① (가)의 '나'와 (다)의 '잠수부'는 모두 타인과는 다른 처지에 대한 주관적 인식을 드러내고 있다.

② (가)의 '나'와 (다)의 '잠수부'는 모두 이전과 달라진 타인의 마음에 대한 정서를 드러내고 있다.

③ (가)의 '나'와 (다)의 '잠수부'는 모두 시간의 흐름에 따라 변화하는 타인의 외양에 대한 객관적 평가를 드러내고 있다.

④ (가)의 '나'는 타인이 겪을 일에 대한, (다)의 '잠수부'는 자신이 겪을 일에 대한 추측을 드러내고 있다.

⑤ (가)의 '나'는 타인에게 받은 상처에 대한, (다)의 '잠수부'는 타인이 자신에게 하는 행동에 대한 부정적 반응을 드러내고 있다.

075 ▶ 24950-0090

[A]~[F]에 대한 이해로 적절하지 않은 것은?

① [A]에서 '마음 안의 거대한 저수지'가 부패해 가는 이유를 [B]에서 찾을 수 있다.

② [B]에서 '치욕을 나의 것으로 받아들'인 상황은 [C]에서 지속되고 있다.

③ [C]에서 '침묵'하고 '슬픔'을 받아들인 행위는 [D]에서 나타난 문제로 이어지고 있다.

④ [D]에서 '독약 먹이는 세월'에 '병든 자'로 살아온 원인은 [E]에서 확인할 수 있다.

⑤ [E]에서 '본 적이 없다'는 '물왕저수지'에 대한 상상은 [F]에서 구체화되고 있다.

076 ▶ 24950-0091

〈보기〉를 참고하여 (다)를 감상한 내용으로 적절하지 않은 것은?

• 보기 •

설(說)의 표현 방법 중에는 글쓴이가 하고자 하는 말을 다른 인물과의 대화를 통해 간접적으로 드러내는 방법이 있다. 「몰인설」의 글쓴이는 대화 상대가 갖고 있는 직업적 고충과 제도 내에서의 어려움을 파악하게 되고, 대화 상대의 가치관이나 소신을 알게 된다. 이를 통해 글쓴이는 자신의 상황에 대해 깨달음을 얻게 되고 이를 다른 사람들에게 알리려는 목적을 드러낸다.

① '나쁜 고기들'이 많고 '바다 밑'이 매우 차갑다는 것을 통해 잠수부라는 직업의 고충을 확인할 수 있군.

② '관청'에 전복을 '바치는' '양을 다 채우지' 못한다는 것을 통해 잠수부가 겪는 제도 내에서의 어려움을 확인할 수 있군.

③ '부귀영화를 귀하게 여기는 것'보다 '천한 일 중에 욕됨이 없는 것'이 낫다는 것에서 잠수부가 지닌 가치관을 확인할 수 있군.

④ '벼슬길'에 대한 '옛사람'의 말이 '잘못된 것을 슬퍼'하는 것에서 글쓴이가 자신의 상황에 대해 깨달았음을 확인할 수 있군.

⑤ '그 말을 기록하여' '벼슬길에 오르기를 탐하는 사람들에게 경계하고자' 하는 것을 통해 다른 사람들에게 깨달음을 알리려는 글쓴이의 목적을 확인할 수 있군.

이용악, 「전라도 가시내」 / 기형도, 「기억할 만한 지나침」 / 이달, 「유씨 집의 외로운 기러기를 읊다」

2012학년도 10월 고3 학력평가 13~18번

[077~082] 다음 글을 읽고 물음에 답하시오.

가

알룩조개에 입맞추며 자랐나
눈이 바다처럼 푸를뿐더러 까무스레한 네 얼굴
가시내야
나는 발을 얼구며*
무쇠다리를 건너온 함경도 사내

바람 소리도 호개도 인젠 무섭지 않다만
어두운 등불 밑 ⓐ안개처럼 자욱한 시름을 달게 마시련다만
어디서 흥참한 기별이 뛰어들 것만 같애
두터운 벽도 이웃도 못 미더운 북간도 ㉠술막

온갖 방자의 말을 품고 왔다
눈포래를 뚫고 왔다
가시내야
너의 가슴 그늘진 숲속을 기어간 오솔길을 나는 헤매이자
술을 부어 남실남실 술을 따루어
가난한 이야기에 고이 잠궈다오

네 두만강을 건너왔다는 석 달 전이면
단풍이 물들어 천 리 천 리 또 천 리 산마다 불 탔을 겐데
그래두 외로워서 슬퍼서 치마폭으로 얼굴을 가렸더냐
두 낮 두 밤을 ⓑ두루미처럼 울어 울어
불술기* 구름 속을 달리는 양 유리창이 흐리더냐

차알싹 부서지는 파도 소리에 취한 듯
때로 싸늘한 웃음이 소리 없이 새기는 보조개
가시내야
울 듯 울 듯 울지 않는 전라도 가시내야
두어 마디 너의 사투리로 때아닌 봄을 불러 줄게

ⓒ손때 수줍은 분홍 댕기 휘 휘 날리며
잠깐 너의 나라로 돌아가거라

이윽고 얼음길이 밝으면
나는 눈포래 휘감아치는 벌판에 우줄우줄 나설 게다
노래도 없이 사라질 게다
자욱도 없이 사라질 게다

─ 이용악, 「전라도 가시내」 ─

＊**얼구며** '얼리며'의 함경도 방언.
＊**불술기** '기차'의 함경도 방언.

나

그리고 나는 우연히 ㉡그곳을 지나게 되었다
눈은 퍼부었고 거리는 캄캄했다
움직이지 못하는 건물들은 눈을 뒤집어쓰고
희고 거대한 서류 뭉치로 변해 갔다
무슨 관공서였는데 희미한 불빛이 새어 나왔다
유리창 너머 한 사내가 보였다
그 춥고 큰 방에서 서기(書記)는 혼자 울고 있었다!
눈은 퍼부었고 내 뒤에는 아무도 없었다
침묵을 달아나지 못하게 하느라 나는 거의 고통스러웠다
어떻게 해야 할까, 나는 중지시킬 수 없었다
나는 그가 울음을 그칠 때까지 창밖에서 떠나지 못했다

그리고 나는 우연히 지금 그를 떠올리게 되었다
밤은 깊고 텅 빈 사무실 창밖으로 눈이 퍼붓는다
나는 그 사내를 어리석은 자라고 생각하지 않는다

─ 기형도, 「기억할 만한 지나침」 ─

다

ⓓ 자새*에 북방 서리 무섭게 쳐도	紫塞胡霜重
남천에는 따뜻한 기운 통했지.	南天暖氣通
물과 구름 밖을 외롭게 날다가	孤飛水雲外
잘못하여 그만 그물에 걸렸네.	誤墮罻羅中
남의 뜻에 따라 마시고 쪼며	飮啄隨人意
갈 길 막혔음을 한탄하며 사네.	棲遲恨路窮
포구 모래밭 달빛 아래 잠들고	浦沙眠夜月
내 낀 물가 갈숲에서 놀았겠지.	煙渚戲蘆叢
ⓔ 떼 지어 먼 바다를 건너고	接翅翻遙海
줄 이어 먼 바람에 울었겠지.	聯行叫遠風
사냥꾼 화살을 길게 시름하다	長愁弋者矢
겨우 막요*의 활만 피했구나.	徒避莫傜弓
본성 도 다스림이 이와 같으니	繕性能如此
태어날 때부터 본디 공평한 것 아니라네.	生身本不公
무리를 생각하는 게 너 홀로 인색했으니	念群渠獨嗇
근심이 없다 한들 네 어찌 풍족하랴.	無患爾何豐
미물에 있어서 비록 모습 다르지만	在物雖形異
고향 그리워하는 마음은 나와 같겠지.	懷鄕與我同
어느 날에야 여섯 나래를 길러	何當養六翮
구름 하늘로 잘 날아가려나.	好去向雲空

– 이달,「유씨 집의 외로운 기러기를 읊다[詠柳家孤鴈]」–

＊**자새** 만리장성을 가리키는데, 기러기들이 여기서 여름을 남.
＊**막요** 활을 잘 쏘기로 유명한 부족.

077 ▶ 24950-0092

(가)~(다)의 공통점으로 가장 적절한 것은?

① 대상을 통해 얻은 화자의 깨달음이 드러나 있다.
② 대상에 대한 화자의 예찬적 태도가 드러나 있다.
③ 대상과 일체가 되려는 화자의 의지가 드러나 있다.
④ 대상이 처한 상황과 관련한 화자의 정서가 드러나 있다.
⑤ 대상의 미래에 대한 화자의 낙관적 전망이 드러나 있다.

078 ▶ 24950-0093

〈보기〉를 참조하여 (가)를 감상한 내용으로 적절하지 않은 것은?

━━━● 보기 ●━━━
　이 시에서는 함경도 사내인 '나'와 전라도 가시내인 '너'를 등장시켜 시상을 전개하고 있다.

① 1연에서는 '눈'과 '얼굴'의 모습을 통해 '너'가 고향인 전라도에서 겪었던 비참한 삶이 부각되고 있다.
② 3연에서는 북간도까지 오게 된 '나'와 '너'의 슬픈 사연을 '가난한 이야기'로 표현하고 있다.
③ 4연에서는 '너'가 머나먼 전라도에서 북간도로 오는 장면이 '나'의 상상을 통해 드러나고 있다.
④ 5연에서는 '두어 마디 너의 사투리'로 '너'를 위로하고자 하는 '나'의 마음을 드러내고 있다.
⑤ 6연에서는 '사라질 게다'의 반복을 통해 '나'의 안타까운 처지를 부각하고 있다.

079 ▶ 24950-0094

〈보기〉를 바탕으로 (나)를 이해한 내용으로 적절하지 않은 것은? [3점]

━━━● 보기 ●━━━
　자신이 몸소 보거나 행했던 체험은 구체적인 시공간과 결합되어 있으므로, 어떤 체험에 대한 기억은 그 시공간의 상황이나 분위기와 결부되어 남아 있게 된다. 이러한 기억은 새로운 시공간에서 일정한 조건이 충족될 때 강하게 촉발되어, 과거의 체험과 관련된 정서적 반응을 유발하는 한편, 자신에 대한 성찰을 이끌어 내기도 한다.

① 1연의 '지나게 되었다'와 '한 사내가 보였다' 등을 통해, 1연의 체험이 '나'가 직접 행하거나 보았던 것임을 알 수 있어.
② 1연의 어두운 '거리'에서 '희고 거대한 서류 뭉치로 변해' 가는 '건물'의 이미지를 통해, 1연의 '나'가 느끼는 시공간의 분위기를 엿볼 수 있어.
③ 1연의 '침묵'하지 못하게 하는 공간의 상황으로 인해, '나'의 성찰이 방해받고 있다고 볼 수 있어.
④ 2연의 '밤', '텅 빈 사무실' 등은, 2연의 '나'에게 1연의 시공간에 대한 기억을 촉발하는 조건으로 볼 수 있어.
⑤ 2연의 '텅 빈 사무실'에 있는 '나'는, 1연의 '춥고 큰 방'에 있던 '사내'를 떠올리며 그 '사내'와 자신의 상황이 크게 다르지 않음을 느끼고 있어.

080 ▶ 24950-0095

〈보기〉는 본성과 관련한 설명의 일부이다. 〈보기〉를 바탕으로 (다)의 시어나 시구를 해석한 내용으로 적절하지 않은 것은?

● 보기 ●

본성(本性)은 사람이나 사물 따위의 본바탕을 뜻한다. 그런데 실제 삶에서는 주어진 환경으로 인해 본성에 따라 살지 못하게 되는 경우가 있다.

① '그물에 걸렸네'는 기러기가 본성에 따라 살지 못하게 된 까닭이라 할 수 있다.

② '남의 뜻'에 따라 사는 상황은 기러기가 '본성'에 맞게 살지 못하는 처지를 나타낸다.

③ '모래밭'과 '갈숲'에서 노니는 모습은 '본성'에 따른 삶을 살아가는 기러기의 모습으로 볼 수 있다.

④ '근심이 없다 한들 네 어찌 풍족하랴'에는 기러기가 '본성'에서 벗어난 삶을 살게 한 이에 대한 화자의 원망이 나타난다.

⑤ '어느 날에야 여섯 날개를 길러 / 구름 하늘로 잘 날아가려나'에는 기러기가 '본성'을 회복한 삶을 살기 바라는 화자의 마음이 드러난 것으로 볼 수 있다.

081 ▶ 24950-0096

㉠과 ㉡에 대한 설명으로 가장 적절한 것은?

① ㉠과 ㉡은 모두 화자가 절망적 상황에서 벗어나고 있는 공간이다.

② ㉠과 ㉡은 모두 대상과 화자의 만남이 이루어지고 있는 공간이다.

③ ㉠과 ㉡은 모두 대상이 지니고 있는 아픔이 점차 해소되고 있는 공간이다.

④ ㉠은 과거에 대한 화자의 회상이, ㉡은 미래에 대한 화자의 전망이 나타나 있는 공간이다.

⑤ ㉠은 화자가 대상에게서 거리감을, ㉡은 화자가 대상에게서 친밀감을 느끼고 있는 공간이다.

082 ▶ 24950-0097

ⓐ~ⓔ에 나타난 표현상 특징으로 적절하지 않은 것은?

① ⓐ: 추상적인 정서를 감각적으로 표현하고 있다.

② ⓑ: 비유와 반복을 통해 정서를 강조하고 있다.

③ ⓒ: 시각적 이미지로 대상의 모습을 그리고 있다.

④ ⓓ: 대조적 이미지를 활용하여 공간의 특성을 나타내고 있다.

⑤ ⓔ: 설의적 표현을 통해 대상이 처한 상황을 강조하고 있다.

23 이용악,「우라지오 가까운 항구에서」/ 기형도,「바람의 집 - 겨울 판화 1」/ 이신의,「단가」

2009학년도 3월 고3 학력평가 13~18번

[083~088] 다음 글을 읽고 물음에 답하시오.

가

ⓐ삽살개 짖는 소리
눈보라에 얼어붙은 섣달 그믐
밤이
얄궂은 손을 하도 곱게 흔들길래
술을 마시어 불타는 소원이 이 부두로 왔다

걸어온 길가에 찔레 한 송이 없었대도
나의 아롱범*은
자옥 자옥을 뉘우칠 줄 모른다
어깨에 쌓여도 하얀 눈이 무겁지 않고나

철없는 누이 고수머릴랑 어루만지며
우라지오의 이야길 캐고 싶던 밤이면
울 어머닌
서투른 마우재 말*도 들려주셨지
ⓑ졸음졸음 귀밝히는 누이 잠들 때꺼정
등불이 깜빡 저절로 눈감을 때꺼정

다시 내게로 헤여드는
어머니의 입김이 무지개처럼 어질다
나는 그 모두를 살뜰히 담았으니
어린 기억의 새야 귀성스럽다
거사리지 말고 마음의 은줄에 작은 날개를 털라

드나드는 배 하나 없는 지금
부두에 호젓 선 나는 ㉠멧비둘기 아니건만
날고 싶어 날고 싶어
머리에 어슴푸레 그리어진 그곳
우라지오의 바다는 얼음이 두껍다

등대와 나와
서로 속삭일 수 없는 생각에 잠기고
밤은 얄팍한 꿈을 끝없이 꾀인다
가도오도 못할 우라지오
　　　　　　　　　　　– 이용악,「우라지오 가까운 항구에서」–

＊아롱범 표범.
＊마우재 말 러시아 말.

나

　내 유년 시절 ⓒ바람이 문풍지를 더듬던 동지의 밤이면 어머니는 내 머리를 당신 무릎에 뉘고 무딘 칼끝으로 시퍼런 무를 깎아 주시곤 하였다. 어머니 무서워요 저 울음소리, 어머니조차 무서워요. 얘야, 그것은 네 속에서 울리는 소리란다. 네가 크면 너는 이 겨울을 그리워하기 위해 더 큰 소리로 울어야 한다. 자정 지나 앞마당에 ⓓ은빛 금속처럼 서리가 깔릴 때까지 어머니는 마른 손으로 종잇장 같은 내 배를 자꾸만 쓸어내렸다. 처마 밑 시래기 한 줌 부스러짐으로 천천히 등을 돌리던 바람의 한숨. 사위어 가는 호롱불 주위로 방안 가득 풀풀 수십 장 입김이 날리던 밤, 그 작은 소년과 어머니는 지금 어디서 무엇을 할까?
　　　　　　　　　　　– 기형도,「바람의 집–겨울 판화 1」–

다

남산(南山)에 많던 **솔**이 어디로 가단 말고
난 후(亂後) 도끼가 그대도록 날랠시고
두어라 우로(雨露) 곧 깊으면 다시 볼까 하노라

창밖에 세우(細雨) 오고 뜰 가에 ㉡제비 나니
적객(謫客)의 회포는 무슨 일로 그지없어
저 제비 나는 걸 보고 한숨 겨워 하나니

적객(謫客)에 벗이 없어 빈 들보에 제비로다
종일 하는 말이 무슨 사설 하는작고
어즈버 내 품은 시름은 너보다도 많노라

ⓔ인간(人間)에 유정(有情)한 벗은 **명월(明月)**
밖에 또 있는가
천 리(千里)를 머다 아녀 간 데마다 따라오니
어즈버 반가운 옛 벗이 다만 넨가 하노라

설월(雪月)의 **매화**를 보려 잔을 잡고 창을 여니
섞인 꽃 여윈 속에 잦았나니 향기로다
어즈버 호접(胡蝶)이 이 향기 알면 애 끊을까 하
노라

– 이신의, 「단가(短歌)」 –

---

083 ▶ 24950-0098

(가)~(다)에 대한 설명으로 가장 적절한 것은?

① (가)와 (나)는 과거의 기억을 환기하여 정서를
드러내고 있다.

② (가)와 (다)는 향토적 정감이 풍부한 시어를 구
사하고 있다.

③ (나)와 (다)는 자연물에 빗대어 세태를 풍자하
고 있다.

④ (가)~(다)는 공간의 대비를 통해 시상을 전개
하고 있다.

⑤ (가)~(다)는 현실과 이상의 괴리로 인한 갈등
이 드러나 있다.

084 ▶ 24950-0099

**(가)의 시어와 시구에 대한 이해로 적절하지 않은 것
은?**

① 화자는 자신을 '아롱범'으로 표현하여 자신의
삶에 대한 당당함을 드러내고 있다.

② '어머니의 입김'은 화자의 추억과 연결되어 포
근한 느낌을 자아내고 있다.

③ 화자의 처지를 '등대'와 연결하여 '가도오도' 못
하는 상황을 드러내고 있다.

④ '어슴푸레 그리어진'은 화자의 추억이 희미한
것임을 나타내고 있다.

⑤ '얼음이 두껍다'는 화자가 지닌 신념의 강도를
상징적으로 드러내고 있다.

085 ▶ 24950-0100

〈보기〉를 참고하여 (나)를 감상한 것으로 적절하지 않은 것은? [3점]

> • 보기 •
>
> 유년기를 다룬 기형도의 시에서 아버지는 늘 부재해 있다. 현실의 울타리로서의 부성의 부재는 불안, 공포의 정서로 연결된다. 어머니는 모성을 지니고 있기는 하지만, 불안이나 공포로부터 완전하게 보호해 주지 못하는 불완전한 존재로 형상화된다. 부성의 부재, 불완전한 모성은 결국 기형도의 작품에 죽음의 그림자를 짙게 드리운다.

① '무서워요'는 화자가 느끼는 불안과 공포를 드러내고 있다.

② '어머니조차 무서워요'에서 불완전한 모성의 이미지를 확인할 수 있다.

③ '네 속에서 울리는 소리'인 바람은 화자 내면의 불안과 공포를 상징한다.

④ '종잇장 같은 내 배'를 쓸어내리는 행위를 통해 상실된 부성이 회복된다고 할 수 있다.

⑤ '시래기 한 줌 부스러짐', '사위어 가는 호롱불'은 죽음의 이미지와 관련이 있다.

086 ▶ 24950-0101

㉠과 ㉡에 대한 설명으로 가장 적절한 것은?

① ㉠은 화자의 소망을, ㉡은 화자의 시름을 환기한다.

② ㉠은 화자의 과거를, ㉡은 화자의 현재를 상징한다.

③ ㉠과 ㉡은 모두 정겨운 분위기를 조성한다.

④ ㉠과 ㉡은 모두 화자가 지향하는 가치를 표상한다.

⑤ ㉠과 ㉡은 모두 화자의 심리를 전환시키는 계기가 된다.

Ⅱ

적용
학습

087 ▶ 24950-0102

〈보기〉를 참고하여 (다)의 '솔', '명월', '매화'의 의미를 파악한 것으로 적절하지 <u>않은</u> 것은?

> • 보기 •
>
> 고전 시가에서 자연물은 관습적 상징으로 사용된 경우가 많다. 선비들은 이러한 자연물을 활용하여 자신의 처지와 심정을 드러내었다. (다)는 작가가 인목 대비 폐위를 반대하다 함경도로 유배된 상황에서 지어졌는데, 이 시의 자연물도 이러한 맥락에서 해석할 수 있다.

① '솔'은 남산에 있다 베어진 것으로 표현되는데, 이는 조정에서 쫓겨나 유배를 간 작가를 상징하는 것 같아.

② '솔'은 '우로'가 깊어질 때 다시 볼 수 있는 대상으로 표현되고 있는데, 이를 통해 작가는 자연 친화적 삶에 대한 지향을 드러내고 있어.

③ '명월'은 화자를 '천 리를 머다 아녀 따라오'는 대상이라는 점에서 진정한 벗으로서의 의미를 드러내고 있어.

④ '매화'는 여윈 모습으로 꽃을 피운 것으로 표현되고 있는데, 이는 유배 생활 중 작가의 모습을 나타내고 있는 것 같아.

⑤ '매화'에는 '향기'가 깊이 배어 있는 것으로 표현되고 있는데, 이는 작가가 간직하고 있는 지조를 나타내는 것 같아.

088 ▶ 24950-0103

ⓐ~ⓔ에 대한 설명으로 적절하지 <u>않은</u> 것은?

① ⓐ: 감각적 이미지를 활용하여 시적 배경을 표현하고 있다.

② ⓑ: 유사한 구조의 표현을 반복하여 운율을 형성하고 있다.

③ ⓒ: 대립적 시어를 병치하여 상황의 모순을 드러내고 있다.

④ ⓓ: 비유적 표현으로 대상의 속성을 선명하게 드러내고 있다.

⑤ ⓔ: 의문형 진술을 통해 화자의 정서를 강화하고 있다.

24 정일근,「흑백 사진 - 7월」/ 이상,「권태」

[089~090] 다음 글을 읽고 물음에 답하시오.

가

　내 유년의 7월에는 ㉠냇가 잘 자란 미루나무 한 그루 솟아오르고 또 그 위 파란 하늘에 뭉게구름 내려와 어린 눈동자 속 터져 나갈 듯 가득 차고 찬 물들은 반짝이는 햇살 수면에 담아 쉼 없이 흘러 갔다. ㉡냇물아 흘러 흘러 어디로 가니, 착한 노래들도 물고기들과 함께 큰 강으로 헤엄쳐 가 버리면 과수원을 지나온 달콤한 바람은 미루나무 손들을 흔들어 ㉢차르르 차르르 내 겨드랑에도 간지러운 새잎이 돋고 물아래까지 헤엄쳐 가 누워 바라보는 하늘 위로 삐뚤삐뚤 헤엄쳐 달아나던 미루나무 한 그루. ㉣달아나지 마 달아나지 마 미루나무야, 귀에 들어간 물을 뽑으려 햇살에 데워진 둥근 돌을 골라 귀를 가져다 대면 허기보다 먼저 온몸으로 퍼져 오던 따뜻한 오수[*], ㉤점점 무거워져 오는 눈꺼풀 위로 멀리 누나가 다니는 분교의 풍금 소리 쌓이고 미루나무 그늘 아래에서 7월은 더위를 잊은 채 깜박 잠이 들었다.

- 정일근,「흑백 사진 – 7월」-

[*] **오수(午睡)** 낮잠.

나

　길 복판에서 6, 7인의 아이들이 놀고 있다. 적발동부(赤髮銅膚)[*]의 반나군(半裸群)이다. 그들의 혼탁한 안색, 흘린 콧물, 둘른 베두렝이, 벗은 웃통만을 가지고는 그들의 성별(性別)조차 거의 분간할 수 없다.

　그러나 그들은 여아가 아니면 남아요 남아가 아니면 여아인 결국에는 귀여운 5, 6세 내지 7, 8세의 '아이들'임에는 틀림이 없다. 이 아이들이 여기 길 한복판을 선택하여 유희하고 있다.

　돌멩이를 주워 온다. 여기는 사금파리도 벽돌 조각도 없다. 이 빠진 그릇을 여기 사람들은 버리지 않는다.

　그러고는 풀을 뜯어 온다. 풀― 이처럼 평범한 것이 또 있을까. 그들에게 있어서는 초록빛의 물건이란 어떤 것이고 간에 다시없이 심심한 것이다. 그러나 하는 수 없다. 곡식을 뜯는 것도 금제(禁制)니까 풀밖에 없다.

　돌멩이로 풀을 짓찧는다. 푸르스레한 물이 돌에가 염색된다. 그러면 그 돌과 그 풀은 팽개치고 또 다른 풀과 다른 돌멩이를 가져다가 똑같은 짓을 반복한다. 한 10분 동안이나 아무 말이 없이 잠자코 이렇게 놀아 본다.

　10분 만이면 권태가 온다. 풀도 싱겁고 돌도 싱겁다. 그러면 그 외에 무엇이 있나? 없다.

　그들은 일제히 일어선다. 질서도 없고 충동의 재료도 없다. 다만 그저 앉았기 싫으니까 이번에는 일어서 보았을 뿐이다.

　일어서서 두 팔을 높이 하늘을 향하여 쳐든다. 그리고 비명에 가까운 소리를 질러 본다. 그러더니 그냥 그 자리에서들 껑충껑충 뛴다. 그러면서 그 비명을 겸(兼)한다.

　나는 이 광경을 보고 그만 눈물이 났다. 여북하면 저렇게 놀까. 이들은 놀 줄조차 모른다. 어버이들은 너무 가난해서 이들 귀여운 애기들에게 장난감을 사다 줄 수가 없었던 것이다.

　이 하늘을 향하여 두 팔을 뻗히고 그리고 소리를 지르면서 뛰는 그들의 유희가 내 눈에는 암만해도 유희같이 생각되지 않는다. 하늘은 왜 저렇게 어제도 오늘도 내일도 푸르냐, 산은 벌판은 왜 저렇게 어제도 오늘도 푸르냐는 조물주에 대한 저주의 비명이 아니고 무엇이랴.

　아이들은 짖을 줄조차 모르는 개들과 놀 수는 없다. 그렇다고 모이 찾느라고 눈이 벌건 닭들과 놀 수도 없다. 아버지도 어머니도 너무나 바쁘다.

언니 오빠조차 바쁘다. 역시 아이들은 아이들끼리 노는 수밖에 없다. 그런데 대체 무엇을 가지고 어떻게 놀아야 하나, 그들에게는, 장난감 하나가 없는 그들에게는 영영 엄두가 나서지를 않는 것이다. 그들은 이렇듯 불행하다.

그 짓도 5분이다. 그 이상 더 길게 이 짓을 하자면 그들은 피로할 것이다. 순진한 그들이 무슨 까닭에 피로해야 되나? 그들은 우선 싱거워서 그 짓을 그만둔다.

그들은 도로 나란히 앉는다. 앉아서 소리가 없다. 무엇을 하나. 무슨 종류의 유희인지 유희는 유희인 모양인데— 이 권태의 왜소(矮小) 인간들은 또 무슨 기상천외의 유희를 발명했나.

5분 후에 그들은 비키면서 하나씩 둘씩 일어선다. 제각각 대변을 한 무데기씩 누어 놓았다. 아— 이것도 역시 그들의 유희였다. 속수무책의 그들 최후의 창작 유희였다. 그러나 그중 한 아이가 영 일어나지를 않는다. 그는 대변이 나오지 않는다. 그럼 그는 이번 유희의 못난 낙오자임에 틀림없다. 분명히 다른 아이들 눈에 조소(嘲笑)의 빛이 보인다. 아— 조물주여, 이들을 위하여 풍경(風景)과 완구(玩具)를 주소서.

– 이상, 「권태(倦怠)」 –

*적발동부 빡빡 깎은 머리에 구릿빛 피부. '적발'은 대머리를 뜻하는 '독발(禿髮)'의 오기라는 견해도 있음.

089 ▶ 24950-0104

(가)의 ㉠~㉤에 대한 감상으로 적절하지 않은 것은?

① ㉠은 감각적 심상을 통해, 유년 시절 화자의 시선에 포착된 자연 풍경을 나타내고 있다.
② ㉡은 무정물을 의인화하는 비유적인 표현을 동원하여, 시간의 경과를 암시하고 있다.
③ ㉢은 음성 상징어를 활용하여, 자연물에 동화된 화자의 마음 상태를 그려 내고 있다.
④ ㉣은 혼잣말을 반복하는 방식의 진술을 통해, 유년 시절의 화자가 놀이에 몰입되어 있는 동심을 보여 주고 있다.
⑤ ㉤은 공감각적 심상을 동원하여, 유년 시절을 그리워하는 화자의 현재 상황을 구체화하고 있다.

090 ▶ 24950-0105

(나)에 대해 설명한 내용으로 가장 적절한 것은?

① 갈등의 생성과 변화, 해소의 과정을 서술자의 개입 없이 인물들이 나누는 대화를 통해 제시하고 있다.
② 전지적 서술자를 통해 허구적인 인물의 행동과 내면 심리를 설명하고 논평하여 흥미를 유발하고 있다.
③ 농촌 아이들을 주인공으로 삼은 허구적인 이야기를 과거형의 서술을 통해 이미 완결된 사건으로 제시하고 있다.
④ 아이들의 '놀이' 과정에 대한 관찰을 바탕으로 농촌의 권태로운 일상을 바라보는 작자의 비판적인 시각을 드러내고 있다.
⑤ 실제 글쓴이와 일치하는 '나'의 실제 경험을 통해, 비참한 현실에 놓인 농촌 아이들에게 직접적으로 교훈을 전달하고 있다.

오장환,「종가」/ 최두석,「노래와 이야기」

[091~094] 다음 글을 읽고 물음에 답하시오.

가

　돌담으로 튼튼히 가려 놓은 집 안엔 검은 기와집 종가가 살고 있었다. 충충한 울 속에서 **거미 알 터지듯 흩어져 나가는 이 집의 지손(支孫)***들. 모두 다 싸우고 찢고 헤어져 나가도 **오래인 동안 이 집의 광영(光榮)을 지키어 주는 신주(神主)***들은 대머리에 곰팡이가 나도록 알리어지지는 않아도 종가에서는 무기처럼 아끼며 **제삿날이면 갑자기 높아 제상(祭床) 위에 날름히 올라앉는다.** 큰집에는 큰아들의 식구만 살고 있어도 제삿날이면 제사를 지내러 오는 사람들 오조 할머니와 아들 며느리 손자 손주며느리 칠촌도 팔촌도 한데 얼리어 닝닝거린다. 시집갔다 쫓겨 온 작은딸 과부가 되어 온 큰고모 손꾸락을 빨며 구경하는 이종 언니 이종 오빠. 한참 쩡쩡 울리던 옛날에는 오조 할머니 집에서 동원 뒷밥*을 먹어 왔다고 오조 할머니 시아버지도 남편도 **동네 백성들을 곧 - 잘 잡아들여다 모말굴림***도 시키고 주릿대를 앵기었다고. 지금도 종가 뒤란에는 중복사 나무 밑에서 대구리가 빤들빤들한 달걀귀신이 융융거린다는 마을의 풍설. 종가에 사는 사람들은 아무 일을 안 해도 지내 왔고 대대손손이 아 - 무런 재주도 물리어 받지는 못하여 **종갓집 영감님은 근시 안경을 쓰고 눈을 찝찝거리며 먹을 궁리를 한다고 작인(作人)들에게 고리대금을 하여 살아 나간다.**

　　　　　　　　　　　　　　　－ 오장환,「종가」－

***지손** 맏이가 아닌 자손에서 갈라져 나간 파의 자손.
***신주** 죽은 사람의 위패.
***뒷밥** 고사나 제사를 지낸 후 객귀를 위해 차리는 상.
***모말굴림** 곡식을 담는 그릇 위에 무릎을 꿇리는 형벌.

나

　노래는 심장에, 이야기는 뇌수에 박힌다
　처용이 밤늦게 돌아와, 노래로써
　아내를 범한 귀신을 꿇어 엎드리게 했다지만
　막상 목청을 떼어 내고 남은 가사는
　베개에 떨어뜨린 머리카락 하나 건드리지 [A]
못한다
　하지만 처용의 이야기는 살아남아
　새로운 노래와 풍속을 짓고 유전해 가리라
　정간보가 오선지로 바뀌고
　이제 아무도 시집에 악보를 그리지 않는다
　노래하고 싶은 시인은 말 속에
　은밀히 심장의 박동을 골라 넣는다 [B]
　그러나 내 격정의 상처는 노래에 쉬이 덧나
　다스리는 처방은 이야기일 뿐
　이야기로 하필 시를 쓰며
　뇌수와 심장이 가장 긴밀히 결합되길 바란다.

　　　　　　　　　　　　　　　－ 최두석,「노래와 이야기」－

091 ▶ 24950-0106

(가)에 대한 이해로 가장 적절한 것은?

① '이 집의 지손들'이 '거미 알 터지듯 흩어져 나' 간다는 데서, 종가의 번성에 대한 자부심을 드러낸다.

② '오래인 동안 이 집의 광영을 지키어 주는 신주들'이 '제삿날이면 갑자기 높아 제상 위에 날름히 올라앉는다'는 데서, 종가에 대한 풍자적 태도를 드러낸다.

③ '동네 백성들을 곧−잘 잡아들여다 모말굴림도 시키고 주릿대를 앵기었다'는 데서, 종가의 위세에 대한 시기심을 드러낸다.

④ '종가에 사는 사람들은 아무 일을 안 해도 지내왔었고 대대손손이 아−무런 재주도 물리어받지는 못'했다는 데서, 종가의 내력을 존중하는 태도를 드러낸다.

⑤ '근시 안경을 쓰고 눈을 찝찝거리'는 '종갓집 영감님'이 '작인들에게 고리대금을 하여 살아 나간다'는 데서, 종가에 대한 선망을 드러낸다.

092 ▶ 24950-0107

[A], [B]에 대한 이해로 가장 적절한 것은?

① [A]는 '노래'와 '가사'의 융합이 가져온 결과를 보여 준 것이다.

② [A]는 '노래'와 '이야기'가 결합되었을 때 나타나는 단점을 설명한 것이다.

③ [B]는 시인의 '말'에 '이야기'가 직접 연결된 상황을 표현한 것이다.

④ [B]는 '노래'의 성격이 약화된 '말'에 '노래'가 주는 감동을 불어넣는 상황을 보여 준 것이다.

⑤ [A]는 '이야기'의 도입이 지닌 한계를, [B]는 '노래'의 회복이 지닌 의의를 설명한 것이다.

093 ▶ 24950-0108

(가), (나)에 대한 설명으로 적절하지 않은 것은?

① (가)는 '쩡쩡 울리던 옛날'과 '달걀귀신이 융융거린다는 마을의 풍설'을 통해 '종가'에 대한 인상을 감각적으로 나타내고 있다.

② (가)는 '돌담으로 튼튼히 가려 놓은 집'과 '검은 기와집'을 통해 '종가'의 분위기를 드러내고 있다.

③ (나)는 '그러나'라는 시상 전환 표지를 활용하여 '노래'만으로는 화자가 바라는 '시' 창작이 어렵다는 점을 부각하고 있다.

④ (나)는 '처용'이 부른 '노래'와 '처용'에 대한 '이야기'의 성격을 비교하여 주제를 구체화하고 있다.

⑤ (가)는 '지금도'를 통해 '종가'의 불변성을, (나)는 '이제'를 통해 '시'의 영속성을 강조하고 있다.

094 ▶ 24950-0109

〈보기〉를 바탕으로 (가), (나)를 감상한 내용으로 적절하지 않은 것은? [3점]

• 보기 •

(가)에서 화자는 '종가'의 상황을 구체적으로 서술함으로써 종가와 연관된 사람들의 상처를 드러내고, 이러한 종가의 이야기가 현재의 상황과 연결되도록 현재 시제를 주로 사용하여 생동감 있게 표현했다. (나)에서 화자는 '시'가 '노래'의 성격을 되찾아야 할 뿐만 아니라, 감정의 과잉으로 상처가 오히려 깊어지기도 하는 노래의 한계를 극복하기 위해 '이야기'가 요구된다는 점을 강조했다. (가)는 종가에 대한 화자의 경험을 이야기한 산문 형식의 시이고, (나)는 「종가」와 같은, 이야기가 두드러진 시를 짓는 까닭을 제시한 시론 성격의 시이다.

① (가)는 종가 구성원들의 행동을 현재 시제로 생동감 있게 표현함으로써 종가의 이야기와 현실이 연관되도록 서술하고 있군.

② (가)는 '동네 백성들'이 받은 상처를 보여 줌으로써 종가의 부정적 측면을 드러내려는 화자의 의도를 부각하고 있군.

③ (나)는 상처가 노래에 쉽게 덧난다고 말함으로써 시에서 노래의 성격이 분리된 결과를 보여 주고 있군.

④ (나)는 '뇌수'와 '심장'의 결합을 희망한다고 말함으로써 시에 이야기도 필요하다는 생각을 담아내고 있군.

⑤ (가)는 종가에 얽힌 경험과 상처에 대한 이야기를, (나)는 시 창작에서 이야기의 활용이 지니는 의미를 제시하고 있군.

Ⅱ

적용
학습

26 박남수, 「아침 이미지 1」 / 김기택, 「풀벌레들의 작은 귀를 생각함」

2016학년도 대학수학능력시험 43~45번

[095~097] 다음 글을 읽고 물음에 답하시오.

가

어둠은 새를 낳고, 돌을
낳고, 꽃을 낳는다.
아침이면,
어둠은 온갖 물상(物象)을 돌려주지만
스스로는 땅 위에 굴복한다.
무거운 어깨를 털고
물상들은 몸을 움직이어
노동의 시간을 즐기고 있다.
즐거운 지상의 잔치에
금(金)으로 타는 태양의 즐거운 울림.
아침이면,
세상은 개벽을 한다.

– 박남수, 「아침 이미지 1」 –

나

텔레비전을 끄자⌉
풀벌레 소리　　　　　　　　　　　　　 [A]
어둠과 함께 방 안 가득 들어온다⌋
어둠 속에서 들으니 벌레 소리들 환하다
별빛이 묻어 더 낭랑하다
귀뚜라미나 여치 같은 큰 울음 사이에는⌉
너무 작아 들리지 않는 소리도 있다　　 [B]
그 풀벌레들의 작은 귀를 생각한다⌋
내 귀에는 들리지 않는 소리들이 드나드는⌉
까맣고 좁은 통로들을 생각한다
그 통로의 끝에 두근거리며 매달린　　 [C]
여린 마음들을 생각한다⌋
발뒤꿈치처럼 두꺼운 내 귀에 부딪쳤다가
되돌아간 소리들을 생각한다
브라운관이 뿜어낸 현란한 빛이⌉
내 눈과 귀를 두껍게 채우는 동안
그 울음소리들은 수없이 나에게 왔다가　[D]
너무 단단한 벽에 놀라 되돌아갔을 것이다⌋
하루살이들처럼 전등에 부딪쳤다가
바닥에 새카맣게 떨어졌을 것이다
크게 밤공기 들이쉬니⌉
허파 속으로 그 소리들이 들어온다　　 [E]
허파도 별빛이 묻어 조금은 환해진다⌋

– 김기택, 「풀벌레들의 작은 귀를 생각함」 –

095 ▶ 24950-0110

(가), (나)의 '어둠'에 대한 설명으로 적절하지 않은 것은?

① (가)에서 '어둠'은 '물상'을 돌려주는 행위의 주체로 표현되고 있다.

② (나)에서 '어둠'은 '풀벌레 소리'를 도드라지게 하고 있다.

③ (가)에서는 '어둠'이 사라져 가는 시간을, (나)에서는 '어둠'이 지속되는 시간을 배경으로 삼고 있다.

④ (가)에서는 '어둠'이 물러나면서 상황이 변화하고, (나)에서는 '어둠'이 들어오면서 '방 안'의 분위기가 변화한다.

⑤ (가)에서는 '어둠'의 생산력을, (나)에서는 '어둠'의 포용력을 앞세워 '어둠'이 밝음에 순응하는 모습을 부각하고 있다.

096 ▶ 24950-0111

(가)에 대한 이해로 가장 적절한 것은?

① '무거운 어깨를 털고'는 지상으로부터 벗어나기 위해 사물들이 몸부림치는 모습을 표현한 것이다.

② '노동의 시간을 즐기고'는 노동의 고단함을 잊기 위해 사물들이 경쾌하게 움직이는 모습을 표현한 것이다.

③ '즐거운 지상의 잔치'는 기존의 사물들이 새로 태어난 사물들을 반갑게 맞이하는 모습을 표현한 것이다.

④ '태양의 즐거운 울림'은 하늘의 태양이 지상에 있는 사물들과 서로 어울려 생기를 띠는 모습을 표현한 것이다.

⑤ '세상은 개벽을 한다'는 사물들이 새로운 형태로 변화하면서 혼란을 겪는 모습을 표현한 것이다.

097 ▶ 24950-0112

(나)의 [A]~[E]에 대한 감상으로 적절하지 않은 것은?

① [A]에서 화자는 '텔레비전'을 끈 후 평소 관심을 두지 못했던 '풀벌레 소리'를 지각하고 있어.

② [B]에서 화자는 '큰 울음'뿐만 아니라 '들리지 않는 소리'도 존재한다는 것을 알게 됨으로써 화자의 인식 범위가 확장되고 있어.

③ [C]에서 화자는 '들리지 않는 소리'의 주체들이 화자 자신 때문에 서로 소통할 수 없게 된 것에 대해 미안함을 느끼고 있어.

④ [D]에서 화자는 자신이 의식하지 못했던 '그 울음소리들'을 떠올리며, 그 소리를 간과했던 삶을 성찰하고 있어.

⑤ [E]에서 화자는 '그 소리들'을 귀로만 듣지 않고 내면 깊숙이 받아들이고 있는 자신의 모습을 확인하고 있어

27 정지용, 「장수산 1」 / 김관식, 「거산호 Ⅱ」 / 이상, 「산촌 여정」

2017학년도 7월 고3 학력평가 28~32번

[098~102] 다음 글을 읽고 물음에 답하시오.

가

벌목 정정(伐木丁丁)*이랬거니 아람도리 큰 솔이 베혀짐즉도 하이 골이 울어 멩아리 소리 쩌르렁 돌아옴즉도 하이 다람쥐도 좇지 않고 묏새도 울지 않어 깊은 산 고요가 차라리 뼈를 저리우는데 눈과 밤이 조히보담 희고녀! 달도 보름을 기달려 흰 뜻은 한밤 이 골을 걸음이란다? 웃절 중이 여섯 판에 여섯 번 지고 웃고 올라간 뒤 조찰히 늙은 사나이의 남긴 내음새를 줏는다? 시름은 바람도 일지 않는 고요에 심히 흔들리우노니 오오 견디란다 차고 올연(兀然)히* 슬픔도 꿈도 없이 장수산 속 겨울 한밤내—

– 정지용, 「장수산 1」 –

*벌목 정정 '정정'은 커다란 나무를 벨 때 울리는 '쩌르렁' 소리를 한문구로 표현한 것임.

*올연히 홀로 우뚝하게.

나

오늘, 북창(北窓)을 열어
장거릴 등지고 산을 향하여 앉은 뜻은
사람은 맨날 변해쌓지만 ⎤[A]
태고(太古)로부터 푸르러 온 산이 아니냐.
고요하고 너그러워 수(壽)하는 데다가 ⎤[B]
보옥(寶玉)을 갖고도 자랑 않는 겸허한 산.
마음이 본시 산을 사랑해 ⎤[C]
평생 산을 보고 산을 배우네.
그 품 안에서 자라나 거기에 가 또 묻히리니
내 이승의 낮과 저승의 밤에 ⎤[D]
아아(峨峨)라히 뻗쳐 있어 다리 놓는 산.
네 품이 고향인 그리운 산아 ⎤
미역취 한 이파리 상긋한 산 내음새 │[E]
산에서도 오히려 산을 그리며 │
꿈 같은 산정기(山精氣)를 그리며 산다. ⎦

– 김관식, 「거산호 Ⅱ」 –

다

향기로운 MJB*의 미각을 잊어버린 지도 이십여 일이나 됩니다. 이곳에는 신문도 잘 아니 오고 체전부(遞傳夫)*는 이따금 '하도롱' 빛 소식을 가져옵니다. 거기는 누에고치와 옥수수의 사연이 적혀 있습니다. 마을 사람들은 멀리 떨어져 사는 일가 때문에 수심이 생겼나 봅니다. 나도 도회에 남기고 온 일이 걱정이 됩니다.

건너편 팔봉산에는 노루와 멧돼지가 있답니다. 그리고 기우제(祈雨祭) 지내던 개골창까지 내려와서 가재를 잡아먹는 '곰'을 본 사람도 있습니다. ㉠동물원에서밖에 볼 수 없는 짐승, 산에 있는 짐승들을 사로잡아다가 동물원에 갖다 가둔 것이 아니라, 동물원에 있는 짐승들을 이런 산에다 내어 놓아 준 것만 같은 착각을 자꾸만 느낍니다. 밤이 되면, 달도 없는 그믐 칠야(漆夜)에 팔봉산도 사람이 침소로 들어가듯이 어둠 속으로 아주 없어져 버립니다.

그러나 공기는 수정처럼 맑아서 별빛만으로라도 넉넉히 좋아하는 '누가'복음도 읽을 수 있을 것 같습니다. 그리고 또 참 별이 도회에서보다 갑절이나 더 많이 나옵니다. 하도 조용한 것이 처음으로 별들의 운행하는 기척이 들리는 것도 같습니다.

㉡객줏집 방에는 석유 등잔을 켜 놓습니다. 그 도회지의 석간(夕刊)과 같은 그윽한 내음새가 소년 시대의 꿈을 부릅니다. 정(鄭) 형! 그런 석유 등잔 밑에서 밤이 이슥하도록 '호까(연초갑지)' 붙이던 생각이 납니다. 베짱이가 한 마리 등잔에 올라앉아서 그 연둣빛 색채로 혼곤한 내 꿈에 마치 영어 '티' 자를 쓰고 건너긋듯이 유(類)다른 기억에다는 군데군데 '언더라인'을 하여 놓습니다. ㉢슬퍼하는 것처럼 고개를 숙이고 도회의 여차장이 차표 찍는 소리 같은 그 성악(聲樂)을 가만히 듣습니다. 그러면

그것이 또 이발소 가위 소리와도 같아집니다. 나는 눈까지 감고 가만히 또 자세히 들어 봅니다.

그리고 비망록을 꺼내어 머루 빛 잉크로 산촌의 시정(詩情)을 기초합니다.

그저께 신문을 찢어 버린
때묻은 흰나비
봉선화는 아름다운 애인의 귀처럼 생기고
귀에 보이는 지난날의 기사

얼마 있으면 목이 마릅니다. 자리물 – 심해처럼 가라앉은 냉수를 마십니다. 석영질(石英質) 광석 내음새가 나면서 폐부에 한난계(寒暖計)* 같은 길을 느낍니다. 나는 백지 위에 그 싸늘한 곡선을 그리라면 그릴 수도 있을 것 같습니다.

청석 얹은 지붕에 별빛이 내려쬐면 한겨울에 장독 터지는 것 같은 소리가 납니다. 벌레 소리가 요란합니다. ㉣가을이 이런 시간에 엽서 한 장에 적을 만큼씩 오는 까닭입니다. 이런 때 참 무슨 재조(才操)로 광음(光陰)을 헤아리겠습니까? 맥박 소리가 이 방 안을 방채 시계를 만들어 버리고 장침과 단침의 나사못이 돌아가느라고 양짝 눈이 번갈아 간질간질합니다. 코로 기계 기름 내음새가 드나듭니다. 석유 등잔 밑에서 졸음이 오는 기분입니다.

㉤'파라마운트' 회사 상표처럼 생긴 도회 소녀가 나오는 꿈을 조금 꿉니다. 그러다가 어느 사이에 도회에 남겨 두고 온 가난한 식구들을 꿈에 봅니다. 그들은 포로들의 사진처럼 나란히 늘어섭니다. 그리고 내게 걱정을 시킵니다. 그러면 그만 잠이 깨어 버립니다.

– 이상, 「산촌 여정」 –

＊MJB 커피의 상표.
＊체전부 우편배달부.
＊한난계 온도계.

098 ▶ 24950-0113

(가)~(다)에 대한 설명으로 적절한 것은?

① (가)와 (나)는 특정한 대상을 통해 화자가 지향하는 바를 드러내고 있다.

② (가)와 (다)는 공간의 이동을 통해 대상이 변화하는 모습을 나타내고 있다.

③ (나)와 (다)는 계절적 배경을 통해 대상이 상징하는 바를 드러내고 있다.

④ (가)~(다)는 모두 점층적 표현을 통해 대상을 역동적으로 묘사하고 있다.

⑤ (가)~(다)는 모두 명령형 문장을 통해 대상에 대한 화자의 의지를 드러내고 있다.

099 ▶ 24950-0114

〈보기〉를 참고하여 (가)를 감상한 내용으로 적절하지 않은 것은? [3점]

> **• 보기 •**
>
> 「장수산 1」은 겨울 장수산의 지극히 순수하고 고요한 세계, 세상일에 초연한 웃절 중의 모습 등을 형상화하고 있다. 이를 통해 세속과 단절된 무욕의 공간 속에서 번뇌하면서도 탈속의 경지에 이르고자 하는 화자의 결연한 태도를 드러낸다.

① 나무가 베어진다면 그 소리가 '쩌르렁' 하고 울릴 만큼 고요한 장수산에서 화자는 세속과 거리를 두고 있군.

② 보름달이 뜬 '한밤'에 하얗게 눈 덮인 장수산은 화자의 외로움이 투영된 정신적 공간으로 형상화되고 있군.

③ 승부에서 모두 지고도 웃을 수 있는 '웃절 중'의 초연한 모습은 세속과 절연된 장수산의 이미지와 서로 통한다고 할 수 있군.

④ 장수산의 고요함과 대조적으로 화자의 내면은 갈등하고 있음을 '심히 흔들리우노니'라고 표현하고 있군.

⑤ '장수산 속 겨울 한밤'의 고요 속에서 화자는 번뇌를 잊고 '올연히' 시름을 견디겠다는 의지를 드러내고 있군.

100 ▶ 24950-0115

(나)의 [A]~[E]에 대한 이해로 적절하지 <u>않은</u> 것은?

① [A]에서는 '사람'과 '산'의 상반된 속성을 대비하여 '북창'을 열고 산을 향하여 앉은 이유를 제시하고 있다.

② [B]에서는 산에 인격적 속성을 부여하여 '너그러'우며 '자랑 않고' '겸허한' 산의 특징을 나열하고 있다.

③ [C]에서는 '마음이 본시 산을 사랑해'를 통해 산에 대하여 화자가 친화적 태도를 지니고 있음을, '배우네'를 통해 산이 화자에게 깨우침을 주고 있음을 드러내고 있다.

④ [D]에서는 '이승'을 '낮'에, '저승'을 '밤'에 비유하여, 이승에서와 달리 저승에서는 '산'이 화자에게 안식처가 될 수 없음을 드러내고 있다.

⑤ [E]에서는 '산에서도 오히려 산을 그리며'라는 역설적 표현으로 자연에 동화되고자 하는 화자의 태도를 강조하고 있다.

101 ▶ 24950-0116

(나)의 산과 (다)의 도회를 비교한 내용으로 가장 적절한 것은?

① '산'은 화자에게, '도회'는 '나'에게 이상적 삶의 공간이다.

② '산'은 화자에게, '도회'는 '나'에게 시련을 극복하는 계기를 마련해 준다.

③ '산'은 화자에게 현재의 삶을 성찰하게 하고, '도회'는 '나'에게 미래의 삶을 계획하게 한다.

④ '산'은 화자에게 예찬의 대상이고, '도회'는 '나'에게 걱정과 그리움을 불러일으키는 대상이다.

⑤ '산'은 화자가 갖고 있던 생각을 바꾸게 하고, '도회'는 '나'가 갖고 있는 생각을 견고하게 한다.

102 ▶ 24950-0117

〈보기〉를 참고하여 ㉠~㉤을 이해한 내용으로 적절하지 <u>않은</u> 것은? [3점]

● 보기 ●

「산촌 여정」에서 글쓴이는 낯선 산촌에서의 체험과 정서를 다양한 감각적 이미지로 표현하고 있다. 도시의 삶에 익숙한 글쓴이는 산촌의 자연적이고 향토적인 사물을 도시인의 관점에서 형상화하거나, 도시적이고 이국적인 언어를 통해 산촌의 풍경을 묘사하고 있다.

① ㉠: 산촌에서 보는 짐승들을 '동물원'과 관련된 도시적 경험과 연결하며, 산촌에서의 풍경이 낯설게 느껴짐을 드러내고 있다.

② ㉡: '석유 등잔'의 '내음새'를 도시에서 접했던 '석간' 신문의 냄새에 비유하며, 자신의 소년 시절을 떠올리고 있다.

③ ㉢: 베짱이 울음소리를 '여차장이 차표 찍는 소리', '이발소 가위 소리'에 비유하며, 자신에게 익숙한 도시의 경험과 관련지어 표현하고 있다.

④ ㉣: '가을'이 오는 것을 '엽서 한 장에 적을 만큼씩'으로 표현하며, 추상적인 대상을 눈에 보이는 것처럼 감각적으로 나타내고 있다.

⑤ ㉤: 꿈속에서 본 도회 소녀를 '파라마운트' 회사 상표에 비유하며, 산촌에서 갖게 된 이국적인 삶에 대한 동경을 드러내고 있다.

28 김영랑, 「모란이 피기까지는」 / 김종길, 「고고」

2015학년도 9월 모의평가 B형 31~33번

[103~105] 다음 글을 읽고 물음에 답하시오.

가

모란이 피기까지는
나는 아직 ㉠나의 봄을 기다리고 있을 테요
모란이 뚝뚝 떨어져 버린 날
나는 비로소 봄을 여읜 **설움**에 잠길 테요
오월 어느 날 그 하루 무덥던 날
떨어져 누운 꽃잎마저 시들어 버리고는
천지에 모란은 자취도 없어지고
뻗쳐오르던 내 보람 서운케 무너졌으니
모란이 지고 말면 그뿐 **내 한 해는 다 가고 말아**
삼백예순 날 하냥 섭섭해 우옵네다
모란이 피기까지는
나는 아직 기다리고 있을 테요 **찬란한 슬픔의**
봄을

― 김영랑, 「모란이 피기까지는」 ―

나

북한산이
다시 그 높이를 회복하려면
다음 겨울까지는 기다려야만 한다.

밤사이 눈이 내린,
그것도 백운대나 인수봉 같은
높은 봉우리만이 엷은 화장을 하듯
가볍게 눈을 쓰고

왼 산은 차가운 수묵(水墨)으로 젖어 있는,
어느 겨울날 이른 아침까지는 기다려야만 한다.

신록이나 단풍,
골짜기를 피어오르는 안개로는,
눈이래도 왼 산을 뒤덮는 적설(積雪)로는 드러
나지 않는,

심지어는 장밋빛 햇살이 와 닿기만 해도 변질
하는,
그 ㉡고고(孤高)한 높이를 회복하려면

백운대와 인수봉만이 **가볍게 눈을 쓰는**
어느 겨울날 이른 아침까지는
기다려야만 한다.

― 김종길, 「고고(孤高)」 ―

103 ▶ 24950-0118

(가), (나)의 공통점으로 가장 적절한 것은?

① 공간의 이동을 통해 시상을 전개하고 있다.
② 수미상관의 구조를 통해 주제를 강조하고 있다.
③ 어순의 도치를 통해 상황의 긴박감을 표현하고 있다.
④ 흑백의 대비를 통해 회화적 이미지를 강화하고 있다.
⑤ 가상의 상황을 통해 자기반성의 태도를 보여 주고 있다.

104 ▶ 24950-0119

〈보기〉를 참고하여 (가), (나)를 감상한 내용으로 적절하지 않은 것은? [3점]

> ● 보기 ●
>
> 김영랑의 「모란이 피기까지는」과 김종길의 「고고」는 대상이 지닌 특정 속성을 통해 화자가 경험한 아름다움을 드러낸다. 「모란이 피기까지는」에서는 봄이라는 계절에 소멸을 앞둔 대상을 통해, 「고고」에서는 겨울날 대상의 고고함이 드러나는 순간을 통해 대상의 아름다움이 경험되고 있다. 한편, 전자는 대상 자체보다는 대상에서 촉발된 주관적 정서의 표현에, 후자는 정서의 직접적 표현보다는 대상 자체의 묘사에 중점을 두고 있다.

① (가)에서는 아름다움을 경험하는 주체를 직접 노출하여 정서를 표현하고 있군.
② (가)에서는 한정된 시간 동안 존속하는 속성이 대상의 아름다움을 강화하고 있군.
③ (나)에서는 대상의 높이가 고고한 아름다움을 결정하는 유일한 조건이군.
④ (나)는 대상의 고고한 아름다움이 드러나는 순간과 그렇지 않은 때의 모습을 대비하고 있군.
⑤ (가)와 (나)는 각각 특정한 계절적 배경을 통해 대상의 아름다움을 표현하고 있군.

105 ▶ 24950-0120

㉠, ㉡과 관련지어 (가), (나)를 이해한 내용으로 적절하지 않은 것은?

① (가)의 '설움'은 ㉠을 경험하지 못하게 방해하는 요인을 나타낸다.
② (가)의 '내 한 해는 다 가고 말아'는 ㉠의 경험이 화자의 삶에서 차지하는 비중이 큼을 나타낸다.
③ (가)의 '찬란한 슬픔'은 ㉠에서 경험할 수 있는 강렬한 정서를 나타낸다.
④ (나)의 '어느 겨울날 이른 아침'은 ㉡을 경험할 수 있는 특정 시간을 나타낸다.
⑤ (나)의 '가볍게 눈을 쓰는'은 ㉡을 경험하기 위한 대상의 요건을 나타낸다.

29 〉 정지용, 「발열」 / 김영랑, 「거문고」 / 최승호, 「대설주의보」

2010학년도 6월 모의평가 13~16번

[106~109] 다음 글을 읽고 물음에 답하시오.

가

처마 끝에 서린 연기 따라
포도순이 기어 나가는 밤, 소리 없이, ⎤
가믈음 땅에 시며든 더운 김이   [A]
등에 서리나니, 훈훈히,   ⎦
아아, 이 애 몸이 또 달아오르노나. ⎤
가쁜 숨결을 드내쉬노니, 박나비*처럼,
가녀린 머리, 주사* 찍은 자리에, 입술을
붙이고   [B]
나는 중얼거리다, 나는 중얼거리다,
부끄러운 줄도 모르는 다신교도(多神敎徒)
와도 같이.   ⎦
아아, 이 애가 애자지게 보채노나!
불도 약도 달도 없는 밤,   ⎤
아득한 하늘에는   [C]
별들이 참벌 날으듯 하여라.   ⎦

– 정지용, 「발열(發熱)」 –

*박나비 흰제비불나방. 몸이 흰색이고 배에는 붉은 줄무
늬가 있음.
*주사(朱砂) 짙은 붉은색의 광물질로, 한방에서 열을 내리
는 데 사용하였음.

나

검은 벽에 기대선 채로
해가 스무 번 바뀌었는디
내 **기린(麒麟)***은 영영 **울지를 못한다**

그 가슴을 통 흔들고 간 **노인의 손**
지금 어느 끝없는 향연(饗宴)에 높이 앉았으려니
땅 우의 외론 기린이야 하마 잊어졌을라

바깥은 거친 들 **이리떼**만 몰려다니고
사람인 양 꾸민 **잔나비떼**들 쏘다니어
내 기린은 맘 둘 곳 몸 둘 곳 없어지다

문 아주 굳이 닫고 벽에 기대선 채 ⎤
해가 또 한 번 바뀌거늘   [D]
이 밤도 내 기린은 맘 놓고 울들 못한다 ⎦

– 김영랑, 「거문고」 –

*기린 성인이 이 세상에 나올 징조로 나타난다는 상상 속
의 동물.

다

해일처럼 굽이치는 백색의 산들,
제설차 한 대 올 리 없는
깊은 백색의 골짜기를 메우며
굵은 눈발은 휘몰아치고,
쪼그마한 숯덩이만 한 게 짧은 날개를 파닥이
며……
굴뚝새가 눈보라 속으로 날아간다.

길 잃은 등산객들 있을 듯
외딴 두메마을 길 끊어 놓을 듯
은하수가 펑펑 쏟아져 날아오듯 덤벼드는 눈,
다투어 몰려오는 힘찬 눈보라의 군단,
눈보라가 **내리는** 백색의 계엄령.

쪼그마한 숯덩이만 한 게 짧은 날개를 파닥이
며……
날아온다 꺼칠한 **굴뚝새**가
서둘러 뒷간에 몸을 감춘다.
그 어디에 부리부리한 **솔개**라도 도사리고 있다
는 것일까.

길 잃고 굶주리는 산짐승들 있을 듯
눈더미의 무게로 소나무 가지들이 부러질 듯
다투어 몰려오는 힘찬 눈보라의 군단,   [E]
때죽나무와 때 끓이는 외딴집 굴뚝에

해일처럼 굽이치는 백색의 산과 골짜기에
눈보라가 내리는
백색의 계엄령.

           – 최승호, 「대설주의보」 –

106 ▶ 24950-0121

(가)~(다)의 표현에 대한 설명으로 가장 적절한 것은?

① (가), (나)는 동일한 시행을 반복하여 운율감을 느끼게 한다.

② (가), (다)는 명사로 끝맺은 시행을 반복하여 시적인 여운을 준다.

③ (나), (다)는 의인화된 사물을 등장시켜 독자에게 친근감을 느끼게 한다.

④ (가), (나), (다)는 어순의 도치를 통해 긴장감을 드러내고 있다.

⑤ (가), (나), (다)는 대상의 현재 상황을 부각하여 시적 정서를 형성하고 있다.

107 ▶ 24950-0122

다음은 (가)를 영상시로 제작하기 위한 계획서이다. 이에 대한 평가로 적절하지 않은 것은?

유의 사항	• 카메라의 위치와 움직임은 화자의 시선 이동에 따른다. • 낭송, 영상 및 음향 효과는 시의 내용과 표현에 따른다.
[A]	ㄱ. 카메라 시선을 위쪽부터 아래로 천천히 내림. ㄴ. 화면을 점차 뿌옇게 처리.
[B]	ㄷ. 붉은색이 두드러지는 영상과 가쁜 호흡의 음향 사용. ㄹ. 클로즈업 기법 활용. ㅁ. 5행과 10행은 영탄적 어조로 낭송.
[C]	ㅂ. 카메라 시선을 밤하늘 쪽으로 옮겨 원경으로 담아냄. ㅅ. 빛이 흩어지는 느낌이 들도록 영상 효과를 줌.

① ㄱ, ㄴ은 사건이 일어나는 장소와 시간을 제시하고 작품 초반부의 분위기를 자아내는 데 효과적이겠군.

② ㄷ은 안타까운 상황과 분위기를 전달하고 '애'가 겪는 고통을 강조하기 위한 것으로 보여.

③ ㄹ로 '애'의 모습을 담으면 감상자의 공감을 이끌어 내는 데 도움이 되겠군.

④ ㅁ은 화자의 간절한 심정과 내면 심리를 엿보는 데 도움을 줄 수 있겠어.

⑤ ㅂ, ㅅ은 의식이 혼미해진 '애'의 상태를 보여 주는 데 효과적일 것 같아.

Ⅱ

적용 학습

108 ▶ 24950-0123

〈보기〉의 설명을 듣고, 학생들이 (나)와 (다)에 대해 보일 반응으로 적절하지 <u>않은</u> 것은?

● 보기 ●

김 선생님: 순수 서정 시인 김영랑은 1930년 대 후반에 이르러 더 이상 마음속 울림을 맑 은 가락으로 빚어낸 시를 쓸 수 없었어요. 모 국어로 시를 쓰는 것 자체가 어려웠기 때문 이지요. 「거문고」는 이런 현실을 우의적 표 현으로 비판한 시라고 할 수 있습니다. 그럼, 비슷한 맥락에서 1980년대 초반 많은 독자 들의 호응을 얻은 「대설주의보」를 읽어 보지 요. 이 작품은 새로운 권력 집단이 등장해서 강압 통치를 했던 시대와 관련이 깊습니다.

① (나)와 (다) 모두 생각의 표현이 자유롭지 못했 던 시기에 창작되었어.
② (나)와 (다) 모두 고난 극복 의지와 미래에 대한 전망이 나타나지 않아.
③ (나)의 '울지를 못한다'와 (다)의 '내리는'은 모 두 중의적으로 해석할 수 있겠어.
④ (나)의 '기린'은 '노인'에게, (다)의 '굴뚝새'는 세 상 사람들에게 외면당한 존재야.
⑤ (나)의 '이리떼'와 '잔나비떼'처럼, (다)의 '솔개' 는 부당한 권력을 암시하는 소재야.

109 ▶ 24950-0124

[D]와 [E]에 대한 설명으로 가장 적절한 것은?

① [D]와 [E]는 자아 성찰을 위한 내면의 공간이 나타난다.
② [D]와 [E]는 화자의 심리적 갈등이 해소되는 계기를 보여 준다.
③ [D]와 [E]는 표면에 드러난 화자가 대상을 관 찰하여 묘사한다.
④ [D]에는 화자와 대상의 거리감이, [E]에는 화 자와 대상의 일체감이 나타난다.
⑤ [D]에는 화자가 선택한 은거의 공간이, [E]에 는 생명이 위협받는 고립의 공간이 암시된다.

30 〉 조지훈, 「파초우」 / 곽재구, 「사평역에서」

2014학년도 대학수학능력시험 B형 41~43번

[110~112] **다음 글을 읽고 물음에 답하시오.**

가

외로이 흘러간 한 송이 구름
이 밤을 어디메서 쉬리라던고.

성긴 빗방울
파초 잎에 후두기는* 저녁 어스름

창 열고 푸른 산과
마주 앉아라.

들어도 싫지 않은 물소리기에
날마다 바라도 그리운 산아

온 아침 나의 꿈을 스쳐간 구름
이 밤을 어디메서 쉬리라던고.
― 조지훈, 「파초우(芭蕉雨)」 ―

*후두기는 후두둑 떨어지는.

나

막차는 좀처럼 오지 않았다
대합실 밖에는 밤새 송이눈이 쌓이고
흰 보라 수수꽃 눈시린 유리창마다   [A]
톱밥난로가 지펴지고 있었다
그믐처럼 몇은 졸고
몇은 감기에 쿨럭이고
그리웠던 순간들을 생각하며 나는
한 줌의 톱밥을 불빛 속에 던져 주었다

내면 깊숙이 할 말들은 가득해도
청색의 손바닥을 불빛 속에 적셔두고
모두들 아무 말도 하지 않았다
산다는 것이 때론 술에 취한 듯
한 두름의 굴비 한 광주리의 사과를
만지작거리며 귀향하는 기분으로
침묵해야 한다는 것을   [B]
모두들 알고 있었다
오래 앓은 기침소리와
쓴 약 같은 입술담배 연기 속에서
싸륵싸륵 눈꽃은 쌓이고
그래 지금은 모두들
눈꽃의 화음에 귀를 적신다

자정 넘으면
낯설음도 뼈아픔도 다 설원인데
단풍잎 같은 몇 잎의 차창을 달고   [C]
밤열차는 또 어디로 흘러가는지
그리웠던 순간들을 호명하며 나는
한 줌의 눈물을 불빛 속에 던져 주었다
― 곽재구, 「사평역(沙平驛)에서」 ―

Ⅱ
적용
학습

110 ▶ 24950-0125

(가), (나)에 대한 설명으로 가장 적절한 것은?

① (가)는 (나)와 달리 비유를 통해 사물에 대한 새로운 인식을 드러낸다.
② (나)는 (가)와 달리 시상이 전개되면서 역동적인 분위기가 정적인 분위기로 바뀐다.
③ (가)는 하강의 이미지를, (나)는 상승의 이미지를 활용하여 화자의 현실적 관심을 나타낸다.
④ (가)는 현재 마주하고 있는 대상에 대한, (나)는 과거의 순간들에 대한 화자의 그리움이 드러난다.
⑤ (가)와 (나)는 모두 스스로에게 묻는 질문을 반복하여 독백적 어조에 변화를 준다.

111 ▶ 24950-0126

〈보기〉를 참고하여 (가)를 이해한 내용으로 적절하지 않은 것은?

● 보기 ●

「파초우」는 조지훈이 스스로 '방랑시편'이라고 했던 작품들 중의 하나이다. 이 작품의 화자는 자연을 떠돌면서 자연과 교감하는 자로, 저녁에도 소리를 매개로 자연과 교감하면서 자신을 성찰한다. 그의 이런 태도는 자연과 하나가 되려는 것이지만 현실에서 벗어나 자연에 은둔하려는 것이기도 하다.

① 제1연: '이 밤을 어디메서 쉬리라던고'는 화자가 '한 송이 구름'에 방랑자로서의 자신의 심정을 투영하고 있음을 보여 준다.
② 제2연: '성긴 빗방울'이 '후두기는' 소리가 '저녁 어스름'과 어우러져, 화자의 성찰이 이루어지는 배경이 감각적으로 제시된다.
③ 제3연~제4연: 화자가 '푸른 산'을 대하는 태도에서 화자가 자연 세계를 지향하고 있음이 잘 드러난다.
④ 제4연: '들어도 싫지 않은 물소리'는 화자의 자연과의 교감이 자연의 소리를 통해 지속되고 있음을 나타낸다.
⑤ 제5연: '어디메'는 자연 세계를 방랑하는 화자가 벗어나고자 했던 현실 공간을 가리킨다.

112 ▶ 24950-0127

〈보기〉를 참고하여 (나)를 감상한 내용으로 적절하지 않은 것은? [3점]

• 보기 •

　「사평역에서」의 화자는 대합실에서 막차를 기다리는 사람들의 모습을 공감 어린 시선으로 바라본다. 화자는 이런 시선으로 불빛, 눈 등을 바라보며 고단한 삶을 견디어 내는 사람들의 속내에 주목한다. '한 줌의 눈물'은 그들을 위해 화자가 바치는, 작지만 진심 어린 하나의 선물이라 할 수 있다.

① [A]의 '한 줌의 톱밥'이 불을 피우는 데 쓰여 추위를 견디게 해 주는 것처럼, '한 줌의 눈물'은 사람들이 자신의 힘든 상황을 견디는 데 위로가 된다고 할 수 있겠어.

② [B]에서 화자가 사람들의 속내를 잘 이해하는 것을 보면, '한 줌의 눈물'은 할 말이 있는데도 침묵하는 사람들의 속내에 화자가 공감하여 흘리는 것이라고 할 수 있겠어.

③ [B]에서 화자는 '눈꽃의 화음'이 열악한 상황을 드러낸다고 보고 있으므로, '한 줌의 눈물'은 그러한 상황을 극복해 내려는 화자의 의지를 담고 있는 것이라고 할 수 있겠어.

④ [C]에서 화자가 지난날을 '호명'하며 '한 줌의 눈물'을 흘리는 것을 보면, '한 줌의 눈물'은 고단한 현재를 견디어 내게 해 주는 힘이 과거의 추억처럼 소박한 데 있음을 암시한다고 할 수 있겠어.

⑤ [A]에서 [C]로 전개되면서 화자가 '불빛 속'에 '한 줌의 눈물'을 던지는 것을 보면, '한 줌의 눈물'은 삶의 고단함을 견디어 내는 데 힘을 보내고자 하는 화자의 진심이 담긴 것이라고 할 수 있겠어.

31 > 백석, 「북방에서 - 정현웅에게」 / 송수권, 「대숲 바람 소리」

2019학년도 10월 고3 학력평가 16~18번

[113~115] 다음 글을 읽고 물음에 답하시오.

가

㉠아득한 녯날에 나는 떠났다
부여를 숙신을 발해를 여진을 요를 금을
흥안령을 음산을 아무우르를 숭가리를
범과 사슴과 너구리를 배반하고
송어와 메기와 개구리를 속이고 나는 떠났다

나는 그때
자작나무와 이깔나무의 **슬퍼하든 것**을 기억한다
갈대와 장풍의 **붙드든 말**도 잊지 않었다
오로촌*이 멧돌*을 잡어 나를 잔치해 보내든
것도
쏠론*이 십리길을 따러나와 **울든 것**도 잊지 않
었다.

나는 그때
아모 이기지 못할 슬픔도 시름도 없이
다만 게을리 **먼 앞대***로 떠나 나왔다
그리하여 따사한 햇귀에서 하이얀 옷을 입고 **매
끄러운 밥을 먹고 단샘을 마시고 낮잠을 잤다**
밤에는 먼 개소리에 놀라나고
아츰에는 지나가는 사람마다에게 절을 하면서도
나는 나의 부끄러움을 알지 못했다.

그동안 돌비는 깨어지고 많은 은금보화는 땅에
묻히고 가마귀도 긴 족보를 이루었는데
이리하야 또 한 ㉡아득한 새 녯날이 비롯하는 때
이제는 참으로 이기지 못할 슬픔과 시름에 쫓겨
나는 나의 녯 한울로 땅으로 ― 나의 태반으로
돌아왔으나

이미 해는 늙고 달은 파리하고 바람은 미치고
보래구름만 혼자 넋없이 떠도는데

아, 나의 조상은 형제는 일가친척은 정다운 이
웃은 그리운 것은 사랑하는 것은 우러르는 것은
나의 자랑은 나의 힘은 없다 **바람과 물과 세월과
같이 지나가고 없다.**

― 백석, 「북방에서 - 정현웅에게」 ―

* **오로촌** 오로촌족. 중국의 동북 지방에 거주하는 소수 민
  족의 하나.
* **멧돌** 멧돼지.
* **쏠론** 쏠론족. 중국의 동북 지방에 거주하는 소수 민족의
  하나.
* **앞대** 평북 내지 평안도를 벗어난 남쪽 지방. 황해도·강
  원도에서부터 제주도까지에 이르는 각지.

나

대숲 바람 속에는 대숲 바람소리만 흐르는 게
아니라요
서느라운 모시옷 물맛 나는 한 사발의 냉수물에
어리는
우리들의 맑디맑은 사랑

봉당 밑에 깔리는 대숲 바람소리 속에는
대숲 바람소리만 고여 흐르는 게 아니라요
대패랭이 끝에 까부는 ㉢오백 년 한숨, 삿갓머
리에 후득이는
밤 쏘낙 빗물소리……

머리에 흰 수건 쓰고 **죽창을 깎던, 간 큰 아이
들,** 황토 현을 넘어가던
징소리 꽹과리 소리들……

남도의 마을마다 질펀히 깔리는 대숲 바람소리
속에는

흰 연기 자욱한 모닥불 그을음 내, **몽당 빗자루**도 개 터럭도 **보리 숭년**도 땡볕도
얼개빗도 쇠그릇도 **문둥이 장타령**도
타는 내음……

아 창호지 문발 틈으로 스미는 남도의 대숲 바람소리 속에는
눈 그쳐 뜨는 새벽별의 ⓔ푸른 숨소리, 청청한 청청한
댓닢파리의 ⓜ맑은 숨소리.

— 송수권, 「대숲 바람 소리」 —

113 ▶ 24950-0128

(가), (나)에 대한 설명으로 가장 적절한 것은?

① (가)와 달리 (나)는 공간의 변화를 통해 정서가 심화되는 과정을 드러내고 있다.
② (나)와 달리 (가)는 공감각적 심상을 활용하여 대상의 변화를 구체적으로 형상화하고 있다.
③ (가)와 (나) 모두 각 연을 명사로 마무리하여 여운을 자아내고 있다.
④ (가)와 (나) 모두 동일한 시구의 반복을 통해 시적 의미를 강조하고 있다.
⑤ (가)와 (나) 모두 자연물과의 비교를 통해 인간의 유한성을 부각하고 있다.

114 ▶ 24950-0129

〈보기〉를 참고하여 (가)와 (나)를 감상한 내용으로 적절하지 않은 것은? [3점]

• 보기 •

　(가)와 (나)는 화자가 특정한 공간에서 우리 민족의 역사와 삶을 떠올리고 있는 작품이다. (가)는 북방에 간 화자가 명멸하던 역사 속에서 우리 민족이 광활한 영토를 떠나오던 장면을 상상해 보고 있다. 화자는 축소된 영토 안에서 소박한 안위를 찾으며 살아왔던 우리 민족의 삶의 태도를 일제 강점기 현실과 연결하여 상실감을 드러내고 있다. (나)의 화자는 남도의 대나무 숲에서 불어오는 바람 소리를 들으며 역사 속 민중의 삶을 떠올리고 있다. 수탈과 억압에 맞서고자 했던 동학 운동의 정신과 민중의 남루한 삶에 가치를 부여하고 있다.

① (가): 2연의 '슬퍼하던 것', '붙드든 말', '울든 것' 등은, 옛날 우리 민족이 광활한 영토를 떠나면서 벌어졌을 이별의 정황과 관련하여 화자가 상상한 것이겠군.
② (가): 3연의 '매끄러운 밥을 먹고 단샘을 마시고 낮잠을 잤다'는 것은, 축소된 영토인 '먼 앞대'에서 소박한 안위를 찾으며 살아왔던 우리 민족의 태도를 나타낸 것이겠군.
③ (가): 6연의 '바람과 물과 세월과 같이 지나가고 없다'는 것은, 북방으로 간 화자가 과거의 역사를 자신이 처한 일제 강점기의 현실과 연결하여 느낀 상실감을 드러낸 것이겠군.
④ (나): 3연의 '죽창을 깎던, 간 큰 아이들', '징소리 꽹과리 소리들'은, 억압된 현실에 저항했던 동학 운동의 정신이 대나무 숲에서 부는 바람 소리에 내포되어 있음을 드러낸 것이겠군.
⑤ (나): 4연의 '몽당 빗자루', '보리 숭년', '문둥이 장타령' 등은, 남루한 삶 속에서도 민중들이 마음속에 품고 있던 미래에 대한 희망을 나타낸 것이겠군.

115 ▶ 24950-0130

㉠~㉤에 대한 설명으로 가장 적절한 것은?

① ㉠에서 ㉡으로의 변주는 괴로움을 느낄 수밖에 없는 현실에 대한 화자의 인식을 보여 주고 있다.

② ㉠에서 ㉡으로의 변주는 과거에 이어 현재에도 부끄러움을 느끼지 못하고 있는 화자의 태도를 보여 주고 있다.

③ ㉢에서 ㉣로의 변주를 통해, 시간의 흐름에 따라 대상을 부정적으로 바라보게 된 화자의 시선을 드러내고 있다.

④ ㉢에서 ㉤으로의 변주를 통해, 현실과 이상의 괴리에 대하여 화자가 새롭게 인식했음을 드러내고 있다.

⑤ ㉣에서 ㉤으로의 변주를 통해, 대상을 부정적으로 바라보던 화자의 시선이 긍정적으로 변했음을 드러내고 있다.

32 박봉우, 「휴전선」 / 배한봉, 「우포늪 왁새」 / 김기림, 「주을온천행」

2019학년도 6월 모의평가 27~31번

[116~120] 다음 글을 읽고 물음에 답하시오.

가

산과 산이 마주 향하고 믿음이 없는 얼굴과 얼굴이 마주 향한 항시 어두움 속에서 꼭 한 번은 **천동 같은 화산**이 일어날 것을 알면서 요런 자세로 꽃이 되어야 쓰는가.

저어 서로 응시하는 쌀쌀한 풍경. 아름다운 풍토는 이미 고구려 같은 정신도 신라 같은 이야기도 없는가. **별들이 차지한 하늘**은 끝끝내 하나인데 …… 우리 무엇에 불안한 얼굴의 의미는 여기에 있었던가.

모든 **유혈(流血)**은 꿈같이 가고 지금도 나무 하나 안심하고 서 있지 못할 광장. 아직도 **정맥**은 끊어진 채 휴식인가 야위어 가는 이야기뿐인가.

언제 한 번은 불고야 말 독사의 혀같이 **징그러운 바람**이여. 너도 이미 아는 모진 겨우살이를 또 한 번 겪으라는가 아무런 죄도 없이 피어난 꽃은 시방의 자리에서 얼마를 더 살아야 하는가 아름다운 길은 이뿐인가.

산과 산이 마주 향하고 믿음이 없는 얼굴과 얼굴이 마주 향한 항시 어두움 속에서 꼭 한 번은 천동 같은 화산이 일어날 것을 알면서 **요런 자세**로 **꽃**이 되어야 쓰는가.

— 박봉우, 「휴전선」 —

나

득음은 못하고, 그저 시골장이나 떠돌던
소리꾼이 있었다. 신명 한 가락에
막걸리 한 사발이면 그만이던 흰 두루마기의 그
사내

꿈속에서도 폭포 물줄기로 내리치는
한 대목 절창을 찾아 떠돌더니
오늘은, 왁새* 울음 되어 우항산 솔밭을 다
적시고   ⎤
우포늪 둔치, 그 눈부신 봄빛 위에 자운영   │ [A]
꽃불 질러 놓는다   ⎦
살아서는 근본마저 알 길 없던 혈혈단신   ⎤
텁텁한 얼굴에 달빛 같은 슬픔이 엉켜 수염   │ [B]
을 흔들곤 했다   ⎦
늙은 고수라도 만나면
어깨 들썩 산 하나를 흔들었다
필생 동안 그가 찾아 헤맸던 소리가   ⎤
적막한 늪 뒷산 솔바람 맑은 가락 속에 있   │ [C]
었던가   ⎦
소목 장재 토평마을 양파들이 시퍼런 물살   ⎤
몰아칠 때   │ [D]
일제히 깃을 치며 동편제* 넘어가는   │
저 왁새들   ⎦
완창 한 판 잘 끝냈다고 하늘 선회하는   ⎤
그 소리꾼 영혼의 심연이   │ [E]
우포늪 꽃잔치를 자지러지도록 무르익힌다   ⎦

— 배한봉, 「우포늪 왁새」 —

＊**왁새** 왜가리의 별명.
＊**동편제** 판소리의 한 유파.

다

그 바위를 가리켜 어느 건방진 옛사람이 오심암(吾心岩)이라고 이름을 지어 주었다 한다. 그보다도 조금 겸손한 누구는 세심암(洗心岩)이라고 불렀다 한다.

기운차게 일어선 산발이 이곳에 이르러 오심암의 절경을 남기기 위하여 한 둥근 골짜기를 이루어 놓고 다시 다물어졌다.

짙은 단풍 빛에 붉게 누렇게 물든 **검은 절경**의 성장(盛裝), 그것을 선을 두른 동해보다도 더 푸른 하늘빛, 천사가 흘리고 간 헝겊인 듯 봉우리 위에 가볍게 비낀 백옥보다도 흰 엷은 구름 조각.

이것은 분명히 자연이 흘려 놓은 예술의 극치다. 그러나 겸손한 자연은 그의 귀한 예술이 홍진(紅塵)에 물들 것을 염려하여 그것을 이 깊은 산골짜기에 감추었던 것인가 보다.

어귀까지 '버스'를 불러오고 이곳까지 2등 도로를 끌어 오는 것은 본래부터 그의 뜻은 아니었을 게다. 오직 사람만이 장하지도 아니한 그들의 예술을 천하에 뽐낼 기회만 엿보나 보다.

둘러보건대 이 골짜기에는 일찍이 먼지를 품은 **미친 바람**과 같은 것은 지나가 본 일이 아주 없었나 보아서 **아득히 쳐다보이는 높은 하늘 아래** 티끌을 품은 듯한 아무것도 없다. 잠깐 내 자신을 굽어보니 허옇게 먼지 낀 의복, 그 밑에 숨은 먼지 낀 내 몸뚱어리, 그리고 또 그 속에 엎드린 먼지 낀 내 마음, 나는 그 텃기 모르는 순결한 자연 속에 쓰레기처럼 동떨어진 내 몸의 더러움을 새삼스럽게 부끄러워하였다.

(중략)

차디찬 **바위** 위에 신발을 벗고 모자를 던지고 외투를 벗어 팽개치고 반듯이 누워서 눈을 감으니 인생도 예술도 다 어디로 사라지고 오직 끝없는 **망각**이 내 마음을 아니 우주를 채우며 온다. 그러나 몸을 식히며 스며드는 **찬기**는 어느새 거리에서 멀리 떨어진 우리들의 위치를 깨닫게 한다. 우리는 채 씻기지 않은 마음을 거두어 가지고 잠시나마 정을 들인 오심암을 두 번 세 번 돌아다보면서 간 길을 다시 내려오기 시작하였다. 좋은 벗 떠나기란 싫은 것처럼, 좋은 자연에도 석별의 정은 마찬가진가 보다. 또한 좋은 음식을 만났을 때 벗을 생각하는 것이 자연스러운 것처럼 떠나고 싶지 않은 자연을 앞에 두고는 멀리 있는 벗들이 갑자기 그리웁다. 나는 마음속으로 어느새 오심암에게 무언(無言)의 약속을 주어 버렸다.

'내년에는 벗을 데리고 또 찾아오마'고.

– 김기림, 「주을온천행」 –

116 ▶ 24950-0131

(가)~(다)의 공통점으로 가장 적절한 것은?

① 인간의 삶과 공간의 의미를 연결 지어 주제 의식을 구체화하고 있다.

② 갈등과 대립이 없는 화합의 세계를 보여 줌으로써 희망적인 미래를 예견하고 있다.

③ 역사적 상황을 직시함으로써 부정적 현실을 극복하려는 참여 의식을 표방하고 있다.

④ 자연이 인간에게 미친 긍정적인 영향을 강조함으로써 사물에 대한 예찬적 태도를 드러내고 있다.

⑤ 특정한 장소에 대한 직접적인 경험을 바탕으로 인간의 교만한 태도에 대한 비판을 이끌어 내고 있다.

117 ▶ 24950-0132

(가), (나)에 대한 설명으로 적절하지 <u>않은</u> 것은?

① (가)는 설의적 표현으로 현실에 대한 화자의 안타까움을 드러내고 있다.

② (나)는 청각의 시각화를 통해 소재의 생동감을 부각하고 있다.

③ (가)는 시간의 흐름에 따라, (나)는 시선의 이동에 따라 시상을 전개하고 있다.

④ (가)는 동일한 시구를 반복하여, (나)는 인물에 대한 이야기를 활용하여 주제 의식을 강조하고 있다.

⑤ (가)와 (나)는 모두 화자의 인식을 자연물에 투영하여 시적 정서를 환기하고 있다.

118 ▶ 24950-0133

(가)와 (다)에 대한 감상으로 가장 적절한 것은?

① (가)의 '천동 같은 화산'은 신뢰를 잃은 상황이 초래한 불안한 현실을, (다)의 '검은 절경'은 아름다움을 잃은 풍경에서 느껴지는 암울한 심정을 드러내고 있다.

② (가)의 '별들이 차지한 하늘'은 하나로 이어진 세계를, (다)의 '아득히 쳐다보이는 높은 하늘 아래'는 흠결 없는 세계를 그려 내고 있다.

③ (가)의 끊어진 '정맥'은 '유혈'을 이겨 낸 삶의 의지를, (다)의 엄습하는 '찬기'는 정든 곳을 떠나야 하는 절망감을 환기하고 있다.

④ (가)의 '징그러운 바람'은 미래에 닥칠지 모를 모진 상황을, (다)의 '미친 바람'은 삶에서 지켜야 할 소중한 존재를 상징하고 있다.

⑤ (가)의 '꽃'은 죄 없이 '요런 자세'로 삶에 순응하는 존재를, (다)의 '바위'는 지나온 과거를 '망각'하며 삶을 회의하는 존재를 표현하고 있다.

119 ▶ 24950-0134

〈보기〉를 참고하여 [A]~[E]를 이해한 내용으로 적절하지 <u>않은</u> 것은?

● 보기 ●

이 시의 화자는 '우포늪'에서 왁새 울음소리를 들으며, 득음을 못한 채 생을 마감했던 한 '소리꾼'을 상상적으로 떠올리고 있다. 화자는 왁새 울음소리에서 고단하고 외로웠던 소리꾼이 평생을 추구했던 절창을 연상함으로써, 우포늪의 생명력이 소리꾼의 영혼을 절창으로 이끌었음을 표현하고자 했다. 자연과 인간이 어우러진 세계에서 창조되는 예술의 경지와 우포늪의 아름다움을 조화롭게 형상화한 것이다.

① [A]: 화자는 왁새 울음소리와 우포늪의 풍경을 연결 지어 소리꾼이 추구했던 절창을 상상적으로 떠올리고 있다.

② [B]: 득음의 경지를 찾아 떠돌았던 소리꾼의 얼굴에 묻어나는 삶의 비애를 감각적으로 표현하고 있다.

③ [C]: 소리꾼이 평생 추구했던 절창을 우포늪에서 찾아낸 화자의 정서를 드러내고 있다.

④ [D]: 화자가 상상적으로 떠올린 세계를 우포늪 일대의 현실적 공간과 결부하고 있다.

⑤ [E]: 날아가는 왁새와 완창을 한 소리꾼을 대비하여 자연과 인간이 통합된 예술의 형상을 사실적으로 보여 주고 있다.

120 ▶ 24950-0135

〈보기〉는 '선생님'의 안내에 따라 학생들이 (다)를 감상한 내용이다. ⓐ~ⓔ 중 적절하지 <u>않은</u> 것은? [3점]

● 보기 ●

선생님: 수필은 글쓴이의 성찰을 보여 준다는 점에서 반성적이고, 깨달음을 전한다는 점에서 교훈적이며, 인생과 사회에 대한 인식과 판단을 드러낸다는 점에서 비판적인 특징을 갖습니다. 글쓴이의 발상과 통찰은 제재에서 새로운 의미를 이끌어 내고, 글쓴이의 문체는 내용을 효과적으로 표현하는 데 활용되지요. 그러면 이 작품에 드러난 수필의 특징을 확인해 봅시다.

학생 1: 가을의 풍경을 효과적으로 그려 내기 위해 감각적인 문체를 활용하고 있음을 알 수 있어요. ⋯⋯⋯⋯⋯⋯⋯⋯⋯⋯⋯⋯⋯ ⓐ

학생 2: '예술의 극치'와 '장하지도 아니한' 예술을 대비하는 데에서, 인간에 대한 비판적 인식을 엿볼 수 있어요. ⋯⋯⋯⋯⋯⋯⋯ ⓑ

학생 3: '오심암'의 경치에서 '겸손한 자연', '순결한 자연'을 이끌어 내는 데에서, 대상의 새로운 의미에 대한 통찰을 엿볼 수 있어요. ⋯⋯⋯⋯⋯⋯⋯⋯⋯⋯⋯⋯⋯⋯ ⓒ

학생 4: 인간의 삶에서 자연이 '티끌'처럼 작아 보인다고 한다는 점에서, 사색을 통해 교훈을 얻는 수필의 특성을 확인할 수 있어요. ⋯⋯⋯⋯⋯⋯⋯⋯⋯⋯⋯⋯⋯⋯⋯⋯ ⓓ

학생 5: '먼지 낀 의복'을 보고 '몸뚱어리'와 '마음'에 대한 부끄러움을 떠올린 데에서, 스스로를 돌아보는 반성적인 태도를 확인할 수 있어요. ⋯⋯⋯⋯⋯⋯⋯⋯⋯⋯⋯⋯⋯⋯ ⓔ

① ⓐ ② ⓑ ③ ⓒ ④ ⓓ ⑤ ⓔ

33 조지훈, 「맹세」 / 오규원, 「봄」

[121~124] 다음 글을 읽고 물음에 답하시오.

가

만년(萬年)을 싸늘한 바위를 안고도
뜨거운 가슴을 어찌하리야

어둠에 창백한 꽃송이마다
깨물어 피터진 입을 맞추어

마지막 한방울 피마저 불어 넣고
해돋는 아침에 죽어가리야

사랑하는 것 사랑하는 모든 것 다 잃고라도
흰뼈가 되는 먼 훗날까지
그 뼈가 부활하여 다시 죽을 날까지

거룩한 일월(日月)의 눈부신 모습
임의 손길 앞에 나는 울어라.

마음 가난하거니 임을 위해서
내 무슨 자랑과 선물을 지니랴

의로운 사람들이 피흘린 곳에
솟아 오른 대나무로 만든 피리뿐

흐느끼는 이 피리의 아픈 가락 이
구천(九天)에 사모침을 임은 듣는가.

미워하는 것 미워하는 모든 것 다 잊고라도
붉은 마음이 숯이 되는 날까지
그 숯이 되살아 다시 재 될 때까지

못 잊힐 모습을 어이 하리야
거룩한 이름 부르며 나는 울어라.

                     – 조지훈, 「맹세」 –

나

  저기 저 담벽, 저기 저 라일락, 저기 저 별, 그리고 저기 저 우리 집 개의 똥 하나, 그래 모두 이리 와 ㉠내 언어 속에 서라. 담벽은 내 언어의 담벽이 되고, 라일락은 내 언어의 꽃이 되고, 별은 반짝이고, 개똥은 내 언어의 뜰에서 굴러라. ㉡내가 내 언어에게 자유를 주었으니 너희들도 자유롭게 서고, 앉고, 반짝이고, 굴러라. 그래 봄이다.

  봄은 자유다. 자 봐라, 꽃피고 싶은 놈 꽃피고, 잎 달고 싶은 놈 잎 달고, 반짝이고 싶은 놈은 반짝이고, 아지랑이고 싶은 놈은 아지랑이가 되었다. ㉢봄이 자유가 아니라면 꽃피는 지옥이라고 하자. 그래 봄은 지옥이다. ㉣이름이 지옥이라고 해서 필 꽃이 안 피고, 반짝일 게 안 반짝이던가. 내 말이 옳으면 자, ㉤자유다 마음대로 뛰어라.

                     – 오규원, 「봄」 –

121 ▶ 24950-0136

(가), (나)에 대한 설명으로 적절하지 않은 것은?

① (가)는 1연과 6연에서 물음의 형식을 활용하여 화자의 상황 인식을 보여 준다.

② (가)는 4연과 9연에서 상황을 가정하는 표현을 활용하여 화자의 의지를 강조한다.

③ (나)는 반복적인 표현을 제시하면서 쉼표를 사용하여 리듬감을 형성한다.

④ (가)는 대비되는 시어를 활용하여 대상의 양면성을 드러내고, (나)는 반복되는 행위를 제시하여 대상의 효용성을 드러낸다.

⑤ (가)는 같은 시구를 5연, 10연의 마지막에서 반복하여 화자의 정서를 강조하고, (나)는 1연 끝 문장의 시어를 2연 첫 문장으로 연결하며 그 의미를 드러내고 있다.

122 ▶ 24950-0137

아픈 가락 에 대한 이해로 가장 적절한 것은?

① 임에게 자랑스레 내보일 화자의 자부심을 포함한다.

② 의로운 사람들이 보여 준 희생과 설움을 담고 있다.

③ 대나무에 서린 임의 뜻을 잊으려는 화자를 질책한다.

④ 피리의 흐느낌에 호응하여 화자의 억울함을 해소한다.

⑤ 구천에 사무친 원망을 살아남은 사람들에게 전달한다.

123 ▶ 24950-0138

다음에 따라 (가), (나)를 감상한 내용으로 적절하지 않은 것은? [3점]

> **선생님:** (가)는 부재하는 임을 기다리며 더 나은 세상에 대한 바람을 드러내고, (나)는 봄과 같은 세계에서, 대상들과 함께 자유를 누리려는 바람을 드러냅니다. 그러나 (가)는 대상에게 의미를 부여하는 화자의 시선이 두드러짐에 비해, (나)는 화자가 주목하는 대상들의 모습이 두드러진다는 차이를 보여요. 이 차이가 주변 존재들을 대하는 태도나 바람을 실현하는 방식에 반영되기도 해요.

① (가)의 화자가 바라는 세상은 '해돋는 아침'과 같이 '어둠'을 벗어나 밝음을 회복한 세상일 거야.

② (나)의 화자가 지향하는 세계에서 대상들은 '자유롭게 서고, 앉고, 반짝이고,' 구를 거야.

③ (가)의 화자는 '꽃송이'를 '창백한' 대상으로 바라보고, (나)의 화자는 대상들 각각의 모습에 주목하여 그 개별성을 드러내고 있어.

④ (가)의 화자는 '피마저 불어 넣'는 희생적 태도를 보이고, (나)의 화자는 대상들이 원하는 바를 실현하게 하여 '자유'를 함께 누리려는 태도를 보이고 있어.

⑤ (가)의 화자는 '붉은 마음'을 바쳐 부재하는 '임'을 기다리고, (나)의 화자는 '담벽' 안에서 '봄'과 같은 세계를 대상들과 공유하려 하고 있어.

124 ▶ 24950-0139

〈보기〉를 참고하여 ㉠～㉤의 의미를 설명한 것으로 가장 적절한 것은?

> ● **보기** ●
>
> (나)는 언어의 한계와 가능성에 대한 시인의 탐구를 보여 준다. 언어를 사용함으로써 대상을 파악할 수 있지만 그 결과는 다시 언어에 구속된다는 필연적 한계를 갖는다. 그래서 시인은 기존의 언어 사용 방식을 벗어나려는 시도를 한다. 이를 통해 언어와 대상이 기존의 관습에서 벗어나 자유를 향해 나아갈 수 있는 가능성을 모색한다.

① ㉠은 자신의 언어 속에서도 기존의 언어 사용 방식이 유지된다는 생각을 의미한다.

② ㉡은 대상을 파악하는 행위까지 포기하면서 자유를 얻고자 하는 의도를 나타낸다.

③ ㉢은 새로운 표현을 시도하여 언어와 대상이 자유를 얻을 가능성을 모색하는 과정을 나타낸다.

④ ㉣은 대상들을 구속에서 벗어나게 하기 위해 외부 상황에 변화를 주었음을 의미한다.

⑤ ㉤은 언어의 새로운 가능성을 실현하여 자신이 제한한 의미에 따라 대상들이 움직임을 의미한다.

[125~128] 다음 글을 읽고 물음에 답하시오.

가

풍자(諷刺)란 일반적으로 인간 생활의 결함·악폐·불합리·부조리·허위·어리석음 등 부정적 행위나 가치에 가해지는 기지(機智) 넘치는 비판적, 조소적(嘲笑的), 냉소적인 발언을 가리킨다. '풍(諷)'은 '빗대(어 간하)다'의 의미이고 '자(刺)'는 '찌르다', '가시', '침', '꾸짖다', '헐뜯다' 등의 의미이다. 빗대어 표현하는 데에는 쓴웃음을 포함한 웃음이나 기지의 요소가 있고, 찌르거나 꾸짖는 데에는 비판의 요소가 있다.

이 두 가지는 풍자를 이루는 핵심적 요소이다. 기지나 웃음이 없으면 비판이나 선전·선동으로 타락하기 쉽고, 비판이 없는 웃음은 해학(諧謔)이라 지칭되며 풍자와 구별된다. 다시 말해 풍자는 비판 정신과 유희 정신의 결합을 통해 성립되는 것이다. ㉠반어(反語)나 ㉡우의(寓意)가 풍자의 기법으로 곧잘 동원되는 것도 이런 이유 때문이다. 반어는 표면적 의미와 심층적 의미 사이, 말과 행동 사이, 화자나 인물이 의도한 목표와 결과 사이의 불일치, 혹은 상황의 부조화에서 오는 재미를 동반한다. 동물 등의 다른 사물에 인간의 삶을 빗대는 우의는 과장이나 압축에서 오는 재미를 동반한다. 이 두 가지 기법은 풍자 본연의 두 가지 요소를 동시에 획득하는 데 유리하게 작용한다.

그렇지만 반어나 우의적 기법이 동원되지 않고 유희 정신이 희박하더라도 인간 생활의 부조리나 불합리를 폭로하는 작품에 대해 '풍자적'이라는 수식어를 포괄적으로 붙이기도 한다. 공자가 편찬했다고 하는 중국의 『시경(詩經)』에 세상살이에서 만나게 되는 부당한 사태를 읊은 노래를 모아 높은 '풍(諷)'편이 있는 것으로 보아 풍자 문학의 기원은 아주 오래되었음을 알 수 있다.

[A]
풍자는 현실 생활의 부정적 요소를 폭로하거나 이를 교정하려는 욕망에서 출발한다. 퇴폐한 시기나 여론이 억압당하는 시기에 풍자 문학이 양적으로 풍성해지는 경향이 있는 것도 이 때문이다. 풍자의 대상은 자기반성적 성격의 작품에서처럼 시인이나 작가 자신일 수도 있고, 다른 한 개인일 수도 있으며, 특정한 인간형이나 특정한 계층과 계급, 불특정 다수의 사람들일 수도 있으며 어떤 제도나 국가, 넓게는 인류 전체일 수도 있다.

그러나 풍자를 통한 현실 폭로 혹은 교정의 욕망은 쉽사리 성취되지 않는 것도 특징적이다. 왜냐하면 풍자는 현실에 밀착해서 현실의 부정적 국면과 부정적 가치를 드러내기는 하지만 대체로 뚜렷한 전망을 제시하는 데는 이르지 못하는 경향이 있기 때문이다. 이러한 경향은 풍자를 기반으로 하는 의사소통이 풍자하는 주체와 그 목소리를 듣는 주체가 일종의 공모 의식을 전제로 성립되는 데서 비롯된다. 인간은 자신의 실제 삶과 무관하게 사회적으로 용인되거나 장려되는 윤리적·도덕적 기준으로 사태를 평가하는 경향이 있다. 이에 따라 풍자를 통해 폭로되는 부당한 현실은 대개의 독자들이 동의할 수밖에 없는 보편적인 잣대를 기준으로 평가된다. 그리하여 풍자는 곧잘 풍자의 주체와 그 목소리를 듣는 주체가 끼리끼리 모여 현실에 냉소를 보내는 데서 만족을 느끼도록 하는 것이다. 이런 특성으로 인해 풍자의 현실 교정 욕망은 쉽게 성취되지 않는 것이다.

나

한 줄의 시는커녕
단 한 권의 소설도 읽은 바 없이
그는 한평생을 행복하게 살며
많은 돈을 벌었고
높은 자리에 올라
이처럼 훌륭한 비석을 남겼다.

그리고 어느 유명한 문인이
그를 기리는 묘비명을 여기에 썼다.

비록 이 세상이 잿더미가 된다 해도
불의 뜨거움 꿋꿋이 견디며
이 묘비는 살아남아
귀중한 사료(史料)가 될 것이니
역사는 도대체 무엇을 기록하며
시인은 어디에 무덤을 남길 것이냐

– 김광규, 「묘비명」 –

다

밤의 식료품 가게
케케묵은 먼지 속에
죽어서 하루 더 손때 묻고
터무니없이 하루 더 기다리는
북어들,
북어들의 일 개 분대가
나란히 꼬챙이에 꿰어져 있었다.
나는 죽음이 꿰뚫은 대가리를 말한 셈이다.
한 쾌의 혀가
자갈처럼 죄다 딱딱했다.
나는 말의 변비증을 앓는 사람들과
무덤 속의 벙어리를 말한 셈이다.
말라붙고 짜부라진 눈,
북어들의 빳빳한 지느러미,
막대기 같은 생각
빛나지 않는 막대기 같은 사람들이
가슴에 싱싱한 지느러미를 달고
헤엄쳐 갈 데 없는 사람들이
불쌍하다고 생각하는 순간,
느닷없이
북어들이 커다랗게 입을 벌리고
거봐, 너도 북어지 너도 북어지 너도 북어지
귀가 먹먹하도록 부르짖고 있었다.

– 최승호, 「북어」 –

Ⅱ
적용
학습

125 ▶ 24950-0140

(가)에서 설명한 '풍자 문학'에 대한 이해로 가장 적절한 것은?

① '풍자 문학'의 '풍'은 본래 유희 정신을 추구하는 노래를 일컬었다.

② 풍자 문학은 부정적인 요소가 많은 시대일수록 더 활성화되는 경향이 있다.

③ 풍자 문학의 주된 의도는 부정적인 성격을 지닌 독자를 교정하려는 데 있다.

④ 풍자 문학이 실패한다면 그것은 현실의 부정적 요소를 과장되게 표현하기 때문이다.

⑤ 우의적 기법과 반어적 기법은 풍자 문학의 정체성을 보장해 주는 핵심적인 문학적 장치이다.

126 ▶ 24950-0141

(나)와 (다)에 대한 설명으로 가장 적절한 것은?

① (나)에서 '이처럼' '여기', '이 묘비'와 같은 지시어는 화자가 대상을 직접 관찰하고 있는 듯한 효과를 낳고 있다.

② (다)에서는 '북어'가 지닌 속성에서 윤리적 덕성을 읽어 내어 그에 미치지 못하는 인간의 부조리를 드러내고 있다.

③ (나)에서는 명시적인 청자에게 말을 건네는 대화적 어조가, (다)에서는 시적 화자의 독백적 어조가 지배적이다.

④ (나)와 (다)의 시상은 모두 과거에서 현재로 그 초점이 이동되면서 전개되고 있다.

⑤ (나)와 (다) 모두 개별적인 관찰 대상에서 포착된 삶의 바람직한 가치를 일반화하면서 시상을 마무리하고 있다.

127 ▶ 24950-0142

(가)의 ㉠과 ㉡을 중심으로 (나)와 (다)를 이해한 것으로 적절하지 <u>않은</u> 것은?

① (나)의 '훌륭한 비석', '귀중한 사료'에서 각각의 수식어는 표면적 의미와 심층적 의미가 다른 반어적 표현에 해당된다.

② (나)에서 '한 줄의 시'도 읽지 않은 사람의 묘비명을 시인이 썼다는 것은 상황의 부조화를 보여 주는 반어에 해당된다.

③ (다)에서 의인화된 '북어들의 일 개 분대'가 서로를 비아냥대는 상황을 설정한 것은 우의적 기법에 해당된다.

④ (다)에서 북어의 '빳빳한 지느러미'로부터 '막대기 같은 사람들'을 유추하여 표현한 것은 우의적 기법에 해당된다.

⑤ (다)에서 '불쌍하다고 생각'했던 다른 인간의 모습이 결국 화자 자신의 모습이라는 것은 화자가 의도한 목표와 결과의 불일치에서 오는 반어에 해당된다.

128 ▶ 24950-0143

[A]의 관점에서 (나)와 (다)를 감상한 내용으로 적절하지 <u>않은</u> 것은?

① 시나 소설을 외면하고 재력이나 지위를 추구하는 어느 독자가 (나)를 읽는다고 해도, 보편적인 잣대를 기준으로 삼는다면 그 주제 의식에 공감할 수 있는 여지가 있겠군.

② (나)의 풍자는 비양심적인 문인이라는 특정한 인간형을 겨냥하고 있지만, 문인의 양심 회복과 같은 현실 교정의 욕망의 성취에 대해서는 화자도 비관적 태도를 보이고 있군.

③ (다)는 자율적인 의식을 차단당한 채 살아가는 사람들을 풍자하고 있지만, 그러한 삶이 어떻게 바뀔 수 있는지에 대해 뚜렷한 전망을 보여 주지는 못하고 있군.

④ 우리가 건조하고 경직된 삶을 영위하고 있다는 점에 동의하는 독자일수록 시인과의 공모 의식에 따라 (다)에서 형상화된 북어의 함축적 의미에 대해 더 깊이 공감할 수 있겠군.

⑤ (나)는 화자 자신도 풍자 대상으로 포함하고 있다는 점에서, 화자 자신을 풍자의 대상에서 배제하고 있는 (다)에 비해 자기반성적 성격이 더 강하다 할 수 있겠군.

Ⅱ

적용
학습

35 ❭ 이형기, 「낙화」

2014학년도 대학수학능력시험 A형 31~33번

[129~131] 다음 글을 읽고 물음에 답하시오.

가야 할 때가 언제인가를
㉠분명히 알고 가는 이의
뒷모습은 얼마나 아름다운가.

봄 한철
㉡격정을 인내한
나의 사랑은 지고 있다.

분분한 낙화……
결별이 이룩하는 축복에 싸여
지금은 가야 할 때,

㉢무성한 녹음과 그리고
㉣머지않아 열매 맺는
가을을 향하여

나의 청춘은 꽃답게 죽는다.

헤어지자
섬세한 손길을 흔들며
하롱하롱 꽃잎이 지는 어느 날

나의 사랑, 나의 결별,
㉤샘터에 물 고이듯 성숙하는
내 영혼의 슬픈 눈.

— 이형기, 「낙화」 —

129 ▶ 24950-0144

윗글의 표현상 특징으로 가장 적절한 것은?

① 자조적 표현을 통해 삶의 모순을 드러내고 있다.
② 의성어를 활용하여 경쾌한 분위기를 자아내고 있다.
③ 영탄과 독백의 어조를 통해 화자의 심정을 드러내고 있다.
④ 감각적 이미지를 활용하여 대상의 불변성을 부각하고 있다.
⑤ 동일한 문장 형태를 반복하여 순환의 의미를 강조하고 있다.

130 ▶ 24950-0145

㉠~㉤에 대한 이해로 가장 적절한 것은?

① ㉠은 이별에 직면한 화자가 겪고 있는 내적인 방황을 드러내고 있다.
② ㉡은 이별을 감내하면서도 지나간 사랑에 연연해하고 있는 화자의 회한을 드러내고 있다.
③ ㉢은 이별의 고통으로 인하여 삶의 목표를 상실하고 번민에 가득 차 있는 화자의 상황을 표현하고 있다.
④ ㉣은 이별의 경험이 내적 충만으로 이어지리라는 화자의 기대감을 계절의 의미에 빗대어 표현하고 있다.
⑤ ㉤은 이별로 인한 상실감을 잊고 과거의 삶으로 회귀하는 화자의 태도를 표현하고 있다.

131 ▶ 24950-0146

〈보기〉를 참고하여 윗글을 감상한 내용으로 적절하지 않은 것은?

Ⅱ
적용
학습

● 보기 ●

「낙화」는 인간사의 이별을 꽃의 떨어짐에 비유함으로써 청춘기 자아의 성장 과정을 상징적으로 보여 준다. 자아는 세계와의 관계 속에서 성장의 가능성을 발견한다. 이 과정에서 자아는 시련에 부딪혀 자신이 갖고 있던 정체성의 변화를 겪게 되고, 그러한 변화를 인정하고 수용하면서 새로운 자아상을 확립해 나가게 된다.

① 제1연과 제3연의 '가야 할 때'는 이전과는 달라진 상황을 인식한 때라는 점에서, 새로운 자아의 모습을 찾게 되는 계기라고 할 수 있군.

② 제2연의 '봄 한철'과 제5연의 '꽃답게 죽는다'는 청춘기의 열정을 비유하고 있다는 점에서, 시련에 부딪혀 열정을 잃어 가는 자아의 모습을 보여 준다고 할 수 있군.

③ 제3연의 '결별이 이룩하는 축복에 싸여'는 이별의 결과에 대한 긍정적인 의미를 담고 있다는 점에서, 변화의 수용이 자아 성장의 과정으로 이어질 수 있음을 알 수 있군.

④ 제6연의 '헤어지자 / 섬세한 손길을 흔들며'는 이별을 수용하는 모습을 표현하고 있다는 점에서, 세계와의 관계가 변화되었음을 인정하려는 자아의 태도를 보여 준다고 할 수 있군.

⑤ 제7연의 '내 영혼의 슬픈 눈'은 화자가 자신을 성찰하고 있음을 보여 준다는 점에서, 시련을 통해 새로워지는 자아상을 확립해 나가는 것임을 알 수 있군.

36 김종길, 「저녁해」 / 박성룡, 「과목」 / 박재삼, 「고향 소식」

2013학년도 수능특강 문학 53~55쪽 1~4번

[132~135] 다음 글을 읽고 물음에 답하시오.

가

㉠어느 해 늦가을 어느 날 오후,
나는 경부선 급행열차를 타고 있었다.

열차가 수원(水原)을 지날 무렵,
서호(西湖)에 반사된 현란한 저녁해가
차창 가득히 어떻게나 눈부시던지,

나는 골든 델리셔스라는
사과덩이 속을 파고드는
㉡한 마리 눈먼 벌레가 되었다.

추수가 끝난 들녘도
잎이 진 잡목숲도, 인가(人家)도,   [A]
황금빛으로 무르익은 과육(果肉) 속이었다.

– 김종길, 「저녁해」 –

나

과목에 과물들이 무르익어 있는 사태처럼
나를 경악케 하는 것은 없다.

뿌리는 박질 붉은 황토에
㉢가지들은 한낱 비바람들 속에 뻗어 출렁거렸
으나

모든 것이 멸렬하는 가을을 가려 그는 홀로
황홀한 빛깔과 무게의 은총을 지니게 되는

과목에 과물들이 무르익어 있는 사태처럼
나를 경악케 하는 것은 없다.

— 흔히 시를 잃고 저무는 한 해 그 가을에도
나는 이 과목의 기적 앞에 시력을 회복한다.

– 박성룡, 「과목(果木)」 –

다

아, 그래,
㉣건재약(乾材藥) 냄새 유달리 구수하고 그윽
하던
한냇가 대실 약방…… 알다 뿐인가
수염 곱게 기르고 풍채 좋던
그 노인께서 세상을 떠났다고?
아니, 그게 벌써 여러 해 됐다고?

그리고 조금 내려와서
팔포(八浦) 웃동네 모퉁이
혼자 늙으며 술장사하던
사량(蛇梁)섬 창권(昌權)이 고모,
노상 동백기름을 바르던
㉤아, 그분 말이라, 바람같이 떴다고?

하기야 사람 소식이야 들어 무얼 하나,
끝내는 흐르고 가고 하게 마련인 것을……
그러나 가령 둔덕에 오르면
햇빛과 바람 속에서 군데군데 대밭이
아직도 그전처럼 시원스레 빛나며 흔들리   [B]
고 있다든지
못물이 먼 데서 그렇다든지
혹은 섬들이 졸면서 떠 있다든지
요컨대 그런 일들이 그저
내 일같이 반갑고 고맙고 할 따름이라네.

– 박재삼, 「고향 소식」 –

132 ▶ 24950-0147

(가)~(다)에 대한 설명으로 적절한 것은?

① (가), (나)는 화자가 주목하는 장면에 초점을 맞추어 시상을 전개하고 있다.

② (가), (다)는 화자가 지난날을 회상하면서 자신에 대해 반성하고 있다.

③ (나), (다)는 화자의 시선이 가까운 곳에서 먼 곳으로 이동하고 있다.

④ (가)~(다)는 모두 과거와 현재의 대비를 통해 주제를 형상화하고 있다.

⑤ (가)~(다)는 모두 구체적인 지명을 통해 그리움의 정서를 심화하고 있다.

133 ▶ 24950-0148

〈보기〉는 (나)에 대한 수업 장면의 일부이다. 학생들의 의견 중 적절하지 <u>않은</u> 것은?

● 보기 ●

선생님: (나)의 짜임새는 다음과 같다고 볼 수 있는데, 이를 바탕으로 하여 이 시에 대한 여러분의 의견을 말해 봅시다.

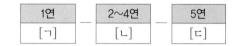

1연		2~4연		5연
[ㄱ]	—	[ㄴ]	—	[ㄷ]

학생 1: 도입부인 [ㄱ]에서 마치 선언이라도 하듯이 강하고 단정적인 어조를 사용하고 있어서 인상적인 느낌을 받을 수 있어요.

학생 2: [ㄱ]을 읽으면서 독자들은 화자가 왜 '경악'하는지 그 까닭을 궁금하게 여길 것 같아요.

학생 3: [ㄴ]의 2, 3연을 통해 [ㄱ]에서 '나를 경악케 하는 것은 없다.'라고 말한 까닭이 드러나고 있어요.

학생 4: [ㄴ]의 4연에서 [ㄱ]이 다시 반복되는데, 그렇게 함으로써 시적 의미가 강조되고 있어요.

학생 5: 시상의 흐름으로 보아 [ㄷ]의 '흔히 시를 잃고 저무는 한 해'는 [ㄱ]과 [ㄴ]의 '과목에 과물들이 무르익어 있는 사태'에 의해 각성된 화자의 심적 상태를 드러낸 것으로 볼 수 있겠어요.

① 학생 1   ② 학생 2   ③ 학생 3
④ 학생 4   ⑤ 학생 5

Ⅱ

적용
학습

134 ▶ 24950-0149

〈보기〉를 바탕으로 [A]와 [B]에 대해 설명한다고 할 때, 적절하지 않은 것은?

• 보기 •

풍경은 물리적 대상 그 자체만으로 구성되지 않는다. 눈으로 포착된 대상에 인간의 정서가 개입되어 재구성됨으로써 풍경이 탄생하는 것이다. 따라서 두 사람이 동일한 물리적 대상을 바라보더라도 풍경은 저마다 다를 수 있다.

① [A]의 풍경은 '들녘', '잡목숲', '인가'가 화자의 내면에서 '황금빛으로 무르익은 과육 속'인 것처럼 느껴지는 정서적 반응을 거쳐 재구성된 것으로 볼 수 있다.

② [A]의 풍경은 '차창'이라는 단계를 하나 더 거친 것이므로 화자와 함께 기차를 탄 다른 사람들도 [A]와 동일한 풍경을 공유하게 될 것이다.

③ [B]의 풍경은 화자의 내면에서 그리움의 정서에 의해 재구성된 것이라 할 수 있다.

④ [B]의 풍경으로 미루어 화자는 '끝내는 흐르고 가고 하게 마련'인 인간사를 생각할 때와는 달리 정서적으로 위안을 얻어 내면의 동요가 가라앉아 있음을 엿볼 수 있다.

⑤ [A]의 풍경은 화자가 기차를 타고 가다가 목격한 것을 대상으로 재구성되었지만, [B]의 풍경은 화자의 기억에 남아 있는 고향의 옛 모습들로 재구성되었다고 할 수 있다.

135 ▶ 24950-0150

㉠~㉤에 대한 이해로 적절하지 않은 것은?

① ㉠: 범위를 점차 좁혀 가며 시간적 배경을 제시하고 있다.

② ㉡: 다른 대상에 빗대어 화자 자신의 감동을 드러내고 있다.

③ ㉢: 상징적 의미를 부여할 수 있는 자연 현상을 끌어들이고 있다.

④ ㉣: 후각적 이미지를 통해 대상에 대한 친근감을 드러내고 있다.

⑤ ㉤: 어순의 도치를 통해 화자의 정서를 나타내고 있다.

37 정지용, 「장수산 1」 / 김광섭, 「산」

2014학년도 수능특강 문학 B형 229~230쪽 1~3번

[136~138] 다음 글을 읽고 물음에 답하시오.

가

　벌목정정(伐木丁丁)*이랬거니 아람도리 큰 솔이 베혀짐즉도 하이 골이 울어 멩아리* 소리 쩌르렁 돌아옴즉도 하이 다람쥐도 좇지 않고 뫼ㅅ새도 울지 않어 ⓐ깊은 산 고요가 차라리 뼈를 저리우는데 눈과 밤이 조히보담 희고녀! 달도 보름을 기달려 흰 뜻은 한밤 이 골을 걸음이랸다? ⓑ웃절 중이 여섯 판에 여섯 번 지고 웃고 올라간 뒤 조찰히* 늙은 사나이의 남긴 내음새를 줏는다? 시름은 바람도 일지 않는 고요에 심히 흔들리우노니 오오 견디란다 차고 올연(兀然)히* 슬픔도 꿈도 없이 장수산 속 겨울 한밤내—

　　　　　　　　　　　　　　　 – 정지용, 「장수산 1」 –

나

이상하게도 내가 사는 데서는
ⓒ새벽녘이면 산들이
학처럼 날개를 쭉 펴고 날아와서는
종일토록 먹도 않고 말도 않고 엎댔다가는
해 질 무렵이면 기러기처럼 날아서
틀만 남겨 놓고 먼 산속으로 간다.

산은 날아도 새둥이나 꽃잎 하나 다치지 않고
짐승들의 굴 속에서도
흙 한 줌 돌 한 개 들썽거리지 않는다.
새나 벌레나 짐승들이 놀랄까 봐
지구처럼 부동(不動)의 자세로 떠간다.
그럴 때면 새나 짐승들은
기분 좋게 엎대서
사람처럼 날아가는 꿈을 꾼다.

산이 날 것을 미리 알고 사람들이 달아나면
언제나 사람보다 앞서 가다가도
고달프면 쉬란 듯이 정답게 서서
사람이 오기를 기다려 같이 간다.

산은 양지바른 쪽에 사람을 묻고
높은 꼭대기에 신을 뫼신다.

산은 사람들과 친하고 싶어서
기슭을 끌고 마을에 들어오다가도
ⓓ사람 사는 꼴이 어수선하면
달팽이처럼 대가리를 들고 슬슬 기어서
도로 험한 봉우리를 올라간다.

산은 나무를 기르는 법으로
벼랑에 오르지 못하는 법으로
사람을 다스린다.

산은 울적하면 솟아서 봉우리가 되고
물소리를 듣고 싶으면 내려와 깊은 계곡이 된다.

ⓔ산은 한 번 신경질을 되게 내야만
고산(高山)도 되고 명산(名山)이 된다.

산은 언제나 기슭에 봄이 먼저 오지만
조금만 올라가면 여름이 머물고 있어서
한 기슭인데 두 계절을
사이좋게 지니고 산다.

　　　　　　　　　　　　　　　 – 김광섭, 「산」 –

＊**벌목정정** 커다란 나무가 베어질 때 나는 소리.
＊**멩아리** 메아리.
＊**조찰히** 아담하고 깨끗하게.
＊**올연히** 홀로 우뚝하게.

136 ▶ 24950-0151

(가)와 (나)에 대한 설명으로 적절하지 않은 것은?

① (나)와 달리 (가)는 도치의 방법으로 시상을 마무리하여 주제를 강조하고 있다.

② (나)와 달리 (가)는 영탄적 표현을 통해 화자의 정서나 생각을 강하게 드러내고 있다.

③ (가)와 달리 (나)는 현재형 종결 어미를 사용하여 화자의 현실 극복 의지를 나타내고 있다.

④ (가)와 (나)는 모두 유사한 형식의 문장 구조를 반복하여 운율을 느끼게 하고 있다.

⑤ (가)와 (나)는 모두 시적 공간의 모습을 감각적 이미지를 활용하여 묘사하고 있다.

137 ▶ 24950-0152

(가), (나)에 나타난 '자연'에 대해 〈보기〉와 연관 지어 이해할 때, 적절하지 않은 것은?

┌─ 보기 ─────────────────────

　　한국의 시가에는 자연을 소재로 다룬 작품이 매우 많은데, 그때 자연은 극복의 대상이 아니라 사람처럼 친근한 존재이자 무욕(無欲)의 특성을 지닌 존재로 동경과 동화의 대상인 경우가 허다하다. 즉 작품에서 자연은 아름다운 경치의 체험 공간으로 그려지기도 했고, 속세와 일정한 거리를 두고 있는 공간이나 자신의 삶의 자세를 돌아보는 계기를 마련하는 공간으로 표현되기도 했다. 또 바람직한 덕성을 지니고 있는 대상으로서 형상화되기도 하였다.

└──────────────────────────

① (가)의 자연은 속세와 일정한 거리를 두고 있는 공간으로 표현되었다.

② (가)의 자연은 화자가 자신의 삶의 자세에 대해 깨달음을 얻는 곳이다.

③ (나)는 자연을 의인화하여 자연에 대한 화자의 친근감을 드러내고 있다.

④ (나)의 화자는 자연의 속성을 통해 인간이 지녀야 할 바람직한 덕성을 발견하고 있다.

⑤ (나)의 자연은 화자가 추구하는 탈속의 삶을 실현할 수 있는 공간으로 설정되어 있다.

138 ▶ 24950-0153

ⓐ~ⓔ에 대한 설명으로 적절하지 않은 것은?

① ⓐ: 화자가 느낀 적막감을 촉각적 심상으로 나타내고 있다.

② ⓑ: '웃절 중'에 대한 화자의 긍정적 인식이 드러나 있다.

③ ⓒ: 시간의 흐름에 따라 변하는 산의 모습을 표현하고 있다.

④ ⓓ: 혼탁한 인간 세상을 대하는 산의 태도가 나타나 있다.

⑤ ⓔ: 날씨의 변화가 심한 높은 산의 모습을 형상화하고 있다.

38 신석정, 「대바람 소리」/ 이준관, 「가을 떡갈나무 숲」

2018학년도 수능특강 문학 72~74쪽 1~3번

[139~141] 다음 글을 읽고 물음에 답하시오.

가

대바람 소리
들리더니
소소(蕭蕭)한 대바람 소리
창을 흔들더니

소설(小雪) 지낸 하늘을
눈 머금은 구름이 가고 오는지
미닫이에 가끔 / 그늘이 진다.

국화 향기 흔들리는
좁은 서실(書室)을
무료히 거닐다
앉았다, 누웠다 / 잠들다 깨어 보면
그저 그런 날을

눈에 들어오는
병풍(屛風)의 '낙지론(樂志論)'을
읽어도 보고……

그렇다!
아무리 쪼들리고 / 웅숭그릴지언정
– '어찌 제왕의 문(門)에 듦을 부러워하랴'

대바람 타고 / 들려오는
머언 거문고 소리……
　　　　　　　– 신석정, 「대바람 소리」 –

나

떡갈나무 숲을 걷는다. 떡갈나무 잎은 떨어져
너구리나 오소리의 따뜻한 털이 되었다. 아니면,
쐐기집이거나, 지난여름 풀 아래 자지러지게
울어 대던 벌레들의 알의 집이 되었다.

이 숲에 그득했던 풍뎅이들의 혼례,
그 눈부신 날갯짓 소리 들릴 듯한데,
텃새만 남아
산 아래 콩밭에 뿌려 둔 노래를 쪼아
아름다운 목청 밑에 갈무리한다.

나는 떡갈나무 잎에서 노루 발자국을 찾아본다.
그러나 벌써 노루는 더 깊은 골짜기를 찾아,
겨울에도 얼지 않는 파릇한 산울림이 떠내려
오는
골짜기를 찾아 떠나갔다.

나무 등걸에 앉아 하늘을 본다. 하늘이 깊이 숨
을 들이켜
나를 들이마신다. 나는 가볍게, 오늘 밤엔
이 떡갈나무 숲을 온통 차지해 버리는 별이 될
것 같다.

떡갈나무 숲에 남아 있는 열매 하나.
어느 산짐승이 혀로 핥아 보다가, 뒤에 오는
제 새끼를 위해 남겨 놓았을까? 그 순한 산짐
승의
젖꼭지처럼 까맣다.

나는 떡갈나무에게 외롭다고 쓸쓸하다고
중얼거린다.
그러자 떡갈나무는 슬픔으로 부은 내 발등에
잎을 떨군다. 내 마지막 손이야. 뺨에 대 봐,
조금 따뜻해질 거야. 잎을 떨군다.
　　　　　　　– 이준관, 「가을 떡갈나무 숲」 –

139 ▶ 24950-0154

(가)와 (나)의 공통점으로 가장 적절한 것은?

① 계절의 순환을 통해 주제를 부각하고 있다.

② 의인화된 대상과 소통을 시도하며 교감하고 있다.

③ 명사로 시상을 마무리하여 시적 여운을 주고 있다.

④ 설의적 표현을 사용하여 청자의 행동 변화를 요구하고 있다.

⑤ 감각적 표현을 활용하여 화자가 있는 공간을 형상화하고 있다.

140 ▶ 24950-0155

〈보기〉를 바탕으로 (가)를 감상한 내용으로 적절하지 않은 것은?

> ● 보기 ●
>
> 비록 가난한 시인이었지만, 한평생 지조 있는 선비로서의 삶을 살았던 신석정은 이 시를 통해 꼿꼿이 신념을 지키려는 의지로 현실적인 곤궁함을 타개하고자 하는 뜻을 드러내고 있다. 이 시에서 선비의 고결함을 상징하는 '대나무', '국화'와 선비의 정신을 나타내는 '거문고'는 시인의 삶의 지향을 드러내 준다. 그리고 '어찌 제왕의 문에 듦을 부러워하랴(豈羨夫入帝王之門哉)'로 마무리되는, 후한 말의 지조 있는 선비인 중장통이 지었다는 '낙지론'은 그를 일깨우는 화두가 된다.

① '창을 흔들'며 들리던 '소소한 대바람 소리'는 화자가 지금까지 살아온 삶이 지향하는 바를 드러내고 있군.

② '국화 향기 흔들리는 / 좁은 서실'은 지조 있는 선비로 살아온 화자의 삶이 함축된 공간을 나타내고 있군.

③ '앉았다, 누웠다 / 잠들다 깨어 보'는 모습은 현실적인 곤궁함으로 인한 화자의 내적 갈등을 보여 주고 있군.

④ 무료하게 '그저 그런 날'을 지내던 화자는 '병풍'에 적힌 글귀를 읽고 자신이 지향할 삶에 대해 깨닫고 있군.

⑤ '대바람 타고 / 들려오는 / 머언 거문고 소리……'는 고결하고 꼿꼿하게 살아갈 화자의 의지를 환기하고 있군.

141 ▶ 24950-0156

(나)에 대한 이해로 적절하지 않은 것은?

① 떡갈나무 잎이 '털'이 되고 '집'이 되었다는 것에서 화자는 떡갈나무 숲에 사는 존재들에게 떡갈나무가 필요하다고 생각하고 있음을 알 수 있다.

② '이 숲에 그득했던 풍뎅이들'의 '날갯짓 소리 들릴 듯한데'에서 화자가 떡갈나무 숲을 바라보며 숲의 지난 모습이 어떠했을지 생각하고 있음을 알 수 있다.

③ '떡갈나무 숲을 온통 차지해 버리는 별이 될 것 같다.'라는 화자의 고백에서 화자가 떡갈나무 숲을 위한 자신의 역할이 무엇인지 찾았음을 알 수 있다.

④ '떡갈나무 숲에 남아 있는 열매 하나.'를 통해 '산짐승'의 마음을 보는 것에서 화자는 다른 생명체도 떡갈나무처럼 다른 존재를 품어 준다고 생각하고 있음을 알 수 있다.

⑤ '떡갈나무'가 '내 마지막 손이야. 뺨에 대 봐'라고 말을 건네는 상상에서 화자는 떡갈나무가 자신을 숲에 사는 존재들과 동일하게 대하며 위로해 준다고 여기고 있음을 알 수 있다.

39 신석정, 「대바람 소리」 / 신경림, 「장자를 빌려 – 원통에서」 / 서경덕, 「독서유감」

2012학년도 인터넷 수능 국어 91~94쪽 6~10번

[142~146] 다음 글을 읽고 물음에 답하시오.

가

대바람 소리
들리더니
소소(蕭蕭)한 대바람 소리
창을 흔들더니

소설(小雪) 지낸 하늘을
눈 머금은 구름이 가고 오는지
미닫이에 가끔
그늘이 진다.

국화 향기 흔들리는
좁은 서실(書室)을
무료히 거닐다
앉았다, 누웠다
잠들다 깨어 보면
그저 그런 날을

눈에 들어오는
병풍(屛風)의 '낙지론(樂志論)'을
읽어도 보고……

그렇다!
아무리 쪼들리고
웅숭거릴지언정
— '어찌 제왕의 문(門)에 듦을 부러워하랴'

대바람 타고
들려오는
머언 거문고 소리……

– 신석정, 「대바람 소리」 –

나

설악산 대청봉에 올라
발 아래 구부리고 엎드린 작고 큰 산들이며
떨어져 나갈까 봐 ㉠잔뜩 겁을 집어먹고
언덕과 골짜기에 바짝 달라붙은 마을들이며
다만 무릎께까지라도 다가오고 싶어
안달이 나서 몸살을 하는 바다를 내려다보니
온통 세상이 다 보이는 것 같고
또 ㉡세상살이 속속들이 다 알 것도 같다
그러다 속초에 내려와 하룻밤을 묵으며
중앙시장 바닥에서 다 늙은 함경도 아주머니들과
노령노래 안주해서 소주도 마시고
피난민 신세타령도 듣고
다음날엔 원통으로 와서 뒷골목엘 들어가
㉢지린내 땀내도 맡고 악다구니도 듣고
싸구려 하숙에서 마늘장수와 실랑이도 하고
젊은 군인부부 사랑싸움질 소리에 잠도 설치고 보니
세상은 아무래도 ㉣산 위에서 보는 것과 같지만은 않다.
㉤지금 우리는 혹시 세상을
너무 멀리서만 보고 있는 것은 아닐까 아니면
너무 가까이서만 보고 있는 것은 아닐까

– 신경림, 「장자를 빌려 – 원통에서」 –

다

책 읽으며 당초에는 경륜에 뜻 뒀는데	讀書當日志經綸
늙어 가며 다시금 안회(顏回)의 가난이 좋아졌네	歲暮還甘顏氏貧
다툼의 요소 부와 귀는 손을 대기 곤란하니	富貴有爭難下手
막는 이 없는 자연 속에서 몸을 편히 해야 하리	林泉無禁可安身
낚시하고 나물 캐면 그런 대로 배 채우고	採山釣水堪充腹
바람과 달 시 읊으면 정신도 명랑해진다오	咏月吟風足暢神
의심 없이 깨우쳐야 이것이 진정 쾌활한 것	學到不疑眞快活
일백 년 헛되이 살다 가는 사람은 되지 말아야지	免敎虛作百年人

– 서경덕, 「독서유감(讀書有感)」 –

142 ▶ 24950-0157

(가)~(다)의 공통점으로 가장 적절한 것은?

① 세상을 살아가는 어려움이 구체적으로 반영되어 있다.

② 삶을 대하는 태도에 대한 화자의 성찰이 드러나고 있다.

③ 지나온 삶에 대한 화자의 안타까운 심정이 잘 드러나고 있다.

④ 집단적 체험을 통해 얻은 깨달음을 강조하며 교훈성을 부각하고 있다.

⑤ 자연물과 화자의 유사점을 제시하며 자연 친화적인 태도를 드러내고 있다.

143 ▶ 24950-0158

〈보기〉의 자료들을 활용하여 (가)~(다)를 감상할 때, 독자의 반응으로 적절하지 않은 것은?

> ● 보기 ●
>
> **자료 1 – (가)의 참고 자료**
>
> • 낙지론(樂志論)
>
> 한가로이 놀며 자유롭게 사는 삶을 즐길 뿐이라는 중국학자 중장통(仲長統)의 글. 그는 왕을 따르는 것은 입신양명(立身揚名)을 위한 것이라 여기며 왕이 부를 때마다 병을 핑계로 나아가지 않았다.
>
> **자료 2 – (나)의 참고 자료**
>
> • 『장자』 '추수편(秋水篇)' – "대지관어원근(大知觀於遠近)"
>
> 큰 지혜는 멀리서도 보고 가까이서도 본다. 즉 삶을 바라볼 때에는 두 관점을 모두 취해야 함을 강조하고 있다.
>
> **자료 3 – (다)의 참고 자료**
>
> • 안회
>
> 공자가 가장 아끼던 제자로, 공자는 그가 가난한 삶 속에서도 늘 즐거워하는 태도를 잃지 않는 것을 보고 "어질도다, 안회여!"라고 칭송했다고 한다.

① '자료 1'을 통해 (가)의 '어찌 제왕의 문(門)에 듦을 부러워하랴'의 의미를 추리할 수 있어서 작품의 주제가 더 선명하게 부각되는군.

② '자료 2'를 통해 (나)의 '너무 멀리서만 보고 있는 것은 아닐까 아니면 / 너무 가까이서만 보고 있는 것은 아닐까'라는 구절의 의미를 더 잘 이해할 수 있군.

③ '자료 3'을 통해 (다)의 화자가 안회와 같은 삶을 살고자 할 뿐만 아니라 그런 자신의 삶에 대해 자부심을 느끼고 있다는 것을 알 수 있군.

④ '자료 2'는 (나)의 제목에 대해, '자료 3'은 (다)의 '안회(顔回)의 가난'이라는 시구에 대해 이해할 수 있도록 도움을 주는군.

⑤ (가), (나)에서는 선인의 글을 제재로 활용한 반면, (다)에서는 '자료 3'의 인물을 인용하여 선인의 글을 읽는 방법과 태도에 대해 강조하고 있군.

Ⅱ

적용
학습

144 ▶ 24950-0159

〈보기〉를 참고하여 (가)를 감상한 내용으로 적절하지 않은 것은?

● 보기 ●

신석정은 제4시집 『산의 서곡』을 내놓으며 "시와 더불어 이순(耳順: 60세)이 넘었다. 그동안 역사의 흙탕물 줄기가 무참하게도 내 정신세계를 여러 번 짓밟고 달아났다. 그러나 아직까지 허튼 속정(명예와 이익을 바라는 마음)에 몸을 굽히거나 한눈팔기에 나를 크게 소모한 적이 없음을 자위한다. 시가 잘 되고 못 됨은 공정에 앞서 오로지 선천적 천분에 맡길 일이요 나대로 저 큰 산의 의연한 모습으로 시에 임하는 자세는 예나 다름없다."라며 여생에 대한 다짐을 밝혔다. (가)는 이 직후에 발표된 작품이다.

① '미닫이에 가끔 / 그늘이 진다'에는 '이순이 넘'은 것에 대한 시인의 애상적 정서가 드러나 있군.
② '그렇다!'라는 영탄적 표현은 시인의 '여생에 대한 다짐'을 압축하고 있군.
③ '아무리 쪼들리고 / 웅숭거릴지언정'에는 '한눈팔기'를 거부하는 시인의 단호함이 드러나는군.
④ '제왕의 문(門)에 듦'에 연연해하지 않은 것은 '허튼 속정'에 몸을 굽히지 않으려는 자세를 보여 주는군.
⑤ '국화 향기', '거문고 소리'는 시인이 지니고 있는 '정신세계'를 형상화하고 있군.

145 ▶ 24950-0160

(나)의 ㉠~㉤에 대한 설명으로 적절하지 않은 것은?

① ㉠: 마을의 모습을 의인화하여 표현하고 있다.
② ㉡: 세상살이의 이치를 알 것 같다는 자신감을 드러내고 있다.
③ ㉢: 가난하고 외로운 자신의 상황을 감각적으로 표현하고 있다.
④ ㉣: 삶에 대해 산 위에서와는 다른 생각을 하게 되었음을 의미한다.
⑤ ㉤: 자신의 태도가 과연 올바른지 의문을 제기하고 있다.

146 ▶ 24950-0161

(다)에 대한 감상으로 가장 적절한 것은?

① 독서를 시작할 때 품었던 뜻을 지키지 못해 자책하고 있군.
② 자연 속의 삶을 만끽하던 과거의 삶으로 돌아가고자 하고 있군.
③ 자연을 즐기는 가운데 학문을 성취하는 삶에 대해 만족하고 있군.
④ 부와 명예를 좇으며 사는 현재의 허망한 삶에서 벗어나고자 하는군.
⑤ 학문적 회의에서 벗어날 수 있었던 것은 세월의 힘이라고 믿고 있군.

40 송수권, 「대역사」 / 고재종, 「나무 속엔 물관이 있다」

[147~149] 다음 글을 읽고 물음에 답하시오.

가

너는 서해 **뻘**을 적시는 노을 속에
서 본 적이 있는가
망망 뻘 밭 속을 헤집고 **바지락을 캐는** 여인들
한쪽 귀로는 내소사의 범종 소리를 듣고
한쪽 귀로는 선운사의 쇠북 소리를 듣는다
만권의 책을 쌓아 올렸다는 채석강 절벽
파도는 다시 그 만권의 책을 풀어 흘려
뻘 밭 위에 책장을 한 장씩 넘긴다
이곳에서 **황혼**이야말로 **대역사**를 이루는 시간
가슴 뜨거운 불꽃을 사방으로 던져
내소사 대웅보전의 **넉살문 연꽃 몇 송이**도
활짝 만개한다
회나무 가지를 치고 오르는 청동 까치 한 마리도
만다라*와 같은 불립 문자로 탄다
곰소의 뻘 강을 건너 **소금을 져 나르다** 머슴 등
허리가 되었다는
저 소요산 질마재도 마지막 술 빛으로 익는다
쉬어라 쉬어라 잠시 잠깐
해는 수평선 물 밑으로 가라앉는다.

― 송수권, 「대역사(大役事)」 ―

*만다라 우주 법계의 온갖 덕을 망라한 진수를 그림으로
나타낸 불화.

나

잦은 바람 속의 겨울 감나무를 보면, 그 가지들
이 가는 것이나 굵은 것이나 아예 실가지거나 우
듬지*거나, 모두 다 서로를 훼방 놓는 법이 없이
제 숨결 닿는 만큼의 찰랑한 허공을 끌어안고, 바
르르 떨거나 사운거리거나 건들대거나 휙휙 후리
거나, 제 깜냥껏 한세상을 흔들거린다.

그 모든 것이 웬만해선 흔들림이 없는 한 집의
주춧기둥 같은 둥치에서 뻗어 나간 게 새삼 신
기한 일.

더더욱 그 실가지 하나에 앉은 조막만한 새의
무게가 둥치를 타고 내려가, 칠흑 땅속의 그중
깊이 뻗은 실뿌리의 흙살에까지 미쳐, 그 무게를
견딜힘을 다시 우듬지에까지 올려 보내는 땅심
의 배려로, 산 가지는 어느 것 하나라도 어떤 맷바
람에도 꺾이지 않는 당참을 보여 주는가.

아, 우린 너무 감동을 모르고 살아왔느니.

― 고재종, 「나무 속엔 물관이 있다」 ―

*우듬지 나무의 꼭대기 줄기.

147 ▶ 24950-0162

(가), (나)에 대한 설명으로 가장 적절한 것은?

① (가)와 (나)는 모두 공간의 이동에 따라 시상을 전개하여 화자의 태도 변화를 드러내고 있다.

② (가)와 (나)는 모두 현재형 진술을 사용하여 대상을 현장감 있게 그리고 있다.

③ (가)와 (나)는 모두 반복적으로 대상을 불러 화자의 정서를 부각하고 있다.

④ (가)는 (나)와 달리, 영탄적 표현을 활용하여 현실에 대한 화자의 비판적 의도를 드러내고 있다.

⑤ (나)는 (가)와 달리, 시각적 심상을 활용하여 시상을 종결함으로써 주제 의식을 강조하고 있다.

148 ▶ 24950-0163

〈보기〉를 바탕으로 (가)와 (나)를 감상한 내용으로 적절하지 않은 것은? [3점]

─● 보기 ●─

시인에게 영감을 주는 자연은 작품의 주요한 제재로 사용되어 다양한 양상으로 형상화된다. (가)는 황혼의 조명을 받으며 서로 화답하고 위로를 건네는 천지 만물의 관계를 바탕으로 '대역사'가 이루어지는 장면을 나타내고 있다. 그리고 (나)는 나무에 대한 섬세한 관찰을 통해 생명력을 드러내고, 생명의 원리를 깨닫는 감동을 놓치며 살아온 인간 삶에 대한 성찰이 이루어지도록 하고 있다.

① (가)에서 '뻘'을 매개로 '바지락을 캐는' 것과 '소금을 져 나르'는 것을 연결한 것은 '대역사'의 의미를 형상화하는 데 기여하고 있군.

② (가)에서 '황혼'이 '사방으로 던'진 '가슴 뜨거운 불꽃'에 '넉살문 연꽃 몇 송이'가 '활짝 만개'하는 것은 만물이 서로 화답하고 교감함을 나타내고 있군.

③ (가)에서 '쉬어라 쉬어라 잠시 잠깐'은 '대역사'를 이루기 위해 애쓴 모두에게 자연이 위로를 건네는 것을 나타내고 있군.

④ (나)에서 '잦은 바람 속'에서도 '제 숨결 닿는 만큼의 찰랑한 허공을 끌어안'는 겨울 나뭇가지의 모습은 나무의 생명력이 다른 자연물에게 전이되고 있음을 드러내고 있군.

⑤ (나)에서 '아, 우린 너무 감동을 모르고 살아왔느니.'는 생명의 원리에 대한 깨달음이 인간 삶에 대한 성찰로 이어졌음을 드러내고 있군.

149 ▶ 24950-0164

(나)에 대한 이해로 적절하지 않은 것은?

① '가지들'이 '제 깜냥껏 한세상을 흔들거'리는 모습은 저마다 가치 있는 존재로 살아가고 있음을 드러내고 있군.

② '둥치'는 감나무의 '웬만해선 흔들림이 없는' 중심을 의미하는 것으로 '주춧기둥'의 역할을 하는군.

③ '새'는 '실가지 하나에 앉'아 나뭇가지가 '그 무게를 견딜힘'을 지니고 있음을 드러나게 해 주고 있군.

④ '땅속'이 지닌 '칠흑' 같은 어둠의 이미지는 '산가지'의 '어떤 댓바람에도 꺾이지 않는 당참'과 대비되고 있군.

⑤ '땅심'이 베풀어 주는 '배려'는 '실뿌리'를 통해 '감나무'가 겨울을 이겨 내도록 하는군.

[150~152] 다음 글을 읽고 물음에 답하시오.

가

집의 옷 밥을 언고 들먹는* 져 고공(雇工)*아
우리 집 긔별을 아는다 모로는다
비 오는 늘 일 업슬 지 숫 쏘면셔* 니르리라
처음의 ㉠한어버이* 사롬스리* ᄒᆞ려 홀 지
인심(仁心)을 만히 쓰니 사람이 졀로 모다
플 썟고 터을 닷가 큰 집을 지어 내고
셔리* 보십* 장기* 쇼로 전답(田畓)을 긔경ᄒᆞ니
오려논 터밧치 여드레 ᄀ리*로다
자손(子孫)에 전계(傳繼)ᄒᆞ야 대대(代代)로 나려오니
논밧도 죠커니와 고공도 근검터라
저희마다 여름지어* 가음여리* 사던 것슬
요ᄉᆞ이 고공들은 혬이 어이 아조 업서
밥사발 큰나 쟈그나 동옷시* 죠코 즈나
ᄆᆞ음을 둧호는 듯 호슈*을 싀오는 듯*
무슴일 걈드러* 흘긧할긧 ᄒᆞᄂᆞᆫ다
너희늬 일 아니코 시절(時節)좃ᄎ 스오나와
ᄀᆞ득의 ㉡늬 세간이 플러지게 되야는ᄃᆡ
엇그지 화강도(火强盜)*에 가산(家産)이 탕진(蕩盡)ᄒᆞ니
집 ᄒᆞ나 불타 붓고 먹을 껏시 젼혀 업다
큰나큰 셰ᄉᆞ을 엇지ᄒᆞ여 니로려료
김가 이가(金哥李哥) 고공들아 식ᄆᆞ음 먹어슬라
　　　　　　　　　　　　　　－ 허전, 「고공가(雇工歌)」 －

＊**들먹는** 못생기고 마음이 올바르지 못한.
＊**고공** 머슴.
＊**숫 쏘면셔** 새끼 꼬면서.
＊**한어버이** 조부모(祖父母).
＊**사롬스리** 살림살이.
＊**셔리** 써레. 말이나 소로 끌게 하여 갈아 놓은 논밭의 바닥을 고르는 데 쓰는 농구.
＊**보십** 보습, 보삽. 쟁기 등의 술바닥에 맞추는 쇳조각. 땅을 갈아서 흙덩이를 일으키는 연장.

＊**장기** 쟁기. 논밭을 가는 연장의 한 가지.
＊**여드레 ᄀ리** 여드레 같이.
＊**여름지어** 농사지어.
＊**가음여리** 부요(富饒)하게.
＊**동옷시** 동옷[胴衣]이. 남자가 입는 저고리가.
＊**호슈** 호수(戶首). 민호(民戶) 중의 수장(首長).
＊**싀오는 듯** 새우는 듯. 시기(猜忌)하는 듯.
＊**걈드러** 속임을 들어.
＊**화강도** 왜적(倭賊)을 일컬음.

나

　파리야, 날아서 고을로 들어갈 생각은 하지 말아라. 굶주린 사람을 엄히 가려내는데 아전들이 붓대 잡고 앉아 그 얼굴을 살펴본다. 대나무처럼 빽빽이 늘어선 사람들 중에서 요행히 한 번 뽑힌다 해도 겨우 맹물처럼 멀건 죽 한 모금을 얻어 마시는 것이 고작이다. 그런데도 묵은 곡식에서 생긴 쌀벌레는 고을 창고에서 위아래로 어지러이 날아다닌다. 돼지처럼 살찐 것은 힘 있는 아전들인데, 서로 짜고 공이 있다고 보고하면 상을 주었으면 주었지 책임을 묻는 일은 없다. 보리만 익으면 그나마 구휼하는 일을 끝내고 잔치를 베푼다. 종과 북을 치고 피리 불고 눈썹 고운 예쁜 기생들은 춤을 추며 돌아가고, 교태를 부리다가는 비단 부채로 얼굴을 가린다. 그런 속에 비록 풍성한 음식이 있어 남아돌아도 너희들은 결코 쳐다볼 수도 없는 것이다.

　파리야, 날아서 객사로 들어갈 생각일랑 말아라. 깃대와 창대가 삼엄하게 꽂혀 있다. 돼지고기, 쇠고기 국이 솥에 가득 부글부글 끓고 있고, 메추리구이, 붕어지짐에 오리로 국 끓이고, 꽃무늬 조각한 중배끼*약과도 차려 놓고, 실컷 먹고 즐기며 어루만지고 놀지만 커다란 부채를 휘두르는 통

에 너희들은 엿볼 수도 없다. 우두머리 아전이 주방에 들어와 음식을 살피는데, 입으로 숯불을 불어 가며 냄비에 고기를 지져 내고 수정과 맛이 훌륭하다고 칭찬이 자자한데, 호랑이 같은 문지기들 철통같이 막고 서서 너희들의 애원하는 소리는 들은 척도 않고 소란 피우지 말라고 호통친다. 수령은 안에 앉아 제멋대로 판결한다. 역마를 달려 급히 보고하는데, 내용인즉 마을이 모두 편안하고 길에는 굶주려 수척한 사람 없으니 태평할 뿐 아무 걱정이 없다고 한다.

파리야, 날아와 다시 태어나지 말아라. 아무것도 모르는 지금 상태를 축하하라. 길이길이 모르는 채 그대로 지내거라. 사람은 죽어도 내야 할 세금은 남아 형제에게까지 미치게 되니, 유월되면 벌써 세금 독촉하는 아전이 문을 걷어차는데, 그 소리가 사자의 울음소리 같아 산악을 뒤흔든다. 세금 낼 돈이 없다고 하면 가마솥도 빼앗아 가고 송아지도 끌고 가고 돼지도 끌고 간다. 그러고도 부족하여 불쌍한 백성을 관가로 끌고 들어가 곤장으로 볼기를 친다. 그 매 맞고 돌아오면 힘이 빠지고 지쳐 염병에 걸려 풀이 쓰러지듯, 고기가 물크러지듯 죽어 간다. 그렇지만 그 숱한 원한을 천지 사방에 호소할 데 없고, 백성이 모두 다 죽을 지경에 이르렀는데도 슬퍼할 수도 없다. 어진 이는 움츠려 있고 소인배들이 날뛰니, 봉황은 입을 다물고 까마귀가 울어 대는 꼴이다.

파리야, 날아가려거든 북쪽으로 날아가거라. 북쪽으로 천 리를 날아 임금 계신 대궐로 들어가서 너희들의 충정을 호소하고 너희들의 그 지극한 슬픔을 펼쳐 보여라. 포악한 행위를 아뢰지 않고는 시비를 가릴 수 없는 것. 해와 달이 밝게 비쳐 빛이 찬란할 것이다. 정치를 잘하여 인(仁)을 베풀고, 천지신명들께 아룀에 규(圭)*를 쓰는 것이다. 천둥같이 울려 임금의 위엄을 떨치게 하면 곡식도 잘 익어 백성들의 굶주림도 없어지리라. 파리야, 그때에 날아서 남쪽으로 돌아오너라.

– 정약용, 「파리를 조문하는 글」 –

*중배끼 유밀과의 일종. 밀가루를 꿀 또는 조청과 기름으로 반죽하여 길고 네모지게 잘라 기름에 지져 만듦.
*규 옛날, 중국에서 천자가 제후를 봉하거나 신을 모실 때 조복(朝服)에 갖추어 손에 쥐던 패.

150 ▶ 24950-0165

(가)와 (나)의 공통점에 대한 설명으로 적절한 것은?

① 자연과 인간사의 대응을 통해 삶의 교훈을 이끌어 내고 있다.

② 이질적 공간을 대비하여 현실에 내재된 문제점을 밝히고 있다.

③ 대상을 의인화하여 그 대상이 처한 부정적 상황을 부각하고 있다.

④ 반어적 표현을 통해 부정적 상황을 극복하려는 의지를 드러내고 있다.

⑤ 화자가 청자에게 구체적인 행위를 요청하는 방식으로 주제 의식을 드러내고 있다.

151 ▶ 24950-0166

〈보기〉를 참고하여 (가)와 (나)를 감상한 내용으로 적절하지 않은 것은?

> ● 보기 ●
>
> 유교 이념을 바탕으로 하는 조선 사회에서는 국가의 안정적인 경영을 위해 임금은 물론 신하들도 자신의 본분을 다해야 한다고 보았다. 「고공가」에서는 전란에 황폐해진 국가의 재건을 위한 신(臣)의 역할이, 「파리를 조문하는 글」에서는 굶주리는 백성들의 고통을 해결하기 위한 군(君)과 신(臣)의 역할이 중요함을 비유적으로 강조하고 있다.

① (가)의 '화강도에 가산이 탕진ᄒ니'는 전란으로 인해 나라의 살림이 황폐해졌음을 뜻하는 것이겠군.

② (나)의 '지극한 슬픔'은 자신의 본분을 다하지 않은 신하들로 인해 고통받는 백성들의 심정이 담긴 것이겠군.

③ (가)의 '요ᄉ이 고공들'과 (나)의 '힘 있는 아전들'은 모두 자신의 본분을 저버리고 해야 할 일을 하지 않는 신하들을 뜻하는 것이겠군.

④ (가)의 '식ᄆᆞᆷ'과 (나)의 '인'은 국가의 안정적인 경영을 위해 각각 신하와 임금에게 요구되는 요소로 볼 수 있겠군.

⑤ (가)의 '집의 옷 밥을 언고 들먹ᄂᆞᆫ' 것과 (나)의 수령이 마을이 '태평할 뿐 아무 걱정이 없다'고 보고하는 것은 군신 간의 질서 회복을 위해 신하가 가져야 할 자세가 반영된 것이겠군.

152 ▶ 24950-0167

㉠과 ㉡을 중심으로 (가)의 화자에 대해 이해한 내용으로 가장 적절한 것은?

① ㉠에 안주하느라 ㉡의 상황에 대비하지 못했던 자신의 부주의함에 대해 자책하고 있다.

② ㉠과 달라진 ㉡을 언급하여 고공들이 해야 할 역할이 과거와 달라져야 함을 강조하고 있다.

③ ㉠과 대비되는 ㉡의 어려움을 부각하여 고공들에게 마음가짐을 새롭게 해 줄 것을 당부하고 있다.

④ ㉡과 관련된 문제점이 ㉠에서부터 시작되었음을 언급하여 고공들의 반성을 촉구하고 있다.

⑤ ㉡과 유사한 상황에 처한 ㉠을 제시하여 문제 해결을 위한 고공들의 각별한 노력을 촉구하고 있다.

II 적용 학습

42 > 김창협, 「착빙행」 / 이옥, 「어부」

2019학년도 수능특강 문학 260~262쪽 1~4번

[153~155] 다음 글을 읽고 물음에 답하시오.

가

[A]
늦겨울 한강에 얼음이 어니 　　　　季冬江漢氷始壯
많은 사람들이 강가로 나왔네 　　　千人萬人出江上
꽝꽝 도끼로 얼음을 찍어 내니 　丁丁斧斤亂相斲
울리는 소리가 용궁까지 들리겠네 　隱隱下侵馮夷國

[B]
찍어 낸 얼음이 산처럼 쌓이고 　　斲出層氷似雪山
싸늘한 음기가 사람을 엄습하네 　積陰凜凜逼人寒
아침이면 석빙고로 져 나르고 　朝朝背負入凌陰
밤이면 얼음을 파 들어가네 　　　夜夜椎鑿集江心

[C]
해 짧은 겨울에 밤늦도록 일을 하니 　晝短夜長夜未休
노동요 노랫소리 모래톱에 이어지네 　勞歌相應在中洲
짧은 옷 맨발은 얼음 위에 얼어붙고 　短衣至骭足無屝
매서운 강바람에 언 손가락 떨어지네 　江上嚴風欲墮指

[D]
고대광실 오뉴월 무더위 찌는 날에 　高堂六月盛炎蒸
여인의 하얀 손이 맑은 얼음을 내어 오네 　美人素手傳淸氷
난도로 그 얼음 깨 자리에 두루 돌리니 　鸞刀擊碎四座徧
멀건 대낮에 하얀 안개가 피어나네 　空裏白日流素霰
환락으로 가득한 집은 더위를 모르고 사니 　滿堂歡樂不知暑
얼음 뜨는 그 고생을 누가 알아주리 　誰言鑿氷此勞苦

[E]
그대는 못 보았나 **길가에 더위 먹고 죽어 뒹구는** 백성들이 　君不見道傍暍死民
지난겨울 강 위에서 얼음 뜨던 자들인 것을. 　多是江中鑿氷人

– 김창협, 「착빙행(鑿氷行)」 –

나

　물은 하나의 국가요, 용은 그 나라의 군주다. 물고기 가운데 큰 것으로 고래, 곤어, 바닷장어 같은 것은 군주를 안팎에서 모시는 여러 신하이다. 그 다음으로 메기, 잉어, 다랑어, 자가사리 같은 것은 서리나 아전의 무리다. 이 밖에 크기가 한 자 못 되는 것들은 물나라의 만백성이라 할 수 있다. 상하가 서로 차례가 있고 큰 놈이 작은 놈을 통솔하니, 그것이 어찌 사람과 다르겠는가?

　그러므로 용은 물나라를 다스리면서, 날이 가물어 마르면 반드시 비를 내려 주고, 사람이 물고기를 다 잡아 버릴까 염려하여서는 **큰 물결을 겹쳐 일어나게** 하여 덮어 준다. 그러한 것이 물고기에 대해서 은혜를 끼침이 아닌 것은 아니다.

　하지만 물고기에게 인자하게 베푸는 것은 한 마리 용뿐이요, **물고기를 학대**하는 것은 수많은 큰 물고기들이다. 고래와 암코래는 조류를 들이마셔서 작은 물고기를 잡아먹는 일을 자신의 시서(詩

書)로 삼고, 교룡과 악어는 물결을 헤치며 삼키고 씹어 먹어 작은 물고기를 잡아먹는 것을 거친 땅의 농사일로 삼으며, 문절망둑, 쏘가리, 두렁허리, 가물치의 족속은 틈을 타서 발동을 해서 작은 물고기를 자신의 은이요 옥으로 삼는다. 강자는 약자를 삼키고, **지위가 높은 자는 아랫것을 약탈**하니, 진실로 강한 자, 높은 자가 싫증 내지 않는다면 **작은 물고기는 반드시 남아나지 않을 것이다.**

슬프다! 작은 물고기가 없다면 용이 누구와 더불어 군주가 되며, 저 큰 물고기들이 어찌 으스댈 수 있겠는가? 그러므로 용의 도리란 작은 물고기들에게 구구한 은혜를 베풀어 주는 것보다, 차라리 먼저 그들을 해치는 족속들을 물리치는 것만 못하리라!

아아, 사람들은 물고기에게만 큰 물고기가 있는 줄 알고 사람에게도 큰 물고기가 있는 줄을 알지 못하니, 물고기가 사람을 슬퍼하는 것이 어찌 사람이 물고기를 슬퍼하는 것보다 심하지 않다고 하랴?

— 이옥, 「어부(魚賦)」 —

II 적용 학습

153 ▶ 24950-0168

(가)와 (나)의 공통점으로 가장 적절한 것은?

① 계절의 순환을 바탕으로 시상을 전개하고 있다.
② 부정적인 상황에 대한 화자의 인식을 드러내고 있다.
③ 대상의 고유한 속성에서 비롯되는 교훈을 전하고 있다.
④ 체험을 통해 거스를 수 없는 자연의 섭리를 깨닫고 있다.
⑤ 부정적 인물에 대한 화자의 대결 의지가 직접적으로 표현되고 있다.

154 ▶ 24950-0169

[A]~[E]를 이해한 내용으로 적절하지 <u>않은</u> 것은?

① [A]에서 화자는 '늦겨울 한강'에서 이루어지는 백성들의 노동 현장을 지각하고 있어.
② [B]에서 화자는 백성들이 '얼음'을 찍어 내는 과중한 노동을 이어 나가고 있음을 드러내고 있어.
③ [C]에서 화자는 '매서운 강바람' 속에서 이루어지는 노동의 비참함을 부각하고 있어.
④ [D]에서 화자는 '얼음 뜨는' 고생을 감당한 백성들의 희생을 알아주지 않는 현실을 비판하고 있어.
⑤ [E]에서 화자는 백성들이 '죽어 뒹구는' 참상에 대해 스스로를 책망하며 괴로워하고 있어.

155 ▶ 24950-0170

(나)의 관점에서 (가)를 이해한 내용으로 적절한 것을 〈보기〉에서 골라 바르게 묶은 것은?

● 보기 ●

ㄱ. (나)에서 용이 '큰 물결을 겹쳐 일어나게' 하는 행위는 (가)에서 백성들에게 '얼음 뜨는 그 고생'을 부과하는 상황으로 이해할 수 있겠군.

ㄴ. (나)에서 '물고기를 학대'하는 상황은 (가)에서 많은 사람이 얼음을 '석빙고로 져 나르'는 상황으로 이해할 수 있겠군.

ㄷ. (나)에서 '지위가 높은 자는 아랫것을 약탈'하는 상황은 (가)에서 '쾅쾅 도끼로 얼음을 찍어 내'는 방식으로 극복된다고 할 수 있군.

ㄹ. (나)에서 '작은 물고기는 반드시 남아나지 않을 것'이라는 경고는 (가)에서 백성들이 '길가에 더위 먹고 죽어 뒹구는' 모습으로 형상화되어 있군.

① ㄱ, ㄴ   ② ㄱ, ㄷ   ③ ㄴ, ㄷ
④ ㄴ, ㄹ   ⑤ ㄷ, ㄹ

43 이정보, 「국화야 너는 어이 ~」 / 이조년, 「이화에 월백하고 ~」 / 최치원, 「촉규화」

2015학년도 6월 모의평가 A형 43~45번

[156~158] 다음 글을 읽고 물음에 답하시오.

가

국화(菊花)야 너는 어이 삼월동풍(三月東風) 다 지내고
낙목한천(落木寒天)*에 네 홀로 피었느냐
아마도 오상고절(傲霜孤節)은 너뿐인가 하노라

– 이정보 –

*낙목한천 나뭇잎이 떨어지는 때의 추운 하늘.

나

이화(梨花)에 월백(月白)하고 은한(銀漢)*이 삼경(三更)인 제
일지춘심(一枝春心)을 자규(子規)*야 알랴마는
다정(多情)도 병(病)인 양하여 잠 못 들어 하노라

– 이조년 –

*은한 은하수.
*자규 두견새.

다

[A] 쓸쓸하게 황량한 밭 곁에　　　　　　　寂寞荒田側
　　　탐스러운 꽃이 여린 가지 누르고 있네.　繁花壓柔枝

[B] 향기는 매우(梅雨)* 지나 희미해지고　　香經梅雨歇
　　　그림자는 맥풍(麥風)* 맞아 기우뚱하네.　影帶麥風欹

[C] 수레나 말 탄 사람 그 뉘가 보아 줄까?　車馬誰見賞
　　　벌이나 나비들만 엿볼 따름이네.　　　蜂蝶徒相窺

[D] 태어난 곳 비천하니 스스로 부끄럽고　　自慚生地賤
　　　사람들이 내버려 두니 그저 한스럽네.　堪恨人棄遺

– 최치원, 「촉규화(蜀葵花)*」 –

*매우 매실이 누렇게 익을 무렵의 장맛비.
*맥풍 보리가 익어 가는 시절에 부는 바람.
*촉규화 접시꽃.

156 ▶ 24950-0171

(가)~(다)의 공통점에 대한 설명으로 가장 적절한 것은?

① 설의적 표현으로 냉소적 태도를 드러내고 있다.

② 청각적 심상을 통해 화자의 처지를 부각하고 있다.

③ 계절감을 주는 어휘로 시적 분위기를 조성하고 있다.

④ 직유법을 사용하여 대상과의 친밀감을 나타내고 있다.

⑤ 영탄적 표현으로 화자의 단호한 의지를 표출하고 있다.

157 ▶ 24950-0172

(가)~(나)에 대한 이해로 적절하지 않은 것은?

① (가)의 '네 홀로'에는 다른 꽃들과 대조되는 국화의 속성이 드러나 있다.

② (나)에서는 밝은 달빛을 받는 '이화'에서 환기된 화자의 정서가 '자규'를 통해 심화되고 있다.

③ (가)에서는 '동풍'이 불어오는 '삼월'이, (나)에서는 '은한'이 기우는 '삼경'이 화자가 대상과 이별하는 시간적 배경으로 제시되어 있다.

④ (가)의 '오상고절'에는 굳건한 절개가, (나)의 '다정'에는 애상적 정서가 표현되어 있다.

⑤ (가)의 '너뿐인가 하노라'에는 대상을 예찬하는 화자의 태도가, (나)의 '잠 못 들어 하노라'에는 감정을 주체하지 못하는 화자의 모습이 나타나 있다.

158 ▶ 24950-0173

〈보기〉를 참고할 때 (다)에 대한 감상으로 적절하지 않은 것은?

> ● 보기 ●
>
> 최치원의 「촉규화」는 삶의 현실이나 인식 태도를 사물에 투사하여 그 사물과 자아의 동일성을 이룬 한문 서정시의 하나이다. 최치원의 삶을 고려할 때, 그는 탁월한 능력을 갖추고 있었지만 출신상의 한계로 인해 세상에 크게 쓰이지 못한 채 평범한 사람들 속에서 살아야 할 때가 많았다. 최치원은 이 작품에서 자신의 목소리를 대변하는 '화자'를 통해 이와 같은 자신의 처지를 '촉규화'에 투사하여 표현하고 있다.

① [A]에서 화자는 자신의 출신상의 한계와 탁월한 능력을 대비하여 말하고 있어.

② [B]에서 화자는 자신의 탁월한 능력을 조만간 펼칠 수 있을 것이라는 기대감을 표명하고 있어.

③ [C]에서 화자는 자신을 크게 써 줄 수 있는 사람들에게 관심을 받지 못하고 평범한 이들 속에서 살아야 하는 것에 대해 아쉬움을 나타내고 있어.

④ [D]에서 화자는 자신의 출신과 처지에 대한 부끄러움과 한스러움을 표현하고 있어.

⑤ [A]에서는 '촉규화'의 외양 묘사를 통해, [D]에서는 '촉규화'의 내면 서술을 통해 화자 자신의 처지를 드러내고 있어.

44 김상용, 「훈계자손가」

2021학년도 수능특강 문학 289~291쪽 1~3번

[159~161] 다음 글을 읽고 물음에 답하시오.

이바 아희들아 내 말 드러 비화스라
어버이 효도(孝道)ᄒ고 어룬을 공경(恭敬)ᄒ야   [A]
일생(一生)의 효제(孝悌)를 닷가 어딘 일홈 어더라   〈제1장〉

사름이 되여 이셔 용ᄒᆫ 길로 ᄃᆞ녀스라
언충신 행독경(言忠信行篤敬)*을 염려(念慮)의 닛디 마라
내 몸이 용티곳* 아니면 동내(洞內)옌들 ᄃᆞ니랴   〈제3장〉

말을 삼가ᄒ야 노(怒)호온 제 더 ᄎᆞᆷ아라
ᄒᆞᆫ 번을 실언(失言)ᄒ면 일생(一生)의 뉘웃브뇨
이 중(中)의 **조심ᄒᆞᆯ 거시 말ᄉᆞᆷ**인가 ᄒ노라   〈제4장〉

ᄂᆞᆷ과 ᄡᅡ홈 마라 **ᄡᅡ홈이 해(害)** 만ᄒᆞ뇨
크면 관송(官訟)*이오 적으면 수욕(羞辱)이라
무ᄉᆞ 일 내 몸을 그릇 ᄃᆞ녀 부모 수욕(父母羞辱) 먹이리   〈제5장〉

그른 일 몰나 ᄒ고 뉘우처 다시 마라
알고도 ᄯᅩ ᄒ면 내종내 그르리라
진실(眞實)로 허믈곳 고티면 어딘 사름 되리라   〈제6장〉

빈천(貧賤)을 슬허 말고 부귀(富貴)를 불워 마라
인작(人爵)*곳 닷그면 천작(天爵)*이 오ᄂᆞ니라
만사(萬事)를 하ᄂᆞᆯ만 밋고 어딘 일만 ᄒ여라   〈제7장〉

일 니러 세수(洗手)ᄒ고 부모(父母)긔 문안(問安)ᄒ고   ┐
좌우(左右)의 뫼와 이셔 공경(恭敬)ᄒ야 섬기오ᄃᆞᆯ   [B]
여가(餘暇)의 글 비화 넑어 못 미츨 ᄃᆞᆺ ᄒ여라   〈제9장〉

− 김상용, 「훈계자손가(訓戒子孫歌)」 −

*언충신 행독경 말은 미덥게 하고 행동은 공손하게 함.
*용티곳 착하지, 바르지.   *관송 관청의 송사나 시비.
*인작 사람이 주는 벼슬.   *천작 하늘이 주는 벼슬.

159 ▶ 24950-0174

[A]와 [B]를 관련지어 이해한 내용으로 가장 적절한 것은?

① [A]에서 '어버이'께 '효도'할 것을 강조하고 [B]에서 이를 실천할 수 있는 구체적 방법을 제시하고 있다.

② [A]에서 '효도'와 '공경'이 '일홈'과 연결되는 것임을 말하고 [B]에서 이를 실천해야 하는 이유를 설명하고 있다.

③ [A]에서 '효제'를 실천하기 어려운 현실을 제시하고 [B]에서 이를 극복할 수 있는 방법에 대해 가르쳐 주고 있다.

④ [A]에서 '아희들'에게 '어딘 일홈'의 중요성을 제시하고 [B]에서 이를 인간 전체에게 전하는 가르침으로 확장하고 있다.

⑤ [A]에서 '효제'와 같은 유교적 가치에 대한 지향을 드러내고 [B]에서 이를 실현하면 얻을 수 있는 성과를 보여 주고 있다.

160 ▶ 24950-0175

윗글에 대한 설명으로 적절하지 <u>않은</u> 것은?

① 〈제3장〉에서는 '동내옌들 듯니랴'라는 의문형 문장을 통해 바람직한 말과 행동의 중요성을 강조하고 있다.

② 〈제4장〉에서는 '혼 번을 실언ᄒ면'이라는 가정적 표현을 통해 말을 삼가야 하는 이유에 대해 부각하고 있다.

③ 〈제5장〉에서는 '크면 관송이오 적으면 수욕이라'라는 대구적 표현을 통해 잘못된 행동에서 비롯될 수 있는 문제 상황을 부각하고 있다.

④ 〈제6장〉에서는 '뉘우처 다시 마라'라는 명령형 문장을 통해 바람직한 삶을 위해 요구되는 태도와 행동을 지시하고 있다.

⑤ 〈제7장〉에서는 '인작', '천작'이라는 대립적인 시어를 통해 자신의 분수에 맞게 사는 삶의 가치를 드러내고 있다.

161 ▶ 24950-0176

〈보기〉의 관점에서 윗글을 감상한 내용으로 적절하지 <u>않은</u> 것은?

● 보기 ●

김상용은 선조 때부터 인조 때까지 활동했던 정치인으로, 조정의 신임을 얻어 판서를 지냈다. 그는 생애 가운데 동인과 서인, 북인과 남인, 노론과 소론의 당쟁을 오래도록 지켜보았으며 갈등과 모함으로 점철된 혼탁한 정국을 목도한 바 있다. 또한 그는 병자호란 때 명과의 대의를 지키기 위해 청과 맞서 싸우자는 자신의 신념을 굽히지 않았으며, 강화도의 성이 함락되자 순절한 것으로 알려져 있다. 그는 오랜 정치 생활을 거치면서 몸소 얻은 삶에 관한 깨달음을 그의 시문에 담아냈는데, 「훈계자손가」에서도 이를 발견할 수 있다.

① 신임을 얻는 정치인으로서 여러 사람이 옳다고 하는 것을 좇아야 한다는 작가의 신념이 '사름이 되여 이셔 용훈 길로 둣녀ᄉ라'라는 당부로 드러난 것이겠군.

② 오래도록 당쟁을 지켜본 작가의 경험이 '언충신 행독경을 염려의 닛디 마라'라고 하는 가르침에 반영되었겠군.

③ 모함으로 점철된 혼탁한 정국을 목도한 작가는 '조심홀 거시 말씀'이라는 삶에 관한 깨달음을 얻을 수 있었던 것이겠군.

④ 정치적 갈등 속에서 당파 싸움의 폐해를 인식한 작가의 속마음이 '싸홈이 해 만ᄒ뇨'와 같은 표현으로 나타난 것이겠군.

⑤ 옳다고 생각하는 일에는 자신의 신념을 굽히지 않는 작가의 태도는 '만사룰 하늘만 밋고 어딘 일만 ᄒ여라'라는 표현으로 나타난 것이겠군.

45 정철, 「관동별곡」

2021학년도 6월 모의평가 38~40번

[162~164] **다음 글을 읽고 물음에 답하시오.**

金剛臺 맨 우층의 션학(仙鶴)이 삿기 치니
춘풍 옥적셩(玉笛聲)의 첫잠을 깨돗던디
호의현상*이 반공(半空)의 소소 뜨니
서호 녯 주인*을 반겨셔 넘노는 듯
소향로 대향로 눈 아래 구버보고
졍양사 眞歇臺 고려 올나 안즌마리
여산 진면목이 여긔야 다 뵈는구나
어와 조화옹이 헌사토 헌사할샤
날거든 뛰디 마나 섯거든 솟디 마나
부용(芙蓉)을 고잣는 듯 백옥(白玉)을 믓것
는 듯
동명(東溟)*을 박차는 듯 북극(北極)을 괴
왓는 듯   [A]

놉흘시고 망고대 외로올샤 **혈망봉**이
하늘의 추미러 므스 일을 사로려
천만겁(千萬劫) 디나도록 구필 줄 모르느냐
어와 너여이고 너 가트니 또 잇는가
開心臺 고려 올나 **중향성** 바라보며
만이천봉을 녁녁(歷歷)히 혀여 하니
봉마다 맷쳐 잇고 긋마다 서린 긔운
맑거든 조티 마나 조커든 맑디 마나
뎌 긔운 흐터 내야 인걸을 만들고쟈
형용도 그지업고 톄셰(體勢)도 하도 할샤
천지 삼기실 제 **자연이 되**연마는

이제 와 보게 되니 유졍(有情)도 유졍할샤

(중략)

그 알픠 너러바회 火龍沼 되어셰라
천년 노룡(老龍)이 구비구비 서려 이셔
주야의 흘녀 내여 창해(滄海)예 니어시니
풍운을 언제 어더 삼일우(三日雨)를 디련느냐
음애예 이온 플*을 다 살와 내여스라
마하연 묘길샹 안문재 너머 디여
외나모 써근 다리 佛頂臺 올라 하니
천심(千尋) 절벽을 반공애 셰여 두고
은하수 한 구비를 촌촌이 버혀 내여
실가티 플텨 이셔 뵈가티 거러시니
도경(圖經) 열두 구비 내 보매는 여러히라
이적선 이제 이셔 고려 의논하게 되면
여산*이 여긔도곤 낫단 말 못 하려

– 정철, 「관동별곡」 –

＊**호의현상** 흰 저고리에 검은 치마란 뜻으로 학을 가리킴.
＊**서호 녯 주인** 송나라 때 서호에서 학을 자식으로 여기며
살았던 은사(隱士) 임포.
＊**동명** 동해 바다.
＊**음애예 이온 플** 그늘진 벼랑에 시든 풀.
＊**여산** 당나라 시인 이백(이적선)의 시구에 나오는 중국의
명산.

II

적용
학습

162 ▶ 24950-0177

윗글에 대한 설명으로 가장 적절한 것은?

① '금강대'에서 '진헐대'로 이동하면서 자연에 대한 화자의 이중적 태도를 보여 주고 있다.
② '진헐대'와 '불정대'에서는 이미지의 대립을 통해 화자의 내적 갈등이 고조되고 있다.
③ '개심대'에서는 선경후정의 방식으로 화자가 바라본 풍경과 그에 대한 감흥이 서술되고 있다.
④ '화룡소'에서는 화자의 시선이 원경에서 근경으로 이동하며 대상의 특징을 묘사하고 있다.
⑤ '화룡소'에서 '불정대'까지의 이동 경로를 드러내지 않아 시상이 빠르게 전개되고 있다.

163 ▶ 24950-0178

[A]를 이해한 내용으로 적절하지 않은 것은?

① 봉우리를 '부용'을 꽂고 '백옥'을 묶은 듯한 시각적 형상으로 묘사하여 대상의 아름다움을 표현하였다.
② 봉우리를 '백옥', '동명'과 같은 무생물에 빗대어 대상에서 느낄 수 있는 자연의 영속성을 표현하였다.
③ 봉우리를 '동명'을 박차고 '북극'을 받치는 듯한 모습에 빗대어 대상의 웅장한 느낌을 표현하였다.
④ '날거든 뛰디 마나 섯거든 솟디 마나'와 같이 행위를 부각하는 대구를 통해 봉우리의 역동적인 느낌을 표현하였다.
⑤ '고잣는 듯', '박차는 듯'과 같이 상태나 동작을 보여 주는 유사한 통사 구조의 나열을 통해 봉우리의 다채로운 면모를 표현하였다.

164 ▶ 24950-0179

〈보기〉를 바탕으로 윗글을 감상한 내용으로 적절하지 않은 것은? [3점]

> ● 보기 ●
> 조선의 사대부들은 자연에 하늘의 이치[天理]가 구현된 것으로 보았으며, 그들 중 대부분은 자연의 미를 관념적으로 형상화하였다. 한편 「관동별곡」의 작가는 자연의 미를 현실에서 발견하여 사실감 있게 묘사함으로써 그들과의 차별성을 드러내었다. 또한 그는 자연을 바라보며 사회적 책무를 떠올리고 자연에 투사된 이상적 인간상을 모색하기도 하였다.

① '혈망봉'을 '천만겁'이 지나도록 굽히지 않는 존재로 본 것은, 작가가 지향하는 이상적 인간상을 자연에 투사한 것이군.
② '개심대'에서 '뎌 긔운 흐터 내야 인걸을 만들'겠다는 의지를 드러낸 것은, 작가가 자연을 바라보며 자신의 사회적 책무를 인식하고 있음을 보여 주는군.
③ '중향성'을 바라보며 천지가 '자연이 되'었다고 본 것은, 자연의 미가 하늘의 이치가 구현된 인간 사회의 영향을 받는다고 생각하는 작가의 인식을 보여 주는군.
④ '불정대'에서 본 폭포의 아름다움을 '실'이나 '베'와 같은 구체적 사물을 활용하여 표현한 것은, 자연을 사실감 있게 나타내려는 작가의 태도를 반영한 것이군.
⑤ '불정대'에서 본 풍경을 중국의 '여산'과 비교하며 우리 자연의 아름다움을 강조한 것은, 관념이 아닌 현실에서 아름다움을 발견하는 작가의 차별성을 보여 주는군.

46 최치원, 「제가야산독서당」 / 양태사, 「야청도의성」

2021학년도 수능특강 문학 71~73쪽 1~3번

[165~167] 다음 글을 읽고 물음에 답하시오.

가

첩첩한 돌 사이로 **미친 듯** 내뿜어 겹겹 봉우리에 울리니	狂奔疊石吼重巒
사람 말소리야 **지척에서도 분간하기 어렵네**	人語難分咫尺間
항상 시비하는 소리 귀에 들릴까 **두려워하기에**	常恐是非聲到耳
일부러 흐르는 물로 하여금 온 산을 둘러싸게 했네	故敎流水盡籠山

— 최치원, 「제가야산독서당(題伽倻山讀書堂)」 —

나

[A]
가을 하늘에 달 비치고 은하수 밝은데	霜天月照夜河明
나그네 **돌아가고 싶은 생각**에 각별히 정회가 생기네	客子思歸別有情
긴 밤 지루하게 앉아 죽을 듯이 시름겨운데	厭坐長宵愁欲死
문득 이웃 아낙네의 **다듬이질 소리** 들려오네	忽聞隣女擣衣聲
바람에 실려 오는 소리 끊어질 듯 이어지며	聲來斷續因風至
밤 깊어 별 기울도록 잠시도 멎지를 않네	夜久星低無暫止
고국을 떠나온 뒤로는 들어 보지 못했는데	自從別國不相聞
지금 타향에서 듣는 소리 서로 비슷하네	今在他鄕聽相似

[B]
고운 방망이 무거운지 가벼운지 알 수 없고	不知綵杵重將輕
다듬잇돌 평평한지 아닌지도 모르겠지만	不悉靑砧平不平
불쌍해라, 몸 약해 향기로운 땀 많을 터이니	遙憐體弱多香汗
알겠노라, 옥 같은 팔 벌써 매우 지쳤음을	預識更深勞玉腕

[C]
마땅히 나그네 홑옷에 보태고자 함인가	爲當欲救客衣單
다시 먼저 규방의 추위를 시름겨워 함인가	爲復先愁閨閣寒
비록 얼굴 모습 단절되어 있어 물어보기 어렵지만	雖忘容儀難可問
아득한 그 마음이 까닭 없는 원망은 아니리라	不知遙意怨無端

[D]
이국땅에 머물면서 새로 사귄 이 없었는데	寄異土兮無新識
같은 마음이라 생각하니 **긴 한숨 나오네**	想同心兮長歎息
이 시간에 홀로 규중의 소리 듣고서	此時獨自閨中聞
그 누가 알랴, 이 밤에 밝은 눈동자 찡그림을	此夜誰知明眸縮

[E]
떠올리고 떠올려서 마음에 이미 걸려 있지만	憶憶兮心已懸
거듭 들어 봐도 꿰뚫어 알아차릴 수가 없네	重聞兮不可穿
곧 꿈에라도 소리 나는 곳을 찾아가 보려 하지만	卽將因夢尋聲去
다만 **시름**이 많아서 잠들 수가 없구나	只爲愁多不得眠

— 양태사, 「야청도의성(夜聽擣衣聲)」 —

165 ▶ 24950-0180

(가)와 (나)에 대한 이해로 적절하지 않은 것은?

① (가)에서는 '미친 듯'과 '지척에서도 분간하기 어렵네'를 통해 화자가 듣는 물소리의 크기를 드러내고 있다.

② (가)에서는 '일부러'를 통해 속세와의 단절에 대한 화자의 의지를 강조하고 있다.

③ (나)에서는 '문득'을 통해 화자가 우연히 다듬이질 소리를 듣게 된 상황임을 나타내고 있다.

④ (나)의 '고국을 떠나온 뒤'는 화자의 처지를, '돌아가고 싶은 생각'은 화자의 바람을 나타내고 있다.

⑤ (가)의 '두려워하기에'와 (나)의 '긴 한숨 나오네'를 통해 현재 듣고 있는 소리에 대한 화자의 반응을 나타내고 있다.

166 ▶ 24950-0181

(나)에 대한 설명으로 적절하지 않은 것은?

① [A]에는 시적 배경을 제시하며 화자가 듣고 있는 다듬이질 소리가 고향에서 듣던 소리와 다를 바 없다고 여기는 화자의 생각이 드러나 있다.

② [B]에는 다듬이질 소리가 잠시도 그치지 않는다는 점을 근거로 다듬이질을 하는 여인의 모습에 대한 화자의 상상이 제시되어 있다.

③ [C]에는 '이웃 아낙네'가 다듬이질을 하는 이유에 대한 화자의 추측을 제시한 후, 그 추측을 '이웃 아낙네'에게 확인할 수 없는 상황에 대한 화자의 아쉬움이 드러나 있다.

④ [D]에는 '이웃 아낙네'의 심정을 이해하는 화자의 공감과 고향을 떠난 후 외로움을 느끼는 화자의 모습이 나타나 있다.

⑤ [E]에는 어휘의 반복을 통해 고향을 그리워하는 화자의 심정을 강조한 후, 고향에 대한 그리움 때문에 잠들지 못하는 화자의 안타까운 마음이 드러나 있다.

167 ▶ 24950-0182

〈보기〉의 '학습 과제'의 수행을 통해 (가)와 (나)를 감상한 내용으로 적절하지 <u>않은</u> 것은?

──● 보기 ●──

[학습 과제]

아래의 '한국 문학에 대한 정의'와 작품과 관련된 정보를 활용하여 해당 작품이 한국 문학에 해당하는지를 판단해 봅시다.

• 한국 문학의 정의: 한국인이 한국어로 한국인의 사상과 감정을 표현한 언어 예술

• **최치원**: 신라 시대의 문인 / **양태사**: 발해 시대의 무인

① (가)는 '온 산을 둘러싸게 했네'를 통해 자연에 머물고 싶은 화자의 심정을 표현했는데, 이것이 한국인의 사상과 감정을 표현한 것인지는 한국 문학에 대한 현재의 정의로는 판단할 수 없겠군.

② (나)의 '지금 타향에서 듣는 소리'를 통해 작가가 타국에 있다는 점을 알 수 있는데, 작품이 창작된 지역은 (나)의 한국 문학 여부를 판단하는 데 고려되지 않겠군.

③ (나)의 '시름'은 고향을 그리워하는 마음에서 비롯된 것인데, 고향에 대한 그리움이 한국인의 보편적인 감정이라면 (나)는 한국 문학의 내용적인 요소를 충족한다고 볼 수 있겠군.

④ (가)와 (나)는 모두 한시에 해당하는데, '한국어'를 판단하는 기준에 따라 (가)와 (나)의 한국 문학 포함 여부가 달라지겠군.

⑤ (가)는 '흐르는 물' 소리를, (나)는 이웃 아낙네의 '다듬이질 소리'를 감각적으로 제시하고 있는데, 한국 문학의 형식적인 요소를 고려한다면 (가)와 (나)는 모두 한국 문학에 포함된다고 볼 수 있겠군.

II 적용 학습

47 변영로, 「논개」 / 이수복, 「봄비」

2017학년도 수능완성 국어 147~148쪽 31~33번

[168~170] 다음 글을 읽고 물음에 답하시오.

가

거룩한 분노는
종교보다도 깊고
불붙는 정열은
사랑보다도 강하다
아, 강낭콩꽃보다도 더 푸른
그 물결 위에
양귀비꽃보다도 더 붉은
그 마음 흘러라

아리땁던 그 아미(娥眉)
높게 흔들리우며
그 석류 속 같은 입술
죽음을 입 맞추었네─
아, 강낭콩꽃보다도 더 푸른
그 물결 위에
양귀비꽃보다도 더 붉은
그 마음 흘러라

흐르는 강물은
길이길이 푸르리니
그대의 꽃다운 혼
어이 아니 붉으랴
아, 강낭콩꽃보다도 더 푸른
그 물결 위에
양귀비꽃보다도 더 붉은
그 마음 흘러라.

― 변영로, 「논개」 ―

나

이 비 그치면
내 마음 강나루 긴 언덕에
서러운 풀빛이 짙어 오것다.

푸르른 보리밭길
맑은 하늘에
종달새만 무에라고 지껄이것다.

이 비 그치면
시새워 벙글어질 고운 꽃밭 속
처녀애들 짝하여 새로이 서고

임 앞에 타오르는
향연(香煙)*과 같이
땅에선 또 아지랑이 타오르것다.

― 이수복, 「봄비」 ―

*향연 향이 타면서 나는 연기.

168 ▶ 24950-0183

(가)와 (나)의 공통점으로 가장 적절한 것은?

① 과거에서 현재, 현재에서 미래로 시상의 초점을 이동시키고 있다.

② 색채 감각을 환기하는 시어를 구사하여 선명한 이미지를 보여 주고 있다.

③ 각 연마다 동일한 구절을 반복적으로 배치하여 구조적 안정감을 얻고 있다.

④ 각 시행의 음절 수를 규칙적으로 조정함으로써 정형화된 율격을 형성하고 있다.

⑤ 시적 청자에게 직접 말을 건네는 듯한 어조를 취하여 화자의 내면을 전달하고 있다.

169 ▶ 24950-0184

(가)에 대한 이해로 가장 적절한 것은?

① '논개'의 종교적 성취에 대한 화자의 경외심을 드러내고 있다.

② '논개'가 세계의 횡포에 대해 원망(怨望)하는 정서를 드러내고 있다.

③ '논개'의 아름다운 외양을 다양한 자연물과 조응시켜 그려 내고 있다.

④ '논개'가 추구하던 사랑이 좌절된 상황을 낙화에 빗대어 그려 내고 있다.

⑤ '논개'의 숭고한 행위가 지니는 의의를 강물의 상징적 심상을 배경으로 드러내고 있다.

170 ▶ 24950-0185

(나)에 대한 감상으로 적절하지 <u>않은</u> 것은? [3점]

① 계절감이 드러나는 소재들을 곳곳에 노출시켜 제목인 '봄비'의 함축성을 높이고 있군.

② 하강하는 '비'와 상승하는 '향연' 및 '아지랑이'를 대비시켜 복합적인 이미지를 형성하고 있군.

③ 정적인 풍경과 동적인 풍경을 동시에 그려 냄으로써 봄날의 인상을 다채롭게 보여 주고 있군.

④ 임의 부재로 인한 상실감을 계절 순환의 섭리에 기대어 임과의 재회에 대한 희망으로 전환하고 있군.

⑤ 시적 화자의 상황을 자연의 생명력과 대조함으로써 '서러운'으로 대표되는 애상적 정서를 효과적으로 드러내는군.

48 박인로, 「자경」 / 이이, 「낙지가」 / 주세붕, 「의아기」

2011학년도 4월 고3 학력평가 33~37번

[171~175] 다음 글을 읽고 물음에 답하시오.

가

명경(明鏡)에 티 끼거든 값 주고 닦을 줄
아이 어른 없이 다 알고 있건마는
값 없이 닦을 명덕(明德)을 닦을 줄을 모르도다.

성의관(誠意關)* 돌아들어 ㉠팔덕문(八德門)*
바라보니
크나큰 한길이 넓고도 곧다마는
어찌타 종일 행인이 오도가도 아닌 게오.

구인산(九仞山)* 긴 솔 베어 제세주(濟世舟)*를
만들어 내.
길 잃은 행인을 다 건네려 하였더니
사공이 변변치 못해 ㉡모강두(暮江頭)*에 버렸
도다.

　　　　　　　　　　　　　　– 박인로, 「자경(自警)」 –

*성의관 뜻을 정성스럽게 하는 문.
*팔덕문 여덟 가지 덕을 갖춘 문.
*구인산 대덕(大德)으로 비유되는 높은 산.
*제세주 세상을 구제할 배.
*모강두 저무는 강가.

나

여파(餘波)*에 정을 품고 그 근원을 생각해 보니,
연못의 잔물결은 맑고 깨끗이 흘러가고
오래된 우물에 그친 물은 담연(淡然)*히 고여
있다.
짧은 담에 의지하여 ㉢고해(苦海)를 바라보니
욕심의 거센 물결이 하늘에 차서 넘치고
탐욕의 샘물이 세차게 일어난다.

흐르는 모양이 막힘이 없고 기운차니 나를 알
이 누구인가.
평생을 다 살아도 백 년이 못 되는데
공명이 무엇이라고 일생에 골몰할까.
낮은 벼슬을 두루 거치고 부귀에 늙어서도
남가(南柯)*의 한 꿈이라 황량(黃梁)*이 덜 익었네.
나는 내 뜻대로 평생을 다 즐겨서
천지에 넉넉하게 노닐고 강산에 누우니
사시(四時)의 내 즐김이 어느 때 없을런가.
㉣누항(陋巷)에 안거(安居)하여 단표(簞瓢)의
시름없고
세로(世路)에 발을 끊어 명성(名聲)이 감추어져
은거행의(隱居行義) 자허(自許)*하고 요순지도
(堯舜之道) 즐기니
내 몸은 속인(俗人)이나 내 마음 신선이오.
진계(塵界)*가 지척(咫尺)이나 지척이 천 리로다.
제 뜻을 고상하니 제 몸이 자중(自重)하고
일체의 다툼이 없으니 시기할 이 누구인가?
뜬 구름이 시비 없고 날아다니는 새가 한가하다.
여년(餘年)이 얼마런고, 이 아니 즐거운가.

　　　　　　　　　　　　　– 이이, 「낙지가(樂志歌)」 –

*여파 잔잔히 이는 물결.
*담연 맑고 깨끗함.
*남가 '남가일몽(南柯一夢)'에서 온 것으로 인생의 덧없음
　　　을 뜻함.
*황량 '황량몽(黃粱夢)'에서 온 것으로 인생의 덧없음을
　　　뜻함.
*자허 할 만한 일이라고 여김.
*진계 속세.

다

큰누님께서 가락리의 집에서 돌아가셨다. 누님은 한 쌍의 거위를 기르고 있었는데, 누님이 돌아가시자 그 거위들이 안마당으로 들어와서는 안방을 바라보고 슬피 울었다. 이처럼 애처롭게 울기를 몇 달을 계속하니 온 집안 식구들이 그 때문에 더욱 가슴 아파했다.

나는 그때 감사의 부관이 되어 멀리 있었으므로 그런 소문만 들었을 뿐 직접 보지는 못했다. 이듬해 봄에 무릉촌 집이 완성되어 그 한 쌍의 거위를 데려다 놓았다. 그런데 두 마리가 수컷이었다. 깨끗한 깃털은 티끌 하나 묻지 않았고, 이놈이 울면 저놈이 따라서 우는 것이 마치 무슨 이야기를 나누는 듯하고, 물을 마셔도 함께 마시고 모이를 쪼아 먹어도 함께 먹었다. 또 그놈들이 마당을 빙빙 돌며 춤추듯 뛰어다니는 모양이 마치 서로를 위로해 주는 듯했다.

날마다 그놈들과 노는 것이 하나의 재미가 되었는데 뜻밖에도 그해 시월 열나흘 날 밤에 그중 한 마리가 죽어 버렸다. 아침에 일어나 거위 우리를 살펴보니 살아 있는 놈이 죽은 놈을 품고서 날개를 치며 슬피 울어대고 있는 것이 아닌가. 그 울음소리가 하늘까지 사무치니 보는 사람마다 불쌍하고 안타까워 한숨을 지었다. 동네 아이들이 와서 죽은 놈을 가져가자, 산 놈은 바로 일어나 이리저리 배회하기 시작했다. 원망 어린 소리로 왔다갔다 하는 것이 마치 죽은 놈을 찾는 것 같았다.

나는 이 거위를 보며 생각했다. 저 거위는 하찮은 미물인데도 그 주인을 사모하는 정이 그처럼 충성스러웠고, 그 친구를 불쌍히 여기는 모습이 이처럼 의로우니 얼마나 아름다운가. 내가 보기에 세상에는 자신의 이익을 위해 친구를 팔기도 하고 자신까지도 팔아넘기는 사람들이 열에 다섯도 더 되는데, 하물며 나라에 충성하는 이는 몇 사람이나 될 것인가?

천지 사이의 많은 무리 가운데 오직 인간이 가장 존귀한 존재이다. 그런데 저 꽉 막힌 미물인 거위는 군자의 지조를 지녔고, 신령스럽다는 인간은 도리어 미물만도 못하니, 그렇다면 사람의 옷을 입고도 말이나 소처럼 행동하는 그런 놈을 사람이라고 하는 것이 과연 옳은 일일까? 반대로 깃털로 몸을 감쌌지만 어질고 의로운 마음을 가진 짐승을 그냥 미물이라고 하는 것이 과연 옳은 일일까?

거위야. 나는 너를 사랑한다. 내가 사람들의 나쁜 마음을 돌려서 너와 같은 성실한 마음을 지니도록 하고자 하나, 그렇게 되지를 않는구나. 그러니 앞으로 이 일을 어찌하면 좋겠느냐? 답답한 노릇이다. 이런 까닭으로 의로운 거위의 이야기를 적어서 오래 기억하고자 하는 것이다.

– 주세붕, 「의아기(義鵝記)」 –

171 ▶ 24950-0186

(가)~(다)의 공통점으로 가장 적절한 것은?

① 현재와 대비되는 과거를 그리워하고 있다.
② 글쓴이가 지향하는 삶의 태도가 드러나 있다.
③ 내면적인 갈등을 극복하려는 의지를 보이고 있다.
④ 속세를 벗어나서 유유자적하는 모습이 나타나 있다.
⑤ 자신의 삶을 반성하고 이를 개선하고자 노력하고 있다.

172 ▶ 24950-0187

㉠~㉣에 대한 설명으로 적절한 것은?

① ㉠과 ㉡은 화자의 심리적 고뇌가 해소되는 공간이다.
② ㉠과 ㉣은 화자가 긍정적 의미를 부여하는 공간이다.
③ ㉡과 ㉣은 화자의 아쉬움이 드러나는 공간이다.
④ ㉢은 ㉡과 달리 화자가 자부심을 느끼는 공간이다.
⑤ ㉣은 ㉠과 달리 화자가 앞으로 머물고자 하는 공간이다.

173 ▶ 24950-0188

(가)에 대한 감상으로 적절하지 않은 것은?

① '아이 어른'이 '명경'은 값을 주고 닦으면서도, 값 없이도 닦을 '명덕'은 닦지 않는다고 했으니, 이들이 '명경'과 '명덕'을 대하는 태도는 다르군.
② '아이 어른'이 '명덕'을 닦을 줄 모른다고 하는 것을 보니 '아이 어른'은 '한길'을 오도가도 하지 않는 '행인'과 유사한 의미를 지니고 있군.
③ '한길'을 넓다고 표현한 것으로 보아 '한길'은 '행인'이 원한다면 누구나 다닐 수 있는 길임을 드러낸 것이군.
④ '구인산'의 '솔'로 만든 배로 '행인'을 건네려 한 것을 보니 '명덕'으로 사람들을 구제하려는 화자의 의도를 읽을 수 있군.
⑤ '모르도다, 아닌 게오, 버렸도다'와 같이 부정적인 서술어로 끝맺은 것은 현실적 삶에 얽매이지 않으려는 화자의 의지를 보여 주려 함이군.

174 ▶ 24950-0189

(나)의 표현상의 특징에 대한 설명으로 적절하지 않은 것은?

① 자연물을 통해 화자의 심정을 드러내고 있다.
② 설의적 표현을 통해 화자의 의도를 강조하고 있다.
③ 계절의 변화를 묘사하여 인간과 자연을 대비하고 있다.
④ 고사(故事)를 인용하여 인생의 덧없음을 드러내고 있다.
⑤ 비유를 활용하여 경계하려는 세상의 속성을 보여 주고 있다.

175 ▶ 24950-0190

(다)의 내용을 〈보기〉와 같이 구조화하였다. 이에 대한 설명으로 적절하지 <u>않은</u> 것은? [3점]

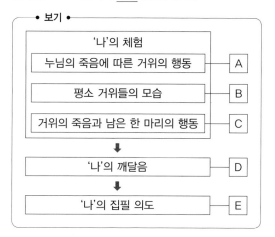

① '나'는 A에서 간접적으로 접한 거위들의 신의 있는 모습을 C에서 직접적으로 확인하고 있다.

② '나'는 B에서 거위의 행동이 갖는 의미를 추출하여 이를 C에서 인간의 행동에 적용시키고 있다.

③ A~C에서 D로의 전개 과정은 '나'의 사고 범위가 확장되는 것을 보여 주고 있다.

④ '나'는 D에서 인간의 세태에 대해 비판하고 있다.

⑤ E에는 D의 깨달음을 타인에게 전달하려는 '나'의 의지가 드러나고 있다.

49 정지용, 「장수산 1」/ 이기철, 「청산행」/ 서거정, 「독좌」

2008학년도 6월 고2 학력평가 24, 26~28번

[176~179] 다음 글을 읽고 물음에 답하시오.

가

벌목정정(伐木丁丁)*이랬거니 아람도리 큰 솔이 베어짐즉도 하이 골이 울어 메아리 소리 쩌르렁 돌아옴즉도 하이 다람쥐도 좇지 않고 멧새도 울지 않아 깊은 산 고요가 차라리 뼈를 저리우는데 눈과 밤이 종이보다 희고녀! 달도 보름을 기다려 흰 뜻은 한밤 이 골을 걸음이란다? 웃절 중이 여섯 판에 여섯 번 지고 웃고 올라간 뒤 조찰히* 늙은 사나이의 남긴 내음새를 줍는다? ㉠시름은 바람도 일지 않는 고요에 심히 흔들리우노니 오오 견디랸다 차고 올연(兀然)히* 슬픔도 꿈도 없이 장수산 속 겨울 한밤내—

– 정지용, 「장수산 1」 –

*벌목정정(伐木丁丁) 커다란 나무가 베어질 때 나는 소리.
*조찰히 아담하고 깨끗하게.
*올연(兀然)히 홀로 우뚝하게.

나

손 흔들고 떠나갈 미련은 없다.
며칠째 청산(靑山)에 와 발을 푸니
흐리던 산(山)길이 잘 보인다.
상수리 열매를 주우며 인가(人家)를 내려다보고
쓰다 둔 편지 구절과 버린 칫솔을 생각한다.
남방(南方)으로 가다 길을 놓치고
두어 번 허우적거리는 여울물
산 아래는 때까치들이 몰려와
모든 야성(野性)을 버리고 들 가운데 순결해진다.
길을 가다가 자주 뒤를 돌아보게 하는
서른 번 다져 두고 서른 번 포기했던 관습(慣習)들.
서(西)쪽 마을을 바라보면 나무들의 잔 숨결처럼
가늘게 흩어지는 저녁 연기가
한 가정의 고민의 양식으로 피어 오르고
생목(生木) 울타리엔 들거미줄
맨살 비비는 돌들과 함께 누워
실로 이 세상을 앓아 보지 않은 것들과 함께 잠들고 싶다.

– 이기철, 「청산행」 –

다

홀로 앉아 찾아오는 손님도 없이   獨坐無來客
빈 뜰엔 비 기운만 어둑하구나.   空庭雨氣昏
㉡물고기가 흔드는지 연잎이 움직이고   魚搖荷葉動
까치가 밟았는가 나뭇가지가 흔들린다.   鵲踏樹梢翻
거문고 젖었어도 줄에서는 소리가 나고   琴潤絃猶響
화로는 싸늘한데 불씨는 아직 남아 있다. 爐寒火尙存
진흙길이 출입을 가로 막으니   泥途妨出入
하루 종일 문을 닫아걸고 있으리.   終日可關門

– 서거정, 「독좌(獨坐)」 –

176 ▶ 24950-0191

(가)~(다)에 대한 설명으로 가장 적절한 것은?

① (가), (나)에는 화자가 바라는 삶의 모습이 드러나 있다.

② (가), (다)에는 일상적 삶에 대한 반성이 나타나 있다.

③ (나), (다)는 부재하는 대상에 대한 그리움을 담고 있다.

④ (가)~(다)는 모두 방황을 통해 얻은 마음의 평화를 노래하고 있다.

⑤ (가)~(다)는 모두 현실 속에서 과거가 갖는 의미를 성찰하고 있다.

177 ▶ 24950-0192

㉠, ㉡에 대한 설명으로 가장 적절한 것은?

① ㉠, ㉡ 모두 화자의 공허한 감정을 자연물에 이입하고 있다.

② ㉠, ㉡ 모두 화자의 내면 풍경을 반어적으로 표현하고 있다.

③ ㉠, ㉡ 모두 화자의 미묘한 정서적 동요를 감각적으로 드러내고 있다.

④ ㉠은 현실의 모순을 담담한 어조로, ㉡은 격정적 어조로 말하고 있다.

⑤ ㉠은 추상적인 것을 구체적인 것으로, ㉡은 구체적인 것을 추상적인 것으로 표현하고 있다.

II 적용 학습

178 ▶ 24950-0193

〈보기〉는 (가)를 자료로 한 수업의 일부이다. 이를 바탕으로 '창의적 글쓰기'를 한 것으로 적절한 것은? [3점]

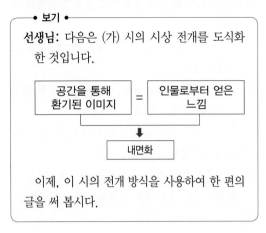

● 보기 ●

선생님: 다음은 (가) 시의 시상 전개를 도식화한 것입니다.

이제, 이 시의 전개 방식을 사용하여 한 편의 글을 써 봅시다.

① 살구꽃이 핀 산길을 걸으며 앞날에 대해 생각했다. 좁아진 사회 진출의 기회, 서로를 견제하는 주변 사람들의 눈초리, 나 혼자서 갈 수 있는 길은 없다는 생각이 들었다. 그때 다시금 살구꽃의 상큼한 냄새가 내 코끝을 스쳤다. 그래, 인생은 혼자 가야 하는 길이 아닌가.

② 패스트푸드점은 연일 만원이다. 할머니 손을 잡고 패스트푸드점에 온 꼬마는 능숙한 솜씨로 감자튀김과 햄버거를 주문한다. 할머니는 주머니에서 꼬깃꼬깃 접은 지폐를 꺼내 음식 값을 지불하고 자리로 간다. 자리에 앉아 꼬마의 등을 하염없이 바라보는 할머니의 얼굴에 그늘이 진다.

③ 무거운 다리를 끌고 버스에 오른다. 앉아 있는 사람, 서 있는 사람, 모두가 피로에 지친 얼굴로 무심히 버스의 흔들림에 몸을 맡기고 있다. 그때 한 아이가 신기한 듯 창밖을 바라보며 엄마에게 연신 질문을 해댄다. 아이에게 다정한 목소리로 답을 건네는 엄마의 목소리. 버스 가득 웃음이 넘친다.

④ 빽빽한 도심의 빌딩 숲, 노트북을 든 사람들이 차가운 대리석 복도를 지나 사무실로 들어간다. 복도 끝 먼 곳에서 늙은 청소부는 정성껏 얼룩을 지운다. 스쳐 지나는 양복 입은 사람에게 인사하는 청소부의 얼굴 가득히 퍼지는 미소. 참 따뜻하다. 그런데 사람으로 가득한 이곳에서 사람이 그리운 것은 왜일까?

⑤ 시골 간이역에서 기차를 기다린 일이 있다. 창밖에는 눈보라가 몰아치는데, 역 안에는 빠알간 온기를 내며 타는 나무 난로가 있었다. 그때 간이역 역장이 하얗게 눈을 덮어쓰고 나무 한아름을 안고 들어왔다. 그래, 차갑고 추운 겨울에도 따스한 마음이 있기에 겨울을 날 수 있는 것을…… 나무 난로의 온기가 마음 깊은 곳까지 스며들었다.

179 ▶ 24950-0194

(다)에 표현된 시어와 시구에 대한 감상으로 적절하지 않은 것은?

① '홀로 앉아', '빈 뜰'은 화자의 현재 상황을 드러낸다.

② '비 기운'은 화자의 외로운 정서를 심화시킨다.

③ '화로'는 구속에서 벗어나려는 화자의 의지를 상징한다.

④ '진흙길'은 화자의 뜻을 펼 수 없게 하는 장애물을 의미한다.

⑤ '닫아걸고 있으리'는 때를 기다리고 있는 화자의 자세를 나타낸다.

2017학년도 4월 고3 학력평가 31~33번

[180~182] 다음 글을 읽고 물음에 답하시오.

가

나는 당신의 옷을 다 지어 놓았습니다.
심의*도 짓고 도포도 짓고 자리옷도 지었습니다.
짓지 아니한 것은 작은 주머니에 수놓는 것뿐입
니다.

그 주머니는 **나의 손때가 많이 묻었습니다.**
짓다가 놓아두고 짓다가 놓아두고 한 까닭입니다.
다른 사람들은 나의 바느질 솜씨가 없는 줄로
알지마는
그러한 비밀은 나밖에는 아는 사람이 없습니다.
나의 마음이 아프고 쓰린 때에 주머니에 수를
놓으려면
나의 마음은 수놓는 금실을 따라서 바늘구멍으
로 들어가고
주머니 속에서 **맑은 노래가 나와서 나의 마음이
됩니다.**
그리고 아직 이 세상에는 그 주머니에 넣을 만
한 무슨 보물이 없습니다.
이 작은 주머니는 짓기 싫어서 짓지 못하는 것
이 아니라 **짓고 싶어서 다 짓지 않는 것입니다.**

– 한용운, 「수(繡)의 비밀」 –

*심의 예전에, 신분이 높은 선비들이 입던 웃옷.

나

꿈결처럼
초록이 흐르는 이 계절에
그리운 가슴 가만히 열어   [A]
한 그루
찔레로 서 있고 싶다.

사랑하던 그 사람
조금만 더 다가서면
서로 꽃이 되었을 이름
오늘은
송이송이 흰 찔레꽃으로 피워놓고   [B]

먼 여행에서 돌아와
이슬을 털 듯 추억을 털며
초록 속에 가득히 서 있고 싶다.

그대 사랑하는 동안
내겐 우는 날이 많았었다.   [C]

아픔이 출렁거려
늘 말을 잃어갔다.

오늘은 그 아픔조차
예쁘고 뾰족한 가시로
꽃 속에 매달고

슬퍼하지 말고   [D]
꿈결처럼
초록이 흐르는 이 계절에
무성한 사랑으로 서 있고 싶다.

– 문정희, 「찔레」 –

180 ▶ 24950-0195

(가), (나)의 공통점으로 가장 적절한 것은?

① 명암의 대비를 통해 시상을 전개하고 있다.
② 수미상관의 방식으로 시상을 마무리하고 있다.
③ 자연물에 인격을 부여하여 대화의 상대로 삼고 있다.
④ 추상적인 관념을 구체적인 이미지로 형상화하고 있다.
⑤ 근경에서 원경으로 시선을 이동하여 대상을 포착하고 있다.

181 ▶ 24950-0196

〈보기〉를 통해 (가)를 감상한 내용으로 적절하지 않은 것은? [3점]

● 보기 ●

　「수(繡)의 비밀」에서 역설(逆說)은 화자가 대상의 부재를 인식하면서도 이를 인정하고 싶지 않은 마음에서 비롯된다. 즉 임의 부재라는 자신의 현실을 인식하면서도 그 현실을 부인(否認)하고 있는 것이다. 이러한 부인은 화자가 일상적 행위를 반복하면서도 그것을 종결짓지 않음으로써 임의 부재가 환기되는 상황을 지연시키면서 드러난다. 하지만 행위의 과정에서 자기 정화가 동반된다는 점에서 그것은 현실 도피라기보다는 주체적 선택이자 극복 의지의 발현이라고 할 수 있다.

① '나의 손때가 많이 묻었습니다'를 통해 화자의 일상적 행위가 오랫동안 지속되었음을 짐작할 수 있군.
② '짓다가 놓아두고 짓다가 놓아두고'에는 임의 부재라는 현실을 부인하고 싶은 화자의 심리가 내재되어 있다고 할 수 있군.
③ '나의 마음이 아프고 쓰린'에는 화자의 주체적 선택과 극복 의지가 드러나 있다고 할 수 있군.
④ '맑은 노래가 나와서 나의 마음이 됩니다'에서 수를 놓는 과정을 통해 화자의 자기 정화가 이루어졌다고 할 수 있군.
⑤ '짓고 싶어서 다 짓지 않는 것입니다'에는 임의 부재가 환기되는 상황을 지연시키려는 화자의 태도가 드러나 있다고 할 수 있군.

182 ▶ 24950-0197

[A]~[D]에 대한 설명으로 적절하지 않은 것은?

① [A]의 '서 있고 싶다'가 [B]와 [D]에서도 반복되면서 현재의 화자가 느끼는 간절함을 부각한다고 볼 수 있다.
② [A]의 '그리운 가슴'은 과거의 대상과 관련된 정서를, [D]의 '꿈결'은 현재 상황에 대한 느낌을 구체화한다고 볼 수 있다.
③ [B]의 서로 '꽃'이 되지 못한 아쉬움은 [D]의 내적으로 성숙한 모습의 '꽃'이 되고자 하는 소망으로 변모된다고 볼 수 있다.
④ [C]의 '우는 날이 많았었다'는 [B]의 '추억' 속에 있는 과거 화자의 모습을 드러낸다고 볼 수 있다.
⑤ [C]의 '말을 잃어갔다'는 것은 [D]의 '무성한 사랑'으로 인해 슬퍼하는 화자의 모습을 나타낸다고 볼 수 있다.

51 박목월, 「나무」 / 김선우, 「빌려줄 몸 한 채」

2015학년도 9월 고2 모의평가 43~45번

[183~185] **다음 글을 읽고 물음에 답하시오.**

가

　유성에서 조치원으로 가는 어느 들판에 우두커니 서 있는, 한 그루 늙은 나무를 만났다. ㉠수도 승일까. 묵중하게 서 있었다.

　다음 날은 조치원에서 공주로 가는 어느 가난한 마을 어구(於口)에 그들은 떼를 져 몰려 있었다. 멍청하게 몰려 있는 그들은 어설픈 과객일까. 몹시 추워 보였다.

　공주에서 온양으로 우회하는 뒷길 어느 산마루에 그들은 멀리 서 있었다. 하늘 문을 지키는 파수병일까, 외로워 보였다.

　온양에서 서울로 돌아오자 놀랍게도 그들은 이미 내 안에 뿌리를 펴고 있었다. ㉡묵중한 그들의. 침울한 그들의. 아아 고독한 모습. 그 후로 나는 뽑아낼 수 없는 몇 그루의 나무를 기르게 되었다.

－ 박목월, 「나무」 －

나

속이 꽉 찬 배추가 본디 속부터
단단하게 옹이지며 자라는 줄 알았는데
겉잎 속잎이랄 것 없이
저 벌어지고 싶은 마음대로 벌어져 자라다가
그중 땅에 가까운 잎 몇 장이 스스로 겉잎 되어
㉢나비에게도 몸을 주고 벌레에게도 몸을 주고
즐거이 자기 몸을 빌려주는 사이
㉣결구*가 생기기 시작하는 거라
알불*을 달듯 속이 차오는 거라
마음이 이미 길 떠나 있어
몸도 곧 길 위에 있게 될 늦은 계절에
채마밭 조금 빌려 무심코 배추 모종 심어 본 후에
㉤알게 된 것이다
빌려줄 몸 없이는 저녁이 없다는 걸
내 몸으로 짓는 공양간 없이는
등불 하나 오지 않는다는 걸
처음자리에 길은 없는 거였다

－ 김선우, 「빌려줄 몸 한 채」 －

＊**결구** 호배추나 배추 따위의 채소 잎이 여러 겹으로 겹쳐서 둥글게 속이 드는 일.

＊**알불** 불이 이글이글하게 핀 숯 토막이 무엇에 싸이거나 담기지 않음.

183 ▶ 24950-0198

(가)와 (나)에 대한 설명으로 가장 적절한 것은?

① (가)의 화자는 계절의 순환에, (나)의 화자는 특정한 계절에 주목하고 있다.

② (가)의 화자는 더불어 사는 삶의 가치를, (나)의 화자는 더불어 살기 위한 방법을 제시하고 있다.

③ (가)의 화자는 새로운 삶을 시작할 수 있는 세계를, (나)의 화자는 안정적인 삶을 살 수 있는 세계를 희망하고 있다.

④ (가)의 화자는 여행자로서의 자신의 처지를 통해, (나)의 화자는 실향민으로서의 자신의 처지를 통해 가치 있는 삶을 부각하고 있다.

⑤ (가)의 화자는 공간의 이동에 따라 대상을 보며 깨닫게 된 자신의 내면을, (나)의 화자는 한 공간에서 대상을 지켜보며 터득한 삶의 이치를 드러내고 있다.

184 ▶ 24950-0199

㉠~㉤에 대한 이해로 적절하지 <u>않은</u> 것은?

① ㉠: 짧은 의문문과 평서문을 연달아 배치하여 표현함으로써 나무로부터 받은 인상을 강조하고 있다.

② ㉡: 삶의 모순에 대한 거부감을 열거와 영탄을 통해 간접적으로 드러내고 있다.

③ ㉢: 대구를 통해 몸을 빌려주는 행위를 반복하여 표현함으로써 그 의미를 강조하고 있다.

④ ㉣: 비유적 표현을 통해 배추의 결구가 생기는 과정에 의미를 부여하고 있다.

⑤ ㉤: 새로 알게 된 삶의 의미에 집중하기 위해 목적어를 뒤로 보내는 도치법을 사용하고 있다.

185 ▶ 24950-0200

〈보기〉를 참고하여, (가)와 (나)를 감상한 학생들의 반응으로 적절하지 않은 것은? [3점]

> ● 보기 ●
>
> 시인에게 자연은 창작의 원천이 되기도 하는데, 그 까닭은 자연이 사람들이 살아가는 배경이자 삶의 동반자이기 때문이다. 사람들은 자연과 소통하면서 자신의 삶을 돌아보기도 하고 말을 건네거나 감정을 교류하기도 한다. 그래서 시에서 자연은 때로는 삶의 진리를 깨닫게 하는 계기로, 때로는 지친 삶을 위로해 주는 존재로, 때로는 감정 이입의 소재로 나타나게 된다.

① (가)에서 화자는 여행길에서 만난 '나무'를 통해 적극적인 삶의 자세를 배우게 되는군.

② (가)에서 화자는 '내 안에 뿌리를' 편 나무들의 여러 모습과 자신을 동일시하게 되었군.

③ (가)에서 지속적으로 등장하는 나무는 화자에게 특별한 느낌으로 다가오면서 자신을 돌아보게 하고 있군.

④ (나)에서 화자는 배추에게서 인간이 지녀야 할 삶의 태도를 배우고 있군.

⑤ (나)에서 화자는 배추의 성장을 세밀하게 관찰하면서 이전과는 다른 깨달음을 얻게 되었군.

52 김기림, 「연륜」 / 김광규, 「대장간의 유혹」

2022학년도 6월 모의평가 32~34번

[186~188] 다음 글을 읽고 물음에 답하시오.

가

무너지는 꽃 이파리처럼
휘날려 발 아래 깔리는
서른 나문 해야

구름같이 피려던 뜻은 **날로** 굳어
한 금 두 금 곱다랗게 감기는 연륜(年輪)

갈매기처럼 꼬리 떨며
산호 핀 바다 바다에 나려앉은 섬으로 가자

비취빛 하늘 아래 피는 꽃은 맑기도 하리라
무너질 적에는 눈빛 파도에 적시우리

초라한 경력을 육지에 막은 다음
주름 잡히는 연륜마저 끊어 버리고
나도 **또한** 불꽃처럼 **열렬히** 살리라

– 김기림, 「연륜」 –

나

제 손으로 만들지 않고
한꺼번에 싸게 사서
마구 쓰다가
망가지면 내다 버리는
플라스틱 물건처럼 느껴질 때
나는 **당장** 버스에서 뛰어내리고 싶다
현대 아파트가 들어서며
홍은동 사거리에서 사라진
털보네 대장간을 찾아가고 싶다
풀무질로 이글거리는 불 속에
시우쇠처럼 나를 달구고
모루 위에서 벼리고
숫돌에 갈아
시퍼런 무쇠 낫으로 바꾸고 싶다
땀 흘리며 두들겨 **하나씩** 만들어 낸
꼬부랑 호미가 되어
소나무 자루에서 송진을 흘리면서
대장간 벽에 걸리고 싶다
지금까지 살아온 인생이
온통 부끄러워지고
직지사 해우소
아득한 나락으로 떨어져 내리는
똥덩이처럼 느껴질 때
나는 가던 길을 멈추고 문득
어딘가 걸려 있고 싶다

– 김광규, 「대장간의 유혹」 –

186 ▶ 24950-0201

(가)와 (나)에 대한 설명으로 가장 적절한 것은?

① (가)는 (나)와 달리 과정을 나타내는 시어들을 나열하여 시간의 급박한 흐름을 드러내고 있다.
② (나)는 (가)와 달리 자연물에 빗대어 화자의 움직임을 드러내고 있다.
③ (나)는 (가)와 달리 색채어를 활용하여 공간적 배경이 만들어 내는 분위기를 드러내고 있다.
④ (가)와 (나)는 모두 하강의 이미지가 담긴 시어를 활용하여 화자의 인식을 드러내고 있다.
⑤ (가)와 (나)는 모두 표면에 드러난 청자에게 말을 건네는 방식으로 화자의 정서를 드러내고 있다.

187 ▶ 24950-0202

(가), (나)의 시어에 대한 이해로 적절하지 않은 것은?

① (가)에서 '열렬히'는 화자가 추구하는 삶에 대한 적극적인 태도를 표방한다.
② (나)에서 '한꺼번에'와 '하나씩'의 대조는 개별적인 존재의 고유성을 부각한다.
③ (나)에서 '온통'은 화자의 성찰적 시선이 자신의 삶 전반에 걸쳐 있음을 부각한다.
④ (가)에서 '날로'는 부정적 상황의 지속적인 심화를, (나)에서 '당장'은 당면한 상황에서 벗어나려는 절박감을 강조한다.
⑤ (가)에서 '또한'은 긍정적인 존재와 화자의 동질성을, (나)에서 '마구'는 부정적으로 취급되는 대상과 화자 간의 차별성을 부각한다.

188 ▶ 24950-0203

〈보기〉를 참고하여 (가), (나)를 감상한 내용으로 적절하지 않은 것은? [3점]

> ● 보기 ●
>
> 　시인은 결핍을 느끼는 상황에서 새로운 가치를 발견하고 이를 통해 삶을 성찰하는 경우가 많다. 예컨대 「연륜」은 축적된 인생 경험에서, 「대장간의 유혹」은 현대인이 추구하는 편리함에서 결핍을 발견한 화자를 통해 일상에서 경험하는 것들이 재해석된다. 두 작품은 결핍된 상황에서 벗어나려는 의지를 구심점으로 삼아 시상을 전개한다.

① (가)에서 '서른 나문 해'를 '초라한 경력'으로 표현한 것은, 화자가 자신이 살아온 인생을 변변치 않은 경험으로 재해석한 것이겠군.
② (가)에서 '불꽃'을 긍정적인 이미지로 표현한 것은, '주름 잡히는 연륜'에 결핍되어 있는 속성을 끊을 수 있는 수단이라는 의미로 재해석한 것이겠군.
③ (나)에서 지금은 사라진 '털보네 대장간'을 '찾아가고 싶다'고 표현한 것은, 일상에서 결핍된 가치를 찾고자 하는 화자의 열망을 공간에 투영한 것이겠군.
④ (나)에서 '가던 길을 멈추고' '걸려 있고 싶다'고 표현한 것은, 화자가 추구하는 가치를 표상하는 사물의 상태가 되고 싶다고 진술함으로써 결핍에서 벗어나고자 하는 의지를 드러낸 것이겠군.
⑤ (가)에서 '육지'를 지나간 시간을 막아 둘 공간으로, (나)에서 '버스'를 벗어나고 싶은 공간으로 표현한 것은, '육지'와 '버스'를 화자가 결핍을 느끼는 공간으로 재해석한 것이겠군

53 박재삼, 「겨울나무를 보며」 / 김남조, 「설일」

2016학년도 수능완성 국어 B형 16~18쪽 1~3번

[189~191] 다음 글을 읽고 물음에 답하시오.

가

스물 안팎 때는
먼 수풀이 온통 산발을 하고
어지럽게 흔들어
갈피를 못 잡는 그리움에 살았다.
㉠숨 가쁜 나무여 사랑이여.

이제 마흔 가까운
손등이 앙상한 때는
나무들도 전부
겨울나무 그것이 되어
잎사귀들을 떨어내고 부끄럼 없이
㉡시원하게 벗을 것을 벗어 버렸다.

비로소 나는 탕에 들어앉아   ⎤
그것들이 나를 향해   │
손을 흔들며   │ [A]
기쁘게 다가오고 있는 것 같음을   │
부우연 노을 속 한 경치로써   │
조금씩 확인할 따름이다.   ⎦

– 박재삼, 「겨울나무를 보며」 –

나

겨울나무와
바람
㉢머리채 긴 바람들은 투명한 빨래처럼
진종일 가지 끝에 걸려
나무도 바람도
혼자가 아닌 게 된다

혼자는 아니다   ⎤
누구도 혼자는 아니다   │
나도 아니다   │ [B]
하늘 아래 외톨이로 서 보는 날도   │
하늘만은 함께 있어 주지 않던가   ⎦

삶은 언제나
은총의 돌층계의 어디쯤이다
사랑도 매양
섭리의 자갈밭의 어디쯤이다

이적진 말로써 풀던 마음
말없이 삭이고
㉣얼마 더 너그러워져서 이 생명을 살자
황송한 축연이라 알고
한세상을 누리자

새해의 눈시울이
순수의 얼음꽃, ㉤승천한 눈물들이
다시 땅 위에 떨구이는
백설을 담고 온다

– 김남조, 「설일」 –

189 ▶ 24950-0204

(가)와 (나)에 대한 설명으로 적절한 것은?

① (가)는 원경과 근경을 교차하면서 거리감을 조절하고 있다.

② (나)는 문답 형식을 통해 대상과의 친밀감을 드러내고 있다.

③ (가)와 (나)는 모두 사물을 의인화하여 시상을 구체화하고 있다.

④ (가)와 (나)는 모두 설의적 표현을 통해 화자의 생각을 드러내고 있다.

⑤ (가)와 (나)는 모두 감탄사를 사용하여 화자의 고조된 감정을 나타내고 있다.

190 ▶ 24950-0205

[A]와 [B]의 공통점으로 가장 적절한 것은?

① 화자의 내적 갈등이 심화된다.

② 화자가 지향하는 이상향이 제시된다.

③ 자연물을 통해 현실의 부정적 측면을 부각한다.

④ 삶의 의미에 대해 화자가 깨달음을 얻었다는 것이 드러난다.

⑤ 자연물을 통해 세상과 소통하고자 하는 화자의 욕망이 드러난다.

191 ▶ 24950-0206

㉠~㉤에 대한 설명으로 적절하지 않은 것은?

① ㉠: 화자의 혼란스러운 젊은 시절을 상징하고 있다.

② ㉡: 겨울나무를 바라보는 화자의 긍정적 관점이 내포되어 있다.

③ ㉢: 겨울나무가 외로운 존재가 아니라는 인식의 이유가 드러나 있다.

④ ㉣: 포용적인 삶의 자세를 중시하는 화자의 태도가 드러나고 있다.

⑤ ㉤: 이상과 현실의 괴리로 인한 비애가 나타나 있다.

54 고정희, 「상한 영혼을 위하여」

2014학년도 9월 모의평가 A형 31~33번

[192~194] 다음 글을 읽고 물음에 답하시오.

상한 갈대라도 하늘 아래선
한 계절 넉넉히 흔들리거니
뿌리 깊으면야
밑둥 잘리어도 새순은 돋거니   [A]
충분히 흔들리자 상한 영혼이여
충분히 흔들리며 고통에게로 가자

뿌리 없이 흔들리는 부평초 잎이라도
물 고이면 꽃은 피거니
이 세상 어디서나 개울은 흐르고
이 세상 어디서나 등불은 켜지듯   [B]
가자 고통이여 살 맞대고 가자
외롭기로 작정하면 어딘들 못 가랴
가기로 목숨 걸면 지는 해가 문제랴

고통과 설움의 땅 훨훨 지나서
㉠뿌리 깊은 벌판에 서자
두 팔로 막아도 바람은 불듯
영원한 눈물이란 없느니라
영원한 비탄이란 없느니라
캄캄한 밤이라도 하늘 아래선
마주잡을 손 하나 오고 있거니

– 고정희, 「상한 영혼을 위하여」 –

Ⅱ
적용
학습

192 ▶ 24950-0207

윗글의 특징으로 가장 적절한 것은?

① 대구적 표현을 통해 시상을 강조하고 있다.

② 계절의 흐름을 통해 대상의 특성을 부각하고 있다.

③ 사물의 의인화를 통해 냉소적 태도를 드러내고 있다.

④ 공감각적 심상을 통해 관념적인 대상을 묘사하고 있다.

⑤ 과거 회상을 통해 반성적으로 화자 자신을 바라보고 있다.

193 ▶ 24950-0208

[A]와 [B]에 대한 이해로 적절한 것은?

① [A]의 '밑둥'과 [B]의 '개울'은 실존적 위기감을 상징한다.

② [A]의 '한 계절'과 [B]의 '지는 해'는 극한 상황을 비유한다.

③ [A]의 '새순'과 [B]의 '등불'은 고난 극복의 가능성을 환기한다.

④ [A]와 [B]에는 모두 현실 부정의 비판적인 어조가 반복되고 있다.

⑤ [A]에서 [B]로 전개되면서 화자의 태도가 소극적으로 변화되고 있다.

194 ▶ 24950-0209

다음 학습 활동의 @~ⓔ에 들어갈 말로 적절하지 않은 것은? [3점]

────── ● 학습 활동 ● ──────

○ **활동 목표**: 시에 쓰인 어구의 다양한 의미를 파악해 보자.

• **활동 1**: 시상을 고려하여 ㉠과 관련된 어구를 시에서 찾아 표에 넣어 보자.

• **활동 2**: 위의 어구들이 함축하고 있는 의미를 적어 보자.

• **활동 3**: 위 활동 결과를 바탕으로 ㉠의 다양한 시적 의미를 해석해 보자.

활동 1의 탐구 결과		활동 2의 탐구 결과		활동 3의 탐구 결과
갈대		흔들리는 존재		@
하늘	⇒	초월적인 공간	⇒	ⓑ
바람		막을 수 없음		ⓒ
밤		부정적인 상황		ⓓ
손		만남의 대상		ⓔ

① @: 1연의 '갈대'처럼 흔들리는 존재도 뿌리를 내릴 수 있음을 보면, ㉠은 굳건한 삶의 공간이 될 수 있음을 뜻하겠군.

② ⓑ: 1연과 3연에서 '하늘'의 아래를 반복하여 표현한 것을 보면, ㉠은 초월적인 공간에 대응되는 현실적인 공간을 뜻하겠군.

③ ⓒ: 3연에서 '바람'은 막을 수 없다고 한 것을 보면, ㉠은 영원한 운명의 구속을 벗어날 수 없는 공간을 뜻하겠군.

④ ⓓ: 3연에서 '밤'이라는 부정적인 상황이 닥쳐오는 것을 보면, ㉠은 피할 수 없는 시련에 맞서야 하는 공간을 뜻하겠군.

⑤ ⓔ: 3연에서 '손'과의 만남을 기대하고 있는 것을 보면, ㉠은 희망이 예비된 공간을 뜻하겠군.

한국 전쟁에 대한 시적 인식 / 박봉우, 「나비와 철조망」/ 구상, 「초토의 시 8 - 적군 묘지 앞에서」

2021학년도 수능특강 문학 282~284쪽 8~11번

[195~198] 다음 글을 읽고 물음에 답하시오.

가

한국 전쟁은 민족 공동체의 이상과 인간성에 대한 신뢰에 깊은 상처를 남겼다. 한국 전쟁에서 남과 북은 같은 겨레임에도 이념의 갈등으로 서로에게 총부리를 겨누었다. 이러한 민족상잔의 비극은 해방 이후 우리 민족이 남과 북으로 완전히 갈라설지도 모른다는 분단에 대한 우려를 현실로 만들었다. 분단이 고착되면서 많은 사람이 고향을 잃은 실향민이 되고 혈육을 만날 수 없는 이산가족이 되었다. 한편 한국 전쟁 기간에 가해진 폭력으로 인해 많은 사람이 죽고 다쳤으며 그 상처는 육체뿐만 아니라 정신에도 깊었다. 이념의 갈등이 선악의 대립으로 치환되면서 개인이 지닌 삶의 의미와 고유성은 쉽게 무시되고 인간성을 말살하는 폭력은 전쟁의 승리를 위한 수단으로 간주되었다.

전후시는 한국 전쟁 이후 십여 년에 걸쳐 발표된 시로, 전쟁의 현장에서 전투 의욕을 고취하고 적에 대한 증오감을 부각하기 위해 창작된 전쟁시와는 구분된다. 전후시의 관심은 전쟁 체험을 바탕으로 전쟁의 참상을 고발하고 극복의 의지를 형상화하는 데 있다. 가령, 「나비와 철조망」은 상징적인 시어와 우의적인 표현을 통해 전쟁으로 고착되는 민족과 국토의 분단에 대한 인식과 현실 극복의 어려움을 드러낸다. 「초토의 시 8 – 적군 묘지 앞에서」는 전쟁으로 황폐해진 현실을 초토로 간주하면서 분단의 현실을 인식하고 전쟁의 상처를 인간성의 회복으로 치유하려는 의지를 보인다.

나

지금 저기 보이는 ㉠시푸런 강과 또 산을 넘어야 진종일을 별일 없이 보낸 것이 된다. 서녘 하늘은 장밋빛 무늬로 타는 큰 눈의 창을 열어…… 지

친 날개를 바라보며 서로 가슴 타는 그러한 거리에 숨이 흐르고

모진 바람이 분다. 그런 속에서 피비린내 나게 싸우는 나비 한 마리의 생채기. ㉡첫 고향의 꽃밭에 마즈막까지 의지하려는 강렬한 바라움의 향기였다.

앞으로도 저 강을 건너 산을 넘으려면 몇 〈마일〉은 더 날아야 한다. 이미 ㉢날개는 피에 젖을 대로 젖고 시린 바람이 자꾸 불어간다 목이 빠싹 말라 버리고 숨결이 가쁜 여기는 아직도 싸늘한 적지.

벽, 벽…… 처음으로 나비는 벽이 무엇인가를 알며 피로 적신 날개를 가지고도 날아야만 했다. ㉣바람은 다시 분다 얼마쯤 날으면 아방(我方)의 따시하고 슬픈 철조망 속에 안길,

이런 마즈막 〈꽃밭〉을 그리며 숨은 아직 끝나지 않았다 어설픈 표시의 ㉤벽, 기(旗)여……

– 박봉우, 「나비와 철조망」 –

다

오호, 여기 줄지어 누웠는 **넋들**은
눈도 감지 못하였겠구나.

어제까지 너희의 목숨을 겨눠
방아쇠를 당기던 우리의 그 손으로
썩어 문드러진 살덩이와 뼈를 추려
그래도 양지바른 두메를 골라
고이 파묻어 **떼마저 입혔거니**
죽음은 이렇듯 미움보다도 사랑보다도

더 너그러운 것이로다.
이곳서 나와 너희의 넋들이

돌아가야 할 고향 땅은 삼십(三十) 리면
가로막히고

무인공산의 적막만이
천만근 나의 가슴을 억누르는데

살아서는 **너희**가 나와
미움으로 맺혔건만
이제는 오히려 너희의

풀지 못한 원한이 나의
바램 속에 깃들어 있도다.

손에 닿을 듯한 봄 하늘에
구름은 무심히도
북(北)으로 흘러가고

어디서 울려오는 포성 몇 발
나는 그만 이 **은원(恩怨)**의 무덤 앞에
목 놓아 버린다.

       – 구상, 「초토의 시 8 – 적군 묘지 앞에서」 –

195 ▶ 24950-0210

(나)와 (다)에 대한 설명으로 가장 적절한 것은?

① (나)와 (다)는 모두 청자를 호명하는 방식으로 화자의 내면을 드러내고 있다.
② (나)와 (다)는 모두 금속성의 이미지를 활용하여 현실의 문제를 환기하고 있다.
③ (나)와 (다)는 모두 수미상관의 구조를 통해 화자의 문제의식을 반복적으로 강조하고 있다.
④ (나)와 (다)는 모두 공감각적 이미지를 통해 화자의 정서 변화를 감각적으로 드러내고 있다.
⑤ (나)와 (다)는 모두 자연과 인간의 조화로운 모습을 통해 화자의 낙관적 전망을 제시하고 있다.

196 ▶ 24950-0211

(가)를 바탕으로 (나), (다)를 이해한 내용으로 적절하지 않은 것은?

① (나)는 '나비'의 여정이라는 우의적 표현을 통해 민족 공동체의 문제에 대한 인식을 나타내고 있다.
② (나)는 '생채기', '피'와 같은 시어를 통해 현실 극복의 어려움을 드러내고 있다.
③ (다)는 전사자의 묘지를 공간적 배경으로 설정하여 전쟁의 참상을 환기하고 있다.
④ (다)는 '봄 하늘'과 '구름'의 대립 구도를 통해 전쟁의 상처를 부각하고 있다.
⑤ (나)와 (다)는 '몇 〈마일〉'이나 '삼십 리' 등과 같은 시어를 통해 분단과 관련된 거리를 표현하고 있다.

197 ▶ 24950-0212

(가)를 바탕으로 (나)의 ㉠~㉤을 감상한 내용으로 적절하지 않은 것은?

① ㉠은 나비에게 넘어야 할 대상이라는 점에서 현실 극복의 장애물을 표현한 것이군.

② ㉡은 나비에게 강렬한 바라움을 불러일으킨다는 점에서 현실 극복의 염원이 담겨 있군.

③ ㉢이 젖을 대로 젖는다는 것은 현실 극복의 과정에서 겪는 고난을 암시하는군.

④ ㉣은 나비에게 재차 불어온다는 점에서 현실 극복이 어려운 과제임을 암시하는군.

⑤ ㉤은 나비가 지향해야 할 깃발과 같은 것이라는 점에서 현실 극복의 조력자를 상징하는군.

198 ▶ 24950-0213

(다)의 시상 전개를 이해한 내용으로 적절하지 않은 것은?

① 1연: '눈도 감지 못하였겠구나'라는 탄식을 통해 '넋들'의 원통함을 이해하려는 화자의 태도를 드러낸다.

② 2연: '방아쇠를 당기던'을 '떼마저 입혔거니'로 전환하면서 전쟁에 따른 죽음이 불가피한 것이라는 화자의 냉철한 인식을 드러낸다.

③ 4연: '무인공산'의 분위기와 '천만근'의 무게감을 결합하여, 전쟁의 폭력으로 피폐해진 분단 현실에 대한 화자의 답답함을 암시한다.

④ 5연: '미움'과 '바램'의 대조를 통해, '너희'에 대한 화자의 태도가 변화하였음을 강조한다.

⑤ 7연: '은원의 무덤 앞에 / 목 놓아 버'리는 인간적 행위를 통해 전쟁의 상처를 치유하려는 화자의 마음을 드러낸다.

수능특강 연계 기출 고전 시가 · 현대시

III

실전 학습

01 　월산 대군, 「추강에 밤이 드니 ~」 / 신흠, 「냇ᄀᆞ에 히오라바 ~」 / 김상헌, 「가노라 삼각산아 ~」

2018학년도 수능특강 문학 104~105쪽 1~3번

[001~003] 다음 글을 읽고 물음에 답하시오.

가

　추강(秋江)에 밤이 드니 물결이 ᄎᆞ노ᄆᆡ라
　낙시 드리치니 고기 아니 무노ᄆᆡ라
　무심(無心)ᄒᆞᆫ ᄃᆞᆯ빗만 싯고 뷘 ᄇᆡ 저어 오노라
　　　　　　　　　　　　　　－월산 대군 －

나

　냇ᄀᆞ에 히오라바* 므스 일 셔 잇ᄂᆞᆫ다
　무심(無心)ᄒᆞᆫ 져 고기를 여어* 무슴ᄒᆞ려ᄂᆞᆫ다
　아마도 ᄒᆞᆫ 믈에 잇거니 니저신ᄃᆞᆯ 엇ᄃᆞ리
　　　　　　　　　　　　　　－ 신흠 －

＊ **히오라바**　해오라기야.
＊ **여어**　엿보아.

다

　가노라 삼각산(三角山)아 다시 보쟈 한강수(漢江水)ㅣ야
　고국산천(故國山川)을 써ᄂᆞ고쟈 ᄒᆞ랴마ᄂᆞᆫ
　시절(時節)이 하 수상(殊常)ᄒᆞ니 올동말동 ᄒᆞ여라
　　　　　　　　　　　　　　－ 김상헌 －

001 ▶ 24950-0214

(가)~(다)에 대한 설명으로 적절하지 <u>않은</u> 것은?

① (가)는 시간적 배경을 제시하여 시적 분위기를 조성하고 있다.

② (나)는 의문형 문장들을 연속적으로 사용하여 화자의 의도를 드러내고 있다.

③ (다)는 자연물에 말을 건네는 방식으로 화자의 정서를 드러내고 있다.

④ (가)는 독백의 방식으로, (나)는 상대에게 말을 건네는 방식으로 시상을 전개하고 있다.

⑤ (나)는 단호한 명령형 어조로, (다)는 한탄하는 어조로 시상을 마무리하고 있다.

002 ▶ 24950-0215

〈보기〉를 참고하여 (가)~(다)를 설명할 때 적절하지 <u>않은</u> 것은?

─────── ● 보기 ● ───────

• (가)는 성종(成宗)의 형인 월산 대군이 현실 정치에 대한 관심을 끊고 시문을 읊으면서 풍류 생활을 할 때 창작한 것으로 알려진 작품이다.

• (나)는 광해군 때 신흠이 권력을 잡은 대북파의 모함으로 유배를 간 후 자신의 처지와 대북파의 횡포를 자연물에 빗대어 창작한 것으로 알려진 작품이다.

• (다)는 병자호란 후 척화파인 김상헌이 청나라의 심양으로 압송될 때 창작한 것으로 알려진 작품이다.

① (가)의 중장은 화자가 현실 정치에 대한 관심을 끊고 유유자적하는 생활을 나타낸 것으로 볼 수 있다.

② (나)의 초장과 중장은 화자와 화자를 억압하는 세력 간의 상황을 빗대어 제시한 것으로 볼 수 있다.

③ (다)의 중장은 화자가 타의로 고국을 떠나게 되었음을 드러낸 것으로 볼 수 있다.

④ (가)의 초장은 화자가 선호하는 시문의 내용을, (다)의 초장은 척화파의 절의를 상징하는 대상을 나타낸 것으로 볼 수 있다.

⑤ (나)의 종장과 (다)의 종장은 모두 판단을 내리는 근거를 밝히며 시대 상황과 관련한 화자의 생각을 드러낸 것으로 볼 수 있다.

Ⅲ 실전 학습

003 ▶ 24950-0216

〈보기〉는 (가)와 (나)의 시적 상황을 도식화한 것이다. 이를 바탕으로 (가)와 (나)를 감상할 때 적절하지 <u>않은</u> 것은?

① (가)의 '드리치니'와 달리 (나)의 '여어'는 고기를 잡기 위해 기회를 얻으려는 것으로 볼 수 있군.

② (가)의 '아니 무노믹라'와 (나)의 '셔'는 모두 내면적 갈등을 드러내는 행위로 볼 수 있군.

③ (가)의 '무심흔'과 (나)의 '무심흔'은 모두 사사로운 욕심이 없는 상태로 볼 수 있군.

④ (가)의 '빈 빈'는 낚시의 결과와, (나)의 '니저신들'은 해오라기에 대한 바람과 연결할 수 있군.

⑤ (나)의 '냇フ'와 달리 (가)의 '추강'은 한가로운 심정을 느끼는 장소로 볼 수 있군.

[004~007] 다음 글을 읽고 물음에 답하시오.

가

강호에 봄이 드니 이 몸이 일이 많다
나는 그물 깁고 아이는 밭을 가니
뒷 뫼에 엄기는 약을 **언제** 캐려 하나니
〈제1수〉

삿갓에 도롱이 입고 세우(細雨) 중에 호미 메고
산전을 흩매다가 **녹음**에 누웠으니
목동이 우양을 몰아다가 **잠든 나**를 깨와다
〈제2수〉

대추 볼 붉은 골에 밤은 어이 떨어지며
벼 벤 그루에 게는 어이 내리는고
술 익자 체 장수 **돌아가니** 아니 먹고 어이리
〈제3수〉

뫼에는 **새** 다 긏고 들에는 갈 이 없다
외로운 배에 삿갓 쓴 저 늙은이
낚대에 맛이 깊도다 눈 깊은 줄 아는가
〈제4수〉

– 황희, 「사시가」 –

나

건곤이 얼어붙어 삭풍이 몹시 부니
하루 쬔다 한들 열흘 추위 어찌할꼬
은침을 빼내어 오색실 꿰어 놓고
임의 터진 옷을 깁고자 하건마는
㉠천문구중(天門九重)에 갈 길이 아득하니
아녀자 깊은 정을 임이 **언제** 살피실꼬
㉡음력 섣달 거의로다 새봄이면 늦으리라
동짓날 자정이 지난밤에 **돌아오니**
만호천문(萬戶千門)이 차례로 연다 하되
자물쇠를 굳게 잠가 **동방(洞房)**을 닫았으니
눈 위에 서리는 얼마나 녹았으며
뜰 가의 매화는 몇 송이 피었는고
㉢간장이 다 썩어 넋조차 그쳤으니
천 줄기 원루(怨淚)는 피 되어 솟아나고
반벽청등(半壁靑燈)은 빛조차 어두워라
황금이 많으면 매부(買賦)나 하련마는
㉣백일(白日)이 무정하니 뒤집힌 동이에 비칠
쏘냐
평생에 쌓은 죄는 다 나의 탓이로되
언어에 공교 없고 눈치 몰라 다닌 일을
풀어서 혜여 보고 다시금 생각거든
조물주의 처분을 누구에게 물으리오
사창 매화 달에 가는 한숨 다시 짓고
㉤은쟁(銀箏)을 꺼내어 원곡(怨曲)을 슬피 타니
주현(朱絃) 끊어져 다시 잇기 어려워라
차라리 죽어서 **자규**의 넋이 되어
밤마다 이화에 피눈물 울어 내어
오경에 잔월(殘月)을 섞어 **임의 잠**을 깨우리라

– 조우인, 「자도사」 –

004 ▶ 24950-0217

(가)~(나)의 공통점으로 가장 적절한 것은?

① 어조의 변화를 통해 긴장감을 조성하고 있다.
② 자연과 인간의 대비를 통해 세태를 비판하고 있다.
③ 대상과의 문답을 통해 주제 의식을 부각하고 있다.
④ 초월적 공간을 설정하여 고조된 감정을 드러내고 있다.
⑤ 시간을 나타내는 표현을 활용하여 내용을 전개하고 있다.

005 ▶ 24950-0218

(가)의 시상 전개에 대한 설명으로 가장 적절한 것은?

① 〈제1수〉의 초장, 중장은 풍경 묘사이고, 종장은 이에 대한 감상의 표현이다.
② 〈제2수〉의 초장, 중장은 인물의 행위가 순차적으로 나열된 것이다.
③ 〈제2수〉의 초장과 중장에 있는 인물의 행위는 〈제3수〉의 초장에서 그 결과로 나타난다.
④ 〈제3수〉의 초장의 장면은 중장과 인과적 관계로 연결된다.
⑤ 〈제4수〉의 초장의 동적인 분위기는 중장의 정적인 분위기로 전환된다.

Ⅲ
실전
학습

006 ▶ 24950-0219

〈보기〉에 따라 (나)의 ㉠~㉤을 이해한 내용으로 적절하지 **않은** 것은?

• 보기 •

선생님: 이 작품의 제목에 쓰인 '자도(自悼)'는 '자신을 애도한다'는 뜻으로, 죽음에 견줄 만큼의 극단적인 슬픔을 드러낸 것입니다. 이 점에 주목하여 작품을 읽어 봅시다.

① ㉠을 통해, 임과 만날 가능성이 희박하다는 비관적 인식이 자신을 애도하게 만든 배경임을 알 수 있어요.

② ㉡을 통해, 새봄을 맞이하여 이별의 슬픔을 극복하기 위해 마음을 다잡으려 노력하고 있음을 알 수 있어요.

③ ㉢을 통해, 임에 대한 사무치는 그리움이 너무나 커서 자신을 애도할 수밖에 없는 상황임을 알 수 있어요.

④ ㉣을 통해, 무정한 임 때문에 자신의 처지가 바뀔 가능성이 없음을 깨닫고 좌절감을 느끼고 있음을 알 수 있어요.

⑤ ㉤을 통해, 임을 향한 원망의 마음을 음악으로 표현하여 내면의 슬픔을 토로하고 있음을 알 수 있어요.

007 ▶ 24950-0220

(가)와 (나)의 시어에 대한 이해로 가장 적절한 것은?

① (가)의 '녹음'은 평온한 분위기의, (나)의 '동방'은 암울한 분위기의 장소이다.

② (가)의 '언제'는 미래의 어느 시기를, (나)의 '언제'는 과거의 어느 시기를 가리킨다.

③ (가)의 '새'와 (나)의 '자규'는 모두 화자의 감정이 이입된 대상물이다.

④ (가)의 '잠든 나'의 '잠'과 (나)의 '임의 잠'은 모두 꿈을 통해서라도 소망을 실현하기 위한 매개이다.

⑤ (가)의 '돌아가니'와 (나)의 '돌아오니'는 모두 화자가 새로운 상황에 기대감을 갖는 계기이다.

[008~010] 다음 글을 읽고 물음에 답하시오.

가

조선 전기 시조와 조선 후기 시조는 창법과 담당층에 따라 구분된다. 시조는 부르는 방식에 따라 가곡창과 시조창으로 나뉘는데, 시조창은 조선 후기 중인 가객 이세춘에 의해 새롭게 만들어진 창법이다. 그리고 조선 전기 시조는 주로 사대부 계층에 의해 창작, 수용되었으나 조선 후기에 이르러서는 중인층이 시조에 참여하면서 담당 계층을 넓혀 나갔다. 이처럼 조선 후기 시조는 중인 가객의 등장으로 적지 않은 변화를 가져왔다. 이 가운데 중인 가객인 김천택과 김수장의 등장은 특히 주목할 만하다.

김천택은 당대 명창인 김유기, 김성기 등과 교류하면서 시조를 노래하고 창작하였으며, 김수장은 이들과 달리 노가재라는 가객 활동을 통해 여러 가객과 어울렸다. 김천택과 김수장에 대해 '당대 노래에 도통한 사람들'이라는 평가와 '김천택과 김수장 문하에서 뛰어난 가객이 배출되었다.'라는 기록들이 전하는데, 이러한 기록들은 김천택과 김수장의 활약을 보여 준다. 그리고 김천택은 『청구영언』을, 김수장은 『해동가요』를 각각 편찬하여 수세기 동안의 시조 유산을 정리함으로써 시조 발전의 기틀을 마련하였다. 이렇게 김천택과 김수장은 전문적인 가객 활동을 통해 시조 음악의 발달과 후진 양성에 공헌하였고, 시조집을 편찬하여 국문 기록 문학으로서 시조의 위상을 올려놓은 인물들이라 할 수 있다.

하지만 이러한 공통점에도 불구하고 이 둘은 작품 세계와 사설시조 창작 여부에서 차이를 보인다. 김천택은 중인으로서의 신분에 대한 갈등과 내적 고뇌를 작품에서 드러내었다. 이러한 그의

번민은 그의 작품 세계에서 도피처로서의 강호 자연을 찾는 것으로 나타나고 있다. 또한 김천택은 자신이 직접 사설시조를 창작하지는 않았지만 자신의 시조집에 사설시조를 수록함으로써 사설시조에 대한 인식을 전환하는 계기를 마련하였다. 이에 비해 김수장은 신분에 대한 번민이나 갈등은 없고 자신의 처지에 만족하면서 자신의 생활과 주변 인물들에 대해 생생하게 묘사하는 작품을 창작하였다. 특히 여성에 대한 섬세한 관찰은 그의 작품이 갖는 두드러진 점이다. 즉 김수장은 강호 자연을 찾기보다는 세속의 삶을 긍정하고 시정 속에서 살아가는 사람들과의 조화를 추구했다고 할 수 있다. 그리고 김수장은 사설시조를 적극적으로 창작하면서 이와 같은 내용을 담기도 하였다.

김천택과 김수장 시조에 나타난 이러한 차이는 개인적 차원에서만 이해해서는 안 된다. 김천택이 지녔던 자신의 신분으로 인한 현실과의 갈등이라는 문제는 그가 활동했던 시기의 중인 예술인이 가졌던 현실적인 문제와 연관되어 있고, 김수장이 지녔던 세속적 지향 의식과 시정인에 대한 관심은 당시 서민 문화의 발달과 같은 사회적 배경과 관련지을 수 있기 때문이다.

나

서검(書劍)*을 못 일우고 쓸 쎅 업쓴 몸이 ⌐
되야   │
오십(五十) 춘광(春光)을 힉옴 업씨 지닉연져 [A]
두어라 언의 곳 청산(靑山)이야 날 씰 쭐이 │
잇시랴.   ⌐

— 김천택 —

*서검 문과 무.

안빈(安貧)을 염(厭)치 말아 일 업쓰면 긔
죠흔이
　벗 업다 한(恨)치 말라 말 업쓰면 이 죠흔이　[B]
　암아도 수분 안졸(守分安拙)*이 긔 올흔가
ᄒ노라.

　　　　　　　　　　　　　　　　　　　－ 김수장 －

*수분 안졸　자신의 분수에 만족하며 편안히 살다가 죽음.

서방(書房)님 병(病)들여 두고 쓸 것 업셔
　종루(鍾樓) 져지 달리* 파라 빗 스고 감 스
고 유자(柚子) 스고 석류(石榴) 삿다 아츠츠
츠 이저고 오화당(五花糖)*을 니저 발여고즈　[C]
　수박(水朴)에 술* 쏘즈 노코 한숨 계워 ᄒ
노라.

　　　　　　　　　　　　　　　　　　　－ 김수장 －

*달리　머리카락.
*오화당　오색으로 물들인 사탕.
*술　숟가락.

008 ▶ 24950-0221

(가)에 대한 이해로 적절하지 않은 것은?

① 시조를 부르는 창법은 단일하지 않다.
② 김천택과 김수장은 각각 가객 활동을 하였다.
③ 중인 가객 집단은 후진을 양성하기도 하였다.
④ 조선 전기와 후기 사이에 시조에 변화가 있었다.
⑤ 조선 후기에 사대부는 시조를 더 이상 창작하지 않았다.

009 ▶ 24950-0222

(가)를 바탕으로 (나)의 [A]~[C]에 대해 감상한 내용으로 적절하지 않은 것은?

① [A]: 문과 무 어느 쪽에서도 꿈을 이루지 못했다는 것은 작가의 신분적 한계와 관련이 있겠군.
② [A]: 청산이 자신을 꺼리지 않을 것이라는 화자의 생각은 현실에서의 괴로움을 자연에서 해소하려는 작가 의식을 반영한 것으로 볼 수 있겠군.
③ [B]: 가난한 삶을 싫지 않다고 한 것과 분수를 지켜 편안히 살다 죽겠다는 것은 현실에 만족하고 있었던 작가의 삶에 대한 태도를 반영한 것으로 볼 수 있겠군.
④ [C]: 일상에서 볼 수 있는 여성을 섬세하게 관찰하여 형상화한 것은 시정인에 대한 작가의 관심이 반영된 것이라 할 수 있겠군.
⑤ [C]: 세속을 시적 공간으로 삼은 것은 주어진 현실적 여건을 극복할 수 없다고 본 작가의 세계관을 보여 주는 것이라 할 수 있겠군.

010 ▶ 24950-0223

[B], [C]에 대한 설명으로 적절하지 <u>않은</u> 것은?

① [B]는 초장과 중장에서 유사한 통사 구조를 반복적으로 활용하여 화자의 생각을 드러내고 있다.

② [B]는 종장에서 핵심적 시어를 통해 주제 의식을 집약적으로 드러내고 있다.

③ [C]는 중장에서 감탄사를 기점으로 화자의 태도에 변화가 나타나고 있다.

④ [C]는 중장에서 구체적으로 소재를 나열하고 행동을 제시하여 생동감을 얻고 있다.

⑤ [B]와 [C]는 모두 화자와 대상과의 대화를 통해 화자의 내적 갈등이 해소되고 있다.

04 유치환, 「출생기」 / 김춘수, 「샤갈의 마을에 내리는 눈」

2019학년도 대학수학능력시험 33~35번

[011~013] 다음 글을 읽고 물음에 답하시오.

가

　검정 포대기 같은 까마귀 울음소리 고을에 ┐
떠나지 않고　　　　　　　　　　　　　　　[A]
　밤이면 부엉이 괴괴히 울어 ┘
　남쪽 먼 포구의 백성의 순탄한 마음에도
　상서롭지 못한 세대의 어둔 바람이 불어오던
　― 융희(隆熙) 2년!

　그래도 계절만은 천 년을 다채(多彩)하여 ┐
지붕에 박넌출 남풍에 자라고　　　　　　　[B]
　푸른 하늘엔 석류꽃 피 뱉은 듯 피어 ┘
　나를 잉태한 어머니는 ┐
　짐짓 어진 생각만을 다듬어 지니셨고　　　[C]
　젊은 의원인 아버지는
　밤마다 사랑에서 저릉저릉 글 읽으셨다 ┘

　왕고못댁 제삿날 밤 열나흘 새벽 달빛을 밟고 ┐
유월이가 이고 온 제삿밥을 먹고 나서　　　　[D]
　희미한 등잔불 장지 안에 ┘
　번문욕례 사대주의의 욕된 후예로 세상에
떨어졌나니

　신월(新月)같이 슬픈 제 족속의 태반을 보고 ┐
　내 스스로 고고(呱呱)*의 곡성(哭聲)*을 지
른 것이 아니련만　　　　　　　　　　　　[E]
　명(命)이나 길라 하여 할머니는 돌메라 이
름 지었다오 ┘
　　　　　　　　　　　 ― 유치환, 「출생기(出生記)」 ―

*고고　아이가 세상에 나오면서 처음 우는 울음소리.
*곡성　사람이 죽어 슬퍼서 크게 우는 소리.

나

　샤갈의 마을에는 삼월에 눈이 온다.
　봄을 바라고 섰는 사나이의 관자놀이에
　새로 돋은 정맥이
　바르르 떤다.
　바르르 떠는 사나이의 관자놀이에
　새로 돋은 정맥을 어루만지며
　눈은 수천수만의 날개를 달고
　하늘에서 내려와 샤갈의 마을의
　지붕과 굴뚝을 덮는다.
　삼월에 눈이 오면
　샤갈의 마을의 쥐똥만 한 겨울 열매들은
　다시 올리브빛으로 물이 들고
　밤에 아낙들은
　그해의 제일 아름다운 불을
　아궁이에 지핀다.
　　　　　　　　　　 ― 김춘수, 「샤갈의 마을에 내리는 눈」 ―

011 ▶ 24950-0224

(가)와 (나)의 공통점으로 가장 적절한 것은?

① 시간과 관련된 표지를 제시하여 시적 분위기를 조성하고 있다.

② 과거 시제를 사용하여 서사적 사건을 들려주는 형식을 취하고 있다.

③ 시적 상황의 객관적 관찰에 초점을 둠으로써 주관적 의미의 서술을 배제하고 있다.

④ 암울하고 비관적인 정서를 내포한 시어를 사용하여 비극적 상황을 고조하고 있다.

⑤ 자연물을 살아 있는 대상으로 묘사하여 화자가 느끼는 이국적인 세계의 모습을 담아내고 있다.

012 ▶ 24950-0225

[A]~[E]에 대한 이해로 적절하지 않은 것은? [3점]

① [A]: 청각의 시각화를 통해 음산한 시적 상황을 조성하고 있다.

② [B]: 시대 상황과 대비되는 자연의 모습을 통해 생명력을 표현하고 있다.

③ [C]: 대구 형식을 활용하여 화자의 출생을 앞둔 집안의 분위기를 드러내고 있다.

④ [D]: 화자가 태어난 날의 상황을 구체적으로 서술하여 출생에 대한 감격을 드러내고 있다.

⑤ [E]: 울음소리에서 연상되는 상반된 의미와 연결하여 화자의 이름이 지어진 이유를 제시하고 있다.

013 ▶ 24950-0226

〈보기〉를 참고하여 (나)를 감상한 내용으로 적절하지 않은 것은?

> ● 보기 ●
>
> 김춘수는 샤갈의 그림 『나와 마을』에서 받은 느낌을 시로 표현함으로써 상호 텍스트성을 구현했다. 올리브빛 얼굴을 가진 사나이와 당나귀가 서로 마주 보고 있는 그림에서 영감을 받은 시인은, "특히 인상 깊었던 것은 커다란 당나귀의 눈망울이었고, 그 당나귀의 눈망울 속에 들어앉아 있는 마을이었다."라고 느낌을 말했다. 또한 밝고 화려한 색감을 지닌 이질적 이미지들의 병치로 이루어진 샤갈의 초현실주의적 그림에 대한 감각적 인상을, 자신의 고향 마을에 투사하여 다양한 이미지의 병치로 변용했다. 이는 봄을 맞이한 생동감과 고향 마을의 따뜻한 풍경에 대한 그리움을 형상화한 것이라고 할 수 있다.

① '샤갈의 마을'은 시인이 그림 속 마을 풍경에서 받은 인상을 자신의 고향 마을에 투사하여 표현한 것이군.

② '삼월에 눈', '봄을 바라고 섰는 사나이', '새로 돋은 정맥' 등은 시인이 그림 속 이질적 이미지들의 병치를 다양한 이미지들의 병치로 변용하여 봄의 생동감을 형상화한 것이군.

③ '날개', '하늘', '지붕과 굴뚝' 등은 시인이 밝고 화려한 색감을 지닌 그림 속 마을의 모습을 공감각적 이미지의 풍경으로 변용한 것이군.

④ '올리브빛'은 시인이 그림 속에서 영감을 받은 것으로 '겨울 열매들'을 물들이는 따뜻한 봄의 이미지를 표상한 것이군.

⑤ '아낙', '아궁이' 등은 시인이 초현실주의적 그림 속 풍경에 대한 감각적 인상을 고향 마을을 떠올리게 하는 이미지로 전이시킨 것이군.

05 오세영, 「등산」

2016학년도 인터넷 수능 국어 A형 49~50쪽 1~3번

[014~016] 다음 글을 읽고 물음에 답하시오.

자일을 타고 오른다.
흔들리는 생애의 중량,
**확고한
가장 철저한 믿음도
한때는** 흔들린다.

암벽을 더듬는다
빛을 찾아서 조금씩 움직인다.
결코 쉬지 않는
무명(無明)의 벌레처럼 무명을
더듬는다.

함부로 올려다보지 않는다.
함부로 내려다보지도 않는다.
벼랑에 뜨는 **별**이나,
피는 **꽃**이나,
이슬이나
세상의 모든 것은 내 것이 아니다.
ⓐ다만 가까이 할 수 있을 뿐이다.

조심스럽게 암벽을 더듬으며
가까이 접근한다.
행복이라든가 불행 같은 것은
생각지 않는다.

발붙일 곳을 찾고 풀포기에 매달리면서
ⓑ다만,
가까이,
가까이 다가갈 뿐이다.

– 오세영, 「등산」 –

014 ▶ 24950-0227

윗글의 표현상 특징으로 적절하지 않은 것은?

① 현재형 시제를 활용하여 현장감을 살리고 있다.
② 대조적 시어를 사용하여 주제 의식을 드러내고 있다.
③ 사물에 인격을 부여하여 시적 정서를 드러내고 있다.
④ 비유적 표현을 활용하여 시적 의미를 강조하고 있다.
⑤ 유사한 문장 구조를 반복하여 운율감을 조성하고 있다.

015 ▶ 24950-0228

〈보기〉를 참고하여 윗글을 감상한 내용으로 적절하지 않은 것은?

> • 보기 •
>
> '유추'란 같은 종류의 것 또는 비슷한 것에 기초하여 다른 사물이나 현상을 미루어 추측하는 일을 말한다. 이 작품은 등산을 하는 인물의 행위를 통해 진리 탐구의 과정을 형상화한 작품으로 볼 수 있다. 등산은 지상에서 산의 정상을 향해 오르는 행위이며, 정상에 이르기 위한 시적 화자의 치열한 노력을 통해 진리 탐구의 어려움과 진리를 탐구하기 위해 필요한 태도를 보여 준다.

① 진리를 추구하는 과정의 어려움을 '자일을 타고' 산을 오르는 상황을 통해 형상화하고 있군.
② 화자는 '가장 철저한 믿음도 / 한때는 흔들'리는 것이 진리 탐구에 방해가 된다고 인식하고 있군.
③ '무명(無明)의 벌레'는 진리를 얻기 이전의 화자의 모습을 나타내고 있군.
④ '별', '꽃', '이슬' 등 세상 모든 것을 내 것으로 만들려는 마음은 진리를 탐구하는 과정에서 배격해야 하는 것이겠군.
⑤ '발붙일 곳을 찾고 풀포기에 매달리면서'는 진리를 얻고자 하는 화자의 간절한 마음을 보여 주고 있군.

016
▶ 24950-0229

ⓐ와 ⓑ에 대한 설명으로 적절한 것끼리 골라 묶은 것은?

┌─── ● 보기 ● ───
│ ㄱ. ⓐ와 ⓑ에서는 명령적 어조를 통해 화자의
│   강한 의지를 표출하고 있다.
│ ㄴ. ⓐ와 달리 ⓑ에서는 특정 시어를 반복하여
│   화자의 태도를 드러내고 있다.
│ ㄷ. ⓑ와 달리 ⓐ에서는 화자의 행위를 구체
│   화하여 화자의 심정을 선명하게 보여 주고
│   있다.
│ ㄹ. ⓐ와 달리 ⓑ에서는 쉼표와 행 바꿈을 통
│   해 호흡을 완만하게 하여 말하고자 하는 바
│   를 강조하고 있다.
└──────────────

① ㄱ, ㄴ   ② ㄱ, ㄷ   ③ ㄴ, ㄷ
④ ㄴ, ㄹ   ⑤ ㄷ, ㄹ

06 고전 시가의 '역군은' 표현

2022학년도 수능완성 독서·문학·화법과 작문 62~67쪽 1~4번

[017~020] 다음 글을 읽고 물음에 답하시오.

'역군은(亦君恩)'이란 강호지락(江湖之樂)을 노래한 고전 문학에서, 충군(忠君)을 직접적으로 드러내는 관습적 표현이다. 대체로 자연이나 귀거래(歸去來)*와 관련한 내용 뒤에 쓰여 이 모든 것이 임금의 은혜에서 비롯된 것임을 드러내는데, '역군은'의 표현은 특히 시조에서 두드러지게 나타난다.

(가)

강호(江湖)에 녀름이 드니 초당(草堂)에 일이 업다
유신(有信)흔 강파(江波)는 보내느니 브람이로다
이 몸이 서늘 히옴도 역군은(亦君恩)이샷다

(가)는 맹사성의 「강호사시가(江湖四時歌)」이다. 총 4수로 이루어진 이 작품은 각 수의 초장과 중장에서는 안분지족하는 은사(隱士)의 유유자적한 생활을 제시하고, 종장에서 '이 몸이 ~히옴도 역군은이샷다'라는 표현을 통해 강호에서의 삶을 임금을 향한 충의의 정신과 연결하고 있다. 이러한 구조는 작품의 내용과 형식이 유기적으로 작용하게 하여 통일성을 갖도록 해 준다.

그런데 정치 현실에서 벗어나 자연의 공간에서 유유자적하는 즐거움을 노래하면서 여기에 임금의 은혜를 등장시키는 표현은 자칫 진실성을 의심하게 만들 수 있다. 즉 자연과의 병치 속에서 군은이 등장하다 보니, 자연이 가져다주는 풍류, 귀거래가 갖는 여유 등과 충군의 관념 사이에 거리감이 발생한다. 이 같은 거리감을 해소하고 자연 친화와 충군을 결합하기 위해 '군은' 앞에 '또한', '역시'의 의미를 함의하는 '역(亦)'이라는 글자가 붙은 것이다. 이는 사대부들이 외견상 임금의 직접적인 영향으로 보기 어려운 것들도 임금의 은혜와 연결하는 데서 비롯된 결과로 볼 수 있다. 치인(治人)과 치국(治國)이 아닌 은거와 귀향까지도 임금과의 관계 속에서 이루어진다는 것으로, 유교적 충(忠) 이념을 바탕으로 임금에 대한 신뢰와 존중을 드러낸 결과인 것이다.

(나)

㉠공명(功名)이 그지 이실가 수요(壽夭)*도 천정(天定)이라
금서(金犀)씌 구븐 허리예 팔십 봉춘(八十逢春)
긔 몃 히오
연년(年年)에 오는 나리 역군은(亦君恩)이샷다

(나)는 이현보가 귀향한 지 10년 만인 87세의 생일날 읊은 작품으로 '생일가'로 불린다. 팔십 세가 넘게 사는 동안 맞이한 여러 해의 봄을 모두 임금의 은혜로 돌리고 있다. 초장에서 수명은 하늘이 정한 것이라 나타내고 있으면서도, 노년에 맞이하는 봄조차 모두 임금의 은혜에서 비롯된 것으로 여기고 있다. (나)의 중장에 언급된 고위 관원(官員)이 공복(公服)에 두르는 띠인 '금서씌'는 공명의 보람으로 임금의 은혜와 직접적인 인과 관계가 있지만, 화자의 장수(長壽)와 임금은 직접적인 인과 관계를 형성하지 않는다. 그런데도 사대부의 의식 속에서 장수와 임금은 서로 긴밀한 관련성을 맺고 있다. 즉 정계를 떠나 귀향한 후 지난 삶에 대한 만족감을 가지고 편안하게 살아가며 장수하는 근원을 임금의 은혜라고 보는 인식이 언어 표현으로 나타난 것이 바로 '역군은'이라 할 수 있다.

한편 임진왜란 이후 창작된 일부 시조의 '역군은' 표현은 임진왜란 이전과는 다른 양상을 나타낸다. 작가들의 생애, 창작 배경과 관련지어 볼 때 '역군은'을 글자 그대로 이해하기 어려운 경우가 있다.

(다)

ⓒ공명(功名)이 긔 무엇고 헌신짝 버스 니로다
전원(田園)에 도라오니 미록(麋鹿)이 벗이로다
백 년(百年)을 이리 지냄도 **역군은(亦君恩)이**
로다

(다)에서 공명을 버리고 전원에 돌아왔다는 귀
거래의 내용은 (가), (나)의 세계와 별반 차이를 보
이지 않는다. 고라니와 사슴을 가리키는 미록과
같은 소재 또한 전원을 속세와 대립적인 공간으로
만드는 기능을 한다. 그런데 작가인 신흠의 생애
와 관련된 이해가 덧붙여지면 다른 방향으로 '역
군은'을 해석할 수도 있다. 신흠이 대북파*의 핍박
으로 김포로 쫓겨나 불안과 근심의 시절을 보내다
가 결국 3년여 만에 춘천으로 유배를 당한 상황에
서 이 시조가 창작되었다는 사실에 유의할 필요가
있다. 다음 「방옹시여서(放翁詩餘序)」의 기록은 이
시조의 창작 배경과 작가 의식을 보여 준다. "내
이미 전원에 돌아오매 세상이 나를 버리고 나 또
한 세상사에 고달픔을 느꼈다. 되돌아보면 지난날
의 영화와 현달은 한갓 쭉정이와 두엄풀같이 쓸데
없는 것이어서, 오직 물(物)을 만나면 노래로 읊었
다."
　여기서 주목해야 할 점은 신흠이 전원으로 귀
거래한 계기이다. 세상이 버렸다는 진술은 단순
한 겸손의 말이 아니라 계축옥사*라는 역사적 사
실 속에서 신흠이 겪은 정치적 좌절과 그에 따른
울분, 통탄에서 비롯된 것이다. 그렇다면 (다)의
'백 년을 이리 지냄도 역군은이로다'에 대한 의문
이 생긴다. 신흠이 겪은 갈등과 고민을 염두에 둔
다면, '백 년을 이리 지냄'은 벗어나야 할 상황이
지 결코 임금에게 감사해야 할 내용이 되지 못하
기 때문이다. 이런 까닭에 (다)의 '역군은'은 표면
적으로는 충군의 수사(修辭)이지만, 이면적으로는
다른 의미를 함축한 것으로 볼 수 있다. 즉 임금에
대한 신뢰와 존중을 바탕으로 임금의 은혜에 대해
진정으로 감사하는 것이 아니라, 대북파의 전횡

과 핍박에 대한 작가의 불만과 불안감을 풍자적으
로 표현했다고 볼 수도 있다. 이 같은 관점에서는
(다)를 당쟁을 거치며 변화한 사대부의 가치관을
담은 작품으로 이해할 수 있다.

(라)

아희야 죽조반 다오 남묘(南畝)*의 일 만해라
서투른 짜부*룰 눌 마조 자부려뇨
두어라 **성세 궁경(聖世躬耕)**도 **역군은(亦君恩)**
이시니라

(라)는 초장의 첫 구가 '아희야'로 시작되기 때
문에 '호아곡(呼兒曲)'으로 불리는 조존성의 연시
조 중 한 수이다. 남묘에 일이 많다고 '죽조반'을
달라고 하거나 '짜부'를 마주 잡으려 하는 등 서툴
기는 하지만 작품 속에서 직접 농사짓는 생활을
노래하고 있다. 그런데 「호아곡」은 조존성이 계축
옥사 직후에 지은 것으로, 인륜이 무너지는 사건
이 발생한 후 전원생활을 하며 대안적 삶을 살 때
창작한 것이다. 이를 고려할 때 (라)의 '역군은'이
의미하는 바는 임금의 은혜 그 자체로 보기는 어
렵다. 작가가 극도의 정치적 불안으로 인해 벼슬
살이를 하지 못하고 전원생활을 하는 상황 속에서
표현한 (라)의 '역군은'이 이면적 의미를 담고 있다
고 본다면 여기에서의 '역군은'은 임금에 대한 신
뢰와 존중이 아니라 정쟁으로 얼룩진 혼란한 현실
에 대한 불만이 담긴 것으로 이해할 수 있다.

---

* **귀거래**　관직을 그만두고 고향으로 돌아감.
* **수요**　수명. 오래 삶과 일찍 죽음.
* **대북파**　조선 시대에 북인(北人) 가운데 홍여순, 이산해
　등을 중심으로 한 분파. 광해군 때 집권당임.
* **계축옥사**　조선 광해군 5년(1613)에, 대북파가 광해군의
　이복동생 영창 대군 및 반대파 세력을 제거하기 위하여
　일으킨 옥사.
* **남묘**　남쪽에 있는 밭.
* **짜부**　따비. 풀뿌리를 뽑거나 밭을 가는 데 쓰는 농기구.
* **성세 궁경**　태평한 시절에 자기가 직접 농사를 지음.

017 ▶ 24950-0230

윗글에 따라 (가)~(라)를 이해한 내용으로 적절하지 않은 것은?

① (가)는 사대부들의 유교적 충(忠) 이념을 바탕으로 겉으로 보기에 연관성이 없는 자연 속의 즐거움까지도 임금의 배려라고 여기는 발상을 담고 있군.

② (나)는 생일을 맞이하여 귀향 전의 벼슬살이와 관련한 소재를 제시하며 임금의 은혜에 감사하고 있군.

③ (가)와 (나)는 모두 자연이나 귀거래가 군은과 병치되는 어색함을 해결하기 위해 화자를 작품 표면에 등장시켜 유기적인 통일성을 얻고 있군.

④ (다)와 (라)는 모두 정치적 좌절과 불안 속에서 창작된 것이므로 충군의 수사에는 이면적 의미가 담겨 있다고 볼 수도 있겠군.

⑤ (가)의 공간은 즐겁게 흥취를 누리는 장소이고, (라)의 공간은 농사를 지으며 노동을 하는 장소로 볼 수 있겠군.

018 ▶ 24950-0231

(가)에 대한 설명으로 적절하지 않은 것은?

① 초장에서 계절적 배경을 제시하여 시적 분위기를 조성하고 있다.

② 초장에서 자연 속의 한가한 모습을 통해 화자의 상황을 드러내고 있다.

③ 중장에서 자연물을 의인화하여 화자가 자연을 즐기는 모습을 나타내고 있다.

④ 종장에서 감각의 전이를 활용하여 내면적 감흥을 표현하고 있다.

⑤ 종장에서 화자의 인식과 연결하여 특정한 대상에 대한 신뢰와 존중을 드러내고 있다.

Ⅲ
실전
학습

019 ▶ 24950-0232

창작 배경을 고려하여 ㉠과 ㉡을 비교한 내용으로 가장 적절한 것은?

① ㉠과 ㉡은 모두 화자의 내적 갈등을 자극하는 소재이다.

② ㉠과 ㉡은 모두 화자가 임금에게 복종하도록 만드는 소재이다.

③ ㉠은 화자의 과거에 대한 기억을, ㉡은 화자의 미래에 대한 기대감을 환기하는 소재이다.

④ ㉠은 화자의 지난 삶에 대한 만족감이, ㉡은 화자의 지난 삶에 대한 허무감이 담긴 소재이다.

⑤ ㉠은 화자의 세속적 가치에 대한 체념적 태도를, ㉡은 화자의 세속적 가치에 대한 달관적 태도를 드러낸 소재이다.

020 ▶ 24950-0233

윗글과 〈보기〉를 참고하여 (가)~(라)를 감상한 내용으로 적절하지 않은 것은?

• 보기 •

조선 시대에는 '천하의 모든 땅이 왕의 땅이 아닌 것이 없고, 모든 백성이 왕의 신하가 아닌 이가 없다.'라는 보편적 관념이 존재했다. 군주의 절대적인 특권을 인정하며 군신의 수직적 관계를 당연시하는 사회 문화적 환경을 바탕으로 사대부들의 신분적 정체성이 형성되었기 때문에 사대부들은 시가를 창작할 때 자기 검열을 통해 군주의 잘못을 직접적으로 지적하는 것을 회피했다. 그래서 그들은 정쟁으로 인해 유배를 당하거나 벼슬살이를 하지 못하는 상황을 겪으면서도 속마음과는 달리 작품 표면에서 관습적으로 임금에 대한 감사를 표현하는 경향이 있었다.

① (가)의 '강호'와 '초당'은 조선 시대의 보편적 관념에 따르면 임금이 소유한 땅의 일부로 볼 수 있겠군.

② (나)의 '수요도 천정이라'는 군신의 수직적 관계를 당연하게 수용하는 태도가 반영된 것으로 볼 수 있겠군.

③ (다)의 '전원에 도라오니'는 스스로 선택한 것이 아니라 정쟁으로 인해 벼슬살이를 하지 못하는 상황과 관련된 것으로 볼 수 있겠군.

④ (라)의 '성세 궁경'은 현실을 부정적으로 인식하면서도 군주의 잘못을 직접적으로 지적하지 않은 것으로 볼 수 있겠군.

⑤ (다)의 '역군은이로다'와 (라)의 '역군은이시니라'는 사대부들이 관습에 따라 임금에게 표면적으로 감사를 표현한 것으로 볼 수 있겠군.

07 이육사, 「교목」 / 신석정, 「들길에 서서」 / 김종길, 「고고」

[021~025] 다음 글을 읽고 물음에 답하시오.

가

푸른 하늘에 닿을 듯이
세월에 불타고 우뚝 남아 서서
차라리 봄도 꽃피진 말아라

낡은 거미집 휘두르고
끝없는 꿈길에 혼자 설레이는
마음은 아예 뉘우침 아니라

검은 그림자 쓸쓸하면
마침내 호수 속 깊이 거꾸러져
차마 **바람**도 흔들진 못해라

― 이육사, 「교목(喬木)」 ―

나

푸른 산이 흰 구름을 지니고 살 듯
내 머리 위에는 항상 푸른 하늘이 있다

하늘을 향하고 산림처럼 두 팔을 드러낼 수 있
는 것이 얼마나 숭고한 일이냐

두 다리는 비록 연약하지만 젊은 산맥으로 삼고
부절히 움직인다는 둥근 지구를 밟았거니……

푸른 산처럼 든든하게 지구를 디디고 사는 것은
얼마나 기쁜 일이냐

뼈에 저리도록 생활은 슬퍼도 좋다
저문 들길에 서서 푸른 별을 바라보자……

푸른 별을 바라보는 것은 하늘 아래 사는 거룩
한 나의 일과이거니……

― 신석정, 「들길에 서서」 ―

다

북한산(北漢山)이
다시 그 높이를 회복하려면
다음 겨울까지는 기다려야만 한다.

밤사이 눈이 내린,
그것도 백운대(白雲臺)나 인수봉(仁壽峰) 같은
높은 봉우리만이 **옅은 화장**을 하듯
가볍게 눈을 쓰고

왼 산은 **차가운 수묵**으로 젖어 있는
어느 겨울날 이른 아침까지는 기다려야만 한다.

신록이나 **단풍**
골짜기를 피어오르는 안개로는
눈이라도 **왼 산을 뒤덮는 적설(積雪)**로는 드러
나지 않는,

심지어는 **장밋빛 햇살**이 와 닿기만 해도 변질하
는,
그 고고(孤高) 한 높이를 회복하려면

백운대와 인수봉만이 가볍게 눈을 쓰는
어느 겨울날 이른 아침까지는
기다려야만 한다.

― 김종길, 「고고(孤高)」 ―

021 ▶ 24950-0234

(가)~(다)에 대한 설명으로 가장 적절한 것은?

① (가)와 (나)에는 현재 처한 상황을 긍정적으로 인식하는 화자의 태도가 드러나 있다.

② (가)와 (다)에는 이상과 현실의 괴리가 해소된 조화로운 상태가 구현되어 있다.

③ (나)와 (다)에는 일상생활의 소중함에 대한 자각이 나타나 있다.

④ (가), (나), (다)에는 자연의 섭리에 대한 깨달음이 바탕에 깔려 있다.

⑤ (가), (나), (다)에는 화자가 바람직하게 생각하는 삶의 자세가 담겨 있다.

022 ▶ 24950-0235

(가)와 (나)에 공통적으로 드러나는 표현상의 특징으로 가장 적절한 것은?

① 비유와 상징을 통해 시상을 구체화하고 있다.

② 어조의 변화를 통해 시적 긴장을 높이고 있다.

③ 동일한 색채어를 반복하여 정서를 고조시키고 있다.

④ 공감각적 표현으로 이미지를 선명하게 드러내고 있다.

⑤ 화자의 시선이 가까운 곳에서 먼 곳으로 이동하고 있다.

023 ▶ 24950-0236

〈보기〉는 (가)에 대한 심화 학습을 위하여 수집한 자료이다. 이를 참고하여 토의한 내용으로 적절하지 않은 것은?

─ • 보기 • ─

[백과사전]

이육사: 시인. 1904년 경상북도 안동 출생. 항일 독립 투쟁으로 20여 차례의 투옥 끝에 베이징 감옥에서 옥사함.

• 작품 경향: 저항 의식, 실향 의식과 비애, 초인 의지와 조국 광복에 대한 열망 등을 주제로 삼고 있음. 정제된 형식미와 안정된 운율감을 보임.

• 「교목」: 1940년 『인문평론』 7월호에 발표.

[국어사전]

교목: 줄기가 곧고 굵으며 높게 자라는 큰 나무.

[인터넷 자료]

• 『맹자』에 따르면 교목은 오랜 세월 덕을 닦아 임금을 도(道)로써 보필하여 나라를 떠받치는 신하를 의미한다.

• 시인은 빈궁과 투옥과 유랑의 사십 평생에 거의 하루도 평온한 날이 없었다. 문학청년은 아니었으나 삼십 고개를 넘어 시를 쓰기 시작했고 혁명적 열정과 의욕을 시에 의탁해 꿈도 그려 보고 불평도 터뜨렸던 것이다.

(『육사 시집』 발문)

① 이 시의 제목은 나라를 위한 시인의 절개와 기상을 표상한 것이다.

② 이 시의 행 배열과 연 구성에서도 이육사 시의 형식적 특성을 찾을 수 있다

③ '낡은 거미집'은 시인의 고난에 찬 삶의 모습을 형상화한 것이다.

④ '끝없는 꿈길'은 시인의 혁명적 열정과 의욕을 함축하고 있다.

⑤ '바람'은 이국을 떠돌던 시인의 실향 의식과 저항 의지를 표현한 것이다.

024 ▶ 24950-0237

〈보기〉는 (나)와 (다)를 자료로 한 수업의 일부이다. 학생들의 의견 가운데 적절하지 <u>않은</u> 것은?

● 보기 ●

선생님: (나)와 (다)의 기본적인 짜임새는 다음과 같이 나타낼 수 있어요.

(나)

1~2연	3~4연	5~6연
A	B	C

(다)

1연	2~3연	4~6연
A	B	C

이제 두 시를 자세히 읽고, 시상의 전개에 대해 의견을 말해 볼까요?

① (나)에서 A의 두 연은 '하늘', B의 두 연은 '지구', C의 두 연은 '푸른 별'이라는 시어를 통해 각각 결합되고 있어요.

② (나)는 A에서 '하늘로 팔을 드러내는' 숭고함을, B에서 '땅을 디디고 선' 기쁨을 그리는데, 이것들이 C의 '저문 들길에 서서 푸른 별을 보는' 거룩함으로 연결되고 있어요.

③ (나)는 (다)와 달리 A의 내용이 B에서 응축되고, B의 내용이 C에서 더 응축되고 있어요. A에서 C로 갈수록 묘사의 범위가 좁아지면서 의미가 심화되는 것이 특징이에요.

④ (다)의 A, B, C는 모두 '기다려야만 한다'는 말로 끝나고, '겨울'이라는 말도 공통적으로 나타나지요. 반복이 이 시의 특징이에요.

⑤ (다)는 (나)와 달리 A는 한 연, B는 두 연, C는 세 연으로 늘어나요. 그러면서 B와 C는 A의 시상을 상세화하고 있어요.

025 ▶ 24950-0238

(다)에 대한 감상으로 적절하지 <u>않은</u> 것은?

① '옅은 화장'은 산봉우리에 눈이 살짝 쌓인 모습을 나타낸 것이야. 산의 미묘한 변화에 주목한 표현이라고 할 수 있어.

② '차가운 수묵'은 겨울 산의 모습을 그림에 비유한 거야. 대상의 속성이 드러날 수 있는 정황을 묘사하고 있어.

③ '신록', '단풍', '안개'는 겨울이 아닐 때의 산의 모습을 나타내. 이들과의 대비를 통해 겨울 산의 의미를 부각하고 있어.

④ '왼 산을 뒤덮는 적설'은 가볍게 눈에 덮여 있는 상태와 호응하지. 세속적인 것에서 벗어나 홀로 존재하는 산봉우리의 모습을 형상화하고 있어.

⑤ '장밋빛 햇살'은 가볍게 눈 덮인 산봉우리의 속성을 '변질'시키지. 그럼으로써 화자가 형상화한 산봉우리의 의미를 생각해 보게 해.

08 조지훈, 「승무」 / 송수권, 「지리산 뻐꾹새」 / 송순, 「면앙정가」

[026~031] 다음 글을 읽고 물음에 답하시오.

가

얇은 사(紗) 하이얀 고깔은
고이 접어서 나빌레라.

파르라니 깎은 머리
박사(薄紗) 고깔에 감추오고

두 볼에 **흐르는 빛**이
정작으로 고와서 서러워라.

빈 대(臺)에 **황촉(黃燭)불**이 말없이 녹는 **밤**에
오동잎 잎새마다 **달**이 지는데

소매는 길어서 하늘은 넓고
돌아설 듯 날아가며 사뿐히 접어 올린 외씨보선
이여.

까만 눈동자 살포시 들어
먼 하늘 한 개 **별빛**에 모두오고

복사꽃 고운 **뺨**에 아롱질 듯 두 방울이야
세사에 시달려도 번뇌는 **별빛**이라.

휘어져 감기우고 다시 접어 뻗는 손이
깊은 마음 속 거룩한 합장인 양하고

이 밤사 **귀또리**도 지새는 삼경(三更)인데
얇은 사(紗) 하이얀 고깔은 고이 접어서 나빌
레라.

　　　　　　　　　　　　　　－ 조지훈, 「승무」 －

나

여러 산봉우리에 여러 마리의 뻐꾸기가
울음 울어
떼로 울음 울어
석 석 삼년도 봄을 더 넘겨서야
나는 길든* 설움에 맛이 들고
그것이 실상은 한 마리의 뻐꾹새임을
알아냈다.

지리산 하
한 봉우리에 숨은 **실제의 뻐꾹새**가
한 울음을 토해 내면
뒷산 봉우리 받아넘기고　　　　　　　[A]
또 뒷산 봉우리 받아넘기고
그래서 **여러 마리의 뻐꾹새**로 울음 우는 것을
알았다.

지리산 중
저 연연한 **산봉우리**들이 다 울고 나서
오래 남은 추스름 끝에
비로소 한 소리 없는 **강**이 열리는 것을 보았다.

섬진강 섬진강
그 힘센 물줄기가
하동 쪽 **남해**로 흘러들어
남해 군도의 여러 작은 **섬**을 밀어 올리는 것을
보았다.

봄 하룻날 그 눈물 다 슬리어서
지리산 하에서 울던 한 마리 뻐꾹새 울음이

이승의 서러운 맨 마지막 빛깔로 남아
이 세석(細石)* 철쭉꽃밭을 다 태우는 것을 보았다.

　　　　　　　　　　　　　　　－ 송수권, 「지리산 뻐꾹새」 －

*길뜬 길이 덜 든.
*세석 지리산 정상 아래 부근의 지명.

다

무등산 한 활개 뫼가 동쪽으로 뻗어 있어
멀리 떼쳐 와 ⓐ제월봉(霽月峰)이 되었거늘
무변대야(無邊大野)*에 무슨 짐작 하노라
일곱 굽이 한데 뭉쳐 우뚝우뚝 벌여 논 듯
가운데 굽이는 구멍에 든 ⓑ늙은 용이
선잠을 갓 깨어 머리를 앉혔으니
너럭바위 위에 송죽을 헤치고 ⓒ정자를 앉혔으니
구름 탄 청학이 천 리를 가리라 두 날개 벌렸는 듯
옥천산 용천산 내린 ⓓ물이
정자 앞 넓은 들에 올올히 펴진 듯이
넓거든 기노라 푸르거든 희지 마나

쌍룡이 뒤트는 듯 긴 깁을 펼쳤는 듯
어디로 가노라 무슨 일 바빠서
닫는 듯 따르는 듯 밤낮으로 흐르는 듯
물 좋은 사정(沙汀)*은 눈같이 펴졌거든　　　[B]
어지러운 기러기는 무엇을 어르노라
앞으락 내리락 모이락 흩으락
노화(蘆花)*를 사이 두고 우러곰 좇니느뇨
넓은 길 밖이요 긴 하늘 아래 두르고 꽂은 것은
뫼인가 병풍인가 그림인가 아닌가
높은 듯 낮은 듯 긏는 듯 잇는 듯
숨거니 뵈거니 가거니 머물거니
어지러운 가운데 이름난 양하여
하늘도 저어치 않고 우뚝이 섰는 것이 ⓔ추월산 머리 짓고
용구산 몽선산 불대산 어등산
용진산 금성산이 허공에 벌였거든
원근창애(遠近蒼崖)에 머문 짓도 하도 할샤

　　　　　　　　　　　　　　　－ 송순, 「면앙정가」 －

*무변대야 끝없이 넓은 들판.
*사정 모래톱.
*노화 갈대.

026 ▶ 24950-0239

(가)~(다)의 공통점으로 가장 적절한 것은?

① 단호한 어조로 화자의 의지를 드러낸다.
② 과거와 현재를 대비하여 그리움의 정서를 고조
한다.
③ 감각적 이미지를 통해 시적 대상의 운동감을
나타낸다.
④ 대립적 시각을 바탕으로 긍정적 상황 인식을
드러낸다.
⑤ 역설적 표현을 통해 대상의 의미를 긴장감 있
게 제시한다.

027 ▶ 24950-0240

**〈보기〉를 참고하여 (가)를 이해한 내용으로 적절하지
않은 것은? [3점]**

> ● 보기 ●
>
> 「승무」는 무녀(舞女)를 무대 공간의 중심에
> 배치하여 관객이 이를 바라보는 상황을 보여
> 주고 있다. 무녀와 그의 춤을 초점화하기 위해
> 서는 여러 가지 빛이 동원되어야 한다. 이 작품
> 에는 지상과 천상, 상승과 하강, 생성과 소멸의
> 속성을 지닌 다양한 빛이 등장하여 무녀의 외
> 양과 행위, 더 나아가 내면세계를 비추고 있다.
> 이 빛은 다양한 상징적 의미를 전달하고, 관객
> 이 무대와 인물을 관조하거나 그것에 몰입할
> 수 있도록 유도한다.

① 어두운 '밤'은 무녀를 비추는 다양한 빛의 양상
을 효과적으로 드러내고, 관객의 관심이 무녀
에게 집중되게 한다.
② '흐르는 빛'은 여러 빛들에 비추어진 무녀의 낯
빛으로서, 상승 이미지를 통해 환상적인 분위
기를 조성한다.
③ 말없이 녹아내리는 '황촉불'과 기우는 '달'은 하
강과 소멸 이미지를 지니고 있어 유한한 인간
존재를 떠올리게 한다.
④ 6연의 천상의 '별빛'은 번뇌에서 벗어난 초탈의 세
계를 환기하면서 승화의 의미로 이어지게 된다.
⑤ 7연의 '별빛'은 무녀의 눈과 연결되어 그녀가
지향하는 세계와 내면세계를 서로 이어 준다.

028 ▶ 24950-0241

(가)의 '서러워라'와 (나)의 '설움'에 대한 설명으로 가장 적절한 것은?

① (가)의 설움은 역사적인 삶의 경험에서 비롯된 것이다.

② (나)의 설움은 자연물의 주술적 속성을 통해 구체적으로 표출된다.

③ (가)와 (나)의 설움에는 부정적 현실에 대한 비판 의식이 담겨 있다.

④ (가)와 (나)의 설움은 외부 대상과는 무관하게 화자의 내면에서 생성되는 정서이다.

⑤ (가)는 밤을 지새우는 '귀또리'의 소리를 통해, (나)는 '철쭉꽃'의 색채를 통해 설움을 환기하며 시상을 마무리하고 있다.

029 ▶ 24950-0242

(나)에 대한 설명으로 적절하지 않은 것은?

① 1연에는 화자가 깨달음에 도달하기까지 걸린 시간과 노력이 나타난다.

② 2연의 '실제의 뻐꾹새'는 '여러 마리의 뻐꾹새'와 상반되는 의미를 형성한다.

③ 2연~4연의 첫 행들은 각 연의 시적 공간에 대해 주의를 환기하는 방식으로 시상 전개에 통일성을 부여한다.

④ 3연~4연에서 '산봉우리', '강', '남해', '섬'이 잇달아 연결되면서 변화와 생성의 세계를 보여 준다.

⑤ 3연~5연은 연의 끝 부분에 '보았다'를 반복적으로 사용하여 깨달음의 의미를 강조한다.

030 ▶ 24950-0243

[A]와 [B]를 비교한 내용으로 가장 적절한 것은?

① [A]와 달리, [B]는 직유를 통해 시각적 인상을 구체화한다.

② [B]와 달리, [A]는 음보율을 통해 정형적 운율미를 느끼게 한다.

③ [A]와 [B] 모두 어순의 도치를 통해 의미를 강조한다

④ [A]와 [B] 모두 반어적 표현을 통해 냉소적 태도를 드러낸다.

⑤ [A]와 [B] 모두 영탄적 표현을 통해 자연물에서 받은 감흥을 표출한다.

031 ▶ 24950-0244

〈보기〉를 참고하여 (다)를 감상한 내용으로 적절하지 않은 것은?

> • 보기 •
>
> 　송순이 「면앙정가」에서 펼쳐 보인 세계는 흔히 '면앙우주'라고 일컬어진다. 면앙우주는 작가에게 천지만물의 이치를 심성의 수양으로 내면화하는 공간이었다. 작가는 자연 세계를 통해 인간 세계의 이치를 읽어 내는 가운데 조화와 합일을 추구했다. 그는 객관적 자연물에 인간적 생명력과 의지를 부여하는 방식으로 자신의 이상과 세계관을 표출했다.

① ⓐ의 '제월봉'이 '무변대야에 무슨 짐작'을 한다는 표현에는 높은 이상을 향한 작가의 의지가 자연물에 투영되어 있군.

② ⓑ의 '늙은 용'이 '선잠을 갓 깨어'라는 표현에는 이상을 펼치기에 이미 늦었다고 여기는 작가의 조바심이 담겨 있어.

③ ⓒ의 '정자'가 '청학'처럼 '두 날개 벌렸는 듯'하다는 표현에서 면앙정이 비상(飛上)을 위한 심성 수양의 장소임을 알 수 있군.

④ ⓓ의 '물'이 '밤낮으로 흐르는' 모습을 통해 작가도 자신이 추구하는 바를 쉼 없이 행해야 함을 드러내고 있어.

⑤ ⓔ의 '추월산'을 비롯한 여러 산들이 '높은 듯 낮은 듯 긎는 듯 잇는 듯' 서 있다는 표현에서 조화와 합일을 추구하는 삶의 태도를 볼 수 있군.

3,300원으로 만나는
수능 실전 훈련
수능특강Q
미니모의고사

역대 수능 연계교재 우수 문항 선별 | 각 14회 미니모의고사 수록

최신 교재도, 지난 교재도 한눈에!
EBS 공식 네이버 스마트스토어!

EBS
북스토어
OPEN

EBS 북스토어 🔍

https://smartstore.naver.com/ebsmain

정답과 해설

2025학년도 수능 대비
수능특강 연계 기출

문학작품 연계 기출1 **고전 시가·현대시**

2025학년도 수능 대비

수능특강
연계 기출

문학작품 연계 기출1
고전 시가·현대시

정답과 해설

교과서 개념 학습

001 ⑤	002 ①	003 ④	004 ④	005 ②	006 ①
007 ②	008 ③	009 ④	010 ①	011 ⑤	012 ⑤
013 ④	014 ②	015 ①			

교과서 개념 학습　　　　　　　　　본문 10~11쪽

01 **가 김광균, 「추일서정」**
　　수특 동일 작품

| 해제 | 이 작품은 1930년대 모더니즘 경향의 시를 쓴 김광균의 대표작 중 하나로, 다양한 도시적 소재와 회화적인 이미지, 비유적 기법 등을 동원하여 가을날의 도시 서정을 읊은 시이다. 이 시는 표면적으로 다양한 이미지의 나열을 통해 도시의 풍경을 그리고 있다. 특히 기계적, 물질적 이미지와 일상적 관념을 깨뜨리는 낯선 비유를 사용하여 서구 도시 문명을 나타내는 소재나 관념 등을 그리고 있다. 이러한 표현의 이면에는 당시 시대 상황에 대한 위기의식이나 불안감, 문명에 대한 비판 의식 등이 담겨 있다.

| 주제 | 가을날 도시 풍경에서 느끼는 쓸쓸한 정서

| 구성 | • 1~11행: 쓸쓸한 가을날 도시의 풍경
　　　　• 12~16행: 가을 풍경에서 느끼는 내면적 고독

나 오규원, 「하늘과 돌멩이」

| 해제 | 이 작품은 새로운 시각을 통해 사물을 관찰함으로써 우리의 낡은 고정 관념을 깨고 풍경에 대한 새로운 인식을 보여 주고 있는 시이다. 이 시에서 사물에 대한 화자의 새로운 인식은 시어를 통해 드러난다. 우리의 고정 관념 속 담쟁이덩굴은 벽에 붙어 자라는 것이나 이 시에서는 공기에 '업혀' 허공에서 허공으로 이동하고 있는 것으로 인식되고, 하늘을 자유롭게 나는 존재인 새는 하늘에 '눌려' 그 무게를 견디는 존재로 인식된다. 또한 꽃이 떨어지는 것은 들찔레가 빈자리를 만들기 위해 '꽃'을 '버리'기 때문이며, 하늘과 땅의 돌멩이는 떨어져 있는 것이 아니라 하늘이 돌멩이 위에 '얹'혀 있는 것이다. 그리고 바위가 모래를 짓누르는 것이 아니라 모래가 바위를 '들어올려' 지탱하고 있는 것으로 인식된다. 이처럼 시인은 사물의 행위를 새로운 시각으로 바라보고, 사물 사이의 관계를 재설정함으로써 세상에 대한 고정 관념을 깨고, 사물에 새로운 의미를 부여하고 있는 것이다.

| 주제 | 사물의 풍경을 바라보는 새로운 시각

| 구성 | • 1연: 담쟁이덩굴이 자라나는 모습에 대한 관찰
　　　　• 2연: 푸른 하늘을 나는 새에 대한 관찰
　　　　• 3연: 꽃이 떨어지는 들찔레에 대한 관찰
　　　　• 4연: 하늘과 돌멩이에 대한 관찰
　　　　• 5연: 바위와 모래에 대한 관찰

연결 포인트

　수능특강에서는 시적 표현의 개념에 주목하여 김광균의 「추일서정」을 출제하였습니다. 「추일서정」에서는 원관념과 보조 관념 간의 유사성을 직접 드러내는 직유, 문맥상의 암시를 바탕으로 하는 은유뿐만 아니라 시각적 심상이 활용되고 있습니다.

　2020학년도 6월 모의평가에서는 김광균의 「추일서정」이 오규원의 「하늘과 돌멩이」와 함께 출제되었습니다. 「추일서정」은 다양한 이미지를 나열하고 있으며, 「하늘과 돌멩이」는 공간감이나 거리감에 대한 새로운 인식을 제시하고 있습니다. 두 작품 모두 새롭고 참신한 이미지를 활용하여 얻는 시적 효과에 주목하고 있다고 할 수 있습니다. 이미지의 활용과 함께 새로운 관점으로 사물에 대한 고정 관념을 깨뜨리려는 시도에 주목해 문항을 해결해 봅니다.

001

표현상의 특징 파악　　　　　　　　　정답 ⑤

정답 해설 자연물인 '낙엽', '길'을 각각 인공물인 '폴-란드 망명정부의 지폐', '구겨진 넥타이'에 빗대어 풍경에 대한 화자의 인상을 드러내고 있다.

오답 피하기 ① 시의 첫 구절과 마지막 구절의 의미와 구조를 유사하게 함으로써 구조적 안정성을 도모하는 수미상관의 기법은 사용되지 않고 있다.

② 이 작품은 '가을', '일광(日光)', '두 시' 등 시간을 나타내는 시어가 사용되기는 하지만, 그것을 통해 시간의 흐름을 보여 주고 있지는 않으며, 유사한 문장 형태의 변주 또한 나타나지 않는다.

③ '폴-란드', '자욱-한', '호올로' 등 의도적으로 변형한 시어가 나타나긴 하지만 이것을 통해 현실 극복 의지를 드러내는 것은 아니다.

④ 이 작품에서는 추측을 나타내는 표현이 사용되지 않았다.

002

외적 준거에 따른 새로운 가치 발견　　　　정답 ①

정답 해설 '업혀'는 한 대상이 다른 대상에 매달려 붙어 있는 형상이므로, '업혀' 있는 존재인 담쟁이덩굴이 '허공에서 허공으로 이동하고 있다'는 표현만으로는 공기를 누르고 수직 상승하고 있다고 판단하기 어렵다. 또한 담쟁이덩굴을 강인한 존재로 보기도 어려우므로 이와 같은 진술은 적절하지 않다.

오답 피하기 ② 새가 하늘에 '눌려' 납작하게 되었으면서도 날아가고 있다는 것은 새가 하늘의 무게를 견뎌 내고 있는 존재임을 나타낸다.

③ '버리며'는 꽃을 떨군 주체를 들찔레로 설정한 표현으로, 이를 통해 들찔레가 스스로 꽃을 떨어뜨린 능동적이고 주체적인 존재임을 드러내고 있다.

④ '얹힌다'는 대상 사이의 접촉을 전제한 단어이므로, 하늘이 돌멩이 위에 얹힌다는 표현을 통해 하늘과 돌멩이가 떨어져 있지 않고 맞닿아 있으며 돌멩이가 있는 땅과 하늘 역시 가까이 있음을 보여 준다.

⑤ 바위가 모래를 깔고 앉은 것이 아니라, 모래가 바위를 '들어올'렸다는 것은 모래가 바위를 지탱할 수 있는 존재임을 나타내는 것이다.

003

작품의 종합적 이해와 감상　　　　　　**정답 ④**

정답 해설 (가)에서 '길'을 '구겨진 넥타이'에 빗대어 표현함으로써 '길'을 도시적인 이미지와 연관 짓고 있기는 하지만, 이것이 도시에서 느껴지는 소외감을 표현한 것이라고 보기는 어렵다.

오답 피하기 ① '망명정부의 지폐'는 화폐로서의 가치를 상실한 것이므로, '낙엽'을 이에 빗대어 표현한 것은 낙엽이 생명력을 상실한 상황에 대해 느끼는 무상감을 나타낸 것으로 볼 수 있다.

② '돌팔매'의 하강 곡선을 '고독'이라고 표현한 것은 화자가 느끼는 외로움의 정서를 부각하기 위한 것으로 볼 수 있다.

③ '들찔레'가 '하얀 꽃'을 버리며 스스로 빈자리를 만들었다는 것은, 떨어진 꽃이 아닌 꽃이 떨어진 빈자리의 공간적 이미지를 떠올리도록 의도한 것으로 볼 수 있다.

⑤ (가)에서 '허공'을 향해 돌팔매를 던지는 행위는 황량한 생각을 버리기 위한 것이므로, '허공'은 황량한 생각을 드러내는 공허한 이미지로 활용됨을 알 수 있

고, (나)의 '담쟁이덩굴'이 '허공에서 허공으로' 이동하고 있다는 것은 '허공'이 감각으로 지각될 수 있는 공간임을 알 수 있게 한다.

교과서 개념 학습　　　　　　본문 12～13쪽

02 가 한호, 「짚방석 내지 마라 ～」

| 해제 | 이 작품은 인위적인 것을 거부하고 자연을 자연 그대로 즐기려는 화자의 자연 친화적인 태도를 담고 있다.

| 주제 | 자연 속에서 느끼는 안빈낙도의 즐거움

| 구성 | • 초장: 자연 그대로에 앉고자 함.
　　　• 중장: 자연의 일부인 달을 즐기고자 함.
　　　• 종장: 소박한 술상에 만족함.

나 김천택, 「백구야 말 물어보자 ～」

　　　수특 유사 작품

| 해제 | 이 작품은 자연 속에서 지내려는 화자의 마음을 갈매기에게 말을 건네는 방식으로 표현하고 있다.

| 주제 | 자연과 더불어 살고 싶은 마음

| 구성 | • 초장: 갈매기에게 말을 걺.
　　　• 중장: 갈매기에게 경치가 아름다운 곳을 물어봄.
　　　• 종장: 갈매기와 함께 자연에서 살고 싶어 함.

다 백문보, 「율정설」

| 해제 | 이 작품에서 서술자는 밤나무의 속성에 빗대어 윤 공의 삶의 태도를 이야기하고 그것을 통해 스스로를 조심하고 살피며 살 줄 알아야 한다는 교훈을 전달하고 있다.

| 주제 | 목표를 바라보며 정진하는 성실한 삶의 태도

| 구성 | • 처음: 밤나무를 좋아하는 윤 공
　　　• 중간: 밤나무의 속성과 미덕
　　　• 끝: 밤나무를 닮은 윤 공의 삶

연결 포인트

　　수능특강에서는 김천택의 시조 「백구야 놀라지 마라 ～」를 작자 미상의 시조 「백초를 다 심어도 ～」, 「개를 여남은이나 기르되 ～」와 함께 제시하고 표현상 특징을 파악하는 문항과 '방어 기제'와 관련한 외적 준거를 바탕으로 세 작품을 감상하는 문항이 출제되었습니다.

2017학년도 수능완성에서는 김천택의 또 다른 시조인 「백구야 말 물어보자 ~」를 한호의 「짚방석 내지 마라 ~」, 백문보의 「율정설」과 함께 제시하고 표현상 특징을 파악하는 문항과 시행의 의미를 파악하는 문항이 출제되었습니다.

이처럼 '백구'를 소재로 한 김천택의 시조는 고전 시가에서 자주 출제되는 표현상 특징을 파악하는 문항 출제에 활용되기도 하지만, 탈속적 세계를 상징하는 '백구'라는 소재를 중심으로 자연을 즐기며 살아가는 삶의 태도를 파악하고, 이러한 삶의 태도를 중심으로 시어나 시구의 의미를 파악하는 문항이 자주 출제됩니다. 그러므로 '백구'와 같은 자연물이 등장하는 작품들은 화자가 가지고 있는 자연 친화의 가치관, 탈속적 세계관에 주목하여 감상하는 것이 바람직합니다.

004

시상 전개 방식 파악   **정답 ④**

정답 해설 (다)에서는 자연물인 밤나무의 특징을 등장인물의 품성과 연관 지으며 대상이 지닌 덕목을 언급하고 있다.

오답 피하기 ① (나)에는 의인화가 사용되었지만, (가)에는 나타나 있지 않다.

② (나)에는 백구와 대조되는 대상이 제시되지 않았으며, 대상에 대해 경계심보다는 친밀감을 보이고 있다.

③ (다)에는 밤나무와 관련된 계절적 이미지가 제시되어 있는 반면 (나)에는 계절적 이미지가 드러나 있지 않다.

⑤ (다)에서는 서술자가 상대방이 말했던 사실을 돌이켜 생각하고 있으나 (가)와 (나)에는 회상의 장면이 제시되어 있지 않다.

005

시어, 시구의 의미와 기능 파악   **정답 ②**

정답 해설 화자는 자연물인 달을 통해 자연 친화적 태도를 드러내고 있지만 달의 모양 변화를 강조하고 있지는 않다. 또한 화자의 정서 변화도 나타나 있지 않다.

오답 피하기 ① 화자는 '짚방석 내지 마라'라고 거부의 의사를 표현하며 낙엽을 선택하고 있다. 이를 통해 자연 친화적인 태도를 드러내고 있다.

③ 자연 속에서라면 소박한 술상이라도 만족한다는 태도를 통해 화자의 흥취를 드러내고 있다.

④ '백구'에게 자신의 속마음을 말하는 행동을 통해 대상에 대한 친밀감을 드러내고 있다.

⑤ '명구승지'의 위치를 물은 화자가 이어서 '너와 게가 놀리라'라고 언급한 것을 토대로 할 때 화자가 바라는 바를 은연중에 제시하고 있음을 알 수 있다.

006

작품의 종합적 이해와 감상   **정답 ①**

정답 해설 (다)를 살펴보면 사람들이 늦었다고 말하였지만, 윤 공은 직무에 더욱 조심하며 충실히 임하는 모습을 보이고 있다.

오답 피하기 ② 윤 공은 맡겨진 책무에 충실한 인물이다. 하지만 (다)에는 자신의 목표를 성취하기 위해 새로운 진로를 모색하는 윤 공의 모습은 나타나 있지 않다.

③ (다)에는 곤궁한 삶을 사는 윤 공의 모습이 구체적으로 나타나 있지 않으며, 속세를 떠나 편안하게 사는 모습도 제시되어 있지 않다.

④ (다)에는 자신의 앞길을 가로막는 이들을 용서하는 윤 공의 모습이 나타나 있지 않다.

⑤ (다)에는 윤 공이 직무에 충실하여 그 결과 임금의 인정을 받은 모습이 나타나 있다. 그러나 직무에 충실한 모습 자체를 주변 사람들에게 돌아갈 혜택을 우선시한 것으로 보기는 어렵다.

교과서 개념 학습   본문 14~15쪽

03 〈가〉 작자 미상, 「일신이 살자 하였더니 ~」

| 해제 | 이 시조는 사람을 괴롭히는 '물 것'이 많아서 살기 어려움을 호소하고 있는 작품으로 해석될 수 있다. 그런데 여기에서 '물 것'은 단순히 '사람이나 동물의 살을 물어 피를 빨아먹는 벌레의 총칭'이라는 사전적 의미로 해석되기보다 '백성들을 착취하는 온갖 부류의 인간들'을 상징하는 것으로 볼 수 있다.

| 주제 | 세상살이의 어려움, 가렴주구를 일삼는 탐관오리 비판

| 구성 | • 초장: 무는 것으로 인한 세상살이의 괴로움
     • 중장: 무는 것들의 나열
     • 종장: 무는 것 가운데 쉬파리가 가장 지독함.

⬤ 작자 미상, 「한 눈 멀고 ~」

| 해제 | 이 시조는 '두터비', '백송골', '파리' 등을 의인화하여 당대 현실을 익살스럽게 풍자한 작품으로 읽을 수 있다. 특권층인 두터비가 힘없는 백성들을 괴롭히다가 자신보다 힘이 있는 존재 앞에서 비굴해하는 모습을 포착하여 풍자적으로 보여 주고 있다. 즉 힘 있는 자에게 굽실거리면서 힘없는 자 위에 군림하며 잇속을 채우는 데 혈안이 된 수령이나 아전들의 행태를 비꼬고 있는 작품이다.

| 주제 | 특권층(양반)들의 위선 폭로, 특권층의 허장성세 비판

| 구성 | • 초장: 파리를 물고 두엄 위에 있는 두터비의 모습
  • 중장: 백송골을 보고 깜짝 놀라 도망가다 엎어진 두터비 모습
  • 종장: 창피한 줄 모르고 허장성세를 드러내는 두터비의 독백

⬤ 작자 미상, 「밝가벗은 아해ㅣ들리 ~」

수특 유사 작품

| 해제 | 이 시조는 개천에서 잠자리를 잡고 있는 어린아이들의 상황을 그려 내면서 거짓으로 잠자리를 꾀어내는 모습을 형상화하고 있다고 볼 수 있다. 아이들의 잠자리 잡기를 통해 자신의 이익을 위해 남을 속이는 세태를 우의적 기법을 활용하여 풍자하고 있는 것이 특징이다.

| 주제 | 남을 속이는 세태에 대한 비판

| 구성 | • 초장: 개천을 왕래하는 '밝가벗은' 아이들
  • 중장: '밝가숭이'를 달콤한 말로 속임.
  • 종장: 약육강식의 험난한 세태

연결 포인트

수능특강에서는 작자 미상의 시조 「백초를 다 심어도 ~」가 김천택의 시조 「백구야 놀라지 마라 ~」, 작자 미상의 시조 「개를 여남은이나 기르되 ~」와 함께 출제되었고, 작자 미상의 「대천 바다 한가운데 ~」는 이존오의 「구름이 무심탄 말이 ~」, 성혼의 「말 없는 청산이오 ~」와 함께 출제되었습니다. 그리고 두 세트 모두 표현상 특징을 파악하는 문항과 외적 준거를 바탕으로 세 작품을 감상하는 문항이 출제되었습니다.

2016학년도 인터넷 수능 A형에서는 작자 미상의 「밝가벗은 아해ㅣ들리 ~」가 작자 미상의 「일신이 살자 하였더니 ~」, 「한 눈 멀고 ~」와 함께 출제되었습니다. 이중 「밝가벗은 아해ㅣ들리 ~」는 작자 미상의 「백초를 다 심어도 ~」와 같이 언어유희를 사용하고 있으며, 사설시조 세 작품은 모두 「대천 바다 한 가운데 ~」와 같이 사회 현실에 대한 경계와 함께 풍자적 성격을 가지고 있다는 점에서 공

통점이 있습니다.

이처럼 시조 작품 중에는 유사한 표현 방식이나 주제 의식을 가진 작품들이 많습니다. 개별 작품에 대한 깊이 있는 감상도 중요하지만, 문항 세트로 함께 구성된 작품들이 어떠한 공통점으로 엮이어 있는지를 염두에 두고 작품을 감상한다면 처음 보는 작품을 이해하거나 문항을 해결하는 데 도움이 될 수 있을 것입니다.

007

표현상의 특징 파악   정답 ②

정답 해설 대상을 열거하는 방식은 열거법을 의미한다. 열거법은 내용적으로 연결되거나 비슷한 어구를 여러 개 늘어놓아 전체의 내용을 표현하는 수사법으로, (가)는 이를 활용하여 내용을 전개하고 있다.

오답 피하기 ① (가)에서 대상의 모습을 형상화하기 위해 역설법을 활용한 부분은 찾아보기 어렵다.

③ 설의적 표현은 쉽게 판단할 수 있는 사실을 의문의 형식으로 표현하여 상대편이 스스로 판단하게 하는 방법이다. (나)에서 설의적 표현을 사용한 부분은 찾아보기 어렵다.

④ 시조에서 전체 시상을 집약하기 위해 종장에 '어즈버', '두어라' 등과 같은 감탄사를 활용하는 경우도 있다. 하지만 (다)의 종장에서는 감탄사를 활용하고 있지 않다.

⑤ (다)에서는 감정 이입의 기법을 통해 대상에 대한 친밀감을 드러내고 있지 않다.

008

작품 간의 공통점, 차이점 파악   정답 ③

정답 해설 (가)와 (나)는 모두 백성들을 괴롭히는 부정적 세력의 행태에 대한 비판을 담고 있는 작품이다. 즉 (가)는 가렴주구를 일삼는 탐관오리의 행태, (나)는 힘없는 백성들을 괴롭히는 탐관오리의 행태에 대한 비판을 드러내고 있다.

오답 피하기 ① 남을 속이는 부정적인 세태에 대한 풍자는 (다)에만 나타나 있다. (가), (나) 모두에 나타나 있지 않다.

② 권력 앞에 비굴해지는 탐관오리의 행태에 대한 고발은 (나)에만 나타나 있다.

④ 지배층의 허장성세에 대한 풍자는 (나)에 드러나 있으나 (나)에 현학적 태도가 나타나 있지는 않다.

⑤ 아첨하며 위선을 떠는 특권층의 모습에 대한 비판은 (가), (나) 모두에 나타나 있지 않다.

009

외적 준거에 따른 작품 감상   **정답 ④**

정답 해설 '지행합일(知行合一)'은 '지식과 행동이 서로 맞음.'을 일컫는 말이다. ㉣에는 아이들이 잠자리를 잡기 위해 거짓으로 잠자리를 꾀어내는 상황이 그려져 있을 뿐, 지행합일에 대한 당위성이 강조되고 있지는 않다.

오답 피하기 ① 주변에서 쉽게 접할 수 있는 대상인 '물 것(무는 것)'을 통해 일상생활의 어려움을 토로하고 있다.

② 비뚤어진 시선을 통해 비판하고자 하는 대상인 '두 터비'의 모습을 '한 눈 멀고 한 다리 저는' 모습으로 설정하고 있다.

③ 풍자의 대상인 '두터비'가 자기 합리화를 하고 있는 모습을 통해 해학성을 드러내고 있다.

⑤ 발가벗은 아이들이 잠자리를 거짓으로 꾀어내는 상황을 세상사에 확대하여 적용하고 있다.

교과서 개념 학습   본문 16~17쪽

04   **가 임제, 「무어별」**

| 해제 | 이 작품의 제목인 '무어별'은 '말 못하고 헤어지다.'라는 뜻이다. 이 작품은 사랑하는 사람을 두고도 다른 사람들의 시선을 의식해 말 못하고 돌아선 소녀의 애틋한 마음을 제3자(관찰자)의 시각에서 표현하고 있다. 봉건적인 권위주의와 남녀유별이 엄격하던 시대에 절실한 사랑을 마음속으로만 간직한 채 남모르게 눈물 흘리는 소녀(여인)의 심정을 섬세하게 반영하고 있다.

| 주제 | 임과 이별한 소녀의 정한

| 구성 | • 1~2행: 소녀가 임과 말도 못하고 헤어짐.
        • 3~4행: 소녀가 달을 보고 남몰래 눈물을 흘림.

나 서경덕, 「ᄆᆞ음이 어린 후ㅣ니 ~」

   수특 동일 작품

| 해제 | 이 작품은 조선 중종 때의 도학자인 서경덕이 황진이를 그리워하며 지은 시조로 알려져 있다. 초장은 인간의 본능인 사랑 앞에서는 어쩔 도리가 없는 작가 자신의 한계를 지적하는 내용이고, 중장에서는 만중운산, 즉 구름이 첩첩이 겹친 험하고 깊은 산중에 있어 임이 올 수 없는 상황을 제시하여 애타는 심정을 토로하고 있다. 그리고 종장에서 감정이 한껏 고조되어 나뭇잎 지는 소리나 바람 소리가 마치 임의 발자국 소리나 옷깃 스치는 소리가 아닌가 하고 기대하는 작가의 간절함이 드러나고 있다. 이성적 판단을 넘어서는 본능적 그리움이 잘 형상화된 작품이다.

| 주제 | 임에 대한 기다림과 그리움

| 구성 | • 초장: 자신이 하는 일이 어리석다고 여김.
        • 중장: 임이 올 수 없다는 것을 알고 있음.
        • 종장: 잎이 지고 바람이 부는 소리에 임이 왔다고 착각함.

다 작자 미상, 「개를 여라믄이나 기르되 ~」

   수특 동일 작품

| 해제 | 이 작품은 기다려도 오지 않는 임에 대한 원망을 짖는 개와 관련지어 해학적으로 표현한 사설시조이다. 임이 오기를 기다리는 화자의 간절한 마음이 기다려도 오지 않는 임에 대한 미움과 원망으로 변하였는데, 화자는 그것을 개에게 전가하여 화풀이를 하고 있다. 임을 기다리는 마음을 구체적이면서도 익살스럽게 표현하고 있다.

| 주제 | 임을 기다리는 마음

| 구성 | • 초장: 기르는 개 중에 얄미운 개가 있음.
        • 중장: 미워하는 임은 반기고 사랑하는 임은 돌아가게 하는 개
        • 종장: 쉰밥이 생겨도 얄미운 개에게는 먹이고 싶지 않음.

연결 포인트

    수능특강에서는 작자 미상의 시조 「개를 여남은이나 기르되 ~」가 김천택의 「백구야 놀라지 마라 ~」, 작자 미상의 「백초를 다 심어도 ~」와 함께 출제되었고, 서경덕의 「마음이 어린 후이니 ~」는 김영의 「연 심어 실을 뽑아 ~」, 작자 미상의 「마음이 지척이면 ~」, 「가슴에 구멍을 둥시렇게 뚫고 ~」와 함께 구성되었습니다. 그리고 각각의 문항 세트는 모두 표현상의 특징을 묻는 문항과 외적 준거에 따른 작품 감상 능력을 평가하는 문항이 출제되었습니다.

2018학년도 수능특강에서는 작자 미상의 「개를 여라믄 이나 기르되 ~」와 서경덕의 「ᄆᆞ음이 어린 후ㅣ니 ~」가 임제의 한시 「무어별」과 함께 구성되었으며, 세 작품의 화자에게서 확인할 수 있는 공통점 찾기, 시어의 역할과 의미 파악과 관련한 문항이 출제되었습니다. 그리고 「개를 여라믄이나 기르되 ~」와 관련하여 시적 대상과 화자와의 관계를 바탕으로 작품의 창작 의도를 파악하는 문항이, 「ᄆᆞ음이 어린 후ㅣ니 ~」는 다른 시조 작품에 공통적으로 사용된 시어의 기능과 역할에 대해 묻는 문항이 출제되었습니다.

이처럼 시조는 작자층이 넓고 다양한 주제의 작품이 창작되었으며, 각 작품들마다 여러 가지 특징적인 표현 방법이 사용되기도 하고 짧은 형식 안에 상징적 의미를 지닌 시어들이 사용되는 특징이 있습니다. 그러므로 수능특강에 제시된 시조 작품을 감상하며 화자의 정서, 시어나 시구의 의미, 표현 방법, 주제 의식을 파악해 보고 이를 정리해 보는 경험을 반복하는 것이 중요합니다.

010

작품 간의 공통점, 차이점 파악   정답 ①

정답 해설 (가)는 임과 이별한 어린 아가씨의 슬픔을, (나)는 사랑하는 임을 기다리는 간절한 심정을, (다)는 아무리 기다려도 오지 않는 임에 대한 마음을 드러내고 있다. 즉 (가)~(다) 모두 임이 부재하는 상황이며, 그로 인한 화자의 정서가 표출되고 있다.

오답 피하기 ② (나)는 '만중운산'에서 고립을 떠올릴 여지가 있지만 (가)~(다) 모두 고립된 처지를 벗어나기 위한 방법을 찾는 모습은 나타나지 않는다.
③ (가)~(다)에 현실의 고통으로 볼 수 있는 상황은 나타나지만, 자연물에 의지해 고통을 잊으려 하는 내용은 찾을 수 없다.
④, ⑤ (가)~(다) 모두 관련이 없다.

011

시어, 시구의 의미와 기능 파악   정답 ⑤

정답 해설 (다)의 '쉰밥'은 개에게 주는 먹이이지 그 자체가 개의 행동을 막기 위한 노력의 결과는 아니다. '쉰밥'을 개에게 먹이지 않으려는 것은 얄미운 개에 대한 화자의 보복에 해당한다.

오답 피하기 ① (가)의 '열다섯 아리따운 아가씨'는 표면에 등장하지 않는 화자가 관찰자적인 입장에서 바라보는 대상이다.
② (가)의 '배꽃 사이 달'은 임과 이별한 아가씨가 바라보며 눈물을 흘리는 대상이므로, 애상감을 부각하는 소재로 볼 수 있다.
③ (나)의 'ᄒᆞᄂᆞᆫ 일이 다 어리다'는 임과 헤어진 후 자신의 모든 행동이 어리석다고 토로하는 것이므로, 화자 자신의 행동에 대한 평가로 볼 수 있다.
④ (나)의 '만중운산'은 첩첩이 겹쳐 구름이 덮인 산을 의미하는데, 화자는 현재 이 산속에 머무르고 있다. 화자는 이곳에 임이 찾아오기 어렵다고 생각하고 있으므로, '만중운산'은 화자와 임 사이를 가로막는 장애물로 볼 수 있다.

012

외적 준거에 따른 작품 감상   정답 ⑤

정답 해설 ㉠과 ⓐ는 임을 기다리던 화자가 듣고서 일시적으로 임이 오는 것이라고 기대감을 갖게 만드는 소재이다. 다만 진짜 임이 찾아온 것이 아니므로, 이러한 기대감이 지속되지는 않는다.

오답 피하기 ① (나)에 계절의 변화는 나타나지 않는다. ⓐ는 임이 오는 것이라 여기게 만들기 때문에 심경의 변화를 유발하는 것이라 할 수 있다.
② ㉠은 임이 오는 소리라는 착각을 유발하나, ⓐ가 화자의 회상을 유발하는 것은 아니다.
③ (나)와 〈보기〉에 시련이 다가올 것을 상징하는 내용은 나타나지 않는다. 그러므로 ㉠과 ⓐ는 다가올 시련을 상징한다고 볼 수 없다.
④ ㉠과 ⓐ는 화자가 임이 오는 것이라고 기대하게 만드는 대상으로 임과 직접적인 관계가 없기 때문에 화자와 임을 결속하는 매개체로 볼 수 없다.

013

외적 준거에 따른 작품 감상   정답 ④

정답 해설 (다)의 화자는 임이 오기를 기다리는 간절한 마음이나 아무리 기다려도 오지 않는 임(기다림의 대상)에 대한 원망의 감정을 드러내려는 의도로 이 작품을 지은 것이지, 더 이상 기다리지 않고 적극적으로 임을 찾아가겠다는 각오를 드러내기 위해 이 작품을 지은 것은 아니다.

오답 피하기 ① ㉮에서 화자는 얄미움을 느끼는 개의 행동을 '홰홰', '버둥버둥', '캉캉' 등의 다양한 음성 상징어를 사용하여 해학적으로 표현하고 있다.

② ㉯에서 화자는 오지 않는 임을 그리워하다가 지쳐 원망하고 있다. 즉 임에 대한 애정과 원망이 섞인 미묘하고 복합적인 심리를 나타낸다고 볼 수 있다.

③ ㉰에서 문제가 되는 상황은 화자가 아무리 기다려도 임이 오지 않는 것이다. 만약 임이 찾아와 화자를 만난다면 이러한 상황은 해소될 가능성이 있을 것이다.

⑤ 화자는 아무리 기다려도 오지 않는 임 때문에 발생한 원망을 개에게 전가하고 있다. 즉 개는 일종의 화풀이 대상으로 볼 수 있다.

교과서 개념 학습   본문 18~19쪽

05 김수영, 「어느 날 고궁을 나오면서」

수특 동일 작품

| 해제 | 이 작품은 소시민으로 살아가는 화자가 자신을 성찰하는 모습을 통해 부조리한 권력과 사회 현실에 대한 비판적 의식을 드러내고 있다. 화자는 어느 날 고궁을 나오면서 권력의 부조리함에 대해서는 저항하지 못하고 사소한 일에만 분개하는 자신의 모습을 발견한다. 화자는 이러한 자신의 모습을 부끄럽게 여기면서 자신이 모래나 먼지만큼 보잘것없는 존재라고 자조한다. 이 작품에는 자신의 비겁함을 인지하면서도 불합리한 역사에 용감하게 대응하지 못하는 화자의 성찰이 담겨 있다.

| 주제 | 부정한 권력과 사회적 부조리에 저항하지 못하는 소시민의 삶

| 구성 | • 1~2연: 조그마한 일에만 분개하는 '나'
• 3연: 포로 수용소 시절부터 지속된 '나'의 옹졸한 삶
• 4연: 왜소한 '나'의 모습 인식
• 5연: 절정에서 비켜서 있는 '나'의 소시민적 삶
• 6연: 작은 일에만 반항하는 '나'의 옹졸한 삶
• 7연: 옹졸하게 살아가는 자신에 대한 자조적 태도

연결 포인트

수능특강에서는 문학 작품의 사회·문화적, 역사적 맥락에 주목하여 김수영의 「어느 날 고궁을 나오면서」를 출제하였습니다. 「어느 날 고궁을 나오면서」에는 1965년 당시의 역사적 상황이 잘 담겨 있습니다. 6·25의 상처가 아물지도 못했으며, 독재를 끝내자는 4·19 혁명은 온전한 결실을 거두지 못한 채 군사 정변이 일어났습니다. 이런 분위기 속에서 대부분의 시민들은 소시민적 삶의 태도에 젖어 사회적 이슈에 침묵하는 일상을 영위한 것입니다.

2013학년도 9월 고2 학력평가 A형에서는 김수영의 「어느 날 고궁을 나오면서」가 단독으로 출제되었습니다. 자신의 소시민적이고 속물적인 근성을 피하지 않고 정직하게 바라본 김수영 시의 특징에 주목한 것입니다. 작품 창작과 관련된 역사와 현실의 배경을 염두에 두고 작품을 감상한다면 어렵지 않게 문항들을 해결해 나갈 수 있을 것입니다.

014

표현상의 특징 파악   정답 ②

정답 해설 ㉡을 보면 과거의 경험이 나타난다. 하지만 이는 '옹졸한 나의 전통은 유구'한 상황이 과거부터 현재까지 지속되었음을 나타내는 경험이므로 정서의 변화를 찾을 수는 없다.

오답 피하기 ① 화자는 중요하고 커다란 일에 저항하거나 분노하지 못하고 조그만 일에만 분개하는 자기 자신의 비겁한 태도에 대해 자조적인 태도를 취하고 있다.

③ '절정 위에는 서 있지'와 '않고' 사이를 의도적으로 행갈이를 하여 서 있지 않다는 진술을 강조하고 있다.

④ 권세가 없는 '이발쟁이'와 자본을 가진 '땅주인'을 대비하면서 권세가 있는 자들에게 저항하지 못하는 상황을 드러내고 있다.

⑤ 모래, 바람, 먼지, 풀을 반복적으로 변주하여 권력에 저항하지 못하고 정의롭지 못한 모습을 비판하며 주제 의식을 강조하고 있다.

015

시어, 시구의 의미와 기능 파악   정답 ①

정답 해설 1연에서 시적 화자가 비판하고자 하는 대

상은 설렁탕집 주인이 아니라 '왕궁'으로 상징되는 절대 권력이다. 따라서 비속어의 사용은 설렁탕집 주인을 비판하고자 한 것이 아니라 '왕궁'을 비판하지 못하는 자신의 소시민적이고 속물적인 자기비판을 드러내는 것이다.

오답 피하기 ② 2연에서 화자는 '월남 파병에 반대하는 자유를 이행하지 못하'는 자기 자신의 소시민적 모습에 대해 깨닫고 있다.

③ 3연에서 '옹졸한 나의 전통은 유구하'다고 하는 것은 자신의 모습을 정직하게 바라본 화자의 판단이라 할 수 있다.

④ 5연에서 화자는 '절정 위에' 서 있지 않고 '비켜서 있'는 자신을 '조금쯤 / 비겁한 것이라고' 노래하고 있다. 이는 기존 질서에 적극적으로 대항하지 못하는 자신의 모습을 표현한 것이라 할 수 있다.

⑤ 7연에서 '나는 얼마큼 작으냐'는 화자의 노래는 스스로를 향한 비판으로 이러한 비판은 역사와 현실의 불합리에 맞서는 힘이 될 수 있다.

적용 학습

001 ①	002 ④	003 ②	004 ③	005 ②	006 ②
007 ④	008 ⑤	009 ⑤	010 ④	011 ⑤	012 ②
013 ①	014 ④	015 ④	016 ④	017 ⑤	018 ②
019 ⑤	020 ③	021 ⑤	022 ①	023 ⑤	024 ④
025 ④	026 ③	027 ②	028 ①	029 ③	030 ⑤
031 ④	032 ⑤	033 ④	034 ②	035 ④	036 ②
037 ②	038 ④	039 ①	040 ④	041 ④	042 ②
043 ③	044 ③	045 ②	046 ④	047 ①	048 ⑤
049 ④	050 ①	051 ②	052 ④	053 ②	054 ④
055 ⑤	056 ②	057 ④	058 ①	059 ④	060 ②
061 ②	062 ②	063 ①	064 ③	065 ②	066 ③
067 ④	068 ②	069 ②	070 ⑤	071 ③	072 ②
073 ④	074 ①	075 ④	076 ④	077 ④	078 ①
079 ②	080 ④	081 ②	082 ⑤	083 ①	084 ④
085 ④	086 ①	087 ②	088 ③	089 ⑤	090 ④
091 ④	092 ②	093 ③	094 ③	095 ⑤	096 ②
097 ②	098 ①	099 ②	100 ④	101 ③	102 ⑤
103 ②	104 ③	105 ①	106 ⑤	107 ③	108 ④
109 ②	110 ④	111 ⑤	112 ③	113 ④	114 ⑤
115 ①	116 ②	117 ⑤	118 ②	119 ③	120 ④
121 ④	122 ②	123 ④	124 ③	125 ②	126 ①
127 ③	128 ②	129 ③	130 ④	131 ③	132 ①
133 ⑤	134 ②	135 ④	136 ③	137 ③	138 ⑤
139 ④	140 ②	141 ③	142 ③	143 ⑤	144 ①
145 ②	146 ③	147 ②	148 ④	149 ④	150 ⑤
151 ②	152 ②	153 ②	154 ⑤	155 ④	156 ③
157 ③	158 ②	159 ①	160 ⑤	161 ①	162 ②
163 ④	164 ②	165 ①	166 ②	167 ⑤	168 ②
169 ④	170 ④	171 ②	172 ②	173 ⑤	174 ③
175 ②	176 ①	177 ③	178 ⑤	179 ③	180 ②
181 ③	182 ⑤	183 ③	184 ②	185 ①	186 ②
187 ⑤	188 ②	189 ③	190 ④	191 ⑤	192 ①
193 ③	194 ③	195 ②	196 ④	197 ⑤	198 ②

적용 학습
본문 22~25쪽

01 가 향가와 고려 속요의 구비 문학적 특성

| 해제 | 이 글은 향가와 고려 속요의 구비 문학적 특성에 대해 설명하고 있다. 자료에 따르면 향가는 구술로 연행되고 전파되었으며 후대에 이르러 문자로 기록되었으리라 짐작할 수 있다. 고려 속요 역시 민요에 뿌리를 두고 있기에 구비 문학적 요소를 강하게 지니고 있다. 향가와 고려 속요의 구비 문학적 특성들은 한국 시가사의 전통이라 할 수 있다.

| 주제 | 향가와 고려 속요의 구비 문학적 특성

| 구성 | • 1문단: 구비 문학과 기록 문학의 분류에 대한 이의
• 2문단: 향가의 구비 문학적 특성
• 3문단: 고려 속요의 구비 문학적 특성
• 4문단: 향가와 고려 속요의 구비 문학적 차이
• 5문단: 우리 시가사에 이어져 온 구비 문학적 전통

나 충담사, 「찬기파랑가」
수특 동일 작품

| 해제 | 이 작품은 신라 시대 충담사가 기파랑이라는 화랑의 인품을 기리기 위해 지은 향가이다. 달, 물, 자갈, 잣나무 등의 자연물을 통해 기파랑의 인격을 형상화하여 예찬하고 있다.

| 주제 | 기파랑의 인품에 대한 추모와 예찬

| 구성 | • 1~5행: 달, 물과 같은 기파랑의 인품
• 6~8행: 기파랑의 뜻을 따르고자 함.
• 9~10행: 잣나무와 같은 기파랑의 고결함

다 작자 미상, 「서경별곡」

| 해제 | 이 작품은 조선 전기까지 궁중에서 애창된 고려 속요이다. 각 연의 끝에 후렴이 붙어 있는 연장체의 작품이며, 3연으로 구성되어 있다. 1연은 이별의 아쉬움을 그리고 있으며, 2연은 임을 향한 믿음을 드러내고 있다. 3연은 임을 태우고 떠나는 뱃사공에 대한 원망을 통해 임을 향한 애원을 드러내고 있다. 이 가운데 2연은 「정석가」의 내용과 일치하는데, 이는 당대에 널리 유행하던 민요가 합쳐진 것으로 짐작된다.

| 주제 | 이별의 슬픔과 사랑의 믿음

| 구성 | • 1연: 이별의 아쉬움과 임과 함께하고자 하는 의지
• 2연: 변함없는 사람에 대한 믿음
• 3연: 떠나는 임에 대한 애원과 걱정

연결 포인트

수능특강에서는 충담사의 향가 「찬기파랑가」가 이양연의 한시 「반월」과 함께 구성되어 두 작품 모두에 사용된 '달'이라는 소재의 속성과 기능을 파악하는 문항과 '비유와 상징'에 대한 외적 준거를 바탕으로 시어와 시구의 의미를 파악하는 문항이 출제되었습니다.

2018학년도 수능완성에서는 '향가와 고려 속요'에 대한 문학 이론 형식의 글을 (가)로 제시하고, (나)와 (다)에 향가인 「찬기파랑가」와 고려 속요인 「서경별곡」을 각각 제시하였습니다. 이러한 유형은 2015 개정 교육과정이 적용된 후 교육과정 평가원에서 제시하였던 예비 시행에 등장했던 유형입니다. 문항 구성은 이론 형식의 글에 대한 사실적 이해를 확인하는 문항, 문학사적 맥락에서 향가와 고려

속요의 향유 과정을 이해하는 문항, 두 작품에 사용된 시어의 기능과 의미에 대한 문항이 출제되었습니다.

이처럼 향가와 고려 속요는 시조나 가사보다는 출제 빈도가 적지만 2018학년도 수능완성에 제시된 형태로 출제될 수 있습니다. 특히 향가의 경우, 향찰로 기록되어 있기 때문에 의미 해석이나 문학적 특징을 파악하기 위해서는 추가적인 설명이 필요한 경우가 많아 이와 관련된 문학 이론 형식의 글이 등장하기 쉽습니다. 그러므로 향가와 고려 속요의 경우 개별 작품에 대한 이해도 중요하지만 문학사적인 맥락에서 향가와 고려 속요가 어떠한 특징을 가지고 있고, 어떤 과정으로 향유되고 발전되어 왔는지를 함께 학습해 두는 것이 바람직합니다.

001

갈래의 역사와 변천 과정   정답 ①

정답 해설 (가)의 2문단에서 자료들을 통해 향가가 음성 언어로 실현되고 연행되었음을 알 수 있다고 서술하고 있다. 그러나 창작이 문자 언어로 이루어졌는지 여부는 제대로 알기 어렵다고 하였다. 따라서 창작, 향유, 전승이 모두 이원적으로 이루어졌다고 확정하기 어렵다.

오답 피하기 ② (가)의 3문단에 따르면 고려 속요는 민요에 뿌리를 두고 있으며 궁중에서 군신이 함께 향유했음을 알 수 있다.
③ 한글 창제 이전에 향유된 고려 속요의 우리말 가사는 당연히 암송과 기억에 의존해서 향유될 수밖에 없었다.
④ (가)의 4문단에서 '시가'라는 명칭이 '노래'라는 표지를 강조하는 명칭임을 알 수 있다. 이는 음성 언어로 연행되는 구비 문학의 특성이 반영된 용어이다.
⑤ (가)의 마지막 문단에서 시조에서도 구비 문학적 특성들이 나타난다고 하였다. 한글이라는 문자가 있었어도 이와 무관하게 구비 문학으로 향유되었음을 추측할 수 있다.

002

갈래의 특징과 성격   정답 ④

정답 해설 (가)에 따르면 고려 속요는 창작과 연행·전

승이 모두 음성 언어로 이루어지는 구비 문학이다. 기록으로 정착된다고 하더라도 노랫말의 민요적 성격이 사라지는 것도 아니고, 기록 문학으로 완전히 변하는 것도 아니다.

오답 피하기 ① (가)에 따르면 (나)는 임금이 높이 평가할 정도로 유명한 작품이고, 따라서 궁중에서도 연행되었으리라 추측할 수 있다. 궁중에서 임금과 신하들이 글을 읽는 방식으로 향가를 향유했는지 여부는 모르지만, 향가의 연행 방식에 대한 『균여전』의 기록을 참고하면 듣고 외우고 읊조리는 향유 방식이 있었을 것이라는 추측은 충분히 개연성이 있다.
② (가)에 따르면 (나)는 구술로 연행되고 전파되다가 고려 시대에 이르러 문헌에 기록되었으며, 전승되는 동안 노랫말에 크고 작은 변개가 있었으리라 추측할 수 있다.
③ (가)에 따르면 고려 속요는 민요에 뿌리를 두고 있어 민요의 특성인 '애정과 관련된 진솔한 감정 표현'이 고스란히 나타난다. 고려 속요 작품 속 남녀 간 애정은 궁중에서 군신들에 의해 향유되는 과정에서 충성심 등의 군신 간 도리로 치환되어 이해되기도 했으리라 추측할 수 있다.
⑤ (가)에 따르면 고려 속요에 삽입된 여음은 민요적 특성으로부터 비롯된 것이다. 따라서 고려 속요가 음악으로 연행되는 현장에서 여음이 작품에 대한 감흥을 높이는 역할을 했으리라 추측할 수 있다.

003

작품의 내용 파악   정답 ②

정답 해설 (가)의 ㉠에 따르면 (나)는 높은 뜻을 드러내고 있는 작품이다. (나)는 기파랑의 인품을 찬양한 작품으로, '눈이라도 덮지 못할' 잣나무 가지는 기파랑의 고매한 인품을 의미하는 시어이다.

오답 피하기 ① (나)의 '달'은 기파랑의 인품을 비유적으로 묘사한 것이다. '물가'는 기파랑의 모습을 찾는 공간으로, '달'과 '물'의 이미지가 대립적으로 나타나 있지는 않다.
③ (다)의 '질삼뵈'는 임과 함께하기 위해 화자가 희생시키는 대상이다. '질삼뵈'가 임과의 사랑을 방해하는 환경이라는 진술은 적절하지 않다.

④ (다)의 2연은 바위에 떨어져도 끊어지지 않는 끈처럼 임을 향한 마음은 끊어지지 않으리라는 믿음을 드러내고 있다. '녀신들'의 선어말 어미 '-시-'에 주목하면 천년을 혼자 살아가는 것은 화자 자신이 아니라 사랑하는 임임을 알 수 있다.

⑤ (다)의 화자는 임이 대동강을 건너가 '건너편 곳'을 꺾는 상황에 대해 걱정하고 있다. 이는 떠난 임이 다시 돌아오지 않는 상황에 대한 염려를 나타내는 것으로, 화자가 추구하는 이상적인 사랑과는 거리가 멀다.

004

화자의 태도 및 어조, 정서 파악　　　　　　정답 ③

정답 해설　1연에서는 임을 따라가겠다고 할 정도의 애착이, 3연에서는 임이 강을 건넌 후 그곳에서 다른 사람을 만날 것이라는 불신감이 드러나고 있다. 임에 대한 애착과 불신감은 양가적 감정으로 볼 수 있다.

오답 피하기　① 1연에서 임의 사랑을 믿고 있는지 여부는 확실히 알 수 없고, 2연에서는 서로 떨어져서 살고 있는 임과 화자 사이의 신뢰에 대한 믿음이 지배적인 정서이다.

② 1연에서 떠나는 임을 따라나서겠다고 했지 그를 만류하는 태도는 보이지 않는다. 2연에서는 영원한 이별에 대한 예감이나 재회에 대한 기대가 나타나지 않는다.

④, ⑤ 2연은 이별에 대한 운명론적인 수용이 아니라 영원한 신뢰가 주되게 나타난다. 임을 기다리는 마음이 함축되어 있다고 할 수도 있다. 3연에서는 임이 강을 건넌 뒤에 다른 사람을 만나게 될 것이라는 불안은 나타나 있어도 이별에 대한 책임을 임에게 전가하는 태도는 드러나지 않는다. 사공에게 건네는 말에는 연민의 정서가 아니라 원망의 정서가 담겨 있다.

적용 학습　　　　　　　　　　　　　본문 26~27쪽

02 **가 임제, 「무어별」**

수특 유사 작품

| 해제 | 이 작품의 제목인 '무어별'은 '말 못하고 헤어지다.'라는 뜻이다. 이 작품은 사랑하는 사람을 두고도 다른 사람들의 시선을 의식해 말 못하고 돌아선 소녀의 애틋한 마음을 제3자(관찰자)의 시각에서 표현하고 있다. 봉건적인 권위주의와 남녀유별이 엄격하던 시대에 절실한 사랑을 마음속으로만 간직한 채 남모르게 눈물 흘리는 소녀(여인)의 심정을 섬세하게 반영하고 있다.

| 주제 | 임과 이별한 소녀의 정한

| 구성 | ・1~2행: 소녀가 임과 말도 못하고 헤어짐.
　　　　・3~4행: 소녀가 달을 보고 남몰래 눈물을 흘림.

나 황진이, 「영반월」

수특 유사 작품

| 해제 | 이 시는 하늘에 있는 달을 견우와 헤어진 후에 직녀가 자신의 빗을 던져 놓은 것이라고 표현하여 임과 이별한 여인의 애절한 심정을 잘 표현하고 있는 한시 작품이다.

| 주제 | 임에 대한 그리움

| 구성 | ・1~2행: 달을 직녀의 빗에 비유함.
　　　　・3~4행: 달을 직녀의 시름이 투영된 것으로 봄.

연결 포인트

수능특강에서는 이양연의 한시 「반월」과 충담사의 향가 「찬기파랑가」가 함께 제시되었으며, 두 작품에 공통적으로 사용된 '달'이라는 소재의 기능과 의미를 묻는 문항, 시구의 의미를 묻는 문항, 외적 준거에 따라 작품을 감상하는 문항이 출제되었습니다.

2016학년도 인터넷 수능 B형에서는 역시 '달'을 소재로 한 황진이의 한시 「영반월」과 임제의 한시 「무어별」이 함께 구성되고 두 작품의 표현상 특징을 묻는 문항이 출제되었습니다. 특히 「영반월」에 사용된 소재인 '반월(달)'과 관련한 발상과 창작 과정을 확인하는 문항이 출제되었습니다.

이처럼 특정한 소재를 바탕으로 개성적인 발상을 통해 창작된 시가 작품들은 이와 유사한 소재가 사용된 다른 작품과 함께 구성되고 공통된 소재와 관련한 문항이 출제되는 경우가 많습니다. 학습의 과정 속에서 개성적인 발상이 돋보이는 작품이나 특정 소재의 사용이 두드러지는 작품의 경우 이러한 요소들이 출제의 요소가 되는 경우가 많으므로 잘 기억해 두는 것이 좋습니다.

005

작품 간의 공통점, 차이점 파악　　　　　　정답 ②

정답 해설　(가), (나) 모두 자연적 배경인 달을 활용하여 이별의 정서를 드러내고 있다.

오답 피하기　① (가)의 '배꽃'에서 계절감을 확인할 수

있지만, (나)에서는 계절감과 관련된 시어를 찾을 수 없다.

③ (나)에는 의문형 문장이 보이지만, (가)에는 보이지 않는다.

④ (가), (나) 모두 시적 대상이 드러나 있지만 화자의 시선에 따른 객관적인 묘사로 보기 어렵다.

⑤ (가)와 (나) 모두에서 색채 이미지의 대비가 나타난 부분은 찾아볼 수 없다.

006

외적 준거에 따른 새로운 가치 발견 　　　　정답 ②

정답 해설 '남 보기 부끄러워'에서 '남'은 불특정 다수를 의미하는 것이다. 이 시의 시적 화자는 제삼자의 눈으로 대상을 관찰하고 있으므로 부끄러움의 대상이라고 단정하기 어렵다.

오답 피하기 ① '제삼자의 눈으로 여성을 관찰하여' 시를 썼다는 〈보기〉를 참고했을 때, 이 시의 관찰 대상은 '열다섯 살 월나라 시냇가 아가씨'로 볼 수 있다.

③ '말 못하고 헤어졌네'에서 드러난 것은 관찰 대상인 여성의 행동이다.

④ '배꽃 비추는 달'은 관찰 대상인 여성의 정감을 드러내기 위한 경물로 볼 수 있다.

⑤ '눈물 흘리네'는 그립지만 표현하지 못하는 여성의 안타까움이 드러나는 행동으로 볼 수 있다.

007

배경 및 소재의 기능 파악 　　　　정답 ④

정답 해설 이 시에서 견우와 이별한 허탈한 마음에서 직녀가 빗을 창공에 던진 것이므로 창공은 허탈감을 상징한다고 볼 수 있다.

오답 피하기 ① 하늘의 달을 사랑의 상징인 '빗'으로 바꾸어 표현하였다.

② 사랑을 위해 아름답게 단장하는 도구로 바꾸어 표현한 것이다.

③ 견우와 이별한 심정을 표현한 것으로 볼 수 있다.

⑤ 사랑의 상징인 빗을 던져 버린 행위는 사랑이 끝났기 때문에 더 이상 단장할 필요가 없다는 것을 의미한다고 볼 수 있다.

03 ㉮ 작자 미상, 「사모곡」
　　수특 동일 작품

| 해제 | 이 작품은 작자를 알 수 없는 고려 속요 가운데 하나이다. 어머니의 사랑을 낫에, 아버지의 사랑을 호미에 비유하고는 어머니의 사랑이 아버지의 그것보다 훨씬 섬세하고 깊다는 내용을 소박한 어조와 극진한 태도로 표현하였다. 『악장가사』와 『시용향악보』에 전한다.

| 주제 | 아버지의 사랑보다 더 섬세하고 깊은 어머니의 사랑

| 구성 | • 1~2행: 호미와 낫의 비교
　　　• 3~5행: 어머니와 아버지의 사랑 비교
　　　• 6행: 어머니의 사랑 예찬

㉯ 작자 미상, 「상저가」

| 해제 | 이 작품은 작자와 연대를 알 수 없는 고려 속요로 『시용향악보』에 전한다. 이른바 '방아타령'의 일종에 속하는 노래로 알려져 있는데, '상저'라는 명칭은 절구통에 둘러서서 노래를 하며 방아를 찧는 행위를 뜻한다. 아무런 수식이 없는 평범하고 짧막한 표현을 통해 촌부의 소박하고 순수한 생활상과 효심이 있는 그대로 드러나 있다. 다만 이 작품이 실려 있는 『시용향악보』에는 노랫말 전체를 다 싣지 않는 경우가 많아, 「상저가」도 이 짧은 내용이 곧 노랫말 전체는 아니었을 가능성을 열어 둘 필요가 있다.

| 주제 | 한 촌부의 일상적인 노동 속에서의 소박한 효심

| 구성 | • 1~2행: 생활 속의 노동
　　　• 3~4행: 소박한 효심

▶ **연결 포인트**

　　수능특강에서는 작자 미상의 고려 속요 「사모곡」이 문충의 한시 「오관산」, 작자 미상의 경기체가 「오륜가」와 함께 구성되었습니다. 그리고 문항으로는 세 작품의 공통점을 파악하는 문항, 시행의 의미를 파악하는 문항 등이 출제되었습니다.

　　2016학년도 인터넷 수능 B형에서는 「사모곡」과 작자 미상의 「상저가」가 함께 구성되었으며, 두 작품의 형식과 표현상의 특징을 파악하는 문항, 소재의 기능을 파악하는 문항, 주제와 관련된 고려 속요의 전승 과정과 관련한 외적 준거를 바탕으로 작품을 감상하는 문항 등이 출제되었습니다.

　　이처럼 고려 속요는 고전 시가 갈래에서 전통적으로 출제되는 개별 작품의 소재나 기능, 표현 방법뿐만 아니라 전승 과정이나 갈래적 특징 등 문학사적인 내용을 지문 또는 〈보기〉로 제시하고 이러한 정보를 바탕으로 작품을 감상하는 문항을 출제하는 경우가 많습니다. 그러므로 평소 학습을 통해 고려 속요 개별 작품의 주제나 표현 방법뿐만 아니라 고려 속요라는 갈래의 특징과 전승 과정에 대한 문학사적 지식과 이론을 학습해 둘 필요가 있습니다.

008

표현상의 특징 파악 　　　　　　　　　　　 **정답 ⑤**

정답 해설 (가)와 (나)에는 앞 문장의 뒷부분을 다음 문장의 첫 부분에 이어 서술하는 연쇄법이 적용되지 않았다.

오답 피하기 ① (가)는 호미와 낫, 아버지와 어머니를 비교하고 있다.

② (가)에는 '어머님같이 사랑하실 이 없어라'라는 표현이 두 차례 반복되고 있다.

③ (나)의 '히애', '히야해'는 반복적인 조흥구이다.

④ (나)에는 '찧어', '지어', '바치옵고', '먹으리' 등 인물의 행위와 관련된 어휘가 행마다 나타나고 있다.

009

시어, 시구의 의미와 기능 파악 　　　　　　 **정답 ⑤**

정답 해설 '호미'보다 잘 드는 '낫'은 아버님보다 더 사랑해 주시는 어머님의 마음을 비유한 것이며, '밥'은 자식의 소박한 효심을 상징한다.

오답 피하기 ① '낫'만 '호미'보다 우월한 존재로 나타나고 있다.

② '낫'만 부모의 사랑을 상징하며, 일방적인지의 여부 또한 알 수 없다.

③ '밥'이 가족 간의 갈등을 나타낸다고 볼 근거는 찾을 수 없다.

④ '낫'은 친숙한 소재이기 때문에 등장했을 뿐, 실제 농사의 어려움을 나타내는 것은 아니다.

010

외적 준거에 따른 작품 감상 　　　　　　　 **정답 ④**

정답 해설 (나)의 방아 찧는 과정은 노동하는 백성의 생활 모습을 드러낸 것으로는 볼 수 있다. 그러나 상층의 궁중 생활 모습을 (나)에서 찾을 수는 없다.

오답 피하기 ① 어머니에 대한 사랑은 〈보기〉에서 말한 상층과 하층이 함께 즐길 만한 소재로 볼 수 있다.

② 호미와 낫이라는 농민에게 친숙한 소재가 등장하는 것은 〈보기〉에서 말한 민간 가요의 성격으로 볼 수 있다.

③ 무사히 추수를 마치고 부모님께 밥을 먼저 지어 드리는 모습은 효친의 정이다.

⑤ (가)와 (나)의 민요적 성격이 궁중에 남아 있게 된 근거를 〈보기〉를 통해 알 수 있다.

적용 학습 　　　　　　　　　　　　 본문 30~32쪽

04 **가** 작자 미상, 「정석가」

　　 수특 유사 작품

| 해제 | 이 작품은 임과의 영원한 사랑을 염원하는 마음을 담은 고려 속요이다. 이루어질 수 없는 일들을 나열한 후, 그 조건이 만족될 때에야 이별하겠다는 역설적인 표현을 통해 임과의 영원한 사랑에 대한 소망을 표현하고 있다. 1연은 태평성대를 노래한 것으로, 궁중 음악으로 수용되는 과정에서 덧붙여진 것으로 추측된다. 2~5연은 구운 밤, 옥 연꽃, 무쇠 옷, 무쇠 소를 등장시켜 절대로 일어나지 않을 상황에 대해 진술하는 것으로, 임과 이별하지 않겠다는 강한 의지를 효과적으로 드러내고 있다. 6연은 「서경별곡」의 2연과 유사한데, 이는 6연이 당시 사람들 사이에서 유행했던 구절로서 구전되는 과정에서 두 노래에 삽입되었기 때문인 것으로 추측된다.

| 주제 | 임에 대한 영원한 사랑

| 구성 | • 제2~3연: 임과 헤어지지 않겠다는 다짐
　　　　• 제6연: 영원한 사랑에 대한 믿음

나 김구, 「올히 댤은 다리 ~」

| 해제 | 이 작품은 조선 중종 때의 문신 김구가 궁궐 안에서 숙직하던 중 임금의 예기치 않은 방문에 즉흥적으로 지어 부른 노래이다. 임금에 대한 감사의 마음을 담아 임금이 영원히 복을 누리기를 기원하는 내용을 담고 있다.

| 주제 | 임금의 영원한 행복을 기원함.

| 구성 | • 초장, 중장: 일어날 수 없는 일을 조건으로 영원함을 말함.
　　　　• 종장: 임금이 끝없는 복을 누리기를 기원함.

다 작자 미상, 「이별요」

| 해제 | 이 작품은 임과의 이별에 한탄하는 모습을 담은 민요

이다. 화자는 다시 돌아오지 못할 곳으로 가 버린 임을 그리워하며 자신 역시 임이 떠난 곳으로 따라가고 싶다는 마음을 드러내고 있다.

| 주제 | 떠난 임에 대한 그리움

| 구성 | • 1~8행: 다시 오기 어려운 곳으로 떠난 임
•9~17행: 임과의 추억과 임을 따라가고 싶은 마음

연결 포인트

수능특강에서는 문충의 한시 「오관산」이 작자 미상의 고려 속요 「사모곡」과 작자 미상의 경기체가 「오륜가」와 함께 구성되었습니다. 그리고 문항으로는 세 작품의 공통점을 파악하는 문항, 시행의 의미를 파악하는 문항 등이 출제되었습니다.

2020학년도 수능특강에서는 작자 미상의 고려 속요 「정석가」와 김구의 시조 「올히 달은 다리 ~」, 작자 미상의 민요 「이별요」가 함께 구성되었는데, 이 세 작품은 모두 불가능한 상황이나 조건을 설정한 작품들이라고 볼 수 있습니다. 대표 문항 역시 이러한 불가능한 조건의 설정과 관련한 외적 준거를 제시하고 이에 따라 세 작품을 감상한 내용의 적절성을 확인하는 문항이 출제되었습니다. 더불어 표현상의 특징을 파악하는 문항, 소재의 기능을 파악하는 문항 등도 함께 출제되었습니다.

이처럼 고전 시가 작품 중에는 불가능한 상황이나 조건을 설정하여 시상을 전개하고 주제 의식을 전달하는 작품들이 있습니다. 그리고 이러한 상황이나 조건의 설정은 현실에서 불가능한 상황을 가정한 것이기에 독자의 흥미를 불러일으킬 뿐만 아니라 작품의 개성을 두드러지게 합니다. 그래서 이러한 작품의 경우 발상과 시상 전개, 표현 방법 등과 관련한 문항이 출제될 가능성이 매우 높으며, 유사한 성격을 지닌 다양한 갈래의 작품들이 함께 구성될 수 있다는 점을 기억해 두어야 할 것입니다.

011

시어, 시구의 의미와 기능 파악 　　　　**정답 ⑤**

정답 해설 (나)의 '거믄 가마괴'는 하얀 빛깔의 '해오라비'와의 대비를 위해 사용된 소재이고, (다)의 '그린 닭'은 실제가 아니기 때문에 소리 내어 울 수 없는 존재로 사용되었다. 작품의 맥락을 고려할 때 평온한 일상의 모습과는 상관이 없는 소재들이다.

오답 피하기 ①, ② (가)의 '삭'과 (다)의 '새싹'은 씨나 줄기에서 처음 피어나는 잎으로 새로운 생명의 탄생을 의미한다. 그런데 굽거나 익힌 밤에서 싹이 날 수

없다는 점에서 '구은 밤'과 '삶은 밤'은 씨앗으로서의 기능이 사라진 상태라 할 수 있다.
③ 바위는 단단하여 식물이 뿌리를 내릴 수 없으며, 구슬을 산산이 부술 수도 있다. 두 연 모두에서 바위의 단단함이 강조되고 있다.
④ '즈믄히'와 '억만세'는 각각 천년과 억만년을 의미한다. 억만년이 천년에 비해 훨씬 긴 시간이기는 하나 실질적으로는 유한한 삶을 사는 인간이 도달할 수 없는 오랜 시간이라는 점에서 모두 끝없이 오랜 세월을 의미하고 있다.

012

작품의 종합적 이해와 감상 　　　　**정답 ②**

정답 해설 〈제2연〉과 〈제3연〉에는 각각 구운 밤에 싹이 나는 일, 옥으로 새긴 연꽃이 살아나는 일 등 서로 다른 소재가 활용되고 있으나 이들 모두 '님'과의 이별이 불가함을 드러낸다는 공통점이 있다. 두 연은 소재의 차이는 있으나 구조적으로는 동일한 모습을 보이고 있다.

오답 피하기 ① 〈제2연〉과 〈제3연〉은 주로 시각적인 대상들로 시적 상황을 제시하고 있다. 〈제2연〉에 '삭삭기'와 같은 청각적 심상이 나타나고는 있으나 이 역시 시각과 공감각적으로 결합된 것은 아니다.
③, ⑤ '님'과의 이별을 절대적으로 부정하던 화자의 태도가 〈제6연〉에 이르러 이별을 받아들이는 듯한 모습으로 변하고는 있으나 '님'에 대한 사랑에 변화가 나타나는 것은 아니다. 화자는 여전히 '님'에 대한 영원한 사랑과 믿음을 강조하고 있다. 홀로 남겨진 자신의 괴로움을 묘사하여 상대의 귀환을 촉구하는 모습도 나타나지 않는다.
④ 〈제3연〉에서는 '유덕ᄒᆞ신 님'이라 하여 사랑의 대상을 직접 호명하고 있으나, 〈제6연〉에서는 상대에 대한 직접적인 호칭이 나타나지 않는다.

013

화자의 태도 및 어조, 정서 파악 　　　　**정답 ①**

정답 해설 (다)의 화자는 흉년에도 자신을 위해 엿을

사다 주던 '님'과의 추억을 환기하며 그리움을 드러내고 있다. 그러나 (가)에서는 이와 같이 '님'과의 추억을 환기하는 내용을 찾을 수 없다.

오답 피하기 ② (가)의 화자는 〈제6연〉에서 '~ 그츠리잇가'라는 의문문으로 '님'에 대한 믿음을 강조하고 있으며, (다)의 화자는 '~ 언제 올지', '~ 다시 올래' 등의 의문문을 반복하여 '님'을 다시 보고 싶은 마음을 강조하고 있다.

③ (가)의 화자는 '심고이다', '여히 오와지이다' 등 상대방을 높이는 공손한 말투로 '님'을 존경하는 마음을 드러내고 있으나, (다)에서는 '님'을 높이는 표현을 찾을 수 없다.

④ (다)의 화자는 '어데 가서 올 줄도 모르는고'라고 하여 멀리 떠나가 버린 '님'에 대한 아쉬움을 드러내고 있다. 그러나 (가)에서는 '님'을 원망하는 마음이 전혀 나타나지 않는다.

⑤ (다)의 화자는 '비'와 '바람'의 관계에 빗대어 자신도 '님'이 가는 곳으로 따라가고 싶다고 하고 있다. 그러므로 자연 현상을 통해 '님'과 자신의 관계를 비유하고 있다고 볼 수 있다.

014

작품의 종합적 이해와 감상 　　　　　　정답 ④

정답 해설 (나)와 [A]는 모두 임금에 대한 찬양의 마음을 담고 있으나, (나)에는 임금이 영원한 복을 누리기를 바란다는 바람이, [A]에는 감격한 화자가 느끼는 즐거움이 직접적으로 표현되어 있다.

오답 피하기 ① [A]에는 '금일', '오늘' 등 연행 당시를 의미하는 어휘가 반복적으로 나타나고 있다. 이는 창작의 배경이 된 사건이 일상적인 것임을 보여 주는 것이 아니라, 반대로 매우 특별하고 소중한 것임을 말해 주는 것이다.

② (나)는 청자인 임금이 영원히 복을 누리기를 바란다는 내용을 담고 있다. '향복 무강'의 주체에 창자인 작가가 포함될 수는 없다.

③ 〈보기〉의 설명과 같이 중종은 김구에게 군신의 예가 아닌 친구로서 즐길 것을 제안하고 있다. 그러나 작품에서 중종과 김구가 서로 벗으로서 어울리는 모습을 보여 주고 있는 것은 아니다. (나)와 [A] 모두 임

금을 향한 찬양과 감사의 마음을 담고 있다.

⑤ (나)와 [A]는 모두 4음보의 3장 구조를 기본으로 하는 평시조의 율격을 보이고 있다.

015

외적 준거에 따른 작품 감상 　　　　　　정답 ④

정답 해설 (나)의 화자가 거듭 언급하는 조건들은 현실에서 일어날 수 없는 일들로, 영원한 시간을 강조하기 위한 표현들이다. 상대의 고귀한 신분이나 신이한 능력과는 상관이 없다.

오답 피하기 ① (가)에서는 싹이 트기 어려운 모래에, 구워서 싹을 틔울 수 없는 밤을 심는다고 하여 불가능한 조건을 이중으로 제시하고 있다. 이는 '님'과 함께하겠다는 화자의 의지를 더욱 강조해 준다.

② (가)의 화자는 불가능한 조건들을 반복적으로 언급하며 영원히 이별하고 싶지 않은 '님'의 덕을 강조하고 있고, (나)의 화자는 불가능한 조건들을 통해 상대가 영원한 복을 누리기를 소망하고 있다. 두 화자 모두 청자에 대한 찬양의 마음을 지니고 있음을 알 수 있다.

③ (가), (나), (다)에 제시된 상황들은 영원히 일어나기 어려운 일들이다. 이로 미루어 작품들에 나타난 불가능한 조건들은 영원한 시간을 의미함을 알 수 있다.

⑤ (다)의 화자는 '님'이 돌아오는 시기를 그림으로 그린 닭이 울거나, 삶은 밤에 싹이 돋거나, 고목나무에 새싹이 돋는 등의 불가능한 일들이 일어나는 때와 연결시키고 있다. '님'과의 재회가 매우 어려운 일임을 암시하는 것으로 볼 수 있다.

적용 학습 　　　　　　본문 33~35쪽

05 가 주세붕, 「오륜가」

수특 유사 작품

| 해제 | 이 작품은 오륜(五倫)이라는 유교적 도리를 바탕으로 백성들을 교화(敎化)하기 위해 지은 연시조이다. 제1수에서 오륜을 배워야 하는 이유를 밝힌 후, 제2수에서 제6수에 걸쳐 오륜(五倫)에 해당하는 도리를 각 수마다 하나씩 강조하고 있다.

대구, 설의, 비유 등 문학적 표현을 사용하고 있으며, 일상적 삶을 통해 관념적 덕목을 드러내고 있다.

| 주제 | 오륜(五倫)의 도리 강조

| 구성 | • 제1수: 서사(序詞)−오륜(五倫)을 배워야 하는 이유
• 제2수: 부자유친(父子有親)−한없는 부모의 은혜와 자식의 도리
• 제3수: 군신유의(君臣有義)−임금에 대한 신하의 도리(일편단심)
• 제4수: 부부유별(夫婦有別)−남편에 대한 아내의 도리
• 제5수: 형제우애(兄弟友愛)−형제간에 지켜야 할 도리(화목)
• 제6수: 장유유서(長幼有序)−손윗사람(늙은이, 어른)에 대한 손아랫사람의 도리

나 이곡, 「차마설」

| 해제 | 이 작품은 말을 빌려 탄 개인적 경험을 통해 소유에 대한 성찰과 깨달음을 제시하고 있는 고전 수필이다. 인간은 자신이 가진 모든 것이 잠시 빌린 것인데도, 그것을 의식하지 못하고 자기의 소유인 것처럼 생각한다. 글쓴이는 이러한 그릇된 소유 관념을 비판하고 소유욕을 경계해야 한다는 교훈을 전하고 있다. 구체적인 개인적 체험을 보편적인 것으로 일반화하고 있고, 예시와 인용 등을 통해 글쓴이의 견해를 강조하고 있다.

| 주제 | 소유에 대한 성찰과 깨달음

| 구성 | • 개인적 체험: 빌린 말의 상태에 따라 감정이 뒤바뀜.
• 체험의 일반화: 힘, 권세 등 인간이 소유한 모든 것은 남에게 빌린 것임에도 불구하고, 사람들은 이를 망각하고 자기 소유인 양 생각함.

연결 포인트

수능특강에서는 작자 미상의 경기체가 「오륜가」가 문충의 한시 「오관산」, 작자 미상의 고려 속요 「사모곡」과 함께 구성되었습니다. 그리고 문항으로는 세 작품의 공통점을 파악하는 문항, 시행의 의미를 파악하는 문항과 함께 「오륜가」와 관련한 외적 준거를 제시하고 같은 제목을 가진 연시조와 비교하여 감상하는 대표 문항이 출제되었습니다.
2018학년도 6월 모의평가에서는 주세붕의 연시조 「오륜가」와 이곡의 고전 수필 「차마설」이 갈래 복합 지문으로 출제되었습니다. 문항으로는 표현상의 공통점을 파악하는 문항, 두 작품에 대한 설명의 적절성을 확인하는 문항이 출제되었고, 대표 문항으로는 「오륜가」의 교훈적 성격에 대한 외적 준거를 제시하고 이와 관련하여 작품을 감상한 내용의 적절성을 파악하는 문항이 출제되었습니다.
이처럼 「오륜가」는 유교 원리를 대표하는 오륜의 내용

을 담아 여러 작가에 의해 다양한 갈래로 창작된 작품입니다. 그리고 「오륜가」가 출제되는 경우에는 부자유친, 군신유의, 부부유별, 장유유서, 붕우유신이라는 오륜의 내용이 전부 또는 일부가 제시되고 이러한 내용과 관련이 있는 다른 작품들이 함께 구성됩니다. 즉 「오륜가」는 그 내용상 문항 출제의 요소가 많고 다른 작품과 관련지어 출제하기에 용이하다는 특성이 있습니다. 따라서 오륜의 내용을 이미 알고 있다면, 같은 제목을 가진 다른 작가의 작품이 등장한다고 할지라도 그 내용과 의미, 교훈적 목적은 모두 동일할 것이므로 문항 해결에 큰 어려움은 없을 것이라고 예상됩니다.

016

작품 간의 공통점, 차이점 파악   정답 ④

정답 해설 '경계(警戒)'의 사전적 의미는 '옳지 않은 일이나 잘못된 일들을 하지 않도록 타일러서 주의하게 함.'이고, '권고(勸告)'의 사전적 의미는 '어떤 일을 하도록 권함. 또는 그런 말.'이다. (가)는 '이 말삼 아니면 사람이라도 사람 아니니(제1수)', '형제가 불화하면 개돼지라 하리라(제5수)', '같은데 불공하면 어디가 다를고(제6수)' 등을 통해 인간으로서의 도리를 지키지 않는 삶의 태도를 경계하고 있다. 또한 '사람 사람마다 이 말삼 드러사라(제1수)', '한 마암애 두 뜻 업시 속이지나 마옵사이다(제3수)', '진실로 고마오시니 손이시나 다르실가(제4수)', '나이가 많으시거든 절하고야 마로리이다(제6수)' 등을 통해 바람직한 삶의 태도를 권고하고 있다. (나)는 '대부분 자기가 본래 가지고 ~ 돌이켜 보려고 하지 않는다.' 등을 통해 힘, 권세 등 인간이 소유한 모든 것이 남에게 빌린 것임을 역설하면서, 그릇된 소유 관념을 경계하고 소유욕에 얽매이지 말 것을 권고하고 있다.

오답 피하기 ① (가)의 '어와 우리 아우야 어마님 너 사랑이야', (나)의 '아, 사람의 감정이라는 것이 ~ 말인가.' 등에서 영탄적 표현을 확인할 수 있다. 하지만 (가)와 (나) 모두 대상의 속성을 예찬하고 있지는 않다. ② (가)와 (나) 모두 바람직한 삶에 대한 화자와 글쓴이의 가치관이 드러나고 있을 뿐, 상반된 세계관이 나타나 있지는 않다. (가)의 '아바님 날 나흐시고 어마님 날 기르시니(제2수)', '늙은이는 부모 같고 어른은

형 같으니(제6수)'는 대구의 형식을 사용하고 있다.
③ (가)와 (나)에서 바람직하지 않은 인간의 생각과
행동은 파악할 수 있으나, 그러한 인간에 대한 연민
의 시선을 담고 있지는 않다.
⑤ (가)와 (나) 모두 현실에서의 바람직한 삶의 태도
를 권고하고 있으나 이상향에 대한 의식을 드러내고
있지 않으며, 역설적 표현도 찾아볼 수 없다.

017

작품의 종합적 이해와 감상 　　　　　정답 ③

정답 해설 (나)의 글쓴이는 말을 빌려 탄 개인적 체험
을 통해 소유에 대한 깨달음을 얻고 있다. 이후 임금,
신하, 자식, 어버이, 지어미, 지아비, 비복, 주인 등을
예시로 들면서 그 깨달음을 사회적 차원으로 일반화
하고 있다.

오답 피하기 ① (가)는 〈제2수〉에서 〈제6수〉에 걸쳐
오륜(五倫)이라는 관념적 덕목을 각 수마다 하나씩
열거하면서 강조하고 있다. 하지만 각각의 덕목이 지
닌 모순점을 밝히고 있지는 않다.
② (가)에서 옹호하는 삶의 모습은 사람들 사이의 바
람직한 관계(부모와 자식, 종과 주인, 남편과 아내,
형과 아우, 손윗사람과 손아랫사람)를 의식하고 실천
하는 것이다.
④ (나)에서 욕망의 실현을 돕는 자연적 질서에 대한
내용은 찾아볼 수 없다.
⑤ (가)와 (나)에서 자연물이 지닌 덕성을 부각하여
인간적 삶에 대한 긍지를 드러내는 내용은 찾아볼 수
없다.

018

외적 준거에 따른 작품 감상 　　　　　정답 ②

정답 해설 〈제4수〉는 '반상을 들오되 눈썹에 마초이다
[거안제미(擧案齊眉)]' 등을 통해 '지아비'에 대한 지
어미의 도리를 말하고 있으므로, 아내가 추구해야 할
윤리적 가치를 정당화하고 있다고 볼 수 있다. 하지
만 '지아비'가 화자로 설정되어 있지 않고, '지아비'와
지어미의 문답 방식도 나타나 있지 않다.

오답 피하기 ① 여왕벌이나 여왕개미를 위해 충성을
다해 일하는 '벌과 개미'의 생태로부터, 윤리적 실천
의 주체인 신하가 한마음 한뜻으로 임금에게 충성해
야 한다는 도리(가치)를 유추하고 있다.
③ '형님 자신 젖을 내 조처 먹나이다', '어와 우리 아
우야 어마님 너 사랑이야'에서 알 수 있듯이, '아우'와
'형님'이 어머니의 사랑(젖)을 화제로 삼아 대화를 나
누고 있다.
④ '개돼지'는 사람이 아닌 짐승과도 같다는 의미로,
화자가 추구하는 오륜의 가치를 따르는 사람과는 대
비되고 있다. 다시 말해, '형제가 불화하면 개돼지라
하리라'에서 '개돼지'는 형제간에 화목해야 한다는 가
치를 따르는 윤리적 주체와 대비되고 있는 것이다.
⑤ 〈제6수〉는 '늙은이'를 '부모'에, '어른'을 '형'에 빗
대어 이들을 공손하게 대해야 함을 강조하고 있다.
이를 통해 사회 윤리가 가정 윤리와 연결되어 있음을
보여 주고 있다.

019

작가의 관점, 주제 의식 파악 　　　　　정답 ⑤

정답 해설 '맹자'의 말은 그릇된 소유 관념을 지적한
것인데, '나'는 이를 인용하면서 '내가 이 말을 접하고
서 느껴지는 바가 있기에, 「차마설」을 지어서 그 뜻을
부연해 보노라.'라고 말하고 있다. 이를 통해, '나'가
맹자의 '이 말'에서 빌린 것을 자기의 소유로 여기는
사람들에 대한 문제의식을 떠올리고 있다는 것을 알
수 있다.

오답 피하기 ① '나'는 '노둔하고 야윈 말'을 빌리는 경
우 전전긍긍하기 일쑤이지만, 위험에 처한다고 여기
지는 않는다. 또한 개천이나 도랑이라도 만나면 말에
서 내리곤 하여 후회하는 일이 거의 없다고 말하고
있다.
② '나'는 1문단에서 '준마'를 빌려 탈 때의 '의기양양'
한 감정과 '노둔하고 야윈 말'을 빌려 탈 때의 '전전긍
긍'한 감정에 대해 언급한 후, 2문단에서 '하물며 진짜
로 자기가 가지고 있는 경우야 더 말해 무엇 하겠는
가.'라고 말하고 있다. 즉 무엇인가를 소유했을 때에
는, 사람의 감정이 달라지고 뒤바뀌는 정도가 빌렸을
때보다 더할 것이라고 예상하고 있다.

③ '나'가 미혹되었다고 여기는 사람들은, 빌린 것을 마치 자기의 소유인 양 여기는 대부분의 사람들이다.
④ '나'는 백성으로부터 빌린 힘(권력)을 돌려주고 난 후의 임금의 모습을 '독부'라고 표현하고 있다.

적용 학습

본문 36~39쪽

06 가 김상용, 「오륜가」

수특 동일 작품

| 해제 | 이 작품은 유학에서 강조하는, 사람이 지켜야 할 다섯 가지의 도리, 즉 오륜(五倫)을 백성들에게 일깨우기 위해 지은 연시조이다. 직설적으로 내용을 전달하는 방식을 통해 주제 의식을 뚜렷하게 드러내고 있다.

| 주제 | 오륜의 실천 강조

| 구성 | • 제1수: 부자지륜(父子之倫)
• 제4수: 장유지륜(長幼之倫) 또는 형제지륜(兄弟之倫)
• 제5수: 붕우지륜(朋友之倫)

나 작자 미상, 「우부가」

수특 동일 작품

| 해제 | 이 작품은 조선 후기 양반 사회가 당면했던 도덕적 타락, 경제적 몰락, 봉건적 가치관의 붕괴 등을 풍자적으로 담아낸 가사이다. 세 명의 어리석은 남자인 '개똥이', '꼼생원', '꾕생원'을 등장시켜 무위도식하거나 분별없이 행동하고 체통을 지키지 못하는 모습 등을 묘사하여 조선 후기 양반층의 타락한 모습을 사실적으로 반영하고 있다는 점에서 의의가 있다.

| 주제 | 타락한 양반의 행동에 대한 비판과 경계

| 구성 | • 서사: 인물에 대한 화자의 평
• 본사: 인물의 도덕적 타락상 열거
• 결사: 인물의 패가망신한 모습 제시

다 최성각, 「버려진 것들의 생명력」

| 해제 | 이 작품은 땔감용으로 주워 왔던 버드나무 토막에서 싹이 난 것을 보고는 버려진 것의 생명력과 가치를 생각하면서 현대인의 무분별한 소비 습관을 비판한 현대 수필이다. 개인적 체험을 사회 문제와 연관 지어 이에 대한 생각을 진술하게 드러낸 점, 권위자의 말을 인용하며 자신의 생각을 강조하고 있는 점이 특징이다.

| 주제 | 현대인의 소비 습관에 대한 반성과 비판

| 구성 | • 처음: 버려진 버드나무 몸통에서 싹이 나고 줄기가 뻗어 난 것을 발견함.
• 중간: 물건을 쉽게 버리고 불필요한 생산을 조장하는 현대인들의 탐욕스러운 소비 생활을 비판함.
• 끝: 지구 환경에 대한 책임감을 촉구함.

> **연결 포인트**
>
> 수능특강에서는 김상용의 연시조 「오륜가」의 제1수가 대표 문항의 〈보기〉로 제시되고, 지문의 경기체가 「오륜가」와 비교 감상하는 문항이 출제되었습니다. 또 작자 미상의 가사 「우부가」가 작자 미상의 「시집살이 노래」와 함께 구성되었으며, 두 작품에 제시된 인물들의 성격, 기능, 표현 방식 등과 관련된 문항이 출제되었습니다.
>
> 2022학년도 수능특강에서는 김상용의 연시조 「오륜가」, 작자 미상의 가사 「우부가」, 최성각의 현대 수필 「버려진 것들의 생명력」이 갈래 복합 형태로 제시되었습니다. 그리고 「오륜가」와 「우부가」, 「버려진 것들의 생명력」의 공통점으로 윤리적 준거를 통해 바람직한 삶의 태도를 각성하게 하는 목적으로 창작되었다는 점을 파악하는 문항이 출제되었고, 「오륜가」의 시어나 시구의 의미를 파악하는 문항, 「우부가」에 제시된 인물의 특징을 이해하는 문항이 출제되었습니다.
>
> 이처럼 「오륜가」와 「우부가」는 독자들에게 교훈을 주려는 목적으로 창작된 작품들입니다. 이러한 작품들은 개인 서정이 중심이 되는 현대 문학과는 사뭇 다른 성격의 작품들로 우리 고전 문학 작품들에서 종종 찾아볼 수 있습니다. 그리고 이러한 성격의 작품들은 작품의 창작 목적과 전달하려는 교훈과 관련된 문항이 출제되기 마련이므로 이 작품들을 학습하며 관련 내용들을 정리하고 기억해 두는 것이 좋을 것입니다.

020

작품 간의 공통점, 차이점 파악   **정답 ③**

정답 해설 (가)는 유교에서 강조하는 오륜(五倫)을 실천하는 삶을 살아야 함을 강조하고 있다. (나)는 어리석은 양반인 '개똥이'의 잘못된 행위를 나열하며 양반들의 타락한 행위를 비판하고, 이를 경계할 것을 강조하고 있다. (다)는 버려진 버드나무 토막이 살아난 것을 본 경험을 바탕으로 환경 문제에 인간이 책임감을 가져야 하며 무분별한 소비를 멈추어야 한다는 생각을 드러내고 있다. 따라서 (가)~(다)는 모두 윤리적 준거를 바탕으로 바람직한 삶의 태도가 무엇인지를 독자에게 일깨워 주는 작품이라 할 수 있다.

오답 피하기 ① (가)~(다)는 모두 구체적인 대상에게 말을 건네는 방식으로 전개되고 있지 않다. (가)는 백성들에게 오륜의 덕목을 권장하고 있을 뿐, 말을 건네는 구체적인 대상이 드러나지 않는다. (나)도 '개똥이'의 부정적인 모습이 열거되어 있으나, 화자의 이야기를 듣는 대상이 누구인지는 구체적으로 드러나 있지 않다. (다)에서도 무분별한 소비를 하는 현대인들에 관한 이야기를 하고 있을 뿐, 구체적인 대상에게 말을 건네고 있지 않다.

② (다)에서는 '매클루언'이라는 문명 비평가의 말을 인용하며 환경 문제에 대해 무책임하고 이기적인 현대인들을 비판하고 있다. 하지만 (가)와 (나)에서는 권위자의 말을 인용하고 있지 않다.

④ (다)에서는 과거부터 존재했던 '유한한 자연 자원'이 어느 날부터 '무신경과 난폭한 낭비'로 인해 쓰레기가 되는 상황을 제시하고 있다. 이를 통해 글쓴이는 현대인들의 무분별한 소비 습관 때문에 자연이 파괴되었고, 이로 인해 근심을 느끼게 되었다고 밝히고 있다. 그러나 (가)와 (나)에서는 과거와 대비되는 현재 상황이 드러나지 않는다.

⑤ (가)에서는 '인간의 귀흔 거시 이 외예 쏘 잇는가'를 통해 인간에게 중요한 것은 형제간의 우애임을 강조하고 있다. 그러나 (나)에서는 의문형 문장이 활용된 부분이 없다. (다)에서는 '도마뱀 꼬리가 눈앞에서 쑥쑥 자란다 한들 이보다 놀랐을까.'에 의문형 표현이 활용되었으나, 이는 죽은 줄 알았던 버드나무 토막에서 싹이 돋아난 것에 대한 놀라움을 강조하기 위한 것이다.

021

시어, 시구의 의미와 기능 파악   정답 ⑤

정답 해설 '구이경지'는 '오래도록 공경함.'을 뜻하는 말로, 벗과 교제할 때 꾸준히 지켜야 하는 태도에 해당한다. 따라서 벗과 오래 교제한 사람이 타인에게 긍정적인 평가를 받을 수 있음을 보여 주는 부분으로 볼 수 없다.

오답 피하기 ① '하늘 삼긴 지친'은 어버이와 자식의 사이는 하늘이 만든 것이라는 의미이다. 따라서 부모

와 자식은 운명적인 인연임을 강조한 부분임을 알 수 있다.

② 동물인 '오조도 반포'한다고 언급함으로써 인간도 반드시 부모에게 효도해야 함을 강조하고 있다.

③ '형제'를 '갑 주고 못 어들' 것으로 비유함으로써 형제간의 우애가 가치 있는 것임을 드러내고 있다.

④ '처음의 삼가'야 한다는 것은 벗을 사귈 때 처음부터 나보다 나은 사람으로 가려 사귀라는 의미이다. 따라서 벗과의 교제에서 필요한 신중한 태도에 대해 언급한 부분임을 알 수 있다.

022

작품의 내용 파악   정답 ①

정답 해설 '시체 따라 의관허고 남의 눈만 위'하는 모습에서 개똥이가 사회적 체면을 중시하는 인물임을 알 수 있다. 그러나 개똥이는 도덕적으로 일탈된 행위를 지속하며 '적실인심하'고, 사람들에게 '도적'이라는 원망을 듣게 됨으로써 스스로 체면을 손상하는 인물이기도 하다.

오답 피하기 ② 개똥이는 '염량 보아 진봉'하고 '허욕으로 장사'하는 등 돈을 허투루 사용해서 빚을 지게 되는 인물이다. 동시에 그는 돈을 마련하기 위해 '전답', '종', '구목', '서책' 등을 파는 모습을 보이므로, 개똥이가 돈을 벌어들이는 일에는 관심이 없다는 진술은 적절하지 않다.

③ '내 무식은 생각 않고 어진 사람 미워'하는 모습에서 개똥이가 덕망 있는 사람을 시기함을 알 수 있다. 또한 개똥이는 '세도' 있는 사람과 교제하기를 힘쓰는 인물이기도 하다. 따라서 개똥이가 상황에 따라 덕망 있는 사람과 교제하기 위해 힘쓴다는 진술은 적절하지 않다.

④ '제 일가는 불목하'고 '일가친척 구박'하는 모습에서 개똥이가 일가친척에 대해서 배타적인 인물임을 알 수 있다.

⑤ '부모 조상 돈망'한다는 점에서 개똥이가 조상을 섬기는 일에 관심이 없다는 것을 알 수 있다. 동시에 개똥이는 '명조상을 떠세'하는 모습을 보이는데, 이는 개똥이 스스로가 조상 덕을 보고자 하는 인물임을 드러낸 부분이라 할 수 있다.

023

구절의 의미 파악 정답 ⑤

정답 해설 ⑩에서 글쓴이는 마당 복판의 작은 우물에 담가 둔 버드나무 토막에 물이 오르면 대문 옆에 심겠다고 말한다. 이를 통해 버려진 것에 조금이라도 생명력이 남아 있다면, 그것을 살리기 위해 애쓰겠다는 의도를 드러내고 있다.

오답 피하기 ① ㉠에서 매클루언은 현대인들이 환경 문제에 대한 책임을 져야 한다고 말하고 있다.

② ㉡에서 글쓴이는 환경 문제에 책임을 지지 않는 현대인들의 모습을 비판하고 있다.

③ ㉢에서 사람들은 버려진 버드나무 토막이 소생할 수 있을 것인지에 대한 자신의 생각을 드러내고 있다.

④ ㉣에서 글쓴이는 버드나무를 의인화하여 자연이 지닌 생명력을 부각하고 있다.

024

외적 준거에 따른 작품 감상 정답 ④

정답 해설 (나)에서 '사람마다 도적이요'는 개똥이와 어울리는 자들의 행위에 대해 사람들이 비난하는 말이 아니라 개똥이의 부도덕한 행위로 피해를 본 주변 사람들이 개똥이를 비난하는 말을 인용한 것이다.

오답 피하기 ① (나)에서 화자는 개똥이를 '저'라는 말을 사용하여 가리킴으로써 그와 거리를 두고 있다. 이는 개똥이의 잘못된 행위를 객관적으로 보여 주며 독자의 신뢰를 얻으려는 의도가 반영된 것으로 볼 수 있다.

② (나)에서 '사 결박에 소 뺏기와 불호령에 솥 뺏기'는 개똥이가 돈을 마련하기 위해 가는 곳마다 다른 사람의 물건을 빼앗는 탐욕스러운 행위를 하고 있음을 보여 주는 부분이다.

③ (다)에서 '그 거짓말'은 소비하는 삶을 부추기는 광고를 빗댄 표현이다. 이러한 광고에 쉽게 굴복한 사람들은 바로 무분별한 소비를 하는 현대인들을 의미한다고 볼 수 있다.

⑤ (다)에서 '문명이라는 이름의 야만과 어리석음의 극치'는 불필요한 생산을 하고 과감한 소비 생활을 하

는 것을 의미한다. 글쓴이는 이에 대해 '벌받을 짓'이라고 말하며, 이러한 생활을 하는 현대인들을 '허무주의자들 같기도 하다.'라고 부정적으로 평가하고 있다.

적용 학습 본문 40~41쪽

07 이광명, 「북찬가」

수특 유사 작품

| 해제 | 이 작품은 1755년(영조 31)에 이광명이 지은 유배 가사로, 큰아버지 진유(眞儒)가 역률(逆律)로 처형된 뒤에 그가 진유의 조카라는 이유만으로 갑자기 갑산으로 귀양을 가게 된 일을 바탕으로 창작한 가사이다. 이 작품에는 유배의 억울함과 귀양지에서 겪는 어려움, 유배지에서의 견문, 노모에 대한 그리움과 걱정 등의 정서가 잘 드러나 있다.

| 주제 | 유배지에서 겪는 어려움과 사모의 정

| 구성 | • 1~9행: 홀로 계신 노모에 대한 그리움과 안타까움
• 10~12행: 구름과 내가 되어 노모에게 가고 싶은 마음
• 13~17행: 유배 생활로 인한 초라하고 처참한 신세
• 18~22행: 노모를 모시지 못하는 괴로움과 안타까움

연결 포인트

수능특강에서는 이존오의 시조 「구름이 무심탄 말이 ~」가 성혼의 시조 「말 업슨 청산이오 ~」와 작자 미상의 사설시조 「대천 바다 한가운데 ~」와 함께 출제되었습니다. 문항으로는 표현상의 공통점을 파악하는 문항, 작품 창작을 위한 창의적 발상에 대한 외적 준거를 바탕으로 작품을 이해하는 문항 등이 출제되었습니다.

2015학년도 10월 고3 학력평가 A형에서는 이광명의 가사 「북찬가」가 단독으로 출제되었으며, 이존오의 「구름이 무심탄 말이 ~」를 <보기>로 제시하고 「북찬가」와 이존오의 시조에 공통적으로 사용된 소재인 '구름'의 기능과 의미를 묻는 문항이 출제되었습니다.

이존오의 「구름이 무심탄 말이 ~」는 임금의 은총을 가리는 세력들을 '구름'에 빗대어 우의적으로 드러낸 작품입니다. 그래서 다른 고전 시가 작품에 등장하는 '구름'과 연계하여 다양한 문항이 출제될 수 있습니다. 이처럼 작품의 개성을 두드러지게 하는 소재나 창의적 발상은 늘 문항의 소재가 될 수 있으므로 해당 작품을 감상하며 관련 내용을 잘 정리해 두고 기억해 두는 것이 좋습니다.

025

표현상의 특징 파악 　　　　　　정답 ④

정답 해설 이 글에서 의성어나 의태어를 사용한 부분을 찾아볼 수 없다.

오답 피하기 ① '산과 강물 막힌 길에 일반고사 뉘 헤올고'에 물음의 방식이 사용되고 있으며, 물음의 방식을 통해 유배지에서 노모를 만나지 못하는 화자의 안타까운 처지가 강조되고 있다.

② '여의 잃은 용이오 키 없는 배 아닌가', '추풍의 낙엽같이 어드메 가 머무를꼬' 등에서 비유적 표현이 사용되고 있으며, 화자가 경험하고 있는 시적 상황이 제시되고 있다.

③ '잠든 밧긔 한숨이오 한숨 끝에 눈물일세', '여의 잃은 용이오 키 없는 배 아닌가'는 유사한 구조의 시구가 짝을 이룸으로써 운율감을 형성하는 시구라고 볼 수 있다.

⑤ '잠든 밧긔 한숨이오 한숨 끝에 눈물일세' 등에서 연쇄법이 사용된 것을 확인할 수 있다.

026

외적 준거에 따른 작품 감상 　　　　정답 ③

정답 해설 '여의 잃은 용'은 화자의 처지를 비유적으로 표현한 것으로, 임금에 대한 안타까움을 드러낸 것은 아니다.

오답 피하기 ① 〈보기〉에서 귀양을 간 작가가 홀로 남겨진 노모를 걱정하고 그리워하였다는 내용을 확인할 수 있다. 그러므로 '밤밤마다 꿈에 뵈니'의 대상은 홀로 남겨진 노모임을 알 수 있으며, 이러한 표현을 통해 화자의 간절한 그리움이 드러나고 있다고 볼 수 있다.

② 〈보기〉에서 귀양을 간 작가가 어머니를 그리워하였지만 갈 수 없었다는 내용을 확인할 수 있다. 그러므로 '산과 강물 막힌 길에 일반고사 뉘 헤올고'에는 노모에게 자신의 소식을 전할 수 없는 화자의 절망감이 드러나 있다고 볼 수 있다.

④ '어느 때에 주무시며 무엇을 잡숫는고'에는 어머니의 일상을 걱정하고 있는 화자의 심정이 드러나 있다고 볼 수 있다.

⑤ '나 아니면 뉘 뫼시며'에는 자식된 도리로 노모를 보살피며 효를 다해야 하지만 이를 실천할 수 없는 화자의 안타까운 마음이 드러나 있다고 볼 수 있다.

027

작품 간의 공통점, 차이점 파악 　　　정답 ②

정답 해설 이 글의 화자는 어머니가 계신 남쪽으로 흘러가는 ㉠을 부러워하고 있고, 〈보기〉의 화자는 ⓐ를 '허랑'한 존재, '날빛을 따라가며 덮'는 존재라고 노래하며 비판적 인식을 드러내고 있다.

오답 피하기 ① ㉠은 화자의 동경의 대상일 뿐 화자의 염려가 투영된 대상이라고 볼 수 없다. 또 ⓐ는 화자가 부정적으로 인식하고 있는 대상으로 화자의 소망이 의탁된 소재가 아니다.

③ ㉠은 화자가 부러워하는 대상으로 역설적으로 화자가 처한 불행한 현실을 부각하고 있다고 볼 수 있다. 하지만 ⓐ는 임금의 은혜를 가리는 부정적인 대상이다. 그러므로 ⓐ가, 화자가 추구하는 세계를 드러낸다는 진술은 적절하지 않다.

④ ㉠은 화자의 동경의 대상일 뿐 추억을 환기하는 대상은 아니다. 또 ⓐ는 세속의 부정적 세력을 상징하는 것으로 화자로 하여금 탈속적 세계를 떠올리도록 하지는 않는다.

⑤ ㉠은 화자의 동경의 대상이지만 화자로 하여금 현실 극복 의지를 불러일으키는 대상은 아니다. 또 〈보기〉의 시조에서는 현실에 대한 화자의 체념을 확인할 수 없다.

적용 학습 　　　　　　　　　　본문 42~43쪽

08 **가** 성혼, 「말 업슨 청산이오 ~」

　　　수특 동일 작품

| **해제** | 조선 중기의 학자로 이이와 깊은 교분을 나누었던 성혼의 작품이다. '병'으로 상징되는 세속적 삶과 '청산', '유수', '청풍', '명월' 등으로 드러낸 자연의 모습을 대비하고, 자연 속에서의 근심 없는 삶을 노래하고 있다.

| **주제** | 자연과 더불어 근심 없이 사는 모습

| **구성** | ・초장: 청산과 유수의 속성

- 중장: 청풍과 명월의 속성
- 종장: 근심 없는 삶의 지향

◀ 나 윤선도, 「우후요」

| 해제 | 작품의 제목은 '비 온 뒤의 노래'라는 뜻으로 풀이되는데, 광해군 때 함경도 경원에 유배 중이던 윤선도가 지은 시조 작품이다. 작가가 작품에 덧붙인 설명에 의하면 당시의 어떤 재상이 잘못을 고쳤다는 사람들의 말을 듣고 이에 대한 감회를 드러낸 것이다.

| 주제 | 비가 갠 풍경으로부터 느끼는 감회

| 구성 | • 초장: 구름이 걷고 비가 갬.
- 중장: 맑아진 시내에 대한 사람들의 말
- 종장: 맑아진 풍경으로부터 느끼는 감회

◀ 다 작자 미상, 「불 아니 씨일지라도 ~」

| 해제 | 풍족하고 편안한 삶에 대한 소망을 재치 있게 그리고 있는 사설시조이다. 열거된 다섯 가지는 주로 남성의 입장에서 떠올린 것으로 볼 수 있는데, 당시 서민들의 일상적 노동과 연결될 수 있다.

| 주제 | 풍족하고 편안한 삶에 대한 동경

| 구성 | • 초, 중장: 고생 없이 살기 위해 바라는 것들
- 종장: 풍족하고 편안한 삶에 대한 동경

◀ 연결 포인트

수능특강에서는 성혼의 시조 「말 업슨 청산이오 ~」가 이존오의 시조 「구름이 무심탄 말이 ~」와 작자 미상의 사설시조 「대천 바다 한가운데 ~」와 함께 출제되었습니다. 문항으로는 표현상 공통점을 파악하는 문항, '말'을 소재로 다룬 시조에 대한 정보를 바탕으로 세 작품을 감상한 내용의 적절성을 확인하는 문항이 출제되었습니다.

2019학년도 수능특강에서는 「말 업슨 청산이오 ~」가 윤선도의 시조 「우후요」, 작자 미상의 사설시조인 「불 아니 씨일지라도 ~」와 함께 출제되었습니다. 그리고 문항으로는 표현상의 특징을 파악하는 문항과 화자를 중심으로 한 시상 전개 방식상의 특징을 파악하는 문항이 출제되었습니다.

이처럼 시조 여러 편이 구성되는 문항 세트에서는 표현상 특징을 묻는 문항, 소재나 시어의 기능과 의미를 비교하며 이해하는 문항 등이 자주 출제됩니다. 그래서 평소 시조를 학습하거나 감상할 때에는 각 작품에 사용된 표현상의 특징이나 시상 전개 방식 등을 파악하여 정리해 보고, 중심 소재의 성격과 기능 등을 파악하는 훈련을 반복하는 것이 좋습니다.

028

표현상의 특징 파악   **정답 ①**

정답 해설 (가)에서는 '말 업슨 청산이오'와 '태 업슨 유수ㅣ로다', '갑 업슨 청풍이오'와 '님즈 업슨 명월이로다'가 대구를 이루고, (나)에서는 '구즌비 개단 말가'와 '흐리던 구름 걷단 말가'가 대구를 이루고 있다. 이들은 각각 화자가 파악한 자연의 속성과 맑아진 날씨를 강조하는 효과를 내고 있다.

오답 피하기 ② (가)에서 청산이 말이 없다고 한 것은 의인화로 볼 수 있으나, (나)에서는 대상을 의인화한 표현을 찾아볼 수 없다.

③ (다)는 종장을 수사적 질문으로 마무리하여 청자의 공감을 유도하고 있으나, (가)에는 의문형이 사용되지 않았다.

④ (나)에서 갓끈을 씻는 행위는 '탁영탁족(濯纓濯足)'이라는 고사성어와 연결될 수 있으나, (다)에는 특정한 고사성어를 인용하거나 연상시키는 부분이 없다.

⑤ (나)와 (다)에는 화자가 선택한 여러 가지 대상들이 등장하고 있으나, 화자가 이들에 기쁨이나 슬픔 등 자신의 감정을 이입하고 있지는 않다.

029

작품 간의 공통점, 차이점 파악   **정답 ③**

정답 해설 (가)의 화자는 자연과 더불어 사는 만족스러운 자신의 삶을 노래하고 있고, (다)의 화자는 자신이 현재 가지고 있지 않은 것들에 대한 소망을 노래하고 있다.

오답 피하기 ① (가)의 화자는 제시한 자연물들로부터 유연하고 다툼 없는 태도 등을 확인하고 있다. 이는 보통의 사람들이 쉽게 가지지 못한 덕성을 드러낸 것이라 볼 수 있다.

② (다)의 초장과 중장에서 화자는 자신의 삶을 윤택하게 해 줄 다섯 가지를 열거하고 있다.

④, ⑤ (가)와 (다)는 모두 화자가 생각하는 삶에 대한 태도를 종장에서 드러내고 있으나, 무엇을 이상적인 것으로 보느냐에 대해서는 서로 상반된 모습을 보인다. 특히 (다)는 세속적인 욕구를 숨기지 않고 드러낸다는 점에서 (가)와 차이가 있다.

030

외적 준거에 따른 작품 감상   **정답 ⑤**

정답 해설 〈보기〉의 ㉢에서 굴원과 만난 어부가 물의 맑음과 탁함에 따라 유연하게 대응할 것을 말한 것과 연결해 보면, 진실로 맑아진 물이라면 자신의 갓끈을 씻겠다는 말은 좋은 세상이 되어 자신이 다시 세상에서 포부를 펼칠 수 있게 되기를 바라는 마음으로 해석해 볼 수 있다.

오답 피하기 ①, ② 〈보기〉의 ㉠을 참고하면, (나)의 전체적인 주제는 선비가 지켜야 할 삶의 태도와 연결된다. 자신의 유배와 풍경을 직접적으로 연결시켜 유배에서 풀리기를 기대하는 모습은 찾을 수 없으며, 유배의 고통에 대한 언급도 찾을 수 없다.

③ 비가 그친 현상을 언급한 것은 정치적 상황을 우의적으로 표현한 것이지, 자연의 이치를 드러내기 위한 것은 아니다.

④ 세상과 갈등을 빚었다는 내용이 드러나 있지 않으며, 자신의 과거를 반성하는 모습도 나타나지 않는다.

적용 학습   본문 44~45쪽

09 가 황진이, 「동짓달 기나긴 밤을 ~」

수특 유사 작품

| 해제 | 이 작품의 화자는 임과 헤어진 상황에서 임을 그리워하며 간절하게 재회를 바라고 있다. 우리말의 묘미를 살린 음성 상징어, 추상적 개념의 구체화 등의 기법을 통해 임에 대한 애틋한 기다림을 호소력 있게 표현하고 있어 조선 전기 시조 중 연정가(戀情歌)의 대표작으로 일컬어지고 있다. 특히 임이 부재하는 동짓달 밤이라는 부정적 시간을 단축하여 긍정적 시간인 임이 오는 날 밤을 연장하겠다는 참신한 발상이 돋보인다.

| 주제 | 임에 대한 그리움과 애틋한 기다림

| 구성 | • 초장: 동짓달 기나긴 밤의 한가운데를 베어 냄.
• 중장: 베어 낸 시간을 춘풍 이불 아래 넣어 둠.
• 종장: 임이 돌아오는 날, 베어 둔 시간을 펼치고 싶음.

나 인평 대군, 「바람에 휘엿노라 ~」

| 해제 | 이 작품은 높은 절개와 굳은 지조로 상징되는 소나무의 덕목을 인간의 윤리적인 규범에 조응시켜 우의적으로 읊은 시조이다. 초장에서 화자는 바람 때문에 굽은 소나무를 비웃는 뭇사람의 태도를 비판하면서, 그 근거를 중장에서 제시한다. 춘풍에 피는 꽃은 일시적으로 아름다울지는 몰라도 눈바람이 몰

아치는 혹심한 시절이 오면 그 꽃은 사라지고 소나무만이 푸름을 지키기 때문이다. 세찬 눈바람에도 푸름을 지키기 위해 소나무는 꺾이지 않고 휘어졌던 것이라는 화자의 생각이 중장에 담겨 있다. 종장에서 화자는 눈바람 치는 험난한 시절이 되면 봄꽃이 굽은 소나무를 부러워하게 될 것이라고, 즉 굽은 소나무의 진면목이 드러날 것이라고 말하고 있다. 작가인 인평 대군은 인조의 셋째 아들로서 병자호란 때 인조를 남한산성까지 호위한 인물이며, 두 형인 소현 세자, 봉림 대군과 함께 중국 심양에 볼모로 끌려갔다 돌아오기도 했다.

| 주제 | 소나무의 지조와 절개 예찬(지조 높은 삶의 다짐)

| 구성 | • 초장: 바람 때문에 굽은 소나무를 비웃는 사람들에 대한 비판
• 중장: 봄에 핀 꽃은 일시적으로 화려할 뿐 언제나 굽지는 않음.
• 종장: 눈바람 부는 겨울이 되면 봄꽃이 굽은 소나무를 부러워하게 될 것임.

다 김천택, 「백구야 말 물어보자 ~」

수특 유사 작품

| 해제 | 이 작품은 자연 속에서 지내려는 화자의 마음을 갈매기에게 말을 건네는 방식으로 표현하고 있다.

| 주제 | 자연과 더불어 살고 싶은 마음

| 구성 | • 초장: 갈매기에게 말을 걺.
• 중장: 갈매기에게 경치가 아름다운 곳을 물어봄.
• 종장: 갈매기와 함께 자연에서 살고 싶어 함.

연결 포인트

수능특강에서는 김영의 시조 「연 심어 실을 뽑아 ~」가 서경덕의 시조 「마음이 어린 후이니 ~」, 작자 미상의 시조 「마음이 지척이면 ~」, 작자 미상의 사설시조 「가슴에 구멍을 둥시렇게 뚫고 ~」와 함께 출제되었습니다. 문항으로는 표현상의 특징을 파악하는 문항, 창의적 발상에 대한 외적 준거를 바탕으로 작품을 감상하는 문항 등이 출제되었습니다. 특히 외적 준거를 바탕으로 작품을 감상한 내용의 적절성을 확인하는 문항에서는, 「연 심어 실을 뽑아 ~」와 관련하여 '노끈'으로 사랑을 감아 맨다는 창의적 발상에 대한 선지가 진술되었습니다.

2022학년도 수능특강에서는 황진이의 「동짓달 기나긴 밤을 ~」과 인평 대군의 「바람에 휘엿노라 ~」, 김천택의 「백구야 말 물어보자 ~」가 함께 출제되었습니다. 그리고 문항으로는 세 작품의 시상 전개 방식과 성격을 파악하는 문항, 황진이 시조의 창의적 발상, 즉 '시간'을 물리적 대상으로 구체화하는 발상에 대한 정보를 제시하고 이를 바탕으로 시어와 시구의 의미와 기능을 묻는 문항이 출제되었습니다.

이처럼 시조에는 독특한 발상을 바탕으로 주제 의식을 효과적으로 전달하는 작품들이 많습니다. 특히 추상적 대상을 물리적 대상으로 구체화하여 표현함으로써 주제 의식을 전달하는 방식은 매우 신선하고 주제를 효과적으로 형상화하는 데 기여합니다. 따라서 시조를 학습하며 이처럼 기발하고 창의적인 발상과 주제의 형상화 방식을 이해해 두면 문항 해결에 큰 도움이 될 것입니다.

031

화자의 태도 및 어조, 정서 파악   **정답 ④**

정답 해설 (가)의 '어른 님 오신 날 밤이어든'과 (다)의 '날더러 자세히 일러든'에서 볼 수 있듯이 (가)와 (다)의 화자는 일정한 상황을 가정하여, 임과 오래 함께하고 싶은 소망과 아름다운 자연에서 즐겁게 노닐고 싶은 소망을 각각 드러내고 있다.

오답 피하기 ① (가)에서는 자연 친화의 태도를 찾아보기 어렵다. (나)에서는 자연물이 인간사의 모습과 삶의 가치를 우의적으로 표현하기 위해 사용되고 있으므로 (나)가 자연 친화의 태도를 부각하고 있다고 보는 것은 적절하지 않다.

② (가)~(다)에서 시상의 전개는 시간의 흐름에 따라 이루어지고 있지 않다. 언뜻 보면 (가)에서 시간의 흐름이 제시되고 있는 것 같지만, 이는 겨울인 현재의 시점에서 임을 만날 수 있으리라 기대하는 미래의 어느 한 시점을 머릿속에서 가정한 것일 뿐 실제 시간적 배경이 변화한 것은 아니다.

③ (가)와 (나)에는 공간의 이동이 제시되어 있지 않다. 아울러 뚜렷한 정서의 변화도 보이지 않는다.

⑤ (나)의 화자는 현실을 회피하기보다 되레 부정적 현실에 꿋꿋하게 맞서려는 태도를 보여 주고 있다. (다)의 화자는 현실을 떠나 자연과 더불어 즐겁게 노닐려는 태도를 보여 주고 있으나 이를 현실 회피의 태도로 보기는 어렵다. 과거로 돌아가려는 태도와는 더욱이 거리가 멀다.

032

작품의 종합적 이해와 감상   **정답 ⑤**

정답 해설 (가)에서 화자는 추상적인 시간을 마치 마

음대로 조작하고 움직일 수 있는 사물인 양 표현하고 있다. '한허리를 베어 내어', '서리서리 넣었다가', '구비구비 펴리라'와 같은 표현이 그 예이다. 시적 상상력에 바탕을 둔 이러한 표현은 현재 충족되지 못한 사랑을 미래에 실현하고자 하는 화자의 적극적인 태도와 관련이 있다. 그러므로 ⓒ과 ⑩은 모두 화자의 적극적 태도와 관련이 있는 표현으로 보는 것이 적절하다.

오답 피하기 ① ⊙은 '임이 부재하는 시간', ⓔ은 '임과 함께하는 시간'으로 그 의미가 서로 대비된다.

② ⓛ은 '임이 부재하는 시간'인 ⊙을 줄이고, '임과 함께하는 시간'인 ⓔ을 늘리고 싶은 화자의 욕망이 시적 상상력을 통해 표현된 것이다. ⊙을 줄이고 ⓔ을 늘리려는 화자의 욕망은 ⊙을 부정적인 시간으로 인식한 결과이다.

③ '임이 부재하는 시간'인 ⊙을 ⓒ처럼 잘 보관해 두겠다는 화자의 상상력은 '임과 함께하는 시간'이 올 것이라는 ⓔ에 대한 기대가 있기 때문에 가능한 것이다.

④ ⓔ은 임의 부재가 끝나고 '임과 함께하는 시간'으로, 화자의 바람이 이루어지는 긍정적 시간으로 인식되고 있다.

033

작품의 종합적 이해와 감상   **정답 ④**

정답 해설 (다)에서 '명구승지'는 화자가 가서 노닐고 싶어 하는 아름다운 곳이므로 화자가 향유하고 싶어 하는 심미적 감상의 대상으로 볼 수 있다.

오답 피하기 ① (나)의 '굽은 솔'은 절대적 존재가 아니라 작가의 삶의 맥락에서 긍정적 의미를 부여받은 대상이며, 초장의 '굽은 솔 웃지 마라'에서 알 수 있듯이 '굽은 솔'이 상징하는 가치는 때로 사람들에게 비웃음을 받기도 한다. 따라서 '굽은 솔'이 모든 사람이 지향하는 삶의 가치를 상징한다는 설명은 적절하지 않다.

② (나)의 '춘풍에 피온 꽃'은 눈바람이 치면 쇠락하는 존재로서 화자가 한겨울에 푸름을 지키는 '굽은 솔'과 비교해 평가 절하하는 대상이다. 그러므로 화자가 동질감을 느끼는 대상이라는 설명은 적절하지 않다.

③ (다)에는 '백구'를 향한 화자의 질문은 제시되어 있으나 그에 대한 '백구'의 대답은 나타나 있지 않다.

⑤ (다)에는 '백구'라는 표면적인 청자가 제시되어 있으나 (나)에는 그러한 청자가 드러나 있지 않다. 아울러 (나)에 제시된 화자의 내면은 혹심한 현실에도 굴하지 않는 '의지의 정서'에 가까우며 '체념의 정서'와는 거리가 멀다.

적용 학습　　　　　　　　　　　　　본문 46~48쪽

10　**가 작자 미상, 「가시리」**

| 해제 | 이 작품은 이별의 상황에 놓인 화자의 원망, 슬픔 등의 정서를 솔직한 언어로 노래한 고려 속요이다. 1연에서는 반복되는 질문으로 임이 떠나려고 하는 상황을 확인하고, 2연에서는 가는 임에 대한 원망을 표출하고 있다. 3연에서는 붙잡지 못하고 어쩔 수 없이 임을 보내는 체념의 정서를 드러내고, 4연에서는 다시 만나기를 바라는 소망을 드러내고 있다. 이별에 처한 사람이라면 겪을 수밖에 없는 슬픔과 체념, 소망의 정서를 짧은 노래 속에 집약적으로 잘 표현한 작품이라는 점에서, 시대를 넘어 사람들의 마음을 울리고 있다. 이런 이유로 현대에 와서도 여러 가수의 노래로 재창작되어 불리기도 한 작품이다.

| 주제 | 이별의 슬픔

| 구성 | • 1연: 이별의 상황에 대한 확인
　　　• 2연: 떠나는 임에 대한 원망
　　　• 3연: 절제와 체념
　　　• 4연: 다시 만날 날에 대한 소망

나 작자 미상, 「정석가」
수특 유사 작품

| 해제 | 이 작품은 임과의 영원한 사랑을 염원하는 마음을 담은 고려 속요이다. 이루어질 수 없는 일들을 나열한 후, 그 조건이 만족될 때에야 이별하겠다는 역설적인 표현을 통해 임과의 영원한 사랑에 대한 소망을 표현하고 있다. 1연은 태평성대를 노래한 것으로, 궁중 음악으로 수용되는 과정에서 덧붙여진 것으로 추측된다. 2~5연은 구운 밤, 옥 연꽃, 무쇠 옷, 무쇠 소를 등장시켜 절대로 일어나지 않을 상황에 대해 진술하는 것으로, 임과 이별하지 않겠다는 강한 의지를 효과적으로 드러내고 있다. 6연은 「서경별곡」의 2연과 유사한데, 이는 6연이 당시 사람들 사이에서 유행했던 구절로서 구전되는 과정에서 두 노래에 삽입되었기 때문인 것으로 추측된다.

| 주제 | 임과 이별하지 않고 영원히 사랑할 것임을 노래함.

| 구성 | • 2~4연: 실현 불가능한 상황을 설정하여 임과 이별하지 않겠다는 의지를 드러냄.
　　　• 6연: 임에 대한 사랑과 믿음을 다짐함.

▶ 연결 포인트

　수능특강에서는 작자 미상의 사설시조 「가슴에 구멍을 둥시렇게 뚫고 ~」가 서경덕의 시조 「마음이 어린 후이니 ~」, 김영의 시조 「연 심어 실을 뽑아 ~」, 작자 미상의 시조 「마음이 지척이면 ~」과 함께 출제되었습니다. 문항으로는 표현상의 특징을 파악하는 문항, 창의적 발상에 대한 외적 준거를 바탕으로 작품을 감상하는 문항이 출제되었습니다. 그리고 화자의 변치 않는 마음을 표현한 노래를 〈보기〉로 제시하고 「가슴에 구멍을 둥시렇게 뚫고 ~」와 비교 감상하는 문항이 출제되었습니다.

　2022학년도 수능특강에서는 작자 미상의 고려 속요 「가시리」와 「정석가」가 함께 출제되었습니다. 특히 고려 속요 「정석가」는 불가능한 상황을 설정하여 화자의 변치 않는 마음을 표현했다는 점에서 「가슴에 구멍을 둥시렇게 뚫고 ~」와 유사한 점이 많습니다. 대표 문항 역시 「정석가」에 나타나는 화자의 영원한 사랑에 초점을 맞추어 각 연을 감상한 내용의 적절성을 판단하는 문항이 출제되었습니다.

　이처럼 고전 시가 중에는 불가능한 상황의 설정을 통해 화자의 변치 않는 마음이나 영원성을 드러내는 작품들이 많습니다. 그리고 이러한 작품에서 설정된 상황은 작품의 재미를 더하고 작품의 고유한 개성을 만들어 내기 때문에 문항 출제의 주요 소재가 된다는 점을 기억해 두면 좋겠습니다.

034

표현상의 특징 파악　　　　　　　　　정답 ②

정답 해설 (가)는 '가시리잇고', '도셔 오쇼셔'라고 하며 상대방에게 말을 건네어 상대방의 의중을 묻다가 당부를 표현하고 있다. (나)는 '~ 여의아와지이다'라고 하며 암묵적 청자를 설정하고 말을 건네어 상대방과의 관계에 대한 자신의 의지를 드러내고 있다. (나)의 경우 자신의 의지를 드러낼 뿐, 상대방을 설득하는 내용이라고 보기는 어렵다.

오답 피하기 ① (가)는 '가시리잇고'를 통해 이별하고 싶지 않은 화자의 마음을, (나)는 '그츠리잇가'를 통해 임과의 신뢰에 대한 화자의 믿음을 드러내고 있다.
③ (가)는 '가시리잇고'를 반복하여, (나)는 '유덕하신

임을 여의아와지이다'를 반복하여 임과 이별하고 싶지 않은 화자의 마음을 강조하고 있다.
④ (가)는 '가시리잇고'라고 하며 상대방의 의중을 묻다가 '아니 올셰라'에서 상대방이 오지 않을까 걱정스럽다는 염려를 표현하고 '보내옵노니'로 임을 보내기로 체념한 후 '도셔 오쇼셔'라는 당부로 끝맺는 노래이다. (나)는 '여의아와지이다'로 의지를 밝히다가 역시 '그츠리잇가'로 불변을 다짐하고 있어, 정서 변화를 드러내고 있다.
⑤ (나)에는 '구슬', '바위', '끈' 등에 비유하여 임에 대한 영원한 사랑을 드러낸 부분이 있으나, (가)에는 비유적 표현이 드러나 있지 않다.

035

시어, 시구의 의미와 기능 파악   정답 ④

정답 해설 1, 2연에서 화자가 'ᄇ리고'라고 한 것은 임이 떠나는 상황에 대해 자신이 버림받는다고 여겨 원망하는 감정을 드러낸 것이라 볼 수 있다. 이것은 임의 서러움보다는 화자의 서러움과 관련된다고 보는 것이 적절하다. 그러므로 이렇게 볼 경우 '나를 서럽게 하는 임'으로 해석하는 것이 자연스럽다.

오답 피하기 ① 2연에서 어찌 살라고 하느냐고 애원하는 화자의 모습에서 이별로 인해 난처하고 애통해하는 화자의 심정을 알 수 있다. 이를 통해 4연의 서러움의 의미를 추측하면, '나를 서럽게 하는 임'이라고 해석하는 것이 자연스럽다고 볼 수 있다.
② 3연에서 화자가 임을 잡아 두고 싶다고 한 것을 통해 이별하는 것에 대한 부정적 감정을 추측해 볼 수 있으므로, '나를 서럽게 하는 임'이라고 해석하여 이별의 아픔을 노래한 것이라고 볼 수 있다.
③ 4연에서 가자마자 돌아오라고 말하고 있는 것은 임과 헤어져 있는 시간을 괴로워하여 어서 다시 만나고 싶다고 말하고 있는 것으로 볼 수 있으므로, 이별에 대해 화자가 서러움을 느껴 '나를 서럽게 하는 임'이라고 말한 것으로 해석할 수 있다.
⑤ 4연에서 화자가 품고 있는 소망은 임이 지금은 가더라도 가능한 한 빨리 돌아오는 것이다. 임이 갔다가 돌아오더라도 우선은 가야 하는 불가피한 상황이 있기에 이와 같은 소망의 내용을 갖게 된 것이라 추론할

수 있다. 이때에는 '서러워하는 임'이라고 해석하여 임의 서러움을 말한 것이라고 보는 것이 가능하다.

036

외적 준거에 따른 작품 감상   정답 ②

정답 해설 (가)의 2연에서 화자는 임이 가고 나면 어찌 살아야 할지 걱정스럽다는 원망 섞인 투의 애원을 하고 있다. 이것은 임이 떠나간 이후의 일, 즉 미래의 일을 걱정하는 태도가 드러난 것이지 자신의 과거를 돌아보며 지난날에 의미를 부여하는 것은 아니다.

오답 피하기 ① (가)의 1연에서 화자는 임에게 가겠느냐고 거듭 물으며 이별을 예감하고 있다. 이것은 상대방과의 관계가 이어지지 못할 것임을 예감한 물음이라고 볼 수 있다.
③ (가)의 4연에서 화자는 임에게 곧 돌아오라는 부탁을 하며 재회할 날을 앞당기고자 하는 소망을 드러내고 있다. 이것은 임을 곁에 두는 것으로 사랑을 미래에로 연장하고자 하는 소망을 나타내는 것이다.
④ (나)의 2~4연에는 실현될 수 없는 일들을 가정하여 그것이 이루어져야만 이별하겠다는 독특한 표현이 등장한다. 이것은 임과의 사랑이 영원하기를 기대하는 마음에서 임과 이별하지 않겠다는 다짐을 하고 있는 것이라고 볼 수 있다.
⑤ (나)의 6연에서 화자는 바위에 부딪혀도 끊어지지 않는 끈에 자신의 마음을 비유하여, 미래에 닥칠 어떤 상황에도 자신의 사랑은 변하지 않겠다는 의지를 드러내는 것이라 볼 수 있다.

적용 학습   본문 49~50쪽
11 이신의, 「단가육장」
수특 동일 작품

| 해제 | 이 작품은 귀양살이의 고달픔과 임금에 대한 충정을 형상화한 연시조이다. 작가는 인목 대비의 폐위에 반대하는 상소문을 올렸다가 함경도로 유배를 떠난다. 이때의 고달픔을 제비나 명월 등의 자연물을 통해 잘 드러내고 있을 뿐만 아니라, 자신의 변함없는 충정도 표현하고 있다.

| 주제 | 귀양살이의 고달픔과 임금에 대한 변함없는 충정

구성	• 제1장: 장부로서 할 일에 대한 천명
	• 제2장: 당대의 정치적 상황과 인재 복귀에 대한 희망
	• 제3장: 귀양살이의 처량한 신세 한탄
	• 제4장: 귀양살이의 시름
	• 제5장: 귀양살이의 외로움
	• 제6장: 임금에 대한 변함없는 충정

연결 포인트

수능특강에서는 이신의의 연시조 「단가육장」 전문이 단독으로 구성되었습니다. 그리고 문항으로는 각 장에 사용된 표현상 특징을 파악하는 문항, 작품에 사용된 소재의 의미와 기능을 비교하는 문항, 이 작품의 창작 배경을 외적 준거로 제시하고 감상의 적절성을 판단하는 문항이 출제되었습니다.

2015학년도 수능완성 A형에서도 이신의의 「단가육장」 전문이 단독으로 구성되고, 표현상 특징을 파악하는 문항과 창작 배경을 외적 준거로 제시하고 작품에 대한 이해의 적절성을 판단하는 문항이 출제되었습니다. 그리고 6장의 연시조를 1, 2, 3~6장의 세 부분으로 구분하고 각 부분의 관계를 묻는 문항이 출제되었습니다.

이신의의 「단가육장」은 창작의 배경과 동기가 분명한 작품으로, 이러한 요소에 대한 이해가 선행되어야만 작품의 의미와 주제 의식 등을 정확히 파악할 수 있습니다. 그래서 이 작품이 단독으로 출제된다면 대표 문항은 창작의 배경과 동기에 대한 외적 준거를 바탕으로 감상의 적절성을 판단하는 문항이 될 가능성이 높습니다. 그러므로 이 작품을 학습하며 창작 배경과 동기를 반드시 기억해 두고, 각 장마다 사용된 표현상 특징들을 확인하고 정리해 두면 좋겠습니다.

037

표현상의 특징 파악   정답 ②

정답 해설 '아는가 모르는가', '하올 일이 또 있는가', '그다지도 날랠시고', '무슨 사설 하는지고', '명월밖에 또 있는가' 등에서 의문형의 문장을 사용하여 화자의 정서를 강조하고 있다.

오답 피하기 ① 반어적 표현을 사용하고 있지 않다.
③ 색채 대비를 사용하고 있지 않다.
④ 풍자적 어조를 사용하여 희극적 요소를 가미한 부분을 찾을 수 없다.
⑤ 청각적 이미지와 후각적 이미지를 각각 사용하고 있기는 하지만, 동시에 사용하고 있지는 않다.

038

시상 전개 방식 파악   정답 ④

정답 해설 C에서 '세우'를 봄으로, '명월'을 가을로, '설월'을 겨울로 본다면, C는 어느 정도 계절의 변화를 염두에 두고 시상을 전개했다고 볼 수 있다. 그러나 A와 B에서는 계절감이 드러나지 않는다.

오답 피하기 ① B는 화자가 정치적으로 숙청을 당하는 상황이고, C는 그로 인해 유배를 온 상황이다. 그럼에도 불구하고 화자는 A에서 '효제충신(孝悌忠信)'이라는 삶의 지표를 계속 지키겠다는 의지를 표현하고 있다.
② C와 같이 화자가 유배를 온 것은, B와 같은 숙청을 당했기 때문이다. 즉, B와 같은 사건 때문에 화자가 C와 같은 상황에 처한 것이라 할 수 있다.
③ B에서 언급된 공간은 남산, 즉 서울을 의미하는 데 반해, C에서 언급된 공간은 천 리나 떨어진 귀양지이다.
⑤ A, B, C 모두 마지막 행을 '하노라'라는 동일한 서술어로 종결하여 통일감을 주고 있다.

039

외적 준거에 따른 작품 감상   정답 ①

정답 해설 '인도'란 효제충신을 의미하는데, 화자는 인목 대비의 폐위에 반대하는 상소를 올린 것이 효제충신에 부합한다고 생각한다. 그래서 이를 계속 지키겠다는 신념을 밝히고 있다. 따라서 화자가 상소를 올린 일에 대해 후회를 드러내고 있다는 진술은 적절하지 않다.

오답 피하기 ② '남산'은 조정을, '솔'은 국가를 지킬 인재를 의미하므로 인재들의 숙청에 대한 안타까움을 드러내고 있다고 할 수 있다.
③ '우로'는 임금의 은혜를 의미하므로 인재들을 다시 볼 수 있을 것이라는 희망을 드러내고 있다고 할 수 있다.
④ 화자가 현재 유배지에서 느끼고 있는 감정이므로 유배지에서의 근심을 드러내고 있다고 볼 수 있다.
⑤ 매화의 향기는 지조를 의미하므로 화자의 지조를 드러내고 있다고 볼 수 있다.

12 가 작자 미상, 「오유란전」

| 해제 | 이 작품은 조선 영·정조 시대의 작품으로 추정되는 한 문 소설이다. 여색을 멀리하고 학문에만 전념하겠다는 인물이 친구의 계략과 기녀의 유혹에 의해 훼절(毁節)을 당하는 과정을 다루고 있다. 이를 통해 양반의 호색적이고 위선적인 생활을 풍자하고 있는 작품이다. 그러나 훼절담을 다룬 다른 작품들과는 달리 망신을 당한 인물이 자신을 속인 친구를 용서함으로써 우정을 되찾는 것으로 결말을 처리하고 있다는 점이 특징이다.

| 주제 | 양반의 위선적인 삶에 대한 풍자

| 전체 줄거리 | 이생과 김생은 아주 가까운 친구 사이이다. 김생이 과거에 급제하여 평안 감사가 되자 그는 후원에 별당을 마련하고 이생을 그곳에 머무르게 한다. 김생은 별당에서 책만 읽으면서 지내는 이생을 위해 잔치를 열지만, 외골수인 이생은 잔치를 망쳐 버린다. 이에 김생은 기생 오유란과 공모하여 이생을 망신 줄 계략을 짠다. 이를 모르는 이생은 오유란의 유혹에 넘어가 인연을 맺게 된다. 이생은 부친의 병세가 위독하다는 내용의 편지를 받고 서울 길에 급히 오르던 중에 부친의 병이 회복되었으니 상경하지 말라는 기별을 받고 평양으로 돌아간다. 평양으로 가던 중 대동강가에서 이전에는 본 적 없는 무덤을 발견하고는 그 연유를 알아본다. 이생은 그 무덤이 자결한 오유란의 무덤이라는 것을 알고는 큰 충격을 받아 병석에 눕고 만다. 어느 날 귀신으로 변장한 오유란이 찾아와 이생을 희롱한다. 이생은 오유란의 꾀에 빠져 이승과 저승을 혼동하고, 결국 선화당에서 오유란이 시키는 대로 하다가 여러 사람들 앞에서 망신을 당하고 만다. 그제야 자신이 속은 걸 깨달은 이생은 정신을 차리고 열심히 공부를 하여 장원 급제하게 된다. 암행어사가 된 이생은 여색을 즐기는 김생에게 복수를 한 뒤, 김생과 오유란을 모두 용서하고 술자리를 베푼다.

나 정훈, 「우활가」
수특 동일 작품

| 해제 | 이 작품은 자신의 우활함을 한탄하며 자연을 벗 삼아 안빈낙도하려는 심정을 노래한 은일 가사이다. 이 작품에서 화자는 자신의 처지를 우활하다고 탄식하는데, 이는 시대를 제대로 타고나지 못했다는 인식을 보여 주는 것이다. '우활'을 주제로 하여 자신을 객관적 위치에 놓고 성찰하되, 성리학적 수양의 길을 묵묵히 걷는 외로운 심정과 오로지 자연과 벗하여 탈속한 즐거움의 경지를 잘 조화시킨 작품이다. 또한 '우활'이라는 단어를 반복적으로 사용함으로써 주제 의식을 강조하는 점이 특징이다.

| 주제 | 가난하고 우활한 자신에 대한 탄식

| 구성 | • 서사: 자신의 우활하고 가난한 삶에 대한 토로

• 본사: 자신의 우활함에 대한 한탄과 체념
• 결사: 술로써 자신의 우활함을 달램.

연결 포인트

수능특강에서는 정훈의 가사 「우활가」가 단독으로 구성되었습니다. 그리고 문항으로는 작품의 특정 부분이 나타내는 의미를 파악하는 문항, 특정 대상에 대한 화자의 인식을 확인하는 문항, 작품에 설정된 두 인물의 성격과 기능을 비교하는 문항, 조선 중기 사족들에 대한 정보를 외적 준거로 제시하고 이를 바탕으로 작품을 이해한 내용의 적절성을 파악하는 문항이 출제되었습니다.

2020학년도 수능완성에서는 「우활가」와 작자 미상의 고전 소설 「오유란전」이 함께 구성되어 갈래 복합의 형태로 출제되었습니다. 그리고 이 두 작품의 화자와 주인공이 어떤 공통점을 가지고 있는지 파악하는 문항, 「우활가」의 표현상 특징을 묻는 문항, 「오유란전」의 내용 이해를 확인하는 문항, 사대부와 관련한 정보를 외적 준거로 제시하고 이를 바탕으로 「우활가」를 이해한 내용의 적절성을 확인하는 문항이 출제되었습니다.

이처럼 「우활가」는 조선 중기 사대부들의 정신세계와 처세의 방식이 잘 드러나 있는 작품입니다. 이 작품에는 유교적 이념이나 가치관을 고수하며 이를 실현하고자 하는 포부를 가진 사대부들이 이 뜻을 실현할 수 없을 때 갖게 되는 심리와 차선책으로 선택하게 되는 자연 친화적 삶의 자세가 잘 드러나 있습니다. 그래서 「우활가」를 학습하며 여러 시구와 표현에 담긴 사대부들의 가치관과 사고 구조를 이해해 둔다면 사대부가 창작한 다른 문학 작품들을 이해하는 데에도 큰 도움이 될 것입니다.

040

작품 간의 공통점, 차이점 파악   정답 ⑤

정답 해설 (가)에서 이생은 김생과 오유란의 계교에 속은 자신의 상황을 직시하고, 자신의 어리석음에 어이없어하며 수치심을 느끼고 있다. (나)에서 평생을 '애친경형과 충군제장을 분내사'로 여기며 살았던 화자는 자신이 처한 상황을 직시하고, 가난한 삶과 우활한 자신에 대해 탄식하고 있다. 따라서 (가)와 (나) 모두 자신이 처한 상황을 직시한 인물 또는 화자의 심정이 나타나 있다고 볼 수 있다.

오답 피하기 ① (가)와 (나) 모두 꿈이 제시된 부분을 찾을 수 없다.

② (가)에서 사건이나 이야기의 전개 방향을 암시하는 특정 소재를 찾을 수 없다. 또한 (나)에서도 시상의 전개 방향을 암시하는 소재를 찾을 수 없다.

③ (가)에서 가상의 공간을 제시하지 않았다. (나)에서 '태산', '추노'를 가상의 공간으로 볼 수는 있으나 이를 통해 화자가 스스로를 우활하다며 한탄하고 있는 상황이 변화할 것임을 추론할 수 없다.

④ (가)에서 과거를 회상하는 장면은 찾을 수 없다. 또한 (나)에서 화자의 과거 삶의 모습을 제시하고는 있으나 화자가 과거를 직접적으로 회상하고 있는 부분은 찾을 수 없다.

041

반응의 적절성 평가　　　　　　　　　　**정답 ④**

정답 해설 이생은 오유란이 시키는 행동을 바로 취하지 못하고 망설이고 있다. 이는 자신이 죽었다고 믿으면서도 사람들이 자신을 알아볼까 봐 조바심을 느끼고 있기 때문이다. 또한 이후 이생이 모든 것이 거짓이었음을 깨닫고 크게 놀라며 정신적 충격을 받고 있다는 점을 고려할 때 이생이 '묘방'에 대해 의심하고 있었다고 보기는 어렵다.

오답 피하기 ① 오유란이 계교로 이생을 속인 것은 향락을 모르고 여색을 멀리하는 이생을 골탕 먹이려는 김생의 지시에 의한 것이다. 결국 이생은 오유란에게 넘어가 공부를 멀리하고 그녀와 사랑의 시간을 보내고 있다. 이는 향락과 여색을 즐기는 방탕한 생활을 하게 되었음을 의미하는 것이다.

② 오유란이 죽었다고 믿는 이생은 오유란의 '묘술'로 자신도 목숨을 마쳤다고 믿는다. 그럼에도 불구하고 밖으로 가면서 '여러 사람이 보고 손가락질'을 할까 봐 '더운 날씨에 의관'을 하고 있다. 이는 이생이 체면을 중시하는 인물임을 보여 주는 것이다.

③ 오유란은 자신이 죽었다고 믿으며 '토식'을 궁금해하는 이생에게 날이 밝으면 바로 '토식'을 확인하러 밖으로 나가자고 하고 있다. '토식'이 오유란이 꾸며 낸 허위라는 점에서 의관을 갖추려는 이생에게 귀신의 도를 말하며 '꾸미거나 차릴 필요'가 없다고 한 것은 개방적인 장소에서 이생을 망신 주려는 의도에서 비롯된 속임수로 볼 수 있다.

⑤ 이생은 오유란이 시킨 대로 의관을 갖추지 않고 감사에게 다가가는 행동을 하고 있다. 감사가 이 상황을 지켜보다가 '가만히 담뱃대로 이생의 배를 쿡 찌르'는 것은 자신과 오유란이 꾸민 계교의 정체를 폭로하는 행위이다. 이들의 음모에 속아 우스꽝스러운 행동을 하고 있었던 이생은 감사의 행동을 통해 비로소 상황을 인지하게 된다.

042

표현상의 특징 파악　　　　　　　　　　**정답 ④**

정답 해설 화자의 심리 변화에 초점을 두어 시상을 전개하고 있다. 그러나 계절의 변화를 나타낸 부분은 찾을 수 없다.

오답 피하기 ① '우활도 우활홀샤 그레도록 우활홀샤' 등에서 알 수 있듯이 주로 4음보의 율격을 사용하고 있다.

② '일간 모옥이 비 식는 줄 아돗던가', '어리고 미친 말이 눔 무일 줄 아돗던가' 등은 설의적 표현에 해당한다. 화자는 설의적 표현을 사용하여 자신의 우활함에 대해 한탄하고 있다. 이는 화자가 '애친경형과 충군제장을 분내사'로 여기며 살았던 지난 삶의 방식에 대해 회의하고 있음을 보여 주는 것이다.

③ '우활'이라는 단어를 반복적으로 사용하고 있는데, 이를 통해 화자의 불우한 처지가 부각되는 동시에 '가난하고 우활한 자신에 대한 탄식'이라는 주제 의식이 강조된다.

⑤ '이바 벗님네야 우활흔 말 들어 보소', '아희아 잔 フ득 부어라'에서 알 수 있듯이, 화자는 청자를 설정하여 말을 건네는 어조를 사용하고 있다. 내용상으로는 화자의 독백에 가깝지만, 화자가 청자에게 자신의 상황과 처지를 토로하는 방식을 이용하여 화자의 울분과 체념 등의 정서를 효과적으로 표현하고 있다.

043

외적 준거에 따른 작품 감상　　　　　　**정답 ③**

정답 해설 '이심흔 이내 쇠를 슬허ᄒ다 어이ᄒ리'에서 화자는 평생 성리학적 수양의 길을 묵묵히 걸어왔지만 현실에서 뜻을 실현하지 못한 자신의 삶에 대해 자조와 체념의 태도를 보이고 있다. 그러나 화자가 현실에 흔들리지 않고 '애친경형과 충군제장을 분내사'로 여기며 살아왔다는 점에서 화자의 과거의 삶이 부정적 현실과의 대립으로 인해 갈등을 겪었던 삶이라고 보기는 어렵다. 또한 화자가 과거의 삶을 뉘우치고 있다고 해석하는 것도 적절하지 않다.

오답 피하기 ① 화자는 이룬 것 하나도 없이 세월만 흘러가고 있으며, 평생의 모든 일이 우활한 일이었다고 말하고 있다. 〈보기〉를 참고할 때, 이는 평생 성리학적 수양의 길을 걸었음에도 불구하고 막상 현실에서는 등용이나 공명 등의 기회를 얻어 사대부로서의 뜻을 펼치지도 못한 채 가난하게 살고 있는 화자의 처지를 보여 준다.

② 화자는 일백 번 다시 죽어 옛사람이 되고 싶다고 말하고 있는데, 이는 화자가 성리학적 수양의 길을 걸어왔음을 보여 주는 동시에 사대부로서의 뜻을 실현하고 싶은 소망을 지니고 있음을 보여 준다.

④ 화자가 '축타의 영언을 이제 빈화 어이ᄒ며 / 송조의 미색을 얼근 늣칙 잘 흘런가'라고 말하고 있는 것에서 성리학적 수양만으로는 등용의 기회를 얻을 수 없는 현실에 대한 비판적 인식을 엿볼 수 있다. 또한 이를 통해 화자가 등용의 기회를 얻지 못하는 자신의 삶에 대해 체념하고 있음을 알 수 있다.

⑤ 화자는 평생의 모든 일이 우활하지 않은 것이 없다는 것을 깨닫고 우활을 거느리고 백 년을 어떻게 살아가냐고 자문하고 있는데, 이는 앞으로의 삶에서 어떤 희망이나 낙관적 전망도 기대할 수 없다는 인식을 보여 주는 것이다.

044

구절의 의미 파악   정답 ③

정답 해설 (가)에서 이생은 김생과 오유란에게 속은 것을 부끄러워하며 분한 심정을 풀고 자신을 속인 이들에게 복수를 하기 위해 ㉠의 행위를 하는 것이다. 따라서 ㉠은 개인적인 원한을 갚기 위한 행위로 볼 수 있다. 반면에 (나)에서 화자는 자신의 불우한 처지를 탄식하면서 '태고'로 지칭되는 성현들이 살던 태평 시대를 동경하고 있다. 따라서 ㉡은 사대부로서의 뜻

을 실현하는 삶에 대한 지향을 의미하는 것이다. 화자가 '우활흔 심혼이 가고 아니 오노왜라'라고 말한 것으로 볼 때, 화자는 일시적으로나마 현실적 고뇌를 잊고자 하고 있다. 여기에서 일시적이라고 한 것은 화자의 고뇌가 부정적 현실에서 기인한 것이므로 그 고뇌가 완전히 해소될 수는 없기 때문이다.

오답 피하기 ① (가)에서 이생은 김생과 오유란에게 속은 것에 부끄러워하며 분한 마음을 풀기 위해 공부를 하고 있다는 점에서 ㉠을 성찰의 행위로 보기는 어렵다. 그러나 (나)에서 ㉡은 사대부의 이상을 실현하는 것을 의미하므로 세상과 타협하려는 행위로는 볼 수 없다.

② ㉠은 오유란의 계교에 넘어가기 전의 삶, 즉 향락을 모르고 여색을 멀리하던 과거의 삶에 비교적 가까운 모습이다. 다만 '설분에만 뜻을 두고' 공부를 하고 있다는 점에서 과거의 삶으로 회귀하는 행위라고 보기는 어렵다. 또한 (나)에서 화자는 '애친경형과 충군제장을 분내사'로 여긴 삶을 살아온 인물이다. 따라서 ㉡은 과거의 삶과 일치하는 모습이다.

④ (가)에서 이생이 '설분에만 뜻을 두고' 공부를 하고 있다는 점에서 ㉠은 개인적 감정을 충족하기 위한 행위일 뿐, 이상 실현의 행위로 보기는 어렵다. 또한 (나)에서 ㉡은 사대부의 이상을 실현하고 싶은 심리를 반영한 것이다.

⑤ (가)에서 이생은 자신을 속인 김생과 오유란에게 복수를 하려고 하고 있다. 따라서 ㉠은 목적을 실현하고자 하는 행위이기는 하지만 그 목적에 사회적 의미가 있다고 보기는 어렵다. 또한 (나)에서 ㉡은 학문을 수양하거나 정치를 펼치는 사대부로서의 이상을 실현하고 싶은 소망을 표현한 것이므로 자연 속에서 풍류를 즐기는 삶과는 거리가 있다.

적용 학습   본문 56~57쪽

13   **홍순학, 「연행가」**
        수특 유사 작품

| 해제 | 조선 말기 홍순학이 1866년(고종 3) 3월에 왕비 책봉을 주청하기 위한 사신 일행의 서장관으로 연경(북경)에 다녀온 후에 지은 장편 기행 가사이다. 작가는 4월 9일부터 8월 23일까

지 총 133일 동안 견문한 내용을 시간과 여정에 따라 상세하게 기록하고 있다. 작가가 견문한 것들을 사실적이면서 생생하게 그려 내고 있어서 당대의 청나라 문물과 문화적 현실을 잘 알 수 있다. 지문의 내용은 사신 일행이 청나라 황궁의 공식적인 행사에 참여하여 황제의 상을 하사받고 잔치를 마친 후 날짜를 정해 조선으로 귀국할 때의 감회를 노래한 것이다.

| 주제 | 사신의 일행으로 청나라를 다녀온 견문과 감상
| 구성 | • 1~15행: 필담으로 청나라 사람들과 의사소통을 함.
　　　• 16~31행: 예부에서 송별연을 하고 고국으로 복귀 준비를 함.
　　　• 32~40행: 고국으로 복귀하며 여러 가지 생각이 교차함.

▶ 연결 포인트

　수능특강에서는 채득기의 가사 「봉산곡」이 단독으로 구성되었습니다. 문항으로는 작품의 특정 부분에 대한 설명의 적절성을 판단하는 문항, 특정 시구의 표현 방식과 의미를 파악하는 문항, 작품의 창작 배경과 관련한 외적 준거를 바탕으로 화자의 심리나 상황을 파악하는 문항이 출제되었습니다.

　2017학년도 대학수학능력시험에서는 「봉산곡」과 같이 화자가 중국으로 기행한 내용을 담은 홍순학의 가사 「연행가」가 단독으로 구성되었습니다. 작품에 대한 설명의 적절성을 파악하는 문항, 특정 시구의 표현상 특징을 파악하는 문항, 작품의 특정 부분에 대한 감상의 적절성을 파악하는 문항이 출제되었습니다.

　「봉산곡」과 「연행가」는 모두 화자가 중국에 가게 된 기행의 과정이 드러나는 가사입니다. 가사는 그 길이가 길기 때문에 보통 단독으로 제시되는 경우가 많고, 특히 기행 가사의 경우 기행의 과정을 [A], [B] 등으로 구분하고 해당 부분에 대한 사실적 이해 능력을 파악하는 문항이 자주 출제됩니다. 그리고 기행의 배경이나 이유와 관련한 외적 준거를 제시하고 이를 바탕으로 작품의 내용이나 화자의 심리 등을 파악하는 문항이 대표 문항으로 출제되는 경우가 많습니다. 그러므로 장편 기행 가사에 대해 학습할 때에는 화자가 기행을 하게 된 이유나 동기를 알아 두고 그 과정을 사실적으로 이해하며 해석하는 훈련을 해 두는 것이 좋습니다.

045

작품의 내용 파악　　　　　　　　　　　　　　정답 ③

정답 해설 이 글에서 화자는 청나라에서 자명종, 자명

악 같은 낯선 풍물을 접하고, 청나라 사람들과 말이 통하지 않아 필담을 나누고, 황궁의 공식적인 행사에 참여한 체험에 대한 다양한 정서를 드러내고 있다. 그리고 회환 날짜를 정해 귀국할 때의 시원하고 상쾌한 심정을 서술하고 있다.

오답 피하기 ① 자연의 경이로운 풍광에 대한 감상을 장황하게 서술한 내용은 찾을 수 없다.
② '당연에 먹을 갈아 양호수필 덤뻑 찍어 / 시전지를 빼어 들고'를 학문과 관련한 사물을 나열한 것으로 볼 여지는 있으나, 이것은 필담을 위한 과정을 제시한 것이지 화자의 입신양명에 대한 관심을 드러낸 것은 아니다.
④ 청나라 황궁의 공식적인 행사에 참여한 것은 맞지만, 이 글에서 행사에 참여한 다양한 사람들의 외양과 감정을 개성적으로 묘사한 내용은 찾을 수 없다.
⑤ '곡식 추수가 한창이요'를 구체적인 시간을 나타내는 표현으로 볼 수 있으나, '숭문문 내달아서 통주로 향해 가니'로 볼 때 화자가 귀국하는 도중이지 여정이 마무리된 것은 아니다.

046

표현상의 특징 파악　　　　　　　　　　　　　정답 ⑤

정답 해설 ⓤ은 '올 적에 심은 곡식 추수가 한창이요'라는 가을의 계절감을 드러내는 표현을 통해 '올 적(청나라로 출발할 때)'에서 시간이 한참 경과되었음을 보여 주고 있다.

오답 피하기 ① ㉠은 '절로 울어 소리하며'에서 청각적 이미지가 사용되었으나, 이것은 대상이 지닌 슬픔을 표현한 것과는 관련이 없다.
② ㉡에서 '이편저편'이라는 지시적 표현을 사용하였으나 이는 상대와의 친밀감을 드러내는 상황이 아니라 처음 만난 사람들이 고급 목재로 된 의자에 마주 앉은 상황을 나타낸 것이다. 다음 행의 '처음 인사'로 이를 확인할 수 있다.
③ ㉢은 귀국 준비를 위해 바쁘게 짐을 싸고 있는 것이지 여유로운 분위기를 드러내는 것은 아니다. '분분하고'는 음성 상징어가 아니라 형용사로, 떠들썩하고 뒤숭숭한 상황을 나타낸다.
④ ㉣의 앞 구절과 뒤 구절을 대구적 표현으로 볼 여

지는 있으나 새로운 계책을 마련한 기쁨을 드러내는
것으로 볼 수는 없다.

047

작품의 종합적 이해와 감상   정답 ①

정답 해설 [A]의 '간담을 상응하여'는 상대방에게 마음
을 터놓는 상황으로 경계심을 드러내는 것이 아니며,
[B]의 '뜰에 내려 북향하여'는 청나라 황제에게 사례
하는 모습으로 상대방에 대한 거부감을 드러내는 것
이 아니다.

오답 피하기 ② [A]의 '거기 사람 처음 인사 차 한 그릇
갖다 준다'와 [B]의 '황상이 상을 주사 예부상서 거행
한다'에서 확인할 수 있다.
③ [A]에서는 '필담'을 통해 서로 간에 간곡한 정을 전
달하고 있다. 그리고 [B]의 '구고두'는 청나라 시대에
황제에게 머리를 조아려 절하는 공식적 예법으로, 황
상(황제)이 조선 사신 일행에게 상을 주고 잔치를 베
풀어 주는 은혜에 의례적인 감사를 표한 것이다.
④ [A]의 '글귀 절로 오락가락'은 필담을 통해 비로소
의사소통이 이루어지는 상황을, [B]의 '비위가 뒤집혀
서'는 푸짐한 잔칫상을 받았으나 막상 먹을 것이 없는
곤란한 상황을 드러낸 것이다.
⑤ [A]의 '귀머거리 벙어린 듯'은 언어가 같지 않아 대
화가 이루어지지 못하는 상황을, [B]의 '메밀떡에 밀
다식에 겉밤'은 음식을 나열하여 잔칫상에 여러 가지
음식을 차려 놓은 상황을 알려 주고 있다.

적용 학습   본문 58~59쪽

14 ⟨가⟩ 남구만, 「동창이 밝았느냐 ~」

| 해제 | 이 작품은 양반 사대부가 농촌 생활을 중심 소재로 삼
아 지은 시조로, 일종의 권농가(勸農歌)이다. 화자는 작품의 앞
부분에서 농촌의 정겨운 아침 풍경을 제시한 뒤, '소 치는 아이'
에게 농사일을 부지런히 할 것을 타이르듯 부드러운 어조로 권
유하고 있다.

| 주제 | 농사를 부지런히 할 것을 권유

| 구성 | • 초장: 날이 밝아 아침이 됨.

- 중장: 소 칠 아이가 아침이 되었는데도 아직 일어나
  지 않음.
- 종장: 아이의 게으름을 염려함.

⟨나⟩ 위백규, 「농가」

| 해제 | 이 작품은 농가(農家)의 생활과 농사일의 즐거움을 구
체적으로 묘사한 연시조(전 9수) 중 일부로서, 한자어의 사용을
자제하고 농촌의 일상어를 사용한 점이 특징이다. ⟨제2수⟩와
⟨제3수⟩는 노동의 풍경과 일하는 사람들이 서로 유대하고 협력
하는 모습을 그리고 있으며, ⟨제4수⟩는 부지런히 일한 뒤에 만
끽하는 휴식의 즐거움을 흥취 있게 묘사하고 있다.

| 주제 | 농가의 생활과 농사일을 하는 즐거움

| 구성 | • 제2수: 이웃들과 힘을 모아 농사일에 힘씀.
- 제3수: 농사에 방해가 되는 풀들을 걷어 냄.
- 제4수: 힘든 농사일에도 시원한 바람을 쐬며 전원생
  활을 즐김.

⟨다⟩ 정학유, 「농가월령가」

수특 동일 작품

| 해제 | 이 작품은 1월에서 12월까지 그 달에 해야 할 농사일과
절기에 따른 세시 풍속을 담고 있는 월령체 가사(전 13장)이다.
농사에 필요한 유용한 정보와 농부가 해야 할 바람직한 일들을
명령형·청유형 어미를 사용하여 노래하고 있다.

| 주제 | 각 달과 절기에 따른 농사일과 세시 풍속 소개

| 구성 | • 1~7행: 4월 초여름, 자연의 모습과 농가의 풍경
- 8~11행: 4월 초여름에 농가에서 해야 할 일

연결 포인트

수능특강에서는 정학유의 가사 「농가월령가」가 단독으
로 구성되었습니다. 문항으로는 작품의 내용에 대한 설명
의 적절성을 판단하는 문항, '농업'에 대한 화자의 생각을
파악하는 문항, 이 작품이 창작된 사회적 배경과 관련한
외적 준거를 바탕으로 작품을 감상한 내용의 적절성을 판
단하는 문항이 출제되었습니다.
2016학년도 6월 모의평가 A형에서는 정학유의 가사 「농
가월령가」와 함께 남구만의 시조 「동창이 밝았느냐 ~」,
위백규의 연시조 「농가」가 함께 구성되었습니다. 이 세 작
품은 모두 농촌의 일상과 농부들의 할 일을 중심 소재로
한 작품이라는 공통점이 있습니다. 문항으로는 세 작품의
시상 전개 방식이나 표현상 특징을 파악하는 문항, 시구의
의미를 이해한 내용의 적절성을 판단하는 문항, 두 작품의
공통점과 차이점을 비교 감상하는 문항이 출제되었습니다.

정학유의 「농가월령가」는 월령체 형식의 긴 분량을 지니고 있으므로 단독으로 출제될 가능성도 있고, 2016학년도 6월 모의평가 A형과 같이 농촌과 관련된 다른 작품들과 함께 구성되어 출제될 가능성도 있습니다. 특히 「농가월령가」는 농사에 필요한 유용한 정보와 농부들이 해야 할 일들을 전달하려는 실용적 목적과 창작 동기를 가진 작품이므로 이와 관련해 외적 준거를 바탕으로 작품을 감상하는 문항이 출제될 수 있으므로 이에 대해서 충분히 학습해 둘 필요가 있습니다.

048

표현상의 특징 파악 　　　　　　　　**정답 ⑤**

정답 해설 (가)의 '노고지리 우지진다', (나)의 '긴 휘파람 흘리 불 제', (다)의 '뻐꾹새 자주 울고'와 '꾀꼬리 노래한다'와 같은 표현에 청각적 심상이 나타나 있다.

오답 피하기 ① (가)는 소를 치는 아이에게 일어나 일을 할 것을 권하고 있고, (다)는 초여름의 입하, 소만 등의 절기에 해야 할 일을 말하고 있는 것이지, 시선의 이동에 따라 시상을 전개하고 있지는 않다.
② (나)의 〈제2수〉는 농가의 일상을 담담하게 묘사한 작품으로 '생성의 이미지'와는 거리가 멀다. (다)는 초여름을 배경으로 자연에 넘쳐흐르는 생명력을 그리고 있으므로 '소멸의 이미지'와는 무관하다.
③ (나)의 〈제3수〉는 들에 나가 김을 매는 모습을 그리고 있는 것으로, 화자의 심경 변화는 나타나고 있지 않다.
④ (나)의 〈제4수〉와 (다)는 반어적 표현을 사용하고 있지 않다.

049

시어, 시구의 의미와 기능 파악 　　　　　**정답 ④**

정답 해설 ㉣에 묘사된 '비 온 끝에 볕'이 나는 '화창'한 날씨는 4월이 농사일을 하기에 적절한 때(농사일을 부지런히 해야 할 때)임을 나타내기 위한 것으로 농사일의 괴로움과는 무관하다.

오답 피하기 ① ㉠은 지금이 밭일을 나가야 할 이른 아침임을 알려 주는 표현이다.
② ㉡은 농사일을 하러 나가는 농가의 일상적인 풍경

을 묘사하고 있다.
③ ㉢은 농사일을 열심히 하는 모습과 힘든 일은 서로 도와 가며 하는 모습을 드러내고 있다.
⑤ ㉤은 농가의 식구들이 모두 일하러 나가 집이 텅 비어 있는 모습을 묘사함으로써 농번기의 농촌 상황을 잘 보여 주고 있다.

050

작품의 종합적 이해와 감상 　　　　　　**정답 ①**

정답 해설 특정 시기에 재배해야 하는 작물이 제시된 작품은 (다)이다. (다)는 4월에 심고 기를 만한 작물로 목화, 수수, 동부, 녹두, 참깨를 열거하고 있지만, (나)에는 이러한 작물들이 언급되어 있지 않다.

오답 피하기 ② (나)의 〈제4수〉에 옷깃을 열고 휘파람을 부는 모습에서 바쁜 농사일 중에 잠깐의 휴식을 즐기는 여유로움이 잘 표현되어 있다. (다)는 그 달에 해야 할 농사일에 관한 정보를 제시하고 있을 뿐 휴식의 즐거움은 언급하고 있지 않다.
③ (다)는 (나)와 달리, '보리', '수수' 등 먹는 것과 '누에치기', '목화' 등 입는 것과 관련한 농사일이 나타나 있다.
④ (나)와 (다)의 화자는 모두 농촌이 열심히 농사를 짓는 건강한 노동의 공간이라는 점에 주목하여 시상을 전개하고 있다.
⑤ (나)와 (다)의 공간은 모두 농촌이며, 열심히 일하는 농부들의 평범한 일상생활을 묘사하고 있다.

적용 학습 　　　　　　　　　　　本文 60~61쪽

15 　가 정약용, 「고시」

| 해제 | 이 작품은 제비를 통해 핍박받는 백성들의 고통을 우의적으로 표현하며 지배층의 횡포를 고발하고 있는 한시이다. 표면적으로는 황새나 뱀으로부터 핍박받는 제비에 대해 이야기하고 있으나, 이면적으로는 당시 지배층이 백성들을 착취하는 모습을 풍자하고 있다. 화자와 제비가 서로 대화를 하는 듯한 방식으로 시상을 전개하고 있는 것이 특징이다.

| 주제 | 지배층의 횡포로 핍박받는 백성들의 삶

| 구성 | • 1, 2행: 제비의 울음소리가 그치지 않음.
• 3, 4행: 제비가 집 없는 서러움을 호소함.
• 5, 6행: 느릅나무, 홰나무 구멍에 들지 않는 이유를 물어봄.
• 7, 8행: 제비가 사람에게 말하는 듯함.
• 9, 10행: 황새와 뱀 때문에 살 수가 없음.

ⓝ 작자 미상, 「시집살이 노래」
수특 동일 작품

| 해제 | 이 작품은 봉건적 가족 관계 속에서 여인들이 겪는 시집살이의 괴로움과 고통을 다양한 방법으로 표현한 민요이다. 대부분의 시집살이 노래는 시부모의 학대, 폭력적이거나 무능력한 남편, 고된 노동 등과 관련된 내용으로 가사를 구성하는 경우가 많다. 시집살이 노래는 온갖 일들을 할 때 불렀는데, 특히 긴 밤을 새우며 삼을 삼을 때, 물레질할 때, 베를 짤 때 등 길쌈과 관련된 일을 할 때 많이 불렀다. 이 노래는 사촌 자매 간의 대화 형태와, 반복, 대구, 대조, 열거 등 다양한 표현 기법을 사용하여 자질구레하고 힘든 일이 산더미같이 쌓였고, 시부모, 시누이, 시아주버니, 남편 모시기가 고되다는 내용을 해학적으로 노래하고 있다.

| 주제 | 부녀자들이 겪는 시집살이의 고통

| 구성 | • 1~3행: 화자와 사촌 동생의 대화
• 4~23행: 시집살이의 고통과 괴로움 호소
• 24~26행: 자식에게서 위로받는 화자의 모습

연결 포인트

수능특강에서는 작자 미상의 민요 「시집살이 노래」와 작자 미상의 가사 「우부가」가 함께 구성되었습니다. 문항으로는 시구의 의미에 대한 이해의 적절성을 판단하는 문항, 열거의 방식에 대한 외적 준거를 바탕으로 작품의 특정 부분에 대한 이해의 적절성을 판단하는 문항 등이 출제되었습니다.

2019학년도 6월 고2 학력평가에서는 「시집살이 노래」가 정약용의 「고시」와 함께 출제되었습니다. 문항으로는 두 작품의 표현상 공통점을 파악하는 문항, 두 작품과 관련한 외적 준거를 제시하고 각각의 작품을 이해하거나 감상한 내용의 적절성을 판단하는 문항이 출제되었습니다.

그런데 외적 준거를 바탕으로 감상의 적절성을 평가하는 문항과 관련하여 「시집살이 노래」는 화자나 인물이 경험하는 '부조리한 삶'을 중심으로 삶의 애환과 고통을 다룬 여러 작품들과 연계할 수 있는 확장성이 있는 작품이므로 평소에 이러한 점을 염두에 두고 학습해 두는 것이 좋습니다.

051

표현상의 특징 파악   **정답 ②**

정답 해설 (가)는 대화 형식을 활용하여 '황새'와 '뱀'에 의해 '제비'가 괴롭힘을 당하는 현실에 대한 비판적인 인식을 드러내고 있다. (나)는 대화 형식을 활용하여 고달픈 시집살이에 대한 비판적인 인식을 드러내고 있다.

오답 피하기 ① (가), (나) 모두 반어적인 표현을 사용한 부분을 확인할 수 없다.

③ (가), (나) 모두 시간의 흐름과 깨달음에 이르는 과정이 드러난 부분을 확인할 수 없다.

④ (가), (나) 모두 자연의 아름다움을 드러낸 부분을 확인할 수 없다.

⑤ (가), (나) 모두 자연물에 화자의 감정을 이입한 부분을 확인할 수 없다.

052

작품의 종합적 이해와 감상   **정답 ④**

정답 해설 (가)에서는 그치지 않는 제비의 울음소리로 피지배 계층인 백성들의 고통을 표현하였으나, 현실에 굴하지 않는 백성들의 꿋꿋한 모습을 그린 부분은 확인할 수 없다.

오답 피하기 ①, ② '황새'와 '뱀'이 '제비'를 괴롭히는 내용을 통해 당시 지배 세력의 횡포와 피지배층의 고난을 드러내고 있다.

③ '집 없는 서러움'에서 피지배층의 고난을 삶의 터전마저 빼앗기는 절박한 상황으로 그리고 있음을 확인할 수 있다.

⑤ 작가는 당대의 부정적 현실을 우화적 기법을 통해 우회적으로 고발하고 있다.

053

외적 준거에 따른 작품 감상   **정답 ⑤**

정답 해설 (나)의 화자가 현실에 대응하지 못하고 체념하는 태도를 보이고 있는 것은 맞지만, 화자를 '거위'와 '오리'에 빗대어 표현한 것은 아니다.

오답 피하기 ① '고추', '당추'와 비교하여 시집살이의 고통을 드러내고 있으므로 적절하다.

② '오 리'와 '십 리'를 통해 가사 노동의 과중함을 표현하고 있으므로 적절하다.

③ 대하기 힘든 존재인 시아버지와 시어머니를 '호랑새'와 '꾸중새'에 빗대어 표현하고 있으므로 적절하다.

④ '배꽃'은 이전 자신의 모습, '호박꽃'은 현재 자신의 모습이라고 할 수 있다. 이 둘의 대비를 통해 자신의 초라해진 현재 모습을 한탄하고 있으므로 적절하다.

적용 학습　　　　　　　　　　　본문 62~65쪽

16 가 이홍유, 「산민육가」

| 해제 | 이 작품은 조선 중기 문인이자 교육자인 이홍유가 지은 연시조이다. 세속적 부귀영화를 추구하지 않고 자연 속에서 유유자적하는 삶의 만족감을 노래하고 있다.

| 주제 | 자연에 은거하여 사는 삶에 대한 감흥

| 구성 | • 제1수: 자연 속에서 느끼는 청유한 즐거움
• 제2수: 속세와의 인연을 끊고 자연을 벗 삼아 살아감.
• 제4수: 자연을 즐기며 살아가는 소박한 삶
• 제5수: 속세와 단절된 삶 속에서 임금의 은혜를 생각함.

나 작자 미상, 「유산가」
　　　수특 유사 작품

| 해제 | 조선 후기 한양과 경기 지방을 중심으로 불린 12잡가 중의 대표적인 작품으로, 봄의 아름다운 경치 완상과 유흥적 흥취를 노래한 작품이다. 잡가는 19세기 중반 이후 도시 유흥 공간을 중심으로 전문 가객들이 부른 노래의 총칭으로, 서민 문화에 기원을 둔 노래에 시조, 가사, 민요 등이 섞여서 형성된 갈래이다. 이 작품에는 우리말과 한자어가 혼용되고 있는데, 이는 작품의 향유 계층이 서민층뿐만 아니라 양반층이 포함되어 있는 것과 관련이 있다.

| 주제 | 봄의 아름다운 경치를 완상하며 느끼는 즐거움

| 구성 | • 서사: 봄을 맞은 산천 경치의 구경 권유
• 본사 1: 봄날의 화려한 경치가 지닌 아름다움
• 본사 2: 봄산의 아름다운 모습과 폭포의 역동적인 모습
• 결사: 자연의 아름다운 경치에 대한 감흥

다 정비석, 「산정무한」
　　　수특 동일 작품

| 해제 | 이 글은 금강산을 유람하고 난 후의 여정, 견문, 감상을 유려한 문체로 서술하고 있는 기행 수필이다. 글쓴이는 여정과 감상을 추보식 구성으로 정리하고 있는데, 서경과 서정의 조화를 살리며 섬세한 필치로 멋과 교양을 잘 드러내고 있다. 이 글은 기행 수필의 일반적 차원을 넘어 서정시와 같은 정서를 느끼게 하며, 기행 수필의 수준을 한 단계 높인 작품으로 평가되고 있다. 제시된 지문의 내용은 '황천 계곡, 연화담과 수렴폭, 망군대, 마하연, 마하연여사' 등의 여정과 감상을 드러낸 부분으로, 특히 단풍과의 물아일체를 드러낸 부분은 다양한 수사법과 화려한 문체를 통해 개성적으로 묘사되고 있다.

| 주제 | 금강산의 아름다운 풍경

| 구성 | • 1, 2문단: 가을 산의 아름다운 단풍을 감탄함.
• 3문단: 연화담 수렴폭을 완상하며 망군대에 오름.
• 4문단: 망군대에서 산봉우리와 단풍을 바라봄.
• 5문단: 마하연의 여사를 찾아감.

연결 포인트

수능특강에서는 작자 미상의 잡가 「제비가」가 단독으로 구성되었습니다. 이 작품은 경기 12잡가 중 하나로, 새를 제재로 판소리의 여러 구절을 차용하여 창작한 노래로 당시 대중적 인기가 높았던 것으로 알려져 있습니다. 문항으로는 표현상의 특징을 묻는 문항, 잡가의 창작 과정이나 형성 과정과 관련하여 다른 작품이나 외적 준거를 통해 이 작품을 이해하거나 감상한 내용의 적절성을 파악하는 문항이 출제되었습니다.

2019학년도 3월 고3 학력평가에서는 「제비가」와 함께 경기 12잡가에 속하는 작자 미상의 「유산가」가 이홍유의 연시조 「산민육가」, 정비석의 현대 수필 「산정무한」과 함께 갈래 복합의 형태로 출제되었습니다. 수능특강에서는 잡가를 단독으로 구성하고 주로 문학사적 맥락으로 작품에 접근했다면 2019학년도 3월 고3 학력평가에서는 '유흥'이라는 내용적, 주제적 측면으로 접근했다는 차이가 있습니다.

이처럼 잡가는 문학사적 맥락이나 주제적 측면의 접근이 가능합니다. 다만 잡가가 우리 고전 시가를 구성하고 있는 하나의 갈래인 것은 분명하지만, 우리 고전 시가를 대표하여 단독으로 출제되기에는 다소 부담이 있습니다. 그러므로 잡가를 학습할 때에는 잡가에 대한 문학사적 지식을 학습하되 내용적, 주제적 측면에서 작품을 이해하고 다른 작품들과 어떻게 연계되어 구성될 수 있는지를 가늠해 보며 학습하는 것이 좋습니다.

054

표현상의 특징 파악   정답 ④

정답 해설 (나)와 (다)는 은유법과 직유법 같은 비유적 표현을 활용하여 봄의 아름다운 경치에 대한 흥취나 금강산의 절경에 대한 예찬의 태도를 드러내고 있다. 즉 대상을 긍정적으로 인식하고 있는 것이다.

오답 피하기 ① (나)는 '콸콸, 주루루룩, 쏼쏼' 등 음성 상징어를 사용하여 생동감을 높이고 있으나, (가)에는 음성 상징어가 나타나지 않는다.

② (가)는 과거와 현재를 대비하는 측면이 있다고 볼 여지가 있으나, (나)에서는 과거와 현재를 대비하여 지향하는 가치를 밝히는 내용을 찾을 수 없다.

③ (가)와 (다)에서 어휘의 반복은 확인할 수 있으나 움직임을 나타내는 어휘를 반복하는 것은 아니고, (가)의 경우 대상의 역동적 측면은 나타나지 않는다.

⑤ (나)와 (다)에 어조의 변화는 나타나지 않는다.

055

시어, 시구의 의미와 기능 파악   정답 ⑤

정답 해설 ⑩은 마하연의 여사가 산중에 있어 여행객 외에는 찾는 사람이 드물다는 것을 나타낸 구절이다. (다)에서 마하연의 여사가 퇴락했다는 내용은 찾을 수 없다.

오답 피하기 ① '십장 홍진'은 혼잡한 속세를 의미한다. 그것이 가려져 차단되었다는 것은 화자가 속세와 거리를 둔 상황임을 나타내는 것이다.

② '벗님네'에게 '산천경개를 구경을 가세.'라고 권유하고 있는데, 여기서 '산천경개'는 봄의 아름다운 경치를 의미한다.

③ '만산 홍록'은 온 산에 꽃이 활짝 핀 상황을 나타낸 것으로, '춘색'으로 제시된 봄의 계절감을 부각하고 있다.

④ 단풍으로 물든 산속을 걸어가며 단풍과 하나가 된 심정을 제시하고 있다.

056

외적 준거에 따른 작품 감상   정답 ②

정답 해설 (가)의 '조그만 이 내 몸'은 자연 속에서 생활하는 화자 자신을 겸손하게 표현한 것이다. 즉 (가)의 화자는 자연에 이미 귀의한 상황이므로, '조그만 이 내 몸'을 자연 속에서 심리적 위안이 필요한 속세에서의 화자의 모습으로 볼 수는 없다.

오답 피하기 ① '공명부귀'는 화자가 관직에 올라 역량을 발휘하여 이룰 수 있는 세속적 가치를 상징하는 것으로 볼 수 있다.

③ 화자가 '송죽'을 의인화하여 조화를 이루는 친밀감을 드러낸 것으로 볼 수 있다.

④ '무릉도원'은 동양적 이상향을 상징하는 표현으로, (나)의 화자는 봄의 아름다운 경치를 이상향의 이미지와 연결시켜 이상적인 유흥의 공간으로 제시한 것으로 볼 수 있다.

⑤ '경개 무궁 좋을씨고'는 화자가 아름다운 풍광에 대해 감각적으로 느낀 흥을 드러내는 상황으로 볼 수 있다.

057

작품의 내용 파악   정답 ④

정답 해설 글쓴이는 망군대 등정 과정과 망군대에서의 조망과 관련한 여정이나 '삼백 단'의 사다리와 '해발 오천 척' 같은 객관적 사실과, '한사코 기어오르는', '일망무제로 탁 트인다.', '아! 천하는 이렇게도 광활하고 웅장하고 숭엄하던가!' 등의 소감을 제시하고 있다.

오답 피하기 ① 마하연 여사에서 과거를 회상하고 있으나, 여정을 계속하려는 이유는 제시하지 않았다.

② 글쓴이는 망군대에서 백마봉과 비로봉을 바라본 것이지, 백마봉에서 비로봉으로 이동한 것은 아니다.

③ 연화담과 수렴폭을 둘러볼 때 기상 상황이 좋지 않았다는 내용은 나타나지 않는다. '그림 같은'이라는 비유로 볼 때, 기상 상황이 좋았음을 짐작할 수 있다.

⑤ 마하연 여사에서 동행자인 문 형이 한 말인 "남포등은 참말 오래간만인데."를 제시하고 있으나, 이것이 일행 사이의 갈등 해소를 드러내는 것은 아니다. (다)에 일행 사이의 갈등은 나타나지 않는다.

058

작품 간 비교 감상 　　　　　　　　　　　　**정답 ①**

정답 해설 글쓴이가 두목(杜牧)의 한시 대신 영일(靈一)의 한시를 인용한 이유는 마하연사에서 느낀 분위기와 그곳에 노승이 많다는 인상을 전달하는 데 더 적합하다고 느껴서임을 짐작할 수 있다.

오답 피하기 ② (다)에 글쓴이가 마하연사에서 자신의 삶을 반성하고 깨달음을 얻었다는 내용은 나타나지 않는다.

③ '선원'이라는 표현을 통해 마하연사가 어떤 역할을 수행하는 절인지는 알 수 있으나, (다)에 마하연사의 유래는 나타나지 않는다.

④ (다)에 글쓴이가 마하연사를 방문하는 데에 고생이 많았다는 점을 알리는 내용은 나타나지 않는다.

⑤ '불경 공부하는 승려뿐이라고 한다.'를 통해 종교적 교리를 익히기 위해 애쓰는 승려들이 있는 절임을 알 수 있다.

적용 학습 　　　　　　　　　　　　본문 66~67쪽

17 **가 허난설헌, 「규원가」**
　　　 수특 유사 작품

| 해제 | 이 작품은 조선 시대의 규방 가사로, 봉건 사회에서 독수공방하는 여인의 고독한 심정을 절절하게 노래하고 있다. 집으로 돌아오지 않는 남편을 기다리고 있는 화자는 남편을 처음 만났던 젊은 시절을 회상하는 것으로 시작하여, 나이 들어 외롭고 서글픈 상황에서 남편을 원망하면서도 그리워하는 자신의 처지를 읊는 것으로 화제를 이어 가고 있다. 고사나 관용구를 인용하거나, 자신의 심정을 자연물에 빗대어 노래하는 등의 다양한 표현 방법으로 한스러운 심정을 절절하게 드러내 문학적 완성도가 높은 작품이다.

| 주제 | 방탕한 생활을 하는 남편을 기다리는 여인의 한스러운 마음

| 구성 | • 1~10행: 남편과 혼인하게 된 과정과 현재의 처지
　　　 • 11~17행: 집에 들어오지 않는 남편으로 인한 고통과 슬픔
　　　 • 18~25행: 남편을 기다리며 느끼는 안타까운 마음
　　　 • 26~28행: 남편을 기다리며 잠을 이루지 못하는 밤

◀ 나 작자 미상, 「재 위에 우뚝 선 소나무 ~」

| 해제 | 이 작품은 김천택이 편찬한 『청구영언』 말미의 만횡청

류에 포함된 사설시조이다. 임과 헤어진 후에 임을 그리워하는 화자는 '재 위에 우뚝 선 소나무'나 '개울에 섰는 버들'과 같은 외부 대상이 '흔덕흔덕', '흔들흔들'하는 모습에서 임과 헤어져 심리적으로 흔들리는 자신과의 동질성을 발견하며 슬픔을 확인하고 있다. 이 작품의 종장에서는 '후루룩 비쭉'하는 '입하고 코'를 제시하여, 눈물과 콧물을 쏟으며 슬픔을 분출하는 화자의 우스운 외양에 주목하고 있다. 조선 후기에 등장한 사설시조 중에는 임과 헤어진 후의 그리움을 노래하며 해학적인 표현을 통해 슬프지만 슬픔과 거리를 둠으로써 이별에 대처하는 태도를 형상화한 것들이 있는데, 이러한 종장의 표현을 볼 때 이 시조도 여기에 해당하는 작품으로 볼 수 있다.

| 주제 | 임과 이별한 슬픔과 이별에 대처하는 태도

| 구성 | • 초장: 재 위에 서 있는 소나무가 바람에 흔들림.
　　　 • 중장: 개울에 서 있는 버들도 같이 흔들림.
　　　 • 종장: 임을 그리며 눈물 짓다 흔들리는 입과 코

◆ 연결 포인트

수능특강에서는 허난설헌의 한시 「기녀반」이 작자 미상의 시조 「앞 못에 든 고기들아 ~」, 작자 미상의 민요 「밭 매는 소리」와 함께 제시되었습니다. 문항으로는 세 작품의 표현상 특징을 파악하는 문항, 특정 시구에 드러난 화자의 정서를 파악하는 문항, 조선 시대의 '내외법'과 관련한 외적 준거를 바탕으로 작품을 감상한 내용의 적절성을 파악하는 문항이 출제되었습니다.

2022학년도 9월 모의평가에서는 허난설헌의 가사 「규원가」가 작자 미상의 사설시조 「재 위에 우뚝 선 소나무 ~」와 함께 출제되었습니다. 허난설헌의 작품에는 조선 시대 남성 중심의 가부장적 질서 속에서 여성이 겪어야만 했던 고통이 자주 드러나며, 「규원가」와 한시 「기녀반」은 그러한 의미에서 공통적 속성이 있습니다.

이처럼 고전 시가 중 여류 시인이 창작한 문학 작품들에는 남성 중심의 가부장적 사회 속에서 여성이 경험해야만 했던 고통과 한이 드러나 있는 작품이 많습니다. 그러므로 여류 시인의 작품을 감상할 때에는 여성들을 둘러싼 사회적 배경을 염두에 두고, 어떤 점에서 화자나 인물이 고통을 당하고 있는지 살피며 감상하는 태도가 필요합니다.

059

표현상의 특징 파악 　　　　　　　　　　　　**정답 ④**

정답 해설 [A]에서는 '봄바람', '가을 물', [B]에서는 '겨울밤', '여름날' 등 계절적 배경을 알려 주는 시어를 활용하고 있다. [A]는 세월이 빠르게 흐르는 상황에

서 '설빈화안'이던 화자의 모습이 '면목가증'의 모습으로 바뀌었다는 것이므로, 화자의 처지가 달라졌다고 볼 수 있다. 그러나 [B]는 계절이 바뀌는 상황에서 여전히 화자가 집으로 돌아오지 않는 남편을 하염없이 기다리고 있는 한스러운 처지가 달라지지 않고 유지되고 있음을 나타낸 것이므로, 화자의 처지가 달라졌다고 볼 수 없다.

오답 피하기 ① [A]에서는 여성의 생활에 밀접한 '베오리', '북' 등 베틀과 관련된 소재를 활용하였는데, 화자는 이들 소재가 베를 짤 때 빠르게 움직이는 것에 빗대어 세월이 빠르게 지나간다는 인식을 시각적으로 표현하고 있다.

② [B]는 '차고 찬 제', '길고 길 제' 등 단어를 반복하는 구절을 행마다 사용하여 날씨가 추운 겨울과 해가 긴 여름의 특성을 강조하고 있다.

③ [C]는 '재 위에 우뚝 선 소나무'와 '개울에 섰는 버들'이라는 두 대상을 발음이 비슷한 '흔덕흔덕'과 '흔들흔들'이라는 의태어로 표현하여 움직이는 모습의 유사성을 드러내고 있다.

⑤ [B]는 '겨울밤 차고 찬 제', '여름날 길고 길 제'와 '자최눈 섯거 치고', '궂은비는 무슨 일고', [C]는 '재 위에 우뚝 선 소나무'와 '개울에 섰는 버들', '바람 불 적마다 흔덕흔덕'과 '무슨 일 좇아서 흔들흔들'의 비슷한 어조나 어세를 가진 어구를 짝 지어 표현의 효과를 나타내는 대구법을 활용하여 리듬감을 형성하고 있다.

060

시어, 시구의 의미와 기능 파악　　　　　　**정답 ②**

정답 해설 (가)에서 화자는 아무리 기다려도 남편이 집으로 돌아오지 않아 남편을 만날 수 없는 상황이다. 이에 화자는 잠을 통해 꿈속에서 남편(임)을 만나겠다고 생각하고 있다. 그러므로 ⓛ은 현실에서는 화자가 문제를 해결할 수 없어서 선택한 방법으로 볼 수 있다.

오답 피하기 ① ㉠은 화자가 과거에 남편과 혼인했던 시절을 떠올리는 부분으로, '장안유협(큰 도시에서 놀고 즐기는 사람) 경박자(말과 행동이 가볍고 신중하지 못한 사람)'인 사람의 아내가 된 것이 현실 같지 않

다는 것이지 흐릿한 기억 때문에 혼란스러운 화자의 심정을 나타낸 것이 아니다.

③ ㉠은 과거의 회상으로, 임과의 만남을 기대하는 것에서 비롯된 것이 아니다. ⓛ은 임에 대한 간절한 그리움 때문에 비롯된 행동으로, 임과의 이별을 망각한 것이 아니다.

④ ㉠은 이미 일어난 일에 대한 회상으로 볼 수 있지만, ⓛ은 곧 일어났으면 하고 재회를 희망하는 일에 대한 것이지 곧 일어날 일에 대해 단정하고 있는 것으로 볼 수 없다.

⑤ ㉠ 앞에 나오는 '삼생의 원업', '월하의 연분' 등을 통해 ㉠은 화자와 남편의 인연이 우연이 아니라 운명으로 정해져 있다는 의미가 담긴 것으로 볼 수 있다. ⓛ은 꿈속에서라도 임을 만나 보겠다는 재회의 갈망이 담긴 것으로, 화자가 재회의 필연성에 대해 우려를 드러낸 것은 아니다.

061

외적 준거에 따른 작품 감상　　　　　　**정답 ②**

정답 해설 (가)의 '부용장 적막하니 뉘 귀에 들리소니'는 화자가 외부와의 교감을 거부하는 것이 아니라, 독수공방(獨守空房)의 처지에 있는 화자가 자신이 연주하는 '벽련화 한 곡조'를 들어 줄 사람이 없는 외로운 처지를 한스럽게 토로하는 것으로 이해할 수 있다. 즉, '뉘 귀에 들리소니'는 교감을 시도했으나 실패했음이 나타난 부분으로 볼 수 있다.

오답 피하기 ① (가)에서 '실솔(귀뚜라미)'은 화자의 슬픔을 투영한 자연물이므로, 화자가 자신의 슬픔을 주변으로 확장한 것으로 볼 수 있다.

③ (나)의 화자는 '바람 불 적마다 흔덕'거리는 '소나무'의 모습과 임이 그리워 눈물과 콧물을 쏟아 내어 울며 '후루룩 비쭉'하는 자신의 모습에서 동질성을 발견하였다고 볼 수 있다.

④ '삼춘화류 호시절'은 봄날 좋은 시절의 아름다운 경치를 의미하는데, 화자가 여기에 대해 관심 없다는 반응을 보이는 것은, 외부의 아름다운 정경과 화자의 내면이 대비되어 외부와의 단절감을 강조하는 것으로 볼 수 있다. (나)의 '버들'은 화자가 그 모습에서 자신과의 동질성을 발견하는 대상이므로, 화자의 내면과

대비되어 외부와의 단절감을 강조하는 것으로 볼 수 없다.

⑤ (가)의 '긴 한숨 지는 눈물'은 화자의 슬픔을 부각하는 표현이지만, (나)의 '후루룩 비쭉'하는 '입하고 코'는 화자가 눈물과 콧물을 흘리는 자신의 우스운 외양에 주목하여 슬프지만 슬픔과 거리를 두는 것으로 볼 수 있다.

적용 학습

18 작자 미상, 「시집살이 노래」
본문 68~69쪽

수특 동일 작품

| 해제 | 이 작품은 봉건적 가족 관계 속에서 여인들이 겪는 시집살이의 괴로움과 고통을 노래한 민요로, 경북 경산 지방에서 채집된 것을 현대어로 풀어서 기록한 것이다. 시집살이의 고뇌가 구구절절하게 배어 있는 이 노래는 친정에 다니러 온 여인과 사촌 동생 사이의 대화 형태로 구성되어 있으며, 4·4조 중심의 4음보 율격과 과장, 반복, 열거 등 다양한 표현 방법이 사용되고 있다. 시집 식구들을 새에, 자식들을 오리, 거위에 비유하여 표현의 묘미를 더한 이 작품은 당대 여인들의 시집살이 상황을 해학적이고 익살스럽게 그려 냄으로써 힘든 시집살이의 고통과 이에서 벗어나고자 하는 마음을 간접적으로 드러내고 있다.

| 주제 | 시집살이의 어려움과 한

| 구성 | • 1~3행: 화자와 사촌 동생의 대화
• 4~23행: 시집살이의 고통과 괴로움 호소
• 24~26행: 자식에게서 위로받는 화자의 모습

연결 포인트

수능특강에서는 작자 미상의 민요 「밭매는 소리」가 허난설헌의 한시 「기녀반」, 작자 미상의 시조 「앞 못에 든 고기들아 ~」와 함께 제시되었습니다. 「밭매는 소리」는 여성 화자를 통해 여성들이 겪어야 했던 고된 노동의 애환과 시집살이의 슬픔을 노래한 작품으로 이 문항 세트에서는 조선 시대 '내외법'에 대한 정보를 담은 외적 준거를 바탕으로 이 작품의 화자가 겪어야 했던 고통스러운 삶과 애환에 대해 감상한 내용의 적절성을 판단하는 문항이 출제되었습니다.

2014학년도 6월 모의평가 A형에서는 작자 미상의 민요 「시집살이 노래」가 단독으로 출제되었습니다. 이 작품 역시 수능특강의 「밭매는 소리」와 같이 여성 화자가 등장하여

남성 중심의 가부장적 사회에서 경험했던 고통과 애환이 나타나 있다는 점이 공통적입니다. 그래서 이러한 내용 요소와 주제 의식이 시상 전개 방식을 묻는 문항, 시구의 의미를 파악하는 문항, 다른 작품과 비교 감상하는 문항 모두와 관련을 맺고 있습니다.

이처럼 고전 시가 중에는 남성 중심의 가부장적 사회 속에서 여성이 경험해야만 했던 삶의 질곡이 제시되는 경우가 많습니다. 그리고 「밭매는 소리」나 「시집살이 노래」와 같은 민요에는 그러한 여성들의 삶이 매우 구체적이고 절절하게 표현되어 있습니다. 따라서 이러한 작품을 감상할 때에는, 여성들을 둘러싼 사회적 상황과 고통스러운 삶의 구체적 양상, 이를 경험하고 있는 화자의 정서에 초점을 맞추어 작품을 감상하여야 할 것입니다.

062

시상 전개 방식 파악 · 정답 ②

정답 해설 사촌 동생에게서 시집살이에 대한 질문을 받은 형님은 시집살이를 '개집살이'라고 부정적으로 규정한 다음 고된 노동이나 시집 식구들을 대하는 어려움, 시집 식구들의 성격과 모습, 자신이 초라하게 변한 모습 등을 구체적인 사례로 나열하면서 시집살이의 고충과 한을 드러내고 있다.

오답 피하기 ① 이 노래는 감탄의 어조와 반성의 어조가 교차하며 전개되는 것이 아니다. 주로 한탄의 어조를 느낄 수 있으며, 반성의 어조는 찾을 수 없다.

③ 이 노래에서 처음과 끝을 동일한 내용으로 어울리게 하는 수미상관의 기법은 사용되지 않았다.

④ 이 노래에서는 가까운 곳에서 먼 곳으로 시선을 확대해 가는 전개 방식을 찾을 수 없으며, 중심 화자(사촌 형님)의 심리도 특별한 변화 없이 괴로운 상태로 지속되고 있다.

⑤ 시집살이의 고된 상황을 묘사하고 있으나 이를 내면과 대비하는 것은 아니며, 이상적 세계에 대한 동경도 나타나 있지 않다.

063

표현상의 특징 파악 · 정답 ①

정답 해설 이 노래는 시집살이에 대한 사촌 동생의 물

음에 친정에 다니러 온 형님이 답변해 주는 방식으로 구성되어 있다. 따라서 ㉠은 물음에 대한 답변을 유보하는 것이 아니라, 시집살이에 대한 어려움을 강조하기 위해 꺼낸 말로 볼 수 있다. 즉 시집살이에 대해서는 생각하기도 싫다는 표현으로 이해할 수 있다. 그리고 이 노래에서 사촌 동생이 결혼을 앞두고 있다거나 이를 형님이 만류하는 내용은 찾을 수 없다.

오답 피하기 ② '오 리 물', '십 리 방아', '아홉 솥', '열두 방' 등의 과장된 표현을 통해 며느리가 처리해야 하는 가사 노동의 과중함을 강조하고 있다.

③ '호랑새', '꾸중새', '할림새', '뾰족새', '뾰중새', '미련새' 등 시집 식구들을 각각 다른 새에 비유하여 그들의 성격이나 그들에 대한 화자의 생각을 드러내고 있다.

④ 오랜 기간 동안 며느리가 귀머거리나 장님, 벙어리처럼 처신해야 함을 제시해 시집살이의 속박을 참고 견뎌야 하는 며느리의 처지를 부각하고 있다.

⑤ 결혼 전의 아름다운 용모를 '배꽃'에 빗대고, 결혼 후의 헝클어지고 쇠한 용모를 '호박꽃'에 빗대어 힘겨운 시집살이의 고충을 토로하고 있다.

064

작품 간의 공통점, 차이점 파악 정답 ③

정답 해설 [A]는 사촌 형님과 사촌 동생이 주고받는 대화이고, 〈보기〉는 두 여인이 주고받는 대화이다. 즉 [A]와 〈보기〉는 두 여인의 대화체 형식이라는 공통점이 있다. [A]의 두 여인은 친척 사이이고, 〈보기〉의 두 여인은 '본 듯도 하구나.', '어와, 너로구나.' 등의 구절로 미루어 친분이 있는 사이로 짐작할 수 있다. 이로 볼 때, [A]의 사촌 형님과 〈보기〉의 '각시'가 모두 예전에 알고 지내던 인물인 '동생'과 '너'를 만난 것을 계기로 자신의 심정을 진솔하게 토로하고 있음을 알 수 있다.

오답 피하기 ① [A]는 '형님 온다', '형님', '이애' 등의 시어를 반복하여 리듬감을 살리고 있으나, 〈보기〉는 시어의 반복이 아니라 음보를 규칙적으로 사용하여 리듬감을 살리고 있다.

② [A]와 〈보기〉에서는 문제 상황에 대한 책임을 타인에게 전가하는 내용이 나타나지 않는다.

④ [A]에는 계절의 변화가 나타나지 않고, 〈보기〉는 특정한 공간에서 대화를 나누는 상황이다. 그러므로 계절의 변화나 공간의 변화를 통해 화자의 정서를 심화한다고 볼 수는 없다.

⑤ [A]에는 반어적 표현이 나타나지 않는다. 〈보기〉에서는 '천상 백옥경'을 임금이 계시는 대궐에 빗댄 것으로 볼 수 있지만 비유적 표현이 다양하게 나타나는 것은 아니다.

적용 학습 본문 70~72쪽

19 **가** 신석정, 「망향의 노래」

| 해제 | 이 작품은 고향에 대한 그리움을 노래한 시이다. 고향을 떠나 있는 화자는 떨어지는 복사꽃을 보면서 세월의 흐름을 인식하고, 자기의 서러운 인생에 한 해가 더해지고 있음을 인식한다. 그리고 자기의 현재 삶이 서럽다는 인식은 곧바로 두고 온 고향에 대한 그리움으로 이어진다. 아버지와, 아내와 자식이 있는 고향에 대한 그리움은 결국 화자로 하여금 잠을 이루지 못하게 만들고, 시적 화자는 흰 복사꽃을 보면서 고향에 대한 그리움을 되새기고 있는 것이다.

| 주제 | 고향에 대한 그리움

| 구성 | • 1연: 복사꽃이 떨어짐.
  • 2연: 나이가 들어감에 서러움을 느낌.
  • 3연: 고향에 대한 그리움.
  • 4연: 그리움으로 잠들지 못함.

나 김소월, 「초혼」

수특 동일 작품

| 해제 | 이 작품은 우리 민족의 전통적인 상례의 한 절차인 '고복 의식(皐復儀式)'을 바탕으로 사랑하는 사람을 잃은 슬픔과 안타까움을 드러내고 있는 시이다. 제목인 '초혼(招魂)'은 '고복 의식'을 민간에서 부르는 명칭으로, 사람이 죽으면 그 직후에 북쪽을 향하여 죽은 사람의 이름을 세 번 불러 죽은 사람을 재생시키고자 하는 의지를 표현하는 의식이다. 이 시도 '고복 의식'과 관련지어 1연과 2연, 마지막 연에서 각각 죽은 사람을 부르고 있다. 이 시의 화자는 임과 사별한 후에 죽은 임을 애타게 부르며 임에 대한 사무치는 그리움을 표출하고 있다. 이러한 그리움은 사랑을 고백하지 못한 회한(悔恨)으로 인해 더욱 안타까운 심정으로 드러나고 있다. 특히 '붉은 해'가 '서산 마루'에

걸린 해 질 무렵이라는 시간적 배경은 서글픈 분위기를 고조시
키며, '떨어져 나가 앉은 산', '하늘과 땅 사이'라는 죽은 임과의
거리감과 단절감은 화자의 절망감을 심화시킨다. 그럼에도 불
구하고 이 시의 화자는 '선 채로' '돌'이 되는 것을 불사할 정도
의 굳은 각오로 끝까지 임을 향한 사랑의 절규를 하고 있으며,
이를 통해 애틋한 그리움의 정서를 드러내고 있다.

| 주제 | 임의 죽음에 대한 슬픔과 임에 대한 그리움

| 구성 | • 1연: 임의 부재에 대한 확인과 절규
　　　• 2연: 사랑을 고백하지 못한 회한
　　　• 3연: 임의 죽음으로 인한 상실감과 허무감
　　　• 4연: 이승과 저승 간의 절망적 거리감
　　　• 5연: 죽은 임에 대한 간절한 그리움

다 박재삼, 「한」

| 해제 | 이 작품은 제대로 전하지 못했던 자신의 서러운 사랑
을 임이 계신 저승까지라도 감나무 가지처럼 벋어 가서 전하고
싶은 간절한 마음을 드러낸 시이다. 그러나 화자는 마음속에 품
은 서러운 빛깔의 사랑의 열매를 임이 보더라도 그것이 자신의
모든 서러움이자 소망이 응축된 것임을 임이 알아주리라는 확
신조차 가질 수 없기에 또 서러움을 느끼고 있다. 자연물을 활
용한 시각적 이미지를 통해 정서를 표현한 점, 영탄적 진술을
반복하며 애상감을 강조한 점 등이 특징적인 작품이다.

| 주제 | 임에 대한 사무치는 사랑의 한과 그리움

| 구성 | • 1연: 서러운 노을빛 감처럼 익은, 임에 대한 사랑
　　　• 2연: 감나무 가지로 벋어 가 저승에서라도 임에게 전
　　　　하고픈 사랑
　　　• 3연: 자신의 사랑을 임이 알아주거나 할지 모르는 데
　　　　서 느끼는 서러움

연결 포인트

　수능특강에서는 김소월의 「초혼」이 지인의 죽음으로
인한 그리움과 처절한 슬픔이라는 점에 주목하여 박목월
의 「이별가」와 함께 출제되었습니다. 김소월은 우리 전통
을 계승한 시인으로 평가받고 있으며, 「초혼」은 그의 대표
작 중 하나로 죽음으로 인한 절절한 슬픔을 노래한 작품입
니다.
　2003학년도 3월 고3 학력평가에서는 김소월의 「초혼」
이 신석정의 「망향의 노래」, 박재삼의 「한」과 함께 출제되
었습니다. 화자와 대상과의 거리를 파악할 수 있는지, 작
품에 나타난 중심 소재에 대해 파악할 수 있는지에 대해
물은 것입니다. 화자가 다양한 원인으로 인해 느끼는 상실
감에 주목하여 작품을 감상한다면 어렵지 않게 문항들을
해결해 나갈 수 있을 것입니다.

065

작품 간의 공통점, 차이점 파악　　　　　정답 ③

[정답 해설] (나)에서는 죽은 이와 산 자 사이의 건널 수
없는 거리가 시 창작의 중심 동인(動因)이 되고 있다.
그 건널 수 없는 거리 때문에 화자는 주체할 수 없는
슬픔을 간직하고 있고, 또한 그 거리 때문에 시적 화
자는 임을 목놓아 부르고 있는 것이다. (다)에도 죽은
이와 산 자 사이의 거리가 존재하고 있다. 물론 그 거
리는 죽은 이와 산 자 사이의 실제적인 거리일 수도
있고, 사랑하는 사람에게 그 마음을 전하지 못하는
화자가 느끼는 심리적 거리일 수도 있다.

[오답 피하기] ① (가)와 (나) 어디에서도 자연 친화적인
태도를 찾아볼 수 없다.
② (가)와 (다) 어디에도 자기 성찰이나 반성이 드러
나 있지 않다.
④ (가)에서는 인생의 유한성에 대한 인식을 찾아볼
수 없다.
⑤ 대조적인 이미지는 (나)의 '하늘과 땅' 정도에서 찾
아볼 수 있을 뿐이다.

066

배경 및 소재의 기능 파악　　　　　정답 ③

[정답 해설] (다)에서 '감'은 서러움과 그리움으로 응축
된 시적 화자의 마음을 의미하고 있다. 즉 사랑하는
사람에 대한 그리움과 그 사랑을 전달하지 못하는 서
러움이 응축되어 있는 소재가 바로 '감'이다. 3연을 보
면 '감'의 붉은 빛깔이 바로 '전생의 내 전 설움이요,
전 소망인 것을'이라는 시구가 나오는데, 여기에서도
'감'의 이러한 상징적 의미를 확인할 수 있다.

[오답 피하기] ① '떨어짐'을 소멸이나 계절의 변화로 정
리하고 있으므로 복사꽃이 떨어지는 것을 시간의 흐
름과 연결 지어 해석할 수 있다.
② '복사꽃'을 향토적인 소재로 정리하고 있으므로 고
향을 연상시키는 것으로 연결 지어 해석할 수 있다.
④ '복사꽃'과 '감' 모두 애상적 정조로 정리하고 있으
므로 서러움을 불러일으키는 것으로 연결 지어 해석
할 수 있다.
⑤ '복사꽃'은 애상적 정조를 불러일으키는 색깔로,

'감'은 붉은색으로 정리하고 있으므로 색채적 이미지로 시적 분위기를 조성하는 것으로 연결 지어 해석할 수 있다.

067

작품의 변형과 재구성   **정답 ①**

정답 해설 (가)의 [A]에서는 유사한 시구의 반복을 찾아보기 어렵다. 또한 〈보기〉의 바꿔 쓴 글에서도 유사한 시구의 반복이라고 할 만한 요소를 찾기 어렵다.

오답 피하기 ② (가)와 〈보기〉에서는 모두 '아버지', '아내', '손주'를 떠올리고 있다.
③ 〈보기〉에서는 '들꽃같이'와 같은 직유를 통해 '아내'의 이미지를 구체화하고 있다.
④ 〈보기〉에서는 '초가집', '들판'과 같이 고향의 공간을 좀 더 구체적으로 제시하고 있다.
⑤ 〈보기〉에서는 '질화로', '짚 베개', '이삭'과 같이 고향과 관련된 사물들을 제시하고 있다.

068

시어, 시구의 의미와 기능 파악   **정답 ③**

정답 해설 ㉠은 살아 있는 내가 갈 수 없는 공간으로, 죽은 이가 존재하는 곳이다. (나)의 '하늘과 땅 사이가 너무 넓구나.'라는 시구에서도, '하늘'은 죽은 임이 존재하는 공간으로, '땅'은 살아 있는 내가 존재하는 현실 세계로 해석될 수 있다.

오답 피하기 ① '고향'은 화자가 그리워하는 공간이다.
② '산 위'는 살아 있는 화자가 존재하는 현실의 공간이다.
④ '땅'은 죽은 임이 존재하는 '하늘'과 분리되어 대비되는 공간이다.
⑤ '이 자리'는 살아 있는 화자가 죽은 임을 그리워하는 현실의 공간이다.

적용 학습   본문 73~74쪽

20 **가** 문태준, 「평상이 있는 국숫집」

| 해제 | 이 시는 '평상', '국수', '국숫집' 등 친근한 느낌의 시어들을 사용하여 국숫집 평상에 모인 사람들의 정겹고 따뜻한 모습을 그려 내고 있다. '쯧쯧쯧쯧'이라는 소리에는 상대방에 대한 공감과 위로가 담겨 있다. 소통과 위로의 공간으로 기능하고 있는 국숫집 평상에 앉아 서로의 이야기를 나누면서 '평상에 마주 앉은 사람들'은 '우리'가 된다.

| 주제 | 사람들이 서로 주고받는 공감과 위로

| 구성 | • 1~2행: 사람들로 붐비는 국숫집의 분위기
• 3~10행: 국숫집에 모여 이야기를 나누는 사람들의 모습
• 11~18행: 국숫집에 마주 앉은 사람들의 교감과 위로

나 박목월, 「적막한 식욕」
    수특 유사 작품

| 해제 | 이 시는 인생에서 느끼는 쓸쓸함을 '모밀묵(메밀묵)'이라는 소재를 통해 형상화하고 있다. 시인은 '싱겁고 구수'한 메밀묵의 맛에서 우리의 인생을 본다. 메밀묵은 결코 화려하지 않은, 소박한 음식이면서 언젠가는 저승길로 떠나야 하는 인생의 허전함과 쓸쓸함을 서로 나누며 먹는 음식이다. 즉 메밀묵은 인생의 참뜻, 쓸쓸함을 아는 사람이 그 맛을 알 수 있는 음식이라 할 수 있다. '모밀묵이 먹고 싶다'는 욕구는 '저문 봄날 해 질 무렵'에 인생의 허전함을 느낀 자가 가질 수 있는 적막한 식욕인 것이다.

| 주제 | 인생의 쓸쓸함과 그것을 달래는 음식

| 구성 | • 1행: 메밀묵을 먹고 싶은 소망
• 2~5행: 소박하고 점잖은 음식
• 6~9행: 허전한 마음이 마음을 달래 주는 음식
• 10~12행: 인생의 참뜻을 담고 있는 음식
• 13~19행: 세상 이야기를 하며 먹는 음식
• 20~30행: 저승길에서 이웃끼리 함께 나누는 음식

연결 포인트

수능특강에서는 박목월의 「이별가」가 지인의 죽음으로 인한 그리움과 처절한 슬픔이라는 점에 주목하여 김소월의 「초혼」과 함께 출제되었습니다. 청록파로 알려진 박목월은 현대시에서 새로운 시 세계를 개척한 시인으로 평가받고 있으며, 「이별가」는 질문의 반복을 통해 이승과 저승의 단절감을 노래한 작품으로 사투리의 어조가 잘 살아 있는 작품입니다.
2018학년도 수능특강에서는 박목월의 「적막한 식욕」이 일상생활의 경험과 성찰에 주목하여 문태준의 「평상이 있

는 국숫집」과 함께 출제되었습니다. 「적막한 식욕」은 음식을 통해 일상적인 삶의 여러 모습을 담아낸 작품입니다. 일상생활에서 얻을 수 있는 성찰과 공감에 주목하여 작품들을 감상해 봅시다.

069

작품 간의 공통점, 차이점 파악　　　　　　　**정답 ②**

정답 해설 (가)는 '손이 손을 잡는 말', '눈이 눈을 쓸어 주는 말', '병실에서 온 사람도 있다', '식당 일을 손 놓고 온 사람도 있다'에서와 같이 유사한 시구를 반복하여 국숫집에서 화자와 여러 사람이 모여 있는 상황을 드러내고 있다. 또한 (나)는 '아버지와 아들이 겸상을 하고', '손과 주인이 겸상을 하고'에서와 같이 유사한 시구의 반복을 통해 메밀묵을 함께 나누고 있는 상황을 드러내고 있다.

오답 피하기 ① (나)는 '쓸쓸한 음식.'과 같이 명사로 시상을 마무리하여 시적 여운을 주고 있지만, (가)는 명사로 시상을 마무리하고 있지 않다.
③ (가)와 (나) 모두 과거와 현재를 대비하고 있지 않다.
④ (가)와 (나) 모두 반어적 표현이 나타나 있지 않다.
⑤ (가)는 '평상이 있는 국숫집'을 공간적 배경으로 하고 있으며, (가)와 (나) 모두 공간의 이동이 드러나 있지 않다.

070

외적 준거에 따른 작품 감상　　　　　　　**정답 ⑤**

정답 해설 (가)의 '먼저 더 서럽다'의 서러움은 '마주 앉은 사람'의 고통에 대해 공감하고 있음을 나타낸다. 따라서 서러움이 '마주 앉은 사람'의 고통에 대한 두려움을 나타낸다는 진술은 적절하지 않다.

오답 피하기 ① (가)의 '평상이 있는 국숫집'은 마주 앉아 이야기를 나눌 수 있는 일상적 공간이다. 3행의 '평상에 마주 앉은 사람들'이 17행에서 '우리'로 바뀐 것으로 보아 '평상이 있는 국숫집'은 사람들을 동질감으로 묶는 기능을 한다고 볼 수 있다.
② (가)의 '병실에서 온 사람', '식당 일을 손 놓고 온 사람'은 '평상이 있는 국숫집'에 마주 앉은 사람들로,

고단한 일상을 살아가는 사람들의 모습을 보여 준다고 할 수 있다.
③ (나)의 '모밀묵'은 시상이 전개됨에 따라 싱겁고 구수한 음식, 새 사돈을 대접하는 음식, 너그럽고 넉넉한 눈물이 갈구하는 음식, 세상 얘기를 하며 먹는 음식 등으로 그 의미가 다양해지고 있다. 이렇듯 다양한 '모밀묵'의 의미는 일상적인 삶의 여러 모습을 담아내고 있다고 볼 수 있다.
④ (가)의 '세월 넘어온 친정 오빠'는 '평상에 마주 앉은 사람들'을 비유적으로 나타내는 말로, 친근감을 드러낸다고 볼 수 있다. 또한 (나)의 '아버지와 아들이 겸상을 하고', '손과 주인이 겸상을 하고'는 '모밀묵'이라는 구체적이고 일상적인 음식을 통해 아버지와 아들이, 손과 주인이 서로의 삶을 공유하고 있는 모습을 보여 준다고 할 수 있다.

071

시어, 시구의 의미와 기능 파악　　　　　　　**정답 ⑤**

정답 해설 [A]는 국숫집에 모인 사람들이 마주 앉아 공감하며 서로를 위로하는 소리라고 볼 수 있다. 또한 [B]는 '서로 사랑하며 어여삐 여기며' 이웃끼리 저승을 갈 때, 우연히 만나 반가워하며 건네는 말로 볼 수 있다. 따라서 [A]와 [B] 모두 소리나 말을 옮겨 와 시구로 활용하여 [A]는 상대방에 대한 공감과 위로를, [B]는 상호 간의 유대감을 드러내고 있다.

오답 피하기 ① [A]는 [B]와 달리 '쯧쯧쯧쯧 쯧쯧쯧쯧'처럼 의성어를 활용하였지만, 이상과 현실의 괴리로 인한 안타까움을 나타내고 있지는 않다.
② [B]는 [A]와 달리 '보이소 아는 양반 앙인기요'처럼 방언을 활용하였지만, 서민들의 고단한 현실에 대한 비판 의식을 부각하고 있지는 않다.
③ [B]에서는 '보이소'와 같이 상대방에게 말을 건네는 방식을 활용하고 있지만, [A]와 [B] 모두 세상에서 소외된 서러움을 나타내고 있지는 않다.
④ [B]에서는 대화체를 활용하고 있지만, [A]에는 대화체가 드러나 있지 않다.

21   **㉮ 이육사, 「노정기」**

수특 동일 작품

| 해제 | 이 작품은 절망적인 현실 속에서 쫓기듯 살아온 지난날을 되돌아보며 성찰하는 시이다. 화자는 절망적인 현실 속의 고통스러운 삶을 항해의 여정으로 형상화하고 있다. 제목인 '노정기'는 여행 경로를 적은 기록이라는 의미로, 작품 전체를 물의 이미지가 관통하고 있다.

| 주제 | 힘겹게 살아온 지난날에 대한 성찰

| 구성 | • 1연: 위태롭고 고통스러웠던 삶
         • 2연: 암울했던 젊은 날
         • 3연: 희망조차 보이지 않았던 지난날의 투쟁
         • 4연: 꿈을 이루려던 노력과 절망적인 현실
         • 5연: 쫓기듯 살아온 지난날에 대한 성찰

㉯ 최승호, 「발효」

| 해제 | 이 작품은 부정적 현실에 저항하지 못하고 순응하며 살아온 삶에 대해 반성하며 부정적 현실을 변화시키고자 하는 소망을 드러낸 시이다. 화자는 자신의 마음을 저수지에 비유하며 부정적 현실에 저항하지 못해 왔던 삶을 부패한 것으로 노래한다. 그러나 이제는 부패가 아닌 발효를 통해 부정적 현실을 변화시키고자 한다.

| 주제 | 지난날에 대한 반성과 생명력 있는 삶에 대한 희구

| 구성 | • 1연: 생명력 있는 삶에 대한 희구
         • 2연: 지난날에 대한 반성과 깨달음

㉰ 김진규, 「몰인설」

| 해제 | 글쓴이가 잠수부에게 잠수하는 일에 대해 묻자 잠수부는 자신이 하는 일의 어려움과 위험성을 설명한다. 그럼에도 불구하고 다른 일을 하지 않는 것은 세상 모든 일이 모두 어렵기 때문이며, 그중 관직에 나아가는 일이 가장 어렵다고 말한다. 이에 글쓴이는 자신의 처지가 얼마나 위태로운지 생각해 보며 벼슬길에 오르기를 욕심내는 사람들에게 경각심을 일깨운다.

| 주제 | 벼슬길의 어려움과 탐욕에 대한 경계

| 구성 | 바다 일의 어려움과 혹독한 수탈 → 세상 모든 일의 어려움 → 바다 일을 계속할 수 있는 이유 → 벼슬길에 대한 깨달음

연결 포인트

수능특강에서는 이육사의 「노정기」가 고통스러웠던 자신의 삶을 회고하며 부정적인 자기 인식을 드러낸다는 점에 주목하여 기형도의 「질투는 나의 힘」과 함께 출제되었

습니다. 독립운동가이자 저항 시인으로 알려진 이육사의 작품인 「노정기」의 제목은 화자가 살아온 고단한 삶에 대한 기록을 의미합니다.

2023학년도 4월 고3 학력평가에서는 이육사의 「노정기」가 최승호의 「발효」, 김진규의 「몰인설」과 함께 출제되었습니다. 물의 이미지를 활용하여 화자의 삶이 형상화되는 점에 주목한 것입니다. 「노정기」에서는 물의 흐름에 따라 흘러가는 배의 이미지가, 「발효」에서는 생명력 있는 삶을 지향하는 화자의 태도가 부정적 상황을 인식하고 순환하는 물의 이미지로 표현되고 있습니다. 두 작품의 공통적인 이미지에 주목하여 문항을 해결해 봅니다.

072

표현상의 특징 파악   정답 ③

정답 해설 (나)는 '이 땅에서 냄새나지 않는 자가 누구인가'에서, (다)는 '그러므로 사람은 ~ 어찌 이득이 있겠습니까?', '무슨 일이 잠수부에게 편한 것이 있겠습니까?' 등에서 설의적 표현을 활용해 의미를 부각하고 있으므로 적절하다.

오답 피하기 ① (가)와 (나) 모두 청유형 어미를 활용하여 친근감을 드러내고 있지 않다.
② (가)와 (다) 모두 반어적 표현을 활용하고 있지 않다.
④ (다)는 색채의 대비를 활용하여 분위기를 형성하고 있지 않다.
⑤ (가)~(다) 모두 청각을 시각화하고 있지 않다.

073

외적 준거에 따른 작품 감상   정답 ④

정답 해설 (나)에서 '물뱀들'이 살아 있길 바라는 '그 저수지'는 화자가 물이 순환하기를 기대하는 공간을 나타낸 것이므로 적절하다. 하지만 (가)에서 '발목을 오여'싼 '시궁치'는 화자가 꿈꾸던 안식의 공간을 나타낸 것이 아니므로 적절하지 않다.

오답 피하기 ① (가)에서 '암초를 벗어나면 태풍과 싸'우고 '산호도는 구경도 못 하는' 것은 화자의 고달픈 삶을 나타낸 것이므로 적절하다.
② (가)에서 '목숨'이 '깨어진 배 조각'처럼 흩어지고 '내 꿈'이 '밀항하는 쩡크와 같'다는 것은 흘러가는 배

의 노정에 화자의 삶을 관련지어 나타낸 것이므로 적절하다.

③ (나)에서 '마음'에 덮은 '뚜껑이 성긴 그물이었음'을 깨닫는 것은 부정적 상황에 대한 화자의 인식을 나타낸 것이므로 적절하다.

⑤ (가)에서 '삭아 빠진 소라 껍질'에 붙어 온 것은 비극적 운명에 대한 화자의 인식을, (나)에서 '물과 진흙의 거대한 반죽'에서 '갈대꽃'이 피길 바라는 것은 생명력 있는 삶에 대한 화자의 지향을 나타낸 것이므로 적절하다.

074

작품의 내용 파악   정답 ①

정답 해설 (가)는 '남들은 기뻤다는 젊은 날이었건만 ~ 조수에 부풀어 올랐다'에서 남들과는 다른 처지에 대한 '나'의 주관적 인식을, (다)는 '지극한 즐거움과 영화로움에 나아감에 견주어 보면 ~ 또 내 일을 다스리는 것 중 어느 것'이 더 낫냐고 묻는 것에서 벼슬하는 사람과는 다른 처지에 대한 '잠수부'의 주관적 인식을 드러내고 있으므로 적절하다.

오답 피하기 ② '나'와 '잠수부' 모두 이전과 달라진 타인의 마음에 대해 정서를 드러내고 있지 않다.

③ '나'와 '잠수부' 모두 시간의 흐름에 따라 변화하는 타인의 외양에 대한 평가를 드러내고 있지 않다.

④ '나'는 자신이 겪어 온 일에 대해 되돌아보고 있으며, '잠수부'는 남들이 벼슬길에 오르는 것에 대한 추측을 드러내고 있다.

⑤ '잠수부'는 타인이 자신에게 하는 행동에 부정적 반응을 드러내고 있지 않다.

075

작품의 종합적 이해와 감상   정답 ④

정답 해설 [D]에서 '독약 먹이는 세월'에 '병든 자'로 살아온 원인은 [E]에서 확인할 수 없으므로 적절하지 않다.

오답 피하기 ① [A]에서 '마음 안의 거대한 저수지'가 부패해 가는 이유는 [B]에서 '나'가 '묵은 관료들'이 '숙변'을 들이붓는 것과 같은 '치욕'을 받아들인 것에

서 찾을 수 있으므로 적절하다.

② [B]에서 '치욕을 나의 것으로 받아들'인 상황은 [C]에서 '나'가 '침묵'하고 '슬픔'을 '나의 것'으로 받아들이며 지속되고 있으므로 적절하다.

③ [C]에서 '침묵'하고 '슬픔'을 받아들인 행위는 [D]에서 '나'가 '독약 먹이는 세월에 쓸개가 병'드는 문제로 이어지고 있으므로 적절하다.

⑤ [E]에서 '본 적이 없다'는 '물왕저수지'에 대한 상상은 [F]에서 '잉어들은 쩝쩝거리고 물오리떼는 날아올라'를 통해 구체화되고 있으므로 적절하다.

076

외적 준거에 따른 작품 감상   정답 ④

정답 해설 글쓴이는 '일을 택함의 잘못된 것을 슬퍼'하고 있을 뿐 '벼슬길'에 대한 '옛사람'의 말이 잘못된 것을 슬퍼하는 것이 아니므로 적절하지 않다.

오답 피하기 ① '나쁜 고기들'이 많고 '바다 밑'이 매우 차갑다는 것을 통해 잠수부라는 직업의 고충을 확인할 수 있으므로 적절하다.

② '관청'에 전복을 '바치는' '양을 다 채우지' 못한다는 것을 통해 잠수부가 겪는 제도 내에서의 어려움을 확인할 수 있으므로 적절하다.

③ '부귀영화를 귀하게 여기는 것'보다 '천한 일 중에 욕됨이 없는 것'이 낫다는 것을 통해 잠수부가 지닌 가치관을 확인할 수 있으므로 적절하다.

⑤ '그 말을 기록하여' '벼슬길에 오르기를 탐하는 사람들에게 경계하고자' 하는 것을 통해 다른 사람들에게 깨달음을 알리려는 글쓴이의 목적을 확인할 수 있으므로 적절하다.

적용 학습   본문 79~82쪽

22   **가** 이용악, 「전라도 가시내」

| 해제 | 이 작품은 두만강을 넘어와 북간도에서 만난 '함경도 사내'와 '전라도 가시내'를 통해 비참한 민족 현실을 형상화하고 있는 시이다. 북간도는 일제 강점기에 토지를 빼앗긴 농민과 일제의 대륙 침략을 위한 강제 이주자 등이 조선에서 떠밀려 가 정착한 곳이다.

| 주제 | 북간도를 떠도는 우리 민족의 비참한 삶

| 구성 | • 1연: 술집에서 만난 전라도 가시내와 함경도 사내
• 2연: 흉참한 분위기의 북간도
• 3연: 술과 함께 가시내의 고달픈 사연을 듣고자 하는 사내
• 4연: 북간도로 건너온 전라도 가시내의 슬픈 사연
• 5연: 가시내의 슬픔에 대한 위로
• 6연: 또 다시 이곳을 떠나 사라질 사내

◀ 나 기형도, 「기억할 만한 지나침」
수특 유사 작품

| 해제 | 인간의 체험은 구체적인 시공간과 결합되어 있어서 어떤 기억은 특정 시공간에서 체험한 일이나 분위기와 결부된다. 이 시의 화자는 우연히 목격하게 된 '사내'와 관련된 기억을 더듬어 가면서 그의 처지나 상황에 공감했던 기억을 떠올리며 자신의 상황을 돌아보고 있다.

| 주제 | 과거에 보았던 슬픈 사내를 떠올리며 그 감정에 공감함.

| 구성 | • 1연: 지난날 텅 빈 사무실에서 혼자 울고 있는 사내를 보고 연민을 느낌.
• 2연: 깊은 밤 눈이 오는 텅 빈 사무실에서 과거의 사내를 떠올림.

◀ 다 이달, 「유씨 집의 외로운 기러기를 읊다」

| 해제 | 기러기는 북방에서 여름을 보내고, 날씨가 추워지면 남쪽으로 이동하는 겨울 철새이다. 그런데 이 시에 등장하는 기러기는 사람에게 붙잡혀 남쪽으로 날아가지 못하고 있다. 시의 화자는 기러기를 '너'로 지칭하면서 남쪽으로 날아가고 싶어도 날아가지 못하는 기러기의 처지에 대한 안타까움을 드러내고 있다.

| 주제 | 잡혀서 본성을 잃은 기러기에 대한 연민

| 구성 | • 1~4구: 남천으로 날아가다 그물에 걸린 기러기
• 5~6구: 사람에게 잡혀 한탄하고 지내는 기러기
• 7~10구: 자연에서 자유롭게 지냈던 지난날
• 11~12구: 사냥꾼의 화살을 피했으나 잡혀 지내는 신세가 됨.
• 13~16구: 본성을 잃은 기러기에 대한 안타까움
• 17~20구: 기러기가 본성을 찾고 자유로워지기를 소망함.

▶ 연결 포인트

수능특강에서는 기형도의 「질투는 나의 힘」이 고통스러웠던 자신의 삶을 회고하며 부정적인 자기 인식을 드러낸다는 점에 주목하여 이육사의 「노정기」와 함께 출제되었습

니다. 기형도의 작품들은 우울과 비관의 정서를 바탕으로 삶의 어두운 측면을 드러내고 있는 경우가 많습니다.

2012학년도 10월 고3 학력평가에서는 기형도의 「기억할 만한 지나침」이 이용악의 「전라도 가시내」, 이달의 「유씨 집의 외로운 기러기를 읊다」와 함께 출제되었습니다. 기억은 새로운 시·공간에서 일정한 조건이 충족될 때 강하게 촉발되어 특정한 정서적 반응을 유발한다는 점에 주목한 것입니다. 현대시를 고전 시가와 함께 엮어 읽으며 작품들을 감상해 봅니다.

077

작품 간의 공통점, 차이점 파악   정답 ④

정답 해설 (가)는 고향인 전라도를 떠나 '북간도'에 오게 된 '가시내', (나)는 눈이 퍼붓는 깊은 밤에 '춥고 큰 방'에서 혼자 울고 있는 '사내', (다)는 사람에게 붙잡혀 '유씨 집'에서 살아가고 있는 '기러기'의 상황과 관련한 연민의 정서가 드러나 있다.

오답 피하기 ① (가)~(다) 모두 화자의 깨달음은 드러나 있지 않다.
② (가)~(다)의 화자는 각각 시적 대상인 '가시내', '사내', '기러기'에 대한 연민의 감정을 드러내고 있을 뿐, 대상을 예찬하고 있지는 않다.
③ (가)~(다) 모두 대상과 일체가 되려는 화자의 의지는 나타나지 않는다.
⑤ (가)~(다)는 대상이 처한 상황에 대한 연민의 감정을 나타낼 뿐, 대상의 미래에 대한 어떤 전망도 나타내고 있지 않다.

078

작품의 내용 파악   정답 ①

정답 해설 1연에서는 고향인 전라도에서 온 '너'의 '눈'이 바다처럼 푸르고 '얼굴'이 까무스레하다고 묘사하고 있다. 이를 통해 '가시내'의 고향이 바다에 인접한 곳임을 짐작할 수 있을 뿐, '너'가 전라도에서 비참한 삶을 겪었는지는 알 수 없다.

오답 피하기 ② '발을 얼구며 / 무쇠다리를 건너온', '바람 소리도 호개도 인젠 무섭지 않다만', '온갖 방자의 말을 품고 왔다', '눈포래를 뚫고 왔다' 등의 구절을 통해 '나'와 '너'가 온갖 고난의 슬픈 사연을 가지고

북간도까지 오게 되었음을 알 수 있고, 이를 '가난한 이야기'로 표현하고 있다.
③ '외로워서 슬퍼서 치마폭으로 얼굴을 가렸더냐', '불술기 구름 속을 달리는 양 유리창이 흐리더냐' 등을 통해 확인할 수 있다.
④ '두어 마디 너의 사투리'는 '너'에게 '봄을 불러' 주기 위해 건네는 것임을 알 수 있다.
⑤ '노래도 없이 사라질 게다', '자욱도 없이 사라질 게다'를 통해 확인할 수 있다.

079

외적 준거에 따른 작품 감상 　　　　　　**정답 ③**

[정답 해설] '침묵을 달아나지 못하게 하느라 나는 거의 고통스러웠다'는 '춥고 큰 방'에서 울고 있는 '사내'의 슬픔이 '나'에게 전이되고 있음을 형상화한 부분이다.
[오답 피하기] ① '그곳'을 지나고 '한 사내'를 본 것은 화자가 직접 체험하고 행한 것임을 알 수 있다.
② 어두운 '거리'의 '희고 거대한 서류 뭉치'는 춥고 황량하고 억압적인 시공간의 분위기를 환기하고 있다.
④ 1연은 과거, 2연은 현재의 상황을 형상화하고 있는데, 현재의 화자가 과거를 떠올리는 건 자신이 현재에 있는 공간인 눈이 퍼붓는 밤 '텅 빈 사무실'이 과거 '한 사내'가 있던 공간과 유사했기 때문이다.
⑤ '텅 빈 사무실'은 화자와 '한 사내'를 연결해 주는 공간으로, 둘 사이의 처지가 갖는 유사성을 보여 주는 공간이다.

080

외적 준거에 따른 작품 감상 　　　　　　**정답 ④**

[정답 해설] '근심이 없다 한들 네 어찌 풍족하랴'에는 '유씨 집'에서 기러기가 '본성'에서 벗어난 삶을 살고 있는 모습에 대한 화자의 안타까움이 잘 나타나 있다.
[오답 피하기] ① 기러기가 그물에 걸려 본성에 따라 가야 할 곳으로 날아가지 못하였으므로 이와 같은 진술은 적절하다.
② 그물에 걸린 기러기가 '남의 뜻에 따라 마시고 쪼며 / 갈 길 막혔음을 한탄하며' 살고 있는 모습을 통해 확인할 수 있다.

③ '~ 놀았겠지'를 보면 '모래밭'과 '갈숲'은 그물에 걸리지 않았던 과거에 본성에 따라 살던 공간임을 알 수 있다.
⑤ 화자는 그물에 걸려 본성을 거스르며 사는 '기러기'에 연민을 느끼며 기러기가 본성대로 '구름 하늘로 잘 날아'갔으면 하고 바라고 있다.

081

배경 및 소재의 기능 파악 　　　　　　**정답 ②**

[정답 해설] '술막'에서는 함경도 사내인 '나'와 전라도 가시내인 '너'의 만남이 이루어지고 있고, '그곳'에서는 '춥고 큰 방'에서 울고 있는 '사내'와 '나'의 만남이 이루어지고 있다.
[오답 피하기] ① '술막'이 '두터운 벽도 이웃도 못 미더운' 공간이므로, 이곳을 화자가 절망적 상황에서 벗어나고 있는 공간으로 볼 수 없다. '그곳' 역시 '한 사내'가 혼자 울고 있는 공간이고, 화자는 그에 연민을 느끼고 있으므로, 화자가 절망적 상황에서 벗어나고 있는 공간으로 볼 수 없다.
③ '술막'과 '그곳'은 대상이 슬픔을 느끼고, 화자가 대상을 보고 연민을 느끼는 공간이지 대상의 아픔이 점차 해소되고 있는 공간이 아니다.
④ '술막'에서 화자는 북간도로 넘어오던 과거를 회상하고 있지만, '그곳'에서 화자는 현재의 '한 사내'에게 연민을 느끼고 있을 뿐 미래에 대한 전망을 나타내고 있지 않다.
⑤ '술막'과 '그곳'은 모두 화자가 대상에게 연민의 감정을 느끼고 있는 공간이다.

082

표현상의 특징 파악 　　　　　　**정답 ⑤**

[정답 해설] ⓔ는 사람에게 붙잡혀 '유씨 집'에서 지내게 된 '너'가 본성에 따라 사는 모습을 형상화한 표현이다. 설의적 표현은 의문의 형식을 활용하여 화자의 의도나 의미를 강조하는 표현 방법인데, ⓔ에서는 설의적 표현이 사용되지 않았다.
[오답 피하기] ① '시름'이라는 추상적 정서를 감각으로 인지할 수 있는 '안개'로 표현하고 있다.

② '두루미처럼'에서 직유법이 사용되고 있고, '울어 울어'에서 반복법이 사용되고 있다.
③ '분홍 댕기'에서 시각적 이미지가 사용되고 있다.
④ '자새'와 '남천', '북방 서리'와 '따뜻한 기운'이 대조되어 공간의 특성을 드러내고 있다.

적용 학습
본문 83~86쪽

23 **㉮ 이용악, 「우라지오 가까운 항구에서」**
수특 동일 작품

| 해제 | 이 시는 고국을 떠나 시베리아 등지로 떠돌 수밖에 없었던 작가의 체험이 담긴 작품으로 고향에 대한 그리움이 형상화되어 있다. 화자의 아버지도 우라지오 등지를 떠돌았는데, '나'가 아버지처럼 우라지오 등지를 떠돌게 되어 보니, 고향에 대한 그리움이 더욱 간절해짐을 드러내고 있다. 힘겨웠던 지난날의 삶을 떳떳하게 여기지만 과거를 회상하며 고향에 대한 그리움에 젖는 '나'의 모습에는 나라를 잃은 우리 민족의 실상이 반영되어 있다.

| 주제 | 고향에 대한 그리움과 현실에 대한 절망감

| 구성 | • 1연: 고향으로 돌아가고 싶은 마음
　　　• 2연: 지나온 삶의 떳떳함
　　　• 3연: 우라지오가 궁금했던 어린 시절, 이야기를 들으며 잠들었던 기억
　　　• 4연: 어머니의 따뜻한 사랑
　　　• 5연: 고향으로 돌아가고 싶은 마음
　　　• 6연: 고향으로 돌아갈 수 없는 현실

◀ ㉯ 기형도, 「바람의 집 – 겨울 판화 1」

| 해제 | 기형도의 시에는 어린 시절의 부정적이고 암울한 모습을 그린 것이 많은데, 이 작품도 그러하다. 이 시는 판화처럼 각인되어 성인이 된 지금에도 지워지지 않는 겨울밤의 불안감과 공포감을 감각적으로 형상화하고 있다. 특히 어머니조차도 화자에게 안정감을 주지 못하는 것으로 형상화되어 극도의 불안감이나 공포감을 자아내고 있다.

| 주제 | 가난했던 유년 시절에 대한 회상

| 구성 | • 내 유년 시절 ~ 깎아 주시곤 하였다.: 유년 시절 동짓날 밤
　　　• 어머니 무서워요 ~ 어머니조차 무서워요.: 겨울바람 소리에 무서움을 느낌.
　　　• 얘야, 그것은 ~ 자꾸만 쓸어내렸다.: 어머니의 대답과 위로

- 처마 밑 시래기 ~ 무엇을 할까?: 어머니에 대한 그리움

◀ ㉰ 출전 : 이신의, 「단가」

| 해제 | 제시된 부분은 이신의(李慎儀, 1551~1627)가 유배지에서의 생활과 심정을 담아낸 「단가(短歌)」 6수의 연시조 중 첫째 수를 제외한 나머지 다섯 수이다. 그는 광해군 9년(1617) 인목 대비의 폐위를 반대하는 상소문을 올렸다가 함경도의 회령으로 유배되어 6년에 걸쳐 유배 생활을 하는데, 그때의 심정이 이 작품에 잘 나타나 있다. 이 작품도 비슷한 주제의 다른 고전 시가와 마찬가지로 자연물에 관습적이고 상징적인 의미를 부여하여 화자의 처지와 심정을 드러내고 있다.

| 주제 | 임금에 대한 그리움과 충절

| 구성 | • 제2수: 임금이 다시 불러 주길 기다림.
　　　• 제3수: 유배 생활의 괴로움
　　　• 제4수: 유배 생활의 시름
　　　• 제5수: 달을 보며 위안을 삼음.
　　　• 제6수: 자신의 충절을 알아 주시길 바람.

▶ 연결 포인트

　　수능특강에서는 이용악의 「우라지오 가까운 항구에서」가 인간의 정체성을 형성하는 공간인 고향에 돌아가고 싶은 마음에 주목하여 정일근의 「흑백사진 – 7월」과 함께 출제되었습니다. 이용악의 작품에는 고향으로 쉽게 돌아갈 수 없는 현실과 함께 고향에서의 기억이 그려지고 있습니다.

　　2009학년도 3월 고3 학력평가에서는 이용악의 「우라지오 가까운 항구에서」가 기형도의 「바람의 집 – 겨울 판화 1」, 이신의의 「단가」와 함께 출제되었습니다. 「우라지오 가까운 항구에서」의 시어와 시구를 이해하면서, 각 작품의 소재들에 대해 심도 있게 물은 것입니다. 작품들을 유기적으로 감상하면서 소재들 간의 공통점과 차이점에 유의하여 문항을 해결해 봅니다.

083

작품 간의 공통점, 차이점 파악　　　　　정답 ①

정답 해설 (가)의 화자는 '어머니'가 '누이'에게 '마우재 말'을 들려주셨던 시절을 떠올리며 고향에 대한 그리움을 드러내고 있고, (나)의 화자는 '유년 시절' '어머니'와 함께 보내던 동지의 밤을 떠올리며 어린 시절에 느꼈던 불안과 공포의 정서를 드러내고 있다. 즉 (가)

와 (나) 두 작품은 모두 과거의 기억을 환기하여 정서를 드러내고 있는 것이다.

오답 피하기 ② (다)는 향토적 정감이 풍부한 시어를 구사하고 있지 않다.

③ (다)의 '남산(南山)에 많던 솔이 어디로 가단 말고 / 난 후(亂後) 도끼가 그대도록 날랠시고'에서는 화자를 '솔'에 빗대고 있으며, '난 후'에 인목 대비 사건으로 많은 선비들이 화를 당한 상황을 풍자하고 있다. 그러나 (나)에는 세태를 풍자하는 표현이 나타나 있지 않다.

④ (나)와 (다) 모두 공간의 대비가 드러나 있지 않다.

⑤ (나)는 유년 시절의 기억을 회상하고 있어 현실과 이상의 괴리로 인한 갈등이 드러나 있다고 할 수 없다.

084

시어, 시구의 의미와 기능 파악　　　　　정답 ⑤

정답 해설 5연에서 '우라지오의 바다는 얼음이 두껍다'는 표현은 화자가 놓인 처지를 드러내는 구절이다. 화자가 고향으로 가고 싶은 마음은 간절한데, 그것이 현실적으로 불가능하다는 것을 나타내고 있는 것이다. 화자가 지닌 신념과는 무관한 구절이다.

오답 피하기 ① '아롱범'은 화자 자신을 비유하는 표현으로 '뉘우칠 줄 모른다'고 하고 있으므로 자신이 살아온 삶에 대해 당당해하고 있다.

② '다시 내게로 헤여드는 / 어머니의 입김'은 화자의 추억으로 '무지개처럼 어질다'고 표현하고 있는 것처럼 포근한 느낌을 주고 있다.

③ '등대'와 '나'는 생각에 잠겨 '가도오도 못할 우라지오'에 있는 상황이므로 유사한 처지에 있다.

④ '머리에 어슴푸레 그리어진 그곳'은 화자의 기억 속에 남아 있는 고향이다. 고향은 '어슴푸레 그리어'지고 있으므로 희미한 것임을 나타낸다.

085

외적 준거에 따른 작품 감상　　　　　정답 ④

정답 해설 화자의 어머니가 '종잇장 같은 내 배' 즉 화자의 배를 쓸어내리는 행위는 치유의 의미로 해석할 수 있다. 이 점에서 어머니의 모성을 드러내는 행위

로 볼 수 있다. 그러나 〈보기〉에서 설명하고 있듯 어머니의 모성은 불완전한 것이다. 그러므로 이 행위는 부성을 회복시키는 것으로 볼 수 없으며, 부성의 부재는 작품 전반에 그대로 유지된다.

오답 피하기 ① '어머니 무서워요'에서 화자가 느끼는 무서움은 부성의 부재에서 비롯된 불안과 공포의 정서를 드러내고 있다.

② '어머니조차 무서워요'에서 화자가 어머니에게 무서움을 느끼는 것은 어머니가 불안이나 공포로부터 화자를 완전하게 보호해 주지 못하는 불완전한 존재이기 때문이다.

③ 화자가 느끼는 무서움은 '속에서 울리는 소리'인데, 이는 화자 내면에서 유발된 불안과 공포를 나타낸다.

⑤ '부스러짐', '사위어 가는'이 주는 이미지는 소멸과 관련이 깊은데, 〈보기〉에서 기형도의 작품에 죽음의 그림자가 짙게 드리웠다고 하였으므로 죽음의 이미지와 관련지을 수 있다.

086

배경 및 소재의 기능 파악　　　　　정답 ①

정답 해설 ㉠은 화자가 고향에 가고 싶은 마음에서 떠올린 이미지이다. 멧비둘기는 새처럼 날아 고향에 가고 싶은 화자의 소망을 환기한다. ㉡은 화자가 쓸쓸한 처지에서 느끼는 마음, 즉 시름을 환기한다. ㉡은 유배지에 묶여 있는 화자와는 달리 하늘을 날고 있다. 그러한 제비를 보며 화자는 유배 생활을 하는 자신의 처지를 생각하고 한숨 겨워 한다.

오답 피하기 ② ㉠은 날고 싶은 화자의 소망과 관련이 있어 화자의 과거를 상징한다고 할 수 없다. ㉡은 유배지에서의 처지를 생각하게 하고 있어 화자의 현재를 상징한다고 할 수 없다.

③ ㉠과 ㉡은 모두 부정적 현실에 있는 화자의 처지와 관련이 있어 정겨운 분위기를 조성한다고 할 수 없다.

④ ㉠과 ㉡이 화자에게 긍정적 소재임에는 틀림이 없지만 그것이 화자가 지향하는 가치를 표상하지는 않는다. 고향에 가고 싶어 하는 마음이나 쓸쓸한 마음은 정서이지 가치가 아니다.

⑤ ㉠과 ㉡을 계기로 화자의 심리가 전환되고 있지
않다.

087

시어, 시구의 의미와 기능 파악   정답 ②

정답 해설 '우로'는 남산에 있다 사라진 '솔'이 다시 나
타날 수 있게 하는 대상으로 형상화되어 있다. 남산
에 많던 솔이 사라진 것을 중장의 '도끼가 그대로록
날랠시고'와 연관 지어 보면, 그것이 도끼에 베어진
것임을 알 수 있다. 그런 솔을 다시 나타날 수 있게
한다는 점에서 우로는, 솔을 남산에 있던 이전의 상
태로 회복될 수 있게 만들어 주는 존재이다. 이를 〈보
기〉와 연관 지어 보면 유배된 상태에서 벗어나게 해
준다는 의미이다. 이 점에서 우로는 '임금의 은혜'를
상징하는 것으로 볼 수 있다. 따라서 이를 자연 친화
적 삶에 대한 지향으로 보는 것은 적절하지 않다.

오답 피하기 ① 남산에 있다 베어진 '솔'은 조정에 있
다가 유배를 간 작가를 상징한다.
③ 천 리를 따라오는 '명월'은 멀리 유배를 가더라도
따라오는 대상이므로 진정한 벗이라고 할 수 있다.
④ 꽃을 피운 '매화'는 관습적으로 고고한 선비를 상
징하므로 유배 생활로 시련을 겪는 작가를 나타낸다.
⑤ 매화의 깊은 '향기'는 관습적으로 선비의 기품과
관련이 있으므로 작가가 갖춘 지조를 나타낸다.

088

표현상의 특징 파악   정답 ③

정답 해설 ⓒ에서는 '바람'이라는 무생물을 의지를 지
닌 생물처럼 '문풍지를 더듬'는다고 표현하여, 화자가
공포감과 불안에 휩싸였던 '동지의 밤'의 분위기를 잘
형상화하고 있다. 여기에서 대립적 관계로 볼 수 있
는 시어는 찾을 수 없다.

오답 피하기 ① '삽살개'가 짖는 청각적 이미지와 '눈보
라에 얼어붙'는다고 하는 시각 또는 촉각적 이미지가
'섣달 그믐'의 분위기를 잘 그려 주고 있다.
② '누이 잠들 때꺼정'과 '눈감을 때꺼정'를 반복하여
운율을 형성하고 있다.

④ '은빛 금속'이 갖는 차가운 느낌 때문에 '서리'가 갖
는 의미가 선명해지고 있다.
⑤ '명월(明月)밖에 또 있는가'와 같은 의문형을 활용
하여 진정한 벗이 명월뿐임을 강조하고 있다.

적용 학습   본문 87~88쪽
24 **가** 정일근, 「흑백 사진 – 7월」
수특 동일 작품

| 해제 | 이 작품은 화자가 유년 시절에 경험한 일을 다양한 감
각적 심상과 비유적 표현으로 그려 낸 서정시이다. 행과 연의
구분이 없는 산문시이지만, 동요 노랫말의 삽입, 음성 상징어의
활용 등을 통해 내재적인 운율미를 자아내고 있다. 특히 유년
화자의 눈에 비친 여름날의 냇가 풍경, 그 속에서 물놀이를 즐
기는 천진난만함, 자연물(미루나무)에 동화되는 화자의 마음 상
태, 물놀이에 지친 아이의 혼잣말('달아나지 마'), 오수에 빠져드
는 과정 등이 어우러지면서, 동심 어린 세계에 대한 동경을 불
러일으키고 있다.

| 주제 | 유년 시절에 대한 그리움

| 구성 | • 내 유년의 ~ 흘러갔다.: 물놀이를 하던 시냇가의 풍경
　　　• 냇물아 ~ 미루나무 한 그루.: '나'의 눈에 비친 미루
　　　　나무의 모습
　　　• 달아나지 마 ~ 잠이 들었다.: 물놀이에 지쳐 오수에
　　　　빠져드는 '나'의 모습

나 이상, 「권태」

| 해제 | 이 작품은 도회지 출신인 글쓴이가 한여름 벽촌(평안남
도 성천)에서 머물렀던 경험을 쓴 수필이다. 이 작품에서 묘사
의 대상인 농촌의 풍경과 일상은 철저하게 도시인의 시선을 거
쳐 해석되고 있다. 도시의 자극적인 감수성에 익숙해 있는 글쓴
이는 농촌의 단조롭기 짝이 없는 자연 풍경과 일상을 바라보며
극심한 권태에 사로잡힌다. 제시문은 「권태」의 제6장의 한 부분
으로, 글쓴이는 주변에 널려 있는 흔한 재료로 놀이를 하는 농
촌 아이들의 모습을 보며 권태를 떠올린다. 특히 권태에 지친
아이들이 끝내 똥 누기 놀이를 하는 모습을 그려 내며, '조물주'
에게 '풍경과 완구'를 주기를 호소하는 장면에서 수필 문학 특
유의 개성과 위트가 구사된 것을 확인할 수 있다.

| 주제 | 농촌의 단조로운 풍경과 일상에서 느끼게 된 권태

| 구성 | • 길 복판에서 ~ 무엇이 있나? 없다.: 자연물(돌, 풀)을 가지고 놀이를 하다가 권태를 느끼는 아이들

• 그들은 일제히 ~ 그 짓을 그만둔다.: 제자리 뛰기를 하며 놀이를 하다가 권태를 느끼는 아이들

• 그들은 도로 ~ 풍경과 완구를 주소서.: 권태에서 벗어나려고 똥 누기 놀이라는 창작 유희를 하는 아이들

연결 포인트

수능특강에서는 정일근의 「흑백 사진 – 7월」이 인간의 정체성을 형성하는 공간인 고향에 돌아가고 싶은 마음에 주목하여 이용악의 「우라지오 가까운 항구에서」와 함께 출제되었습니다. 「흑백 사진 – 7월」은 유년 시절에 경험한 일들을 다양한 감각적 심상과 비유적 표현으로 그려 내고 있습니다.

2019학년도 수능특강에서도 감각적 심상과 비유적 표현에 주목하여 정일근의 「흑백 사진 – 7월」을 이상의 「권태」와 함께 출제하였습니다. 흑백 사진 속 7월 여름의 풍경이 눈앞에 그려지는 듯 펼쳐지는 작품의 매력을 느끼며 문항들을 해결해 봅니다.

089

작품의 종합적 이해와 감상　　　　　　　**정답 ⑤**

정답 해설 ⓜ은 '풍금 소리'(청각)가 눈꺼풀 위로 쌓이는 모습(시각)을 감각적으로 그려 내고 있다. 청각을 시각화하는 이런 심상 제시 방법은 물놀이에 지쳐 깜빡 잠이 든 유년 시절의 화자의 모습을 떠올리게 한다. 따라서 '화자의 현재 상황을 구체화하고 있다'는 진술은 적절하지 않다.

오답 피하기 ① ⓐ은 미루나무와 하늘, 뭉게구름, 냇물 등의 모습을 다양한 시각적 심상을 동원하여 표현하고 있다.

② ⓑ은 의인화된 존재인 '착한 노래'가 큰 강까지 흘러간다는 비유적 표현을 통해 물놀이를 하는 시간이 상당히 경과되었다는 사실을 환기하고 있다.

③ ⓒ은 음성 상징어를 활용하여 미루나무와 동화된 화자의 마음 상태를 나타내고 있다.

④ ⓓ은 화자의 혼잣말을 마치 대화체 진술처럼 반복하여 물놀이에 한껏 몰입해 있는 화자의 눈에 비친 냇가 풍경을 떠올리게 한다.

090

작품의 종합적 이해와 감상　　　　　　　**정답 ④**

정답 해설 (나)는 농촌의 권태로운 일상을 아이들의 유희 행위에 대한 묘사를 통해 그려 내고 있다. 주목할 점은 글쓴이가 도시인의 시각에서, 농촌의 권태로운 일상을 비판한 점이다. 글쓴이가 소리를 지르며 뛰는 아이들의 모습에서 '조물주에 대한 저주의 비명'을 떠올리거나, 똥 누기 놀이를 하는 모습을 보며 '풍경과 완구'가 필요하다고 말하는 것은 글쓴이의 비판적인 논평이 개입되어 있음을 보여 준다.

오답 피하기 ① 인물들이 나누는 대화가 제시되어 있지 않다.

② 관찰자의 시점에서 아이들의 모습과 행동을 서술하고 있다. 허구적인 인물의 행동과 내면 심리를 설명하거나 논평한 것이 아니다.

③ 현재형의 서술을 통해 아이들이 노는 모습을 제시하고 있다.

⑤ 비참한 현실에 놓인 아이들을 관찰하고 있으나 이들에게 직접적으로 교훈을 전달하고 있지 않다.

적용 학습　　　　　　　　　　　　　　본문 89~91쪽

25 ⑦ 오장환, 「종가」
수특 유사 작품

| 해제 | 이 작품은 퇴락하고 피폐해진 종가의 모습과 봉건적 위세를 잃고 살아가는 종갓집 영감님의 모습을 통해 무너진 봉건 질서의 모습을 드러낸 시이다. 종가는 한 문중에서 맏이로만 이어 온 집안이다. 하지만 이 작품에서 종가는 폐쇄적이고 어두운 형상으로 묘사되어 있고, 가족들은 대립하고 분열된 상태로 흩어져 있다. 게다가 유교적 종법 원리의 상징이며 종가에서 최고의 존중과 존경을 받았던 신주는 희화화되어 그려진다. 동네 백성들을 학대하면서 유지되었던 과거 종가의 권위가 사라진 상황과 소작인을 대상으로 고리대금을 하며 살아가는 종갓집 영감님의 모습을 통해 유교적 봉건 질서가 무너졌음을 드러내고 있다.

| 주제 | 피폐해진 종가의 모습을 통해 바라본 무너진 봉건 질서

| 구성 | • 돌담으로 ~ 살고 있었다.: 폐쇄적이고 어두운 종가의 분위기

• 충충한 ~ 올라앉는다.: 분열된 가족들의 상황

• 큰집에는 ~ 닝닝거린다.: 어수선한 제사 분위기

• 시집갔다 ~ 마을의 풍설.: 과거 동네 백성들에게 군

림하던 종갓집의 권위
- 종가에 ～ 살아 나간다.: 현재 고리대금을 하며 살아
가는 종갓집 영감

◀ 🕮 최두석, 「노래와 이야기」

| 해제 | 이 작품은 노래와 이야기의 관계를 통해 시의 본질이 무엇인지를 드러내고 있는 시이다. 2～7행에서 처용 설화와 처용가를 통해 노래와 이야기의 관계를 말하는데, '노래'는 '귀신'을 감복시키고, '처용의 이야기'는 '새로운 노래와 풍속'으로 이어져 후세에 전해진다고 보았다. 8～11행에서 화자는 현재를 '악보'가 사라진 시대로 인식하며, 이후 부분에서는 '뇌수와 심장이 가장 긴밀히 결합되길 바란다.'라고 하여 '노래'와 '이야기'가 조화를 이루는 시를 지향하는 화자의 생각을 드러내고 있다. 이 작품에서 '심장'은 감성, '뇌수'는 이성과 관련된 시어로 이해할 수 있다. '노래'는 감정의 과잉으로 '상처'가 오히려 깊어지기도 하지만 '이야기'는 덧난 상처를 다스리는 처방이라고 보아, 이상적인 시의 형태로 '노래'와 '이야기'의 조화를 추구하고 있다.

| 주제 | 노래와 이야기가 조화를 이루는 시에 대한 지향

| 구성 | • 1행: 노래와 이야기의 감동
- 2～7행: 처용 설화를 통해 본 노래와 이야기
- 8～11행: 노래가 사라진 현재
- 12～15행: 조화로운 시를 쓰고 싶은 소망

◀ 연결 포인트

수능특강에서는 오장환의 「성탄제」가 외부의 폭력에 의해 파괴되는 자연물을 통해 인간 문제를 비판한다는 점에 주목하여 박남수의 「새 1」과 함께 출제되었습니다. 「성탄제」에는 순수하고 연약한 존재가 파괴되는 모습을 통해 일제 강점기 조선 민중을 유린하는 일제의 폭력성이 드러나고 있습니다.

2022학년도 9월 모의평가에서는 오장환의 「종가」가 최두석의 「노래와 이야기」와 함께 출제되었습니다. 시의 특징적인 형식이나 성격에 주목하여 출제된 것입니다. 「종가」는 종가에 대한 화자의 경험을 이야기하며 산문 형식을 취하고 있으며, 「노래와 이야기」는 「종가」와 같은, 이야기가 두드러진 시를 짓는 까닭을 제시한 시론 성격을 취하고 있습니다. 시 역시 이야기의 형식을 취할 수 있다는 점을 염두에 두며 문항을 해결해 봅니다.

091

화자의 태도 및 어조, 정서 파악   정답 ②

정답 해설 (가)에서 '오래인 동안 이 집의 광영을 지키

어 주는 신주들'을 '종가에서는 무기처럼 아끼'고 있는 것으로 보아 신주는 종가의 위계와 권위를 상징하는 중요한 소재이다. 그런데 종가에서 평소에는 신주를 '곰팡이가 나도록' 방치해 두다가 '제삿날'이 되면 '갑자기' '제상 위에 날름히 올라앉'도록 하여 귀하게 대접한다. 종가의 권위를 상징하는 신주를 희화화함으로써 종가에 대한 풍자적 태도를 드러낸다고 볼 수 있다.

오답 피하기 ① '이 집의 지손들'이 '거미 알 터지듯 흩어져 나'간다는 것은, '모두 다 싸우고 찢고 헤어져 나'간다는 구절과 연결되어 자손들이 대립하여 분열된 상태임을 드러내는 것이다. 이를 통해 종가의 퇴락을 나타내고 있으므로 종가의 번성에 대한 자부심을 드러낸다고 볼 수 없다.

③ '동네 백성들을 곧 – 잘 잡아들여다 모말굴림도 시키고 주릿대를 앵기었다'는 것은 동네 백성들을 부당하게 억압하던 종가의 행위를 통해 봉건적 지배 질서의 불합리성을 드러내는 것이다. 종가의 부당한 위세를 비판적으로 바라보고 있으므로, 종가의 위세에 대한 시기심이 드러난다고 볼 수 없다.

④ '종가에 사는 사람들은 아무 일을 안 해도 지내 왔었고 대대손손이 아 – 무런 재주도 물리어받지는 못'했다는 것은 무능력한 종가의 모습을 통해 종가의 허위적인 면을 풍자하는 것이므로 종가의 내력을 존중하는 태도라고 볼 수 없다.

⑤ '종갓집 영감님'이 '작인들에게 고리대금을 하여 살아 나간다'는 것은 무능력한 종가가 탐욕적인 방법으로 생계를 유지하는 모습을 드러내는 것이다. 이를 통해 종가의 허위성을 풍자하고 있으므로, 종가에 대한 선망이 드러난다고 볼 수 없다.

092

시어, 시구의 의미와 기능 파악   정답 ④

정답 해설 [B]에서 노래하고 싶은 시인이 '말 속에 은밀히 심장의 박동을 골라 넣는' 것은 감동을 유발하는 '노래'의 성격을 회복하려는 것으로 볼 수 있다. 왜냐하면 시의 2～3행에서 '노래'는 '귀신을 꿇어 엎드리게' 할 정도로 상대를 감복시킬 만한 힘을 지닌 것으로 제시되어 있기 때문이다. 따라서 [B]는 '노래'의 성

격이 약화된 '말'에 '노래'가 주는 감동을 불어넣는 상황을 형상화한 것이라고 볼 수 있다.

오답 피하기 ① [A]는 '노래'에서 '목청'을 떼어 내고 '가사'만 남은 상태가 가져온 결과를 보여 준 것이다. 따라서 '노래'와 '가사'의 융합이 가져온 결과를 보여 준다는 것은 적절하지 않다.
② 이 작품은 마지막 행의 '뇌수와 심장이 가장 긴밀히 결합되길 바란다.'에서 '노래'와 '이야기'의 결합을 이상적인 상태로 간주하고 있다. 그러나 [A]에서 '노래'와 '이야기'의 결합을 형상화한 부분이나 이들이 결합되었을 때의 '단점'을 형상화한 부분은 찾아볼 수 없다.
③ 1행의 '노래'가 '심장'에 박힌다는 말로 보아, [B]에서 '시인'의 '말' 속에 '심장의 박동을 골라 넣는다'는 것은 시인의 '말'에 '노래'가 연결되는 상황을 표현한 것이라고 할 수 있다.
⑤ [A]는 '귀신을 끓어 엎드리게' 하는 힘을 보여 준 '노래'와 대비되는 '가사'의 한계를 보여 준 것이므로 '이야기'의 도입이 지닌 한계와 무관하다. [B]는 '노래'의 회복을 바라는 '시인'의 행위가 제시된 것이다.

093

작품의 종합적 이해와 감상   정답 ⑤

정답 해설 (가)에서는 '지금도' 이후에 제시된 '마을의 풍설'을 통해 '동네 백성들'에게 횡포를 부리던 종가에 대한 부정적 인상이 여전히 남아 있음을 알 수 있다. 한편, (나)는 '이제' 이후에 '악보'가 사라진 오늘날의 '시집'을 제시함으로써 오늘날 '노래'의 성격이 약화된 '시'가 창작되고 있음을 나타낸 것이지 '시'의 영속성을 강조하는 것이 아니다.

오답 피하기 ① (가)는 '쩡쩡'이라는 음성 상징어를 활용하여 과거에 '동네 백성들' 위에 군림하며 횡포를 일삼던 종가의 부정적 인상을 감각적으로 드러내고 있다. 또한 청각적 심상이 드러나는 '웅웅거리다'라는 표현을 통해 '종가' 뒤뜰에 '달걀귀신'이 있다는 마을의 풍설을 제시하여 종가의 음산한 기운과 부정적인 인상을 감각적으로 드러내고 있다.
② (가)에서 '돌담으로 튼튼히 가려 놓은 집'은 외부와 단절된 종가의 폐쇄적 분위기를 드러내고, '검은 기와집'은 색채 이미지를 통해 종가의 어두운 분위기를 드러내고 있다.
③ (나)에서 '그러나'라는 시상 전환 표지를 활용하여 '노래'가 '상처'를 '쉬이 덧나'게 만드는 한계가 있음을 강조함으로써 '노래'만으로는 화자가 바라는 '시' 창작이 어려움을 드러내고 있다.
④ (나)에서 '처용'이 부른 '노래'는 '귀신을 끓어 엎드리게' 할 정도로 강력한 힘이 있으며 '처용'에 대한 '이야기'는 '새로운 노래와 풍속을 짓고 유전해 가리라'에서 알 수 있듯이 후세에 전해지는 성격이 있음을 알 수 있다.

094

외적 준거에 따른 작품 감상   정답 ③

정답 해설 (나)에서 상처가 노래에 쉽게 덧난다고 말한 것은 감정의 과잉으로 상처가 오히려 깊어지기도 하는 노래의 한계를 뜻하므로 이는 시에서 노래의 성격이 분리된 결과와 무관하다. 시에서 노래의 성격이 분리된 결과는 이 시의 4~5행에서 확인할 수 있다.

오답 피하기 ① (가)에서 '닝닝거린다'와 '살아 나간다'라는 현재 시제형 표현을 통해 '제사를 지내러 오는 사람들'의 어수선한 행동과 '작인들에게 고리대금을 하는 '종갓집 영감님'의 행동을 생동감 있게 표현하고 있다. 이러한 현재 시제의 사용은 〈보기〉에서 말하듯 종가의 이야기와 현실이 연결되도록 만든다고 볼 수 있다.
② (가)에서 '동네 백성들'에게 '모말굴림도 시키고 주릿대를 앵기었다'고 함으로써 종가의 부당한 횡포에 억압당하던 '동네 백성들'이 받은 상처를 보여 주고 있다. 이를 통해 종가가 지닌 봉건적 지배 질서의 부정적 측면을 드러내고 있다.
④ (나)의 마지막 행에서 '뇌수와 심장이 가장 긴밀히 결합되길 바란다'라고 함으로써 '시'가 노래의 성격을 되찾기를 바라되, 상처를 덧나게 하는 노래의 한계를 극복해 줄 이야기와의 결합을 소망하고 있다. 따라서 시에 이야기도 필요하다는 생각을 담아내었다고 볼 수 있다.
⑤ (가)는 '종가'에 얽힌 화자의 경험과 종가와 연관된 '동네 백성들'의 상처에 대해 이야기하고 있다. (나)는

12~15행에서 '이야기'를 통해 '노래'가 주는 상처를 극복할 수 있다고 말함으로써 시 창작에서 이야기의 활용이 지닌 의미를 제시했다고 볼 수 있다.

적용 학습

본문 92~93쪽

26 (가) 박남수, 「아침 이미지 1」
수특 유사 작품

| 해제 | 이 작품은 어둠이 물러나고 아침이 오면서 밝은 세상이 드러나는 과정을 노래하고 있는 시이다. 화자는 어둠이 지나고 날이 밝아오는 일상의 섭리를, 모체(母體)인 어둠이 사물을 잉태하고 있다는 독특한 발상으로 드러내고 있다. 이렇게 어둠으로부터 태어난 만물들은 '노동의 시간'을 즐기며 생동감 있게 묘사되고 여기에 '금으로 타는 태양의 즐거운 울림'이 더해지면서 의욕적이고 활기찬 아침의 이미지가 절정에 이르게 된다. 바로 이전까지만 해도 어둠 속에서 무거운 어깨를 느끼며 존재하던 물상들이 빛나는 태양 아래서 생명력을 드러내며 움직이는 모습은 이전과는 완전히 다른 세상이라는 느낌을 준다. 시인은 다양한 동사를 활용한 역동적인 이미지로 아침이 밝아온다는 반복적이고 일상적인 일을 개벽과도 같은 사건처럼 독특하고 신선하게 형상화하고 있는 것이다.

| 주제 | 밝고 생동감 넘치는 아침 이미지

| 구성 | • 1~2행: 어둠의 생명력
• 3~5행: 어둠의 소멸
• 6~10행: 아침에 생동하는 만물
• 11~12행: 세상이 개벽하는 아침

(나) 김기택, 「풀벌레들의 작은 귀를 생각함」

| 해제 | 이 작품은 늘 시끄럽고 요란한 소리를 뿜어내는 텔레비전 앞에서 저녁 시간을 보내던 화자가 텔레비전을 끄고 풀벌레 소리를 듣게 된 경험을 통해, 잊고 사는 것에 대한 소중함을 노래하고 있는 시이다. '브라운관이 뿜어낸 현란한 빛'에서 벗어나 풀벌레들의 '울음소리'를 접하게 된 화자는 풀벌레들의 울음소리가 '너무 단단한 벽에 놀라 되돌아갔을 것'이라 추측하며 자신이 잊고 살았던 자연의 평온함을 비로소 인식하게 된다. 텔레비전의 빛과 소리로 대표되는 인공적인 삶의 환경들과 어둠, 별빛, 풀벌레 소리로 대표되는 자연의 삶을 대조함으로써 화자는 차분히 자신의 내면을 돌아볼 시간도 없이 그저 인공적인 삶 속에서 원초적인 쾌락에 몸을 내맡겨 버린 자신의 삶에 대한 성찰의 자세를 드러내고 있는 것이다. 시인은 가까이 왔다

가 되돌아가는 풀벌레들의 존재를 알리며 현대인들에게도 내면을 채울 수 있는 자연의 소리에 귀기울여 보라고 권유하고 있는 것이다.

| 주제 | 풀벌레 소리로 인한 삶에 대한 성찰

| 구성 | • 1~5행: 텔레비전을 끄고 벌레 소리에 귀 기울임.
• 6~12행: 울음소리를 만들어 낸 벌레들의 작은 귀와 여린 마음에 대해 생각함.
• 13~20행: 벌레 소리가 화자 자신의 귀에 도달하지 못하고 되돌아갔을 것이라 짐작함.
• 21~23행: 밤공기를 들이쉬며 벌레 소리로 인해 내면이 환해짐을 느낌.

연결 포인트

수능강강에서는 박남수의 「새 1」이 외부의 폭력에 의해 파괴되는 자연물을 통해 인간 문제를 비판한다는 점에 주목하여 오장환의 「성탄제」와 함께 출제되었습니다. 「새 1」에서는 자연물이 강하고 포악한 존재에 의해 물리적으로 죽음을 맞이하지만 그들이 지닌 순수의 가치는 말살되지 않는다는 점을 강조하고 있습니다.

2016학년도 대학수학능력시험에서는 박남수의 「아침 이미지 1」이, 김기택의 「풀벌레들의 작은 귀를 생각함」과 함께 출제되었습니다. 두 작품에 공통적으로 제시된 시어인 '어둠'을 설명할 수 있는지에 주목한 것입니다. 「아침 이미지 1」에서 '어둠'은 모체로 형상화되어 생산력을 내포하고 있는 시어이고, 「풀벌레들의 작은 귀를 생각함」에서 '어둠'은 풀벌레 소리와 화자 모두를 포용하고 있는 시어입니다. 공통적인 시어의 차이점에 주목하여 작품을 감상해 봅니다.

095

작품 간의 공통점, 차이점 파악   정답 ⑤

정답 해설 (가)의 '어둠'은 모체로 형상화되고 있기 때문에 생산력을 내포하고 있다고 볼 수 있고, (나)의 '어둠'은 풀벌레들을 품고 있는 포용력 있는 배경임과 동시에 화자에게 풀벌레 소리를 느끼게 해 주는 배경의 기능을 담당하고 있다. 이때 (가)의 '어둠'은 '굴복한다'라는 표현을 통해 밝음에 순응하는 모습을 보이고 있다고 할 수 있으나, (나)의 '어둠'은 풀벌레 소리와 화자를 모두 포용하고 있는 기능을 끝까지 유지하고 있기 때문에 밝음에 순응하는 모습을 부각한다고 볼 수는 없다.

오답 피하기 ① (가)에서는 '어둠'이 사라지면서 많은 물상들이 보이기 시작하는 것을 어둠이 물상들을 품고 있다가 '돌려주'는 것으로 표현하고 있다.

② (나)의 화자는 텔레비전을 끄면서 비로소 어둠을 접하게 되고, 그 어둠 속에서 비로소 풀벌레 소리를 듣게 된다. 그러므로 '어둠'은 풀벌레 소리를 도드라지게 하는 기능을 한다고 볼 수 있다.

③ (가)에는 어둠이 사라지면서 날이 밝아오는 변화의 과정이 드러나지만, (나)에는 텔레비전을 끄고 어둠 속에 머무는 상태가 지속되고 있다.

④ (가)에는 '어둠'이 물러나면서 여러 물상들이 모습을 드러내는 변화가 드러나고 있고, (나)에는 '어둠'이 들어오면서 텔레비전 소리로 가득하던 방 안이 벌레 소리들로 환해지는 변화가 드러나고 있다.

096

시어, 시구의 의미와 기능 파악 　　　　　　　**정답 ④**

정답 해설 (가)에는 어둠이 사라지면서 만물들이 그 모습을 드러내고 있는 상황이 그려지고 있는데, 여러 만물들은 '노동의 시간'을 즐기는 생동감 있는 모습으로 형상화되고 있다. '태양의 즐거운 울림'은 점점 밝아오는 태양의 역동적인 이미지를 드러내고 있는 것으로, 이는 생동감 있게 살아나는 만물들의 이미지와 어울려 아침의 이미지를 더욱 밝고 경쾌하게 강조하는 효과가 있다.

오답 피하기 ① '무거운 어깨를 털고'는 지상으로부터 벗어나려는 사물들의 몸부림을 드러낸 것이 아니라 어둠 속에서 모습을 드러내기 시작하는 물상의 움직임을 부각하는 표현이다.

② '노동의 시간을 즐기고'는 긍정적이고 신선한 이미지를 통해 생기 넘치는 삶의 모습을 표현하고자 한 것일 뿐 노동의 고단함을 잊기 위한 것은 아니다.

③ '즐거운 지상의 잔치'는 온갖 물상들이 움직이면서 만들어 내는 아침의 모습을 낙천적인 분위기로 표현한 것이다.

⑤ '세상은 개벽을 한다'는 물상들의 움직임을 '혼란'으로 인식하고 있는 것이 아니라 경이감을 지니고 새로운 세계가 창조되는 사건으로 인식하고 있는 것이다.

097

화자의 태도 및 어조, 정서 파악 　　　　　　**정답 ③**

정답 해설 텔레비전을 끄고 비로소 풀벌레 소리를 듣게 된 화자는 그 인식을 확대하여 '너무 작아 들리지 않는 소리'까지 생각하고 있다. 하지만 화자가 '들리지 않는 소리'의 주체가 자신 때문에 소통할 수 없게 되었다고 여기고 있는 것은 아니다. 단지 화자는 그동안 그 소리들이 벽에 부딪쳐 돌아갔다는 사실을 상기하며 자신과 소통하지 못한 것에 대한 아쉬움을 드러내며 자신의 삶에 대해 반성하고 있을 뿐이다.

오답 피하기 ① 화자는 텔레비전을 끈 후에 비로소 풀벌레 소리가 방 안 가득 들어오고 있음을 지각하고 있다. 이어서 화자는 브라운관이 뿜어낸 현란한 빛으로 인해 자신의 눈과 귀가 두꺼워졌기 때문에 풀벌레 소리들은 이런 벽에 부딪쳐 돌아갔을 것이라고 생각하고 있다.

② 풀벌레 소리를 통해 환함을 느끼게 된 화자는 '너무 작아 들리지 않는 소리도 있다'는 인식으로까지 생각을 확대하고 있다.

④ 화자는 '브라운관이 뿜어낸 현란한 빛'으로 인해 벽을 만들었고 그 벽으로 인해 풀벌레 소리를 간과했음을 깨닫고 반성하고 있다.

⑤ 화자는 별빛과 풀벌레 소리를 포용하고 있는 밤공기를 허파로 들이쉰다는 표현을 통해 풀벌레 소리를 내면으로 받아들이고 있다.

적용 학습 　　　　　　　　　　　　본문 94~97쪽

27 **가** 정지용, 「장수산 1」

　　　수특 동일 작품

| **해제** | 이 작품은 겨울 달밤의 산속의 이미지를 통해 세속의 가치와 단절된 채, 오직 자연과 하나가 되어 무욕(無慾)의 삶을 살고 싶어 하는 화자의 정신세계를 보여 주고 있는 시이다. '장수산'은 인적이 없는 절대 고요의 공간으로, 그곳에 사는 사람은 자족과 여유를 지니고 있는 도승으로 장수산의 신비와 고요를 더욱 심화하는 역할을 한다. 화자는 장수산과 도승처럼 세속의 일을 잊은 채 절대 고요에 잠기고자 한다. 이 작품은 의식의 연속적인 흐름과 긴밀성을 드러내기 위해 마침표를 사용하지

않았고, 일부러 '~이랬거니', '~고녀', '이란다?', '~는다?', '~노니' 등의 고어를 사용하여 자연으로부터 받은 감흥을 드러내려 하였다.

| 주제 | 장수산의 고요와, 탈속에 대한 염원

| 구성 | • 기(벌목정정 이랬거니 ~ 돌아옴즉도 하이): 깊고 울창한 장수산의 정경
• 승(다람쥐도 좇지 않고 ~ 조히보담 희고녀!): 산중의 고요함과 화자의 적막감
• 전(달도 보름을 기달려 ~ 내음새를 줏는다?): 때마침 떠오른 보름달과 웃절 중의 탈속적 모습
• 결(시름은 바람도 일지 않는 ~ 장수산 속 겨울 한밤내-): 장수산에서 시름을 의연히 견디겠다는 화자의 의지

■ 김관식, 「거산호 II」

| 해제 | 이 작품은 산에 대한 묘사를 통해 바람직한 삶의 자세에 대한 시인의 생각과 삶과 죽음에 대한 통찰, 산에 대한 깊은 애정을 보여 주는 시이다. 화자는 변함없이 푸름을 간직한 산을 인간과 대비하고, 산의 모습에서 교훈적 덕목들을 떠올린다. 그리고 산을 자신의 삶과 죽음을 아우르는 곳으로 인식하며, 맑고 깨끗한 산의 모습에 동화되어 살고자 하는 바람을 드러낸다. 이렇게 형상화된 산의 모습에는 자연을 속세에서 벗어난 자유로운 공간, 인간이 본받아야 할 대상으로 보는 동양적 자연관이 투영되어 있다고도 볼 수 있다.

| 주제 | 산을 본받고 산과 동화된 삶을 살고자 하는 바람

| 구성 | • 1~4행: 변함없는 산에 대한 지향
• 5~8행: 산의 덕성과 산에 대한 사랑
• 9~11행: 삶과 죽음을 아우르는 장소로서의 산
• 12~15행: 산에 대한 간절한 그리움

■ 이상, 「산촌 여정」

| 해제 | 이 작품은 여름 한 달간 평안남도 성천에 머물렀던 글쓴이의 체험을 담은 수필이다. 도시적 감각에 익숙한 글쓴이의 감성과 산골의 자연 현상이 잘 어우러져 표현되어 있다. 특히 외국어를 많이 섞어 쓰고 있는데, 정감 어린 산골 풍경을 이와는 전혀 어울릴 것 같지 않은 이국적인 단어들을 사용함으로써 신선한 이미지를 창출하고 있다. 1930년대에 들어서면서 그동안의 구호와 같은 관념적인 한국의 산문에 처음으로 이미지의 아름다움을 불어넣은 작품이라는 극찬을 받기도 하였다.

| 주제 | 도시적 감수성으로 느껴 보는 시골의 정취

| 구성 | • 1문단: 도회에 두고 온 일에 대한 걱정
• 2문단: 팔봉산의 동물들에 대한 소회
• 3문단: 도시보다 별이 많은 팔봉산

• 4문단: 석유 등잔과 베짱이 소리에 대한 느낌
• 5문단: 산촌에서 느끼는 시정
• 6문단: 냉수를 통해 느끼는 청량감
• 7문단: 가을이 다가옴을 느낌.
• 8문단: 도회에 남겨 둔 가족에 대한 염려

연결 포인트

수능특강에서는 정지용의 「장수산 1」이 산을 공간적 배경으로 삼아 탈속의 경지를 정밀하게 형상화하였다는 점에 주목하여 김종길의 「고고」와 함께 출제되었습니다. 정지용은 우리 현대시의 초창기를 열어 유명한 시인들을 발굴해 낸 인물로 평가받고 있으며, 「장수산 1」은 초월적이고도 동양적인 공간과 인물을 그려 낸 작품입니다.

2017학년도 7월 고3 학력평가에서는 정지용의 「장수산 1」이 김관식의 「거산호 II」, 이상의 「산촌 여정」과 함께 출제되었습니다. 세속과 단절된 무욕의 공간 속에서 번뇌하면서도 탈속의 경지에 이르고자 하는 화자의 결연한 태도에 주목한 것입니다. 산이라는 공통적인 소재에 주목하면서 문항들을 하나씩 해결해 봅니다.

098

표현상의 특징 파악 **정답 ①**

정답 해설 (가)의 화자는 순수하고 고요한 공간 속에서 세속적 욕망에 얽매이지 않는 무욕적이고 탈속적인 삶을 지향하고 있으며, (나)의 화자는 '산'을 통해 산의 덕을 배우며 문명에 물들지 않고 자연에 동화되는 삶을 지향하고 있다.

오답 피하기 ② (가)와 (다)에는 공간의 이동을 통해 대상이 변화하는 모습이 나타나 있지 않다.
③ (나)는 계절적 배경이 드러나 있지 않고, (다)는 부분적으로 계절적 배경이 나타나기는 하지만 이를 통해 대상이 상징하는 바를 드러내고 있지는 않다.
④ (가)~(다)는 모두 점층적 표현이 나타나지 않는다.
⑤ (가)~(다)는 모두 명령형 문장이 사용되지 않았다.

099

외적 준거에 따른 작품 감상 **정답 ②**

정답 해설 정밀한 고요 속에 보름달이 비치고 하얗게 눈이 덮인 장수산의 밤은 시각적 이미지를 통해 순수

함이 부각되어 무욕의 세계를 지향하는 화자의 정신적 공간으로 형상화되고 있다. 장수산의 고요 속에서 화자는 번뇌를 잊고 시름을 담담히 견디겠다는 의지를 드러내고 있다. 따라서 장수산이 화자의 외로움이 투영된 공간이라는 설명은 적절하지 않다.

오답 피하기 ① 나무 베어진 소리가 '쩌르렁' 하고 울린다는 것은, 그 공간이 그만큼 세속과 떨어진 깊은 산속임을 의미하므로, 이와 같은 진술은 적절하다.
③ 승부에서 반복적으로 지고도 초연할 수 있는 것은 세속적 이미지를 벗어난 것이다. 이는 탈속의 공간인 '장수산'의 이미지와 통한다고 할 수 있다.
④ 화자는 탈속의 세계를 지향하지만 현실에서의 번뇌로 인해 내면적인 갈등을 보여 주는데, 이는 '심히 흔들리우노니'의 표현을 통해 확인할 수 있다.
⑤ '오오 견디랸다'를 통해 확인할 수 있다.

100

구절의 의미 파악   **정답 ④**

정답 해설 [D]에서는 산과 화자의 관련성을 '그 품 안에서 자라나 거기에 가 또 묻히리니'로 표현하여 산을 매개로 화자의 삶과 죽음이 연결되어 있음을 나타내고 있다. 이는 이승과 저승의 구분 없이 화자가 산을 영원한 안식처로 인식하고 있음을 드러내는 것이다.

오답 피하기 ① '사람'은 변하지만 '산'은 변함없이 태고로부터 푸르러 왔다는 점에서 대비된다. 또한 화자가 산을 향해 앉은 것은 이러한 '산'의 모습을 긍정적으로 생각하기 때문이다.
② 너그럽고, 자랑 않고, 겸허한 것은 인간이 가질 수 있는 속성이다. 산의 속성을 인간의 속성처럼 표현했다는 것은 산에 인격적 속성을 부여한 것으로 이해할 수 있다.
③ 산을 사랑한다는 것은 산에 친근함을 느낀다는 것이고, 산을 배운다는 것은 산의 속성을 통해 화자가 깨달음을 얻고 있다는 의미이다.
⑤ 산에서 있는데도 산을 그리워한다는 것은 모순된 상황인데, 이를 통해 자연과 동화되고자 하는 화자의 태도를 강조하고 있다는 점에서 이는 역설적 표현으로 볼 수 있다.

101

배경 및 소재의 기능 파악   **정답 ④**

정답 해설 (나)의 화자는 '산'을 향하여 앉아 사람과 달리 태고로부터 푸르러 온 산의 모습을 언급하면서, 산에 인격적인 속성을 부여하여 너그럽고 겸허한 산의 모습을 예찬하고 있다. 또한 산과 함께 하는 삶을 동경하고 평생 산을 바라보며 산의 모습을 배우고자 한다는 점에서 산은 화자에게 예찬의 대상이 된다. (다)의 '나'는 도회를 떠나 산촌에 머물면서 도회에 남기고 온 가족의 안부를 염려하기도 하고, 도회에서 가난하게 살고 있는 식구들에 대한 꿈을 꾸기도 한다. 따라서 '도회'는 '나'에게 가족에 대한 걱정과 그리움을 불러일으키는 대상이다.

오답 피하기 ① '산'이 화자에게 이상적인 공간인 것은 맞다. 하지만 '도회'는 '나'가 산촌에 오기 전 거처하던 곳이고, '나'의 걱정이 남겨진 공간일 뿐, 이상적인 공간으로 보기는 어렵다.
② (나)와 (다)는 모두 화자와 '나'가 시련을 극복하는 일과는 관련이 없다.
③ (나)에서 화자가 현재의 삶을 성찰하고 있지 않고, (다)에서 '나'는 도회에 남겨진 일과 가족에 대한 걱정을 하긴 하지만, 미래의 삶에 대한 계획을 보여 주고 있지는 않다.
⑤ (가)에서 화자는 시종일관 산의 덕성을 예찬하고 있으므로, 화자의 생각을 바꾸게 한다는 진술은 적절하지 않다. 또한 (다) 역시 '나'는 '도회'에 대한 생각을 견고하게 하고 있지 않다.

102

외적 준거에 따른 작품 감상   **정답 ⑤**

정답 해설 꿈에 나온 도회 소녀의 생김새를 '파라마운트' 회사 상표에 비유하여 이국적인 모습으로 표현하고 있지만, 그렇다고 글쓴이가 이국적인 삶에 대해 동경하고 있는 것은 아니다.

오답 피하기 ① 동물원에 있는 짐승들을 산에다 내어 놓아 준 것 같은 생각이 드는 것은 도시에서는 동물들을 동물원에서만 봤었기 때문에, 짐승들이 산에 있는 풍경을 낯설게 느끼고 있음을 나타내는 것이다.

② '나'는 석유 등잔의 '내음새'를 통해 도회지의 '석간' 신문 내음새를 환기하고, 이를 통해 소년 시대의 꿈을 떠올리고 있다.

③ 베짱이 울음소리를 '여차장이 차표 찍는 소리'와 '이발소 가위 소리'와 같이 도시의 삶에서 경험할 수 있는 소리와 관련짓고 있다.

④ '가을'이 오는 것은 추상적인 것인데, 이를 '엽서 한 장에 적을 만큼씩'이라는 시각적인 감각으로 표현하고 있다.

적용 학습
본문 98~99쪽

28 **가** 김영랑, 「모란이 피기까지는」

| 해제 | 이 작품은 어떠한 대상에 대한 간절한 기다림을, 모란이 피기를 기다리는 화자를 통해 드러낸 시이다. 화자에게 모란은 단순히 꽃이 아니라, 인간이 추구할 수 있는 최고의 가치나 내면적 순결성을 의미하는 것일 수도 있다. 그렇기에 화자의 삶은 오로지 모란이 피는 순간만을 지향하며, 그것에 대한 간절한 기다림의 자세를 계속 유지할 수 있는 것이다. 하지만 화자는 모란이 뚝뚝 떨어져 버리자 봄을 여읜 설움에 잠긴다. 모란이 피어난 것에 대해 화자가 느꼈던 환희는 사라져 버린다. 그렇기 때문에 화자의 봄은 찬란하기만 한 봄이 아니라 슬픔의 봄이기도 하다. 이 시의 마지막 부분에 제시된 '찬란한 슬픔의 봄'이라는 표현은 이와 같은 환희와 그 소멸로 인한 슬픔이 한데 섞인 화자의 심정을 드러낸다.

| 주제 | 모란에 대한 간절한 소망과 기다림

| 구성 | • 1~2행: 모란이 피기를 기다림.
• 3~10행: 모란을 잃은 설움
• 11~12행: 모란이 다시 피기를 기다림.

나 김종길, 「고고」
수특 동일 작품

| 해제 | 이 작품에서 노래하고 있는 고고함이란 어느 겨울날 이른 아침까지는 기다려야 겨우 확인할까 말까한 것일 수 있다. 즉 고고함이라는 정신세계는 세속화를 거부하는 것인 동시에 삶의 긴장감을 떠받치고 있는 것이라고 할 수 있다. 그것은 쉽게 변질될 수 있을 만큼 아슬아슬한 것으로 긴장감을 늦추어서는 얻을 수 없는 세계의 것이다. 이것이 시인이 추구하는 고고한 정신세계를 말하는 것이라고 할 수 있다.

| 주제 | 고고한 삶의 지향

| 구성 | • 1연: 겨울까지 기다려야 볼 수 있는 고고
• 2~3연: 겨울날 이른 아침에 볼 수 있는 고고
• 4~6연: 쉽게 만나기 어려운 고고

연결 포인트

수능특강에서는 김종길의 「고고」가 산을 공간적 배경으로 삼아 탈속의 경지를 정밀하게 형상화하였다는 점에 주목하여 정지용의 「장수산 1」과 함께 출제되었습니다. 김종길의 「고고」는 북한산 봉우리들의 모습을 매개로 고고함을 보여 주는 작품입니다. 고고함이란 세상일에 초연하여 홀로 고상한 경지를 말합니다.

2015학년도 9월 모의평가 B형에서는 김종길의 「고고」가 김영랑의 「모란이 피기까지는」과 함께 출제되었습니다. 시적 대상이 지닌 특정 속성에서 화자가 경험한 아름다움에 주목한 것입니다. 시적 대상이라 할 수 있는 북한산 봉우리들의 고고한 아름다움에 주목하여 차근차근 문항들을 해결해 봅니다.

103

작품 간의 공통점, 차이점 파악　　　　정답 ②

정답 해설 (가)는 1~2행과 11~12행이, (나)는 1연과 6연이 수미상관 구조를 이루고 있다. 수미상관의 구조는 첫 연과 끝 연이 거의 똑같이 반복되는 경우도 있지만, (가)처럼 일부 행이 같은 내용과 비슷한 문장 구조로 반복되거나 (나)처럼 첫 연이 마지막 연에서 변형되어 나타나는 경우도 있다. 수미상관의 구조를 취한 시는 구조적으로 안정된 느낌을 주거나, 반복되는 부분의 내용이 강조되거나, 운율을 형성하는 등의 효과를 거둔다. (가)는 모란이 피기까지는 기다리겠다는 주제 의식이, (나)는 북한산이 고고한 높이를 회복할 날을 기다리며 그와 같은 고고한 삶을 지향하겠다는 주제 의식이 담긴 부분이 반복되며 주제를 강조하는 효과를 거두고 있다.

오답 피하기 ① (가)와 (나) 모두 공간을 이동한다고 볼 수 있는 구절이 없다.

③ (가)의 11~12행이 어순의 도치를 한 부분이다. 그러나 이렇게 어순을 도치하여 상황의 긴박감을 표현하고 있지는 않다. 또한 (나)에서는 어순이 도치된 부분이 있다고 볼 수 없다.

④ (나)는 '수묵'이라는 시어가 흑백의 대비를 연상시킨다고 볼 수 있다. 또한 화자가 바라보는 대상이 눈으로 덮인 부분과 그렇지 않은 부분으로 나뉠 수 있다는 점에서 흑백의 대비를 떠올릴 여지가 있다. 그러나 (가)는 모란꽃의 색깔이 연상되고 흑백의 색채 이미지를 떠올리기 어렵기 때문에 흑백의 대비가 나타난다고 볼 수 없다.

⑤ (가)와 (나) 모두 가상의 상황을 나타낸다고 보기 어렵다. (가)는 모란이 핀 것을 본 경험을 바탕으로, (나)는 북한산이 고고한 높이를 나타낸 것을 본 경험을 바탕으로 쓴 시이기 때문이다. (나)의 '~려면'이라는 표현을 가상의 상황이라고 판단하더라도 이 표현을 통해 자기반성의 태도를 보여 주는 것은 아니다.

104

외적 준거에 따른 작품 감상   **정답 ③**

정답 해설 이 시의 대상인 북한산이 고고한 아름다움을 보이려면 '높은 봉우리만이 옅은 화장을 하듯 / 가볍게 눈을 쓰고' 있어야 한다. 즉 대상의 높이는 고고한 아름다움을 결정하는 조건 중 하나이지 유일한 조건은 아니다.

오답 피하기 ① (가)에서는 '나'가 모란이 피는 아름다움을 경험하고 있다. '나'라는 표현을 통해 아름다움을 경험하는 주체를 직접 노출하고 있다.

② (가)에서 대상(모란)은 짧은 시간 동안만 피어 있다. 시의 표현을 글자 그대로 해석하면 일 년 중 '삼백예순 날'을 제외한 5일 동안만 모란이 피어 있는 것이다. 정확하게 5일이 아니더라도 이렇게 한정된 시간 동안만 모란의 아름다움을 볼 수 있다는 것이 대상의 아름다움을 강화한다. 오랜 기간 접할 수 있는 아름다움이 아니기 때문에 더욱 절실하고 소중하며 더 아름답게 느낀다는 것이다.

④ (나)에서 대상의 고고한 아름다움이 드러나는 순간은 2연과 3연에, 그렇지 않은 순간은 4연에 드러나며 대비를 이루고 있다.

⑤ (가)는 봄, (나)는 겨울이라는 계절적 배경을 통해 대상의 아름다움을 표현하고 있다.

105

구절의 의미 파악   **정답 ①**

정답 해설 (가)의 '설움'은 ㉠ '나의 봄'을 경험하지 못하게 방해하는 요인이 아니라, '나의 봄'이 끝났기 때문에 느끼는 감정이다.

오답 피하기 ② 일 년 중 '삼백예순 날'을 제외한 날, 혹은 사계절 중 봄이 끝났다고 생각한 것을 '한 해'가 다 갔다고 할 정도이므로 ㉠의 경험이 화자의 삶에서 차지하는 비중이 큼을 알 수 있다.

③ '찬란한 슬픔'은 역설적인 표현으로 '찬란한'은 모란이 피었을 때의 기쁨을, '슬픔'은 모란이 지고 났을 때의 설움을 뜻한다. 역설적인 표현은 자신이 전하고자 하는 바를 강렬하고 인상적으로 표현하기 위해 강조하는 방법 중의 하나이다. 따라서 '찬란한 슬픔'은 화자의 감정을 강렬하고 인상적으로 표현하고 있는 것이다.

④ 백운대와 인수봉이 '고고한 높이'를 보여 주기 위해서는 '왼 산은 차가운 수묵으로 젖어 있는, / 어느 겨울 이른 아침까지는' 기다려야 한다. 즉 '어느 겨울 이른 아침'이 ㉡을 경험할 수 있는 시간으로 제시되어 있다.

⑤ ㉡을 경험하기 위해서는 '눈이래도 왼 산을 뒤덮는 적설'이어서는 안 되고 '백운대와 인수봉만이 가볍게 눈을 쓰는' 정도의 눈이어야 경험한다고 하였다.

적용 학습   본문 100~102쪽

29   **가** 정지용, 「발열」

| 해제 | 이 작품은 열병을 앓고 있는 자식을 바라보는 화자의 안타까운 마음을 잘 형상화하고 있는 시이다. 열병을 앓고 있는 자식의 고통스런 상황을 잦은 쉼표의 사용과 도치의 표현을 통해 잘 드러내고 있다. 자식을 바라볼 수밖에 없는 화자의 안타까운 심정은 '아아'의 반복적인 표현 속에서 그대로 느껴지고 있으며, 아득한 밤하늘을 바라보는 화자의 마지막 모습이 진한 여운을 남기고 있다.

| 주제 | 고통을 겪고 있는 자식을 바라보는 부모의 애타는 마음

| 구성 | • 1~4행: 적막하고 더운 여름밤
• 5~10행: 고열에 시달리는 자식을 보는 안타까움
• 11~13행: 절망감과 안타까움의 심화

▶ 나 김영랑, 「거문고」
수특 동일 작품

| 해제 | 이 작품은 소리를 마음껏 내지도 못한 채 벽에 기대선 '거문고(기린)'를 통해 암울한 시대 상황에서 자유를 빼앗긴 상태로 살아가는 화자의 답답함과 비애 어린 마음을 잘 표현하고 있는 시이다. 이러한 모순과 억압의 상황에서 자유를 구가하지 못하는 작가는 자신의 처지와 심정을 시대를 잘못 만나 제 곡조를 잃어버린 '기린(거문고)'에 빗대어 표현하고 있다. 망국의 설움 속에서도 국권 회복에 대한 화자의 염원을 읽어 낼 수 있다.

| 주제 | 암울한 시대 상황의 비극적 인식

| 구성 | • 1연: 해가 스무 번 바뀌었음에도 울지 못하고 있는 기린
• 2연: '노인'에게 기린이 잊히지 않기를 바라는 마음
• 3연: 맘 둘 곳 몸 둘 곳 없어진 기린의 부정적 처지
• 4연: 해가 또 한 번 바뀜에도 울지 못하고 있는 기린

▶ 다 최승호, 「대설주의보」

| 해제 | 이 작품은 온 산과 골짜기를 덮는 눈을 통해 1980년대 군부의 계엄령 상황이라는 암울한 시대 현실을 그려 내고 있는 시이다. 눈보라의 대설주의보를 '눈보라의 군단', '백색의 계엄령'으로 표현한 것에서 작가의 의도가 분명하게 읽힌다. 이러한 눈보라는 길을 끊어 놓을 듯하고, 연약한 굴뚝새를 숨게 만들며, 그 위세는 소나무 가지를 부러뜨릴 듯하다.

| 주제 | 자유를 억압하는 암울한 시대 상황 비판

| 구성 | • 1연: 눈 덮인 산과 눈보라 속을 날아가는 굴뚝새
• 2연: 계엄령처럼 무섭게 날아오는 눈보라
• 3연: 뒷간에 몸을 감춘 굴뚝새
• 4연: 폭압적 힘으로 생존을 위협하는 눈보라

▶ 연결 포인트

수능특강에서는 김영랑의 「거문고」가 시대 상황에 대한 화자의 인식이라는 공통점에 주목하여 곽재구의 「귤동리 일박」과 함께 출제되었습니다. 1939년 발표된 김영랑의 「거문고」는 삼일 운동 이후 20년이 지났지만 변하지 않는 현실에 대한 좌절감과 민족을 배반한 자들에 대한 분노를 담고 있는 작품입니다.

2010학년도 6월 모의평가에서는 김영랑의 「거문고」가 정지용의 「발열」, 최승호의 「대설주의보」와 함께 출제되었습니다. 1930년대 후반 더 이상 마음속 울림을 맑은 가락으로 빚어낸 시를 쓸 수 없는 현실을 우의적으로 비판했다는 점에 주목한 것입니다. 「대설주의보」 역시 같은 맥락에서 창작된 작품이라는 것을 염두에 두고 문항을 하나씩 해결해 본다면 큰 어려움이 없을 것입니다.

106

작품 간의 공통점, 차이점 파악　　　　　　　정답 ⑤

정답 해설 (가)에는 화자의 어린 아들이 열병을 앓고 있는 모습이, (나)에는 화자가 지켜보고 있는 '기린(거문고)'이 울지 못하는 상황이, (다)에는 눈보라 속에서 '굴뚝새'가 처한 상황이 부각되어 시적 정서가 형성되고 있다.

오답 피하기 ① (가)에서 '나는 중얼거리다'의 문장이 반복되면서 운율감이 느껴지고 있지만, 시행이 반복된 것이라 할 수 없다. (나)에서도 시행의 반복이 운율감을 형성하고 있지는 않다.

② (가)에서 명사로 끝난 시행은 11행뿐이다. 그러므로 이러한 반복이 시적 여운을 주었다고 할 수 없다. (다)에서는 명사로 끝맺은 시행이 여러 차례 반복되며 화자가 인식하는 암담한 현실을 강조하고 있다.

③ (나)에는 거문고가 기린으로 의인화되었다. 또한 (다)에는 눈보라가 힘찬 군단으로 표현되어 마치 군대를 연상시킨다. 하지만 이러한 의인화의 표현이 독자에게 친근감을 느끼게 하는 것은 아니다. 특히 (다)에서의 표현은 계엄령하의 군대를 연상시키기에 강한 거부감을 불러온다.

④ 어순의 도치를 통해 긴장감이 느껴지는 작품은 (가)이다. (가)에서 2행은 '포도순이 소리 없이 기어 나가는 밤'으로 표현되어야 하는데, '소리 없이'를 행의 맨 뒤로 보냈으며, 4행은 '등에 훈훈히 서리나니'로 표현되어야 자연스러운데 '훈훈히'를 행의 뒤로 보냈고, 6행에서는 '박나비처럼 드내쉬노니'로 표현되어야 하는 것을 도치하여 표현했다. 또한 8행과 9행 역시 도치되어 표현되었는데, 이러한 어순의 도치는 작품 전반에서 긴장감을 느끼게 한다.

Ⅱ
적용
학습

107

작품의 창의적, 주체적 수용   정답 ⑤

정답 해설 (가)에서 화자의 아이는 열병을 앓고 있다. 화자는 간절하게 기도하면서도 안타깝게 아이를 지켜보고 있을 뿐이다. 이러한 화자의 절망적인 상황이 '불도 약도 달도 없는 밤'으로 표현되었으며, 아득한 하늘을 바라보는 화자의 망연한 표정이 안타까움을 불러일으키고 있다. 따라서 [C]의 장면을 ㅂ, ㅅ처럼 영상화하는 것이 의식이 혼미해진 '애'의 상태를 보여 주는 데 효과적이라는 평가는 적절하지 않다.

오답 피하기 ① [A] 장면에서 시선은 위에서 아래로 이동하면서 처마 밑 어느 집에 고정되고 있다. 시간은 밤이요, 땅에 스며든 더운 김이 등에 서린다는 표현에서 더운 계절임을 알 수 있다.

② 아이는 지금 열병을 앓고 있기에 '박나비, 주사'의 표현에서 열병의 붉은색이 두드러지고, 아이의 가쁜 호흡을 음향으로 들려주면 아이의 고통스런 상황을 실감 나게 표현할 수 있을 것이다.

③ 아이의 앓고 있는 모습을 클로즈업해서 보여 준다면 화자가 처한 상황에 대한 공감의 효과를 높일 수 있다.

④ '아아'의 감탄사는 아픈 아이를 바라보는 화자의 간절한 심정을 효과적으로 드러내고 있다.

108

외적 준거에 따른 작품 감상   정답 ④

정답 해설 〈보기〉는 (나)의 작품이 어떤 배경에서 탄생했는가를 보여 주고 있다. 그리고 (다) 역시 (나)와 마찬가지로 암울한 시대적 상황하에 탄생하였음을 알려 주고 있다. 결국 두 작품을 감상함에 있어 일정한 준거로서의 틀을 제공한 것이라 할 수 있다. (나)에서 '노인'은 국권이 자유로울 때 '기린'을 마음껏 울게 했던 존재로 추억할 대상이라 할 수 있다. 화자의 '기린'은 이제 울고 싶어도 울지 못하고 있다. 또한 (다)의 '굴뚝새'는 세상 사람들에게 외면당하기보다 계엄령으로 표현된 눈보라 속에서 고립된 존재라 할 수 있다.

오답 피하기 ① 〈보기〉에서 (나)는 '모국어로 시를 쓰

는 것 자체가 어려웠'던 시대에 쓰였다고 했다. (다) 역시 '새로운 권력 집단이 등장해서 강압 통치를 했던 시대'와 관련이 깊다고 했다.

② (나)에서 화자는 마음껏 울지 못하는 시대 상황에 절망하고 있다. 지금은 '이리떼', '잔나비떼'만 몰려다니고 있는 암울한 현실이기 때문이다. 그러나 고난 극복 의지나 미래에 대한 전망은 읽어 낼 수 없다. (다)는 눈보라의 상황 속에서 파닥이며 힘겹게 날아가는 '굴뚝새'에게서 암울한 시대 상황에 힘겹게 버티고 있는 강인한 생명력을 읽어 낼 수 있으나 '굴뚝새'는 '뒷간'에 몸을 감추고 만다. 그렇기에 여기에서도 고난의 극복 의지나 미래에 대한 전망은 읽어 낼 수 없다. '대설주의보', '군단', '계엄령'으로 표현된 암울한 상황만이 강조되고 있다.

③ (나)의 '울지를 못한다'의 대상은 표면적으로는 '기린'이지만, 동시에 화자를 가리키기도 하는 중의적 표현이다. (다)에서도 '내리는' 대상은 '눈'이면서 동시에 '계엄령'이라 할 수 있다.

⑤ (나)에서 '이리떼'와 '잔나비떼'는 '내 기린'을 제약하는 것이며, (다)에서 '솔개'는 '굴뚝새'를 '뒷간'에 숨게 만드는 존재이므로 부당한 권력을 암시한다.

109

시적 상황에 대한 파악   정답 ⑤

정답 해설 [D]에서 화자가 처한 상황은 문 아주 닫고 벽에 기댄 채 울고 싶어도 울지 못하는 '기린'의 상황으로 표현되어 있다. 이 닫힌 공간은 바로 화자 스스로가 선택한 은거의 공간이라 할 수 있다. [E]는 '산짐승'들로 하여금 길 잃고 굶주리게 하며, '소나무 가지'를 부러뜨리려는 눈보라가 내려치는 상황이다. '굴뚝새'마저 몸을 감추게 하는 생명을 위협하는 고립의 공간인 것이다.

오답 피하기 ① [D]는 화자가 선택한 고립된 공간이며, 동시에 내면의 성찰이 이루어지는 공간으로 이해할 수도 있다. 하지만 [E]의 공간은 존재들을 억압하는 외부적 공간이다.

② [D]와 [E]의 상황 모두 화자를 힘들게 하고, 심리적 갈등을 더욱 증폭시키고 있다.

③ [D]에서 표면에 드러난 화자 '내'는 '기린'이라는 대

상을 관찰하여 묘사하고 있다. 하지만 [E]에서는 화자가 표면에 드러나지 않고 대상에 대한 관찰과 묘사만 드러나 있다.

④ [D]에서 화자는 대상인 '기린'과 일체감을 드러내고 있으나, [E]에서 화자는 대상인 '눈보라'와 거리감을 드러내고 있다.

적용 학습

본문 103~105쪽

30 가 조지훈, 「파초우」

| 해제 | 이 작품은 자연을 마주 대하며 자연과 하나가 되는 삶을 지향하는 화자의 태도를 드러내는 시이다. 화자는 여기저기 떠돌며 자연과 교감하는 존재로, '구름'은 이러한 화자 자신과 동일시되는 대상이라 할 수 있다. '저녁 어스름', '푸른 산' 등의 시각 이미지와 '후두기는', '물소리' 등의 청각 이미지를 사용하여 화자가 마주하고 있는 자연의 모습을 생생하게 그려 내고 있다. 1연과 5연은 수미상관의 기법으로 정처 없이 떠도는 화자의 모습을 그리고 있으며, 2~4연에서는 '싫지 않은', '날마다 바라도 그리운' 자연을 그리고 있다. 어디에서도 편안히 쉴 곳 없는 현실에 지친 화자는 자연 앞에서, 그 속에서 편안함을 느끼며 자연과 하나가 되고자 하는 것이다.

| 주제 | 자연과의 교감에 대한 소망

| 구성 | • 1연: 정처 없이 떠도는 구름
• 2연: 파초잎에 비 떨어지는 저녁
• 3연: 푸른 산과 마주 앉음.
• 4연: 산에 대한 그리움
• 5연: 나의 꿈을 스쳐간 구름

나 곽재구, 「사평역에서」

수특 유사 작품

| 해제 | 이 작품은 겨울밤 사평역의 풍경과 대합실에서 기차를 기다리는 사람들의 모습을 그리고 있는 시이다. '송이눈이 쌓이'는 사평역에서 '톱밥난로가 지펴'진 대합실에 모인 사람들은 각자의 생각에 잠기며 아무 말도 하지 않고 있다. 화자는 그들의 고단한 삶을 차분히 응시하고 그들의 마음을 헤아리면서 공감과 연민의 시선을 보낸다.

| 주제 | 가난하고 소외된 삶의 고단함과 그들을 향한 연민

| 구성 | • 1~4행: 사평역의 겨울밤 풍경
• 5~8행: 대합실에 모인 사람들과 그리움에 잠기는 화자

• 9~11행: 톱밥난로 주변에서 아무 말도 하지 않는 사람들
• 12~16행: 침묵의 의미
• 17~21행: 겨울밤 풍경을 바라보는 사람들
• 22~27행: 사람들의 고단함을 공감 어린 시선으로 보는 화자

연결 포인트

수능특강에서는 곽재구의 「귤동리 일박」이 시대 상황에 대한 화자의 인식이라는 공통점에 주목하여 김영랑의 「거문고」와 함께 출제되었습니다. 「귤동리 일박」은 탐관오리의 학정에 고통받는 백성들의 삶을 누구보다 아파했던 실학자 정약용을 떠올리며, 양심적인 지식인이 갖추어야 할 모습과 양심적인 지식인들이 탄압받는 현실에 대한 비판에 주목한 것입니다.

2014학년도 대학수학능력시험 B형에서는 곽재구의 「사평역에서」가 조지훈의 「파초우」와 함께 출제되었습니다. 화자의 그리움이 현재의 대상에 대한 것인지, 과거의 대상에 대한 것인지에 주목한 것입니다. 「사평역에서」가 대합실에서 막차를 기다리는 사람들의 고단한 모습을 공감 어린 시선으로 바라본다는 점에 주목하여 작품들을 감상해 봅니다.

110

표현상의 특징 파악 　　　　　　　　 **정답 ④**

정답 해설 (가)의 화자는 구름처럼 정처 없이 떠돌며 어디서 쉴 것인지 모르고 있다. 그러나 지금 화자의 눈앞에 펼쳐진 자연의 세계는 화자로 하여금 마주 앉아 귀를 기울이게 하는 모습이다. 빗방울이 넓은 파초 잎에 떨어져 후두기는, 매번 들어도 싫지 않은 물소리를 내는 언제나 그리운 자연인 것이다. 한편 (나)의 화자는 막차를 기다리는 사람들이 있는 시골 대합실에서 톱밥난로에 불을 쬐며 그리웠던 순간들을 생각하고 있다. 그리고 그 순간들로 인해 어렵고 힘든 삶이 눈물로 위로받을 수 있다고 말하고 있다.

오답 피하기 ① (가)의 '구름'에게 '어디메서 쉬리라던고'라고 말하는 부분에서 '구름'을 사람에게 비유하는 의인법이 사용되었음을 알 수 있다. 또한 (나)의 '흰 보라 수수꽃', '그믐처럼', '단풍잎 같은' 등에서도 비유가 사용되었다.

② (가)와 (나) 모두에서 '힘차고 활발하게 움직이는'의 의미를 지닌 역동적 분위기를 찾을 수 없다.

③ (가)에서는 '후두둑 떨어지는'의 의미를 지닌 '후두기는'이라는 시어가 하강의 이미지를 드러내는 시어이지만, 이를 통해 현실에 대한 관심을 드러낸 것이 아니라 파초 잎에 떨어지는 성긴 빗소리를 표현한 것이다. (나)에는 상승의 이미지를 보여 주는 특별한 시어나 시구가 나타나지 않는다.

⑤ (가)의 '이 밤을 어디메서 쉬리라던고'는 구름에게 묻는 것이지만, '구름'은 화자 자신이기도 하기에 스스로에게 묻는 질문을 반복한다고 할 수 있다. 그렇지만 (나)에는 그러한 질문이 나타나지 않는다.

111

시어, 시구의 의미와 기능 파악 　　　　　정답 ⑤

정답 해설 (가)의 화자는 현실에서 벗어나 자연을 떠돌고 있다. 화자의 발이 닿는 곳은 산과 물, 파초가 있는 자연이지 현실은 아니다. 그러한 화자가 '이 밤을 어디메서 쉬리라던고'라고 묻고 있다. 여기에서 '어디메'는 화자가 쉴 수 있는 곳, 안식할 수 있는 곳을 의미하는 것으로, 화자가 벗어나고자 했던 현실 공간이 아니다.

오답 피하기 ① 화자는 정처 없이 자연을 떠도는 사람으로, '이 밤을 어디메서 쉬리라던고.'는 '구름'에게 묻고 있는 것이지만 그 내면엔 자신에 대한 물음이 들어 있다고 할 수 있다.

② 화자는 저녁 어스름 무렵 파초 잎에 떨어지는 빗방울 소리를 들으며 푸른 산과 '마주 앉아라'라고 말하고 있다. 이는 화자가 그러한 배경에서 자연과의 교감을 소망하며 자신을 성찰하는 것임을 〈보기〉를 통해 알 수 있다.

③ 화자는 산에 대해 창을 열고 마주 앉아 날마다 바라도 그리운 대상이라 말하고 있다.

④ '들어도 싫지 않은'은 화자가 자연과의 교감을 계속하기를 소망하고 있음을, 그리고 그러한 교감이 '소리'를 통해 지속되고 있음을 보여 주는 것이다.

112

외적 준거에 따른 작품 감상 　　　　　정답 ③

정답 해설 (나)에서 '눈꽃의 화음'은 힘겨운 삶에 지친,

대합실에서 막차를 기다리는 사람들을 위로하는 소재이다. 지치고 피곤한 삶이지만 지금은 모두 그 화음에 귀를 기울이며 언 몸을 톱밥난로의 열기로 잠시 녹이고 있는 것이다. 또한 '한 줌의 눈물'은 〈보기〉에 나와 있듯 고단한 삶을 견디어 내는 사람들에 대한 위로와 선물이다. 따라서 이를 '의지를 담고 있는 것'이라고 보는 것은 적절하지 않다.

오답 피하기 ① 톱밥은 난로의 연료로 추위를 녹이게 하며, '눈물'은 〈보기〉에서 보듯 위로의 의미를 담고 있다.

② '내면 깊숙이 할 말들은 가득해도', '모두들 아무 말도 하지 않았다'를 통해 사람들의 속마음을 이해하고 공감하는 화자의 태도를 알 수 있다.

④ 화자는 불을 쬐면서 '그리웠던 순간들을 호명'하며 한 줌의 눈물을 흘리고 있다. 이는 사람들을 이해하고 위로하는 힘이 '그리웠던' 과거의 어느 순간에 있을 수 있음을 보여 준다.

⑤ 자신의 눈물을 톱밥난로에 던지는 것은 그 눈물을 통해 사람들이 조금은 더 따뜻해지기를 바라는 것이라 할 수 있으며, 〈보기〉와 관련해 볼 때 힘든 삶을 견디는 사람들에게 자신이 조금이라도 위로가 되고 힘이 되기를 바라는 마음에서 비롯된 것임을 추리할 수 있다.

적용 학습 　　　　　본문 106～108쪽

31 가 백석, 「북방에서 – 정현웅에게」

수특 동일 작품

| 해제 | 이 작품은 사라진 우리 민족의 자취에서 느끼는 상실감을 노래한 시이다. 화자는 먼 옛날 우리의 영토였던 만주 지역에서 명멸했던 국가와 민족들을 떠올리며 시상을 열고 있다. 그곳은 우리 민족이 고구려, 발해 등을 건국하며 크게 번성했던 곳이다. 따라서 화자가 '나는 떠났다'라고 말하는 것은, 그곳에 살았던 우리 민족이 떠났을 때를 떠올리고 있는 것으로 이해할 수 있다. 화자는 광활한 영토를 잃어버렸음에도 소박한 안위와 행복을 찾으며 살아온 우리 민족의 소극적 삶의 태도에 대해

생각하고 있다. 일제의 지배를 받는 현실에서 살고 있는 화자는 슬픔과 상실감을 느끼며 북방에 가 있다. 자신의 뿌리가 담긴 우리의 옛 영토에서 민족의 자취와 영광스러운 역사를 찾고자 하지만 이미 세월과 함께 지나가서 찾을 수 없다는 절망감을 드러내고 있다.

| 주제 | 사라진 우리 민족의 자취에서 느끼는 상실감

| 구성 | • 1연: 우리 민족이 살던 영토를 떠남.
  • 2연: 살던 영토를 떠날 때의 정황
  • 3연: 편안한 삶에 안주하며 부끄러움을 잊음.
  • 4연: 예전의 영토로 돌아옴.
  • 5연: 쇄락하여 이전과 달라진 옛 영토의 모습
  • 6연: 사라져 버린 것들에서 느끼는 상실감

◀ **나 송수권, 「대숲 바람 소리」**

| 해제 | 이 작품은 보잘것없는 존재로 고단하게 살아온 민중의 삶에 긍정적인 가치를 부여하고 있는 시이다. 화자는 남도의 대나무 숲에서 부는 바람 소리를 통해 역사 속 민중의 삶을 떠올리고 있다. 대나무 바람 소리는 동학 운동의 저항 정신과 맞닿아 있으며, 고단하고 힘든 삶을 꿋꿋하게 견디며 살아온 민중의 정신과도 연결이 된다.

| 주제 | 대숲 바람 소리에서 느끼는 민중의 삶

| 구성 | • 1연: 대숲 바람 소리 속에서 느끼는 민중의 사랑
  • 2연: 대숲 바람 소리 속에서 느끼는 민중의 고단함
  • 3연: 대숲 바람 소리 속에서 느끼는 동학 운동의 저항 정신
  • 4연: 대숲 바람 소리 속에서 느끼는 민중의 삶
  • 5연: 대숲 바람 소리 속에서 느끼는 민중의 생명력

연결 포인트

수능특강에서는 백석의 「북방에서-정현웅에게」가 특정 공간을 통해 우리 민족이 겪고 있는 아픔에 대한 통렬한 성찰을 형상화하였다는 점에 주목하여 박봉우의 「나비와 철조망」과 함께 출제되었습니다. 「북방에서-정현웅에게」는 삶의 터전을 빼앗긴 비극적 현실에 무기력하게 순응하며 살아왔던 삶에 대해 자책하는 작품입니다.

2019학년도 10월 고3 학력평가에서는 백석의 「북방에서-정현웅에게」가 송수권의 「대숲 바람 소리」와 함께 출제되었습니다. 두 작품 모두 화자가 특정 공간에서 우리 민족의 역사와 삶을 떠올리고 있다는 점에 주목한 것입니다. 특정 공간에서 우리 민족의 삶을 되돌아보는 시의 내용을 이해할 수 있다면 어렵지 않게 문항들을 해결해 나갈 수 있을 것입니다.

113

표현상의 특징 파악　　　　　　　　　정답 ④

정답 해설 (가)는 '나는 떠났다', '나는 그때'의 반복을 통해, (나)는 '대숲 바람 소리 속에는' 등의 반복을 통해 시적 의미를 강조하고 있다.

오답 피하기 ① (가)에서는 시공간의 변화를 찾아볼 수 있으며, 이를 통해 정서가 심화된다고 볼 수 있다.

② (나)의 마지막 연의 '눈 그쳐 뜨는 새벽별의 푸른 숨소리, 청청한 청청한 / 댓닢파리의 맑은 숨소리.'에서 공감각적 심상이 드러난다고 볼 수 있다.

③ (나)는 각 연을 명사로 마무리하여 여운을 자아내고 있으나, (가)는 각 연을 명사로 마무리하고 있지 않다.

⑤ (가)와 (나) 모두는 자연물과의 비교를 통해 인간의 유한성을 부각하고 있지 않다.

114

외적 준거에 따른 작품 감상　　　　　　정답 ⑤

정답 해설 〈보기〉는 두 작품의 화자가 특정한 공간에서 우리 민족의 역사와 삶을 떠올리고 있음에 주목해서 감상한 것이다. (나)의 4연에서 '몽당 빗자루', '보리 숭년', '문둥이 장타령' 등은 민중의 남루한 삶을 드러내는 것이지만, 이것이 민중들이 품고 있던 미래에 대한 희망을 나타낸 것이라고 보기는 어렵다.

오답 피하기 ① (가)의 2연은 주변 자연물들이 우리 민족을 떠나보내며 슬퍼했을 정황과, 북방의 소수 민족들이 아쉬워하고 슬퍼했을 장면을 화자가 상상한 내용으로 볼 수 있다.

② (가)의 3연에서는 '슬픔도 시름도 없이', '게을리' 광활한 영토를 잃고 축소된 '먼 앞대'로 떠나온 상황에서 소박한 안위를 찾으며 살아온 우리 민족의 태도를 드러내고 있다.

③ (가)의 6연에서는 우리 민족의 옛 땅인 북방에 간 화자가 떠올린 상실의 대상들을 열거하고 있다.

④ (나)의 3연은 동학 운동에 참가한 민중의 열정과 함성을 드러내고 있는 부분으로, 수탈과 억압에 맞서고자 했던 저항 정신이 대숲에서 부는 바람 소리에 담겨 있음을 의미하고 있다.

115

시어, 시구의 의미와 기능 파악   정답 ①

정답 해설 '아득한 녯날'은 우리의 광활했던 영토를 잃은 때를 의미한다고 볼 수 있고, '아득한 새 녯날'은 '참으로 이기지 못할 슬픔과 시름에 쫓'길 수밖에 없는 현실을 의미한다고 볼 수 있다. 따라서 ㉠에서 ㉡으로 변주되는 것은, 괴로움을 느낄 수밖에 없는 화자의 인식을 보여 주고 있다고 볼 수 있다.

오답 피하기 ② '아득한 녯날'에 떠났던 화자는 '아득한 새 녯날'에 돌아왔다. 그리고 사랑하던 것들이 모두 사라졌음을 인식하고 상실감을 느끼고 있다.
③ '오백 년 한숨'은 고단하고 힘들게 살아온 민중의 삶을 의미하는 것으로, 이를 마지막 연에서 '푸른 숨소리'로 변주한 것은 그러한 민중의 삶이 가치 있다고 여기는 화자의 긍정적인 인식을 드러낸다고 볼 수 있다.
④ '오백 년 한숨'은 지난 왕조 동안 힘든 삶을 견디며 살아온 민중의 한숨을 의미하고, '맑은 숨소리'는 민중의 살아 있는 모습이나 가치 있는 삶을 의미한다.
⑤ '푸른 숨소리'와 '맑은 숨소리' 모두 민중의 살아 있는 모습이나 가치 있는 삶을 의미하여 부정적으로 바라보는 화자의 시선을 담고 있지 않다.

적용 학습

32   본문 109~112쪽

㉮ 박봉우, 「휴전선」
수특 유사 작품

| 해제 | 이 작품은 남과 북의 대치 상황을 나타내는 '휴전선'을 소재로 휴전으로 미봉책의 평화가 이루어진 상황에 대해 비판하고, 남과 북의 화합에 대한 염원을 드러낸 시이다. 특히 이 시는 '꽃'을 통해 분단 상황을 겪고 있는 우리 민족의 비극적인 모습을 나타내며, '화산', '독사의 혀같이 징그러운 바람', '겨우살이' 등을 통해 전쟁을 나타내는 등 상징적인 시어를 사용하여 민족이 당면한 위기 상황을 강조하고 있다. 또한 수미상관적 구성, 남과 북의 대치 상황에 대한 반복적 제시, 설의적 표현의 반복 사용 등으로 역사적 현실에 대해 의문을 제기하며 독자의 공감을 유도하고 있다. 화자는 이러한 표현 기법을 동원하여 현재와 같은 상태에서 벗어나 남북 간의 화합으로 분단 상황을 극복해야 한다는 생각을 드러내고 있다.

| 주제 | 민족 분단의 비극과 그에 대한 극복 의지

| 구성 | • 1연: 남과 북이 대립된 현실 인식

• 2연: 남과 북의 대치 상황에 대한 불안함과 안타까움
• 3연: 분단 현실로 쇠퇴해 가는 우리 민족의 역사
• 4연: 다시 일어날지 모르는 전쟁에 대한 두려움과 분단의 고착화에 대한 우려
• 5연: 남과 북이 대립된 현실에 대한 개탄

㉯ 배한봉, 「우포늪 왁새」

| 해제 | 이 작품은 우포늪에서 살아가는 왁새의 울음소리를 어느 소리꾼의 소리에 빗대어 노래하고 있다. 화자는 왁새의 울음소리를 들으며 전생에 득음하지 못한 채 생을 마감한 소리꾼을 떠올린다. 이름 없이 살았으나 평생 진정한 소리를 추구했던 소리꾼을 떠올리며, 화자는 상상 속에서 날아가는 우포늪의 왁새와 소리꾼 영혼의 심연을 연결 짓고 있다. 이 작품은 진정한 소리를 찾는 예술의 세계를 자연의 생명력과 어울러 형상화함으로써 그 조화로운 가치를 드러내고 있다.

| 주제 | 우포늪에서 구현된 예술의 경지와 우포늪이 가진 생명력의 가치

| 구성 | • 1~5행: 소리꾼 사내를 떠올림.
• 6~7행: 우포늪의 왁새가 되어 우는 소리
• 8~13행: 외로운 소리꾼의 삶
• 14~19행: 소리를 끝내고 날아오르는 왁새 무리

㉰ 김기림, 「주을온천행」

| 해제 | 이 작품은 '오심암' 혹은 '세심암'이라 불리는 바위를 보고 느끼거나 깨달았던 점을 쓴 수필이다. 글쓴이는 단풍과 푸른 하늘과 흰 구름이 어우러진 오심암의 경치를 비유적으로 묘사하며 그 아름다움을 예찬하고 있다. 또 글쓴이는 티끌 하나 없는 자연의 경관을 보며 세속에 찌든 몸과 마음을 지닌 자신의 삶을 반성하고 오심암에서 잠시나마 속세의 것을 내려놓는 경험을 한다. 그러나 속세로 돌아가야 하는 시간이 되었음을 깨닫게 되고, 친구들과 다시 오심암을 찾을 날을 기약하며 그곳을 떠난다. 이처럼 이 작품은 자연물에 대한 관찰을 바탕으로 자신의 삶을 성찰하고 바람직한 삶을 모색하는 과정을 드러내고 있다.

| 주제 | 오심암의 경관에 대한 예찬과 세속적인 삶에 대한 반성

| 구성 | • 처음: 오심암 혹은 세심암이라 불리는 바위
• 중간: 오심암 주변의 풍광
• 끝: 오심암을 다시 찾을 약속

연결 포인트

수능특강에서는 박봉우의 「나비와 철조망」이 특정 공간을 통해 우리 민족이 겪고 있는 아픔에 대한 통렬한 성찰을 형상화하였다는 점에 주목하여 백석의 「북방에서-정

현웅에게」와 함께 출제되었습니다. 박봉우는 6·25 전쟁으로 인한 우리 민족의 아픔과 6·25 전쟁 이후 우리 민족이 처한 현실을 노래한 작품들로 널리 알려진 시인입니다.

2019학년도 6월 모의평가에서는 박봉우의 「휴전선」이 배한봉의 「우포늪 왁새」, 김기림의 「주을온천행」과 함께 출제되었습니다. 세 작품 모두 인간의 삶과 공간의 의미를 연결 지어 주제 의식을 드러내고 있다는 점에 주목한 것입니다. 「휴전선」은 우리 민족이 겪는 비극과 그 비극을 극복하려는 의지를 형상화하고 있다는 점을 염두에 두고 문항을 해결해 보도록 합니다. 또 「우포늪 왁새」는 우포늪이 가진 생명력을 노래하고 있다는 점을, 「주을온천행」은 오심암의 풍광에서 얻은 깨달음을 드러내고 있다는 점을 염두에 두고 문항을 해결해 보도록 합니다.

116

작품 간의 공통점, 차이점 파악　　　　　정답 ①

정답 해설 (가)에서는 휴전선이라는 공간을 남북 분단의 현실과 연결 지어 우리 민족이 겪는 비극과 그 비극을 극복하려는 의지를 형상화하고 있다. (나)에서는 진정한 소리를 찾기 위해 평생을 바쳤던 한 소리꾼의 삶을 생명력 넘치는 우포늪이라는 공간과 연결 지어 그의 삶과 우포늪이 지니는 가치를 구체적으로 나타내고 있다. (다)에서는 바위로 대표되는 겸손하고 순결한 자연 공간과 세속적 삶에 물든 글쓴이를 연결 지어 바위처럼 살고 싶은 글쓴이의 마음을 드러내고 있다. 이처럼 세 작품은 모두 인간의 삶과 공간의 의미를 연결 지어 주제 의식을 효과적으로 드러내고 있다.

오답 피하기 ② (가)의 화자는 갈등과 대립이 없는 화합의 세계를 희망하고 있으나 (가)에서 그런 세계를 보여 주고 있지는 않으며, 미래가 희망적일 것이라 예견하고 있지도 않다. (나)의 화자와 (다)의 글쓴이는 갈등과 대립이 없는 화합의 세계를 보여 주고 있지 않다.
③ (가)에서는 남북 분단이라는 역사적 상황을 직시함으로써 분단 상황을 극복하려는 화자의 의지가 드러나 있다. 그러나 (나)의 화자와 (다)의 글쓴이는 부정적인 역사적 상황을 직시하고 있지 않다.
④ (나)의 화자는 우포늪의 생명력, (다)의 글쓴이는 오심암의 겸손하고 순결한 모습을 예찬하고 있다. 그러나 (가)의 화자는 자연에 대한 예찬적 태도를 드러

내고 있지 않다.
⑤ (다)의 글쓴이는 오심암에서의 경험을 바탕으로 겸손한 자연과 달리 교만한 인간의 태도를 비판하고 있다. 그러나 (가)와 (나)에는 인간의 교만한 태도에 대한 비판 의식이 나타나 있지 않다.

117

표현상의 특징 파악　　　　　정답 ③

정답 해설 (가)는 위기감이 감도는 휴전선의 현재 상태를 중심으로 과거의 역사, 미래에 발생할지도 모를 비극적 상황을 이야기하고 있다. 그러므로 시간의 흐름에 따라 전개한 것은 아니다. (나)는 화자가 떠올린 한 소리꾼의 삶과 우포늪의 모습이 연관되어 형상화되었을 뿐, 시선의 이동에 따라 시상이 전개되고 있지 않다.

오답 피하기 ① (가)에서는 '~ 쓰는가', '~ 하는가' 등 설의적 표현을 사용하여 남북 분단의 현실에 대한 안타까움을 드러내고 있다.
② (나)에서는 '한 대목 절창'을 '폭포 물줄기로 내리'친다고 했는데, 이는 청각의 시각화를 통해 소리꾼의 소리를 생동감 있게 표현한 것이다.
④ (가)에서는 '산과 산이 ~ 쓰는가.'라는 동일한 시구의 반복을 통해 분단 극복의 의지를 강조하고 있고, (나)에서는 한 소리꾼의 삶을 통해 우포늪에서 창조된 예술의 경지와 우포늪의 아름다움을 강조하고 있다.
⑤ (가)에서는 우리 민족이 겪는 분단의 아픔과 공포를 '꽃', '화산', '바람'이라는 자연물에 투영하여 드러내고 있고, (나)에서는 진정한 소리를 찾기 위해 노력했던 소리꾼의 예술에 대한 염원을 '우포늪 왁새'라는 자연물을 통해 드러내고 있다.

118

시어, 시구의 의미와 기능 파악　　　　　정답 ②

정답 해설 (가)에서 '별들이 차지한 하늘'은 왕래할 수 없도록 땅을 나눈 휴전선과 달리, 자유롭게 왕래할 수 있는 '끝끝내 하나인' 세계를 의미한다. 또 (다)에

서 '아득히 쳐다보이는 높은 하늘 아래'는 티끌을 품은 듯한 것이 하나도 없는 순결한 자연을 의미한다.

오답 피하기 ① (가)의 '천둥 같은 화산'은 전쟁의 참혹한 상황을 의미하고, (다)의 '검은 절경'은 붉게 누렇게 물든 단풍 빛과 조화를 이루는 오심암의 아름다운 풍경을 표현한 것이다.

③ (가)의 끊어진 '정맥'은 '유혈', 즉 전쟁으로 인해 분단된 우리 민족의 현실을 의미하고, (다)의 '찬기'는 글쓴이에게 자신이 속세에서 떨어진 곳에 위치해 있음을 환기하는 기능을 한다.

④ (가)의 '징그러운 바람'은 미래에 발발할 수도 있는 전쟁으로 인한 비극적 상황을 뜻하고, (다)의 '미친 바람'은 먼지를 품고 있는 부정적 존재를 상징한다.

⑤ (가)의 '죄 없이 요런 자세'를 취하고 있는 '꽃'은 부정적 현실에 순응하는 존재를 상징하고, (다)의 '바위'는 세속적 삶을 잠시나마 망각하게 하는 소중한 존재를 의미한다.

119

외적 준거에 따른 작품 감상   **정답 ⑤**

정답 해설 [E]에서 화자는 하늘을 선회하는 왁새를 바라보며, 평생 추구했던 절창을 끝낸 소리꾼을 이 왁새와 대비하여 보여 주는 것이 아니라 왁새와 동일시하고 있다. 이와 같이 화자는 우포늪의 왁새로부터 소리꾼을 상상적으로 떠올리면서, 자연과 인간이 어우러진 세계에서 창조되는 예술의 경지와 우포늪의 아름다움을 그려 내고 있다.

오답 피하기 ① [A]에서 화자는 왁새 울음소리가 퍼지는 눈부신 우포늪의 모습을 보며 한 대목 절창을 찾아 떠돌던 한 소리꾼을 연상하고 있다.

② [B]에서 화자는 득음의 경지에 오르기 위해 떠돌아다녔던 소리꾼의 삶의 비애를 '달빛 같은 슬픔이 엉켜 수염을 흔들곤 했다'라고 감각적으로 표현하고 있다.

③ [C]에서는 소리꾼이 평생 찾아 헤맸던 절창이 늪 뒷산 솔바람에 있었음을 발견한 화자의 정서가 영탄적 어조를 통해 드러나고 있다.

④ [D]에서 화자는 왁새들이 '동편제'를 넘어가는 상상의 장면을 '소목 장재 토평마을'이라는 현실적 공간과 결부하여 형상화하고 있다.

120

감상의 적절성 평가   **정답 ④**

정답 해설 (다)에서 글쓴이는 티끌 하나 없는 순결한 자연에 비해 자신의 몸과 마음이 먼지, 즉 세속의 때로 가득하다고 생각하며 부끄러워하고 있다. (다)의 글쓴이는 세속의 더러움을 '티끌'로 표현한 것이지 자연이 '티끌'처럼 작다는 것을 표현한 것이 아니다.

오답 피하기 ① 오심암 주변의 가을 풍경을 붉고 누른 단풍, 검은 바위, 푸른 하늘빛, 흰 구름 등 감각적 이미지를 활용하여 묘사하고 있다.

② 자연을 '예술의 극치'라며 예찬하는 반면, '사람'의 예술을 '장하지도 아니한 그들의 예술'이라고 비판하고 있다.

③ 글쓴이는 '오심암'이 인간과 달리 자신을 뽐내지 않는 겸손함을 지녔으며, 인간과 달리 먼지 하나 없는 순결함을 지니고 있다고 밝히고 있다.

⑤ 글쓴이는 티끌 하나 없는 '오심암'을 바라보며 먼지 낀 의복을 입은 자신을 굽어보고, 더러운 '몸뚱어리'와 '마음'을 지닌 스스로를 반성하고 있다.

적용 학습   본문 113~115쪽

33 **가** 조지훈, 「맹세」

수특 유사 작품

| 해제 | 이 작품은 임에 대한 영원한 사랑을 다짐하고 있는 시이다. 화자에게 임은 '일월'처럼 '거룩한' 존재로 절대적 사랑의 대상이다. 따라서 '만년을 싸늘한 바위를 안고도' 뜨겁게 사랑할 수 있고, '흰뼈가 되'었지만 부활하여 다시 죽을 때까지, 또 '붉은 마음이 숯이 되'었다 '다시 재'가 될 때까지 영원히 사랑하겠다고 다짐하고 있다. 따라서 임의 손길에 울고, 임을 부르며 우는 모습도 임에 대한 간절함에서 비롯된 것으로 볼 수 있다. 또 이 작품은 이미지의 대비, 설의적 표현, 유사한 구문의 반복을 통해 주제 의식을 부각한다는 특징도 있다.

| 주제 | 임에 대한 영원한 사랑의 맹세

| 구성 | • 1연: 임에 대한 뜨거운 열정
     • 2~3연: 임을 향한 절실한 마음
     • 4~5연: 임에 대한 영원한 사랑
     • 6연: 마음이 가난한 '나'
     • 7~8연: 임에 대한 지조와 절개
     • 9~10연: 임에 대한 간절한 그리움

| 해제 | 이 시는 표면적으로는 봄을 맞아 생명력 넘치는 주변 풍경을 묘사한 작품으로 보이지만, 심층적으로 보면 시인으로서 언어 사용의 새로운 방안을 모색한 작품으로 볼 수 있다. 1연에서는 언어를 통해 대상에 자유를 주려는 시도를 그리고 있다. 봄날에 보이는 '담벽, 라일락, 별, 우리 집 개의 똥'은 화자가 언어로 표현하려는 대상으로, 자유로운 언어를 통해 대상을 구속에서 벗어나 자유롭게 하겠다는 뜻을 밝히고 있다. 그러나 2연에서는 봄이 자유일 수도 있고, 지옥일 수도 있다고 말하며 언어와 대상이 모두 자유를 얻기 위해서는 대상을 언어로 구속하려는 기존 관습에서 벗어나야 한다고 말하고 있다. 이처럼 이 작품은 언어의 한계를 밝히고 이에 따라 언어 사용의 새로운 가능성을 모색하려 했다고 볼 수 있다.

| 주제 | 새로운 언어 사용의 가능성에 대한 탐구

| 구성 | • 1연: 자유로운 언어를 통해 구속에서 벗어남.
· 2연: 봄과 언어 사용의 새로운 가능성을 모색함.

연결 포인트

수능특강에서는 조지훈의 「화체개현」이 생명 탄생의 순간을 바라보며 얻은 깨달음과 생명 탄생 순간의 신비와 감동을 형상화한다는 점에 주목하여 최승호의 「누에」와 함께 출제되었습니다. 청록파 시인으로 알려진 조지훈은 남성적이고도 호방한 시 세계로 알려진 시인으로, 「화체개현」은 석류꽃이 개화하는 순간에 화자가 느끼는 감동을 표현하고 있습니다.

2024학년도 6월 모의평가에서는 조지훈의 「맹세」가 오규원의 「봄」과 함께 출제되었습니다. 「맹세」가 부재하는 임을 기다리며 더 나은 세상에 대한 바람을 드러내고, 「봄」은 대상들과 함께 자유를 누리려는 바람을 드러낸다는 차이점에 주목한 것입니다. 작품 간의 공통점뿐만 아니라 차이점을 파악해 가며 두 작품을 감상해 봅니다.

121

표현상의 특징 파악 　　　　　　　　　　　**정답 ④**

정답 해설 (가)는 '싸늘한 바위'와 '뜨거운 가슴', '어둠'과 '해돋는 아침'처럼 촉각적 이미지나 시각적 이미지가 대비되는 시어를 활용하고 있다. 그런데 이런 대비는 임에 대한 화자의 마음을 부각하기 위해 활용한 것일 뿐, 대상의 양면성을 드러내는 데 활용하지는 않았다. (나)는 흔히 우리 주변에서 볼 수 있는 존재

를 대상으로 삼고 있는데, 이 대상들의 행위가 표현되어 있기는 하지만, 이는 대상의 효용성을 드러내기 위해서가 아니라 봄을 맞은 대상들의 자유로움을 드러내는 데 활용되었다.

오답 피하기 ① (가)는 1연에서 '～ 어찌하리야'와 같은 물음의 형식을 활용하여 어떤 시련에도 임에 대한 뜨거운 사랑이 변치 않는다는 화자의 상황 인식을 드러내고, 6연에서 '～ 지니랴'와 같은 물음의 형식을 활용하여 거룩한 임을 맞이할 준비가 부족하다는 화자의 상황 인식을 드러낸다.

② (가)는 4연에서 '사랑하는 것'을 모두 잃는 가정의 상황을 통해, 9연에서는 '미워하는 것'을 모두 잊는 가정의 상황을 통해 임을 영원히 사랑하겠다는 화자의 의지를 강조한다.

③ (나)는 '저기 저 ～, 저기 저', '～은 내 언어의 ～ 고, ～은 내 언어의 ～고', '～고 싶은 놈 ～고, ～고 싶은 놈 ～고'처럼 같은 표현을 반복하며 쉼표를 사용하여 독자에게 운율을 느끼도록 한다.

⑤ (가)는 5연과 10연에서 '나는 울어라'를 반복하여 부재하는 임을 만나고 싶은 간절함을 드러낸다. 그리고 (나)는 1연의 끝 문장인 '그래 봄이다'와 2연의 첫 문장인 '봄은 자유다'에 공통적으로 '봄'이라는 시어를 넣어 '봄'이 곧 자유라는 의미를 지니고 있음을 드러낸다.

122

시어, 시구의 의미와 기능 파악 　　　　　　　**정답 ②**

정답 해설 (가)의 '아픈 가락'은 화자가 임에게 전달되기를 간절히 바라는 피리 가락이다. 그런데 이 노랫가락을 내는 피리는 '의로운 사람들이 피흘린 곳'에서 난 대나무로 만든 것이므로, 이 가락에는 의로운 사람들의 희생이 포함되어 있다고 할 수 있다. 또 이 가락에 '아프'고 '사모침'이 담겨 있다는 것에서 가락에 설움이 담겨 있으리라고 짐작할 수 있다.

오답 피하기 ① 6연에서 화자는 임을 위한 자랑과 선물을 지니지 못하였다고 하였다. 따라서 '아픈 가락'에 임에게 자랑스럽게 내보일 화자의 자부심이 담겨 있다고 볼 수 없다.

II 적용 학습

③ 대나무에는 의로운 사람의 피가 스며 있는데, 이는 임의 뜻이 아니라 화자의 뜻이 대나무에 서려 있음을 나타내므로 화자를 질책한다고 볼 수 없다.

④ 화자는 흐느끼는 피리의 아픈 가락에 임이 호응해 주기를 바랄 뿐이다. 임이 피리의 흐느낌에 호응해 화자의 억울함을 해소하려고 하고 있지도 않다.

⑤ 화자는 살아남은 사람들이 아니라 임이 구천에 사무친 피리 소리를 듣기 바란다.

123

외적 준거에 따른 작품 감상   **정답 ⑤**

정답 해설 (가)의 9연에 나오는 '붉은 마음'은 부재하는 임에 대한 뜨거운 사랑을 의미하는 것으로, 이 마음이 숯이 되었다가 되살아 다시 재가 될 때까지 못 잊겠다는 것은 영원히 임을 기다리겠다는 강한 의지를 드러낸 것이다. 그런데 (나)에서 봄날의 '담벽'은 '라일락, 별, 우리 집 개의 똥'처럼 화자가 언어로 표현하려는 주변 사물 중 하나일 뿐이다. 따라서 (나)의 화자가 '담벽' 안에서 '봄'과 같은 세계를 대상들과 공유하려 하고 있다는 진술은 적절하지 않다.

오답 피하기 ① (가)의 화자는 지금 세상이 '어둠'에 놓여 있지만 죽음을 각오하며 마침내 '어둠'에서 벗어나 '해돋는 아침'과 같은 밝은 세상을 맞이하겠다고 다짐하고 있다.

② (나)의 화자는 봄을 맞아 자신과 모든 대상들이 자유를 누리기를 바란다. 그 대상은 자신의 언어를 통해 자유를 얻은 '담벽, 라일락, 별, 개똥'이다. 따라서 '자유롭게 서고, 앉고, 반짝이고', 구르는 것은 화자가 지향하는 자유로운 세계의 대상의 모습이라 할 수 있다.

③ (가)의 화자는 '꽃송이'를 창백하다고 여겨 자신의 입을 맞추려 하고 있다. (나)의 화자는 '저 담벽'이 '서고', '저 라일락'이 '꽃이 되고', '저 별'이 '반짝이고', '저 우리 집 개의 똥'이 구르는 모습에 주목해 각각의 대상이 지닌 개별성을 나타내고 있다.

④ (가)의 화자가 '창백한 꽃송이'를 위해 '한방울 피마저 불어 넣'겠다는 것은 꽃송이를 회복시키기 위해 자신을 희생하겠다는 뜻을 나타낸 것이다. (나)의 화자는 '꽃피고 싶은 놈 꽃피고 ~ 아지랑이고 싶은 놈은 아지랑이가 되'는 것처럼 대상이 원하는 바를 실

현하도록 하여 마침내 이들과 더불어 '마음대로 뛰'며 자유를 누리려 하고 있다.

124

외적 준거에 따른 작품 감상   **정답 ③**

정답 해설 (나)를 언어의 한계와 가능성을 탐구한 작품이라고 본다면, 2연의 첫 문장에서 '봄은 자유다.'라고 한 후 ㉢에서 봄을 '지옥이라고 하자.'는 것은 '봄'을 하나의 언어만이 아니라 또 다른 새로운 언어로도 표현할 수 있음을 보여 준 것으로 볼 수 있다. 이처럼 ㉢은 언어에 의해 대상이 구속되는 기존의 언어 관습에서 벗어나 언어와 대상 모두 자유를 얻을 수 있는 가능성을 모색하기 위한 탐구 과정의 하나로 볼 수 있다.

오답 피하기 ① ㉠은 '담벽, 라일락, 별, 우리 집 개의 똥 하나'라는 대상을 자신만의 자유로운 언어로 표현하겠다는 생각을 드러낸 것으로, 자신의 언어 속에서는 언어에 대상이 구속되는 기존의 언어 사용 방식을 따르지 않음을 드러낸 것이다.

② ㉡은 표현할 대상에 자유를 주기 위해 이를 표현할 언어에도 자유를 부여하겠다는 뜻을 드러낸 것으로, 언어를 통해 대상을 파악하는 행위까지 포기하겠다는 의지를 나타낸 것이 아니다.

④ ㉣은 언어와 상관없이 대상은 변하지 않으므로 언어로 대상을 규정하는 데에는 한계가 있음을 드러낸 것으로, 새로운 언어 사용 방식의 필요성을 드러낸 것이다.

⑤ ㉤은 언어와 대상이 기존의 관습에서 벗어났을 때 획득한 자유의 상태를 표현한 것으로, 새로운 언어 사용 방식의 가능성을 보여 준 것일 뿐, 자신이 규정한 의미에 따라 대상이 통제되고 있음을 나타낸 것이 아니다.

적용 학습   본문 116~119쪽

34 **가 풍자의 특성과 기능**

| 해제 | 이 글은 풍자의 원리와 특성에 대해 설명하고 있다. '풍자'의 어원을 통해 풍자의 핵심적 요소가 '웃음'과 '비판'임을 밝히고, 풍자의 기법인 '반어'와 '우의'에 대해 설명하고 있다. 또

한 부정적 요소를 폭로하고 현실을 교정하고자 하는 풍자의 목적과 그 한계에 대해서도 설명하고 있다.

| 주제 | 풍자의 특성과 기능

| 구성 | • 1문단: 풍자의 개념과 핵심 요소
• 2문단: 풍자의 주요 기법
• 3문단: 풍자 문학의 기원
• 4문단: 풍자의 목적 및 대상
• 5문단: 풍자의 한계

◀ **나 김광규, 「묘비명」**

| 해제 | 1970년대에 발표된 이 작품은 물질적 가치에 의해 정신적 가치가 밀려난 현실을 비판하고 있는 시이다. 이 시에서 화자는 반어적 표현을 통해 물질적 가치만을 추구하는 사람에 대해 지적하고, 역사가와 시인의 역할에 대해 반성의 질문을 던지고 있다.

| 주제 | 물질적 가치에 경도된 세태 비판과 진정한 삶의 가치에 대한 성찰

| 구성 | • 1연: 세속적 영달을 추구했던 인물이 남긴 '훌륭한 비석'
• 2연: 물질적 가치에 영합한 문인의 위선
• 3연: 묘비의 가치와 시인의 역할에 대한 비관적 전망

◀ **다 최승호, 「북어」**
수특 유사 작품

| 해제 | 이 작품은 '북어'라는 일상적 소재를 통해 현대인의 모습을 성찰적으로 묘사한 시이다. 이 시의 화자는 '말의 변비증', '막대기 같은 생각' 등의 시어를 통해 무기력하고 획일화된 현대인들의 모습을 비판하고 있다. 그리고 시의 마지막에서 자신 역시 다른 현대인들과 마찬가지로 무기력하게 살아가고 있음을 깨닫게 된다.

| 주제 | 삶의 지향점을 잃고 무기력하게 살아가고 있는 현대인에 대한 비판과 반성

| 구성 | • 1~7행: 식료품 가게에 진열된 북어의 모습
• 8~19행: 생기를 잃은 북어와 닮은 현대인의 무기력한 삶
• 20~23행: 무기력한 삶을 살아가고 있는 스스로에 대한 비판과 반성

◀ **연결 포인트**

수능특강에서는 최승호의 「누에」가 생명 탄생의 순간을 바라보며 얻은 깨달음, 그리고 생명 탄생의 순간의 신비와 화자의 감동을 형상화한다는 점에 주목하여 조지훈의 「화

체개현」과 함께 출제되었습니다. 「누에」는 누에가 고치를 뚫고 나와 나비가 되어 하늘로 날아가기까지의 과정을 형상화한 작품입니다.

2018학년도 수능완성에서는 비판 정신과 유희 정신의 결합을 통해 성립하는 풍자에 반어나 우의의 기법이 동원된다는 점에 주목하여 최승호의 「북어」가 김광규의 「묘비명」과 함께 출제되었습니다. 「북어」에 들어 있는 풍자를 이해할 수 있다면 「묘비명」에 들어 있는 풍자 또한 이해하는 것이 어렵지 않을 것입니다.

125

작품 내용 이해   정답 ②

정답 해설 (가)의 4문단을 통해 퇴폐한 시기나 여론이 억압당하는 시기에 풍자 문학이 활성화된다는 것을 알 수 있다. 풍자는 현실 생활의 부정적 요소를 폭로하고자 하는 욕망으로부터 발생하기 때문에 현실에 부정적인 요소가 많을수록 더 활성화된다고 할 수 있다.

오답 피하기 ① (가)의 3문단을 통해 '풍(諷)'이 부당한 사태를 읊은 노래를 일컬었음을 알 수 있다. 이는 단순히 유희 정신만을 추구하는 노래와는 다르며, 인간 생활의 부조리나 불합리를 폭로하는 노래라 할 수 있다.
③ 풍자는 현실의 불합리함을 폭로하고 교정하고자 하는 욕망으로부터 출발하지만, 풍자의 주체인 작가가 부정적인 성격을 지닌 독자를 교정하려는 의도에서 출발하지는 않는다. 교정을 하려는 의도가 있다면, 그것은 독자가 아니라 풍자의 대상에 대한 교정에 있다 하겠다.
④ (가)에서는 풍자 문학이 실패하게 되는 이유가 아니라 쉽게 성공하기 어려운 이유를 설명하고 있는데, 그 이유를 풍자하는 주체와 풍자를 수용하는 주체 사이의 의사소통이 지닌 특수성에서 찾고 있다. 또한 부정적 요소의 과장된 표현에 대한 서술은 나타나 있지 않다.
⑤ (가)의 2문단에 따르면 반어와 우의는 풍자에 곧잘 동원되는 기법이다. 이는 반어와 우의의 특성상 비판과 웃음이라는 풍자의 핵심적 요소를 획득하는 데 유리하기 때문이다. 그러나 우의와 반어의 기법이 사용되었다고 하여 곧 풍자 문학이 되는 것으로 볼 수는

없으므로 풍자 문학의 정체성을 보장해 준다는 진술은 적절하지 않다.

126

표현상의 특징 파악　　　　　　　　　정답 ①

정답 해설 (나)의 '이처럼', '여기', '이 묘비'와 같은 지시어의 사용은 화자가 현재 묘비를 직접 관찰하며 서술하는 듯한 효과를 준다.

오답 피하기 ② (다)에서 '북어'는 어떤 덕성을 기준으로 인간과 대비되는 소재가 아니라 인간과의 유사성을 바탕으로 시인 자신을 포함한 인간의 부조리를 드러내는 상징적 소재로 활용되고 있다.
③ (나)와 (다) 모두에서 시적 화자의 독백적 어조가 지배적으로 나타나고 있다. 명시적인 청자가 나타나 있지 않으며, 대화적 어조도 사용되고 있지 않다.
④ (나)는 현재 '묘비'를 앞에 두고 관찰하는 방식으로 시상을 전개하고 있으며, (다) 역시 '북어'를 눈앞에 두고 성찰하는 방식으로 시상을 전개하고 있다. 과거에서 현재로의 시간의 흐름에 따른 시상 전개는 나타나 있지 않다.
⑤ (나)는 외부 사물인 '묘비', (다)는 외부 사물인 '북어'를 통해 현실에 대해 성찰하는 시이다. 그런데 (나)에서는 외부 사물이나 장면들로부터 포착한 삶의 바람직한 가치를 일반화하려는 의도를 엿볼 수 있으나, (다)의 화자는 스스로에 대한 자조적 태도를 드러내며 시를 마무리하고 있어 바람직한 가치를 일반화하고 있다고 보기 어렵다.

127

외적 준거에 따른 작품 감상　　　　　　정답 ③

정답 해설 (다)에서 북어들은 의인화되어 화자에게 '너도 북어지'라며 부르짖는다. 그러나 북어들이 서로를 비아냥대는 상황은 아니다.

오답 피하기 ① (나)에서 '돈', '높은 자리'와 같은 물질적 가치만을 추구하던 인물의 비석은 화자에게 비판의 대상이다. 비판의 대상을 '훌륭한 비석', '귀중한 사료'라 표현하는 것은 화자가 의도하는 심층적 의미와 표면적 의미가 불일치하는 반어적 표현에 해당한다.

② (나)에서 '한 줄의 시', '한 권의 소설'도 읽은 적 없는 인물의 묘비명을 '유명한 문인'이 썼다는 것은 상황의 부조화를 보여 주는 반어적 표현에 해당한다.
④ 우의는 인간의 삶을 다른 사물에 빗대어 표현하는 것이다. (다)에서 화자는 '빳빳한 지느러미'를 지닌 북어로부터 '막대기 같은 사람들'을 유추하여 현대인의 무기력한 삶을 드러내고 있는데, 이는 북어의 형상을 통한 우의적 기법이라 할 수 있다.
⑤ (다)에서 화자는 무기력한 현대인들의 모습을 북어에 빗대며 불쌍히 여기고 있다. 그런데 화자는 작품의 말미에서 자신이 '불쌍하다고 생각'했던 현대인의 모습이 사실 자기 자신의 모습임을 깨닫게 된다. 이는 무기력한 현대인들에 대한 비판과 연민이라는, 원래 의도한 목표와 불일치하는 결과이다. 따라서 반어적 표현으로 볼 수 있다.

128

감상의 적절성 평가　　　　　　　　　정답 ⑤

정답 해설 (나)에서 주된 풍자의 대상은 물질적 가치만을 추구했던 인물과 물질적 가치에 굴복한 문인이다. (나)의 화자 자신은 이러한 인물형에 대해 비판적 거리를 두고 있으므로 풍자 대상에 포함되지는 않는다. (다)에서 풍자의 대상은 현대인들이지만, 작품의 말미에서 화자 자신 역시 풍자의 대상에 포함되고 있다. 따라서 (나)에 비해 (다)가 자기반성적 성격이 더 강하다고 할 수 있다.

오답 피하기 ① [A]에 따르면 풍자 문학에서 부당한 현실은 독자들이 동의할 수 있는 보편적 잣대를 기준으로 평가되며, 이는 '자신의 실제 삶과 무관하게 사회적으로 용인되거나 장려되는 윤리적·도덕적 기준'이다. 이에 따르면 (나)에서 풍자하고 있는 대상인 '시나 소설을 외면하고 재력이나 지위를 추구'하는 사람들이라 하더라도, 자신의 실제 삶과 무관하게 보편적 잣대에 따라 부당한 현실에 대한 풍자에 공감할 여지가 있다.
② [A]에 따르면 풍자를 통한 현실 교정 욕망은 쉽사리 성취되지 않는다. (나)의 화자는 작품의 후반부에서 역사와 시인의 미래에 대해 매우 비관적인 시선을 보여 주고 있다.

③ [A]에 따르면 풍자는 현실의 부정적 국면과 부정적 가치를 드러내지만 대체로 뚜렷한 전망을 제시하지는 못한다. (다)는 현대인들의 삶에 대한 부정적 인식을 보여 주고 있지만, 구체적인 대안이나 전망을 제시하고 있지는 않다.

④ [A]에 따르면 풍자하는 주체와 그 목소리를 듣는 주체의 의사소통은 공모 의식을 전제로 성립된다. 따라서 풍자의 내용과 관점에 동의할수록 공모 의식은 더 강해질 수밖에 없다. 이에 따라 (다)에서 '형상화될 북어의 함축적 의미에 대해' 더 깊이 공감할 수 있을 것이라는 추론이 가능하다.

본문 120~121쪽

적용 학습

35 이형기, 「낙화」

수특 동일 작품

| 해제 | 이 시는 살면서 부딪히게 되는 이별을 꽃이 떨어지는 상황에 비유함으로써 이별을 끝이 아닌 성숙을 위한 과정으로 파악하여 가치를 부여하고 있는 작품이다. 화자는 '낙화'가 꽃의 단순한 죽음이 아니라, 녹음으로 이어져 열매를 맺기 위한 준비이듯이 인간사에서 겪게 되는 이별 역시 자아의 내적 성숙을 가져오기 위해 겪어야 하는 고통의 과정으로 보고 있다. 이렇게 긴 안목으로 '낙화'를 바라보면 이제 더 이상 '낙화'가 아픔이나 슬픔으로만 느껴지지 않고, '섬세한 손길을 흔들며 / 하롱하롱' 떨어지는 아름답고 가치 있는 현상으로 다가오는 것이다. 그래서 화자는 1연에서 가야 할 때를 알고 가는 이의 아름다움을 강조하고 있다. 그리고 이어지는 연에서 '낙화'의 의미를 드러낸 후, 이를 자신의 이별과 관련지으면서 이별이 비록 슬프지만 영혼을 성숙시키는 계기가 됨을 말하고 있다.

| 주제 | 이별을 통한 내적 성숙

| 구성 | • 1연: 낙화의 아름다움
• 2연: 낙화를 통한 이별에 대한 인식 1
• 3연: 낙화를 통한 이별에 대한 인식 2
• 4~5연: 낙화를 통한 이별에 대한 인식 3
• 6연: 낙화의 순간 아름다운 이별
• 7연: 이별을 통한 성숙

> **연결 포인트**
>
> 수능특강에서는 이형기의 「낙화」가 생장과 소멸이라는 자연의 변화에서 존재에 대한 근본적 인식을 깨닫는다는

점에 주목하여 박성룡의 「과목」과 함께 출제되었습니다. 「낙화」에서는 자연의 변화가 인간사와 중첩되고 있습니다.

2014학년도 대학수학능력시험 A형에서는 이형기의 「낙화」가 단독으로 출제되었습니다. 인간사의 이별을 꽃의 떨어짐에 비유함으로써 「낙화」가 청춘기 자아의 성장 과정을 상징적으로 보여 준다고 이해한 것입니다. 낙화의 비유적 의미에서 변화를 인정하고 새로운 자아상을 확립해 나갈 수 있다는 의미까지 확장할 수 있다면 어렵지 않게 문항들을 풀어낼 수 있을 것입니다.

129

표현상의 특징 파악   정답 ③

정답 해설 화자는 이별과 낙화를 자연스럽게 연결하면서 이별이 내적 성숙을 위한 계기임을 특정한 청자를 설정하지 않은 채 독백적 어조로 말하고 있다. 또한 '뒷모습은 얼마나 아름다운가.'에서 영탄적 어조를 드러내고 있다.

오답 피하기 ① 이 시는 인간사에서 겪게 되는 이별의 가치를 말하고 있는 작품으로, 스스로를 조롱하는 자조적 표현은 사용되지 않았으며 삶의 모순을 드러내고 있는 것도 아니다.

② '작고 가벼운 물체가 떨어지면서 잇따라 흔들리는 모양'을 의미하는 '하롱하롱'이라는 의태어는 사용되었지만, 의성어는 쓰이지 않았으며 시의 분위기 또한 진지하고 성찰적인 분위기로 볼 수 있다.

④ '분분한 낙화', '섬세한 손길을 흔들며' 등에서 시각적 이미지를 활용하였지만, 이는 꽃이 지는 모습을 구체화한 것으로 대상의 불변성과는 관련이 없다.

⑤ '나의 사랑, 나의 결별'에서 서로 짝을 이루는 구를 찾을 수 있으며, '가야 할 때'라는 시구가 반복되고는 있지만, 동일한 문장 형태를 반복한 표현은 나타나지 않는다.

130

시어, 시구의 의미와 기능 파악   정답 ④

정답 해설 지금 꽃이 지는 것, 청춘이 죽는 것은 여름의 녹음을 거쳐 가을에 열매를 맺기 위한 것이다. 따라서 ㉣은 꽃이 지는 것이 열매라는 결실을 가져오듯

이별 역시 인생에서의 충실한 성장, 내적인 충만을 가져오기 위한 것임을 '가을'이라는 계절의 의미에 빗대어 표현한 것으로 볼 수 있다.

오답 피하기 ① ㉠은 이별의 의미, 가치에 대해 깨닫고 있는 화자가 이별에 대한 자신의 생각을 '얼마나 아름다운가'로 표현하여 그 아름다움을 강조하고 있는 것으로, 이때 화자는 내적으로 방황하고 있지 않으며 오히려 가야 할 때를 알고 가는 이가 아름답다고 감탄하고 있다.

② ㉡은 자신의 이별에 대해 '격정을 인내한'이라고 말하면서 이별을 감내하고 받아들이는 화자를 드러내고 있다. '지나간 사랑'과 관련된 표현은 찾을 수 없다.

③ ㉢은 꽃이 떨어진 후 여름이 되면 맞이할 모습을 그린 것으로, '낙화'가 끝이 아니고 여름과 가을로 이어지고 있음을 구체적으로 보여 주고 있다. 즉 화자는 이별에서 새로운 의미를 찾고 있으므로, 삶의 목표를 상실하고 번민에 차 있다고 볼 수 없다.

⑤ ㉤은 이별을 통한 정신적 성숙을 '샘터에 물 고이듯'이라고 비유한 표현으로, 과거의 삶으로의 회귀와 연결 지을 수는 없다.

131

외적 준거에 따른 작품 감상   **정답 ②**

정답 해설 '봄 한철'은 뒤에 이어지는 행을 볼 때, 격정의 시간으로 볼 수 있다. 이를 〈보기〉와 관련지으면 청춘기의 열정과 격정으로 읽을 수 있다. 한편 '꽃답게 죽는다'는 '낙화'와 '이별'이 지닌 아름다움을 드러낸 표현으로, 그 아름다움은 가을의 열매와 관련되며 이는 자아의 성장을 통한 새로운 자아상의 확립을 의미하는 것이다. '시련에 부딪혀 열정을 잃어 가는 자아'의 모습을 보여 준다고 할 수 없다.

오답 피하기 ① '가야 할 때'는 이별해야 할 때를 말하는 것으로, 이전 상황과는 다른 상황으로의 변화이며 이는 '열매'나 '성숙'과 이어지게 되므로 '새로운 자아의 모습을 찾게 되는 계기'라고 할 수 있다.

③ '결별'을 '축복'으로 표현하고 있는데, 이는 이별이 더 나은 발전이나 성숙과 이어짐을 드러내는 것이다.

④ '헤어지자 / 섬세한 손길을 흔들며'는 '낙화'의 상황을 구체적으로 그린 것으로, 이별을 수용하는 화자의

긍정적 자세를 드러냄과 동시에 〈보기〉와 연관 지으면 '이별'이 이전까지의 세계와 헤어지고 새로운 세계와 만나면서 성장을 가져올 수 있는 계기임을 인식한 화자의 태도를 드러내는 것이라 할 수 있다.

⑤ '눈'을 통해 성찰의 태도를, '슬픈'을 통해 시련에 부딪힘을 보여 주는 것으로, 이별이 자신의 내면을 성찰하는 기회를 제공하는 동시에 시련에 부딪혀 변화를 겪게 하고 새롭게 성숙하게 함을 말하고 있다.

적용 학습   본문 122~124쪽

36   가   김종길, 「저녁해」

| 해제 | 이 시는 시간상으로는 소멸의 계절인 늦가을 어느 날, 그것도 해가 지고 있는 오후, 공간상으로는 추수가 끝나 비어 있는 들녘과 나뭇잎이 져 버린 숲 등을 배경으로 하고 있다. 시·공간적 배경이 모두 쓸쓸하다. 바로 그 속에서 화자는 지는 해의 빛이 빚어낸 눈부신 풍경을 접한다. 화자는 지는 해의 빛이 쓸쓸한 시·공간을 비추어 빚어낸 찬란한 아름다움에 푹 빠져 말로는 이루 표현하기 어려운 감동에 젖는다. 그 감동을 3, 4연에서 비유적으로 표현하고 있는데, 풍경은 사과의 '무르익은 과육 속'으로, 그 풍경에 도취되어 있는 화자 자신은 과육 속을 파고드는 '눈먼 벌레'로 비유했다. 이렇듯 참신한 비유와 더불어 이 시를 더욱 빛나게 하는 것은 감각적 이미지들이다. 눈부신 해와 황금빛의 사과가 만들어 내는 선명한 시각적 이미지, 무르익은 사과 과육이 환기하는 미각적 이미지가 그것이다. 이로써 이 시는 독자에게 아름다운 낙조 풍경과 그에 못지않은 풍성한 미적 쾌감을 선사한다.

| 주제 | 낙조로 물든 늦가을 풍경과 그에 대한 감동

| 구성 | • 1~2연: 늦가을의 오후에 접한 서호의 낙조
      • 3~4연: 낙조가 빚어낸 아름다운 늦가을 풍경과 그에 대한 감동

나   박성룡, 「과목」

수특 동일 작품

| 해제 | 이 시는 소멸의 계절인 가을에 시련을 극복하고 은총의 결실을 이룬 과목(과일나무)의 모습을 통해 자연의 섭리에 대한 경이로움을 느끼고, 삶에 대한 새로운 의미를 깨달아 의욕을 갖게 된다는 내용을 담고 있다. 과일나무의 과물들을 보고 거기에서 정신적 의미를 이끌어 내고 있는데, 사실 과일나무에 과일이 익어 가는 것이 새로울 것은 없다. 그런데도 화자는 그것에 대해 '사태'니 '경악'이니 '기적'이니 하는 표현을 쓰면서

특별한 의미를 부여하고 있다. 이는 평소에 무심히 지나쳤던 자연 현상에서 자연의 섭리가 갖는 신비로움과 그 의미를 비로소 깨닫고 그로부터 희열을 느꼈다는 말로 받아들여야 할 것이다. 이러한 깨달음의 희열은 단지 '경악'에 머물지 않고 마지막 연에 나와 있듯이 시들어 가는 삶의 '시력'을 회복하는 데로 나아간다. '과목의 기적'을 통해 화자는 삶을 새롭게 바라보게 되고 활력을 얻게 된 것이다.

| **주제** | 과목에서 느끼는 경이로움과 삶에 대한 새로운 인식

| **구성** ・1연: 과목에서 느끼는 경이로움
     ・2연: 시련을 견디고 자라는 과목
     ・3연: 은총을 지니게 된 황홀한 빛깔과 무게의 과물들
     ・4연: 과목에서 느끼는 경이로움
     ・5연: 과목을 통해 회복하는 삶에 대한 의욕

◀ **🌼 박재삼, 「고향 소식」**

| **해제** | 이 시는 죽음을 다루면서도 일상적 대화 형식을 끌어들임으로써 시인이 던지는 관념의 문제로 자연스럽게 나아가도록 시상을 이끌고 있다. 1연과 2연은 고향 소식을 알려 주는 이와 대화를 나누는 형식으로 되어 있다. 상대방의 목소리는 드러나지 않지만 화자의 말을 통해 고향 사람의 죽음에 관한 소식을 엿들을 수 있는데, 여러 번 되묻는 데에서 죽음을 접한 화자의 안타까운 심정을 느낄 수 있다. 3연은 혼잣말을 하고 있는 듯하지만 끝에 가서는 '~ 따름이라네.'로 종결하여 이 역시 대화의 일부인 것으로 보인다. 여기서 화자는 죽음을 두고 '끝내는 흐르고 가고 하게 마련인 것'이라고 말한다. 체념이 섞인 말투이지만, 어쩔 수 없는 인간의 한계를 인정하면서 초연한 태도로 담담하게 받아들이는 것으로도 볼 수 있다. 화자는 죽음에 굴복하여 허무와 무기력에 빠지는 대신에 그리운 고향을 떠올리며, 인간과는 달리 예나 지금이나 다를 바 없을 '대밭', '못물', '섬들' 같은 고향의 자연만으로도 반갑고 고마움을 느낀다고 한다. 화자의 이러한 태도는 죽음에 대한 허무를 자연을 통해 극복하는 모습으로 해석할 수 있다.

| **주제** | 고향 소식을 접한 뒤에 느낀 인간사의 허무함과 변함없을 고향의 자연으로부터 느끼는 위안

| **구성** ・1~2연: 고향 사람들의 죽음을 알리는 소식
     ・3연: 변함없을 고향의 자연에서 느끼는 반가움과 고마움

▶ **연결 포인트**

수능특강에서는 박성룡의 「과목」이 생장과 소멸이라는 자연의 변화에서 존재에 대한 근본적 인식을 깨닫는다는 점에 주목하여 이형기의 「낙화」와 함께 출제되었습니다. 「과목」은 과일나무에 과일이 열려 있는 평범한 모습을 보며 자연의 변화에 대한 경이로움을 노래한 작품입니다.

2013학년도 수능특강에서는 박성룡의 「과목」이 김종길의 「저녁해」, 박재삼의 「고향 소식」과 함께 출제되었습니다. 전체 5연으로 구성된 「과목」의 구조나 짜임새를 〈보기〉를 통해 제시하고 그 효과나 의미에 대해 묻는 문항을 제시하였습니다. 또 같은 물리적 대상을 바라보더라도 사람의 정서가 개입된 풍경은 저마다 다를 수 있음을 설명하는 문항을 제시하였습니다. 각 작품들에서 화자의 정서나 태도를 파악하며 문항들을 해결해 봅니다.

132

작품의 종합적 이해와 감상   **정답 ①**

정답 해설 (가)에서는 차창을 통해 바라본 경치 한 장면이 화자의 시선을 사로잡고 있다. 화자는 순간적으로 포착한 경치에 흠뻑 젖어 그것이 마치 사과의 과육 속인 것처럼 느끼고 있는 것이다. 따라서 (가)는 화자가 주목하는 장면을 초점으로 하여 시상이 전개되고 있는 것으로 볼 수 있다. (나)에서는 화자가 주목하는 '과목에 과물들이 무르익어 있는 사태'에 초점이 맞추어져 시상이 전개되고 있다. 과일나무에 과일이 익어 가는 일은 가을이면 일상적으로 볼 수 있는 모습이지만, (나)에서는 특별히 화자의 주목을 받으며 시상 전개 과정에서 의미 있는 장면으로 부각되고 있는 것이다.

오답 피하기 ② (가)의 경우, 인상적인 풍경 체험을 회상하는 것으로 볼 수는 있겠으나 화자가 자신에 대해 반성하는 모습을 보이지는 않는다. (다)에도 부분적으로 고향의 사람이나 자연을 회상하는 내용이 나타나 있기는 하지만 화자가 자신에 대해 반성하는 모습은 나타나 있지 않다.

③ (나)에서 화자의 시선은 '과목에 과물들이 무르익어 있는 사태'에 머물러 있다. (다)에서도 화자의 의식이 먼 곳에 있는 고향으로 향하는 모습을 보이기는 하지만 그것은 어디까지나 의식 속에서 일어나는 일일 뿐이다. 따라서 (나), (다) 모두 화자의 시선이 가까운 곳에서 먼 곳으로 이동한다고 말하기는 어렵다.

④ (가)에는 과거의 특정 장면과 그에 대한 감동이 나타나 있을 뿐 현재와의 대비는 나타나 있지 않다. (나)의 경우에는 2연을 시련에 흔들려 온 '과목'의 과거부터 현재까지의 모습으로, 3연을 시련을 극복하고

결실을 맺은 현재의 모습으로 해석할 수 있다. (다)의 경우에는 1연과 2연에 각각 과거와 현재의 대비로 볼 수 있는 내용이 부분적으로 나타나 있다. '노인'의 풍채 좋던 옛 모습과 그의 죽음(1연), '창권이 고모'의 동백기름 바르던 옛 모습과 그녀의 죽음(2연)이 이에 해당한다.

⑤ (가)에는 '수원'과 '서호', (다)에는 '한냇가 대실'과 '팔포(八浦)'와 '사량(蛇梁)섬' 등의 구체적인 지명이 나온다. 그러나 (나)에는 구체적인 지명이 나오지 않는다. 또한 (가)에서 구체적인 지명을 사용함으로써 그리움의 정서가 심화되는 효과를 얻고 있는 것으로 보기도 어렵다.

133

시상 전개 방식 파악 정답 ⑤

정답 해설 (나)의 화자는 '과목에 과물들이 무르익어 있는 사태'를 바라보며 '경악'한다. 평소에는 무심히 지나쳤던 자연 현상인데 어느 순간 그것이 시련을 이겨 내고 마침내 '황홀한 빛깔과 무게'를 지니고 있는 것임을 깨닫게 되어 '경악'하게 된 것이다. 이처럼 '과목에 과물들이 무르익어 있는 사태'의 의미는 [ㄱ]과 [ㄴ]에서 드러나고 있다. 그리고 [ㄷ]에서는 그와 같은 '사태'와 '경악'이 화자 자신의 삶에 미치는 영향을 말하고 있다. '이 과목의 기적 앞에 시력을 회복한다'라고 한 것이 그것이다. 따라서 [ㄷ]의 '흔히 시를 잃고 저무는 한 해'는 '과목에 과물들이 무르익어 있는 사태'에 의해 각성된 화자의 심적 상태를 드러낸 것이 아니라 별다른 의미도, 의욕도 없이 살아가는 일상적 시간으로 보는 것이 적절할 것이다.

오답 피하기 ①, ② (나)에서 시상의 초점을 이루는 것은 1, 4연에서 반복되고 있는 내용이라고 볼 수 있는데, 그런 내용을 도입부인 1연에서부터 마치 선언이라도 하듯이 '사태', '경악' 같은 강한 인상을 주는 말과 '없다'와 같은 단정적인 어투로 제시한 것이 이 시의 특징이다. 이러한 시상 전개 방식은 점차적으로 시상의 중심으로 나아가는 일반적인 전개 방식과는 달라 독자를 의아하게 만든다. 게다가 과일나무에 과일이 무르익어 있는 게 왜 '사태'이고, 그에 대해 왜 '경악'하게 됐는지 의문도 생기게 된다. 요컨대 (나)는

시상을 도입하는 방식이 상당히 특이하여 독자의 뇌리에 의문과 함께 강한 인상을 심어 주는 것이다.

③ 1연에는 화자가 왜 '과목에 과물들이 무르익어 있는 사태'를 보고 '경악'하게 됐는지 이유가 밝혀져 있지 않아 궁금증을 불러일으킨다. 그 이유는 1연을 상세화한 2, 3연에서 구체적으로 밝혀지고 있다. 즉 화자가 '경악'한 이유는 뿌리는 척박한 땅에 박혀 있고 가지는 비바람에 시달리면서도 모든 것들이 사라져 가는 가을에 과목만은 황홀한 빛깔과 무게를 지니기 때문이다.

④ 1연을 4연에서 반복하고 있는데, 이러한 반복은 시적 의미를 강조하는 효과를 보이고 있다.

134

작품 간의 공통점, 차이점 파악 정답 ②

정답 해설 [A]에서 '차창'이라는 단계가 추가되었다고 해도 결국에는 물리적 대상이 내면의 정서와 만나 풍경이 이루어지게 되는데, 그 내면의 정서는 사람에 따라 다를 수 있다. 따라서 화자와 함께 기차를 탄 사람이라 해서 [A]와 동일한 풍경을 공유하게 될 것이라고 보기는 어렵다.

오답 피하기 ① [A]의 물리적 대상은 '추수가 끝난 들녘', '잎이 진 잡목숲', '인가'이다. 보통이라면 소멸하는 것들이 가져오는 쓸쓸함을 느끼게 되는 풍경이지만, (가)의 경우 거기에 '현란한 저녁해'의 눈부신 빛이 드리워짐으로써 화자는 그곳을 '황금빛으로 무르익은 과육 속'인 것처럼 느끼게 된다. 이처럼 화자의 느낌, 즉 정서적 반응을 거쳐 재구성된 것이 [A]의 풍경인 것이다.

③ [B]의 풍경은 고향의 '대밭', '못물', '섬들' 등을 대상으로 한 것으로, 고향을 그리워하는 화자의 정서와 어울려 고향의 풍경이 형상화되고 있다.

④ [B]의 풍경에 등장하는 자연은 '끝내는 흐르고 가고 하게 마련'인 인간사와는 달리 '아직도 그전처럼' 있는, 즉 변치 않는 모습을 보여 주고 있다. 이렇게 변치 않는 자연의 속성에 주목함으로써 화자는 위안을 얻고 인간사에 대한 허무로부터 벗어나 정서적으로 안정된 모습을 보여 주게 되는 것이다.

⑤ [A]는 기차를 타고 가다가 목격한 물리적 대상에

화자의 정서가 개입됨으로써 재구성된 풍경이다. [B]
는 고향을 떠나 객지에 있는 화자가 과거의 고향을
머릿속으로 떠올리며 그리고 있는 풍경이다.

135

발상 및 표현상의 특징 파악　　　　　정답 ⑤

[정답 해설] ⓜ은 '아, 그분 말이라, (그분이) 바람같이
떴다고?'로 이해할 수 있으므로 어순이 도치되어 있
지 않음을 알 수 있다. ⓜ은 어순의 도치에 의해서가
아니라, '바람같이 떴다'는 비유와 '~고?'의 의문형
표현 등이 어울려 화자의 안타까운 심정을 드러내고
있는 것이다.

[오답 피하기] ① ㉠에서는 '어느 해 → 늦가을 → 어느
날 → 오후'로 점차 범위를 좁혀 가며 시간적 배경을
제시하고 있는데, 이러한 표현은 (가)의 중심을 이루
는 낙조 풍경으로 초점을 모아 가는 효과로 이어진다.
② ㉡에서 화자는 자신을 '한 마리 눈먼 벌레'에 빗대
어, 풍경에 도취된 상태와 그에 대한 감동을 드러내
고 있다.
③ ㉢은 '비바람들'에 흔들리고 있는 '과목'의 '가지'를
묘사한 것이다. 여기서 자연 현상인 '비바람들'은 '과
목'이 견디기 어려운 시련을 상징하는 것으로 해석할
수 있는데, 이러한 상징성에 힘입어 더욱 심화된 의
미를 얻게 된다.
④ ㉣에서는 '건재약 냄새'라는 후각적 이미지로 '한
냇가 대실 약방'에 대해 화자가 간직하고 있는 친근한
느낌을 드러내고 있다.

적용 학습　　　　　　　　　　　본문 125~126쪽

37　**㉮ 정지용, 「장수산 1」**
　　　수특 동일 작품

| 해제 | 이 시는 겨울 달밤의 산속 이미지를 통해 세속의 가치
와 단절된 채, 오직 자연과 하나가 되어 무욕(無慾)의 삶을 살고
싶어 하는 화자의 정신세계를 보여 주고 있다. '장수산'은 인적
이 없는 절대 고요의 공간으로, 그곳에 사는 사람은 자족과 여유
를 지니고 있는 도승으로 장수산의 신비와 고요를 더욱 심화하
는 역할을 한다. 화자는 장수산과 도승처럼 세속의 일을 잊은 채

절대 고요에 잠기고자 한다. 이 작품은 의식의 연속적인 흐름과
긴밀성을 드러내기 위해 마침표를 사용하지 않았고, 일부러 '~
이랬거니', '~고녀', '~이랸다?', '~는다?', '~노니' 등의 고
어를 사용하여 자연으로부터 받은 감흥을 드러내려 하였다.

| 주제 | 장수산의 고요와, 탈속에 대한 염원

| 구성 | • 기(벌목정정이랬거니 ~ 돌아옴즉도 하이): 깊고 울
　　　　　창한 장수산의 정경
　　　• 승(다람쥐도 좇지 않고 ~ 종이보다 희고녀!): 산중
　　　　의 고요함과 화자의 적막감
　　　• 전(달도 보름을 기달려~ 내음새를 줍는다?): 때마
　　　침 떠오른 보름달과 웃절 중의 탈속적 모습
　　　• 결(시름은 바람도 일지 않는 ~ 장수산 속 겨울 한밤
　　　내ㅡ): 장수산에서 시름을 의연히 견디겠다는 화자의
　　　의지

▶ **㉯ 김광섭, 「산」**
　　　수특 동일 작품

| 해제 | 이 시는 산이 보여 주는 다양한 모습을 통해 인간의 바
람직한 삶의 모습을 표현하고 있는 작품이다. 이 시에서 산은
넉넉함과 자애로움을 지니고 있는 존재이다. 하지만 이 시의 산
은 단순한 예찬과 외경의 대상이 아니라 인간 가까이서 인간과
함께 지내고 싶어 하는 친구의 모습으로 형상화되어 있다. 특히
이 작품에서 산은 성내기도 하고 서러워하기도 하는 인간적인
면모를 지닌 존재로 표현되어 있는데, 이는 산 자체의 아름다
움보다 산이 지닌 인간적 덕성을 밝혀 바람직한 인간상을 보여
주려는 작가의 의도로 해석할 수 있다.

| 주제 | 산의 속성을 통해 본 바람직한 인간상

| 구성 | • 1~3연: 자애롭고 다정다감한 산
　　　　• 4~6연: 포근하기도 하고 사람을 다스리기도 하는 산
　　　　• 7, 8연: 울적해하기도 하고 성낼 줄도 아는 산
　　　　• 9연: 융통성과 포용력을 지니고 있는 산

[연결 포인트]

　　수능특강에서는 김광섭의 「산」이 자연을 이상향이나 도
피처로 상상해 본다는 점에 주목하여 이준관의 「가을 떡갈
나무 숲」과 함께 출제되었습니다. 「산」에서 '산'은 인간을
좋아하는 친근한 존재로 그려지기도 하고, 인간이 추구하
는 덕성을 지니고 있어 경외감을 주는 존재로 그려지기도
합니다.
　　2014학년도 수능특강 B형에서는 김광섭의 「산」이 정지
용의 「장수산 1」과 함께 출제되었습니다. 자연을 극복의 대
상이 아니라 사람처럼 친근한 존재이자 무욕(無慾)의 특성
을 지닌 존재로 보고 동경과 동화의 대상으로 생각한 것입

니다. 화자가 자연을 통해 깨닫는 가치에 주목하여 문항을 풀어 봅니다.

136

작품 간의 공통점, 차이점 파악   **정답 ③**

정답 해설 (가)와 (나)는 모두 현재형 종결 어미를 사용하였지만, 두 작품 모두 현실 극복 의지가 나타나 있지 않다. (가)에 현실을 견디겠다는 화자의 의지가 나타나 있다면, (나)는 현재형 어미를 통해 화자가 시적 대상인 '산'에 대해 지니고 있는 인식을 전달하고 있을 뿐, 현실을 극복하려는 의지를 드러내는 것은 아니다.

오답 피하기 ① (가)의 마지막 부분은 '장수산 속 겨울 한밤내 ~ 견디란다'로 서술하는 것이 문장의 정상적인 어순이지만, (가)에서는 어순을 바꾸어 장수산의 고요 속에서 시름을 견뎌 내려는 화자의 태도를 강조하고 있다. 그러나 (나)는 이와 같은 도치법을 사용하지 않고 정상적인 어순의 문장으로 시상을 마무리했다.
② (가)는 '희고녀!'와 같은 영탄적 표현으로 산에 대한 화자의 정서를, '오오 견디란다'와 같은 영탄적 표현으로 현실을 견디겠다는 화자의 생각을 분명히 드러내고 있다. 그러나 (나)에는 영탄적 표현이 보이지 않는다.
④ (가)는 '~이 ~즉도 하이', '~을 ~다?' 등의 반복을 통해 운율을 느끼게 한다. (나)는 대부분의 연이 '산은 ~ 다'의 문장 형식으로 이루어져 있는데, 이를 통해 운율을 느끼게 한다.
⑤ (가)는 장수산의 분위기를 청각, 시각, 후각 등의 여러 가지 감각적 이미지로, (나)는 '산'의 다양한 모습을 주로 시각적 심상으로 묘사하고 있다.

137

외적 준거에 따른 작품 감상   **정답 ⑤**

정답 해설 (나)의 자연, 즉 산은 화자가 동화되고 싶은 바람직한 인간의 덕성을 지닌 대상으로, 화자는 자신이 지향하는 삶의 자세와 태도를 지니고 있는 산을 닮고 싶어 한다. 그런데 (나)에서는 화자가 속세에서

벗어나고 싶은지, 또 산을 그런 삶을 실현할 수 있는 공간으로 인식하는지에 대해 언급하고 있지 않다.

오답 피하기 ① (가)의 자연은 깊은 산중으로, 승부에 집착하지 않는 '웃절 중'처럼 세속적 욕망에서 벗어난 공간이다.
② (가)의 화자는 '장수산'에서 현재 자신이 시름하는 상황에 놓여 있음을 성찰하고, 앞으로는 아담하고 깨끗한 태도로 의연히 견디겠다고 밝히고 있다.
③ (나)의 화자는 '산'을 마치 생각하고 행동하는 사람처럼 표현했는데, 이러한 표현에는 산에 대한 화자의 친근감이 담겨 있다.
④ (나)의 화자는 산을 조화와 배려, 넉넉한 성품을 지닌 존재로 그리고 있다.

138

시어, 시구의 의미와 기능 파악   **정답 ⑤**

정답 해설 ⓔ의 앞부분에 나오는 것처럼 산은 넉넉함과 자애로움으로 인간을 비롯한 모든 생명을 따뜻하게 품으며 감싸 준다. 그러나 산은 무한한 포용력만 지니는 것은 아니다. ⓔ의 '신경질'은 바람직하지 않은 삶을 사는 인간에 대한 산의 엄한 꾸지람으로, 이로 인해 인간은 산의 소중함과 존재의 의미를 느낄 수 있는 것이다. 이처럼 ⓔ는 날씨 변화가 심한 산의 모습을 표현한 것이 아니라, 인간에게 엄한 스승의 모습을 보여 주는 산의 모습을 형상화한 것이라 할 수 있다.

오답 피하기 ① '뼈를 저리우는데'는 장수산의 지극한 고요함을 촉각적 심상으로 형상화한 것이다.
② '조찰히 늙은 ~ 내음새를 줏는다?'에는 세속적 욕망에서 벗어난 '웃절 중'의 모습을 긍정적으로 수용하는 화자의 태도가 드러나 있다.
③ 새벽녘에 산이 '학'처럼 날개를 펴는 것은 햇살을 받아 산의 모습이 서서히 드러남을 표현한 것이고, 해 질 무렵에 '기러기'처럼 날아 틀만 남기는 것은 해가 저물어 산이 서서히 어둠에 묻히는 모습을 표현한 것이다.
④ 인간과 더불어 살려는 산도 인간 세상이 혼탁할 때에는 인간 세상을 떠나려고 한다. 즉 산은 혼탁한 인간 세상을 멀리 하려는 태도를 지니고 있다.

적용 학습
본문 127~128쪽

38 **가** 신석정, 「대바람 소리」

| 해제 | 이 시는 시인이 1970년에 발표한 시집 『대바람 소리』에 실린 작품으로, 시간의 흐름에 따라 시상이 전개되면서 삶에 대한 화자의 깨달음을 보여 주고 있다. 좁은 서실에서 무료한 일상을 보내며 내적 갈등을 겪던 화자는 「낙지론」을 읽는데, 이것은 벼슬길에 나아가지 않고 은둔의 삶을 살았던 중장통이 지은 글이다. 화자는 이 글을 읽으면서 궁핍한 삶이어도 다른 이를 부러워하지 않는 자족의 태도를 깨닫고 세속적 부귀영화를 초월한 여유로운 삶에 대한 다짐과 의지를 드러낸다. 이러한 화자의 깨달음은 '대바람 소리', '거문고 소리'와 같은 청각적 심상과 '국화 향기'와 같은 후각적 심상을 통해 더욱 부각되고 있다.

| 주제 | 은둔과 달관의 삶에 대한 다짐

| 구성 | • 1~2연: 창을 흔드는 대바람 소리와 겨울 풍경
　　　• 3~4연: 무료한 일상 중 읽은 병풍의 글귀
　　　• 5연: 자족하는 삶에 대한 깨달음
　　　• 6연: 대바람 소리에 함께 실려 오는 거문고 소리

나 이준관, 「가을 떡갈나무 숲」
　　수특 동일 작품

| 해제 | 이 시는 떡갈나무 숲을 의인화하여 생명체를 품고 아낌없이 내어 주는 자연의 모습을 형상화하고 있다. 화자는 가을 날 잎을 떨군 떡갈나무 숲에서 자신의 것을 나누어 다른 생명체들을 품어 주는 떡갈나무의 모습을 떠올린다. 떡갈나무는 외롭고 쓸쓸해하는 화자에게 마지막 남은 잎을 떨구는데, 이는 인간 역시 다른 생명체들처럼 떡갈나무 숲이 품어 주는 여러 생명체 중 하나임을 말해 준다. 즉 떡갈나무 숲은 숲이라는 자연의 일부가 아니라, 자연과 인간을 아울러 모두 품어 줄 수 있는 더 넓은 세계라고 할 수 있다. 또한 다른 존재를 품고 사랑하고 아낌없이 나누는 떡갈나무의 모습은 시인이 지향하는 삶의 모습이라 할 수도 있다.

| 주제 | 자연 안에 존재하는 모든 존재를 사랑으로 품는 떡갈나무 숲의 모습

| 구성 | • 1연: 떡갈나무 숲을 걷는 화자
　　　• 2~3연: 가을 떡갈나무 숲의 풍경
　　　• 4연: 떡갈나무 숲과 하나가 되기를 소망하는 화자
　　　• 5연: 떡갈나무 숲에서 포용력을 떠올리는 화자
　　　• 6연: 떡갈나무 숲에서 위로를 받는 화자

연결 포인트

수능특강에서는 이준관의 「가을 떡갈나무 숲」이 자연을 이상향이나 도피처로 상상해 본다는 점에 주목하여 김광섭의 「산」과 함께 출제되었습니다. 「가을 떡갈나무 숲」에서

'떡갈나무 숲'은 계절의 변화에 따라 달라지는 공간으로 바람직한 덕성을 발견할 수 있는 공간이자 일체감을 느낄 수 있는 공간입니다.

2018학년도 수능특강에서는 이준관의 「가을 떡갈나무 숲」이 신석정의 「대바람 소리」와 함께 출제되었습니다. 이때에는 감각적 표현을 활용하여 화자가 있는 공간을 형상화하고 있다는 점에 주목하였습니다. 시에서 그려 내는 특정한 공간에 초점을 맞추어 감상해 봅니다.

139
작품 간의 공통점, 차이점 파악 정답 ⑤

정답 해설 (가)에서는 '대바람 소리', '거문고 소리'와 같은 청각적 심상, '국화 향기 흔들리는'과 같은 공감각적 심상 등을 활용하여 화자가 있는 공간인 '서실'을 형상화하고 있으며, (나)에서는 '텃새'의 '노래'와 같은 청각적 심상을 활용하여 화자가 있는 공간인 떡갈나무 숲을 형상화하고 있다.

오답 피하기 ① (가)에서는 '소설'이라는 계절감이 드러나는 시어가 나타나지만, 계절의 순환은 확인할 수 없다. (나)에서는 화자가 가을에 떡갈나무 숲을 거닐면서 숲의 여름 풍경을 떠올리고 있지만, 계절의 순환은 나타나지 않는다.
② (나)의 마지막 연에서 화자는 '떡갈나무에게 외롭다고 쓸쓸하다고 / 중얼거'리고, 떡갈나무는 그런 화자를 위로하면서 서로 소통을 시도하며 교감하고 있다. (가)에서는 의인화된 대상이 나타나지 않는다.
③ (가)에서는 '거문고 소리……'로 시상을 마무리하면서 시적 여운을 주고 있으나, (나)에서는 명사로 시상을 마무리하고 있지 않다.
④ (가)에서는 '어찌 제왕의 문에 듦을 부러워하랴'에서 설의적 표현을 사용하고 있지만, 이는 화자 스스로 병풍에 쓰인 글귀를 읽으며 삶을 성찰하는 것으로, 청자의 행동 변화를 요구한다고 볼 수 없다. (나)에서도 남은 열매를 보며 '제 새끼를 위해 남겨 놓았을까?'라는 의문형을 사용하고 있지만, 이 역시 청자의 행동 변화를 요구하는 설의적 표현이라기보다는 남아 있는 열매에 대한 화자의 추측이라 할 수 있다.

140

외적 준거에 따른 작품 감상　　　　　　　**정답 ③**

정답 해설 '앉았다, 누웠다 / 잠들다 깨어 보'는 모습은 화자가 서실 안에서 보내는 날들을 나타낸 것이다. 〈보기〉에서 시인은 가난하지만 한평생 지조 있는 삶을 살았다고 했으므로, 이러한 모습이 현실적인 곤궁함으로 인한 화자의 내적 갈등을 보여 주고 있다는 진술은 적절하지 않다.

오답 피하기 ① 〈보기〉에서 시인은 한평생 지조 있는 선비로서의 삶을 살았다고 했는데, 이러한 삶을 잘 보여 주는 것이 '대바람'이라 할 수 있다. 따라서 소소하게 들려오는 '대바람 소리'는 화자가 지금까지 살아온 삶이 지향하는 바를 드러낸다고 할 수 있다.
② '국화'는 선비의 고결함을 상징하는 대상으로, '국화 향기 흔들리는 / 좁은 서실'은 지조 있는 선비로 살고자 하는 화자의 삶이 함축되어 있다고 할 수 있다.
④ '병풍'에 적힌 글귀는 화자가 지향하는 삶을 담고 있으며 화자를 일깨우는 화두이므로, 무료한 일상 속에서 화자가 이를 읽고 자신이 지향해야 할 삶을 깨닫는다고 할 수 있다.
⑤ '대나무'는 선비의 고결함을, '거문고'는 선비 정신을 나타내는 것으로, '대바람 타고 / 들려오는 / 머언 거문고 소리……'는 고결하고 꼿꼿하게 살아가고자 하는 화자의 의지를 환기한다고 할 수 있다.

141

작품의 종합적 이해와 감상　　　　　　　**정답 ③**

정답 해설 화자가 자신이 별이 될 것 같다는 것은 떡갈나무 숲에 깊숙이 들어온 화자가 자신도 자연 속 존재가 되어 떡갈나무 숲을 차지하고 싶다는 것으로, 자연과 동화되는 화자의 모습을 보여 주는 것이다. 따라서 화자가 떡갈나무 숲을 위한 자신의 역할이 무엇인지 찾았다는 진술은 적절하지 않다.

오답 피하기 ① 떡갈나무 잎이 '너구리나 오소리의 따뜻한 털'이 되고, '벌레들의 알의 집'이 된다는 것은, 떡갈나무가 떡갈나무 숲에 사는 존재들에게 기본적인 것들을 제공하고 있어 이들에게 필요하다는 것을 보여 준다.

② 화자는 풍뎅이들 대신 텃새만 남아 있는 풍경을 보면서 '풍뎅이들의 혼례, / 그 눈부신 날갯짓 소리 들릴 듯'하다고 한다. 이는 화자가 현재 떡갈나무 숲에서 자신이 오기 전 숲의 풍경을 떠올리고 있다는 것을 알 수 있게 한다.
④ 화자는 유일하게 남아 있는 열매 하나를 보면서 어느 산짐승이 제 새끼를 위해 남겨 놓았다고 생각한다. 이는 화자가 다른 생명체도 떡갈나무처럼 다른 존재를 품어 준다고 생각하는 것으로 볼 수 있다.
⑤ 외롭고 쓸쓸하다고 중얼거리는 화자의 발등에 잎이 떨어지고 화자가 이를 떡갈나무가 마지막 손을 떨구며 말을 건네는 것으로 상상한다는 점에서, 떡갈나무가 화자를 숲에 사는 다른 존재들과 동일하게 대하며 위로해 준다고 여기고 있음을 알 수 있다.

적용 학습　　　　　　　　　　　　本문 129~132쪽

39　**⑦ 신석정, 「대바람 소리」**

| **해제** | 이 시는 시인이 1970년에 발표한 시집 『대바람 소리』에 실린 작품으로, 시간의 흐름에 따라 시상이 전개되면서 삶에 대한 화자의 깨달음을 보여 주고 있다. 좁은 서실에서 무료한 일상을 보내며 내적 갈등을 겪던 화자는 「낙지론」을 읽는데, 이것은 벼슬길에 나아가지 않고 은둔의 삶을 살았던 중장통이 지은 글이다. 화자는 이 글을 읽으면서 궁핍한 삶이어도 다른 이를 부러워하지 않는 자족의 태도를 깨닫고 세속적 부귀영화를 초월한 여유로운 삶에 대한 다짐과 의지를 드러낸다. 이러한 화자의 깨달음은 '대바람 소리', '거문고 소리'와 같은 청각적 심상과 '국화 향기'와 같은 후각적 심상을 통해 더욱 부각되고 있다.

| **주제** | 은둔과 달관의 삶에 대한 다짐

| **구성** | • 1~2연: 창을 흔드는 대바람 소리와 겨울 풍경
　　　　• 3~4연: 무료한 일상 중 읽은 병풍의 글귀
　　　　• 5연: 자족하는 삶에 대한 깨달음
　　　　• 6연: 대바람 소리에 함께 실려 오는 거문고 소리

⑪ 신경림, 「장자를 빌려 – 원통에서」
　　　수특 동일 작품

| **해제** | 이 시는 설악산 대청봉 위에서 바라본 삶의 모습과 속초, 원통에 와서 바라본 삶의 모습을 대비하며 독자에게 삶을 바라보는 관점에 대한 성찰의 기회를 제공하고 있는 작품이다. 『장자』의 '추수편'에 나오는 구절을 인용하여, 삶을 너무 멀리서 보아도 안 되고 너무 가까이서 보아도 안 된다고 말하면서,

바람직한 삶의 관점은 두 관점을 모두 취하는 것임을 강조하고 있다. 이는 자신이 지닌 삶에 대한 태도를 반성하고, 삶에 대해 속단하거나 삶에 대해 자만하는 태도를 경계하면서 세상을 올바로 볼 수 있는 관점을 가질 것을 다짐하는 것이다.

| 주제 | 세상을 올바로 볼 수 있는 관점의 모색

| 구성 | • 1~8행: 설악산 대청봉에서 바라보는 세상의 모습
• 9~17행: 속초와 원통에서 바라보는 세상의 모습
• 18~20행: 삶의 관점에 대한 반성

◀ **다 서경덕, 「독서유감」**

| 해제 | 이 시는 학자로서 세상의 부귀영화를 멀리하고 자연 속에서 끊임없이 학문을 연구하겠다는 의지를 형상화하고 있는 작품이다. 독서를 시작하던 당시에는 경륜에 뜻을 두었지만, 마침내는 학문의 깊은 이치를 터득하면서 세상사의 온갖 부귀를 버리고 자연에 묻혀 독서를 하며 안빈낙도하는 작가의 생활 모습이 잘 나타나 있다. 화자는 속세의 명리를 과감히 버리고 자연을 찾아 산나물을 캐고 낚시를 하는 중에 학문을 즐기는 모습을 보여 주는데, 이는 안빈낙도하며 학문에 끊임없이 정진했던 우리 선인들의 탈속적인 정신세계를 보여 주는 것이다.

| 주제 | 안빈낙도의 생활과 학문의 자세

| 구성 | • 1, 2구(수련): 현재의 안빈낙도에 대한 만족
• 3, 4구(함련): 자연에 묻혀 사는 편안함
• 5, 6구(경련): 자연에서의 만족스러운 삶
• 7, 8구(미련): 학문적 깨달음의 즐거움

연결 포인트

수능특강에서는 신경림의 「장자를 빌려ー원통에서」가 일상적이거나 평범해 보이는 것들에 담겨 있는 의미를 찾아 내는 활동에 주목하여 고재종의 「나무 속엔 물관이 있다」와 함께 출제되었습니다. 「장자를 빌려ー원통에서」는 『장자(莊子)』의 '추수(秋水)편에 나오는 '대지관어원근(大知觀於遠近: 큰 지혜는 멀리서도 볼 줄 알고 가까이서도 볼 줄 아는 것이다.)'이라는 글귀에서 영감을 얻어 창작된 것입니다. 멀리서 세상을 바라볼 때와 가까이에서 다른 사람들의 삶을 바라볼 때 변하는 화자의 인식 과정을 통해 성급하게 삶의 이치를 깨달으려는 태도를 경계하고 있습니다.

2012학년도 인터넷 수능에서는 신경림의 「장자를 빌려ー원통에서」가 신석정의 「대바람 소리」, 서경덕의 「독서유감」과 함께 출제되었습니다. 신석정이 네 번째 시집 『산의 서곡』을 내놓으며 했던 말을 시인의 삶과 관련지어 작품을 해석해 보게 하였습니다. 바람직한 삶의 관점은 어느 하나만을 취하는 것이 아니라 서로 다른 관점을 모두 취하는 것임을 염두에 두고 문항을 풀어 봅니다.

142

작품 간의 공통점, 차이점 파악 　　　　　　정답 ②

정답 해설 (가)는 쪼들리더라도 세속적인 이익을 좇으며 살지는 않겠다는 화자의 태도를, (나)는 올바른 관점을 지니고 세상을 바라보려는 화자의 태도를, (다)는 공명을 취하기보다는 자연에 묻혀 살고자 하는 화자의 태도를 드러내고 있다. 그러므로 세 작품은 모두 삶을 어떻게 살아가야 할지 고민하는 화자의 모습을 드러내고 있다.

오답 피하기 ① (나)에 세상살이의 여러 모습이 구체적으로 제시된 부분이 있으나, 세 작품 모두 세상을 살아가는 어려움을 구체적으로 반영하고 있는 것은 아니다.

③ (나)에는 지난날에 품었던 생각이, (다)에는 지나온 삶에 대한 화자의 생각이 드러나고 있기는 하지만, 세 작품 모두 지나온 삶에 대한 안타까운 심정을 드러내고 있는 것은 아니다.

④ 세 작품 중에 집단적 체험을 드러내고 있는 것은 없다.

⑤ 세 작품에 자연물이 제시되기는 하지만, 자연물과 화자의 유사점을 제시하고 있는 작품은 없다.

143

외적 준거에 따른 작품 감상 　　　　　　정답 ⑤

정답 해설 〈보기〉의 자료들은 모두 (가)~(다)와 관련된 것으로, 작품을 보다 심도 있게 이해할 수 있는 계기를 제공하고 있다. 모호하게 제시되거나 상징적으로 제시된 내용이 구체적으로 소개되어 있다. 그런데 (다)와 관련된 '자료 3'에서는 작품 이해에 필요한 구체적인 내용을 제시하고 있을 뿐, 선인의 글을 읽는 방법과 태도에 대해 강조하고 있는 것은 아니다.

오답 피하기 ① '낙지론'의 내용이 제왕을 따르는 것이 아닌, 한가롭고 자유롭게 살아가는 삶에 대한 추구임을 알게 되면, 시에 인용된 구절의 의미를 추리할 수 있게 된다.

② 시의 구절의 구체적인 내용을 자료를 통해 이해할 수 있다.

③ 자료를 통해 인물에 대한 정보를 알게 됨으로써 화자가 지닌 태도를 더 구체적으로 파악할 수 있게 된다.

④ '자료 2'는 (나)의 제목에 왜 '장자를 빌려'가 드러나야 하는지를, '자료 3'은 안회의 가난을 언급한 화자의 의도를 이해할 수 있게 해 준다.

144

외적 준거에 따른 작품 감상 　　　　정답 ①

정답 해설 '미닫이에 가끔 / 그늘이 진다'라는 표현은 쓸쓸한 정취를 드러내는 표현이다. 그에 비해 '이순이 넘었다'라는 표현은 오랜 세월 동안 시 창작을 해 왔다는 내용으로, 시인으로서의 일관된 삶에 대한 자부심이 깔려 있는 말이기도 하다. 그러므로 이를 연결하여 시인의 애상적 정서를 드러내는 표현으로 이해하는 것은 적절하지 않다.

오답 피하기 ② '그렇다!'로부터 이어지는 시행에는 쪼들리더라도 제왕의 삶을 부러워하지 않겠다는 다짐이 이어지고 있다.
③ 〈보기〉에서 명예와 이익을 바라는 마음에 몸을 굽히거나 한눈팔기를 하지 않았다고 하였으며 '아무리 / 쪼들리고 / 웅숭거릴지언정'에서는 이런 것들을 거부하는 태도가 드러나고 있다.
④ '제왕의 문에 듦'은 제왕과 같은 삶을 의미하며 화자는 이러한 삶을 부러워하지 않겠다는 자세를 보여 주고 있다.
⑤ '국화 향기', '거문고 소리'는 시인이 추구하는 정신 세계를 상징하고 있다.

145

시어, 시구의 의미와 기능 파악 　　　　정답 ③

정답 해설 (나)의 화자는 산꼭대기에서 세상을 바라보다가, 세상 속으로 들어와 서민들 틈에서 다양한 모습을 접하게 된다. 이때 '지린내 땀내도 맡고 악다구니도 듣고'는 자신의 삶에 대한 표현이 아니라 화자가 접하게 된 현실의 모습으로, 원통 뒷골목에서 보고 듣고 느낀 것을 집약한 말이다. 이를 통해 서민들의 거칠면서도 소박한 삶의 모습을 드러내고 있다고 볼 수 있다.

오답 피하기 ① 마을의 모습을 인간처럼 '겁을 집어먹고'로 표현하였다.

② 산 위에서는 세상살이를 모두 알 것 같다고 자신감을 드러내고 있다.
④ 산 위에서 했던 것과 다른 생각을 하게 되었음을 드러낸다.
⑤ 자신이 세상을 너무 멀리서, 아니면 너무 가까이서 바라보고 있는 것은 아닌지 의문을 제기하고 있다.

146

작품 내용 이해 　　　　정답 ③

정답 해설 (다)는 독서에 대한 화자의 느낌을 담아내고 있다. 화자는 과거 자신이 품었던 생각을 떠올리며 현재의 삶에 대해 만족감을 드러내고 있다. 이는 과거의 삶보다 현재의 삶이 화자가 생각하는 바람직한 삶의 모습에 더 가깝기 때문이다. 화자는 넓고 순수한 자연 속에서 살다 보니 학문을 의심 없이 깨우치게 되었다 말하고 있다.

오답 피하기 ① 화자가 독서를 시작할 때 품었던 경륜과 현재 원하는 바와는 거리가 있기 때문에, 화자가 과거의 뜻을 지키지 못해 자책한다는 감상은 적절하지 않다.
② 과거의 삶이 자연을 만끽하던 삶이라고 할 수도 없고, 화자가 그 삶으로 돌아가고자 하는 것도 아니다.
④ 화자는 현재 자연 속에서 살고 있을 뿐, 부와 명예를 좇는 삶을 살고 있지는 않다.
⑤ 화자가 시간이 흐르는 동안 자연스레 학문적 회의에서 벗어나게 되었다고 볼 수는 없다.

적용 학습 　　　　본문 133~134쪽
40 **가** 송수권, 「대역사」

| 해제 | 이 시는 서해 갯벌을 배경으로 모든 생명체를 응시했을 때의 경이로운 순간을 포착한 작품이다. 대자연의 풍경 속에서 이루어지는 생명과 사물의 교감을 감각적으로 드러내고 있으며, 서해, 내소사, 선운사, 채석강, 질마재 등의 천지 만물이 하나로 통합되어 자연과 인간이 서로 화답하는 모습을 형상화하고 있다.

| 주제 | 황혼 속에서 이루어지는 만물의 교감
| 구성 | • 1~8행: 서해 노을 뻘 밭 위의 풍경과 종소리, 북소리
　　　• 9~16행: 붉게 불타오르는 내소사, 선운사, 질마재
　　　• 17~18행: 날이 저물어 감.

◀ **나 고재종, 「나무 속엔 물관이 있다」**
　　　수특 동일 작품

| 해제 | 이 시는 겨울 감나무를 관찰하고 생명의 이치를 깨닫게 된 감동을 드러내는 작품이다. 1연은 겨울 감나무 가지를 보고 서로 다치지 않고 바람에 흔들리는 모습을 통해 자기 분수만큼 살아가는 모습에 주목하고 있다. 2연에서는 여러 형태의 가지들이 한 둥치에서 뻗어 나간 것을 강조하고 있으며, 3연에서는 둥치 밑뿌리가 땅속 깊이 닿아서 물을 빨아올려 꼭대기 끝까지 물을 공급하고 있음을 나타낸다. 겨울나무가 보여 주는 이러한 생명력을 발견한 화자는 4연에서 감동을 느낌과 동시에 생명의 원리에 주목하지 않는 인간 삶에 대한 성찰적 안타까움을 느끼고 있다.

| 주제 | 겨울 감나무에 대한 감탄과 삶에 대한 성찰
| 구성 | • 1연: 각각 흔들리는 겨울 감나무 가지의 모습
　　　• 2연: 중심이 되어 흔들림 없는 감나무 둥치
　　　• 3연: 겨울바람에도 꺾이지 않는 감나무의 생명력
　　　• 4연: 감나무에 대한 감탄과 우리 삶에 대한 성찰

▶ **연결 포인트**

　　수능특강에서는 고재종의 「나무 속엔 물관이 있다」가 일상적이거나 평범해 보이는 것들에 담겨 있는 의미를 찾아내는 활동에 주목하여 신경림의 「장자를 빌려 – 원통에서」와 함께 출제되었습니다. 「나무 속엔 물관이 있다」는 겨울바람에 흔들리는 감나무에 주목하여 중심을 잡으며 생명을 지탱할 수 있는 힘을 가진 존재를 통해 생명의 이치에 대해 얻은 깨달음을 전달하고 있는 작품입니다.
　　2018학년도 10월 고3 학력평가에서는 고재종의 「나무 속엔 물관이 있다」가 송수권의 「대역사」와 함께 출제되었습니다. 시 창작에서 자연이 작품의 주요한 제재로 사용되며 다양한 양상으로 형상화된다는 점에 주목한 것입니다. 현재형 어미를 통해 대상을 생생하게 그려 낸다는 공통점에도 주목하면서 두 작품을 감상해 봅니다.

147

작품 간의 공통점, 차이점 파악 　　　　　정답 ②

정답 해설 (가)에서는 '–는다', '–ㄴ다' 등의 현재형

시제를 사용하여 저녁 무렵 '서해 뻘'을 배경으로 펼쳐지는 장면의 현장감을 살리고 있다. 또한 (나)에서도 '–ㄴ다'를 사용하여 겨울 감나무를 보고 있는 것 같은 현장감을 드러내고 있다.

오답 피하기 ① (가)는 공간의 이동에 따른 시상 전개가 일어난다고 볼 수 있으나 화자의 태도 변화가 드러나지는 않는다.
③ (가)는 '너'를 대상으로 질문을 하고 있으나 반복적으로 대상을 부른다고 보기 어렵고, (나)에는 대상을 부르는 표현이 드러나지 않는다.
④ (가)에서 영탄적 표현을 통해 화자의 비판적 의도를 드러낸다고 보기 어렵다.
⑤ (나)는 시각적 심상을 활용하여 시상을 종결했다고 보기 어렵다.

148

외적 준거에 따른 작품 감상 　　　　　정답 ④

정답 해설 〈보기〉는 (가)와 (나)의 작품에서 자연이 형상화되는 양상에 대해 설명하고 있다. (나)의 1연에서 '잦은 바람 속'의 겨울 나뭇가지가 '제 숨결 닿는 만큼의 찰랑한 허공을 끌어안'는다는 표현은, '모두 다 서로를 훼방 놓는 법이 없이', '제 깜냥껏 한세상을 흔들거린다'와 연결하여 자신의 분수에 맞게 세상의 순리대로 나름의 존재를 드러내는 것으로 이해하는 것이 적절하다. 나무의 생명력이 다른 자연물에게 전이된다고 보기는 어렵다.

오답 피하기 ① '뻘'에서 바지락을 캐는 장면과 소금을 져 나르는 장면이 눈앞에 펼쳐지는 듯 그려져 '대역사'의 장면이 형상화되고 있다.
② '황혼'이 사방을 붉게 물들이는 광경에 '연꽃 몇 송이'가 피어나는 것은 만물이 서로 화답하는 관계임을 나타내고 있다.
③ 화자가 '쉬어라 쉬어라'라고 하는 것은 황혼의 대역사를 이루기 위해 애쓴 천지 만물들에게 위로를 건네는 것이다.
⑤ 겨울 감나무를 보고 생명력을 느끼며 그동안 생명의 원리를 놓치고 살아온 삶을 성찰하고 있다.

149

시어, 시구의 의미와 기능 파악　　　정답 ④

정답 해설 '땅속'은 겨울나무가 생명을 이어 가는 데 가장 중요한 물과 양분을 제공하는 터전이라는 점에서 생명력의 근원이라 할 수 있다. 따라서 어둠의 이미지를 드러낸다고 보기 어렵고 그것이 나무의 '당참'과 대비된다고 보기도 어렵다.

오답 피하기 ① 가는 가지나 굵은 가지나 저마다 각자의 모습으로 흔들거리며 사는 것은 저마다가 각자의 가치를 가지고 살아가는 존재임을 드러낸다.
② 가는 가지나 굵은 가지가 뻗어 나온 둥치는 흔들리지 않는 존재로 감나무의 중심을 의미한다.
③ 나뭇가지에 앉아 있는 새를 통해 나뭇가지가 새의 무게를 견디며 살아 있는 존재라는 점이 드러나고 있다.
⑤ 실뿌리에서 나무의 우듬지까지 전달되는 생명력은 땅으로부터 오는 것으로 겨울을 견디게 해 주고 있다.

적용 학습　　　본문 135~137쪽

41　가 허전, 「고공가」
수특 유사 작품

| 해제 | 이 작품은 조선 중기 임진왜란 직후에 허전이 쓴 가사로, 국사(國事)를 한 집안의 농사일에 비유하여, 정사에 힘쓰지 않고 사리사욕만을 추구하는 관리들을 집안의 게으르고 어리석은 머슴에 빗대어 통렬히 비판하고 있다. 임진년의 환란 때 왜구들에게 삼천리강산이 무참하게 유린되어 온 산하와 백성들이 도탄에 빠졌음에도, 밥그릇 싸움에만 열중하며 어려운 현실을 타개하기 위해 노력하지 않는 신하들의 무능하고 부패한 모습을 '머슴'에 비유하여 통렬하게 비판한 작품이다.

| 주제 | 게으르고 이기적인 하인(신하)들에 대한 비판

| 구성 | • 1~3행: 고공에게 들려주는 '우리 집' 기별
• 4~10행: 한어버이 때의 풍족했던 살림과 근검했던 고공들
• 11~15행: 다툼과 시기만 일삼는 요사이 고공들
• 16~19행: 가산을 탕진하게 된 요사이 집안의 형편
• 20~21행: 고공들에게 새 마음을 먹어 줄 것을 당부함.

나 정약용, 「파리를 조문하는 글」
수특 유사 작품

| 해제 | 이 작품은 정약용이 전라도 강진 유배지에서 파리를 의인화하여 조문의 형식으로 쓴 고전 수필이다. 정약용은 파리를 가뭄과 혹한, 돌림병, 관리들의 학정까지 겹쳐 굶어 죽게 된 가엾은 백성들의 화신(化身)으로 보고, 기구하게 사는 인간의 무리인 만큼 죽이지 말라고 한 후 음식을 차려 조문했다. 불쌍한 백성들을 안타까운 시선으로 바라보는 연민의 정과 자신들의 배만 불리면서 백성들을 괴롭히는 탐관오리들에 대한 신랄한 비판이 잘 드러난 글이다.

| 주제 | 굶주려 죽은 백성들에 대한 안타까움과 탐관오리들의 학정에 대한 비판

| 구성 | • 처음: 백성들은 굶주리는데 사치스럽게 사는 탐관오리들에 대한 비판
• 중간: 굶주리는 백성들에 대한 연민과 탐관오리 및 부정적 현실에 대한 비판
• 끝: 탐관오리들의 학정을 임금에게 고발할 것을 권함.

연결 포인트

수능특강에서는 신헌조의 사설시조 「벌의 줄 잡은 갓을 쓰고 ~」가 김창협의 한시 「착빙행」, 이옥의 고전 소설 「유광억전」과 함께 수록되어 표현상의 특징을 파악하는 문항, 화자의 관점에서 다른 작품에 대한 감상의 적절성을 판단하는 문항, 문학의 현실 비판적 성격에 관한 외적 준거를 바탕으로 작품의 특정 부분을 감상한 내용의 적절성을 파악하는 문항 등이 출제되었습니다.

2019학년도 수능완성에서는 허전의 가사 「고공가」와 정약용의 고전 수필 「파리를 조문하는 글」이 갈래 복합 형태로 출제되었습니다. 이 두 작품은 모두 부도덕한 관리의 잘못된 행태를 비판하고, 민중이 겪어야만 했던 고통을 형상화하고 있다는 점에서 「벌의 줄 잡은 갓을 쓰고~」와 유사한 점이 많습니다. 문항으로도 사회적 부조리가 발생하게 되는 배경과 관련한 외적 준거를 바탕으로 작품을 감상한 내용의 적절성을 판단하는 문항이 대표 문항으로 출제되었습니다.

이처럼 문학 작품은 아름답고 애틋한 개인 서정의 세계를 다루기도 하지만 나름의 방식으로 사회 현실을 반영하고 부조리한 현실을 폭로하고 이에 저항하기도 합니다. 그러므로 이와 같은 작품이 출제된 경우에는 어떤 점에서 사회적 부조리가 발생하고 있는지 그 원인을 파악해 보고, 이에 대응하는 화자나 인물의 태도에 주목하여 작품을 감상해야 할 것입니다.

150

작품 간의 공통점, 차이점 파악　　　　　정답 ⑤

[정답 해설] (가)에서는 '고공'에게 '김가 이가 고공들아 식마 음 먹어슬라'와 같은 요청을 통해, (나)에서는 '파리'에게 '천 리를 날아 임금 계신 대궐로 들어가서 너희들의 충정을 호소하고 너희들의 그 지극한 슬픔을 펼쳐 보여라.'와 같은 요청을 통해 주제 의식을 드러내고 있다.

[오답 피하기] ① 자연과 인간사의 대응은 (가)와 (나) 모두에 나타나 있지 않다.

② (나)에서는 '북쪽'과 '남쪽' 등 이질적 속성을 지닌 공간이 대비되었다고 볼 수 있지만, (가)에서는 이러한 특징을 찾을 수 없다.

③ (나)에서는 파리를 의인화하여 백성들이 처한 부정적 상황을 부각하고 있지만, (가)에서는 이러한 특징을 찾을 수 없다.

④ (나)의 '아무것도 모르는 지금 상태를 축하하라.' 등에서 반어적 표현을 찾을 수 있지만, 이를 통해 부정적 상황을 극복하려는 의지를 드러냈다고 보기는 어렵다. (가)에서도 이러한 특징을 찾기 어렵다.

151

외적 준거에 따른 작품 감상　　　　　정답 ⑤

[정답 해설] (가)의 '집의 옷 밥을 언고 들먹는'은 올바르지 못한 행동을 하는 신하들의 잘못을 꼬집은 말이고, (나)의 수령이 마을이 '태평할 뿐 아무 걱정이 없다'고 보고하는 것은 백성들의 고통을 굽어보지 못하는 세태를 비판하고자 한 것이다. 따라서 이 두 구절에 군신 간의 질서 회복을 위해 신하가 가져야 할 자세가 반영되었다는 설명은 적절하지 않다.

[오답 피하기] ① '화강도'는 왜적을 뜻하는 말로, 이들로 인해 '가산이 탕진ᄒ니 / 집 ᄒ나 불타 붓고 먹을 썻시 젼혀 업다'고 한 것은 전란으로 인해 나라의 살림이 황폐하게 되었음을 표현한 것이라고 할 수 있다.

② '지극한 슬픔'은 '파리'가 '임금 계신 대궐'에 들어가 임금에게 전달해야 할 것으로, 탐관오리들로 인해 고통받는 백성들의 심정이 담긴 것이라고 할 수 있다.

③ '요스이 고공들'은 '혬'이 '아조 업'고 '일 아니' 하는 무리를 일컫는 것이며, '힘 있는 아전들'은 굶주린 백성들 앞에서 거들먹거리며 자신만 배불리 먹는 무리를 일컫는다. 따라서 이들은 모두 자신의 본분을 저버리고 자신이 마땅히 해야 할 일을 하지 않는 신하들로 볼 수 있다.

④ '식마 음'은 (가)의 화자가 '고공'들에게 요구한 것이고, '인'은 (나)에서 '임금'이 베풀어 주어야 할 것으로 언급된 것이다. 따라서 '식마 음'은 '신하'가, '인'은 '임금'이 국가의 안정적인 경영을 위해 갖추어야 할 요소로 볼 수 있다.

152

화자의 태도 및 어조, 정서 파악　　　　　정답 ③

[정답 해설] (가)의 화자는 부유하고 풍족했던 '한어버이 사롬스리'와 가산을 탕진하여 어려운 처지에 놓인 자신의 살림살이를 대비하여 현재 상황의 어려움을 부각하고 있다. 그러면서 고공들에게 마음가짐을 새롭게 해 줄 것을 당부하고 있다.

[오답 피하기] ① 자신의 부주의함에 대한 자책은 (가)에 드러나 있지 않다.

② ㉡을 언급하여 고공들의 각성과 분발을 촉구하려는 것이지, ㉡을 통해 고공들의 역할이 과거와 달라져야 함을 강조하려는 것은 아니다.

④ 현재와 관련된 문제점이 과거에서부터 시작되었다는 인식은 나타나 있지 않다.

⑤ 과거와 현재가 유사한 상황이라는 인식은 나타나 있지 않다.

적용 학습　　　　　본문 138~140쪽

42 **가** 김창협, 「착빙행」
수특 동일 작품

| 해제 | 이 작품은 엄동설한에 얼음을 채취하는 노동에 시달리는 백성들의 참상과 무더위 속에서 얼음을 즐기는 양반들의 모습을 대조하여 고통받는 백성들의 삶을 그리고 있다. 이를 통해 부조리한 현실 속에서 고통받는 백성들의 삶을 사실적으로 드러내고 있다.

| 주제 | 고통받는 백성들의 현실 고발

| 구성 | • 전반부: 겨울에 얼음을 채취하는 부역에 시달리는 백성들 |
| | • 후반부: 무더위 속에서 얼음을 즐기는 양반들 |

나 이옥, 「어부」
수특 유사 작품

| 해제 | 이 작품은 용을 군주, 큰 물고기를 조정의 신하, 그다음 큰 물고기를 서리·아전, 한 자 못 되는 물고기를 백성에 비유하여, 작가의 국가론을 드러내고 있다. 큰 물고기와 그다음 큰 물고기, 작은 물고기가 약육강식의 관계에 있다는 사실을 문제시하고, 중간 지배자의 탐학이 심각하여, 군자의 덕이 미치지 못하는 현실을 비판적으로 그리고 있다.

| 주제 | 올바른 군주의 도

| 구성 | • 처음: 현실 세계를 물나라에 빗댐.
| | • 중간: 강자가 약자를 수탈하는 상황과 군주의 도
| | • 끝: 불합리한 현실에 대한 인식

연결 포인트

　　수능특강에서는 김창협의 한시 「착빙행」이 신헌조의 사설시조 「벌의 줄 잡은 갓을 쓰고 ~」, 이옥의 고전 소설 「유광억전」과 함께 출제되었습니다. 이 세 작품은 모두 부조리한 사회 현실로 인해 민중들이 겪는 고통과 현실 비판의 내용을 담고 있다는 점에서 공통적입니다. 그래서 대표 문항 역시 문학의 현실 비판적 성격에 관한 외적 준거를 바탕으로 작품의 특정 부분을 감상한 내용의 적절성을 파악하는 문항이 출제되었습니다.

　　2019학년도 수능특강에서는 김창협의 한시 「착빙행」과 이옥의 고전 수필 「어부」가 갈래 복합 형태로 출제되었습니다. 이 두 작품 역시 부도덕한 관리의 잘못된 행태를 비판하고, 민중의 고통을 형상화하였다는 공통점이 있습니다. 문항으로는 표현상의 특징을 파악하는 문항을 비롯해 「착빙행」을 5개의 부분으로 구분하고 각 부분에 대한 이해의 적절성을 파악하는 문항이 출제되었습니다. 그리고 「어부」의 글쓴이인 이옥의 관점으로 「착빙행」을 감상한 내용의 적절성을 파악하는 대표 문항이 출제되었습니다.

　　「착빙행」은 문학의 사회적 기능을 잘 보여 주는 작품으로서 사회 비판적 성격을 지니고 있습니다. 따라서 이 작품이 출제될 경우에는 유사한 성향을 가진 작품들이 함께 제시될 수밖에 없고, 대표 문항으로는 이와 관련한 외적 준거가 동반되는 경우가 대부분입니다. 다만 이 작품은 한시이므로 표현상 특징을 파악하는 문항이나 문학사적 지식이나 맥락과 관련한 문항이 출제되기가 다소 어려우므로 그 내용이나 주제 의식에 주목하여 작품을 감상하고 학습해야 할 것입니다.

153

작품 간의 공통점, 차이점 파악　　　　　　　정답 ②

정답 해설 (가)에서는 백성들은 고통스럽게 얼음을 찍어 내지만, 환락으로 가득한 집에서는 더위를 모르고 사는 부정적인 상황에 대한 화자의 비판적 인식을 드러내고 있다. (나)에서는 물속 세상을 국가에 비유하여, 큰 물고기가 작은 물고기를 학대하는 상황에 대한 비판적 인식을 드러내고 있다.

오답 피하기 ① (가)에서는 계절감을 드러내는 상황을 제시하며 시상을 전개하고 있으나, (나)에서는 계절을 특정하기 어렵다.

③ (나)에서는 물고기 세계의 속성을 활용한다고 볼 수 있으나, (가)는 서사적 상황을 활용하고 있으며, 대상의 속성에서 비롯되는 교훈을 전달한다고 보기 어렵다.

④ (가)는 화자의 체험이라고 볼 수 있으나, (나)는 가상적인 상황을 표현하고 있으며, 둘 다 자연의 섭리와 관련되어 있지도 않다.

⑤ (가), (나)는 모두 화자가 부정적으로 받아들이는 현실과 관계된다고 할 수 있으나, 화자의 대결 의지가 직접적으로 표현되었다고 보기 어렵다.

154

화자의 태도 및 어조, 정서 파악　　　　　　　정답 ⑤

정답 해설 [E]에서 화자는 백성들이 죽어 가는 참상에 대한 문제의식을 가지고 있지만, 그러한 상황의 책임을 자신에게 돌리며 책망하고 있지는 않다.

155

작품의 종합적 이해　　　　　　　　　　　　정답 ④

정답 해설 ㄴ. (나)의 '물고기'는 '백성'으로 이해할 수 있으므로, '물고기'를 학대하는 것은 백성의 삶에 가해지는 부담을 표현하는 것으로 볼 수 있다.

ㄹ. (나)에서 '작은 물고기'는 가장 약한 백성으로 이해할 수 있으므로, '반드시 남아나지 않을 것'은 그러한 백성들의 생존이 보장받지 못하는 상황을 표현한 것으로 볼 수 있다.

| 오답 피하기 | ㄱ. (나)에서 용이 '큰 물결을 겹쳐 일어나게' 하는 행위는 백성들의 고초를 덜어 주는 것으로 보는 것이 적절하다.

ㄷ. (가)에서 얼음을 찍어 내는 행위는 백성들의 과중한 노동과 관련되는 것으로, 백성들에게 가해지는 부담을 극복하는 행위로 보기 어렵다.

적용 학습

43 가 **이정보, 「국화야 너는 어이 ~」** 본문 141~142쪽

| 해제 | 이 작품은 낙엽이 떨어지는 추운 겨울에 홀로 피는 국화를 지사(志士)의 절개에 비유하여 예찬하고 있는 시조이다. 국화를 의인화하여 국화에 인간적 가치를 부여하고 있으며, 꽃을 피우기 좋은 조건으로서의 '삼월동풍(三月東風)'과 춥고 외롭고 척박한 환경으로서의 '낙목한천(落木寒天)'을 대비하여 서릿발에도 굴하지 않고 외롭게 피는 국화의 고고한 절개(오상고절(傲霜孤節))를 칭송하고 있다.

| 주제 | 국화(선비)의 높은 지조와 절개 예찬

| 구성 | • 초장, 중장: 국화가 추운 겨울에 피어 있음.
　　　• 종장: 국화의 높은 절개와 지조를 예찬함.

나 **이조년, 「이화에 월백하고 ~」**

| 해제 | 이 작품은 봄밤의 풍경을 보며 느끼는 애상과 우수의 정서를 감각적으로 형상화하고 있는 시조이다. 이 작품은 이미지를 통한 정서의 형상화가 돋보이는데, '삼경(三更)'이라는 시간적 배경을 이미지화하여 나타나는 검은색과 '이화', '월백', '은한'의 하얀색이 어우러져 봄밤의 정취를 극대화하고, 그 풍경을 관통하는 '자규'를 통해 '다정'한 화자가 느끼는 애상적 정서를 효과적으로 표현하고 있다.

| 주제 | 봄밤의 애상적 정서

| 구성 | • 초장: 봄밤의 아름다운 풍경
　　　• 중장: 봄밤의 정취가 심화됨.
　　　• 종장: 봄밤의 애상감으로 잠을 이루지 못함.

다 **최치원, 「촉규화」**
　　수특 유사 작품

| 해제 | 이 작품은 '촉규화(접시꽃)'가 피어 있는 모습을 통해 출신(신분)상의 한계로 세상에 크게 쓰이지 못한 채 평범하게 살아야 했던 화자의 안타까움을 드러낸 한시이다. 특히 이 작품은 상징적이고 비유적인 표현을 통해 화자의 출신과 처지를 드러내고 있는데, '황량한 밭'은 화자의 미천한 출신을, '탐스러운 꽃'과 '향기', '그림자'는 화자가 지닌 재능을 빗대어 표현한 것이고, '수레나 말 탄 사람'은 화자의 능력을 펼칠 수 있게 해 줄 수 있는 위정자를 상징한다. 이처럼 화자는 자신의 능력에 대한 자부심을 가지면서도 그것을 마음껏 쓸 수 없는 처지에 대한 부끄러움과 안타까움을 촉규화의 모습에 투사하여 효과적으로 표현하고 있다.

| 주제 | 자신의 능력을 알아주지 않는 현실에 대한 한스러움

| 구성 | • 기: 황량한 밭 곁에 핀 탐스러운 꽃
　　　• 승: 향기가 희미해지고 그림자가 기욺.
　　　• 전: 벌과 나비만이 꽃을 엿봄.
　　　• 결: 버려진 꽃의 처지를 한탄함.

▶ **연결 포인트**

　수능특강에서는 이광사의 한시 「늙은 소의 탄식」이 유몽인의 고전 수필 「노비 반석평」, 김용준의 현대 수필 「게」와 함께 출제되었습니다. 시상 전개 방식을 파악하는 문항, 사회적 약자와 관련한 외적 준거를 바탕으로 작품 감상의 적절성을 확인하는 문항 등이 출제되었습니다.

　2015학년도 6월 모의평가 A형에서는 최치원의 한시 「촉규화」가 이정보의 시조 「국화야 너는 어이 ~」, 이조년의 시조 「이화에 월백하고 ~」와 함께 출제되었습니다. 특히 「촉규화」는 권력자와 정치권으로부터 소외된 최치원의 정서가 반영된 작품으로, 당쟁의 여파로 벼슬길에 나아가지 못한 자신을 '늙은 소'에 비유한 「늙은 소의 탄식」과 유사합니다. 특히 소외된 자신을 자연물로 치환하여 화자가 느끼는 정서를 우회적으로 드러냈다는 점에서 매우 유사합니다. 대표 문항 역시 최치원의 삶을 외적 준거로 제시하고 이를 바탕으로 시의 특정 부분이 지닌 의미를 확인하는 문항으로 출제되었습니다.

　이처럼 문학 작품 중에는 자신의 처지를 자연물 등에 의탁하여 우회적으로 드러낸 작품들이 많습니다. 그래서 이러한 작품들을 제대로 감상하려면 언어로 표현된 표면적 의미뿐만 아니라 이 작품들이 창작된 사회적 배경이나 작가의 이력 등을 알고 있어야 합니다. 그러므로 이러한 작품을 학습할 때에는 창작 배경이나 작가에 대한 정보까지 함께 학습해 두는 적극성이 필요합니다.

156

작품 간의 공통점, 차이점 파악　　　　　**정답 ③**

| 정답 해설 | (가)는 '국화', '낙목한천' 등의 시어를 통해 시의 계절적 배경이 늦가을임을 드러내고 있고, (나)

II
적용
학습

는 '이화', '일지춘심' 등의 시어를 통해 봄의 분위기를 나타내고 있다. 또한 (다)는 '매우'와 '맥풍' 등의 시어를 통해 초여름 즈음의 계절적 배경을 드러내어 시적 분위기를 조성하고 있다.

오답 피하기 ① (다)는 '수레나 말 탄 사람 그 뉘가 보아 줄까?'에서 설의적 표현을 통해 냉소적인 태도를 드러내고 있지만, (가)와 (나)에는 설의적 표현이 나타나 있지 않다.

② (나)에 '자규'가 나타나지만 이에 대한 청각적 심상이 명확하게 드러나지는 않고, (가)와 (다)에는 청각적 심상이 전혀 나타나 있지 않다.

④ (나)에는 종장의 '다정도 병인 양하여 ~'에 직유법이 나타나 있으나, (가)와 (다)에는 직유법이 나타나 있지 않으며 대상과의 친밀감도 찾아볼 수 없다.

⑤ (가)의 중장 '피었느냐', (나)의 종장 '하노라'에 영탄적 표현이 나타나 있으나, 이를 통해 화자의 단호한 의지를 확인할 수 없다. (다)에는 영탄적 표현과 이를 통한 의지 표출이 나타나 있지 않다.

157

작품의 종합적 이해와 감상   정답 ③

정답 해설 (가)에서 동풍이 불어오는 '삼월'은 낙목한천과 대비되어 상대적으로 꽃을 피우기 좋은 조건을 나타내는 시간적 배경이고, (나)에서 '은한'이 기우는 '삼경'은 봄밤의 애상적 분위기를 느끼기에 적합한 시간적 배경이다. 그러나 (가)와 (나)에는 화자와 대상 간의 이별이 나타나지 않으므로 이와 같은 진술은 적절하지 않다.

오답 피하기 ① 낙목한천에 '네 홀로' 피었다는 것은 다른 꽃들이 삼월동풍에나 피는 것과 대조되어 국화의 고고한 속성을 드러낸다.

② 밝은 달빛을 받는 '이화'에서 느끼는 화자의 정서는 '애상적'인 것으로, 이는 중장에 오면서 전통적으로 슬픔과 한(恨)을 표상하는 자규를 매개로 더욱 심화되어 나타나게 된다.

④ '오상고절'은 '서릿발이 심한 속에서도 굴하지 아니하고 외로이 지키는 절개'라는 뜻으로 국화의 굳은 절개를 드러내는 말이다. '다정'은 '정이 많음.' 정도의 의미를 가지고 있는데, 이와 같은 '다정'의 속성은

초·중장을 통해 심화되는 애상적 정취에 화자가 흠뻑 취하게 됨을 보여 주는 것이다.

⑤ (가)에서 오상고절은 긍정적인 가치를 지닌 것이고, 이를 지닌 것이 '너뿐'이라고 하는 것은 대상을 예찬하는 태도를 보여 주는 것이다. (나)에서 다정한 화자가 봄밤의 애상적 정취에 '잠 못 들어' 한다는 것은 봄밤의 감흥을 주체하지 못하는 화자의 모습을 보여 주는 것이다.

158

외적 준거에 따른 작품 감상   정답 ②

정답 해설 〈보기〉에 따르면 「촉규화」는 출신상의 한계로 세상에 크게 쓰이지 못한 화자(최치원)의 처지를 표현한 작품이다. 이에 근거해 [B]를 해석해 보면 '향기'와 '그림자'는 화자의 재능을 표상하는 것인데, 이것이 '희미해지고', '기우뚱'해진다는 것은 곧 화자의 재능이 쓰임을 받지 못한 현실을 보여 주는 것이므로 [B]에서 화자의 능력을 펼칠 수 있을 것이라는 기대감을 읽어 내는 것은 적절하지 않다.

오답 피하기 ① '쓸쓸하게 황량한 밭'은 출신상의 한계를, '탐스러운 꽃'은 화자의 탁월한 능력을 나타내는 것으로 [A]에서 이들은 의미상 서로 대비되어 있다.

③ '수레나 말 탄 사람'은 화자를 크게 써 줄 수 있는 사람들을 의미하고, '벌이나 나비들'은 항상 꽃과 함께 있는 평범한 사람들을 의미하는 것으로, 화자는 전자에게 관심을 받지 못하고 후자와 같이 지내는 현실을 아쉬워하고 있다.

④ '태어난 곳 비천하니 스스로 부끄럽고'에서 출신에 대한 부끄러움을, '사람들이 내버려 두니 그저 한스럽네'에서 자신의 처지에 대한 한스러움을 표현하고 있다.

⑤ '여린 가지'를 '누르고 있'는 '탐스러운 꽃'에서 촉규화에 대한 외양 묘사가, '부끄럽고', '한스럽네'에서 화자의 처지를 드러내는 내면 서술이 나타난다.

44 김상용, 「훈계자손가」

수특 동일 작품

본문 143〜144쪽

| 해제 | 이 작품은 조선 중기의 문신인 김상용이 지은 연시조로, 총 9장이 전한다. 김상용은 인조반정 이후 형조 판서, 우의정을 지낸 인물로, 「오륜가」와 「훈계자손가」 등의 교훈적 내용을 담은 작품을 남겼다. 이는 작가의 유교적 가치관에 기반한 것으로, 부모님께 효도할 것, 어른을 공경할 것, 말을 조심할 것 등 후세들의 바람직한 삶을 위한 조언을 담고 있다.

| 주제 | 바람직한 삶을 위한 가르침

| 구성 | • 제1장: 부모님께 효도하고 어른을 공경할 것
• 제3장: 착하고 바른 일을 따를 것
• 제4장: 말을 삼가고 조심할 것
• 제5장: 남과 싸움하지 말 것
• 제6장: 그른 일은 뉘우쳐 다시 하지 말 것
• 제7장: 어진 일을 행할 것
• 제9장: 부모님을 잘 모실 것

연결 포인트

수능특강에서는 김상용의 연시조 「훈계자손가」가 이정작의 고전 소설 「옥린몽」과 함께 구성되어 갈래 복합 형태로 출제되었습니다. 문항으로는 연시조의 각 수에 대한 설명의 적절성을 판단하는 문항, 조선 사회의 유교 이념에 대한 외적 준거를 바탕으로 고전 소설의 인물을 이해한 내용의 적절성을 파악하는 문항이 출제되었습니다.

2021학년도 수능특강에서는 「훈계자손가」가 단독으로 출제되었습니다. 2025학년도 수능특강에서는 9장의 연시조 모두가 제시된 데 반해 2021학년도 수능특강에서는 제2장을 제외한 8장의 연시조가 제시되었습니다. 문항으로는 연시조의 특정한 부분의 의미와 기능을 이해하고 이를 비교하는 문항이 출제되었고, 김상용에 대한 정보를 담은 외적 준거를 바탕으로 감상의 적절성을 파악하는 문항이 출제되었습니다.

이처럼 연시조는 지문으로 구성하는 분량에 따라 문항 구성이 크게 달라집니다. 특히 여러 편의 시조가 한꺼번에 제시되는 경우 특정 부분의 의미와 기능을 파악하거나 시의 전개 양상이나 의미 관계 등을 묻는 문항이 출제될 수 있다는 점을 염두에 두어야 할 것입니다.

159

시어, 시구의 의미와 기능 파악　　　　　정답 ①

정답 해설 [A]에서는 '어버이'께 '효도'할 것을 강조하

고 있다. [B]에서는 이를 실천할 수 있는 구체적 방법으로 일어나 부모님께 문안을 드리고 공경으로 섬길 것을 말하고 있다.

오답 피하기 ② [A]에서 '효도'와 '공경'을 통해 어진 이름을 얻을 수 있다고 말하고 있다. 그러나 [B]에서 '효도'와 '공경'을 실천하여 어진 이름을 얻어야 하는 이유에 대해 설명하고 있지는 않다.

③ [A]에서 '효제'의 실천을 강조하고 있는 것이지 '효제'를 실천하기 어려운 현실을 제시하고 있는 것은 아니다. [B]에서 '효제' 실천의 어려움을 극복할 수 있는 방법에 대해 언급하고 있지도 않다.

④ [A]에서 '아희들'에게 '어딘 일홈'의 중요성을 제시하고 있지 않다. [B]에서 이러한 가르침을 확장하고 있는 것도 아니다.

⑤ [A]에서 '효제'를 닦아 어진 이름을 얻으라고 하고 있으므로 유교적 가치에 대한 지향을 드러내고 있다고 할 수 있다. 그러나 [B]에서 유교적 가치를 실현하면 얻을 수 있는 성과를 보여 주고 있는 것은 아니다.

160

작품의 종합적 이해와 감상　　　　　정답 ⑤

정답 해설 〈제7장〉에서는 사람으로서 할 일을 다하면 하늘의 복을 얻을 것이니 어진 일을 행하라고 말하고 있다. '인작'과 '천작'이 대립되는 것은 아니며, 이를 통해 자신의 분수에 맞게 사는 삶의 가치를 드러내고 있는 것도 아니다.

오답 피하기 ① 〈제3장〉에서는 '동내옏들 듯노랴'라는 의문형 문장을 통해 착한 일을 하지 않으면 동네를 다닐 수도 없다며 바람직한 말과 행동의 중요성을 강조하고 있다.

② 〈제4장〉에서는 '흔 번을 실언ᄒ면'이라는 가정적 표현을 통해 말을 조심해야 한다는 것을 부각하고 있다.

③ 〈제5장〉에서는 남과 싸우면 크게는 '관송', 작게는 '수욕'을 겪는다며 싸움을 하지 말라고 하고 있다. '크면', '젹으면'이라는 비교가 되는 어구를 제시하여 싸움을 통해 발생할 수 있는 문제 상황에 대해 밝히고 있는 것이다.

④ 〈제6장〉에서는 '뉘우쳐 다시 마라'라는 명령형 문

II

적용 학습

장을 통해 그른 일을 다시 하지 말라는 가르침을 전달하고 있다.

161

외적 준거에 따른 작품 감상 　　　　정답 ①

정답 해설 '사룸이 되여 이셔 용흔 길로 둣녀스라'라고 하는 것은 바른 것을 좇으라는 것이다. 여러 사람이 옳다고 하는 것을 좇아야 한다는 신념을 보여 주는 것은 아니다.

오답 피하기 ② 말은 미덥게 하고 행동은 공손하게 할 것을 잊지 말고 생각하라는 것은 말과 행동을 조심하여 신중하게 하라는 의미이다. 이는 오래도록 당쟁을 지켜본 작가의 경험이 반영된 가르침이라고 할 수 있다. ③ 작가는 갈등과 모함으로 점철된 혼탁한 정국을 목도하였기 때문에 말을 조심히 할 것을 강조하고 있다고 할 수 있다. ④ '싸홈이 해 만흐뇨'에서 '싸홈'은 정치적 갈등이라고 이해할 수 있다. '해 만흐뇨'는 작가가 이러한 싸움이 가져오는 폐해를 인식한 결과라고 할 수 있다. ⑤ '만사룰 하늘만 밋고 어딘 일만 ㅎ여라'라고 하는 것은 작가가 혼탁한 정국 속에서 몸소 얻은 삶에 대한 깨달음, 즉 옳다고 생각하는 일에는 자신의 신념을 굽히지 않는 태도의 중요성을 말해 주는 것이라고 할 수 있다.

적용 학습 　　　　　　　　　본문 145~146쪽

45 정철, 「관동별곡」
수특 유사 작품

| 해제 | 이 작품은 1580년 작가 정철이 45세에 강원도 관찰사로 부임하면서, 내금강·외금강·해금강과 관동 팔경을 유람하면서 본 뛰어난 경관과 감흥을 노래한 가사이다. 시상 전개에 따라 내용을 4단으로 나눌 수 있다. 1단에서는 전라남도 담양군 창평에 은거하고 있다가 강원도 관찰사로 부임하는 과정을 노래하고 있다. 2단에서는 만폭동·금강대·진헐대·개심대·화룡소·불정대 등 내금강의 뛰어난 경치를 노래하고 있다. 3단에서는 산영루·총석정·삼일포·의상대·경포·죽서루·망양정 등

외금강·해금강과 동해안에서의 유람을 노래하고 있다. 4단에서는 여로의 종착으로 내면적 갈등의 해소와 애민 정신으로 작품을 마무리하고 있다. 작가는 관동에 관찰사로 부임하게 되면서 자신을 관찰사로 보내 준 임금에 대한 '연군지정'과 관동을 잘 다스리고 싶은 '선정의 포부'와 '애민 정신'을 드러내고 있다.

| 주제 | 금강산과 관동의 절경 유람 및 애민 정신

| 구성 | • 1~15행: 금강대 위에서 바라본 풍경과 감흥
　　　• 16~23행: 개심대에서 바라본 풍경과 감흥
　　　• 24~28행: 화룡소에서 바라본 풍경과 감흥
　　　• 29~36행: 불정대에서 바라본 풍경과 감흥

연결 포인트

수능특강에서는 백광홍의 가사 「관서별곡」이 정비석의 현대 수필 「산정무한」과 함께 갈래 복합의 형태로 출제되었습니다. 이 두 작품은 모두 기행의 과정과 그러한 과정에서 느끼는 감흥을 표현했다는 공통점이 있습니다.
문항으로는 두 작품의 공통점을 파악하는 문항, 「관서별곡」과 「관동별곡」의 특정 부분을 비교 감상하는 문항, 시구의 의미를 파악하는 문항, 기행 문학에 대한 외적 준거를 바탕으로 두 작품에 대한 감상의 적절성을 파악하는 문항 등이 출제되었습니다.
2021학년도 6월 모의평가에서는 「관서별곡」의 영향을 받아 창작된 것으로 알려져 있는 정철의 가사 「관동별곡」이 단독으로 출제되었습니다. 문항으로는 화자가 이동하며 느낀 정서를 장소를 중심으로 파악하는 문항, 특정 부분의 의미와 기능을 파악하는 문항, 조선 사대부의 의식 세계와 관련한 외적 준거를 바탕으로 감상한 내용의 적절성을 판단하는 문항이 출제되었습니다.
기행 가사는 화자의 공간 이동을 중심으로 내용 이해를 확인하는 문항이 자주 출제될 뿐만 아니라 분량이 방대하기 때문에 각 부분을 구분하고 그 의미와 기능 등을 묻는 문항도 자주 출제됩니다. 또 길이가 길어 표현상의 특징을 파악하는 문항을 해결하는 데에도 시간이 많이 걸립니다. 그러므로 기행 가사를 학습할 때에는 화자의 공간의 이동을 중심으로 내용을 파악하고, 여러 가지 표현 방식과 효과를 파악하는 것이 좋습니다.

162

화자의 태도 및 정서 파악 　　　　정답 ③

정답 해설 화자는 '개심대'에 올라 금강산의 만이천 봉우리를 조망하고, 그에 대한 감흥을 서술하고 있다. 금강산의 봉우리마다 맺혀 있는 맑고 깨끗한 기운을

먼저 묘사하고 금강산의 기운을 흩어 인걸을 만들고자 하는 마음, 봉우리의 정다움 등 금강산을 보고 느낀 감흥을 서술하고 있다.

오답 피하기 ① 화자는 '금강대'의 '선학'이 '서호 녯 주인'을 반기는 것처럼 자신을 반기고 있다고 여기고 있다. 화자가 자연 속에서 만족감을 느끼며 자연에 동화되고 있는 것이다. 또한 화자는 '진헐대'에 올라 아름다운 금강산의 모습에 감탄하고 있다. 화자가 '금강대'에서 '진헐대'로 이동하면서 자연에 대해 이중적 태도를 보여 주고 있는 것이 아니다.

② 화자는 '진헐대'에서는 아름다운 금강산의 모습에 감탄하고 있으며, '불정대'에서는 십이폭포의 장관에 감탄하고 있다. '진헐대'와 '불정대'에서 화자의 내적 갈등이 고조되고 있지는 않다.

④ 화자는 '화룡소'를 보며 마치 천년 묵은 늙은 용이 굽이굽이 서려 있는 것 같다고 묘사하면서 '화룡소'가 넓은 바다와 이어져 있다고 말하고 있다. 화자의 시선이 원경에서 근경으로 이동하고 있지는 않다.

⑤ 화자는 마하연, 묘길상, 안문재를 넘어 내려가 불정대에 오르고 있다. 즉 '화룡소'에서 '불정대'까지의 이동 경로가 드러나 있다.

163

표현상의 특징 파악 정답 ②

정답 해설 [A]에서는 금강산 봉우리가 백옥을 묶어 놓은 것 같다고 하면서 금강산의 아름다움을 표현하고, 동해를 박차는 것 같다고 하면서 금강산의 웅장한 느낌을 전달하고 있다. '백옥'과 '동명'을 통해 금강산의 모습을 표현한 것이지 자연의 영속성을 표현한 것은 아니다.

오답 피하기 ① [A]에서는 금강산의 수많은 봉우리들이 '부용'을 꽂아 놓은 것 같기도 하고 '백옥'을 묶어 놓은 것 같기도 하다고 말하고 있다. 봉우리를 연꽃과 백옥에 빗대어 시각적으로 묘사하면서 금강산의 아름다움을 표현하고 있다.

③ [A]에서는 금강산의 봉우리들이 동해를 박차는 것 같기도 하고, 북극을 괴어 놓은 것 같기도 하다면서 금강산의 크고 거대한 모습, 웅장한 느낌을 표현하고 있다.

④ [A]의 '날거든 뛰디 마나 섯거든 솟디 마나'는 동일한 문장 구조를 짝을 맞추어 제시한 것으로, 대구적 표현에 해당한다. 또한 날고, 뛰고, 서 있고, 솟는 등의 동작을 나타내는 표현을 통해 금강산 봉우리의 역동적 느낌을 표현하고 있다.

⑤ '고잣는 듯'과 '박차는 듯'은 유사한 통사 구조를 보이는 표현으로, 금강산 봉우리가 아름다움과 웅장함 등 다채로운 면모를 가지고 있음을 드러내고 있다.

164

작품의 종합적 이해와 감상 정답 ③

정답 해설 '중향성'을 바라보며 천지가 생겨날 때에 금강산의 만이천 봉우리가 저절로 생겨난 것이라고 말하고 있다. 작가는 자연에 하늘의 이치가 구현된 것이라고 여기는 것이지, 자연의 미가 인간 사회의 영향을 받은 것이라고 인식하고 있는 것은 아니다.

오답 피하기 ① '혈망봉'은 '천만겁 디나도록 구필 줄 모르'는 대상으로, 변치 않는 지조를 지닌 존재로 묘사되어 있다. '혈망봉'을 굽히지 않는 존재로 보는 것은 작가가 지조라는 가치를 투사하여 '혈망봉'을 이상적 인간상으로 이해한 것이다.

② 맑고 깨끗한 금강산의 기운을 흩어 내어 인걸을 만들겠다는 것은 백성들에게 선정을 베풀 수 있는 뛰어난 인재를 구하고자 하는 것이다. 작가는 '개심대'에서 바라본 금강산의 모습을 통해 목민관으로서의 사회적 책무를 떠올리고 있다.

④ '불정대'에서 본 폭포를 은하수를 베어 실처럼 풀어서 베처럼 걸어 놓은 것으로 묘사하고 있다. 폭포를 '실'이나 '베'와 같은 구체적이고 일상적인 사물을 활용하여 표현함으로써 자연의 미를 사실감 있게 드러내고 있다.

⑤ '불정대'에서 본 풍경에 대해 이백도 여산 폭포가 더 낫다는 말을 못 할 것이라고 표현하고 있다. 중국의 '여산'과 비교하며 우리 자연의 아름다움을 강조한 것인데, 이는 이백의 시구에 등장하는 관념적인 대상으로서의 자연이 아닌 현실에서 만날 수 있는 자연의 아름다움을 높이 평가한 것이다.

본문 147~149쪽

적용 학습

46 가 최치원, 「제가야산독서당」

| 해제 | 이 작품은 당나라 유학을 마치고 돌아온 작가가 자연의 물소리를 빌려 속세와 단절하고 자연 속에서 은둔하고자 하는 의지를 표현한 한시이다. 작가는 물소리와 시비하는 소리를 대조적으로 제시하며 속세와의 단절에 대한 의지를 드러내고 있는데, 이를 통해 작가가 현실에서 겪은 좌절과 절망을 짐작할 수 있다.

| 주제 | 속세를 멀리하며 자연에서 은둔하고자 하는 의지

| 구성 | • 기: 산골짜기를 흐르는 물소리의 웅장함
• 승: 가까이에 있는 사람의 소리마저 차단하는 물소리
• 전: 속세의 시비하는 소리와 멀어지고 싶은 마음
• 결: 속세를 멀리하며 자연에서 은둔하고자 하는 의지

나 양태사, 「야청도의성」

수특 유사 작품

| 해제 | 이 작품은 발해의 사신으로 일본에 간 작가가 타국에서 우연히 들은 '다듬이질 소리'를 제재로 하여 고국에 대한 그리움을 표현한 한시이다. 작가인 양태사는 발해의 무인으로, 부사(副使)의 자격으로 일본에 갔다가 송별연에서 일본 문인들의 시에 화답하는 시를 두 편 남겼는데, 그중 하나가 바로 「야청도의성」이다. 타국에 머물면서 고향에 대한 그리움으로 수심에 잠겨 있던 화자는 다듬이질 소리를 들으며 상념에 빠지고 고향에 대한 그리움을 더욱 간절히 느끼게 된다. 일본에서 편찬한 「경국집(經國集)」이라는 시집에 수록되어 전해진다.

| 주제 | 타국에서 느끼는 고향에 대한 그리움

| 구성 | • 1~2행: 타국에서 느끼는 고향에 대한 그리움
• 3~8행: 우연히 다듬이질 소리를 듣게 됨.
• 9~16행: 다듬이질을 하는 여인에 대한 화자의 상상
• 17~24행: 고향에 대한 그리움과 안타까움

연결 포인트

수능특강에서는 정몽주의 한시 「홍무 정사년 일본에 사신으로 가서 지음」이 이수복의 현대시 「봄비」, 강은교의 수필 「다락」과 함께 출제되었습니다. 문항으로는 두 시의 공통점을 파악하는 문항, 시에서 사용된 소재의 기능과 의미를 파악하는 문항, '대상에 대한 그리움'과 관련한 외적 준거를 바탕으로 특정 부분의 의미를 이해하는 문항 등이 출제되었습니다.

2021학년도 수능특강에서는 최치원의 한시 「제가야산독서당」과 양태사의 한시 「야청도의성」이 함께 출제되었습니다. 특히 「야청도의성」은 일본에 사신으로 가던 발해의 사신 양태사가 밤에 들려오는 방망이 소리에 고향을 그리워하는 마음이 드러나 있어 정몽주의 「홍무 정사년 일본에 사신으로 가서 지음」이라는 작품과 유사성이 높습니다. 그래서 대표 문항 역시 〈학습 과제〉 형태로 제시된 〈보기〉를 바탕으로 작품 감상의 적절성을 파악하는 문항이 출제되었습니다.

한시는 비록 그 형식이 중국의 것이지만, 우리 역사에서 많은 사람에 의해 창작되었고 우리나라 사람들의 정서와 삶을 담아낸 문학의 갈래입니다. 비록 한시라는 양식의 특성상 문학사적 관점이나 표현 방법의 특징을 파악하는 문항을 출제하는 데에는 한계가 있지만 국문 문학 못지않게 우리 민족의 삶과 정서를 담아내었다는 점에서 내용이나 주제 의식을 중심으로 문항 출제가 이루어질 수 있으므로 대표적인 한시 작품들을 학습해 두는 것도 의미 있는 일이 될 것입니다.

165

시어, 시구의 의미와 기능 파악   정답 ⑤

정답 해설 (나)의 '긴 한숨 나오네'는 화자가 지금 듣고 있는 다듬이질 소리에 대한 반응에 해당하지만, (가)의 '두려워하기에'는 화자를 향한 속세의 평가에 대한 반응이라는 점에서 현재 듣고 있는 소리에 대한 화자의 반응을 나타낸다고 볼 수 없다.

오답 피하기 ① (가)의 화자는 첩첩한 돌 사이로 떨어지는 물소리가 '미친 듯'이 소리를 내뿜는 것처럼 크기 때문에 '지척'에 있는 사람의 말소리도 분간하기 어렵다고 말하고 있다.

② (가)의 화자는 시비하는 소리가 귀에 들릴까 두려워 '일부러' 흐르는 물로 자신이 머물고 있는 산을 둘러쌌다고 말하고 있다.

③ (나)의 화자는 고향으로 돌아가고 싶은 생각에 밤에 홀로 앉아 있다가, '문득' 들려오는 이웃 아낙네의 다듬이질 소리를 듣게 되었다.

④ (나)의 화자는 자신을 '나그네'라고 칭하며 고향으로 돌아가고 싶은 생각에 각별히 정회가 생긴다고 말하고 있다. 따라서 '고국을 떠나온 뒤'는 고향을 떠난 화자의 처지를, '돌아가고 싶은 생각'은 고향으로 돌아가고 싶은 화자의 바람을 나타낸다고 볼 수 있다.

166

작품의 종합적 이해와 감상　　　　정답 ③

[정답 해설] [C]에서 화자는 이웃 아낙네가 밤이 늦도록 다듬이질을 하는 이유에 대해 홑옷으로 길을 떠난 나그네를 위한 마음 때문인지, 외로운 시름을 잊기 위한 것인지 추측한 후, 이웃 아낙네가 까닭 없이 다듬이질을 하고 있지는 않을 것이라고 말하고 있다. 그러나 이웃 아낙네에게 자신의 추측이 맞는지 확인하지 못해서 아쉬움을 느끼고 있지는 않다.

[오답 피하기] ① [A]에서 화자는 '가을 하늘', '은하수 밝은데'와 같은 시적 배경을 제시한 후, 자신이 듣는 다듬이질 소리가 끊어질 듯 이어지며 밤이 깊어 별기울어도 잠시도 그치지 않는다며 고향에서 듣던 다듬이질 소리와 다를 바 없다고 말하고 있다.

② [B]에서 화자는 자신이 듣고 있는 다듬이질 소리가 잠시도 그치지 않는다는 점을 근거로 이웃 아낙네가 땀에 젖어 있고, 그녀의 팔이 벌써 매우 지쳤을 것이라고 상상하고 있다.

④ [D]에서 화자는 친구도 없는 타국에서 외로움을 느끼는 자신의 마음과 밤늦게까지 다듬이질을 하는 이웃 아낙네의 마음이 다르지 않을 것이라 말한 후, 고향을 떠난 후의 외로움으로 인해 '밝은 눈동자 찡그'리는 모습을 나타내고 있다.

⑤ [E]에서 화자는 '떠올리고 떠올려서'와 같이 어휘를 반복하며 고향에 대한 그리움을 강조하고 있으며, 고향에 대한 그리움이 너무 깊어 잠을 이루지 못하는 현실에 대해 안타까워하고 있다.

167

외적 준거에 따른 작품 감상　　　　정답 ⑤

[정답 해설] (가)와 (나) 모두 화자가 듣고 있는 소리를 감각적으로 제시하고 있다. 그러나 〈보기〉의 한국 문학에 대한 정의에서는 한국 문학이 '한국어'로 창작된 문학이라는 점만 제시하고 있을 뿐, 감각적 표현의 사용과 같은 표현적인 요소나 형식적인 요소에 대해서는 언급하지 않았다. 따라서 한국 문학의 형식적인 요소를 고려하면 (가)와 (나) 모두 한국 문학에 포함된다고 볼 수 있다는 진술은 적절하지 않다.

[오답 피하기] ① (가)는 속세와 단절하고 자연에 머물고 싶은 화자의 의지를 표현한 작품이다. 그런데 〈보기〉의 한국 문학에 대한 정의에서는 '한국인의 사상과 감정'을 구체적으로 제시하지 않았다. 따라서 자연과 함께하고 싶은 마음이 한국인의 사상과 감정을 표현한 것인지는 한국 문학에 대한 현재의 정의로는 판단할 수 없다.

② (나)의 '지금 타향에서 듣는 소리'를 통해 화자가 현재 우리나라가 아닌, 타국에 머물고 있다는 점을 알 수 있다. 〈보기〉의 한국 문학에 대한 정의에서는 문학 작품이 창작된 지역에 대한 조건이 언급되지 않았다. 따라서 작품이 창작된 지역은 (나)의 한국 문학 여부를 판단하는 데 고려되지 않을 것이라고 볼 수 있다.

③ (나)의 '시름'은 화자가 타국에서 고향을 그리워하는 감정을 나타낸 것이다. 만약 고향에 대한 그리움이 한국인의 보편적 감정이라면 이는 한국인의 정서를 표현한 것에 해당한다. 따라서 (나)는 '한국인의 사상과 감정을 표현'해야 한다는 한국 문학의 내용적 요소를 충족한다고 볼 수 있다.

④ (가)와 (나)는 한자로 기록된 한시이며, 우리말로 번역된 작품이다. '한국어'를 한글로 본다면 (가)와 (나)는 한국 문학의 언어적 기준을 만족하지 못하지만, '한국어'를 창작 당시 우리나라에서 사용된 언어로 본다면 한자로 기록된 (가)와 (나)는 한국 문학의 언어적 요건을 만족하게 된다. 따라서 (가)와 (나)의 한국 문학 포함 여부는 '한국어'를 판단하는 기준에 따라 달라진다고 볼 수 있다.

적용 학습　　　　본문 150〜151쪽

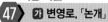 **(가) 변영로, 「논개」**

| 해제 | 이 작품은 임진왜란 때 왜군 장수를 안고 강물로 뛰어들었던 역사적 인물 '논개'의 일화를 모티프로 삼아 논개의 의로운 죽음을 추모하고 있는 시이다. 일제 강점기인 1920년대에 발표되었으며, 민족혼의 고취를 염두에 둔 작품으로 평가받는다. '푸른 그 물결'은 역사[靑史(청사)]라는 의미를, '붉은 그 마음'은 충절의 단심(丹心)이라는 의미를 함축하고 있다.

| 주제 | 논개의 숭고한 죽음 예찬 및 추모
| 구성 | • 1연: 논개의 분노와 애국적 정열
　　　• 2연: 논개의 의로운 죽음
　　　• 3연: 논개의 혼 추모

🕛 이수복, 「봄비」
수특 동일 작품

| 해제 | 이 작품은 생동감 넘치는 봄 풍경과 대비하여 죽은 임에 대한 슬픔을 부각하여 형상화하고 있는 시이다. 이별로 인한 애상적 정서, 민요조의 율격, 토속적 이미지 등 전통 시의 특성을 두루 지니고 있다.

| 주제 | 봄비가 내리는 날에 느끼는 애상

| 구성 | • 1연: 서러운 풀빛이 짙어 올 강 언덕
　　　• 2연: 종달새 지껄일 보리밭길
　　　• 3연: 처녀애들 짝하여 설 고운 꽃밭
　　　• 4연: 아지랑이 타오를 땅

연결 포인트

수능특강에서는 이수복의 「봄비」가 어떤 대상과 함께하지 못하는 상태나 결핍으로 인해 발생하는 그리움에 주목하여 정몽주의 한시 「홍무 정사년 일본에 사신으로 가서 지음」, 강은교의 수필 「다락」과 함께 출제되었습니다. 「봄비」는 봄비가 내린 뒤에 더욱 푸르게 짙어 갈 자연 풍경을 바라보면서 세상을 떠난 임에 대한 그리움을 드러내고 있는 작품입니다. 「홍무 정사년 일본에 사신으로 가서 지음」은 사신의 임무를 수행하기 위해 일본에서 지내며 고향으로 돌아가지 못하는 안타까움과 함께 고향에 대한 그리움을 표출한 작품입니다. 「다락」은 다락이라는 공간이 가지는 가치를 부각하며, 다락을 잃고 사는 현대인의 삶에 대한 아쉬움을 표출하고 있는 작품입니다.

2017학년도 수능완성에서는 이수복의 「봄비」가 변영로의 「논개」와 함께 출제되었습니다. 색채 감각을 환기하는 시어를 구사하여 선명한 이미지를 보여 주고 있다는 점에 주목한 것입니다. 푸른색 등으로 선명하게 나타나는 이미지들을 짚어 보며 작품을 감상해 봅니다.

168

작품 간의 공통점, 차이점 파악　　　　정답 ②

정답 해설 (가)는 푸른색과 붉은색으로 대상을 묘사하고 있으며, (나)는 '풀빛', '푸르른' 등의 시어를 통해 선명한 시각적 이미지를 제시하고 있다.

오답 피하기 ① (가)는 현재 시제가 주로 사용되어 시간의 변화가 드러나지 않고, (나)는 '~면 ~것다'라는 미래에 대한 가정적 표현이 주로 사용되어 시간의 변화가 드러나지 않으므로 적절하지 않다.

③ (가)에서는 '아, 강낭콩꽃보다도 더 푸른 / 그 물결 위에 / 양귀비꽃보다도 더 붉은 / 그 마음 흘러라'라는 구절이 연마다 반복되고 있지만, (나)에는 연마다 반복되는 구절이 없다. '이 비 그치면'은 1연과 3연에서만 반복되고 있고, '~것다'가 세 연에서 반복되고 있지만 이는 어미일 뿐이고 구절이 아니다.

④ (가)에서는 세 연에서 반복되는 후렴구를 포함하여 각 시행마다 다양한 음절 수의 시어가 배치되어 자유로운 율격을 형성하고 있다. (나)에서는 이른바 7·5조에 가까운 운율이 나타나고 있지만, 이를 두고 정형화되었다고 하기는 어렵다.

⑤ (가)에서는 '그대'라는 2인칭 대명사가 나오므로 말을 건네는 듯한 어조가 일부 나타나지만, (나)에서는 독백의 어조를 취하면서 시적 대상을 묘사하고 있으므로 적절하지 않다.

169

작품의 종합적 이해와 감상　　　　정답 ⑤

정답 해설 (가)에서는 역사를 상징하는 푸른 강물의 심상을 배경으로 나라를 위해 몸을 던진 논개의 숭고한 행위가 지니는 의의를 찬양하고 있는 작품이므로 적절한 설명이다.

오답 피하기 ① 1연에 사용된 '종교'라는 시어는 '분노'의 깊이를 표현하기 위해 동원된 표현으로, 논개의 분노가 종교보다도 더 깊다고 했으므로 적절하지 않다.

② 1연의 '거룩한 분노'는 시적 대상인 '논개'가 세계에 대해 느끼는 정서로 볼 수 있다. 그러나 이는 원망과는 거리가 멀다.

③ 아름다운 외양, 자연물과 조응시켜 시적 대상인 '논개'의 '아미'나 '입술'에 대한 부분적인 묘사가 나타나지만, 이는 '논개'의 행위가 지닌 숭고함을 아름다운 외양에 조응시켜 드러내기 위한 것이다. '입술'은 자연물과 조응시켜 그려 냈다 하더라도, '다양한' 자연물을 찾아볼 수는 없다.

④ 1연의 '사랑'은 논개의 정열이 얼마나 강한지를 표

현하기 위해 비교 대상으로 등장한 시어로, '논개'가 추구한 사랑이 좌절되었음을 알 수 있는 단서는 찾을 수 없다. 또한 낙화의 이미지는 시에서 드러나지 않는다.

170

작품의 종합적 이해와 감상　　　　　**정답 ④**

정답 해설 '향연'을 단서로 임의 부재를 확인할 수는 있지만 임과의 재회에 대한 화자의 희망을 보여 주는 단서는 찾을 수 없다.

오답 피하기 ① '풀빛', '푸르른 보리밭', '고운 꽃밭', '아지랑이' 등은 모두 봄의 계절감을 드러내는 소재이므로 적절하다.

② '비'는 떨어지는 느낌을 주므로 하강의 이미지이고, '향연', '아지랑이'는 위로 올라가는 느낌을 주므로 상승의 이미지이다. 두 이미지가 병치됨으로써 복합적인 이미지를 형성하고 있으므로 적절하다.

③ '강나루 긴 언덕', '푸르른 보리밭길', '고운 꽃밭' 등 장소를 묘사한 시구는 정적인 풍경이고, '종달새', '처녀애들' 등의 시어는 동사들과 어울려 동적인 풍경으로 묘사된다. 이를 통해 봄날의 다채로운 인상을 그려 내고 있으므로 적절하다.

⑤ 봄은 일반적으로 생명력이 느껴지는 계절이지만, 시적 화자는 '서러움'을 느끼는 상황에 처해 있으므로 생명력과 대조되는 애상적 정서를 효과적으로 드러낸다는 감상은 적절하다.

적용 학습　　　　　본문 152~155쪽

48　**가 박인로, 「자경」**

| 해제 | 이 작품은 전 3수로 된 연시조로, '스스로를 경계함'이라는 의미를 지닌 제목에서 알 수 있듯이 작가가 자신의 마음가짐과 행위 대한 경계를 위해 쓴 것이다. 또한, 스스로 반성할 줄 모르고 덕행을 멀리하며 사리사욕만을 추구하는 세상 사람들에게 정도를 걷도록 권하는 작품이기도 하다.

| 주제 | 부정적 세태에 대한 경계

| 구성 | • 제1수: 덕 닦기를 게을리 하는 세태 비판
　　　• 제2수: 정도를 걷지 않는 세태 비판
　　　• 제3수: 세상을 구제할 수 없음에 대한 탄식

나 이이, 「낙지가」
　　수특 동일 작품

| 해제 | 이 작품은 자연에 묻혀 사는 즐거움을 표방하는 은일 가사이다. 화자는 세속적 욕망을 초탈한 내면 의식과 속세를 버리고 자연 속에서 은거하며 신선과 같은 정신적 자유를 누리고 싶은 소망을 드러내고 있다. 아울러 아름다운 자연 속에서 안빈낙도하며 편안하고 한가롭게 지내고자 하는 삶의 자세를 노래하고 있다.

| 주제 | 자연 속에 은거하며 누리는 삶의 즐거움

| 구성 | • 1~3행: 물을 통해 드러나는 평안한 마음
　　　• 4~11행: 탐욕과 고통으로 가득 찬 세속의 삶을 되돌아봄.
　　　• 12~19행: 세속을 멀리하고 자연 속에서 소박하게 살아감.
　　　• 20~23행: 세속을 떠나 살아가는 삶의 한가로움과 만족감

다 주세붕, 「의아기」

| 해제 | 이 작품은 거위를 소재로 하여 쓴 사회 비판적이고 교훈적인 수필이다. 큰누님이 돌아가시던 날, 큰누님의 집에 있던 한 쌍의 거위가 들어와 울었는데, 그 중 한 마리의 거위가 죽자 다른 한 마리가 죽은 거위를 안고 울부짖었다는 경험을 제시하고, 이를 바탕으로 미물에 불과한 거위가 주인을 사모하는 마음으로 충성하는 모습을 높이 평가하고 의롭지 못한 인간을 비판하고 있다.

| 주제 | 거위의 의로움에 대한 예찬과 인간에 대한 비판

| 구성 | • 1문단: 큰누님이 돌아가신 후 거위 한 쌍이 울음.
　　　• 2문단: 울고 있는 거위의 모습을 직접 봄.
　　　• 3문단: 한 마리의 거위가 죽자 다른 한 마리의 거위가 통곡함.
　　　• 4문단: 거위의 의로움을 생각하며 인간 세태를 비판함.
　　　• 5문단: 미물인 거위의 대한 예찬과 감탄
　　　• 6문단: 거위의 이야기를 기록하게 된 이유

연결 포인트

　수능특강에서는 이이의 가사 「낙지가」와 이기철의 현대시 「청산행」, 최일남의 현대 소설 「서울 사람들」이 갈래 복합의 형태로 함께 출제되었습니다. 문항으로는 두 시의 표

현상 특징을 묻는 문항, 소재의 의미와 기능을 비교하는 문항, 탈속적 세계관과 관련한 작품 해설을 외적 준거로 제시하고 작품 감상의 적절성을 판단하는 문항이 출제되었습니다.

2011학년도 4월 고3 학력평가에서는 「낙지가」가 박인로의 연시조 「자경」과 주세붕의 고전 수필 「의아기」와 함께 출제되었습니다. 문항으로는 세 작품의 공통점을 파악하는 문항, 특정한 장소의 기능과 의미를 파악하는 문항, 표현상의 특징을 파악하는 문항 등이 출제되었습니다.

「낙지가」는 강호가도의 삶의 태도와 가치관이 잘 드러난 작품으로 이와 유사한 여러 작품과 함께 구성되어 출제될 수 있는 가능성이 많은 작품입니다. 조선 시대 사대부의 자연관, 인생관과 관련한 문항이 출제될 수도 있고 특정한 시어나 시구의 의미를 다른 작품과 비교하며 파악하는 문항, 표현상의 특징을 묻는 문항 등 출제의 확장성이 매우 높습니다. 그러므로 수능특강을 학습하며 작품의 주제, 표현 방법, 화자의 태도 등을 두루 학습해 두는 것이 좋습니다.

171

작품 간의 공통점, 차이점 파악　　　　　정답 ②

정답 해설 (가)의 화자는 '명덕(明德)'을 닦는 삶의 태도를, (나)의 화자는 '은거행의(隱居行義)'와 '요순지도(堯舜之道)'를 추구하는 삶의 태도를, (다)의 글쓴이는 의(義)를 지키는 삶의 태도를 지향하고 있다.

오답 피하기 ① (가)~(다)에서 현재와 대비되는 과거의 모습이 드러나기도 하지만 화자가 과거를 그리워하는 내용은 제시되어 있지 않다.
③ (가)~(다)의 화자는 모두 인간 세태에 대한 불만을 가지고 있기는 하지만, 이러한 상황에서 갈등 극복의 의지를 드러내고 있지는 않다.
④ 속세를 벗어나 유유자적하는 삶의 모습은 (나)에만 드러나 있을 뿐 (가), (다)에서는 이러한 부분을 찾아볼 수 없다.
⑤ (가)~(다)의 화자 모두 속세의 인간 세태에 대한 불만을 드러내고 있을 뿐 자신의 삶을 반성하고 이를 개선하기 위한 노력을 드러내고 있지는 않다.

172

배경 및 소재의 기능 파악　　　　　정답 ②

정답 해설 ㉠은 화자가 긍정적으로 인식하며 '명덕(明德)'을 추구하기 위해 바라보는 공간이고, ㉡은 화자가 '길 잃은 행인'을 건너가게 하기 위해 만든 '제세주'를 버리는 공간이다. ㉢은 화자가 비판적 시각을 가지고 바라보는 속세(俗世)로, 멀리하고자 하는 공간이고, ㉣은 화자가 현재 머물면서 자연과 함께 유유자적(悠悠自適)하며 살아가는 공간이다. 따라서 ㉠은 화자가 '추구하고자 하는 가치'라는 긍정적 의미를 부여한 공간이고, ㉣은 '어떤 것에도 구애받지 않는 자유로운 삶'이라는 긍정적 의미를 부여한 공간이다.

오답 피하기 ① ㉡은 화자의 심리적 고뇌가 해소되는 공간이 아니다.
③ ㉣은 화자가 만족하고 있는 공간으로 아쉬움이 드러나지 않는다.
④ ㉢은 화자가 비판적으로 인식하는 공간이다.
⑤ ㉠은 화자가 추구하는 가치가 있는 공간이다. 그러나 ㉣은 화자가 현재 이미 머물고 있는 공간이므로 앞으로 머물고자 하는 공간으로 보는 것은 적절하지 않다.

173

시어, 시구의 의미와 기능 파악　　　　　정답 ⑤

정답 해설 '모르도다, 아닌 게오'는 '명덕(明德)'을 닦으려 하지 않는 세태와 덕을 닦을 수 있는 길이 많음에도 이를 실천하지 않는 사람들에 대한 경계를 강조하고 있다. 그리고 '버렸도다'는 '길 잃은 행인'을 구하기 위해 만든 '제세주'를 버린 것에 대한 안타까움을 강조하고 있다. 그러므로 각각의 서술어에 화자의 안타까운 정서는 드러나지만 현실적 삶에 얽매이지 않으려는 의지적 태도는 나타나지 않는다.

오답 피하기 ① '아이 어른'은 '명경'을 돈을 주고 닦으며 외모와 겉으로 보이는 모습에 치중하지만, 돈이 들지 않는 '명덕'은 하지 않고 있으므로 '명경'과 '명덕'을 대하는 태도가 다르다고 할 수 있다.
② '한길'은 덕을 밝히는 바른 길를 의미하는 것이므로 이를 오도가도 하지 않는 행인은 곧 '명덕'을 닦으

려 하지 않는 '아이 어른'과 유사하다고 볼 수 있다.

③ 제2수에서 '한길'은 넓고 곧아 행인이 지나감 직도 하다고 하였다. 그러므로 '한길'은 원한다면 누구나 다닐 수 있는 길이라고 볼 수 있다.

④ 제3수에서 '솔'로 만든 '제세주'는 세상을 구제할 배라고 하였으므로 화자가 길 잃은 '행인'을 배에 태워 건네려 한 것에는 사람들을 구제하려는 의도가 담겨 있다고 볼 수 있다.

174

표현상의 특징 파악   **정답 ③**

정답 해설 (나)의 화자는 속세를 탐욕과 욕심, 시비하는 다툼이 있는 부정적인 공간으로 인식하고, 속세에서 벗어나 세상사를 잊고 자연 속에서 유유자적하며 살아가는 삶을 살고자 한다. (나)에는 인간과 자연의 대비가 나타나지만, 계절의 변화를 묘사하고 있지는 않다.

오답 피하기 ① '뜬 구름', '새' 등을 통해 시비 없이 한가하게 살고자 하는 정서를 드러내고 있다.

② '공명이 무엇이라고 일생에 골몰할까.', '여년(餘年)이 얼마런고, 이 아니 즐거운가.' 등의 설의적 표현을 통해 의도를 강조하고 있다.

④ '남가(南柯)의 한 꿈이라 황량(黃粱)이 덜 익었네.'에서 고사(故事)를 통해 인생의 덧없음을 드러내고 있다.

⑤ '욕심의 거센 물결', '탐욕의 샘물' 등에서 비유를 활용하여 경계하고자 하는 세상의 속성을 드러내고 있다.

175

작품의 종합적 이해와 감상   **정답 ②**

정답 해설 '나'는 B에서 거위의 행동이 갖는 의미를 추출하고 있지 않으며, C에서 거위의 행동이 갖는 의미를 인간의 행동에 적용시키고 있지도 않다.

오답 피하기 ① 가랍리 집에서의 '나'의 체험은 간접 체험이고, 무릉촌 집에서의 '나'의 체험은 직접 체험이다. A에 나타난 누님의 죽음에 따른 거위의 신의 있는 행동은 소문만 듣고 직접 보지 못한 것이지만,

C에 나타난 거위 한 마리가 죽고 난 후의 남은 거위의 신의 있는 행동은 직접 확인한 것이다.

③ A~C에서 D로 글이 전개되면서 '나'의 사고는 거위의 행동에 대한 생각에서 인간 세태에 대한 생각으로 확대된다.

④ D에서 '나'는 주인에게 충성하고 친구에게 의로운 거위를 보며 그렇지 못한 인간의 세태를 비판하고 있다.

⑤ E에서 '나'는 D에서 깨달은 바를 바탕으로 사람들이 '나쁜 마음을 돌려서' 거위와 같은 신의 있는 마음을 지니게 하고자 하는 의지를 드러낸다. 그런데 그렇게 되지 않아, 타인과 자신이 오래도록 기억하고자 이 글을 쓴다는 집필 의도를 밝히고 있다.

적용 학습   본문 156~158쪽

49 **㉮ 정지용, 「장수산 1」**
    수특 동일 작품

| 해제 | 이 시는 겨울 달밤의 산속의 이미지를 통해 세속의 가치와 단절된 채, 오직 자연과 하나가 되어 무욕(無慾)의 삶을 살고 싶어 하는 화자의 정신세계를 보여 주고 있다. '장수산'은 인적이 없는 절대 고요의 공간으로, 그곳에 사는 사람은 자족과 여유를 지니고 있는 도승으로 장수산의 신비와 고요를 더욱 심화하는 역할을 한다. 화자는 장수산과 도승처럼 세속의 일을 잊은 채 절대 고요에 잠기고자 한다. 이 작품은 의식의 연속적인 흐름과 긴밀성을 드러내기 위해 마침표를 사용하지 않았고, 일부러 '~이랬거니', '~고녀', '~이란다?', '~는다', '~노니' 등의 고어를 사용하여 자연으로부터 받은 감흥을 드러내려 하였다.

| 주제 | 장수산의 고요와, 탈속에 대한 염원

| 구성 | • 기(벌목정정 이랬거니~돌아옴즉도 하이): 깊고 울창한 장수산의 정경
     • 승(다람쥐도 좇지 않고~종이보다 희고녀!): 산중의 고요함과 화자의 적막감
     • 전(달도 보름을 기다려~내음새를 줍는다?): 때마침 떠오른 보름달과 웃절 중의 탈속적 모습
     • 결(시름은 바람도 일지 않는~장수산 속 겨울 한밤 내-): 장수산에서 시름을 의연히 견디겠다는 화자의 의지

㉯ 이기철, 「청산행」
    수특 동일 작품

| 해제 | 이 시는 속세를 떠나 '청산'에 들어온 화자가 점점 청산

에 동화되어 가는 과정을 보여 주고 있는 작품이다. 화자는 속세를 떠나온 이후 자신이 버린 세속의 가치에 미련이 없다고 하면서도 사실은 미련을 완전히 버리지 못하고, 속세에서의 삶의 모습을 반추하며 번잡한 심정을 느끼곤 한다. 하지만 결국 화자는 속세의 고뇌와 갈등을 모두 떨쳐 버리고 자연에 동화되어 살고 싶다는 소망을 드러내면서 시상을 마무리하고 있다.

| 주제 | 자연에 동화되고 싶은 소망

| 구성 | • 1~3행: 속세를 떠나 청산으로 옴.
　　　• 4~5행: 속세에 대한 미련
　　　• 6~13행: 청산에서 내려다본 속세의 풍경과 지난날
　　　　　에 대한 반추
　　　• 14~17행: 자연과 동화되고 싶은 소망

◀ **다 서거정, 「독좌」**

| 해제 | 이 작품은 조선 전기에 명성을 떨친 문장가인 서거정이 지은 5언 율시의 한시이다. 속세를 떠나 아무도 찾지 않는 곳에 칩거하고 있는 화자는 유유자적한 삶을 살고 있는 듯하지만 아무도 찾아오지 않으리라는 체념과 함께 누군가 오지 않을까 하는 기다림의 마음도 가지고 있다. 이러한 마음은 흐린 날씨에 빈 뜰을 바라보고 있는 화자의 시선에서 드러난다. 이러한 기다림은 자연의 작은 변화도 놓치지 않는 화자의 관찰이나, 아직도 소리가 나는 거문고와 불씨가 남아 있는 화로에 대한 발견에서도 드러난다. 쓸모가 없는 줄 알았지만 아직 쓸모가 남아 있는 것이다. 정상적인 출입을 가로막는 진흙길은 화자의 재능과 포부를 가로막는 현실 상황을 의미한다고 할 수 있다.

| 주제 | 은거하는 가운데 느끼는 고독

| 구성 | • 1~2행: 아무도 찾아오지 않는 뜰
　　　• 3~4행: 연잎과 나뭇가지의 흔들림
　　　• 5~6행: 아직 남아 있는 화자의 의지와 미련
　　　• 7~8행: 세상에 나아갈 때를 기다림.

◀ **연결 포인트**

　수능특강에서는 화자와 인물의 태도에 주목하여 이기철의 「청산행」이 이이의 가사 「낙지가」, 최일남의 소설 「서울 사람들」과 함께 출제되었습니다. 세 작품 모두 번잡한 세속으로부터 벗어나 자연 속에 머무르고자 한다는 공통점이 있습니다. 그러나 모두가 세속으로부터 벗어나거나 단절에 성공하여 마음속 평안을 누리는 것은 아닙니다.
　2008학년도 6월 고2 학력평가에서는 이기철의 「청산행」이 정지용의 「장수산 1」, 서거정의 한시 「독좌」와 함께 출제되었습니다. 화자가 바라는 삶의 모습에 주목한 것입니다. 차근차근 작품들을 감상해 가며 문항들을 풀어 봅니다.

176

작품 간의 공통점, 차이점 파악　　　　　정답 ①

정답 해설 (가)의 화자는 순수의 공간인 '장수산'에서 내적 시름을 견디며 '웃절 중'처럼 초월한 삶을 따르고자 한다. (나)의 화자는 현실에서 벗어나 순수와 무욕의 삶을 지향한다. 따라서 (가)와 (나)에는 화자가 바라는 삶의 모습이 드러난다고 볼 수 있다.

오답 피하기 ② (가)와 (다)에서는 자신의 삶에 대해 반성하는 화자의 태도가 드러나지 않는다.

③ (나)와 (다)에는 부재하는 대상이 드러나지 않으며, 그에 대한 그리움도 담고 있지 않다.

④ (가)의 화자는 방황을 통해 마음의 평화를 얻고 있지 않다.

⑤ (가), (다) 모두 과거의 의미를 성찰하고 있지 않다.

177

시적 상황과 정서 파악　　　　　　　　정답 ③

정답 해설 ㉠에서 화자는 장수산의 고요로 자신의 내부에서 일고 있는 정서적 갈등을 오히려 크게 느낀다. 그러한 내적 고뇌를 '흔들린다'는 감각적 이미지를 사용하여 드러내고 있다. ㉡에서 연잎이 흔들리고 나뭇가지가 흔들린다는 것은 외롭고 쓸쓸함에서 오는 화자의 외로움, 어떤 대상에 대한 그리움, 또는 권태로운 일상에서 변화를 갈망하는 감정 등 미묘한 정서적 동요를 감각적으로 드러낸 것이다.

오답 피하기 ① ㉠과 ㉡ 모두 화자의 공허한 감정을 나타내는 것이 아니다.

② ㉠과 ㉡ 모두 화자의 내면과 관련이 있지만 반어적으로 표현된 것이 아니다.

④ ㉠과 ㉡ 모두 현실의 모순을 말하는 것이 아니며, ㉡에서 격정적 어조도 느낄 수 없다.

⑤ ㉡은 추상적인 화자의 정서를 구체적으로 묘사하여 표현한 것이라 할 수 있다.

178

시상 전개 방식 파악　　　　　　　　　정답 ⑤

정답 해설 (가)는 '장수산'이라는 공간에서 고요하고

적막하며 초월적인 이미지를, '옷절 중'에게서는 삶에 대한 초월과 탈속의 이미지를 느끼게 한다. 즉 공간과 인물로부터 동일한 이미지를 느끼고, 시적 화자는 이 이미지를 자신의 내면으로 받아들이고 있는 것이다. 간이역 안이라는 따뜻한 공간의 이미지와 역장의 따스한 이미지가 동일하고, 이를 마음속에 온기로 내면화한 진술이 가장 적절하다.

오답 피하기 ① 살구꽃이 핀 산길이라는 공간에서 환기된 이미지는 활용되었다고 할 수 있으나 인물로부터 얻은 느낌이 활용되고 있지 않다.
② 패스트푸드점이라는 공간과 할머니로부터 얻은 느낌이 활용되고 있으나 이것을 내면화하고 있지 않다.
③ 버스 안이라는 공간과 버스 안의 사람들에 대한 관찰이 활용되고 있으나 이것을 내면화하고 있지 않다.
④ 도심의 빌딩이라는 공간이 주는 차가운 이미지와 늙은 청소부에게서 얻은 느낌이 활용되고 있으나 이것을 내면화하고 있지 않다.

179

시어, 시구의 의미와 기능 파악   정답 ③

정답 해설 (다)의 화자는 비록 지금은 외롭게 혼자 있지만, 누군가 자신을 불러만 준다면 언제든지 나갈 수 있다는 의지를 갖고 있다. 이는 '거문고'가 젖었지만 '소리'가 난다는 것과 '화로'의 '불씨'가 남아 있다는 부분에서 알 수 있다.

오답 피하기 ① 혼자 고요하고도 쓸쓸히 지내는 처지가 '홀로 앉아'나 '빈 뜰'이라는 시어를 통해 드러난다.
② '비'는 홀로 지내는 화자의 외로운 처지를 더욱 심화시킨다.
④ '진흙길'은 화자의 출입을 막는 장애물로, 아직 세상일에 미련이 남은 화자가 뜻을 펼치지 못하게 가로막고 있다.
⑤ '닫아걸고 있'겠다는 것은 화자가 자신의 뜻을 펼칠 수 있는 때가 올 때까지 기다리겠다는 의미이다.

적용 학습   본문 159∼160쪽

50 가 한용운, 「수의 비밀」

| 해제 | 이 작품은 임이 부재하는 현실을 감당하며 재회를 준비하는 화자의 모습을 통해 임에 대한 변함없는 사랑을 드러내고 있는 시이다. 화자는 임의 옷에 수를 놓으며, 임을 사랑하는 데서 오는 아픔을 감내하고 임에 대한 사랑을 성숙시켜 가고 있음을 보이고 있다. 경어체를 바탕으로, 임의 옷을 짓는 과정 속에서 드러나는 화자의 태도를 통해 화자의 내면적 심리를 형상화하고 있다.

| 주제 | 임에 대한 변함없는 사랑

| 구성 | • 1연: 옷을 지어 놓았으나 주머니에 수놓는 것은 미루는 화자
• 2연: 주머니를 짓다가 놓아두는 까닭

나 문정희, 「찔레」
수특 동일 작품

| 해제 | 이 시는 찔레의 이미지를 통해 사랑의 아픔과 그것의 승화를 형상화한 작품이다. 찔레는 가시를 품고 있는 나무이다. 찔레의 가시는 사랑의 아픔을 상징한다고도 할 수 있다. 비록 가시를 품고 있지만 찔레는 봄날 흰색의 아름다운 꽃을 송이송이 피운다. 이는 사랑의 아픔을 승화한 것을 의미한다고 볼 수 있다. 먼 여행에서 돌아온 사람이 홀가분하게 과거를 털어 낼 수 있듯이, 홀가분해져서 사랑의 고뇌와 아픔까지 포용한 '무성한', 즉 성숙한 사랑이 바로 찔레인 것이다.

| 주제 | 사랑의 아픔마저 포용하는 성숙한 사랑

| 구성 | • 1연: 한 그루 찔레가 되고 싶은 소망
• 2연: 과거의 사랑에 대한 회상
• 3연: 사랑의 아픔을 승화하려는 마음
• 4∼5연: 사랑하며 경험한 아픔
• 6∼7연: 사랑의 아픔까지 포용한 성숙한 사랑

연결 포인트

수능특강에서는 문정희의 「찔레」가 사랑과 이별이라는 주제 의식에 주목하여 김선우의 「낙화, 첫사랑」, 심노숭의 한문 수필 「아내의 무덤에 나무를 심으며」와 함께 출제되었습니다. 많은 문학 작품이 사랑과 이별을 다루지만 작가마다 지향하는 사랑과 이별의 수용 양상은 다릅니다. 어떤 작품에서는 이별의 슬픔마저 승화시켜 성숙한 사랑을 하겠다는 소망을 밝히고, 어떤 작품에서는 이별의 아픔을 담담히 수용하고 고통마저 감내하겠다는 의지를 드러냅니다.

2017학년도 4월 고3 학력평가에서는 문정희의 「찔레」가 한용운의 「수의 비밀」과 함께 출제되었습니다. 추상적인

관념을 구체적인 이미지로 형상화하고 있다는 점에 주목한 것입니다. 수놓는 금실을 따라서 바늘구멍으로 들어간다는 점과, 추억을 턴다거나 아픔이 출렁거린다는 점에서 추상적인 관념이 어떻게 구체적인 이미지로 표현되는지 살펴봅니다.

180

작품 간의 공통점, 차이점 파악　　　　　　　정답 ④

[정답 해설] (가)는 '나의 마음은 수놓는 금실을 따라서 바늘구멍으로 들어가고'에서, (나)는 '추억을 털며'와 '아픔이 출렁거려'에서 추상적인 관념을 구체적인 이미지로 표현하고 있다.

[오답 피하기] ① (가), (나) 모두 명암의 대비는 나타나지 않고 있다.

② (나)는 수미상관의 방식으로 시상을 마무리하고 있으나, (가)에는 수미상관의 방식이 드러나지 않고 있다.

③ (가), (나) 모두 자연물에 인격을 부여하고 있지 않다.

⑤ (가), (나) 모두 근경에서 원경으로 시선을 이동하고 있지 않다.

181

외적 준거에 따른 작품 감상　　　　　　　정답 ③

[정답 해설] '나의 마음이 아프고 쓰린'은 화자가 대상의 부재라는 자신의 현실을 인식하고 있는 것이므로, 주체적 선택과 극복 의지가 드러나 있다는 진술은 적절하지 않다.

[오답 피하기] ① '나의 손때가 많이 묻었습니다'는 〈보기〉의 '화자가 일상적 행위를 반복하면서도 그것을 종결짓지 않'는 것에 해당하므로 오랫동안 지속되었다고 짐작하는 것은 적절하다.

② '짓다가 놓아두고 짓다가 놓아두고'는 임의 부재가 환기되는 상황을 지연시키면서 그것을 부인하고 싶은 심리에 해당하므로 적절하다.

④ '맑은 노래가 나와서 나의 마음이 됩니다'는 화자가 '아프고 쓰린 때'에 수를 놓는 행위의 과정에서 '맑은 노래'가 된다고 했으므로 자기 정화가 동반된다는 점에서 적절하다.

⑤ '짓고 싶어서 다 짓지 않는 것입니다'는 임의 부재가 환기되는 상황을 지연시키려는 화자의 태도를 드러내므로 적절하다.

182

시어, 시구의 의미와 기능 파악　　　　　　　정답 ⑤

[정답 해설] [C]의 '말을 잃어갔다'는 과거의 아픔을 형상화하고 있고, [D]의 '무성한 사랑'은 '예쁘고 뾰족한 가시'를 매달고 있는 성숙한 사랑을 의미한다. 따라서 [D]로 인해 슬퍼하는 화자의 모습이 [C]에 나타난다고 볼 수 없다.

[오답 피하기] ① [A]의 '서 있고 싶다'는 [B]와 [D]에 반복적으로 서술되어 간절함을 부각하고 있으므로 적절하다.

② [A]의 '그리운 가슴'은 과거의 정서를 의미하고, [D]의 '꿈결'은 현재 상황에 대한 화자의 느낌을 보다 구체화하고 있다.

③ [B]에서 '꽃이 되었을 이름'을 통해 꽃이 되지 못한 화자의 아쉬움을 알 수 있고, [D]에서 '예쁘고 뾰족한 가시로 꽃 속에 매달고' '서 있고 싶다'를 통해 성숙한 모습의 꽃이 되고자 하는 소망을 알 수 있다.

④ [C]의 '우는 날이 많았었다'는 과거의 '그대 사랑하는 동안'에 일어난 일로 [B]의 '추억' 속의 화자의 모습에 해당한다.

적용 학습　　　　　　　　　　　　본문 161~162쪽

51 **가** 박목월, 「나무」

　　　수특 유사 작품

| 해제 | 이 작품은 여행 중에 본 나무의 각기 다른 세 가지 모습과 그에 대한 인상을 장소의 이동에 따라 표현하고 있는 산문 형태의 시이다. 평범한 일상 속에서 새로운 가치를 찾고 있던 화자는 바로 이 나무들을 통해 그동안 깨닫지 못했던 자신의 참모습을 발견하고 있는데, 자신 역시 나무와 마찬가지로 고독한 존재라는 점이 그것이다. 특히 마지막 부분에서 그러한 깨

달음이 마음속에 박힌 것을 나무들이 그 뿌리를 내 안에 깊이 펴고 있다고 함으로써 화자의 내면적 변화를 마치 대상이 그렇게 한 것처럼 전이(轉移)시켜 표현한 점이 돋보인다. 또한, 유사한 문장 구조를 반복하여 형태적인 안정감을 얻고 있으며, 쉼표를 이용한 호흡이 긴 문장을 사용해 차분한 분위기를 조성함으로써 성찰의 내용을 효과적으로 드러내고 있다.

| 주제 | 나무를 통한 삶의 성찰

| 구성 | • 유성에서 ~ 서 있었다.: 수도승 같은 늙은 나무에서 묵중함을 느낌.
  • 다음 날은 ~ 추워 보였다.: 과객 같은 나무에서 춥고 침울한 모습을 봄.
  • 공주에서 ~ 외로워 보였다.: 파수꾼 같은 나무에서 외로움을 느낌.
  • 온양에서 ~ 기르게 되었다.: 나무들이 내 안에 뿌리를 내림.

🌿 김선우, 「빌려줄 몸 한 채」
수특 유사 작품

| 해제 | 이 작품은 배추가 자라는 과정에 대한 관찰을 통해 희생의 의미를 발견하고, 삶과 죽음이 순환하는 생태적 원리 속에서 생명이 탄생한다는 깨달음을 표현하고 있는 시이다. 배추의 잎 몇 장이 스스로 겉잎이 되어 다른 존재에게 즐거이 자기 몸을 빌려주는 것은 자신을 희생하는 모습으로, 이는 '빌려줄 몸'을 통한 희생의 의미를 형상화한 것이다.

| 주제 | 배추의 성장 과정을 통한 자기희생의 의미 발견

| 구성 | • 1~2행: 배추의 성장에 대해 품었던 이전의 생각
  • 3~9행: 배추에서 결구가 생기기까지의 과정
  • 10~13행: 배추에 대한 깨달음을 얻었던 시간
  • 14~17행: 배추를 통해 깨달은 희생적 삶의 의미

연결 포인트

수능특강에서는 김선우의 「낙화, 첫사랑」이 사랑과 이별이라는 주제 의식에 주목하여 문정희의 「찔레」, 심노숭의 한문 수필 「아내의 무덤에 나무를 심으며」와 함께 출제되었습니다. 사랑과 이별의 수용 양상이 서로 다른 작품들을 보여 준 것입니다.
2015학년도 9월 고2 모의평가에서는 김선우의 「빌려줄 몸 한 채」가 박목월의 「나무」와 함께 출제되었습니다. 시 창작에서 자연이 중요한 원천이라는 것에 주목한 것입니다. 사람들은 자연과 소통하면서 삶의 진리를 깨닫기도 하고, 지친 삶을 위로받기도 합니다. 각 작품에서 자연물들이 화자와 어떤 관계를 맺고 있는지 살피며 감상해 봅니다.

183

화자의 정서 및 태도 파악　　　　　정답 ⑤

정답 해설 (가)의 화자는 여행의 과정에서 만난 여러 나무의 모습을 통해 얻은 삶에 대한 생각과 깨달음을 드러내고 있으며, (나)의 화자는 배추가 자라는 과정을 관찰한 결과 알게 된 삶의 이치에 대해 말하고 있다.

오답 피하기 ① (가)는 공간 변화에 따른 시상 전개를 보이고 있어 계절의 순환은 나타나지 않는다. 또한 (나)는 배추의 모종을 심어 배추를 기르면서 발견한 삶의 태도에 주목하고 있다.
③ (가)의 화자는 자신이 깨달은 삶의 의미를 드러내고 있을 뿐, 새로운 삶을 시작하는 세계를 희망하는 것은 아니다. (나)의 화자 역시 더불어 사는 삶에 대해 말하고 있을 뿐, 안정적인 삶을 살 수 있는 세계에 대해서는 언급하고 있지 않다.

184

시어, 시구의 의미와 기능 파악　　　　　정답 ②

정답 해설 화자는 여행에서 만난 나무를 통해 인간의 삶이란 묵중하기도 하고, 침울하기도 하며, 때로는 고독하다는 것을 깨닫게 되고, 이를 ⓒ과 같이 열거와 영탄을 통해 드러내고 있다. 즉 묵중·침울·고독은 화자가 여행을 통해 발견한 삶의 모습으로, 화자는 이를 받아들이고 있다. 따라서 화자가 삶의 모순에 대한 거부감을 드러내고 있다는 진술은 적절하지 않다.

오답 피하기 ① '수도승일까. 묵중하게 서 있었다.'는 짧은 의문문과 평서문의 연속으로 이루어져 있으며, 나무의 이미지가 수도승과 같이 묵중하게 있음을 나타내고 있다.
③ '~에게 몸을 주고'를 반복하여 의미를 강조하고 있다.
④ 배추의 결구가 생기는 것을 알불을 다는 것에 비유하고 있다.
⑤ '알게 된 것이다'의 목적에 해당하는 '~없다는 걸', '~않다는 걸'을 뒷행에서 진술하고 있다.

185

외적 준거에 따른 작품 감상 　　　　　　　정답 ①

정답 해설 (가)의 화자는 여행길에서 만난 '묵중한', '침울한', '고독한' 나무를 통해 삶의 본질적인 고독을 깨닫고 있는 것이지, 적극적 삶의 자세를 배우게 된 것은 아니다.

오답 피하기 ② (가)의 화자는 나무가 자신의 안에 뿌리를 펴고 있으며, 자신이 뽑아낼 수 없는 몇 그루의 나무를 기르게 되었다고 말하면서 나무와 자신을 동일시하고 있다.

③ (가)의 화자는 나무에 대해 묵중하고 침울하고 고독하다는 느낌을 가지면서 자신을 돌아보고 있다.

④ (나)의 화자는 배추를 통해 더불어 사는 삶의 중요성에 대해 배우고 있다.

⑤ 배추가 처음부터 속이 꽉 찬 상태로 자라는 줄 알고 있었던 (나)의 화자는, 배추의 성장 과정을 세밀하게 관찰하면서 자신의 생각이 잘못된 것임을 알게 된다.

적용 학습 　　　　　　　　　　　　본문 163~164쪽

52 **가** 김기림, 「연륜」

| **해제** | 이 작품은 지나온 삶을 성찰하며 앞으로 열정적인 삶을 살겠다는 다짐을 드러내는 시이다. '연륜(年輪)'은 나무의 나이테를 이르는 말로, 여러 해 동안 쌓은 경험에 의하여 이루어진 숙련의 정도를 나타낼 때 쓰인다. 화자는 지금까지 살아온 '서른 나문 해'가 '무너지는 꽃 이파리'처럼 덧없음을 느낀다. 큰 뜻을 이루지 못한 채 활력을 잃고 연륜만 쌓이는 초라한 삶을 살아왔다고 인식한 것이다. 이에 화자는 '육지'로 상징되는 과거와 단호히 결별하고 열렬한 삶을 살기 위해 '섬'이라는 이상적 공간으로 나아가겠다는 의지를 밝히고 있다.

| **주제** | 초라한 삶에서 벗어나 열정적인 삶을 살겠다는 의지

| **구성** | • 1연: 지나온 삶
　　　　• 2연: 펼치지 못한 꿈
　　　　• 3연: 이상 세계로 나아감.
　　　　• 4연: 이상 세계의 모습
　　　　• 5연: 뜨거운 삶을 살겠다는 의지

나 김광규, 「대장간의 유혹」

수특 유사 작품

| **해제** | 이 작품은 주체성과 개성을 상실한 채 살아가는 현대인들의 삶을 비판적으로 인식하고, 참된 삶의 가치를 회복하고자 하는 소망을 담고 있는 시이다. 이런 주제 의식을 드러내기 위해 이 작품에서는 대립되는 성격의 소재와 공간을 설정하고 있다. '플라스틱 물건'은 소모적이고 몰개성적인 도시인의 삶을 상징하고, '시퍼런 무쇠 낫'과 '꼬부랑 호미'는 개성적 삶을 상징하는 소재이다. 또 '현대 아파트'는 도시적 일상의 공간이고, '털보네 대장간'은 도시화·산업화로 인해 사라진 공간이다. 화자는 전자에서의 삶이 '똥덩이'처럼 무가치하고 쓸모없는 것이라고 느껴 후자에서의 삶을 회복하고자 하는 바람을 나타내고 있다.

| **주제** | 도시적 삶에 대한 성찰과 참된 삶을 회복하고자 하는 소망

| **구성** | • 1~6행: 가치 없는 삶에 대한 자기비판
　　　　• 7~9행: 털보네 대장간에 가고 싶은 마음
　　　　• 10~18행: 개성적이고 가치 있는 존재로 인식되고 싶은 소망
　　　　• 19~25행: 지난 삶에 대한 반성과 참된 자아의 모습 추구

연결 포인트

수능특강에서는 김광규의 「희미한 옛사랑의 그림자」가 역사적 사건을 배경으로 경제적 안정에 매몰된 소시민의 삶에 주목하여 안수길의 소설 「제3인간형」과 함께 출제되었습니다. 두 작품 모두 서로 다른 삶의 모습을 대조적으로 제시하면서 신념의 지향과 생활의 순응 사이에 놓인 소시민의 성찰적 내면을 그린다는 공통점이 있습니다.

2022학년도 6월 모의평가에서는 김광규의 「대장간의 유혹」이 김기림의 「연륜」과 함께 출제되었습니다. 두 작품 모두 결핍된 상황에서 벗어나려는 의지를 구심점으로 삼아 시상을 전개한다는 공통점이 있습니다. 하지만 「연륜」은 축적된 인생 경험에서, 「대장간의 유혹」은 현대인이 추구하는 편리함에서 결핍을 발견하고 일상에서의 경험을 재해석합니다. 두 작품 간의 공통점과 차이점을 찾아 가며 문항들을 해결해 봅니다.

186

표현상의 특징 파악 　　　　　　　정답 ④

정답 해설 (가)에서는 '서른 나문 해'가 '꽃 이파리처럼' 무너져 발 아래 깔렸다는 표현을 통해, 지금까지의

자신의 삶이 초라하고 보잘것없었음을 드러내고 있다. (나)에서는 '나'가 '아득한 나락으로 떨어져 내리는 / 똥덩이처럼 느껴질 때'가 있다는 표현을 통해, 지금까지의 자신의 삶이 무가치하고 쓸모없었음을 드러내고 있다. 이처럼 (가)와 (나)는 하강적 이미지의 '꽃 이파리'와 '똥덩이'를 통해 자신의 삶에 대한 화자의 인식을 드러내고 있다.

오답 피하기 ① (가)에는 과정을 나타내는 시어들이 나열되어 있지 않으며 시간의 급박한 흐름도 드러나고 있지 않다.

② (나)의 화자는 '가던 길을 멈추고 문득 / 어딘가 걸려 있고 싶다'고 하며 화자의 움직임을 드러내고 있지만 움직임을 자연에 빗대고 있지 않다.

③ (가)에서도 '비취빛', '불꽃'과 같은 색채어를 활용하고 있다.

⑤ (가)와 (나)는 모두 청자가 표면에 드러나고 있지 않다.

187

시어, 시구의 의미와 기능 파악   정답 ⑤

정답 해설 (가)의 '또한'은 '그것과 같게'라는 뜻으로, 대상과의 동질성을 나타낼 때 쓰는 말이다. 화자는 '또한'을 통해 자신 역시 불꽃 같은 삶을 살겠다는 의지를 강하게 드러내고 있다. (나)의 '마구'는 '함부로'라는 뜻으로, 부정적 상황을 나타낼 때 쓰는 말이다. 화자는 '함부로'를 통해 자신이 함부로 취급되는 '플라스틱 물건'과 비슷하게 취급받고 있음을 밝히고 있다. 따라서 '마구'를 화자가 자신과 '플라스틱 물건' 간의 차별성을 강조하기 위해 사용한 말로 볼 수는 없다.

오답 피하기 ① (가)의 '열렬히'는 화자가 '불꽃처럼' 살겠다는 의지를 드러내는 말이다.

② (나)의 '한꺼번에'는 플라스틱 물건이 대량으로 동일하게 만들어지는 것을 나타내며, '하나씩'은 호미나 낫이 대장간에서 개별적으로 만들어지는 것을 나타내는 말이다.

③ (나)의 '온통'은 '지금까지 살아온 인생'을 성찰했을 때 전부 다 부끄럽다는 것을 나타내는 말이다.

④ (가)의 '날로'는 화자의 뜻이 시간이 지날수록 굳어

감을, (나)의 '당장'은 '플라스틱 물건처럼 느껴'지는 느낌을 벗어나고 싶은 절박감을 나타내는 말이다.

188

외적 준거에 따른 작품 감상   정답 ②

정답 해설 (가)의 '주름 잡히는 연륜'은 '피려던 뜻'이 굳어 이루어진 것으로, 이는 화자가 추구하고자 했던 바를 이루지 못한 채 나이만 들어가고 있음을 표현한 것이다. 한편 '불꽃'은 화자가 추구하려는 열정적 삶의 태도를 의미하며 '연륜'에는 '불꽃'과 같은 열렬함이 결핍되어 있다. 따라서 '불꽃'이 '연륜'에 결핍되어 있는 속성을 끊을 수 있는 수단이라고 보기는 어렵다.

오답 피하기 ① (가)의 '서른 나문 해'는 화자가 살아온 인생으로, 꿈을 펼치지 못한 인생을 의미한다.

③ (나)의 '털보네 대장간'은 호미와 낫이 하나하나 정성껏 만들어지는 공간으로, 화자가 동경하는 공간이다.

④ (나)에서 '걸려 있고 싶다'고 한 것은 '털보네 대장간'에서 만들어진 물건들과 같은 처지가 되고 싶은 심정을 나타낸 것이다.

⑤ (가)의 '육지'는 이상 세계인 '섬'과 대비되는 공간이며, (나)의 '버스'는 '플라스틱 물건'과 같은 느낌을 받는 공간이다. '육지'와 '버스' 모두 현재 화자의 결핍과 관련이 있다.

적용 학습   본문 165~166쪽

53   가   박재삼, 「겨울나무를 보며」

| 해제 | 이 시는 나무의 모습을 인간의 삶에 대응시켜 노래한 작품이다. 화자는 온통 산발을 하고 어지럽게 흔들리며 자라난 나무의 모습에서 스물 안팎의 젊은 시절 숨 가쁘게 살았던 자신을 떠올린다. 또 잎사귀를 떨어내고 부끄럼 없이 시원하게 벗을 것을 벗어 버린 앙상한 겨울나무의 모습에서 마흔 가까운 중년의 자신을 발견하고 있다. 그리고 화자는 탕에 들어앉아, 벗을 것을 벗어 버린 겨울나무와 같이 비로소 자신의 참모습을 조금씩 확인해 나가고 있다.

| 주제 | 겨울나무에서 발견하는 삶의 의미
| 구성 | • 1연: 청년기의 방황과 열정
　　　• 2연: 중년기의 원숙한 모습
　　　• 3연: 겨울나무를 통해 발견하는 삶의 의미

◀ ◀ 김남조, 「설일」
　　　수특 동일 작품

| 해제 | 이 시는 자연을 통해 섭리를 깨닫고 고독감으로부터 벗어나 겸허하고 너그러운 삶을 살고자 하는 화자의 다짐이 잔잔하고 섬세하게 그려져 있는 작품이다. 화자는 바람에 흔들리는 겨울나무를 보면서, 혼자 서 있는 것처럼 보이는 겨울나무가 외롭고 쓸쓸하게 느껴지지만, 실상은 바람이 겨울나무와 함께하고 있다는 사실을 깨닫고 이 세상 누구도 혼자가 아니라는 생각을 하게 된다. 이를 바탕으로 삶의 시련이나 고통은 모두 은총과 섭리라는 것을 깨닫게 되고, 삶을 너그럽고 겸허하게 살아가겠다는 결심을 하게 된다. 눈 오는 새해에 은총과 섭리를 느끼며 겸허한 삶을 살고자 하는 화자의 모습이 시각적 이미지를 통해 섬세하게 그려져 있는 작품이다.

| 주제 | 겸허한 삶을 살아가려는 새해의 다짐
| 구성 | • 1연: 겨울나무와 바람이 함께 있는 모습
　　　• 2연: 이 세상 누구도 혼자가 아니라는 인식
　　　• 3연: 삶과 사랑에 대한 깨달음
　　　• 4연: 너그럽고 겸허하게 살겠다는 다짐
　　　• 5연: 새해를 맞이하는 순수한 마음

◀ 연결 포인트

수능특강에서는 김남조의 「설일」이 고정희의 「상한 영혼을 위하여」, 이청준의 수필 「아름다운 흉터」와 함께 출제되었습니다. 세 작품 모두 인식의 주체가 관찰과 사색을 통해 별개의 대상들에 존재하는 유사성을 발견하게 되면 그 주체의 인식이 확대된다는 공통점에 주목한 것입니다. 「설일」은 겨울나무에 대한 관찰과 사색을 통해 너그러운 삶의 태도를 다짐하는 작품이며, 「상한 영혼을 위하여」는 고통을 대면하고 수용하는 성숙한 삶의 태도를 노래한 작품입니다. 「아름다운 흉터」 역시 시련과 고통을 성실히 극복해 가는 삶의 가치를 주제 의식으로 하는 작품입니다.

2016학년도 수능완성 B형에서는 김남조의 「설일」이 박재삼의 「겨울나무를 보며」와 함께 출제되었습니다. 삶의 의미에 대해 화자가 깨달음을 얻었다는 점을 공통점으로 파악한 것입니다. 「겨울나무를 보며」는 나무의 모습을 인간의 삶에 대응시키고 있는 작품입니다. 자연을 통해 얻은 화자의 깨달음에 주목하여 작품을 감상해 봅니다.

189

작품 간의 공통점, 차이점 파악　　　　　　정답 ③

정답 해설 (가)에서는 '수풀이 온통 산발'을 한다든지, 나무들이 '나를 향해 / 손을 흔들며' 다가오고 있다고 함으로써 사물을 의인화하고 있다. (나)에서도 바람이 '머리채'가 길다고 표현함으로써 대상을 의인화하고 있다.

오답 피하기 ① (가)에는 원경과 근경의 교차가 나타나지 않는다.
② (나)에는 묻고 답하는 형식이 사용되고 있지 않다.
④ (가)에는 설의적 표현이 사용되지 않았다. (나)에는 '하늘만은 함께 있어 주지 않던가'에서 설의적 표현이 사용된 것을 확인할 수 있다.
⑤ 감탄사는 '야', '네', '아'처럼 부름, 대답, 느낌 등을 나타내는 데 쓰이는 말을 가리킨다. (가), (나)에서는 이러한 감탄사가 사용되고 있지 않다.

190

화자의 태도 및 어조, 정서 파악　　　　　　정답 ④

정답 해설 [A]에서 화자는 겨울나무와 같이 '벗을 것을 벗어' 버리고 욕탕에 앉아서 자신의 삶을 관조하며 참다운 삶의 본질을 인식하게 되는 모습을 보여 주고 있다. '그것들이 나를 향해 / 손을 흔들며 / 기쁘게 다가오고 있는 것 같음을' 확인한다는 것에서 삶의 의미를 깨닫는 화자의 모습을 찾을 수 있다. [B]에서도 화자는 겨울나무와 바람이 어울려 있는 모습을 통해 자신을 비롯해 이 세상 누구도 혼자가 아니며 우리의 삶도 고독하지 않다는 깨달음을 얻고 있다.

오답 피하기 ① [A]와 [B]에서 화자는 자신의 삶에 대한 인식을 통해 깨달음을 얻고 있으므로 내적 갈등이 심화되고 있다고 할 수 없다.
② [A]와 [B]에서는 삶의 의미에 대해 깨달음을 얻은 화자의 모습이 드러나고 있을 뿐, 화자가 지향하는 이상향의 모습은 찾을 수 없다.
③ [A]와 [B]는 겨울나무라는 자연물을 통해 삶의 의미를 깨닫게 된 화자의 모습을 담아내고 있을 뿐 현실의 부정적 측면을 드러내고 있는 것은 아니다.
⑤ [A]에서 화자는 세상과 단절되어 있는 것이 아니

므로 세상과 소통하고자 하는 욕망이 드러난다고 할 수 없다. [B]에서도 화자는 누구도 혼자가 아니라는 인식을 얻고 있는 것이지 세상과 소통하고자 하는 욕망을 드러내고 있지는 않다.

191

시어의 함축적 의미 파악　　　　　　　　**정답 ⑤**

정답 해설 (나)에서 은총과 섭리를 깨달은 화자는 겸허하고 너그럽게 이 세상을 살아가겠다는 다짐을 한다. ⑩은 이러한 화자가 새해를 맞이하면서 순수한 마음을 가지게 되었음을 보여 주고 있다. 따라서 이상과 현실의 괴리로 인해 비애가 나타나 있다고 하는 것은 적절하지 않다.

오답 피하기 ① (가)에서 '숨 가쁜 나무'는 화자의 '스물 안팎' 젊은 시절의 삶을 상징적으로 보여 주는 표현이다. '스물 안팎 때' 화자는 '먼 수풀이 온통 산발을 하고 / 어지럽게 흔들어 / 갈피를 못 잡는 그리움에 살았다.'며 혼란스러웠음을 토로하고 있다.
② (가)에서 화자는 겨울나무가 잎사귀들을 떨어낸 모습을 '시원하게 벗을 것을 벗어 버린' 것으로 표현하고 있다. 이를 통해 겨울나무의 모습을 화자가 긍정적으로 인식하고 있음을 알 수 있다.
③ (나)에서 화자는 겨울나무가 외롭고 쓸쓸하게 느껴지지만, 실상은 바람과 함께하고 있기에 외롭지는 않다고 인식하고 있다.
④ (나)의 ⓔ에서 화자는 지금까지의 모습과는 달리 너그럽게 이 세상을 살아가겠다는 태도를 드러내고 있다. 여기에서 화자의 포용적인 자세가 드러난다고 할 수 있다.

적용 학습　　　　　　　　본문 167~168쪽

54 고정희, 「상한 영혼을 위하여」
수특 동일 작품

| 해제 | 이 시는 미래에 대한 낙관적인 믿음을 바탕으로 어려운 상황을 뚫고 나아가려는 강인한 의지를 노래하고 있는 작품이다. 상한 갈대와 같은 존재든 뿌리 없는 부평초와 같은 존재든 우리가 갖추어야 할 삶의 태도는 고통을 피하는 것이 아니라, 고통을 적극적으로 수용하고 이를 극복하려는 자세라는 것이다. 화자의 이러한 믿음은 뿌리가 깊으면 밑동이 잘려도 새순이 돋는 갈대와, 뿌리 없이 흔들리는 부평초지만 물 고이면 꽃은 피더라는 자연 현상에 근거를 두고 있다. 이러한 것이 자연의 이치이므로 '고통'은 거부할 필요가 없으며 오히려 우리에게 충분히 흔들리자고 말한다. 심지어 고통과 살을 맞대며 가자고 말한다. 외로움을 작정하며 목숨을 거는 강인한 의지를 가지면 고통과 설움의 땅을 벗어나 '뿌리 깊은 벌판'에 도달할 수 있다고 보는 것이다. 그러면서 영원한 슬픔은 없다는 생각과, 고통을 함께 극복할 존재인 '손 하나'를 통해 이러한 낙관을 강하게 확신하고 있다.

| 주제 | 어려운 상황에 대한 극복 의지 다짐

| 구성 | • 1연: 상한 영혼에게 고통을 받아들이라고 요청함.
　　　• 2연: 고통의 존재에게 함께 갈 것을 제안함.
　　　• 3연: 뿌리 깊은 벌판에서 마주 잡을 손을 기다림.

◀ **연결 포인트**

수능특강에서는 고정희의 「상한 영혼을 위하여」가 김남조의 「설일」, 이청준의 수필 「아름다운 흉터」와 함께 출제되었습니다. 세 작품 모두 인식의 주체가 관찰과 사색을 통해 별개의 대상들에 존재하는 유사성을 발견하게 되면 그 주체의 인식이 확대된다는 공통점에 주목한 것입니다. 「설일」은 겨울나무에 대한 관찰과 사색을 통해 너그러운 삶의 태도를 다짐하는 작품이며, 「상한 영혼을 위하여」는 고통을 대면하고 수용하는 성숙한 삶의 태도를 노래한 작품입니다. 「아름다운 흉터」 역시 시련과 고통을 성실히 극복해 가는 삶의 가치를 주제 의식으로 하는 작품입니다.

2014학년도 9월 모의평가 A형에서는 고정희의 「상한 영혼을 위하여」가 단독으로 출제되었습니다. 이때에는 시어나 시구의 의미를 파악해 보는 활동에 주목했습니다. 고통을 피하지 않고 적극적으로 수용하려는 자세를 염두에 두고 작품을 감상해 봅니다.

192

표현상의 특징 파악　　　　　　　　**정답 ①**

정답 해설 '대구'란 비슷한 어조를 가진 구절을 짝 지어 표현의 효과를 높이는 방법이다. 이 시에서는 2연의 '이 세상 어디서나 개울은 흐르고 / 이 세상 어디서나 등불은 켜지듯'이나 '외롭기로 작정하면 어딘들 못 가랴 / 가기로 목숨 걸면 지는 해가 문제랴', 3연의 '영원한 눈물이란 없느니라 / 영원한 비탄이란 없느니라'에서 찾아볼 수 있다. 비슷한 어조를 가진 두 행이 짝 지어져 있기 때문에 화자가 드러내고자 하는 의미를 강조하는 효과를 얻을 수 있다.

오답 피하기 ② '새순'이나 '꽃'이라는 시어가 등장하기는 하지만 혹독한 겨울이 지나면 봄이 온다는 계절의 흐름을 바탕으로 하고 있는 것은 아니다.

③ 의인화도 보이지 않고 있을 뿐만 아니라 화자는 냉소적 태도가 아니라 낙관적 믿음을 바탕으로 한 강인한 의지적 태도를 드러내고 있다.

④ '상한 영혼이여'나 '고통에게로 가자' 등에서 '영혼', '고통' 등의 관념적 대상을 찾아낼 수는 있다. 하지만 추상적 관념어들이 구체적인 대상인 양 형상화되고 있는 것이지, 이들이 공감각적인 이미지로 묘사되고 있는 것은 아니다.

⑤ 이 작품은 과거 회상이 아니라 자연 현상이나 인간 세상의 이치에 대한 믿음을 바탕으로 하고 있다. 또한 화자 자신을 반성적으로 바라보는 것과도 거리가 멀다.

193

작품의 내용 이해   **정답 ③**

정답 해설 '새순'은 '밑둥 잘리어도' 돋는 것이며, '등불'은 '이 세상 어디서나' 켜지는 것으로 형상화되고 있다. 갈대의 밑둥이 잘리는 것은 갈대에게 일종의 고난이라고 볼 수 있을 것이다. 따라서 잘려도 '새순'이 돋는 것은 갈대가 이러한 고난을 이겨 낼 수 있음을 암시한다고 볼 수 있다. 한편 '등불'은 어둠을 밝히는 존재인데, 세상 어디에서도 '등불'은 켜진다는 것은 세상이 어두워지더라도 밝은 빛은 존재한다는 뜻이다. 어둠은 고난의 속성을 가지고 있으므로 '등불'은 고난 극복의 가능성을 암시하는 것이다.

오답 피하기 ① '밑둥'은 밑동을 가리키는 말로 나무줄기에서 뿌리에 가까운 부분이다. 따라서 '밑둥 잘리어도'는 실존적 위기감을 상징하는 것으로 볼 수 있다. 한편 '개울'은 '등불'과 마찬가지로 세상 어디에서나 찾을 수 있는 것이므로, 오히려 고난 극복의 가능성을 상징하는 것으로 볼 수 있다.

② 상한 갈대가 '한 계절' 동안 '넉넉히' 흔들린다고 했으므로 '한 계절'은 상한 갈대가 감내할 수 있는 시간이다. 따라서 '한 계절'은 극한 상황을 비유한 것으로

보기 어렵다.

④ [A]와 [B] 모두에서 현실이 고통스러울지라도 이것을 적극적으로 받아들이고 이겨 낼 수 있는 자세가 중요하다고 말하고 있다. 따라서 현실의 부정적 측면을 비판하고자 하는 어조를 찾을 수 없다.

⑤ [A]에서 [B]로 전개되면서 화자의 낙관적 믿음과 의지적 태도가 반복적으로 변주되고 있다. 따라서 화자의 태도가 소극적으로 변화했다고 볼 수 없다.

194

감상의 적절성 평가   **정답 ③**

정답 해설 〈보기〉에 따르면 3연의 '바람'은 막을 수 없는 것임에 틀림없다. 하지만 3연은 계속해서 '영원한 눈물'과 '영원한 비탄'도 없다고 말하고 있다. 즉 고난을 막기 어렵다고 해서, 이러한 고난이 영원히 지속되리라고 생각해서는 안 된다는 것임을 노래하고 있는 것이다. 그리고 ⊙은 '고통과 설움의 땅'을 지나서 도달하는 공간이므로 긍정적 공간임에 틀림없다. 따라서 ⊙을 영원한 운명의 구속에서 벗어날 수 없는 공간으로 해석하는 것은 적절하지 않다.

오답 피하기 ① 1연에서 '갈대'처럼 흔들리는 존재도 '뿌리 깊으면야' 새순이 돋는다고 했다. 뿌리가 깊다는 것은 그만큼 튼튼하고 굳건하다는 의미를 가지므로 ⊙ 역시 굳건한 이미지를 가진다.

② ⊙의 '벌판'은 갈대가 뿌리를 박은 채 자라야 하는 지상의 공간이므로 '하늘'에 대응하는 현실적 삶의 공간으로 볼 수 있다.

④ 3연에서 화자는 고통이 영원하지는 않지만, 그 고통을 피할 수도 없는 것이라고 노래하고 있으므로 ⊙은 피할 수 없는 시련에 맞서야 하는 공간임을 알 수 있다.

⑤ '손'은 '캄캄한 밤'과 대비되고 '오고 있는' 것이므로, 희망을 암시하는 존재이다. 또한 '벌판'에 서서 이것을 기다리고 있는 것이므로 ⊙은 희망이 예비된 공간으로 볼 수 있다.

55 **가** 한국 전쟁에 대한 시적 인식

| 해제 | 이 글은 한국 전쟁의 참상과 이에 대응하는 전후시의 특성을 설명하고 있다. 한국 전쟁은 민족 공동체의 이상과 인간 성에 대한 신뢰에 깊은 상처를 남겼다. 이에 전후시는 전쟁의 참상을 고발하고 극복의 의지를 형상화하는 것으로 한국 전쟁의 상처에 대응한다. 박봉우의 「나비와 철조망」, 구상의 「초토의 시 8 – 적군 묘지 앞에서」도 이러한 맥락에서 이해할 수 있다.

| 주제 | 한국 전쟁의 참상에 대응하는 전후시의 특징과 가치

| 구성 | • 1문단: 한국 전쟁의 특징과 영향
　　　• 2문단: 전후시의 등장 배경과 의미

나 박봉우, 「나비와 철조망」

| 해제 | 이 작품은 전쟁과 분단에 대한 인식과 극복의 모색을 그리고 있는 시이다. 화자는 '나비'의 여정이라는 우의적 표현을 바탕으로 '철조망', '생채기', '꽃밭', '피' 등의 상징적 시어를 활용하면서 분단 현실의 극복에 대한 지향과 어려움을 토로하고 있다.

| 주제 | 분단의 아픔과 현실 극복의 염원

| 구성 | • 1연: 지친 날개에도 시퍼런 강과 산을 넘어야 하는 나비
　　　• 2연: 모진 바람에도 피비린내 나게 싸우는 나비
　　　• 3연: 역경과 고난에도 더 날아가야 하는 나비
　　　• 4연: 벽의 정체를 알며 날기를 멈추지 않는 나비
　　　• 5연: 마지막 꽃밭을 그리며 날아가는 나비

다 구상, 「초토의 시 8 – 적군 묘지 앞에서」

수특 동일 작품

| 해제 | 이 작품은 15편으로 구성된 연작시의 여덟 번째 작품으로, 전쟁으로 황폐해진 현실을 초토로 인식하면서 분단의 현실을 마주하고 전쟁의 상처를 인간성의 회복으로 치유하려는 의지를 보인 시이다. 전사자의 묘지는 전쟁의 참상을 환기하는 곳이다. 화자는 이 장소에서 적개심과 미움이 어린, 적군과 아군이라는 구분을 넘어 적군 전사자의 원한을 자신의 바람에 담고 그들의 넋을 추모한다. 이러한 모습에서 연민과 사랑으로 전쟁의 비극을 넘어서려는 의지를 엿볼 수 있다.

| 주제 | 적군 묘지 앞에서 느낀 전쟁의 아픔과 치유의 의지

| 구성 | • 1연: 눈을 감지 못한 적군 묘지의 넋들
　　　• 2연: 적군 전사자의 묘를 만드는 행위와 그 의미
　　　• 3연: 분단으로 인해 고향으로 돌아가지 못하는 '나와 너희'
　　　• 4연: 분단된 현실에 대한 답답함

　　　• 5연: 적군의 풀지 못한 원한에 대한 연민과 이해
　　　• 6연: 분단의 아픔과 대비되는 자연의 풍경
　　　• 7연: 추모와 애도를 통한 현실 극복의 의지

▶ 연결 포인트

　수능강에서는 구상의 「초토의 시 8 – 적군 묘지 앞에서」가 임철우의 소설 「아버지의 땅」과 함께 출제되었습니다. 두 작품 모두 6·25 전쟁을 소재로 한 것입니다. 6·25 전쟁은 우리 문학의 주요한 소재 중 하나입니다. 우리 문학은 6·25 전쟁의 현실을 다양한 방식으로 재현하면서 전쟁의 참상과 상처를 드러내고 치유의 방향을 제시합니다. 「초토의 시 8 – 적군 묘지 앞에서」는 전사한 적군의 마음을 헤아리고 연민하며 그들을 애도하는 모습을 통해 전쟁의 상처를 치유하려는 소망을 드러낸 작품입니다.

　2021학년도 수능특강에서는 한국 전쟁에 대한 시적 인식을 설명한 글과 함께 구상의 「초토의 시 8 – 적군 묘지 앞에서」, 박봉우의 「나비와 철조망」이 함께 출제되었습니다. 한국 전쟁의 참상과 이에 대응하는 전후시의 특성을 보여 주는 작품으로 활용된 것입니다. 박봉우의 「나비와 철조망」은 전쟁과 분단에 대한 인식과 함께 전쟁의 극복을 모색하고 있는 시입니다. 전후시의 특징과 가치에 대해 생각해 보며 문항을 풀어 봅니다.

195

작품 간의 공통점, 차이점 파악　　　　　정답 ②

정답 해설 (나)에서는 '철조망', (다)에서는 '방아쇠', '포성'이라는 금속성의 이미지를 활용하여 분단과 전쟁의 문제를 환기하고 있다.

오답 피하기 ① (나)에서는 청자를 호명하는 방식을 찾을 수 없으며, (다)에서는 '너희'라는 용어로 청자를 지칭하지만 호명하는 방식으로 볼 수 없다.
③ (나)와 (다)는 모두 수미상관의 구조를 취하고 있지 않다.
④ (나)에서는 공감각적 이미지를 찾을 수 없으며, (다)에서는 정서 변화를 감각적으로 드러내기 위해 사용한 공감각적 이미지를 찾을 수 없다.
⑤ (나)와 (다)가 그리고 있는 것은 전쟁과 분단의 상처와 극복의 모색으로, 자연과 인간의 조화로운 모습과는 거리가 있다.

196

외적 준거에 따른 작품 감상   정답 ④

정답 해설 (가)에 따르면 전후시가 그리는 것 중 하나가 전쟁과 분단의 상처인데 (다)에서는 '봄 하늘'과 '구름'이 초토의 현실과 대비되면서 분단의 아픔을 부각하고 있다. 이런 점에서 '봄 하늘'과 '구름'이 대립 구도를 이루면서 전쟁의 상처를 부각한다는 진술은 적절하지 않다.

오답 피하기 ① (가)에 따르면 (나)는 우의적 표현을 통해 전쟁으로 고착되는 분단의 문제를 제기하는데, 이때 우의적 표현은 '나비'의 여정을 가리킨다.
② (가)에 따르면 (나)는 분단에 대한 인식과 현실 극복의 어려움을 드러내기 위해 상징적 시어를 사용하는데, (나)에 쓰인 '생채기', '피'는 현실 극복의 어려움을 상징하는 것이다.
③ (가)에 따르면 (다)는 초토의 공간들을 통해 전쟁의 참상을 환기하는데, 대표적인 공간이 바로 전사자들이 묻힌 묘지이다.
⑤ (가)에 따르면 (나)와 (다)는 전쟁으로 고착되는 분단의 아픔을 그리는데, (나)에서는 '몇 〈마일〉'을 통해 분단의 거리를, (다)에서는 '삼십 리'라는 시어를 통해 분단된 곳까지의 거리를 표현하고 있다.

197

시어, 시구의 의미와 기능 파악   정답 ⑤

정답 해설 (가)에 따르면 (나)는 분단의 인식과 현실 극복의 모색을 그린 시로, '벽'은 여정의 과정에서 알게 된 것이자 어설픈 표시라는 점에서 분단이라는 현실의 문제 또는 분단의 허상을 의미한다고 볼 수 있다. 따라서 '벽'을 현실 극복의 조력자로 이해하는 것은 적절하지 않다.

오답 피하기 ① '시푸런 강과 또 산'은 '별일 없이 보'내기 위해 '나비'가 넘어야만 하는 것으로 제시된다는 점에서 현실 극복의 장애물을 표현한 것이다.
② '첫 고향의 꽃밭'은 향기와 맞물려 강렬히 바라는 마음을 불러일으킨다는 점에서 현실 극복의 염원이 담겨 있다.
③ '날개'는 여정이 계속될수록 지치고 젖는다는 점에

서 현실 극복의 과정에서 겪는 고난을 암시한다.
④ '바람'은 '나비'의 여정에서 거듭 불어오는 모질고 시린 것이라는 점에서 현실 극복이 어려운 과제임을 암시한다.

198

시상 전개 방식 파악   정답 ②

정답 해설 '방아쇠를 당기던'을 '떼마저 입혔거니'로 전환한 것은 전쟁에서 치열하게 싸우던 적군이지만 그의 죽음은 추모하려는 태도이다. 따라서 이러한 전환이 죽음의 불가피성을 인정하는 화자의 냉철한 인식을 드러낸다는 이해는 적절하지 않다.

오답 피하기 ① 1연에서 화자는 묘지를 보며 '눈도 감지 못하였겠구나'라고 탄식하는데, 이는 전사자들의 원통함을 이해하려는 태도이다.
③ 4연에서 화자는 '무인공산'의 적막에서 '천만근'의 무게감을 느끼는데, 이는 전쟁의 폭력으로 피폐해진 분단 현실에 대해 답답해하는 모습이다.
④ 5연에서 화자는 살아서는 '미움'으로 맺힌 인연이 죽어서는 '바램'으로 연결되었음을 고백하는데, 이러한 대조에서 '너희'를 대하는 화자의 태도가 변화하였음을 엿볼 수 있다.
⑤ 7연에서 화자는 '은원의 무덤 앞에 / 목 놓아 버'리는데, 이러한 행위에서 인간성의 회복을 통해 전쟁의 상처를 치유하려는 화자의 마음을 엿볼 수 있다.

실전 학습

001 ⑤	002 ④	003 ②	004 ⑤	005 ②	006 ②
007 ①	008 ⑤	009 ⑤	010 ⑤	011 ①	012 ④
013 ③	014 ①	015 ②	016 ④	017 ③	018 ④
019 ④	020 ②	021 ⑤	022 ①	023 ⑤	024 ③
025 ④	026 ③	027 ②	028 ⑤	029 ②	030 ①
031 ②					

실전 학습　　　　　　　　　　　　　　　본문 174~175쪽

01 가 월산 대군, 「추강에 밤이 드니 ~」
수특 유사 작품

| 해제 | 이 작품은 유유자적하는 자연 친화적 삶을 통해 풍류 의식과 한정(閑情)을 드러낸 시조로, 화자는 낚시로 고기를 잡는 데 집착하지 않고 탈속적인 공간에서 한가롭게 즐기는 무욕의 심정을 드러내고 있다. 가을 강의 밤경치와 달빛 아래 낚시를 드리우는 정경이 잘 어우러져 한 폭의 동양화를 보는 듯한 느낌을 주고 있다.

| 주제 | 가을 달밤의 정취와 한정(閑情)

| 구성 | • 초장: 밤이 되어 물결이 찬 가을 강
　　　• 중장: 낚시를 드리워도 고기가 잡히지 않음.
　　　• 종장: 달빛만 싣고 빈 배로 돌아옴.

나 신흠, 「냇ᄀ에 히오라바 ~」

| 해제 | 이 작품은 광해군 때 당쟁의 심각한 폐해를 체험한 작가가 냇가의 해오라기와 물속의 고기에 빗대어 현실을 풍자한 시조이다. 아무런 욕심 없이 물속에서 평화롭게 지내는 고기와 호시탐탐 고기를 잡으려고 엿보는 해오라기를 대조하여 당쟁을 중지하고 조정이 화목할 것을 바라는 심정을 노래하고 있다. 다른 시조에 나타나는 자연 친화적 이미지와는 달리 이 작품에서 해오라기는 남을 해치려는 부정적인 속성을 지닌 대상으로 제시되고 있다.

| 주제 | 당쟁의 폐해를 막고 조정이 화목하기를 바람.

| 구성 | • 초장: 냇가에 서 있는 해오라기
　　　• 중장: 물속의 고기를 엿보는 해오라기
　　　• 종장: 해오라기가 고기를 노리지 말고 내버려 두기를 바람.

다 김상헌, 「가노라 삼각산아 ~」

| 해제 | 이 작품은 병자호란 때 청나라에 대해 결사 항전을 주장하던 화자가 전쟁 후 청나라의 심양으로 끌려가면서 지은 시조이다. 척화파의 중심인물로 기개를 잃지 않았던 화자의 절절한 안타까움과 비분강개의 심정이 담겨 있다.

| 주제 | 고국을 떠나는 안타까운 심정

| 구성 | • 초장: 한양(삼각산, 한강수)를 떠나는 상황
　　　• 중장: 고국산천을 떠나고 싶지 않음.
　　　• 종장: 시절이 뒤숭숭해 돌아올 날을 기약할 수 없음.

연결 포인트

수능특강에서는 정민의 「그림과 시」라는 글이 제시된 후, 이달의 한시 「불일암 인운 스님에게」가 정철의 시조 「재 너머 성 권농 집에 ~」, 김수장의 시조 「서방님 병들여 두고 ~」와 함께 출제되었습니다. 「불일암 인운 스님에게」와 관련된 문항으로는 '기승전결'의 구조와 관련한 외적 준거를 바탕으로 작품을 감상한 내용의 적절성을 파악하는 문항, 문학 작품의 작가와 창작 배경을 고려한 작품 감상에 대한 외적 준거를 바탕으로 작품을 이해하는 문항이 출제되었습니다.

2018학년도 수능특강에서는 월산 대군의 시조 「추강에 밤이 드니 ~」가 신흠의 시조 「냇ᄀ에 히오라바 ~」, 김상헌의 시조 「가노라 삼각산아 ~」와 함께 출제되었습니다. 「추강에 밤이 드니 ~」는 가을 강에서 밤의 낚시를 하는 모습을 통해 탈속의 세계인 자연 속에서 여유롭게 살아가는 화자와 자연의 아름다운 경치가 조화를 이루는 작품으로 이달의 한시 「불일암 인운 스님에게」와 유사한 점이 많습니다. 문항으로는 시상 전개 방식을 파악하는 문항, 창작 배경을 바탕으로 각 작품의 내용을 파악하는 문항, 시적 상황을 다른 작품과 비교하며 작품을 감상하는 문항이 출제되었습니다.

고전 시가 중에는 자연이라는 탈속의 세계에서 유유자적하는 삶의 태도와 흥취를 그린 작품들이 많습니다. 그런데 이러한 주제 의식이 시조라는 짧은 형식의 갈래에 담겨 있을 경우, 구체적인 풍류나 자연 친화의 모습을 드러내기보다는 상징적 소재나 시어를 통해 작품의 분위기를 드러내는 경우가 많다는 점을 기억해 두면 좋을 것 같습니다.

001

표현상의 특징 파악　　　　　　　　　　　정답 ⑤

정답 해설 (다)는 '~여라'라는 한탄의 어조로 시상을 마무리하고 있지만, (나)는 단호한 명령형 어조가 아니라 '엇드리'라는 권유하는 어조로 시상을 마무리하고 있다.

오답 피하기 ① (가)의 초장에서 '추강'과 '밤'을 통해

시간적(계절적) 배경을 알 수 있다.

② (나)는 '셔 잇는다', '여어 무슴ᄒ려ᄂ다' 등의 의문형 문장들을 연속적으로 사용하여 고기를 노리지 말고 내버려 두기를 바라는 화자의 의도를 드러내고 있다.

③ (다)는 초장에서 자연물인 '삼각산'과 '한강수'에 말을 건네는 방식을 활용하여 고국을 떠나는 화자의 안타까운 심정을 드러내고 있다.

④ (가)는 담담한 독백 어조로 시상을 전개하고 있으며, (나)는 해오라기에게 말을 건네는 방식으로 시상을 전개하고 있다.

002

외적 준거에 따른 작품 감상 **정답 ④**

정답 해설 (가)의 초장은 화자가 탈속적 분위기 속에 놓여 있음을 보여 주고 있고, (다)의 초장은 한양을 떠나 심양으로 압송되는 화자의 안타까운 심정을 나타내고 있다. 화자가 선호하는 시문의 내용이나 척화파의 절의를 상징하는 대상을 나타낸 것은 아니다.

오답 피하기 ① '추강'에서 낚시를 하는 것은 현실 정치에 대한 관심을 끊고 유유자적하는 생활로 볼 수 있다.

② 무심한 물고기는 화자를 빗댄 것이고, 이를 해치려고 엿보는 냇가의 해오라기는 대북파를 빗댄 것으로 볼 수 있다.

③ '쩌ᄂ고쟈 ᄒ랴마ᄂ'을 통해 타의에 의해 어쩔 수 없이 고국을 떠나게 되었음을 드러내고 있다.

⑤ (나)의 종장에서는 '흔 믈에 잇거니'라는 근거를 밝히며 대북파가 화자 자신을 해치려는(해오라기가 고기를 잡으려 하는) 노림수를 잊는 것이 좋다는 생각을, (다)의 종장에서는 '시절이 하 수상ᄒ니'라는 근거를 밝히며 화자 자신의 귀국이 어려울 것이라는 생각을 드러내고 있다.

003

작품의 종합적 이해와 감상 **정답 ②**

정답 해설 (가)의 화자는 고기를 잡으려는 욕심이 없는 사람이므로 '아니 무노미라'는 낚시에 고기가 걸리지 않는 상황을 전달한 것이지 내면적 갈등을 드러내

는 것은 아니다. (나)의 해오라기가 냇가에 '셔' 있는 것도 고기를 잡으려고 엿보는 것이므로 목적이 정해진 행위이지 내면적 갈등을 드러내는 것은 아니다.

오답 피하기 ① (가)의 '드리치니'는 한가롭게 낚시를 즐기는 태도와 관련이 있는 것이지, 반드시 고기를 잡겠다는 화자의 심리가 반영된 행위로 볼 수는 없다. 하지만 (나)의 '여어'는 해오라기가 고기를 잡기 위해 냇가에 서서 호시탐탐 기회를 얻으려는 행위로 볼 수 있다.

③ (가)의 '무심ᄒ'과 (나)의 '무심흔'은 모두 화자의 감정을 투영한 것으로, 무욕(無慾)의 상태를 나타낸 것으로 이해할 수 있다.

④ (가)의 '뷘 빈'는 낚시를 드리웠으나 고기가 물지 않은 결과로 볼 수 있다. (나)의 '니저신들'은 화자가 해오라기에 대해 고기를 잡을 마음을 갖지 않았으면 좋겠다는 바람을 드러낸 것으로 볼 수 있다.

⑤ (가)의 '추강'은 여유와 한정(閑情)을 느낄 수 있는 탈속적인 공간적 배경이나, (나)의 '냇ㄱ'는 해오라기가 고기를 잡으려고 엿보는 공간적 배경으로, 속세를 비유한 것이다. 그러므로 (나)의 공간적 배경은 부정적으로 인식되는 장소로 볼 수 있다.

실전 학습 본문 176~178쪽

02 **가** 황희, 「사시가」

수특 유사 작품

| **해제** | 이 작품은 연시조의 형식으로 계절의 변화에 따른 자연의 모습과 그 속에서 살아가는 화자의 자연 친화적 삶과 흥취를 노래하고 있다. 제1수에는 봄을 배경으로 그물을 손질하고 밭을 가는 분주한 일상이 나타나며, 제2수에는 여름날 가랑비가 내리는 가운데 비옷을 입고 밭을 갈다 녹음이 우거진 곳에 누워 잠드는 화자의 모습이 나타나 있다. 제3수에는 붉게 물든 골짜기에 대추와 밤이 익어 가는 풍경과 추수를 끝낸 논에 게가 기어다니는 모습과 함께 술을 걸러 먹으리라는 화자의 흥취가, 제4수에는 새도 사람도 하나 없는 눈 덮인 겨울 풍경 속에 홀로 낚싯대를 드리운 노인의 풍류가 나타나 있다.

| **주제** | 사계절 자연의 모습과 그 속에서의 풍류

| **구성** | • 제1수: 봄이 되어 분주한 자연 속의 삶에 대한 즐거움
• 제2수: 여름에 일하다가 여유를 즐기는 모습

- 제3수: 가을에 풍요로운 자연의 모습
- 제4수: 적막한 겨울의 모습

■ 조우인, 「자도사」

| 해제 | 임금에게 버림을 받아 옥에 갇힌 작가의 애절한 심정을 남녀 관계에 의탁하여 읊고 있는 가사이다. 정확한 창작 연대는 밝혀지지 않았으나 작가가 광해군 때 시화(詩禍)를 입어 3년간 감옥살이를 하면서 지은 것으로 추정된다. '자도사'에서 '자도'는 '스스로 애도한다'라는 뜻으로, 역모 사건에 휘말려 자신의 처지가 어떻게 될지 모르는 상황에서도 임금에 대한 마음은 변함이 없을 것이라는 충정을 드러내고 있다.

| 주제 | 임금에 대한 변함없는 충정

| 구성 | • 서사: 임을 그리워하는 마음
- 본사 1: 임과 이별한 슬픔
- 본사 2: 임에게 자신의 억울함을 토로함.
- 결사: 임에 대한 원망의 표출

연결 포인트

수능특강에서는 정민의 「그림과 시」라는 글이 제시된 후, 정철의 시조 「재 너머 성 권농 집에 ~」가 이달의 한시 「불일암 인운 스님에게」, 김수장의 시조 「서방님 병들여 두고 ~」와 함께 출제되었습니다. 「재 너머 성 권농 집에 ~」와 관련된 문항으로는 표현상의 특징을 파악하는 문항, 「그림과 시」의 특정 문장과 관련하여 작품을 감상한 내용의 적절성을 파악하는 문항, 문학 작품의 작가와 창작 배경을 고려한 작품 감상에 대한 외적 준거를 바탕으로 작품을 이해하는 문항이 출제되었습니다.

2023학년도 6월 모의평가에서는 황희의 연시조 「사시가」가 조우인의 가사 「자도사」와 함께 출제되었습니다. 그중 황희의 「사시가」는 정철의 「재 너머 성 권농 집에 ~」와 같이 삶의 흥취를 즐기는 모습이 드러나 있는 작품으로, 특히 제3수에 드러난 가을의 여유로움과 풍류가 매우 유사합니다. 「사시가」와 관련된 문항으로는 표현상 특징을 파악하는 문항, 시상 전개 방식을 파악하는 문항, 시어의 의미 이해와 관련한 문항, 작가와 관련한 정보를 바탕으로 작품을 감상하는 방법에 대한 외적 준거를 바탕으로 작품 감상의 적절성을 판단하는 문항 등이 출제되었습니다.

우리 고전 시가에서는 화자가 경험하고 있는 흥취를 드러낸 작품들을 종종 찾아볼 수 있습니다. 그리고 이러한 흥취는 통상적으로 풍요롭고, 자연이 아름다운 가을을 배경으로 하는 경우가 많습니다. 그러므로 이처럼 흥취가 드러난 작품들을 감상할 때에는 이러한 작품을 창작하게 된 공간적·시간적 배경은 물론 작가의 이력 등을 함께 확인한다면, 더 깊이 있는 감상을 할 수 있을 것입니다.

004

작품 간의 공통점, 차이점 파악 정답 ⑤

정답 해설 (가)에서는 〈제1수〉의 '강호에 봄이 드니'에서 시간을 나타내는 표현이 활용되고 있으며, (나)에서는 '음력 섣달 거의로다', '동짓날 자정이 지난밤에 돌아오니'에서 시간을 나타내는 표현이 활용되고 있다.

오답 피하기 ① (가), (나) 모두 어조의 변화를 통한 긴장감 조성을 확인할 수 없다.

② (가)에서는 자연 속의 삶에 동화된 인간의 모습이 제시되므로 자연과 인간의 대비를 통해 세태를 비판하고 있다는 설명은 적절하지 않다. (나) 역시 자연과 인간이 대비되는 모습을 확인할 수 없으며 세태를 비판하는 작품으로 볼 수도 없다.

③ (가)와 (나)에서는 물음의 형식을 활용하고 있지만, 대상과 문답의 형식을 취한 부분은 확인할 수 없다.

④ (가)는 전원생활을 하는 화자의 한가로움을 노래한 작품이므로 초월적 공간이 설정되어 있지 않다. (나)의 경우 임이 계신 곳을 '천문구중'이라 말하고 있으므로 '하늘'이라는 초월적 공간을 설정하여 고조된 감정을 드러내고 있다고 볼 수 있다.

005

시상 전개 방식 파악 정답 ②

정답 해설 〈제2수〉의 초장에서는 삿갓에 도롱이를 입은 후 가랑비 속에서 호미를 메는 모습이, 중장에서는 밭을 맨 후 녹음 속에 누워 있는 모습이 제시되고 있으므로 인물의 행위가 순차적으로 나열되고 있다고 볼 수 있다.

오답 피하기 ① 〈제1수〉의 초장과 중장에서 풍경이 묘사되고 있지 않다.

③ 〈제2수〉의 초장과 중장에서 나타난 인물은 가랑비 속에서 밭을 맨 후 녹음에 누워 있는 모습으로 제시되어 있고 〈제3수〉의 초장은 가을에 밤이 떨어지는 모습을 나타내므로, 〈제2수〉의 초장과 중장에 있는 인물의 행위가 〈제3수〉의 초장에서 그 결과로 나타난다는 설명은 적절하지 않다.

④ 〈제3수〉의 초장은 밤이 떨어지는 모습을, 중장은 벼를 벤 논에 게가 다니는 모습을 나타내므로 초장과

중장이 인과적 관계로 연결된다는 설명은 적절하지 않다.

⑤ 〈제4수〉의 초장은 겨울 산에 새도 보이지 않고 들에는 사람도 보이지 않는 모습을 나타내므로, 동적 분위기가 아니라 정적 분위기가 나타난 장면이라고 볼 수 있다.

006

시어, 시구의 의미와 기능 파악   **정답 ②**

정답 해설 화자는 한겨울의 추위를 걱정하여 임의 터진 옷을 깁고자 한다. 따라서 '음력 섣달 거의로다 새봄이면 늦으리라'에는 겨울이 다 지나기 전에 임의 옷을 기우려 하는 마음이 담겨 있다고 보는 것이 적절하다. 이를 새봄을 맞이하여 이별의 슬픔을 극복하기 위해 마음을 다잡으려 노력하는 모습으로 해석하는 것은 적절하지 않다.

오답 피하기 ① 구중궁궐에 가는 것이 아득하다고 말하고 있으므로 임과 만날 가능성이 희박하다는 인식이 담긴 것으로 볼 수 있다.

③ 간장이 다 썩고 넋조차 사라졌다고 말하고 있으므로 임에 대한 사무치는 그리움으로 자신을 애도하는 상황을 나타낸 것으로 볼 수 있다.

④ '백일'은 임을 나타낸 비유적 표현이고, '뒤집힌 동이'는 화자의 처지를 나타낸 비유적 표현이므로 무정한 임 때문에 자신의 처지가 바뀔 가능성이 없다는 것에 대한 좌절감을 드러낸 표현으로 볼 수 있다.

⑤ '은쟁'은 악기이고, '원곡'은 원망하는 마음을 담은 곡조이므로 임에 대한 원망의 마음을 음악으로 표현하여 내면의 슬픔을 토로하고 있다고 말할 수 있다.

007

시어, 시구의 의미와 기능 파악   **정답 ①**

정답 해설 (가)의 '녹음'은 자연 속 공간으로 화자가 누워 있는 곳이므로 평온한 분위기의 장소라고 말할 수 있다. (나)의 '동방'은 임의 부재로 인해 화자가 외로움을 느끼는 공간이므로 암울한 분위기의 장소라고 말할 수 있다.

오답 피하기 ② (가)의 '언제'는 미래의 어느 시기라 볼 수 있지만, (나)의 '언제'는 과거의 어느 시기가 아니라 미래의 어느 시기로 보는 것이 타당하다.

③ (나)의 '자규'는 화자의 감정이 이입된 자연물로 볼 수 있지만, (가)의 '새'는 화자의 감정이 이입된 자연물로 볼 수 없다.

④ (가)의 '잠든 나'의 '잠'은 전원 속에서의 한가로운 삶을 보여 줄 뿐, 꿈을 통해서라도 소망을 실현하기 위한 매개로 볼 수 없다. (나)의 '임의 잠'을 깨우고자 하는 것은 화자의 임에 대한 그리움과 원망의 감정을 나타내지만, 꿈을 통해서라도 소망을 실현하기 위한 매개로 보는 것은 적절하지 않다.

⑤ (가)의 '돌아가니'는 익은 술을 맛보게 되는 것에 대한 기대감을 갖는 계기로 볼 수 있다. 하지만 (나)의 화자는 동짓날 자정이 돌아오자 자물쇠를 굳게 잠가 동방을 닫고 있으므로 '돌아오니'가 화자로 하여금 새로운 상황에 대한 기대감을 갖게 한다는 설명은 적절하지 않다.

실전 학습   본문 179~181쪽

03 🄰 **김천택과 김수장**

| 해제 | 이 글은 조선 후기 중인 가객인 김천택과 김수장의 시조사적 위상에 대해 설명하고 있다.

| 주제 | 시조사에서 김천택과 김수장이 기여한 점과 그들의 위상

| 구성 | • 1문단: 조선 후기 시조사의 변화와 김천택과 김수장의 등장
        • 2문단: 김천택과 김수장의 활약상과 공통점
        • 3문단: 김천택과 김수장의 차이점
        • 4문단: 김천택과 김수장의 작품 세계의 시대적 의미

🄱 김천택, 「서검을 못 일우고 ~」

| 해제 | 이 작품은 자신의 꿈을 이루지 못한 아픔을 안고 위안의 장소를 찾고자 하는 심정을 담은 시조이다.

| 주제 | 신분적 한계로 인한 좌절과 자연 친화의 소망

| 구성 | • 초장: 출세하지 못한 자기 신세를 드러냄.
        • 중장: 해 놓은 일이 없음을 안타까워함.
        • 종장: 자연에서 위로받고자 함.

| 해제 | 이 작품은 자신의 처지에 대해 만족하며 살겠다는 긍정적 태도를 노래한 시조이다.

| 주제 | 자신의 삶에 대한 만족

| 구성 | • 초장: 가난하지만 그로 인해 근심 없어 좋다고 함.
• 중장: 친구가 없지만 그로 인해 말(구설수)이 없어 좋다고 함.
• 종장: 모자라거나 부족해도 그것이 자신의 분수라면 받아들여 살아가겠다고 다짐함.

◀ 🔃 김수장, 「서방님 병들여 두고 ~」

수특 동일 작품

| 해제 | 이 작품은 여성 화자가 병중에 있는 임을 위해 임이 좋아하는 것을 정성스럽게 준비하는 모습과 준비 과정에서 빼놓은 물건을 두고 안타까워하는 모습을 그린 시조이다.

| 주제 | 남편에 대한 아내의 사랑

| 구성 | • 초장: 임이 병중에 있음.
• 중장: 머리카락을 팔아 임을 위해 여러 가지를 준비했음.
• 종장: 돌아와 보니 중요한 재료를 빼놓은 것을 발견하고 망연자실함.

🏷 연결 포인트

수능특강에서는 정민의 「그림과 시」라는 글이 제시된 후, 김수장의 시조 「서방님 병들여 두고 ~」가 이달의 한시 「불일암 인운 스님에게」, 정철의 시조 「재 너머 성 권농 집에 ~」와 함께 출제되었습니다. 김수장의 시조와 관련된 문항으로는 표현상의 특징을 파악하는 문항, 「그림과 시」의 특정 문장과 관련하여 작품을 감상한 내용의 적절성을 파악하는 문항, 문학 작품의 작가와 창작 배경을 고려한 작품 감상에 대한 외적 준거를 바탕으로 작품을 이해하는 문항이 출제되었습니다.

2018학년도 수능특강에서는 조선 후기 시조의 대표 가객인 김천택과 김수장과 관련된 문학적 지식을 담은 글을 제시하고, 김천택의 시조 「서검을 못 일우고 ~」와 김수장의 시조 두 편인 「안빈을 염치 말아 ~」, 「서방님 병들여 두고 ~」가 제시되었습니다. 그리고 문학적 지식을 담은 글의 내용을 바탕으로 작품을 감상한 내용의 적절성을 판단하는 문항, 김수장의 두 시조를 비교하는 문항이 출제되었습니다.

김수장과 김천택은 비록 중인이었지만 조선 후기 시조 창작을 통해 나름의 문학 세계를 구축한 작가로서, 그들의 작품들은 후세에도 많이 인용되고 향유되고 있습니다.

2025학년도 수능특강에 제시된 작품뿐만 아니라 2018학년도 수능특강에 제시된 문학 지식과 그들의 대표 작품들을 추가적으로 학습한다면 시조가 발전해 온 과정은 물론 대표적인 시조 작가의 작품 세계를 폭넓게 경험하여 다가올 수능을 더 잘 준비할 수 있을 것입니다.

008

작품의 내용 이해   정답 ⑤

정답 해설 조선 후기에는 중인층이 시조에 참여하면서 담당 계층이 중인 가객으로 넓혀졌다고 했으므로, 조선 후기에 사대부가 시조를 창작하지 않았다는 진술은 적절하지 않다.

오답 피하기 ① 시조는 부르는 방식에 따라 가곡창과 시조창으로 나뉜다.
② 김천택과 김수장은 함께 가객 활동을 하지 않고 각각 활동하였다.
③ 김천택과 김수장이 활동한 가객 집단은 시조 음악의 발달과 후진 양성에 기여하였다.
④ 조선 전기 시조와 후기 시조는 창법, 담당층 등에서 차이를 보이고 있다.

009

감상의 적절성 평가   정답 ⑤

정답 해설 (가)의 3문단에 따르면, 김수장이 시적 공간을 여염집과 시장으로 삼은 것은 세속의 삶을 긍정하고 시정 속에서 살아가는 사람들에 대한 긍정적인 시선에서 현실과의 조화를 꾀했기 때문이므로 적절하지 않은 진술이다.

오답 피하기 ① [A]의 초장은 문과 무 어느 쪽에서도 출세하지 못한 아쉬움을 드러낸 것이다.
② [A]의 종장은 현실에서 느낀 괴로움을 자연에서 위로받고 싶은 마음을 드러낸 것이다.
③ [B]의 종장은 자신에게 주어진 삶에 만족하며 살겠다는 마음을 드러낸 것이다.
④ [C]의 초장과 중장은 일상의 여성을 관찰하여 묘사한 것으로, 이는 시정인에 대한 김수장의 마음을 드러낸 것이다.

III

실전
학습

010

표현상의 특징 파악   **정답 ⑤**

정답 해설 [B]는 상정하는 인물에게 말하는 방식이 드러나지만 대화는 드러나지 않고, [C]는 화자 자신의 심경을 독백조로 드러내고 있으므로 적절하지 않은 진술이다.

오답 피하기 ① [B]의 초장과 중장에서 안빈, 친구의 무용함을 유사한 문장 구조의 반복을 통해 보여 주고 있다.

② [B]의 종장에서 화자는 '수분 안졸'을 통해 자신의 삶의 방향을 보여 주고 있다.

③ [C]의 중장에서는 화자가 임을 위해 이것저것 사느라 분주한 모습을 보이다가 감탄사 '아ㅊㅊㅊ' 이후에는 구매 물품에 빠진 것이 있는 것을 발견하고 망연자실한 모습을 보이고 있다.

④ [C]의 중장에서는 '비, 감, 유자, 석류' 등의 이름과 '파라, ㅅ고'와 같은 행동의 나열을 통해 생동감을 부여하고 있다.

실전 학습   본문 182~183쪽

04   **가 유치환, 「출생기」**

| 해제 | 이 작품은 일제의 강점이 현실화되고 있는 시대의 암울함을 화자의 출생 내력과 연관 지어 형상화하고 있는 시이다. 작품의 시간적 배경이 되는 융희 2년(1908년)은 실제 시인이 태어난 해이자 일제에 의해 우리나라가 강점이 된 1910년을 2년 앞둔 해이기도 하다. 시인은 이런 시대적 암울함을 '검정 포대기', '까마귀 울음소리', '부엉이'의 괴괴한 울음, '희미한 등잔불', '신월'과 같은 어둡고 음산한 이미지를 통해 형상화하고 있다. 또한 이와 같은 암울함은 지붕 위에서 남풍에 자라고 있는 '박넌출', 푸른 하늘에 피 뱉은 듯 피어 있는 '석류꽃'과 같은 생명력 넘치는 자연의 이미지와 대비됨으로써 더욱 부각되고 있다. 생명이 탄생하는 순간에 죽음을 떠올리고 명(命)을 걱정해야 하는 시대적 암담함을 감각적이고 사실적으로 그려 내고 있는 작품이다.

| 주제 | 출생의 내력과 일제 강점이 현실화되는 시대적 암울함

| 구성 | • 1연: 암울한 시대 상황
• 2연: 어머니와 아버지에 대한 기억
• 3연: 왕고모 댁에서의 출생
• 4연: 태아의 모습과 이름 짓기

나 김춘수, 「샤갈의 마을에 내리는 눈」
         수특 유사 작품

| 해제 | 이 작품은 시인이 초현실주의적인 화풍으로 유명한 샤갈의 그림 「나와 마을」을 보고 영감을 얻어 창작한 작품으로, 봄의 맑고 순수한 생명력을 형상화하고 있는 시이다. 이 시는 다양한 사물의 이미지를 병치시킴으로써 시적 정서를 효과적으로 드러내고 있다. 다시 말해 봄을 바라고 섰는 사나이의 '새로 돋은 정맥'이 바르르 떠는 이미지를 통해 봄의 생동감을, 하늘에서 수천수만의 날개를 달고 내려와 샤갈의 마을의 지붕과 굴뚝을 덮는 '눈'의 이미지와 아궁이에 지펴지는 '불'의 이미지를 통해 삼월의 포근함과 따뜻함을, 그리고 겨우내 말라 쥐똥만 해졌던 겨울 열매들이 '올리브빛'으로 물들어 가는 모습을 통해 봄의 생명력을 감각적으로 생생하게 그려 내고 있다. 이를 통해 봄을 맞이한 생동감과 고향 마을의 따뜻한 풍경에 대한 그리움을 효과적으로 형상화하고 있다.

| 주제 | 봄의 맑고 순수한 생명력과 고향 마을의 따뜻한 풍경에 대한 그리움

| 구성 | • 1행: 샤갈의 마을에 내리는 눈
• 2~4행: 눈을 맞는 사나이의 모습에 나타난 생명감
• 5~9행: 샤갈의 마을에 눈이 내리는 모습
• 10~15행: 삼월의 눈으로 인해 소생하는 생명의 이미지

연결 포인트

수능특강에서는 김춘수의 「꽃을 위한 서시」가 지향하는 대상에 도달하고자 하는 마음과 이를 위한 노력에 주목하여 오세영의 「등산」과 함께 출제되었습니다. 목표를 이루기 위한 화자의 의지와 노력이 드러나며 그 과정이 매우 어렵고 고통스럽다는 공통점을 지적하면서도 지향점에 도달할 수 있으리라는 기대가 드러나냐, 드러나지 않느냐 하는 차이점을 문항화한 것입니다.

2019학년도 대학수학능력시험에서는 김춘수의 「샤갈의 마을에 내리는 눈」이 유치환의 「출생기」와 함께 출제되었습니다. 시적 분위기를 조성하기 위해 시간과 관련된 표지를 제시하였다는 점에 주목한 것입니다. 샤갈의 그림에서 받은 느낌을 시로 표현한 김춘수의 작품과 일제 강점이 현실화되고 있는 시대의 암울함을 출생 내력과 연관 지어 형상화한 유치환의 작품을 함께 감상해 봅니다.

011

작품 간의 공통점, 차이점 파악   정답 ①

정답 해설 (가)는 '융희(隆熙) 2년'이라는 시간과 관련된 표지를 제시하여 일제의 강점을 앞둔 1908년의 암울한 시대 분위기를 조성하고 있고, (나)는 '삼월'이라는 시간과 관련된 표지를 제시하여 봄을 맞이하는 생동감 넘치는 시적 분위기를 조성하고 있다.

오답 피하기 ② (가)는 '지니셨고', '읽으셨다', '지었다오' 등의 과거 시제를 사용하여 시적 화자의 출생과 관련된 서사적 사건을 들려주는 형식을 취하고 있지만, (나)는 '온다', '뜬다', '덮는다', '지핀다'와 같은 현재 시제를 사용하여 삼월의 생명력 넘치는 풍경을 전달하고 있다.

③ (가)는 '검정 포대기 같은 까마귀 울음소리', '괴괴히', '상서롭지 못한', '욕된', '신월같이 슬픈' 등의 표현을 사용하여 시적 상황에 주관적 의미를 부여하고 있고, (나)는 삼월에 눈이 오는 샤갈의 마을 풍경을 비교적 객관적으로 관찰하여 묘사하고 있지만 '봄을 바라고 섰는', '그해의 제일 아름다운 불' 등의 표현에서 주관적 의미의 서술이 다소 포함되어 있다고 할 수 있다.

④ (가)는 '검정 포대기', '까마귀 울음소리', '괴괴히', '어둔 바람', '욕된 후예', '곡성'과 같은 암울하고 비관적인 정서를 내포한 시어를 사용하여 비극적 상황을 고조하고 있지만, (나)는 '새로 돋은 정맥', '눈', '올리브빛', '제일 아름다운 불'과 같은 따뜻하고 긍정적인 시어를 사용하여 생명력 넘치는 시적 상황을 드러내고 있다.

⑤ (나)는 '새로 돋은 정맥', '눈은 수천수만의 날개를 달고' 등의 표현을 통해 자연물을 살아 있는 대상으로 묘사하고 있지만, (가)는 특별히 자연물을 살아 있는 대상으로 묘사하고 있는 표현이 나타나지 않는다.

012

표현상의 특징 파악   정답 ④

정답 해설 '왕고못댁 제삿날 밤 열나흘 새벽 달빛을 밟고 / 유월이가 이고 온 제삿밥을 먹고 나서'는 화자가 태어난 날의 상황을 구체적으로 서술한 것으로 볼

수 있으나 [D]와 이어지는 행에서 화자를 '욕된 후예'로 지칭하고 있는 것으로 보아, [D]의 서술이 출생에 대한 감격을 드러낸 것은 아님을 알 수 있다.

오답 피하기 ① '검정 포대기 같은 까마귀 울음소리'에 청각의 시각화가 나타나며, 이는 암울하고 음산한 정서를 불러일으켜 화자가 출생하던 시대적 상황의 분위기를 형상화하고 있다.

② 1연에 제시된 시대 상황은 암울하고 음산한 것인데 반해, [B]는 남풍에 자라는 박년출, 피 뱉은 듯한 석류꽃 등으로 다채로운 계절의 풍경을 구체적으로 그려 냄으로써 생명력 넘치는 이미지를 보여 주고 있다.

③ '나를 잉태한 어머니는~지니셨고', '젊은 의원인 아버지는~읽으셨다'에서 대구 형식이 활용되어 화자의 출생을 앞둔 집안의 분위기를 드러내고 있다.

⑤ 화자의 울음소리에 출생을 연상하게 하는 '고고'와 죽음을 떠올리게 하는 '곡성'을 연결하고 있으며, 이 지점에서 '돌메'라는 화자의 이름이 명이 길었으면 하는 할머니의 바람을 담은 것임을 제시하고 있다.

013

외적 준거에 따른 작품 감상   정답 ③

정답 해설 하얀 '눈' 내리는 '하늘'과, '눈' 덮인 '지붕', '굴뚝'은 흰색 혹은 회색과 같은 무채색 계열의 색감을 지니며, 이러한 이미지들은 모두 시각적 이미지로 볼 수 있다. 따라서 밝고 화려한 색감을 공감각적 이미지의 풍경으로 변용했다는 진술은 적절하지 않다.

오답 피하기 ① 〈보기〉의 '샤갈의 초현실주의적 그림에 대한 감각적 인상을, 자신의 고향 마을에 투사하여'라는 구절을 통해 확인할 수 있다.

② 샤갈의 그림에 나타난 '올리브빛 얼굴을 가진 사나이'나 '당나귀'와 같은 이질적 이미지의 병치가 (나) 시에서는 '삼월에 눈', '봄을 바라고 섰는 사나이', '새로 돋은 정맥'과 같은 다양한 이미지의 병치로 변용되어 봄의 생동감을 형상화하고 있다.

④ 그림 속 '올리브빛'의 이미지는 사나이의 얼굴에 나타난 것인데, 시인은 '올리브빛'을 봄의 이미지와 연결하여 '겨울 열매들'이 그렇게 물든다고 하여 생동감 넘치는 봄의 이미지로 형상화하고 있다.

⑤ '아낙', '아궁이'는 샤갈의 그림에는 존재하지 않는 우리의 전통적 이미지로, 시인은 이를 통해 그림 속 풍경에 대한 감각적 인상을 시인의 고향 마을을 떠올리게 하는 이미지로 전이시키고 있다.

실전 학습　　　　　　　　　본문 184~186쪽

05 오세영, 「등산」
　　수특 동일 작품

| 해제 | 이 시는 산을 오르며 느끼고 깨달은 바를 진리를 추구하는 삶으로 확장하고 있는 작품이다. 화자는 자신을 무명을 더듬는 벌레로 비유하고 있는데, 이를 통해 빛, 즉 진리를 탐구하는 자신의 진지한 열정을 형상화하고 있다. 등산을 하며 좀처럼 흔들리지 않을 것 같았던 인생의 믿음조차 심하게 흔들릴 수 있음을 느낀 화자는 인생이란 쉼 없이 빛을 찾아가는 과정임을 깨닫게 된다. 또한 화자는 등산을 하며 세상의 모든 것이 내 것이 아니라는 것과 행복과 불행 등 여러 가지 요인에 의해 흔들리지 않고 묵묵히 목표를 향해 나아가는 것 자체가 인생임을 깨닫고 있다.

| 주제 | 진리에 도달하기 위한 노력

| 구성 | • 1연: 흔들리는 삶
　　　 • 2연: 쉬지 않고 빛을 찾으려는 노력
　　　 • 3연: 진리에 가까이 다가서려는 노력
　　　 • 4연: 진리 추구의 바람직한 태도
　　　 • 5연: 절박한 마음으로 진리를 추구하는 모습

연결 포인트

　수능특강에서는 오세영의 「등산」이 지향하는 대상에 도달하고자 하는 마음과 이를 위한 노력에 주목하여 김춘수의 「꽃을 위한 서시」와 함께 출제되었습니다. 목표를 이루기 위한 화자의 의지와 노력이 드러나며 그 과정이 매우 어렵고 고통스럽다는 공통점을 지적하면서도 지향점에 도달할 수 있으리라는 기대가 드러나느냐, 드러나지 않느냐 하는 차이점을 문항화한 것입니다.
　2016학년도 인터넷 수능 A형에서는 오세영의 「등산」이 단독 지문으로 출제되었습니다. 같은 종류의 것 또는 비슷한 것에 기초하여 다른 사물이나 현상을 미루어 추측하는 유추에 주목한 것입니다. 「등산」은 등산을 하는 인물의 행위를 통해 진리 탐구의 과정을 형상화한 작품입니다. 등산의 과정과 진리 탐구의 과정을 비교해 가며 작품을 감상해 봅니다.

014

표현상의 특징 파악　　　　　　　정답 ③

정답 해설 사물에 인격을 부여하는 의인법은 이 시에서 확인할 수 없다.

오답 피하기 ① '흔들린다', '더듬는다', '않는다' 등에서 현재형 시제를 사용하여 현장감을 부여하고 있다.
② '빛'과 '무명'이라는 대조적 시어를 통해 진리로 상징되는 '빛'을 찾으려 하는 화자의 의지를 엿볼 수 있다. 이는 이 시의 주제 의식과 닿아 있다.
④ '무명의 벌레처럼'에서 비유적 표현이 활용되고 있다.
⑤ '함부로 올려다보지 않는다.'와 '함부로 내려다보지도 않는다.'에서 유사한 문장 구조가 나란히 제시되고 있는데, 이를 통해 운율감이 조성되고 있다.

015

외적 준거에 따른 작품 감상　　　　　정답 ②

정답 해설 '가장 철저한 믿음도 / 한때는 흔들'리는 것은 기존에 진리라고 믿었던 것에 대해 회의를 하는 것을 의미한다. 이는 진정한 진리를 탐구하기 위한 전제 조건이라 할 수 있으므로 화자가 이를 진리 탐구에 방해가 된다고 인식한다는 설명은 적절하지 않다.

오답 피하기 ① 편하게 등산을 하는 것이 아니라 자일을 몸에 묶고 이에 의존하여 산을 타는 것은 굉장히 어려운 일이다. 화자는 진리를 탐구하는 것의 어려움을 자일을 타고 산을 오르는 상황을 통해 형상화하고 있다.
③ '무명의 벌레'에서 '무명'은 밝음이 아닌 것을 나타낸다. 작품에서 '빛'이 진리를 나타내고 있으므로 '무명의 벌레'는 진리를 얻기 이전의 화자의 모습을 비유적으로 나타낸 것으로 볼 수 있다.
④ '별'이나 '꽃', '이슬'은 모두 아름다움의 표상이긴 하지만 영속적이지 않은 존재로 볼 수 있다. 즉 영속성의 존재인 진리와 달리 일시적이고 순간적인 존재로 볼 수 있다. 화자는 '별', '꽃', '이슬' 등의 세상 모든 것을 내 것으로 여기는 소유욕이 진리를 탐구하는 데에 있어서 경계해야 하는 것임을 이야기하고 있다.
⑤ 풀포기에 매달리면서까지 빛을 찾고자 하는 화자의 간절한 마음이 표출되고 있다.

016

화자의 정서 및 태도 파악
정답 ④

정답 해설   ㄴ. ⓐ에서는 특정한 시구가 반복적으로 제시되지 않지만, ⓑ에서는 '가까이'라는 시구가 반복적으로 제시되고 있다. 이를 통해 화자는 묵묵히 자신의 목표를 향해 나아가는 태도를 강조하고 있다.

ㄹ. ⓐ에서는 시구가 하나의 시행에 배치되어 상대적으로 빠른 호흡으로 읽힌다면, ⓑ에서는 세 개의 시행으로 나누어 배치되어 있을 뿐만 아니라 각각의 시행 끝에 쉼표가 붙어 있는데, 이를 통해 호흡을 완만하게 해야 한다는 것을 알 수 있다. 이렇게 호흡을 완만하게 하는 것은 말하고자 하는 바를 강조하기 위함이라고 할 수 있다.

오답 피하기   ㄱ. ⓐ와 ⓑ에는 모두 명령조의 어조가 활용되고 있지 않다.

ㄷ. ⓐ와 ⓑ 중에서 화자의 행위가 좀더 구체화된 것을 찾으면 ⓑ라고 할 수 있다. ⓐ의 '가까이 할'이 ⓑ에서 '가까이 다가갈'로 구체화되었다고 할 수 있기 때문이다.

실전 학습
본문 187~190쪽

06 고전 시가의 '역군은' 표현

수특 유사 작품

| 해제 | 고전 시가에서 '역군은'은 강호지락을 노래한 작품에서 충군(忠君)을 직접적으로 드러낸 관습적 표현이다. 임진왜란 이전에는 사대부들이 유교적 충(忠) 이념을 바탕으로 임금에 대한 신뢰와 존중을 담아 은거와 귀향까지도 임금과의 관계에서 이루어진다고 생각해서 '역군은'이라는 표현을 사용했다. 그러나 임진왜란 이후 지어진 일부 시조의 경우 그 창작 배경을 살펴볼 때 '역군은'이라는 표현은 표면적인 충군의 수사로 보기 어려운 경우가 있다. 당쟁을 거치면서 정치적 좌절과 고통을 겪은 사대부들의 작품에서 언급한 '역군은'이라는 표현은 이면적인 의미를 담고 있다고 볼 수도 있기 때문이다.

| 주제 | 관습적 표현인 '역군은'의 의미와 변용된 이면적 의미

| 구성 | • 1문단: 충군의 관습적 표현인 '역군은'
  • 2문단: 작품에 유기적인 통일성을 부여하는 「강호사시가」의 구조
  • 3문단: '군은' 앞에 '역(亦)'이라는 글자가 붙은 이유

  • 4문단: 이현보의 시조에 나타난 '역군은'의 의미
  • 5문단: 임진왜란 이전과 다른 양상을 보이는 일부 시조들의 '역군은'
  • 6문단: 신흠의 시조와 관련한 창작 배경과 작가 의식
  • 7문단: 신흠의 시조에 담긴 '역군은'의 이면적 의미
  • 8문단: 조존성의 시조에 담긴 '역군은'의 이면적 의미

연결 포인트

수능특강에서는 조존성의 연시조 「호아곡」 전 4수가 단독 지문으로 구성되어 출제되었습니다. 문항으로는 각 수의 표현 방식을 파악하는 문항, 시구의 의미를 파악하고 비교하는 문항, 작품의 창작 배경과 내용, 표현 방법 등에 대한 외적 준거를 바탕으로 작품 감상의 적절성을 판단하는 문항이 출제되었습니다.

2022학년도 수능완성에서는 시조에 자주 등장하는 '역군은'이라는 표현의 다양한 의미를 여러 편의 시조를 통해 설명하는 글 속에 「호아곡」이 사례로 제시되었습니다. 그리고 관련 문항으로는 작품에 대한 전반적인 이해를 확인하는 문항, 조선 시대 군주의 절대적 특권과 군주와 사대부들의 관계에 관한 외적 준거를 바탕으로 작품을 감상한 내용의 적절성을 파악하는 문항이 출제되었습니다.

이처럼 사대부가 지은 시조 중에는 그 작품을 창작하게 된 역사적 사건이나 사회적 맥락 등이 존재하는 경우가 많습니다. 그리고 이러한 작품들의 경우 작품의 표면적 해석만으로는 그 의미를 이해하기 어렵습니다. 그러므로 EBS 연계 교재를 비롯해 기출 문항에 제시된 여러 가지 사대부 시가를 학습하며 그 이면에 숨겨진 의미나 창작의 배경, 사회적 환경 등에 대한 이해의 폭을 넓혀 둔다면 사대부 시조를 보다 깊이 있게 이해할 수 있을 것입니다.

017

작품 간의 공통점, 차이점 파악
정답 ③

정답 해설   3문단의 '즉 자연과의 병치 속에서 군은이 등장하다 보니, 자연이 가져다주는 풍류, 귀거래가 갖는 여유 등과 충군의 관념 사이에 거리감이 발생한다. 이 같은 거리감을 해소하고 자연 친화와 충군을 결합하기 위해 '군은' 앞에 '또한', '역시'의 의미를 함의하는 '역(亦)'이라는 글자가 붙은 것이다.'로 볼 때, (가)와 (나)는 자연이나 귀거래가 군은과 병치되는 논리적인 어색함을 보완하기 위해 '군은' 앞에 '역'이라는 글자를 붙여 '역군은'이라는 관용적 표현을 사용한 것으로 볼 수 있다. 그리고 (가)의 종장을 보면 '이 몸

이'라는 시어가 나타나므로 화자가 작품 표면에 등장했다고 볼 수 있으나, (나)에는 화자가 작품 표면에 등장하지 않았다.

오답 피하기 ① '유교적 충(忠) 이념을 바탕으로 임금에 대한 신뢰와 존중을 드러낸 결과인 것이다.'를 통해 (가)가 사대부들의 유교적 충(忠) 이념을 바탕으로 하고 있음을 알 수 있다. 그리고 '각 수의 초장과 중장에서는 안분지족하는 은사의 유유자적한 생활을 제시하고, 종장에서 '이 몸이 ~히옴도 역군은이샷다'라는 표현을 통해 강호에서의 삶을 임금을 향한 충의의 정신과 연결하고 있다.'를 통해 겉으로 보기에 연관성이 없는 자연의 공간에서 유유자적하는 즐거움까지도 임금의 배려라고 여기는 발상을 담고 있음을 알 수 있다.

② (나)는 귀향한 작가가 87세의 생일을 맞이하여 지은 작품으로 귀향 전 벼슬살이와 관련한 '금서띠'라는 소재를 제시하고 있다.

④ (다)와 (라)는 모두 계축옥사라는 정치적 사건으로 인한 정치적 좌절과 불안 속에서 창작된 것이다. '이런 까닭에 (다)의 '역군은'은 표면적으로는 충군의 수사이지만, 이면적으로는 다른 의미를 함축한 것으로 볼 수 있다.', '작가가 극도의 정치적 불안으로 인해 벼슬살이를 하지 못하고 전원생활을 하는 상황 속에서 표현한 (라)의 '역군은'이 이면적 의미를 담고 있다고 본다면 여기에서의 '역군은'은 임금에 대한 신뢰와 존중이 아니라 정쟁으로 얼룩진 혼란한 현실에 대한 불만이 담긴 것으로 이해할 수 있다.'를 통해 (다)와 (라)의 '역군은'에 이면적 의미가 담겨 있다고 볼 수도 있다.

⑤ (가)는 자연의 공간에서 유유자적하는 즐거움을 노래하고 있으므로, (가)의 공간은 즐겁게 흥취를 누리는 장소로 볼 수 있다. (라)는 전원에서 직접 농사짓는 생활을 노래한 것이므로, (라)의 공간은 농사를 지으며 노동을 하는 장소로 볼 수 있다.

018

표현상의 특징 파악 정답 ④

정답 해설 (가)의 종장에서 '서늘 히옴'을 촉각적 이미지로 볼 수는 있으나 감각의 전이는 나타나지 않는

다. (가)의 종장에 쓰인 '역군은이샷다'는 임금에 대한 신뢰, 존중과 화자의 내면적 감흥이 어우러진 표현으로 볼 수 있다.

오답 피하기 ① 초장에서 '녀름'이라는 계절적 배경을 제시하여 시적 분위기를 조성하고 있다.

② '초당에 일이 업다'를 통해 화자의 한가한 모습을 알 수 있다.

③ '유신흔 강파'는 자연물을 의인화한 것으로, 이를 통해 강에서 불어오는 시원한 바람을 즐기는 화자의 모습을 나타내고 있다.

⑤ '이 몸이 서늘 히옴'은 화자가 여름날에도 시원하게 지내는 것을 의미하며, 이를 '역군은이샷다'라고 표현하여 임금이라는 특정한 대상의 은혜와 연결하고 있다.

019

배경 및 소재의 기능 파악 정답 ④

정답 해설 (나)의 화자는 과거에 고위 관원으로 재직하며 공복에 '금서띠'를 둘렀던 사람이다. 그가 생일날 공명의 보람인 '금서띠'를 언급하고 있으므로, ⊙은 화자의 지난 삶에 대한 만족감이 담긴 것으로 볼 수 있다. (다)의 화자는 초장에서 공명을 '헌신짝'에 빗대고 있고, 「방옹시여서」의 기록에서 '지난날의 영화와 현달은 한갓 쭉정이와 두엄풀같이 쓸데없는 것'이라고 언급하고 있으므로, ⓛ은 화자의 지난 삶에 대한 허무감이 담긴 것으로 볼 수 있다.

오답 피하기 ① 작가가 대북파의 핍박 속에서 불안과 근심의 시절을 보내야 했고 결국 3년여 만에 춘천으로 유배를 당한 상황에서 (다)를 창작했다는 사실을 고려하면, ⓛ은 화자의 내적 갈등을 자극한다고 볼 수 있다. 그러나 정계를 떠나 귀향한 후 편안하게 살아가며 장수하는 상황 속에서 창작한 (나)의 ⊙은 화자의 내적 갈등과는 관련이 없다.

② (나)와 (다)의 화자가 ⊙과 ⓛ으로 인해 임금에게 복종한다는 내용은 (나)와 (다)를 통해 확인할 수 없다.

③ ⊙은 화자의 과거에 대한 기억을 환기한다고 볼 수 있으나, ⓛ이 화자의 미래에 대한 기대감을 환기하는 것은 아니다.

⑤ (다)의 화자는 공명을 멀리하는 삶을 헌신짝을 벗은 것이라 하고 있으므로, ⓒ은 화자의 세속적 가치에 대한 달관적 태도를 드러낸다고 볼 여지가 있다. 그러나 ㉠이 화자의 세속적 가치에 대한 체념적 태도를 드러내는 것은 아니다.

020

외적 준거에 따른 작품 감상   **정답 ②**

정답해설 (나)의 '수요도 천정이라'는 인간의 수명은 하늘이 정한 것이라는 일종의 운명론적 생각이다. 화자가 〈보기〉에서 언급한 군신의 수직적 관계를 당연하게 수용하는 태도와는 관련이 없다.

오답피하기 ① 〈보기〉의 '천하의 모든 땅이 왕의 땅이 아닌 것이 없고'라는 보편적 관념으로 볼 때, 자연을 상징하는 '강호'와 억새나 짚 따위로 지붕을 인 조그마한 집채인 '초당'은 임금이 소유한 땅의 일부로 이해할 수 있다.
③ (다)는 '신흠이 대북파의 핍박으로 김포로 쫓겨나 불안과 근심의 시절을 보내다가 결국 3년여 만에 춘천으로 유배를 당한 상황'에서 창작되었으므로, '전원에 도라오니'는 〈보기〉의 정쟁으로 인해 벼슬살이를 하지 못하는 상황과 관련이 있다고 이해할 수 있다.
④ (라)는 작가가 계축옥사라는 '인륜이 무너지는 사건이 발생한 후 전원생활을 하며 대안적 삶을 살 때 창작한 것'이므로, 당대의 현실은 어진 임금이 다스리는 세상인 '성세'로 보기 어렵다. 그러므로 (라)의 성세에 직접 농사를 짓는다는 '성세 궁경'의 표현은 사대부인 작가가 당대의 현실을 부정적으로 인식하면서도 군주의 잘못을 직접적으로 지적하지 않은 것으로 이해할 수 있다.
⑤ 이 글을 통해 (다)와 (라)가 〈보기〉의 '정쟁으로 인해 유배를 당하거나 벼슬살이를 하지 못하는 상황을 겪으면서' 창작된 작품임을 알 수 있다. 그러므로 (다)와 (라)의 '역군은'은 표면적 의미가 아니라 정쟁으로 얼룩진 혼란한 현실에 대한 이면적 의미를 담고 있다고 볼 수 있다. 따라서 (다)의 '역군은이로다'와 (라)의 '역군은이시니라'는 〈보기〉의 '속마음과는 달리 작품 표면에서 관습적으로 임금에 대한 감사를 표현하는 경향'과 관련이 있다고 이해할 수 있다.

07 **㉮ 이육사, 「교목」**

| 해제 | 이 작품은 교목이라는 자연물을 통해서 자신의 의지를 드러내고 있는 시이다. 교목이 가지고 있는 특성을 통해서 아무리 부정적인 현실과 상황이라고 하더라도 좌절하지 않고 그것을 이겨 내겠다는 의지를 드러내고 있다. 어떤 시련이나 고난으로도 꺾을 수 없는 의지를 다짐하고 있는 것이다.

| 주제 | 시련을 이겨 내는 의지

| 구성 | • 1연: 지향하는 바를 위해 단호하게 지켜 내는 신념과 의지
• 2연: 어려운 현실에서도 후회하지 않는 삶의 결의
• 3연: 죽음도 불사하는 강인한 의지

㉯ 신석정, 「들길에 서서」
수특 동일 작품

| 해제 | 이 작품은 '나'의 생활을 되돌아보고 삶에 대한 밝고 건강한 의지를 다지고 있는 시이다. 현실은 암담하지만 밝고 희망찬 세계를 추구하는 화자는 반드시 그러한 세상이 이루어질 것이라는 희망과 의지를 갖고 살아가고자 한다.

| 주제 | 굳센 삶에의 의지와 이상 세계 추구

| 구성 | • 1~2연: 푸른 하늘을 우러르며 사는 숭고한 삶
• 3~4연: 지구를 디디고 사는 기쁜 삶
• 5~6연: 푸른 별을 바라보며 사는 거룩한 삶

㉰ 김종길, 「고고」
수특 동일 작품

| 해제 | 이 작품은 고고한 정신적 경지에 대한 소망을 노래한 시이다. 이 시에서 노래하고 있는 고고함이란 어느 겨울날 이른 아침까지는 기다려야 겨우 확인할까 말까 한 것일 수 있다. 즉 고고함이라는 정신세계는 세속화를 거부하는 것인 동시에 삶의 긴장감을 떠받치고 있는 것이라고 할 수 있다. 그것은 쉽게 변질될 수 있을 만큼 아슬아슬한 것으로 긴장감을 늦추어서는 얻을 수 없는 세계의 것이다. 이것은 시인이 추구하는 고고한 정신세계를 말하는 것이라고 할 수 있다.

| 주제 | 고고한 삶의 지향

| 구성 | • 1연: 겨울의 북한산
• 2연: 눈이 내린 북한산의 봉우리
• 3연: 눈 내린 겨울 아침 북한산의 모습
• 4~5연: 좀처럼 드러나지 않는 북한산의 진면목
• 6연: 눈 내린 겨울 아침에 볼 수 있는 북한산의 진면목

수능특강에서는 신석정의 「들길에 서서」가 꿈과 희망을 간직한 채 이를 실현하기 위해 노력하는 삶의 태도에 주목하여 송수권의 「등꽃 아래서」, 정여울의 수필 「그때 알았더라면 좋았을 것」과 함께 출제되었습니다. 세 작품의 화자와 글쓴이는 삶의 과정 속에서 여러 가지 고통스러운 상황을 경험하며 꿈과 희망을 간직한 삶의 태도가 중요하다는 것을 깨닫게 됩니다. 그리고 우리를 둘러싼 여러 가지 부정적 여건 속에서도 이러한 삶의 태도를 지향함으로써 고통스러운 현실을 극복하고, 삶의 활력을 불어넣어 인간의 삶을 고양시킬 수 있다는 교훈을 전달하고 있습니다.

2007학년도 대학수학능력시험에서는 신석정의 「들길에 서서」가 이육사의 「교목」, 김종길의 「고고」와 함께 출제되었습니다. 시의 구성이나 짜임새를 구조화하여 탐구해 보는 문항으로 제시된 것입니다. 각 시의 연들이 어떻게 묶일 수 있으며 이에 따라 시상은 어떻게 전개되는지 살피며 문항을 해결해 봅시다.

021

작품 간의 공통점 파악   **정답 ⑤**

정답 해설 (가)에서는 어떤 시련이나 고난에도 흔들리지 않는 삶의 자세를, (나)에서는 아무리 어려운 생활일지라도 굴하지 않고 이상 세계를 추구하는 삶의 자세를, (다)에서는 고고한 삶의 자세와 정신세계를 추구하고 있다는 점에서 모두 화자가 바람직하게 생각하는 삶의 자세를 담고 있다고 할 수 있다.

오답 피하기 ① (가)와 (나)는 모두 현재 상황을 부정적으로 인식하고 있다.
② (가)와 (다)는 모두 현실과 이상이 괴리되어 있는 상태이다.
③ (다)는 일상생활이 아닌 고고한 삶의 세계를 보여 주고 있다.
④ (나)에만 자연의 섭리에 대한 깨달음이 나타나 있다.

022

표현상의 특징 파악   **정답 ①**

정답 해설 (가)에는 '푸른 하늘에 닿을 듯이'와 같은 직유법과 의인법이 쓰였고, '거미집', '꿈길', '바람' 등의

상징적 의미를 통해서 시상을 구체화하고 있다. (나)에도 역시 '흰 구름을 지니고 살 듯', '푸른 산처럼'과 같은 직유법과 '푸른 하늘', '푸른 별' 등의 상징적 의미를 통해서 시상을 구체화하고 있다.

오답 피하기 ② (가)와 (나) 모두 어조의 변화 없이 일관되어 있다.
③ (나)에서만 동일한 색채어를 반복하고 있다.
④ (가)와 (나) 모두 공감각적 표현을 활용하고 있지 않다.
⑤ (가)와 (나) 모두 시선의 이동이 드러나지 않는다.

023

자료를 통한 작품 이해   **정답 ⑤**

정답 해설 (가)에서 '바람'은 시련과 고난을 의미하는 것이지 시인의 실향 의식과 저항 의식을 나타내는 것이 아니다.

오답 피하기 ① 제목인 '교목'은 [국어사전]에서 곧고 굵으며 높게 자라는 나무라 하였고, [인터넷 자료]에서 나라를 떠받치는 신하라고 하였으므로, 나라를 위한 시인의 절개와 기상을 표상한다고 말할 수 있다.
② [백과사전]에서 이육사의 작품 경향을 보면 정제된 형식미와 안정된 운율감을 보인다고 밝혔으므로, 각 연 3행의 정제된 시 형식을 형식적 특성으로 파악할 수 있다.
③ [인터넷 자료]에서 시인은 빈궁과 투옥과 유랑으로 평생 평온한 날이 없었다고 하였으므로 '낡은 거미집'은 시인의 고난에 찬 삶으로 볼 수 있다.
④ [백과사전]에서 시인의 작품 경향은 저항 의식과 광복에 대한 열망 등을 주제로 삼는다고 하였으므로, '끝없는 꿈길'은 시인의 혁명적 열정과 의욕으로 볼 수 있다.

024

시상 전개 방식 파악   **정답 ③**

정답 해설 (나)는 삶의 숭고함과 삶의 희열, 삶의 목표 확인을 대등하게 나열하고 있을 뿐 범위가 점점 좁아

지면서 심화되고 있다고 할 수 없다. 따라서 A의 내용이 B에서 응축되고 B의 내용이 C에서 응축된다고 할 수 없다. 나란히 시적 화자의 의지를 드러내고 있다고 할 수 있다.

오답 피하기 ① (나)의 1~2연은 '하늘', 3~4연은 '지구', 5~6연은 '푸른 별'에 대해 노래하고 있다.
② (나)의 2연은 '숭고한 일이냐', 4연은 '기쁜 일이냐', 6연은 '거룩한 나의 일과이거니'로 마무리되고 있다.
④ (다)의 1연, 3연, 6연에서 '기다려야만 한다'가 반복되고 있으며, '겨울', '겨울날'이 반복되고 있다.
⑤ (나)의 A, B, C는 모두 두 연으로 구성되는 데 비해 (다)의 A, B, C는 한 연, 두 연, 세 연으로 늘어나면서 확장되고 있다.

025

작품의 종합적 이해와 감상1　　　　　정답 ④

정답 해설 북한산이 그 고고함을 드러내기 위해서는 다음 겨울까지 기다려야 한다고 노래하고 있다. 가볍게 눈을 쓰고 차가운 수묵으로 젖어 있는 겨울날 이른 아침까지 기다려야 하는 것이다. 하지만 눈이라도 왼 산을 뒤덮는 적설로는 그 고고함이 드러나지 않는다고 하였다. 따라서 '왼 산을 뒤덮는 적설'이 가볍게 눈에 덮여 있는 상태와 호응하는 것이 아니라 반대의 상황을 말한 것이라고 할 수 있다.

오답 피하기 ① '옅은 화장'은 눈이 살짝 쌓인 북한산의 모습을 시각적으로 표현한 것이다.
② '차가운 수묵'은 겨울 산의 모습을 그림에 빗대어 표현한 것이다.
③ '신록', '단풍', '안개'는 겨울과 대비되는 소재로 겨울 산의 의미를 부각하고 있다.
⑤ '장밋빛 햇살'은 눈 덮인 산봉우리의 속성을 변질시키는 것으로, 산봉우리의 고고함은 긴장을 조금만 늦추어도 쉽게 변질될 수 있다.

08 가 조지훈, 「승무」

| 해제 | 이 시는 승무라는 불교적 춤을 소재로 하고 있다. 승무를 추는 고운 얼굴의 여승은 아무 말 없이 때로는 정적으로 때로는 동적으로 춤을 출 뿐이다. 그러나 화자는 그런 여승에게서 인간사 번뇌를 종교적으로 승화하려는 의지를 읽어 낸다. 승무라는 고전적인 춤을 소재로 한국적인 정조, 세상사의 번뇌를 이겨 내려는 인간 보편의 염원을 그려 낸 작품이다.

| 주제 | 세속적 번뇌의 종교적 승화

| 구성 | • 1~3연: 승무를 추는 여승의 고운 모습
　　　• 4연: 승무를 추는 시간적 배경
　　　• 5연: 우아하고 역동적인 춤사위
　　　• 6~7연: 승무를 통한 번뇌의 종교적 승화
　　　• 8연: 경건함이 느껴지는 승무의 춤사위
　　　• 9연: 밤늦게까지 지속되는 승무의 아름다운 춤사위

나 송수권, 「지리산 뻐꾹새」
수특 유사 작품

| 해제 | 이 시에서 화자는 지리산 뻐꾹새 울음소리에서 느끼는 설움의 정서를 노래하고 있다. 저 먼 지리산의 한 곳에서 뻐꾹새가 울음을 토해 내면 그 울음이 봉우리를 울리고 넘어와 섬진강으로 이어지고 그 섬진강은 다시 남해 군도의 여러 섬을 밀어 올리며, 그 울음이 지리산 정상 세석의 철쭉꽃밭으로도 남게 되었다는 것이다. 산에서 강, 바다로 이어지는 거대한 산하가 설움으로 그득하다는 것을 화자는 자신도 설움에 잠기면서 깨닫게 되었다고 고백하고 있다.

| 주제 | 지리산의 뻐꾹새 소리에서 깨닫게 되는 설움의 정서

| 구성 | • 1연: 온 산을 뒤덮은 뻐꾸기 울음이 한 마리의 것임을 알게 됨.
　　　• 2연: 하나의 뻐꾹새 울음을 산봉우리들이 받아넘겨 여러 울음이 됨.
　　　• 3연: 산봉우리들의 오랜 울음 끝에 강이 열림.
　　　• 4연: 물줄기가 강을 흘러 남해의 여러 섬을 밀어 올림.
　　　• 5연: 한 뻐꾹새의 서러운 울음이 서러움으로 철쭉꽃밭을 다 태움.

다 송순, 「면앙정가」

| 해제 | 이 작품은 송순이 41세로 관직에서 물러나 전라도 담양 제월봉 아래에 면앙정을 짓고 그곳 주변의 풍경을 노래한 가사이다. 화자는 면앙정의 지형적 위치를 제시한 다음, 면앙정 주변의 근경에서 산봉우리의 원경을 묘사하고 있다. 화자는 이렇게 대자연의 아름다움을 묘사한 후 자신의 심정을 드러낸다. 즉

세속의 번잡한 일을 잊고 대자연에서 한가로이 지내는 것이 인생의 진정한 행복이라는 것이다.

| 주제 | 대자연의 아름다운 경치와 그 속에서의 풍류

| 구성 | • 서사: 제월봉의 형세와 면앙정의 모습
• 본사 1: 면앙정의 근경과 원경(수록 부분)
• 본사 2: 면앙정의 사계절 풍경
• 본사 3: 자연에서의 풍류와 취흥
• 결사: 호연지기와 역군은(亦君恩)

연결 포인트

수능특강에서는 송수권의 「등꽃 아래서」가 꿈과 희망을 간직한 채 이를 실현하기 위해 노력하는 삶의 태도에 주목하여 신석정의 「들길에 서서」, 정여울의 수필 「그때 알았더라면 좋았을 것」과 함께 출제되었습니다. 세 작품의 화자와 글쓴이는 삶의 과정 속에서 여러 가지 고통스러운 상황을 경험하며 꿈과 희망을 간직한 삶의 태도가 중요하다는 것을 깨닫게 됩니다. 그리고 우리를 둘러싼 여러 가지 부정적 여건 속에서도 이러한 삶의 태도를 지향함으로써 고통스러운 현실을 극복하고, 삶의 활력을 불어넣어 인간의 삶을 고양시킬 수 있다는 교훈을 전달하고 있습니다.

2010학년도 대학수학능력시험에서는 송수권의 「지리산 뻐국새」가 조지훈의 「승무」, 송순의 가사 「면앙정가」와 함께 출제되었습니다. 「지리산 뻐국새」와 「승무」에서 공통적으로 나타나는 서러움의 정서에 대해 물은 것입니다. 이와 함께 시각, 청각 등의 감각적 이미지를 활용하여 시적 대상의 운동감을 효과적으로 표현해 내고 있다는 점도 염두에 두고 작품을 감상해 봅니다.

026

작품 간의 공통점, 차이점 파악 　　　　　정답 ③

정답 해설 (가)는 춤을 묘사한 시이다. 빠르게 움직이는 동작이나 서서히 움직이는 동작, 멈춘 동작까지 모두 묘사되어 있다. 특히 '돌아설 듯 날아가며 사뿐히 접어 올린 외씨보선이여'에서는 오이씨와 같은 버선을 신은 발이 역동적으로 돌아가는 춤사위를 표현하고 있다. '휘어져 감기우고 다시 접어 뻗는 손'에서는 손의 동적인 움직임을 시각적으로 묘사하고 있다. (나)에서 두드러지는 것은 '뻐꾸기 울음'이라는 청각적인 이미지이다. 2연에서 '실제의 뻐꾹새가 / 한 울음을 토해 내면 / 뒷산 봉우리 받아넘기고 / 또 뒷산 봉우리 받아넘기고' 부분은 뻐꾸기 울음소리가 봉우

리를 넘고 넘어가는 모습을 역동적으로 표현하고 있다. (다)는 면앙정 주변의 모습을 여러 비유법을 사용하여 '청학이 천 리를 가리라 두 날개 벌렸는 듯' 등과 같이 역동적으로 표현하고 있다. 이렇게 세 작품에서는 시각, 청각 등의 감각적 이미지를 활용하여 시적 대상의 운동감을 효과적으로 표현해 내고 있다.

오답 피하기 ① (가)~(다)에는 단호한 어조를 통한 화자의 의지가 드러나 있지 않다.
② (가)~(다)는 모두 과거와 현재의 대비가 나타나 있지 않다.
④ (가)~(다)에는 모두 대립적 시각이 나타나 있지 않다.
⑤ (가)의 '정작으로 고와서 서러워라'에만 역설적 표현이 사용되고 있고, (나)와 (다)에는 역설적 표현이 사용되고 있지 않다.

027

외적 준거에 따른 작품 감상 　　　　　정답 ②

정답 해설 (가)의 '흐르는 빛'은 (여인의 얼굴이) '정작으로 고와서' 화자의 마음을 서럽게 하는 빛이다. 그 고운 얼굴빛은 승무를 처음 발견한 화자가 그 자리에 서서 춤을 끝까지 보도록 붙잡아 두는 힘이기도 하다. ②에서는 '흐르는 빛'을 여인의 얼굴에서 화자가 발견하는 빛으로 보지 않고, 여러 빛들에 의한 조명 효과로 파악하고 있으므로 적절하지 않다.

오답 피하기 ① 여승이 춤을 추는 배경이 달이 지는 '밤'이기 때문에, 이를 바라보는 관객의 입장에서는 다른 정경들이 어둠 속에 묻히고 무녀(舞女)인 여승이 부각된다.
③ 녹아내리고 기우는 것은 모두 하강과 소멸의 이미지를 지니고 있어 인간 존재의 유한성을 떠올리게 한다.
④ (가)에서 '하늘'은 지상의 세계와 대비적인 의미로 파악해 볼 수 있다. 지상은 인간이 번뇌를 느끼는 곳이며, 세속사에 지친 인간은 '하늘', 그리고 하늘의 '별빛'을 지향하게 되는 것이다. 이때의 '별'은 인간의 모든 번뇌를 초월하게 하는 해탈의 공간을 상징하고 있다. 따라서 여승이 까만 눈동자를 들어 '한 개 별빛'을 향한다는 것은, 번뇌에서 벗어나 해탈의 길로 가고자 하는 여승의 염원을 표현한 것이다.

⑤ 6연에서 '눈동자 살포시 들어 ~ 별빛에 모두오고'라는 구절이 7연의 여승의 눈물, 그리고 '번뇌는 별빛이라'와 이어진다는 점에서 '별빛'이 무녀의 눈과 연결되고, 이는 다시 그녀가 지향하는 세계와 내면세계를 이어 준다고 할 수 있다.

028

시어, 시구의 의미와 기능 파악   정답 ⑤

정답 해설 (가)에서 여승의 춤사위는 느리게 출발해서 점차 빨라지면서 다시 고요해지고 있다. 그러는 가운데 화자는 여인에게서 세상사의 번뇌와 설움을 읽어 내고 있는 것이다. '귀또리도 지새는 삼경'에 나비와 같은 춤이 이어진다고 하여 시상을 종결한 것은 여승의 설움을 환기하며 시상을 마무리하고자 한 의도가 드러난 것이라고 볼 수 있다. (나)에서 화자는 '설움'이 지리산에 숨어 사는 한 마리 뻐꾹새의 울음임을 깨달았고, 그 울음이 지리산 전체를 울게 만들었으며, 그 울음에서 발원(發源)한 한 줄기 강이 멀리 남해 바다로 흘러들어 무수한 섬을 생기게 했음을 깨닫는다. 또한 그 울음이 '이승의 서러운 맨 마지막 빛깔'로 남아서 지리산의 세석 철쭉꽃밭을 다 태우는 것으로 시상을 마무리하고 있다. 마지막 연의 '세석 철쭉꽃밭'은 이승의 맨 마지막 빛깔로서 앞 연에서 서술된 설움을 환기하는 기능을 하고 있다고 볼 수 있다.

오답 피하기 ① (가)의 설움은 여승의 개인적 번뇌에서 비롯된 것일 뿐, 역사적인 삶의 경험에서 비롯된 것이 아니다.
② (나)에서 자연물의 주술적 속성은 나타나지 않는다.
③ (가)와 (나)의 설움은 연민과 공감의 정서를 불러일으킬 수는 있으나, 부정적 현실에 대한 비판 의식이 담겨 있는 것으로 보기는 어렵다.
④ (가)의 설움은 여승의 내면에서 비롯된 것이지만, (나)의 설움은 외부적 대상인 '뻐꾹새'에서 비롯되고 있다.

029

작품의 종합적 이해와 감상   정답 ②

정답 해설 2연에서 지리산 아래 한 봉우리에 숨은 실

제의 뻐꾹새가 한 울음을 토해 내면, 뒷산 봉우리가 그 소리를 받아넘기고 그 소리가 뒷산 봉우리를 넘어 울려 퍼진다. 그리고 또 뒷산 봉우리가 받아넘긴다. 이는 한 마리의 뻐꾹새 울음이 차츰 다른 뻐꾹새로 이어지는, 즉 공동체의 공감으로 확산되는 것을 표현한 것이다. 따라서 '실제의 뻐꾹새'는 '여러 마리의 뻐꾹새'와 동질성을 갖는 것이다.

오답 피하기 ① 화자가 울음의 주인공에 관한 깨달음에 도달하기까지를 '석 석 삼년', 즉 이십칠 년의 봄을 더 넘겨서이고 '길든 설움에 맞이 들고' 나서였음을 1연에서 확인할 수 있다.
③ 2~4연의 첫 행에 '지리산 하', '지리산 중', '섬진강'이라는 시적 공간을 배열하여 시상 전개에 통일성을 부여하고 있다.
④ '산봉우리', '강', '남해', '섬'은 한 뻐꾹새의 울음이 증폭되어 한(恨)을 생성하는 과정을 보여 주는 것이다.
⑤ '보았다'는 그간 몰랐던 사실에 대한 화자의 깨달음을 나타내는 것으로, 이의 반복을 통해 그 깨달음을 강조하고 있는 것이다.

030

표현상의 특징 파악   정답 ①

정답 해설 [A]는 지리산의 봉우리가 한 마리 뻐꾹새의 울음소리를 받아넘긴다고 하여 자연물을 의인화한 표현이 쓰였으나, 직유법은 쓰이지 않았다. 이에 비해 [B]에서는 면앙정 앞의 시냇물을 '쌍룡(쌍룡이 뒤트는 듯)'과 '비단(긴 깁을 펼쳤는 듯)'에, 물가에 펼쳐진 모래밭은 '눈(눈같이 펴졌거든)'에 비유하는 과정에서 직유법이 쓰이고 있다.

오답 피하기 ② [A]는 내재율을 가진 현대시이고, [B]는 4음보의 정형적 음보율을 가진 고전 시가이다.
③ [B]의 '어디로 가노라 무슨 일 바빠서'에서 어순의 도치가 나타나지만, [A]에는 어순의 도치가 나타나지 않는다.
④ [A]와 [B] 모두 반어적 표현이나 냉소적 태도가 나타나지 않는다.
⑤ [A]와 [B] 모두 영탄적 표현은 나타나지 않는다.

031

외적 준거에 따른 작품 감상   **정답 ②**

[정답 해설] 〈보기〉에서 '면앙정'은 작가가 천지만물의 이치를 심성의 수양으로 내면화하는 공간이라고 했다. 화자는 면앙정 주변의 아름다운 자연물에 인간적 생명력과 의지를 부여하여 자신의 이상과 세계관을 표출하고 했다. ⓑ의 '늙은 용'은 제월봉의 형세를 표현한 것인데, 선잠에서 막 깨어난 '늙은 용'이 머리를 얹혀 놓은 듯한 형세라는 것이다. 따라서 늙은 용이 선잠에서 막 깨어났다는 것은 이상을 펼치기에 늦었다고 여기는 작가의 조바심이 아니라 무언가를 펼치고자 하는 작가의 내면이 담겨 있는 표현이라고 할 수 있다.

[오답 피하기] ① '무변대야'는 '끝없이 넓은 들판'으로, 그런 곳에서 무슨 '짐작'을 한다는 것은 작가의 이상이 높음을 드러내고자 하는 표현이다.

③ '두 날개를 벌렸는 듯'하다는 표현은 비상(飛上)하려는 화자의 내면을 표현한 것으로 볼 수 있다.

④ '밤낮으로 흐르는' '물'은 지치지 않고 끊임없이 수양하고 자신이 이루고자 하는 바로 나아가야 함을 드러내는 것이라 할 수 있다.

⑤ 추월산의 여러 산들이 '높은 듯 낮은 듯 긏는 듯 잇듯' 서 있다는 것은, 높고 낮은 다양한 형세의 산들이 서로 조화를 이루고 있음을 표현한 것으로 조화와 합일을 추구하는 삶의 태도를 드러내는 것으로 볼 수 있다.

메모

메모

Ⅰ 교과서 개념 학습

본문 10~19쪽

001 ⑤	002 ①	003 ④	004 ④	005 ②	006 ①	007 ②	008 ③	009 ④	010 ①	011 ⑤	012 ⑤
013 ④	014 ②	015 ①									

Ⅱ 적용 학습

본문 22~171쪽

001 ①	002 ④	003 ②	004 ③	005 ②	006 ②	007 ④	008 ⑤	009 ⑤	010 ④	011 ⑤	012 ②
013 ①	014 ④	015 ④	016 ④	017 ③	018 ②	019 ⑤	020 ③	021 ⑤	022 ①	023 ⑤	024 ④
025 ④	026 ③	027 ②	028 ①	029 ③	030 ⑤	031 ④	032 ⑤	033 ④	034 ②	035 ④	036 ②
037 ②	038 ④	039 ①	040 ⑤	041 ④	042 ④	043 ⑤	044 ⑤	045 ③	046 ⑤	047 ①	048 ⑤
049 ④	050 ①	051 ②	052 ④	053 ⑤	054 ④	055 ⑤	056 ②	057 ④	058 ①	059 ④	060 ②
061 ②	062 ②	063 ①	064 ③	065 ③	066 ③	067 ①	068 ⑤	069 ②	070 ⑤	071 ⑤	072 ③
073 ④	074 ①	075 ④	076 ④	077 ④	078 ①	079 ③	080 ④	081 ②	082 ⑤	083 ①	084 ⑤
085 ④	086 ①	087 ②	088 ③	089 ⑤	090 ④	091 ②	092 ④	093 ⑤	094 ⑤	095 ⑤	096 ④
097 ③	098 ①	099 ②	100 ④	101 ④	102 ⑤	103 ⑤	104 ③	105 ①	106 ⑤	107 ⑤	108 ④
109 ⑤	110 ④	111 ⑤	112 ③	113 ④	114 ⑤	115 ①	116 ①	117 ③	118 ②	119 ⑤	120 ④
121 ④	122 ②	123 ⑤	124 ③	125 ②	126 ①	127 ③	128 ⑤	129 ③	130 ④	131 ②	132 ①
133 ⑤	134 ②	135 ④	136 ⑤	137 ⑤	138 ⑤	139 ④	140 ③	141 ④	142 ②	143 ⑤	144 ①
145 ③	146 ③	147 ②	148 ④	149 ④	150 ⑤	151 ②	152 ⑤	153 ②	154 ⑤	155 ④	156 ③
157 ③	158 ②	159 ①	160 ⑤	161 ①	162 ③	163 ②	164 ⑤	165 ⑤	166 ③	167 ⑤	168 ②
169 ⑤	170 ④	171 ②	172 ②	173 ⑤	174 ⑤	175 ②	176 ①	177 ③	178 ⑤	179 ③	180 ④
181 ③	182 ⑤	183 ⑤	184 ②	185 ①	186 ④	187 ⑤	188 ②	189 ③	190 ④	191 ⑤	192 ①
193 ③	194 ③	195 ②	196 ④	197 ⑤	198 ②						

Ⅲ 실전 학습

본문 174~198쪽

001 ⑤	002 ④	003 ②	004 ⑤	005 ②	006 ②	007 ①	008 ⑤	009 ⑤	010 ⑤	011 ①	012 ④
013 ③	014 ③	015 ②	016 ④	017 ③	018 ④	019 ④	020 ②	021 ⑤	022 ①	023 ⑤	024 ③
025 ④	026 ③	027 ②	028 ⑤	029 ②	030 ①	031 ②					

변별력 갖춘 공정 수능! EBS 모의고사로 최종 대비!

수능 모의고사 시리즈 영역

다음 문제를 읽고 빈칸에 알맞은 답을 적으시오.

1. 최다 분량, 최다 과목 가장 많은 수험생이 선택한 과목별 8절 모의고사는?

FINAL ☐☐☐☐☐☐

5월 발행 국어, 수학, 영어, 한국사, 생활과 윤리, 한국지리, 사회·문화, 물리학 I, 화학 I, 생명과학 I, 지구과학 I

2. 수능과 동일한 형태의 시험지와 OMR 카드로 실전 훈련을 할 수 있는 모의고사는?

☐☐☐☐☐ 봉투모의고사

7월 발행 국어, 수학, 영어, 한국사, 생활과 윤리, 사회·문화, 화학 I, 생명과학 I, 지구과학 I

만점마무리 봉투모의고사 ☐☐☐2

8월 발행 국어, 수학, 영어

3. 국어·수학·영어 모의고사가 한 봉투에! 논스톱 실전 훈련을 위한 모의고사는?

만점마무리 봉투모의고사 ☐☐☐☐☐ Edition

8월 발행 합본(국어 + 수학 + 영어)

4. 마지막 성적 상승의 기회! 수능 직전 성적을 끌어올리는 마지막 모의고사는?

수능 ☐☐☐☐ 클리어 봉투모의고사

9월 발행 국어, 수학, 영어, 생활과 윤리, 사회·문화, 생명과학 I, 지구과학 I

EBS

2025학년도 수능 대비

수능특강
연계 기출

문학작품 연계 기출1
고전 시가·현대시

정답과 해설

EBS eBook
바 로 가 기

가벼운
학습의 시작!

종이책보다 저렴하게
eBook으로 만나는 EBS 교재

스스로 정리하며 완성하는 학습 루틴
학습계획표 | 학습노트

언제 어디서나 데이터 부담 없이
오프라인 이용 가능

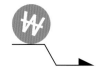

종이책 정가 대비 할인
가장 저렴한 가격

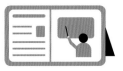

EBS 교재와 강의를 한 번에
더욱 가볍고 자유로운 학습

고1~2 내신 중점 로드맵

과목	고교 입문		기초	기본	특화	+	단기

국어 / 영어 / 수학 / 한국사·사회 / 과학

- 고교 입문: 고등 예비 과정 / 내 등급은?
- 기초 (국어): 윤혜정의 개념의 나비효과 입문편/워크북 / 어휘가 독해다! / 정승익의 수능 개념 잡는 대박구문 / 주혜연의 해석공식 논리 구조편
- 기초 (수학): 50일 수학 / 매쓰 디렉터의 고1 수학 개념 끝장내기
- 인공지능: 수학과 함께하는 고교 AI 입문 / 수학과 함께하는 AI 기초
- 기본 (기본서): 올림포스 / 올림포스 전국연합학력평가 기출문제집
- 유형서: 올림포스 유형편
- 기본서: 개념완성 / 개념완성 문항편
- 특화 (국어 특화): 국어 독해의 원리 / 국어 문법의 원리
- 특화 (영어 특화): Grammar POWER / Reading POWER / Listening POWER / Voca POWER
- 고급: 올림포스 고난도
- 수학 특화: 수학의 왕도
- 고등학생을 위한 多담은 한국사 연표
- 단기: 단기 특강

과목	시리즈명	특징	수준	권장 학년
전과목	고등예비과정	예비 고등학생을 위한 과목별 단기 완성	●	예비 고1
국/수/영	내 등급은?	고1 첫 학력평가 + 반 배치고사 대비 모의고사	●	예비 고1
	올림포스	내신과 수능 대비 EBS 대표 국어·수학·영어 기본서	●	고1~2
	올림포스 전국연합학력평가 기출문제집	전국연합학력평가 문제 + 개념 기본서	●	고1~2
	단기 특강	단기간에 끝내는 유형별 문항 연습	●	고1~2
한/사/과	개념완성 & 개념완성 문항편	개념 한 권+문항 한 권으로 끝내는 한국사·탐구 기본서	●	고1~2
국어	윤혜정의 개념의 나비효과 입문편/워크북	윤혜정 선생님과 함께 시작하는 국어 공부의 첫걸음	●	예비 고1~고2
	어휘가 독해다!	학평·모평·수능 출제 필수 어휘 학습	●	예비 고1~고2
	국어 독해의 원리	내신과 수능 대비 문학·독서(비문학) 특화서	●	고1~2
	국어 문법의 원리	필수 개념과 필수 문항의 언어(문법) 특화서	●	고1~2
영어	정승익의 수능 개념 잡는 대박구문	정승익 선생님과 CODE로 이해하는 영어 구문	●	예비 고1~고2
	주혜연의 해석공식 논리 구조편	주혜연 선생님과 함께하는 유형별 지문 독해	●	예비 고1~고2
	Grammar POWER	구문 분석 트리로 이해하는 영어 문법 특화서	●	고1~2
	Reading POWER	수준과 학습 목적에 따라 선택하는 영어 독해 특화서	●	고1~2
	Listening POWER	수준별 수능형 영어듣기 모의고사	●	고1~2
	Voca POWER	영어 교육과정 필수 어휘와 어원별 어휘 학습	●	고1~2
수학	50일 수학	50일 만에 완성하는 중학~고교 수학의 맥	●	예비 고1~고2
	매쓰 디렉터의 고1 수학 개념 끝장내기	스타강사 강의, 손글씨 풀이와 함께 고1 수학 개념 정복	●	예비 고1~고1
	올림포스 유형편	유형별 반복 학습을 통해 실력 잡는 수학 유형서	●	고1~2
	올림포스 고난도	1등급을 위한 고난도 유형 집중 연습	●	고1~2
	수학의 왕도	직관적 개념 설명과 세분화된 문항 수록 수학 특화서	●	고1~2
한국사	고등학생을 위한 多담은 한국사 연표	연표로 흐름을 잡는 한국사 학습	●	예비 고1~고2
기타	수학과 함께하는 고교 AI 입문/AI 기초	파이선 프로그래밍, AI 알고리즘에 필요한 수학 개념 학습	●	예비 고1~고2